CONTORNOS Y PLIEGUE

Homenaje a Robert

AUTORES, TEXTOS Y TEMAS
CIENCIAS SOCIALES

Dirigida por Josetxo Beriain

50

Utopías del Control
y Control de las Utopías

Proyecto Editorial en colaboración entre
el OSPDH (Observatori del Sistema Penal
y els Drets Humans de la Universitat
de Barcelona) y Anthropos Editorial

Coordinado por Roberto Bergalli e Iñaki Rivera Beiras

Iñaki Rivera Beiras
Héctor C. Silveira Gorski
Encarna Bodelón González
Amadeu Recasens i Brunet
(Coords.)

CONTORNOS Y PLIEGUES DEL DERECHO

Homenaje a Roberto Bergalli

OSPDH
Observatori del sistema penal i els drets humans

CONTORNOS y Pliegues del Derecho : Homenaje a Roberto Bergalli / Iñaki
Rivera, Héctor C. Silveira, Encarna Bodelón y Amadeu Recasens
coordinadores. — Rubí (Barcelona) : Anthropos Editorial; Barcelona :
Observatori del Sistema Penal i els Drets Humans. Universitat de
Barcelona, 2006
511 p. ; 24 cm. — (Autores, Textos y Temas ; 50. Serie Utopías del
Control y Control de las Utopías)

Bibliografía p. 509-511
ISBN 84-7658-775-9

1. Bergalli, Roberto - Homenajes 2. Criminología crítica 3. Sociología
jurídica 4. Derecho - Filosofía I. Rivera Beiras, Iñaki, coord. II. Silveira Gorski,
Héctor, coord. III. Bodelón González, Encarna, coord. IV. Recasens i Brunet,
Amadeu, coord. V. Bergalli, Roberto VI. Observatori del Sistema Penal i els Drets
Humans. Universitat de Barcelona VII. Colección
343:301

Primera edición: 2006

© Iñaki Rivera Beiras, Héctor Silveira Gorski, Encarna Bodelón González
  y Amadeu Recasens i Brunet, 2006
© Anthropos Editorial, 2006
Edita: Anthropos Editorial. Rubí (Barcelona)
  www.anthropos-editorial.com
En coedición con el OSPDH, Observatori del Sistema Penal i els Drets Humans
  de la Universitat de Barcelona
ISBN: 84-7658-775-9
Depósito legal: B. 625-2006
Diseño, realización y coordinación: Plural, Servicios Editoriales
  (Nariño, S.L.), Rubí. Tel.: 93 697 22 96 / Fax: 93 587 26 61
Impresión: Novagràfik. Vivaldi, 5. Montcada i Reixac

Impreso en España - *Printed in Spain*

Roberto Bergalli

PRESENTACIÓN

Iniciar el comentario que precede a la obra que aquí presentamos, hemos de confesarlo inmediatamente, ha constituido para nosotros una tarea que realizamos con enorme alegría y respeto hacia Roberto Bergalli, pero que al mismo tiempo asumimos como un complicado desafío. Debemos explicarnos. Quienes coordinamos y presentamos esta obra conocimos a Roberto entre los años 1980-1981 cuando él acababa de instalarse en esta ciudad y nosotros éramos unos jovencísimos estudiantes de la Facultad de Derecho de la Universidad de Barcelona que, pese a nuestra corta biografía entonces, ya procedíamos de marcadas experiencias y de países diversos. Por todo cuanto luego relataremos, estos veinticinco años de trabajo y compañía, pero sobre todo de aprendizaje y amistad, constituyen por sí mismos un motivo más que suficiente para que encarásemos la coordinación de una obra de esta envergadura con las señaladas notas de alegría y respeto. Sobre el profundo respeto, hablaremos más adelante, ya lo percibirá el lector. En cuanto a la alegría, sólo queremos señalar que el hecho de poder entregar personalmente a Roberto esta obra, con ocasión de su setenta cumpleaños, representa una satisfacción muy especial.

Mas, también, sabíamos de antemano que con este trabajo asumíamos una complicada tarea. En efecto, por un lado, en toda publicación de esta índole es necesario realizar una cierta selección de los autores a quienes invitaríamos a participar; no hace falta insistir en que ello constituye una muy delicada tarea. De otro lado, en la aludida selección quisimos actuar con un criterio de máxima amplitud geográfica y cultural, rasgo que ha caracterizado la biografía de Bergalli, como más adelante se tendrá ocasión de señalar. Las "dos almas" de Roberto —América Latina y Europa— creemos que se hallan plenamente presentes en este volumen. ¡Más de sesenta y cinco contribuciones así lo acreditan! Nunca nos imaginamos coordinando una obra semejante pero asumimos el reto y lo fuimos ejecutando durante los dos últimos años. Bergalli nos planteó, y junto a él vivimos, numerosos y complejos desafíos en estos más de veinticinco años transcurridos; no íbamos entonces a desdeñar uno como el que nosotros mismos asumimos con plena responsabilidad.

1) Algunos rasgos biográficos

Los primeros años de formación científica.

Pensando fundamentalmente en los jóvenes, en los contemporáneos y futuros, que no conozcan la vida y obra de Bergalli y puedan acercarse a estas páginas (o a alguna de las obras de su vasta producción científica), hemos creído oportuno presentar al autor homenajeado, señalando algunos trazos importantes de su biografía, de su formación intelectual, de algunas de sus múltiples actividades profesionales y de lo que nosotros entendemos como sus aportaciones más valiosas para el desarrollo de un tipo de conocimiento que se irá describiendo en adelante. De este modo, nos referiremos —de modo necesariamente panorámico— a los rasgos y episodios más sobresalientes de la vida profesional y científica de Roberto Bergalli. No abordaremos cuestiones que se vinculan con su vida más personal y familiar, o que se refieren a la infancia y adolescencia de Roberto. De ello se ocupa, con un afecto que el lector hallará sin esfuerzo, su hermano Gustavo, quien, en el primer artículo de este volumen, nos presenta a su hermano mayor (nacido el 23 de enero de 1936) y al ambiente familiar de aquellos dos niños porteños rodeados de una inmensa familia que les acompañaba entonces (en su infancia, en la década de los años de 1940 en Buenos Aires). Algunas anécdotas que Gustavo Bergalli narra muestran al niño, primero, y al joven Roberto, más adelante, moldeando ya una fuerte personalidad que se consolidaría años después.

Más adelante comentaremos también algunas de las aportaciones bibliográficas de Roberto Bergalli. Mas, en este sentido, debemos desde ya aclarar que de ningún modo podemos realizar un estudio pormenorizado de la producción bibliográfica completa del homenajeado, producción que se cuenta por centenares (entre artículos, ensayos y libros, en numerosos países de Europa y de América) y cuyo examen evidencia una atractiva inquietud académica que en esta sede no podemos desarrollar. Como alternativa, ofrecemos a los lectores la que podríamos denominar como bibliografía completa de Roberto Bergalli (a riesgo de dejarnos fuera algún texto, debido precisamente a la magnitud de la producción aludida).

Como se ha dicho, gracias entonces al trabajo de su hermano Gustavo, estamos exentos de narrar los rasgos biográficos y ello nos permite situarnos ya en un Roberto Bergalli, quien, en 1961 y 1962, actúa como representante estudiantil en el Consejo de la Universidad de Buenos Aires y, en 1963, finaliza sus primeros estudios de Licenciatura en la Facultad de Derecho de la nombrada Universidad. Allí, por citar solamente a una personalidad relevante, tomará estrecho contacto con Luis Jiménez de Asúa y un nutrido grupo de jóvenes que entonces iniciaban carreras profesionales y científicas en algunos casos muy relevantes también. Ahora interesa destacar algunas de las iniciales actividades de un Roberto Bergalli muy joven, que empieza a despuntar como estudioso y conferencista entre la década de los años de 1960 y 1970.

Ya en estos tempranos años, Roberto Bergalli presenta trabajos tales como "El proceso penal en la Capital Federal" (en el Ciclo de Conferencias de la Asociación de Abogados, el 27 de julio de 1967); o, en el marco de las actividades del Centro de Estudios *José Ingenieros*, con la presentación "El proceso de Subculturación" (el 17 de septiembre de 1970); o con "La nueva Sociología de la desviación" (en el *Istituto Italiano di Cultura*, el 14 de octubre de 1971); o las "Tendencias y necesidades de la investigación criminológica en América Latina", en el ámbito de la *United Nations Social Defence Research Institute*; o "La criminología y su enseñanza en una Facultad de Ciencias Jurídicas", ante la Universidad de Cuyo (el 12 de diciembre de 1971), entre otros. Ello pone de relieve cómo aquel joven estudioso ponía ya entonces de manifiesto unas inquietudes que trascendían ampliamente los límites de las ciencias penales y empezaba a interesarse y a manejar con temprano dominio, algunas de las categorías fundamentales de las ciencias sociales. Ello se explica, no sólo por la formación recibida en la Universidad de Buenos Aires, o por las conversaciones con algún miembro relevante de su entorno familiar (como Monseñor De Andrea, por ejemplo), sino también, y en gran medida, por la amplitud de la formación que Roberto empieza a adquirir en el extranjero, particularmente en sus primeros viajes a Europa, como enseguida se verá.

Mientras tanto, entre 1963 y hasta 1966, Bergalli comenzará a desempeñarse como Profesor Asistente en la Universidad de Buenos Aires, aunque muy pronto iniciará su dilatada experiencia de formación y especialización en diversos países. En 1966 viaja a Gran Bretaña gracias a un *fellowship* concedido por el British Council con el cual realiza una estancia en la Universidad de Cambridge (Institute of Criminology) asistiendo a los cursos y seminarios que le permiten obtener su Diploma en Criminology. Al año siguiente, y hasta 1968, Bergalli obtiene una *borsa di studio* concedida por el *Ministero degli Affari Esteri* (Italia) mediante la cual se matricula en los cursos de la Scuola di Perfezionamento in Diritto Penale con Anneso Istituto di Criminologia, de la Università degli Studi di Roma. Mas, entre 1968 y 1969, obtiene la renovación de la *borsa di studio* señalada con la cual obtiene el Diploma di Perfezionamento in Diritto Penale de la ya mencionada Universidad romana.

Con todos los conocimientos adquiridos, dentro y fuera de la Argentina, Bergalli presenta la que sería su primera Tesis Doctoral, el 24 de abril de 1971 para, bajo la dirección del Dr. E. Ramos Mejía, obtener el grado de Doctor en Derecho y Ciencias Sociales por la Universidad de Buenos Aires. Asimismo, para esta época, y ya "a caballo" entre Buenos Aires y Bonn, presenta su "Análisis sociológico y político criminal de la adicción a las drogas" en el Centro Internacional de Ciencias Penales. También, en el mismo año, actúa como miembro del Comité organizador de las Jornadas Internacionales de Derecho penal, con motivo del 50 aniversario del Código penal argentino donde presenta una contribución relevante sobre "Estructuras económicas nacionales. Delitos que atentan contra ellas e investigaciones socio-criminales para caracterizarlos".

Entre los años de 1973-1975, Bergalli obtiene un *Stipendium* de la Alexander von Humboldt Stiftung gracias al cual, en la Universität zu Köln, de la República Federal de Alemania, pudo realizar diversas investigaciones y el curso de post-grado en el *Kriminologische Forschungsstelle* de la citada Universidad. Destacamos aquí, en especial, y por la importancia que reviste de cara a futuros trabajos, la línea de investigación allí desarrollada sobre "Teorías de la reacción social y el *labelling approach*". También en esta época, concretamente en 1974, encontramos a Roberto Bergalli presentando una Comunicación ante el XI Congreso Internacional de Derecho Penal (de la Association Internacional de Droit Pénal) en Budapest, que llevó por título "Métodos y medios del Derecho penal económico".

Estas actividades de formación y especialización, en las que entró en contacto con importantísimas personalidades del campo de la Sociología, la Criminología y la Filosofía del Derecho (entre las que sólo mencionamos a la Prof. Hilde Kauffman en Alemania o al Prof. Giuliano Vassalli en Italia, o al Prof. Marino Barbero Santos en España, entre tantísimas otras cuya mención exhaustiva es sencillamente imposible), Bergalli las combinó y alimentó, a su vez, con otras experiencias culturales y vitales, que con mucha fuerza iban a contribuir a moldear también su personalidad y la dirección de sus quehaceres profesionales. En efecto, entre finales de la década de los años sesenta y primeros de los setenta, pudo vivir de primera mano los grandes acontecimientos culturales de la época, los encierros universitarios europeos de la generación de los *sesentayochistas*, el mayor cuestionamiento político, universitario y social de una generación trepidante que entonces creía y aspiraba a protagonizar profundas transformaciones socio políticas, y se moldeaba entre la toma de conciencia política, el activismo y el cuestionamiento radical. Pero ello se combinó, a su vez, en el particular proceso de formación de la personalidad de Roberto Bergalli con una actividad en la judicatura argentina en la que le tocó vivir otros episodios igualmente trascendentes, como todo lo que sucedería en la Argentina de 1973 (tras el final de un período dictatorial) y sus actuaciones como operador de la justicia, por ejemplo, clausurando el *Camarón* (especie de Tribunal de excepción instaurado tiempo atrás en la Argentina para el enjuiciamiento y encarcelamiento de la disidencia política). Todo ello, muy sucintamente aquí narrado, le fue otorgando una impronta de sólida formación académica, de una parte, e importante compromiso, de otra. Mas, los tiempos que en la Argentina se avecinaban, iban a producir trágicos acontecimientos a los que Bergalli no escaparía.

La interrupción forzada

En efecto, hacia finales de 1975 Roberto regresa otra vez a Argentina desde Alemania ("retorno que estimaba un deber ciudadano", como expresamente escribiera el fallecido Marino Barbero Santos). Como es conocido, el 24 de marzo de 1976, se produjo el golpe de Estado protagonizado por la Junta Militar de Videla, Massera y Agosti. Aproximadamente al cabo de un mes de aquel día, Roberto fue secuestrado de su departamento de la porteña calle Juncal por un comando militar. Permaneció durante un mes recluido en una Comisaría de la ciudad de Buenos Aires, posteriormente fue trasladado a la cárcel de Devoto y, al cabo de unos seis meses, nuevamente trasladado por otro período similar a la prisión de la ciudad de La Plata en la provincia de Buenos Aires. Durante algo más de un año permaneció privado de libertad en unas condiciones que preferimos no describir aquí por la permanente discreción con que Roberto siempre trató este doloroso momento de su vida. De todos modos, cualquiera que tenga un mínimo conocimiento de cuanto sucedió en aquellos años de exterminio, podrá hacerse una idea de las condiciones de detención y de la práctica de la tortura a los presos como moneda corriente de aquel universo concentracionario.

Lo que sí deseamos resaltar es la incansable actividad que sus allegados más próximos, y otros más lejanos, comenzaron a desplegar desde el momento de su secuestro hasta lograr salvar su vida y obtener su liberación. En primer lugar, Loredana, quien, permaneciendo con la hija de ambos, Valeria, aquel largo año en la Argentina en durísimas condiciones movilizó —en el plano nacional e internacional— un cúmulo de actividades, entrevistas, peticiones, *habeas corpus* y viajes de personalidades de Europa a Argentina. Esto sin duda redundó en el desenlace que muchos otros no pudieron obtener. Es obligado mencionar aquí también la tarea desempeñada por sus abogados, amigos y otros familiares quienes, desde el interior de Argentina, en aquellos tiempos de terrorismo de Estado tuvieron la valentía de enfrentarse personalmente, como lo hiciera Armando Bergalli, *Chumbo*, a sujetos como el General Harguindeguy quien en aquellos momentos ostentaba la máxima jefatura de los aparatos represivos del Estado (Ministro del Interior de la dictadura), presentándose de improviso en reuniones de los círculos militares para reclamar la libertad de Roberto. Cuando finalmente Bergalli pudo recuperar la libertad, él mismo tuvo ocasión de dejar constancia de su reconocimiento a Loredana, Valeria, Carmen, Gustavo, Roberto y Armando Bergalli, en el prefacio de *La recaída en el delito: modos de reaccionar contra ella. La perspectiva histórico-penal en la República Argentina y su análisis según el enfoque del etiquetamiento —"labelling approach"—* (obra que publica en 1980 con ocasión de la Tesis Doctoral que, pese a ser ya doctor, tuvo que realizar por imperativo legal para poder ingresar a la Universidad española, como más adelante se dirá).

Pero la campaña por su liberación adquirió rasgos de auténtico nivel internacional (tal vez ello fue, precisamente, lo que hizo que culminara de manera positiva). Mencionar la tarea desempeñada por personalidades de la talla de Frau Prof. Dr. jur. Hilde Kaufmann, o el Prof. Avv. Guiliano Vassalli o el propio On. Aldo Moro, o la Alexander von Humboldt Stiftung, representada por su Secretario general Dr. Heinrich Pfeiffer, o el Prof. Dr. Günther Kaiser, o la misma Universität zu Köln alemana, entre muchos otros cuya mención escapa seguramente a nuestro conocimiento, constituye un hito que ilustra en torno a la solidaridad desplegada por quien, a sus 40 años de edad, ya había alcanzado un prestigio internacional indiscutible. Semejante movilización, como se anticipó, provocó que Bergalli (quien hacia finales de 1976 se encontraba privado de libertad *a disposición del Poder Ejecutivo Nacional*), fuera liberado en 1977 con la advertencia, escrita de puño y letra por uno de los responsables del genocidio argentino, de que "no pueda, con ciertos preconceptos o cierta formación de tinte ideológico que indudablemente tiene, sembrar en la mente de quienes serán sus discípulos, es decir, en la mente de la juventud alemana, ideas disociadoras que puedan atentar contra la constitución misma de una nación democrática" (General Albano Harguindeguy, Ministro del Interior, 31 de diciembre de 1976). Afortunadamente, esos jóvenes a quienes aludía el citado, tuvieron (tuvimos) la suerte y el honor de contar con él muchos años más cuando Bergalli salió, en 1977, desde el aeropuerto de Ezeiza en Buenos Aires con destino a Europa, rescatado de las cárceles, de la barbarie y de la irracionalidad de aquella dictadura asesina.

Queremos decir, para finalizar este apartado, que hemos dudado mucho en describir cuanto hemos aquí relatado. A la ya mencionada discreción y pudor con que Roberto siempre trató semejante época de su vida, se unía para nosotros el cuidado para no realizar ningún relato cruento ni morboso. Pero también comprendimos que no podíamos silenciar los acontecimientos narrados que constituyen, sin duda, una parte nuclear de la biografía que aquí señalamos. Sólo esperamos que, el propio homenajeado sepa comprender el tono y la finalidad de cuanto hemos escrito; también creemos que las generaciones jóvenes y futuras deben conocer estos elementos pues los mismos conforman, justamente, los pliegues y los contornos del Derecho del que aquí se habla.

Continuación y exilio

Recuperada la libertad, Roberto vuelve a Alemania con una extensión o continuación del Stipendium de la Alexander von Humboldt Stiftung y, tras reencontrarse con su hija y su mujer, primero en Roma, proseguirá sus investigaciones en el *Kriminologische Forschungsstelle* de la Universidad de Köln hasta 1978.

Su traslado e instalación en Barcelona se va a ir gestando y ejecutando entre 1978 y 1980. Pero ello se verificó con posterioridad a la obtención de un doctorado en Sociología por la Universidad de Köln en Alemania y también tras la elaboración de otra Tesis doctoral (exigida para su incorporación a la Universidad española) que elaboró y presentó el 15 de junio de 1978 en la Universidad de Salamanca, dirigida por el profesor Enrique Gimbernat ante un Tribunal presidido por Marino Barbero Santos y que obtuvo la máxima calificación de sobresaliente *cum laude* por unanimidad. Dos años más tarde, esta obra aparece publicada en Barcelona, bajo el ya citado título de *La recaída en el delito: modos de reaccionar contra ella. La perspectiva histórico-penal en la República Argentina y su análisis según el enfoque del etiquetamiento —"labelling approach"—*, prologada por Marino Barbero Santos. Como indica este autor, el cambio de Bergalli hacia la *otra etapa* de su vida, se había producido definitivamente. Escuchemos el relato del profesor Barbero:

Recién incorporado a la 1.ª Cátedra de Derecho penal de la Universidad de Madrid —que fuera de D. Luis Jiménez de Asúa— [...] pude escuchar la conferencia que Bergalli pronunció en sus aulas, más tarde convertida en libro (en 1976): "¿Readaptación social por medio de la ejecución penal?". Vuelto a su tierra, Roberto Bergalli no tardó en tener ocasión de conocer en su propio cuerpo las bondades —¡los desgarros!— de los sistemas penitenciarios modernos. Si la pérdida de la libertad es siempre negativa, para la obra científica del eminente criminólogo argentino hay que valorarla muy positivamente. Los interrogantes que enmarcaron el título de su primer libro sobre la ejecución penal desaparecieron en los ulteriores: Bergalli ya no duda, afirma terminantemente, que el tratamiento penitenciario tal y como hoy se entiende y se aplica no consigue la readaptación social del recluso. Y lo que es más importante: que el especialista no debe tener como mira sólo lo que dentro de la prisión ocurre, sino también lo que acaece fuera de sus muros, por ser el entorno, la sociedad, el elemento configurador del complejo mundo penitenciario. Función del criminólogo es, en consecuencia, también la de procurar transformar la estructura social que lleva a la cárcel, que origina la cárcel, que mantiene la actual cárcel. Idea que sólo de forma tímida aparecía en las publicaciones de data anterior a 1976 [1980: II].

Es en ese momento, a partir de 1980, cuando nosotros conocimos personalmente a Roberto quien inauguraba su puesto de profesor en el Instituto de Criminología de la Universidad de Barcelona. Ésta, que nos atrevemos a designar como la *segunda etapa* del autor homenajeado, traduce una prolífica actividad y producción científica que, como ya se anticipó, sólo sucintamente podemos reseñar. Todavía le recordamos (y nos recordamos) organizando unos primeros Seminarios, hace unos veinticinco años atrás, en los que de modo semi-informal (pero con una seriedad que impresionaba), nos fue introduciendo en los primeros conocimientos de unas ciencias sociales que para nosotros se abrían por primera vez penetrando en la unidireccionalidad de las ciencias penales que se nos habían transmitido con una orientación positivista y dogmática. El atractivo, las dificultades y el desafío que ello suponía, nos cautivó de inmediato.

Entre tantas iniciativas que destacar, podemos señalar que desde el citado puesto docente, Roberto impulsó la aparición de dos publicaciones que fueron decisivas para la penetración —en una España que entonces se iba abriendo a otros contextos culturales— de las más ricas aportaciones de las ciencias sociales que se desarrollaban en otras latitudes (europeas, norte y latino-americanas).

Aludimos con ello, primero, a la publicación, en 1983 de *El pensamiento criminológico. Un análisis crítico*, presentado por Ediciones Península en dos volúmenes que coordinó junto a Juan Bustos Ramírez (quien vivía también su exilio de la dictadura chilena como profesor, luego catedrático, de Derecho penal, en la Universidad Autónoma de Barcelona) y también junto a la profesora Teresa Miralles. Sin ninguna exageración podemos afirmar que la citada obra se convirtió en un referente obligado, durante dos décadas y hasta el presente, de los estudios tanto de Criminología cuanto de la auténtica disciplina que Bergalli siempre trabajó por dar a conocer y lograr un (cierto) reconocimiento académico en España: la Sociología del control penal.

La otra obra que, en forma de publicación periódica, afirmó más aún la senda iniciada por la anterior, fue la aparición (en 1986) de *Poder y Control. Revista hispano-latinoamericana de disciplinas sobre el control social*. Integrada inicialmente por un Comité de Redacción compuesto por Juan Bustos Ramírez, Victoria Camps, Antonio Doñate, Hernán Hormazábal y el propio Bergalli, esta publicación, durante los pocos años que duró, supuso la penetración en España de los trabajos de los pensadores más prestigiosos, desde una perspectiva crítica con el Sistema penal, que contribuían, desde diversos países de América Latina y también desde Alemania, Italia, Gran Bretaña o Francia, a un tipo de reflexión absolutamente indispensable en los tiempos, todavía, de consolidación de un sistema democrático en el Estado español.

Pero a la aparición de estas obras le acompañó, asimismo, todo un cúmulo de actividades complementarias que fueron conformando un grupo de trabajo y estudio inolvidable. En efecto, gracias a su incansable empeño, estimulaba visitas, charlas, organización de Seminarios y Jornadas en las que siempre nos presentaba a ilustres profesores como Alessandro Baratta, Jock Young, Massimo Pavarini, Dario Melossi, Louk Hulsman, Sebastian Scheerer, Raúl Zaffaroni y tantos otros. Esas vivas y a veces encendidas exposiciones y discusiones provocaron que nosotros mismos nos fuéramos cada vez interesando más por estas cuestiones, nos aventuráramos por primera vez en otras lenguas (leyendo, hablando y también traduciendo) y, en definitiva, orientáramos nuestra futura vida profesional en los caminos que estamos señalando.

Asimismo, y desde el punto de vista docente, Bergalli, junto a Hulsman, Baratta y Pavarini, decidieron impulsar (en 1984-85) el *Common Study Programme on Criminal Justice and Critical Criminology*, como programa de estudios comunes y de cooperación inter-universitaria europea (cuyas primeras ediciones tuvimos el gusto de cursar). Este Programa, que se extendió inmediatamente a otras Universidades europeas de Italia, España, Holanda, Alemania, Grecia, Bélgica y Gran Bretaña, se llevó a cabo en el ámbito del Programa "Erasmus" (después "Sócrates") de la Unión Europea.[1] El *Common Study...* como coloquialmente siempre le llamamos, ha constituido en estas últimas dos décadas un sitio académico de encuentro y participación único y por el que han pasado centenares de estudiantes de los países nombrados (y de más de diez países de América Latina), quienes se formaron en las direcciones que se están comentando, y fueron elaborando y presentando sus *papers* y tesinas para graduarse, lo cual ha ido constituyendo un importante *corpus* alimentado con tantas presencias.

Durante estos años Bergalli participa en numerosas investigaciones, dirige innumerables trabajos y alimenta la idea, afortunadamente realizada, de implantar un *Master* —finalmente denominado como "Europeo en Sistema Penal y Problemas Sociales"— primero, gracias a la acogida brindada por el CIDOB de Barcelona y, más tarde, en el ámbito del Departamento de Derecho penal y Ciencias Penales de la Universidad de Barcelona. Al lograr que este curso de post-grado se enmarcase en el *Common Study...*, el conocimiento y estudio comparados entre realidades de Europa y América Latina fue siendo cada vez más fluido. Y sin olvidar el ámbito y la realidad de América Latina, logró también, con la Universidad Autónoma de México (sección Azcapotzalco) la implantación del aludido *Master* en el Distrito Federal, bajo la co-dirección del Prof. Fernando Tenorio.

Asimismo, durante todos estos años, Bergalli viaja de modo incansable por Europa y por América Latina, ámbitos en los que desarrolla cursos, participa en comités de redacción de numerosas publicaciones[2] y organiza muchas actividades, algunas, nuevamente, gracias al apoyo de la Alexander von Humboldt Stiftung de Bonn a lo largo de un período sabático en el que frecuenta y trabaja en diversas universidades alemanas.

Pero también, como se ha dicho, acude a América Latina y en especial, puede destacarse aquí su permanente preocupación, compromiso y entrega a la lucha contra la impunidad en su querida Argentina, tema del que no ha dejado nunca de ocuparse hasta

---

1. Los días 19, 20 y 21 de abril de 2004, se celebró, en Barcelona, la *Common Session* de este *Common Study Programme on Criminal Justice and Critical Criminology*, en la cual se conmemoraron los veinte años de vida de esta *network* europea.

2. Entre las que cabría mencionar, por sólo citar algunas de las más conocidas de países europeos y latinoamericanos, por ejemplo, a la *Revista Jurídica Veracruzana, Nuevo Pensamiento Penal, Revista de Estudios Penitenciarios, Revue Internationale de Droit Pénal, Zeitschrift für die Gesamte Strafrechtswissenschaft, La Questione Criminale, Dei Delitti e delle Pene, Papers: Revista de Sociología, Sistema: Revista de Ciencias Sociales, Capítulo Criminológico, Revista de la Facultad de Derecho de la Universidad Complutense de Madrid, Nuevo Foro Penal, Revista de Jueces para la Democracia, Doxa: Cuadernos de Filosofía y Derecho, L'Avenç.*

el presente y sobre el que ha publicado una vastísima obra como puede comprobarse con un repaso de la bibliografía que de Bergalli presentamos aquí. Entre las múltiples iniciativas en las que participa en relación con el tema relativo a las violaciones a los derechos humanos en la Argentina y a la lucha contra la impunidad, destacamos tan sólo aquí su participación como organizador, en 1997, dentro de la Plataforma Argentina contra la Impunidad del Simposio Internacional contra la Impunidad y por los Derechos Humanos, celebrado en el Salón de Actos del Colegio de Abogados de Barcelona

En esta década de los años de 1990, Roberto, quien ya frecuentaba asiduamente el Instituto Internacional de Sociología Jurídica de Oñati (Euskadi), es nombrado director del mismo (cargo que ejerció desde el 1 de septiembre de 1993 hasta el 1 de septiembre de 1995). Desde este Instituto Internacional continuará su tarea de formación, investigación y publicaciones (especialmente en la serie de *Oñati Proceedings*).

A su regreso a Barcelona, Bergalli impulsa, junto a nosotros, una de sus aspiraciones formativas más anheladas: la creación de la Especialidad del Doctorado en Derecho de la Universidad de Barcelona, en *Sociología jurídico penal*. Institucionalizada ya en estos últimos años, la especialidad ha recibido numerosos estudiantes (locales y de América Latina), algunos ya doctorados, como es el caso de Marta Monclús y Bruno Amaral.[3] Desde el punto de vista estrictamente docente, podemos concluir señalando que el *Master* Europeo y la especialidad de Sociología Jurídico Penal del doctorado señalado, constituyen las actividades docentes que Roberto Bergalli viene desarrollando hasta el presente.

Asimismo, a los pocos años de su regreso de Oñati a Barcelona, aproximadamente en el curso de 1999, Bergalli es nombrado Cap d'Estudis del Graduat en Criminologia i Política Criminal de la Universidad de Barcelona por elección directa de un Consejo de Estudios constituido paritariamente por profesores y estudiantes. Desde este nuevo puesto, Roberto impulsa los estudios de Criminología, reforma sus planes de estudio, organiza diversas Jornadas (de las que han quedado sendas publicaciones en la Universidad de Barcelona) e intenta la organización de una incipiente biblioteca especializada. Pese a todo ello, Bergalli no se siente apoyado en estas iniciativas por las autoridades de la Universidad de Barcelona, del Decanato de la Facultad de Derecho y del Departamento de Derecho Penal y Ciencias Penales de la misma. Finalmente, por desacuerdo con algunas decisiones tomadas por este último organismo, relativas a nombramientos de profesores distintos a los propuestos por él, sumado a la falta de apoyo antes mencionada, a los dos años de haber sido designado como Jefe de Estudios, Bergalli presenta su dimisión irrevocable. De tal modo, regresa una vez más a su puesto de profesor titular encargándose de la docencia en la Licenciatura en Derecho, en el *Master* y en el Doctorado antes mencionados.

Por cuanto hace su participación actual en proyectos de investigación, cabría destacar su desempeño como Investigador principal en el proyecto *Challenge —The Changing Landscape of European Liberty and Security—* que, aprobado el pasado año por la Comisión Europea, en el presente agrupa a veintiún Centros universitarios de la Unión Europea. Asimismo, podemos mencionar su participación en la elaboración del primer Informe sobre la denominada *Justicia de Proximidad* que pretende implantarse en el ámbito de la ciudad de Barcelona (en una clara apuesta por recuperar la tradición municipalista) y, finalmente, la tarea que desempeña como Presidente del Comité Científico Internacional del Observatorio del Sistema Penal y los Derechos Humanos de la Universidad de Barcelona.

---

3. Anteriormente a esta especialidad, en el marco de la anterior regulación de estos estudios en España, con Bergalli se doctoraron, por este orden, Amadeu Recasens en 1989, Iñaki Rivera en 1993, Francesc Clariana en 2000, Germán Silva en 2001 y Gabriel Ignacio Anitua en 2003.

Para finalizar este apartado, mencionaremos escuetamente una última cuestión que no podemos soslayar si tratamos la biografía del homenajeado, aunque se trate de una de las caras menos agradables de la misma. Preferimos decirlo con las palabras pronunciadas al respecto por el desaparecido profesor Francisco Tomás y Valiente, poco tiempo antes que fuera asesinado: "la Universidad española no ha sabido integrar, es decir, valorar, la tarea de algunos de los más preclaros intelectuales contemporáneos a quienes, a pesar de sus aportaciones a la Universidad durante décadas, como es el caso de Roberto Bergalli, no les permitió el acceso a una Cátedra".[4] En efecto, alguien de la altura científica como Roberto Bergalli se jubila (este año 2006) de la Universidad española como profesor titular. Nosotros no haremos valoraciones al respecto, consideramos que sobran tras las palabras pronunciadas públicamente por el profesor y excelso Magistrado Tomás y Valiente. Aquí tan sólo queremos destacar esta cuestión para que también se conozcan los contornos y los pliegues ocultos de la institución académica.

2) La aportación de Roberto Bergalli a la sociología jurídica: los caminos abiertos y los rastros

El profesor Roberto Bergalli fue la persona a través de la cual una generación de juristas nos interesamos en Cataluña, España y América Latina por la sociología jurídica. Como ha sido mencionado ya, en los años ochenta Bergalli abrió en Barcelona una línea de trabajo que ha sido imprescindible para el desarrollo de la sociología jurídico-penal en nuestros países.[5]

La importancia de su aportación radica no sólo en lo novedoso que era en esos años el interés por la sociología jurídica en la academia española, sino muy especialmente, en la forma como lo hizo. Por una parte, sus trabajos científicos se encaminaron a dar a conocer la importancia de los análisis sociológicos del derecho pero además, por otra, esos esfuerzos de organización de múltiples seminarios, conferencias, publicaciones, se vieron acompañados en todo momento por la intención de ayudar a conformar un grupo de personas interesadas en desarrollar dicha disciplina y conocimiento.

El ejemplo más claro de todo ello fue su trabajo durante los años que dirigió el Instituto Internacional de Sociología Jurídica de Oñate.[6] Uno de los objetivos principales de su dirección fue la creación de redes nacionales e internacionales de sociología jurídica y el apoyo a los jóvenes investigadores.[7] De allí surgieron iniciativas como la Red española Derecho y Sociedad, que aglutinó a muchos juristas y sociólogos interesados en la sociología jurídica y que dio numerosos frutos durante los años de su funcionamiento.[8]

---

4. Palabras pronunciadas con ocasión de presidir el Tribunal que juzgó la Tesis Doctoral de Iñaki Rivera Beiras, ante un numeroso público que asistió a dicho acto académico.

5. Entre otros múltiples trabajos, véanse: R. Bergalli, coord., *El derecho y sus realidades*, Barcelona, Promociones y Publicaciones Universitarias, 1989; R. Bergalli, coord., *Sentido y razón del derecho. Enfoques socio-jurídicos para la sociedad democrática*, Barcelona, Hacer, 1992; R. Bergalli, "Sociología jurídica", en S. Giner y L. Moreno, eds., *Sociología en España*, Madrid, CSIC, 1990, pp. 205-212.

6. Se debe destacar que desde la creación del Instituto Internacional de Sociología Jurídica el Prof. Bergalli puso en contacto a diversos juristas y sociólogos. Véase Bergalli ed., *¿Para qué la Sociología jurídica en España?*, Oñati, Inst. Internacional de Sociología Jurídica, 1995.

7. Diversas publicaciones de jóvenes sociólogos del derecho fueron apoyadas durante su dirección como la coordinada por E. Bodelón y T. Picontó, *Transformaciones del Estado y del derecho contemporáneo. Nuevas perspectivas de la investigación socio-jurídica*, Madrid, Dykinson, 1998.

8. Entre otros, el libro de M.ªJ. Añón, M. Calvo, R. Bergalli y P. Casanovas (eds.), *Derecho y sociedad*, Valencia, Tirant lo Blanch, 1998.

No se trataba sencillamente de dar cuerpo académico a la disciplina, sino de cambiar la misma forma como muchas personas estudiábamos y entendíamos el derecho.[9] Con los años, en España, los logros para la institucionalización de la asignatura de sociología del derecho han sido desiguales. Ahora bien, sin duda existe en estos momentos un grupo numeroso de investigadoras/res que desde distintas áreas abordamos nuestro trabajo con los instrumentos de la sociología jurídica. Algo muy importante ha cambiado en la forma como entendemos y estudiamos los hechos jurídicos y eso se lo debemos, entre otras personas, a Bergalli, a su apoyo y a sus luchas.

El hecho de que un profesor de Derecho penal sea en estos momentos una de las referencias internacionales para la investigación socio-jurídica es otro dato de suma relevancia. Bergalli ha transformado la forma de entender e investigar en el área de las ciencias penales, en particular, y del derecho en general. Su ejemplo nos muestra que, más allá de la institucionalización de las disciplinas, es nuestra práctica docente y de investigación la que construye nuevas formas de entender los fenómenos jurídicos, la que puede generar otro modelo de juristas y derecho, la que puede transformar nuestra realidad social. Por cierto, esta preocupación por el modelo de jurista es otra de las cuestiones que ha abordado Bergalli en numerosos trabajos, especialmente en los dedicados al estudio de la profesión judicial.[10]

La perspectiva que Roberto Bergalli ha desarrollado respecto de la sociología jurídica constituye un ejemplo de cómo resolver uno de los ya viejos debates dentro de esta tradición, el debate sobre su metodología y *status* epistemológico. La Sociología del derecho no presenta una perspectiva unitaria, sino que bajo dicho rótulo se encuentran formas diferentes de plantear el conocimiento sociológico de los fenómenos jurídicos. Una de las polémicas que ilustran dicha diversidad de enfoques es la sostuvieron Renato Treves y Giovanni Tarello sobre la relación entre la sociología del derecho y la ciencia jurídica. Ambas posturas se conocen como la de la "Sociología del Derecho", relacionada con Renato Treves, y la de la "Sociología en el Derecho" vinculada con la ideas de Giovanni Tarello.[11]

La posición de Treves de una "Sociología del Derecho", propone la autonomía de la sociología del derecho respecto de la ciencia jurídica: la Sociología del Derecho sería una Sociología particular que adoptaría el método y punto de vista sociológico, una Sociología del Derecho de los sociólogos. La posición de Tarello, "la Sociología en el Derecho" parte de la necesidad de realizar investigaciones sociológicas, desde una ciencia del derecho que integre la Sociología jurídica, dirigidas por juristas.

La polémica entre estas dos posiciones nos plantea una reflexión plenamente actual, la de cuál debe ser la naturaleza de la Sociología jurídica, su vinculación con la Sociología y la ciencia jurídica y sus instrumentos metodológicos. Es necesario superar la oposición entre ambas tesis para rescatar los elementos más valiosos de cada una de ellas y evitar algunos peligros. Se trata, por tanto, de conjugar ambas perspectivas extrayendo de ambas sus más valiosas aportaciones. Todo esto supone que para que la

9. R. Bergalli, "Más sobre la institucionalización de la sociología jurídica", *Doxa. Cuadernos de Filosofía del Derecho*, 10, 1991, pp. 329-338.

10. R. Bergalli, "Protagonismo judicial y representatividad política", *Doxa*, n.º 15-16, 1994, pp. 423-445; R. Bergalli, *Hacia una cultura de la jurisdicción: ideologías de jueces y fiscales*, Buenos Aires, Ad-Hoc, 1999.

11. Sobre el debate entre R. Treves y G. Tarello, véanse: R. Treves, "Tre concezioni e una proposta", *Sociologia del diritto*, n.º 1, 1974; G. Tarello, "La sociologia nella giurisprudenza", *Sociologia del diritto* n.º 1, 1974, pp. 48-49; E. Díaz, "Un debate sobre la sociología del derecho en una nueva revista italiana", *Anuario de Sociología y Psicología Jurídicas*, 1975, n.º 2, pp. 259-266; J.A. Pérez Lledó, "Estado teórico e institucional de la sociología jurídica en España: un breve diagnóstico y un enésimo manifiesto", en: R. Bergalli, *El desarrollo y las aplicaciones de la sociología jurídica en España*, Oñati, Oñati Proceedings, n.º 19, 1995, pp. 264-271.

Sociología del Derecho cumpla una función crítica respecto de la cultura jurídica formalista, debe adentrarse en el fenómeno jurídico, en sus problemas específicos, pero haciéndolo con los instrumentos de los científicos sociales.

Este planteamiento de la Sociología del Derecho formaría parte, por tanto, de una más amplia concepción del derecho que pretende dar cuenta del carácter plural del fenómeno jurídico y que se incluye en un proyecto de superación de las dicotomías de la modernidad.

En este sentido, Bergalli señala, a propósito de un artículo de Realino Marra,[12] que el "nudo" que representan las diferencias de objeto de conocimiento que separa a la dogmática jurídica de la Sociología del Derecho se resolvería si:

> [...] el derecho es considerado como fenómeno social complejo dentro del cual el elemento normativo, aunque esencial, no puede escindirse de los factores externos que lo producen o que constituyen el marco o el objeto de su actuación. De ese modo la unidad de objeto de conocimiento se reconstruiría en la perspectiva que Marra propicia de una ciencia social de los fenómenos normativos, ciencia que no podría ocuparse de una realidad de dos caras...[13]

Esta idea conecta además con aquella central a la tradición del pensamiento crítico de Marx a Gramsci, de la Escuela de Frankfurt a Pierre Bourdieu, de Simone de Beauvoir a Rosa del Olmo: nuestro pensamiento crítico debe alimentarse de las prácticas sociales e investigar dichas prácticas sociales para que ellas sean un factor que pueda transformar el mundo, tal como lo ha hecho y sigue haciendo Roberto Bergalli.

3) El control punitivo estatal *versus* control social

En el marco de este pensamiento crítico sobre el derecho, el Estado y la sociedad tenemos que situar la crítica que Bergalli ha llevado a cabo en estos últimos años, podemos decir desde 1998,[14] sobre el uso de la categoría anglosajona *social control* por parte de un sector de la doctrina *iuspenalista* española. Con ello toma distancias también de sus trabajos anteriores en los que esta categoría estaba presente con la distinción entre control formal y control informal.[15] El mal uso de la categoría "control social" empaña para él lo que debería ser una correcta comprensión del papel del derecho y del derecho penal en la sociedad moderna. Una parte relevante de la doctrina *iuspenalista* presenta al derecho y al derecho penal como instrumentos del Estado, instrumentos que le sirven para ejercitar junto con otros medios su control sobre la sociedad.

Este sector de la doctrina, bajo la influencia de las teorías funcionalistas, define al Derecho penal como un instrumento del control que la sociedad ejercita sobre el individuo. Mas, al hacer esto, subraya Bergalli, diluyen la naturaleza específica del control ejercitado por el derecho penal. Porque una cosa es el control que la sociedad ejercita sobre sus miembros y otra muy diferente el control punitivo que implementa el Estado a través del derecho y el sistema penal y que tiene una naturaleza muy distinta al

---

12. R. Marra, "Lo statuto scientifico della sociologia del diritto e la tutela weberiana", *Materiali per una storia della cultura giuridica*, 1991, pp. 277-287.

13. R. Bergalli, "Más sobre la institucionalización de la sociología jurídica", *Doxa* n.º 10, 1991, pp. 329-338.

14. Véase R. Bergalli, "¿De cuál derecho y de qué control se habla?", en Id., *Contradicciones entre derecho y control social*, M.J. Bosch-Goethe Institut-Barcelona, Barcelona, 1998.

15. Véase R. Bergalli, J. Bustos y T. Miralles, *El Pensamiento Criminológico I (Un análisis crítico)*, Península, Barcelona, 1983.

primero. La cultura jurídica, subraya Bergalli, presta poca atención al hecho de que el derecho es uno de los instrumentos que tiene el poder político para imponer su hegemonía, organizar y legitimar los procesos de acumulación de la riqueza y para distribuir y vertebrar los poderes sociales.

Como es sabido, la sociedad moderna se vertebra como una sociedad jurídica en la que el Estado se convierte en el único poder legitimado para ejercitar violencia sobre sus miembros. Para ello deberá monopolizar un tipo de violencia y establecer las bases jurídico-políticas que lo legitimen a ejercitarla, esto es, que conviertan a su violencia en una violencia legítima. El subsistema estatal encargado de ejercitar esta violencia es el penal, en el cual están integradas para la doctrina no sólo las normas penales y procesales, sino también las de ejecución de penas, judiciales y policiales. Por ello, a la hora de hablar del control que ejercita el Estado en la sociedad es más correcto para Bergalli utilizar el concepto de "control punitivo estatal" o de "control jurídico-penal", control que el Estado implementa a través del sistema penal.

El concepto *social control*, escribe Bergalli, es propio de la sociología anglosajona que la cultura jurídica continental importa para explicar las relaciones entre el Estado, el derecho y la sociedad sin tener presente su significado originario y el contexto en el que nace y es usado. La incipiente sociología académica norteamericana, edificada bajo el amparo del departamento de Sociología de la Universidad de Chicago, utilizó la voz *social control* para referirse a los procesos de integración de los inmigrantes llegados en aquellos años de Europa en las ciudades norteamericanas.[16] El objetivo que se perseguía era el del establecimiento de un nuevo orden social, en el que estuvieran integrados los foráneos, y, en consecuencia, una forma de vida en común. Para sociólogos como R. Ezra Park, del departamento de Sociología de Chicago "la superación de las barreras lingüísticas y la inmersión de los inmigrantes en la lengua vernácula del país debía constituir la meta que permitiría superar las diferencias y llevar a cabo una organización social controlada".[17] En este sentido, los primeros usos del concepto *social control* tuvieron, como señala Bergalli, una clara pretensión de organización y preservación del orden social. Pero no todo acaba aquí ya que el interaccionismo simbólico hace suyo el concepto para referirse al control que la sociedad en su conjunto —el poder social instituido diría Castoriadis— ejerce sobre el individuo, en el proceso que va del *self control* al *social control*. El individuo, dice G.H. Mead, se somete al control de la sociedad mediante la asunción del "otro generalizado" o, lo que es lo mismo, a través de la aceptación de las instituciones propias de "la comunidad o grupo social organizado".[18] Asimismo, como analiza Melossi en *El Estado del control social*, este concepto fue utilizado como una categoría central por distintas teorías y políticas que bajo el Estado benefactor y asistencial preconizaban la superación del conflicto social a través del consenso y la armonía y el equilibrio entre las clases sociales.[19]

Pues bien, estos distintos significados y usos del *social control*, concebido ya como una institución social por la sociología norteamericana, llevan a Bergalli a cuestionar el uso que él también hacía de este concepto y a reivindicar, desde entonces, las diferencias existentes entre el uso que le dan los sociólogos a este término y el que le dan los

16. D. Melossi, *El Estado del control social*, S. XXI, Madrid, 1992, pp. 152-159.

17. R. Bergalli, "Las funciones del sistema penal en el estado constitucional de derecho, social y democrático: perspectivas socio-jurídicas", en R. Bergalli (coord. y col.), *Sistema penal y problemas sociales*, Tirant lo Blanch, Valencia, 1998, p. 33.

18. G.H. Mead, *Espíritu, persona y sociedad. Desde el punto de vista del conductismo social*, Paidós, Buenos Aires, 1972, pp. 183-184.

19. Sobre los distintos empleos y aplicaciones que ha tenido el concepto, véase D. Melossi, *op. cit.*, pp. 160 y ss.

penalistas en relación al derecho y el sistema penal. Para él es importante tener presente esta diferenciación ya que como antes veíamos los sociólogos utilizan dicho concepto como un elemento de los procesos de integración en los que en innumerables ocasiones no está ni siquiera presente el Estado como agente de organización e integración social, llegando incluso algunos autores a rechazar expresamente su participación en estos procesos. Así, los sociólogos hablan de control social de la sociedad en contraste con un control social del Estado. En cambio, en la doctrinal penal continental el Estado está presente como principal fuente organizativa de los recursos y como uno de los principales agentes responsables de la integración social.

Sin embargo, lo que más le interesa destacar a Bergalli es que el control de la sociedad y el que implementa el Estado no son de la misma naturaleza y, en consecuencia, no son equiparables. La naturaleza política que subyace en el control social del Estado es el de la capacidad que tiene para monopolizar el ejercicio de la violencia legítima a través del sistema penal. En cambio, el control que la sociedad ejercita sobre sus miembros se fundamenta en el orden simbólico, es un control ideológico-cultural en el que también está presente la violencia, pero con otros rasgos y formas de expresión.

En el Estado de derecho el sistema penal es el encargado de ejercitar el control jurídico-penal en el orden social. Tiene el monopolio de la capacidad de dictar normas de forma vinculante y de hacer que se respeten. Su autoridad se fundamenta en la concentración en sus manos de todos los medios de la violencia física. Ahora bien, como escribe Bergalli, el ejercicio de esta violencia legítima no basta por sí misma para asegurar la obediencia de los súbditos y para alcanzar un determinado orden social. Se requiere además que los miembros de la comunidad se sometan voluntariamente al dictado de sus leyes, mas para ello se requiere que crean que las normas estatales son legítimas. El monopolio del ejercicio de la fuerza física necesita tener un criterio de legitimidad legal-racional para que los ciudadanos se sometan racionalmente a leyes impersonales. Haya un sometimiento racional por los ciudadanos a leyes impersonales. El control jurídico-penal, subraya Bergalli siguiendo a Weber, sólo puede comprenderse cuando el derecho penal garantiza y protege intereses públicos, el denominado bien común.

Desde esta perspectiva *weberiana* hay que partir, según Bergalli, para analizar las instancias del sistema penal *dinámico*: policía(s), jurisdicción penal (administración de justicia) y cárcel (instituciones penitenciarias).[20] De los innumerables trabajos que Bergalli ha dedicado al análisis de estas instancias queremos destacar su crítica a los programas de tratamiento carcelario —la denominada por él *falacia penitenciaria*,[21] el análisis de la naturaleza y de la cultura de la jurisdicción penal y su preocupación constante por explicar el origen y las transformaciones que cada uno de estos subsistemas penales sufren a lo largo de los procesos de modernización teniendo presente siempre los contextos socio-históricos en los que están actuando, especialmente en cuanto a lo que afecta a las problemáticas específicas de los países de América Latina y las muy diferentes de los países europeos. No es posible entender el funcionamiento de tales instancias sin tener presente la historia y las transformaciones económicas, culturales y políticas de las sociedades. Adoptando este enfoque Bergalli no hace más que seguir el paradigma de la criminología crítica, paradigma que inició y propulsó el maestro y gran amigo suyo Alessan-

---

20. Bergalli distingue entre sistema penal estático y sistema penal dinámico. El sistema penal dinámico, como hemos visto, se ocupa del estudio de las instancias del sistema penal. En cambio, el sistema penal estático está formado por el conjunto de normas penales, procesales, policiales, jurisdiccionales y ejecutivo penales. Sobre esta cuestión, véase Bergalli, *op. ult. cit.*, pp. 42-54 y 315-347.

21. R. Bergalli, "La falacia penitenciaria", *Jueces para la Democracia*, n.º 13, pp. 24-26.

dro Baratta. Con ello Bergalli también, nos atrevemos a afirmar, realiza una de las contribuciones más relevantes de la sociología española y latinoamericana sobre el papel de cada una de estas instancias del sistema penal en la reproducción del orden social o, si se prefiere, sobre la comprensión del papel del Estado a la hora de implementar el control jurídico-penal en el seno de nuestra sociedad.

Menciones finales

La presente obra se ha estructurado en cuatro Partes, las cuales llevan por título I. Filosofía del Derecho y Antropología Jurídica, II. Sociología del Control Penal y Problemas Sociales, III. El Sistema penal: historia, política(s) y controversias; IV. Recuerdos y reflexiones en voz alta. Además de dichas Partes y de esta Presentación, bajo el epígrafe "Infancia y vivencias", las páginas de Gustavo Bergalli trazan los primeros años de la vida y entorno familiar en que ambos iniciaron sus primeros caminos de socialización. Al final de la obra, reseñamos la producción bibliográfica de Roberto Bergalli reaizada hasta ahora que hemos podido documentar.

También incluimos algunas fotos que retratan instantáneas en la vida de Roberto Bergalli en compañía de amigos y familiares. Gracias por semejante búsqueda, Serena, no hubiésemos podido hacerlo nosotros. Y por supuesto, también te agradecemos la selección de otros materiales indispensables, revisiones, correcciones y múltiples comentarios.

En el conjunto de esta obra hemos procedido a incluir las contribuciones enviadas en estos dos años de elaboración por los amigos, compañeros y discípulos de Roberto Bergalli que nos remitieron los textos ahora compilados. A todos ellos (profesores de tantos países, investigadores, estudiantes, magistrados, fiscales, defensores y operadores del derecho en general), les agradecemos enormemente su participación. Ha sido un placer que este homenaje nos haya reunido en un verdadero acto de comunicación.

Asimismo, queremos agradecer especialmente a Valeria por las precisiones que realizó sobre ciertos episodios de la vida de su padre, por algunos contactos personales importantes por las correcciones realizadas y por las conversaciones cómplices que mantuvimos últimamente.

Otra vez, también, nuestro agradecimiento a los amigos de Anthropos Editorial, no sólo por aceptar hacerse cargo de una publicación en extremo difícil, sino por su paciencia, rapidez final y por la sensiblidad y el cariño con que abordaron desde el principio esta tarea.

La proyección intelectual de Bergalli, su obra, sus actividades pero, cómo no, su compañía ética, constituyen elementos más que suficientes para poder hablar de la conformación de una auténtica *Escuela*. Sabemos que no tuviste esa intención expresa Roberto, mas, pese a ello, esta obra pone de relieve que aquélla se ha ido configurando.

IÑAKI RIVERA BEIRAS
HÉCTOR C. SILVEIRA GORSKI
ENCARNA BODELÓN GONZÁLEZ
AMADEU RECASENS I BRUNET

INFANCIA Y VIVENCIAS

Gustavo Bergalli

Quiero con este pequeño y humilde relato, describir un poco cómo era nuestra vida como niños y después como adolescentes, para dar una idea fugaz de los antecedentes que rodearon a mi querido hermano en los años de su infancia y juventud. No soy escritor, sino artista plástico y músico, así que disculpen las pequeñas faltas en la descripción de todas estas historias. Aclaro que cuando su gran amigo Iñaki Rivera me pidió que escribiera algo sobre la juventud de Roberto para colaborar desde un ángulo distinto al de los demás, me pareció hermosísimo poder hacerlo, pero cuando comencé el relato me di cuenta de la terrible responsabilidad que todo esto implicaba. Escribir como hermano sobre su infancia y juventud no fue fácil, no porque ésta haya sido difícil, todo lo contrario, fue felicísima como van a poder comprobar, sino porque éste iba a ser el único relato en el libro que ayude a comprender los antecedentes que rodearon su vida para formar su personalidad. Espero que les resulte, así como es de simple y breve, de valor, y que colabore un poquito en la imagen que se hagan de un Roberto joven preparándose para la vida. Mi hermano y yo crecimos y nos educamos en la casa de la calle Aráoz, en la ciudad de Buenos Aires. Somos dos solamente y estuvimos rodeados de amor. Fundamentalmente el de nuestros queridos padres, que se desvivieron por nosotros, pero también por el de nuestros parientes maternos, sin desmerecer a los paternos, por supuesto. Tíos abuelos, tíos, primos, primos segundos y demás, que conformaban entre todos un grupo familiar numerosísimo. Era la típica familia italiana. Esto nos venía de nuestros bisabuelos de Andrea. Muchos de todos ellos vivían en la vereda de enfrente. Las casas de toda la cuadra estaban habitadas por ellos y comunicadas entre sí por jardines y patios. Esto nos permitía y facilitaba un contacto cotidiano entre todos nosotros. La persona que favorecía esta unión familiar fue nuestro querido tío abuelo Monseñor de Andrea, obispo de Temnos. Vivía en una casa hermosa de dos pisos de estilo colonial. Él habitaba la planta baja y su hermana, nuestra tía abuela Josefina de Andrea de Parente con su esposo, la planta alta. Ahí lo venían a visitar grandes personalidades de nuestro país. Recuerdo que siendo yo chico acostumbraba a verlo desde nuestra ventana, hablar en la puerta de su casa con el que, después me vine a enterar, era el gran político argentino presidente del Partido Socialista, el Dr. Alfredo Palacios, entre otros. Esto demuestra la mentalidad abierta que él tenía. Nuestros abuelos maternos vivían justamente enfrente de nuestra casa —nosotros éramos los únicos que vivíamos de ese lado de la calle—, ahí nos llevaban nuestros padres para que nos cuidaran durante el tiempo que ellos estaban ausentes trabajando. Este cuidado lo llevaba a cabo fundamentalmente nuestra querida tía Juanita. Era una prima hermana de mamá que fue como nuestra segunda madre. Ella ayudó a cuidar a todos nuestros primos también. Le debemos mucho, esencialmente por esa gran cuota de amor que nos daba. Se desvivía por todos nosotros. Recuerdo que los domingos nos reuníamos toda esta gran familia en la casa de Monseñor de Andrea, Chiche, como lo llamábamos cariñosamente. Esas reuniones eran hermosas, se hacían con él o sin él, ya que viajaba mucho y principalmente a Roma, a El Vaticano. Cada vez que volvía de allí nos traía pequeños regalos. Lo recuerdo sentado en una gran silla en el comedor, abriendo una bolsa y repartiéndolos. ¡Qué fiesta que era! Era un ser de gran bondad y gran inteligencia. Por sus ideas fue un avanzado en su época y justamente por esto no fue nombrado Cardenal Primado de la Argentina. Estoy seguro que con él las cosas hubieran resultado diferentes históricamente, en la Iglesia Católica Apostólica Romana de nuestro país.

Nuestro padre fue de una gran bondad, pero con un carácter bien fuerte. Él fue un "familiero" y defendía a su núcleo familiar fervorosamente. Nosotros éramos intocables. Fue constructor y jefe de una sección de la Municipalidad de la Ciudad de Buenos Aires. Nuestra madre también se caracterizaba por su gran bondad. Fue primero maestra y después directora de un colegio de la Capital Federal, o sea que los dos trabajaban a la par para llevar adelante la familia. A mí siempre me sonaba raro cuando en Suecia, país donde residí treinta años, escuchaba comentarios de que en los países de sangre latina, la mujer se queda en casa y el hombre sale a trabajar, me resultaba extraño porque con nuestros padres y ya en aquel entonces, las cosas eran diferentes. Mi abuela paterna había sido directora también y mi abuelo paterno Juez de paz y jefe en la Municipalidad, así que para nosotros era muy normal que ambos padres trabajaran. Tuvimos desde chicos un gran contacto con nuestro tío paterno y su familia, no demasiado con los demás hermanos de mi padre. Con nuestra abuela paterna, Rosa, tuvimos contacto también, no tanto con nuestro abuelo Juan, ya que vivía lejos, de todas formas lo visitábamos de vez en cuando. Con el resto de la familia Bergalli comenzamos a tener mayor contacto a partir del año 1960, gracias a la iniciativa de un primo de nuestro padre que se llamaba Eduardo Héctor Bergalli, en ese momento intendente de la Ciudad de Buenos Aires. Éste fue el organizador de una cena en el Hotel Savoy de Buenos Aires a donde acudieron todos los varones de apellido Bergalli. Eran otros tiempos y otras mentes. Recuerdo cenas o asados que nuestro padre organizaba en casa, a los que asistían Monseñor de Andrea y Eduardo Héctor. Fueron momentos inolvidables para mí y para mi querido hermano también. A partir de esta cena en el Savoy comenzamos a tener contacto con parientes de esta rama de la familia. Se agregaba de esta forma una nueva dimensión a nuestro grupo familiar, dimensión que por cierto nos trajo aparejado grandes y hermosas experiencias. Hemos quedado en estrecho contacto con muchos de ellos como ser entre otros, el primo de nuestro padre y querido tío junto a sus hijos y su esposa Marita, el Dr. Armando Bergalli y también la hija de Eduardo Héctor junto con su esposo e hijos, la Dra. Eduarda Bergalli. Mi hermano aunó los aspectos sobresalientes o destacados de la personalidad de nuestros padres, la capacidad de amor, la generosidad, y la honestidad. De mi madre la bondad y el intelecto, de mi padre la fuerza vital y un cierto carácter fuerte. El deporte estuvo muy presente en nuestras vidas, gracias a nuestro padre que había boxeado y jugado al rugby en sus años mozos. Él nos introdujo a todo esto, tal es así que en el fondo de nuestra casa, los fines de semana y mientras él arreglaba el jardín, o preparaba todo para un buen asado, colgaba la bolsa de boxear y nos entrenaba. Después nos hacía hacer unos "rounds" entre nosotros o con amigos de ambos que nos venían a visitar. Mi hermano siempre fue muy talentoso, tanto para los estudios como para los deportes. De alguna forma él configuraba el hijo y hermano mayor modelo. Fue siempre uno de los mejores alumnos en la escuela, tal es así que muchas veces era el abanderado en las ceremonias patrias, lo que dc alguna forma demostraba la seriedad con que encaraba sus estudios, fueran estos los primarios, secundarios y luego los universitarios. La responsabilidad ha sido una de las facetas fuertes de su personalidad. Cuando éramos chicos estudió la guitarra y muy bien, iba a un profesor y tocaba música. Era para mi todo un ejemplo verlo practicar con el instrumento que nuestros padres le habían comprado. Yo cuando él no se daba cuenta, y teniendo 6 o 7 años, se la robaba a escondidas y la "rascaba". Mi hermano siempre fue para mi un ejemplo de pasión, dedicación, seriedad y responsabilidad. En el colegio yo fui terrible y me cansaba de escuchar que yo tenía que ser como él, todo un ejemplo. Como antes describí, heredó de mi padre esa fuerza vital, ese temperamento y ese concepto de la justicia, con la diferencia que lo último nombrado lo llevó a un plano muchísimo más intelectual, y hasta sus últimas consecuencias. Ingresó a la Facultad de Derecho y se recibió como un gran alumno. Yo tengo la sensación de que nunca perdió el tiempo, todo lo hacía cuando lo tenía que hacer, lo que de alguna manera fue para mi un ejemplo difícil de seguir, pero un ejemplo al fin. Fue gran jugador de rugby, esta pasión la mantuvo a través de toda su vida, creo que el último partido lo jugó hace apenas unos años atrás, a pesar de haberse lastimado mucho la rodilla en sus años de gran actividad. Cada uno de nosotros heredó a su manera ese temperamento fuerte y ambicioso de nuestro padre, sin dejar de lado la bondad, generosidad e intelectualidad de nuestra madre. Ellos nos inculcaron el principio de hacernos respetar, pero mi hermano como era el mayor fue aconsejado por nuestro padre de una manera extra, a defender a su hermanito menor. Una vez a la edad de 10 años estando yo en la vereda de enfrente de nuestra casa, precisamente donde vivían nuestros parientes, sosteniendo con orgullo mi bicicleta Phillips, veo de repente que se me acerca la "barra peligrosa del barrio". Eran como cinco o seis, liderados por "el santo", todos ellos delincuentes conocidos, y bajo amenazas muy fuertes me roban mi querida "bici". Desahuciado y llorando me fui a casa, ahí estaba mi hermano que me preguntó qué había pasado, al contarle me contestó inmediatamente: ¡vení conmigo!, ¿para dónde se fueron? Yo le informé y salimos rápidamente para allí. Cuando llegamos, estaban todos con mi bicicleta en el medio del grupo. Él se acercó con mucho ímpetu y decisión y encarándolos con firmeza les ordenó que me la devolvieran. Se trenzó en una discusión que podría haber terminado de cualquier manera, pero finalmente logró que esa barra de delincuentes me devolviera mi bicicleta, de ahí nos fuimos caminando tranquilamente para casa. Yo bien orgulloso de la actitud que él había tenido para conmigo. Él tuvo siempre esa cosa de defender lo justo y creo que ese sentimiento profundo ha sido el que mantuvo siempre dentro de él y lo llevó a ser lo que es hoy en día. Ha tenido siempre vocación para actos de justicia. Todos los meses de febrero, en pleno verano en Argentina, nos íbamos de vacaciones a Mar del Plata, ciudad balnearia en la costa Atlántica de la Argentina, a 400 km de Buenos Aires. Para allí salíamos como a las cuatro de la mañana de todos los 3 de febrero a pasar un hermoso mes. Hay muchísimas fotografías, como es de suponer. No solamente salíamos nosotros, salían todos nuestros parientes maternos. Nos alojábamos en un hotel al nivel del mar y junto a la playa. Era la última sección de una playa enorme que se llama Punta Mogotes. Teníamos además de una distancia grandísima entre las carpas y el mar, unas rocas maravillosas al costado de éstas. Esto hacía que además de jugar en un espacio inmenso de arena, hiciéramos incursiones también sobre las rocas dejando volar toda nuestra imaginación y fantasías. Seríamos como cincuenta incluyendo a Monseñor de Andrea, él se alojaba en una casita muy linda y pintoresca al lado del hotel donde estaba el resto. Estaba ubicada al lado de la playa. Chiche, como lo llamábamos, había sido creador entre otras cosas de una obra monumental que se llama "La casa de la empleada", aquí se podían alojar las empleadas y pasar un tiempo de reposo y sosiego, al mismo tiempo que se les brindaba apoyo para continuar en la ardua lucha por la vida. Este mes en Mar del Plata era importantísimo para todos nosotros y todos los primos lo recordamos con un profundo amor. Yo le debo a mi hermano el haberme iniciado en la música de jazz. Él me hizo escuchar las primeras grabaciones de Louis Armstrong y esto fue lo que me selló para el resto de mi vida. Me dediqué al jazz y toco la trompeta, soy músico profesional de jazz, ¡así que figúrense lo que le debo! Nuestro padre nos llevaba con el Citroën 11 ligero, año 1947, a entrenarnos y después los domingos, a jugar los partidos de rugby. Nuestra madre se quedaba en casa a la espera. No podía acudir a los *matches*, sufría demasiado, así que esperaba en casa y con gran preocupación por temor a que algo malo pudiera habernos ocurrido. Había que verle la cara cuando volvíamos a casa y preguntaba inmediatamente si había pasado algo. Roberto me inició también en el remo. Solíamos ir juntos al club "Regatas la Marina", un famoso club de remo en el Delta de los ríos Paraná y Uruguay al norte de Buenos Aires. Juntos salíamos a remar, pasábamos todo el día allí. Nuestra madre preocupada y nuestro padre seguramente también pero no lo demostraba. Mi hermano me enseñó los rudimentos de este hermoso deporte y compartíamos el bote, las horas, el día, las aventuras. Como es bastante común entre hermanos, hubo algunas cosas importantes en nuestras vidas tempranas que no compartíamos muy activamente el uno con el otro: la abogacía y todos sus derivados, que era lo suyo, la música que era lo mío y los amigos. Yo recuerdo que cuando yo era chico y como ya conté, gracias a él me nació la pasión por la trompeta y la música de jazz, con muchos esfuerzos logré con mis ahorros comprar, a medias con mi gran amigo Roberto Bó, un fliscornio, que es como una trompeta mas cónica, tiene un sonido mas aterciopelado, por supuesto no cuando yo como principiante lo hacía sonar. Parecían mugidos de una vaca desesperada. Siendo él ese alumno aplicado, estudioso y yo no, ocurría que cuando yo volvía de la escuela y mientras él estudiaba, me zambullía desesperadamente y con todo el corazón sobre el fliscornio. Lo hacía mugir estrepitosamente tratando de lograr lo que tanto ansiaba. Frente a este hecho "insano" para la salud auditiva de toda la familia, mi querido hermano me gritaba y por supuesto en su fuero interno arrepintiéndose terriblemente de lo que había hecho conmigo, es decir, presentarme a Louis Armstrong: ¡Terminá con ese cuerno de mierda! Cada vez que se lo recuerdo hoy en día nos matamos de risa.

Habría montones de anécdotas más para contar sobre él, pero lo dejaré para otra oportunidad, ya que esto llevaría muchas hojas y no creo que sirviera tanto para el objetivo general del libro. Resumo entonces toda nuestra infancia a lo que ya he contado. Mi hermano contrae matrimonio con Loredana a los 24 años, yo tenía 19, por supuesto él se muda a su propia casa y después de un año mis padres y yo nos mudamos a un departamento, dejando esa hermosa casa con su jardín para alimentar nuestros recuerdos de la infancia.

Una vez recibido de abogado, comenzó a trabajar en el Palacio de Justicia de Buenos Aires, lo que llamamos en Argentina "Los Tribunales", al poco tiempo tuvieron su esposa y él una hermosa hija, Valeria, de la cual, para mi asombro y alegría, me hicieron padrino. Los años pasaron, ellos se fueron a vivir a otros países, y si bien sufrimos la distancia física, siempre hemos estado unidos, siempre he sentido su presencia espiritual, siempre lo he tenido cerca mío en todo sentido. Por nuestras profesiones estamos a veces él por su lado y yo por el mío, de viaje, pero esto no nos impide que estemos de una forma u otra siempre comunicados. En él siento un apoyo muy grande para hacer lo que hago. Siempre dispuesto, siempre listo para ayudarme en lo que yo necesite, se lo pida o no. Siempre ha sido así, y no solamente conmigo, con mis hijos también, que yo sé que él quiere mucho. Ama a su hija Valeria por sobre todo, siempre se desvive por ella, siempre está listo para ayudarla o asistirla, ella está constantemente en sus pensamientos, lo que hace que sea un padre ejemplar. Yo sé que así es con sus amigos y conocidos también. Es un gran entusiasta de la música que yo hago constantemente está preguntándome, interesándose por lo que hago. Yo sé que siempre puedo contar con él y con su actual pareja, Serena, también. Sigue siendo como en la escuela primaria, uno de los mejores alumnos de la escuela de la vida. El gran abanderado, el seguidor de sus principios contra viento y marea. Sé que es muy apreciado y querido por sus amigos, lo es también por sus discípulos, y ésta es una razón más entre muchas para sentirme orgulloso de mi hermano. ¡Lo quiero y admiro profundamente! Releyendo lo escrito, recibo la impresión de que pareciera ser que todo en nuestra juventud aparece como tan perfecto y paradisíaco, lo que ocurre es que yo rescato, por mi personalidad, lo positivo de nuestras vidas, no es tan exagerado lo que describo. Creo que en reglas generales ha sido así, hemos sido muy afortunados en nuestra infancia y juventud, y hoy en día siendo las personas mayores que somos, y habiendo transcurrido por esta vida con algunos grandes sinsabores, tanto Roberto como yo acostumbramos a valorar lo hermosa que ha sido nuestra juventud. Estamos profundamente agradecidos por ello.

I

FILOSOFÍA DEL DERECHO Y ANTROPOLOGÍA JURÍDICA

REALISMO CRÍTICO Y ESTADO DE DERECHO

Elías Díaz

Las cuestiones que van tratadas en estas páginas de homenaje al viejo y querido amigo Roberto Bergalli, así como mis propias posiciones en torno a ellas, son ya sobradamente conocidas por él. A mi (¿nuestra?) edad ya apenas se innova; y cuando se hace, a veces es para peor. Han sido entre nosotros y —espero— seguirán siendo, muchos años de recíprocas lecturas, de conversaciones, debates (en ocasiones discrepantes pero en lo fundamental concordantes), de comunes afanes, de críticas y utopías quizás formuladas con carácter más rotundo y radical por él. Lo que va aquí es un a modo de resumen actualizado sobre algunos interrelacionados temas, presentes de siempre en mis escritos de filosofía jurídico-política: legalidad, legitimación, legitimidad, respeto y obediencia (o no) a las leyes, así como exigencias de fundamento ético en el marco de un Estado social y democrático de Derecho.

I. **Filosofía del Derecho: validez, eficacia y legitimidad de las leyes**

¿Cualquier ley merece obediencia y respeto? ¿También la de un régimen tiránico que viola en sus normas jurídicas los más fundamentales derechos humanos? ¿Y qué decir de otras más graduables situaciones, más complejas y debatibles, como por ejemplo sobre la concreta ley (hipotéticamente) no injusta de una dictadura o la ley no (necesariamente) justa de un sistema democrático? ¿Quién, y cómo, ha de establecer qué ley —o, en su caso y en última instancia, qué ordenamiento jurídico, qué Derecho— merece obediencia y respeto? ¿Es siempre y con carácter absoluto el respeto a la ley una virtud pública? ¿No podría serlo también, o más bien, incluso en una democracia, el no respeto, la disidencia, la resistencia o hasta la desobediencia a ciertas leyes por razones morales? ¿Dónde y cómo radicar el punto o la línea de fractura, también de conexión, el criterio de determinación entre ley y conciencia? ¿Hay, de todos modos, una presunción ética a favor del ordenamiento jurídico democrático —así lo creo, con base en la libertad y la autonomía moral— frente a los no democráticos emanados de regímenes dictatoriales, absolutistas, totalitarios? Es, creo, bien conocida y discutida mi posición: hay (puede haber) razones morales para la desobediencia al Derecho y hay (puede haber) razones morales para su obediencia ¿Cuáles son más justas, más morales, en cada situación concreta, en coherencia con una no imposible, tampoco infalible, teoría general?

Este tipo de cuestiones son, a mi juicio, algunas de las más relevantes que se plantean al tratar hoy —y quizás siempre— del respeto a la ley, al Derecho y, a su vez, a la conciencia. Por supuesto que en modo alguno pretendo yo hablar aquí de todas y cada una de ellas de modo sistemático y exhaustivo; menos aún se podrían prometer, ante tal complejidad, respuestas únicas e inatacables; para profundizar sobre estos tratamientos y debates existen ya, por lo demás, buenas monografías y abundantes bibliografías. Desde ahí, interrelacionadas como están dichas preguntas, a lo que sí aspiro como mínimo es a situarlas en contextos coherentes, en coordenadas teóricas, de filosofía moral, política y jurídica, que proporcionen razonable sentido, clara orientación y hasta práctica utilidad a estas páginas mías de ahora.

Comenzaré enunciando (y proponiendo) una tesis para la identificación misma del Derecho, una tesis de carácter realista que en el lenguaje actual tal vez se calificaría de fuerte: el respeto a la ley, al Derecho, constituye condición necesaria (y bien entendida, creo que también suficiente) para su validez. Tal vez esto pueda aducirse asimismo de una ley (una norma) concreta en particular, pero se predica ante todo y con mayor fundamento con carácter general sobre el ordenamiento jurídico en su conjunto, como sistema normativo. Y ello —sigamos a las autoridades de nuestra lengua— porque respeto es consideración sobre la excelencia de alguna persona o cosa, sobre la superior entidad de algo; significa aceptación, deferencia, acatamiento, obediencia. Respetar la ley implica acatarla, obedecerla, cumplirla. La evasiva tradicional "se acata pero no se cumple" no es más que una añagaza o pretexto formalista para en realidad no respetar, ni tampoco acatar, la ley. El término "acatar" implica ya de por sí tributar homenaje de sumisión y respeto, o aceptar con sumisión una autoridad o unas normas legales. Todo lo más, dicho alegato tradicional significaría que se reconoce que existe como vigente esa ley (se acata) pero no se aplica (no se cumple). Ahora bien —vuelvo a la tesis fuerte—, si las leyes no se cumplen, si no se aplican, si no tienen por tanto ninguna eficacia, entonces el resultado y la consecuencia es que ni se acatan, ni se hacen valer, ni valen, ni por tanto —aunque promulgadas y vigentes— poseen propiamente auténtica validez. Explicaré un poco más todo esto, diferenciando planos o niveles de esa relación entre eficacia y validez a efectos de profundizar en esa necesaria identificación del Derecho y, después, para dilucidar sobre su justificación, sobre si aquél merece o no ese respeto y obediencia.

La eficacia, el cumplimiento, el respeto a las leyes implica como primer nivel, como base, la implícita aceptación, la genérica obediencia, la actuación conforme a ellas por los ciudadanos, es decir por los sujetos primariamente destinatarios de ese ordenamiento jurídico. La actitud positiva de los ciudadanos aporta así legitimación y mayor validez a la legalidad. El Derecho no es sólo ni principalmente el momento patológico del conflicto y de la decisión judicial (Alf Ross y las teorías "realistas" judicialistas); antes de él, está el cumplimiento expreso y cotidiano por la mayor parte de los ciudadanos de la mayor parte de las normas jurídicas: primacía, pues, del momento normativo, del normativismo. Pero, eso sí, la violación, el incumplimiento, por parte de ellos de unas u otras normas concretas pone en eficaz acción al aparato judicial —segundo nivel— a fin de restaurar, suele decirse, el Derecho (objetivo), el orden jurídico quebrantado y, con ello, de reintegrar/compensar los derechos subjetivos (bienes materiales o inmateriales) con tal incumplimiento amenazados o conculcados. La eficaz acción de los jueces (de los operadores jurídicos), el respeto de ellos a las leyes, a las normas (reglas y principios, Hart-Dworkin), añade así legitimación y reconstruye, pues, la concreta falta de respeto, el no cumplimiento específico de unas u otras normas por parte de unos u otros ciudadanos. El Derecho (Hart) son normas primarias pero también secundarias, establecimiento de derechos y deberes, más el trabajo adjudicado a los operadores jurídicos dentro de ese marco; e, incluso, otras construcciones y prácticas sociales derivadas de la coherente autonomía de la voluntad.

Es obvio, no obstante, que si aquél incumplimiento ciudadano creciera en altas proporciones (difícil establecer la frontera), si ese rechazo tendiera a generalizarse, posiblemente la acción de los jueces se dificultaría enormemente; no digamos si ellos mismos —que también son ciudadanos— se viesen al propio tiempo afectados, tentados o forzados (por unas u otras, buenas o malas, razones y/o motivaciones) a no aplicar ese Derecho, o muchas de sus disposiciones. En tal situación, que incluiría en el desistimiento a las más altas instancias de la magistratura, es entonces cuando de tejas abajo, dentro del sistema u ordenamiento jurídico válidamente constituido, esa legalidad normativa perdería toda legitimación fáctica y cuando, como resultado, esas leyes carentes de eficacia (cívica y judicial) verían puesta en cuestión su propia validez: mis (tus) hipotéticos derechos no (me, te) valdrían, ni mis (tus) garantías de protección tampoco valdrían —no tendrían validez— si los demás conciudadanos no los respetan y si los jueces no actúan, no hacen nada para hacerlos respetar. Esas normas dejarían de ser en rigor normas jurídicas, es decir —ese es su principal sentido diferenciador en relación con la moral— dejarían de ser normas dotadas de un poder de coacción/sanción institucionalizada.

A propósito de tales cuestiones Hans Kelsen señalaba —recuérdese— que las ciencias empíricas (naturales y sociales, con otras diferencias entre ellas) responden y se estructuran a través del principio de causalidad (si p, causa, es q efecto), mientras que las ciencias normativas (y en ellas el Derecho y desde ahí la ciencia jurídica) lo hacen a través del principio de imputación (si p, norma, debe ser q, consecuencias de su aplicación). Respectivamente, por tanto, proposiciones en indicativo y proposiciones en imperativo. Pero —categoría diferencial— en el Derecho, alguien, el poder judicial como "centro de imputación" es quien —junto con los demás operadores— debe hacer, ante quien trata de impedirlo, que la norma produzca efectivamente sus efectos. Incluso en caso de cumplimiento ciudadano la mayor seguridad hace intervenir a unos u otros operadores jurídicos institucionales. No hay, pues, en el Derecho una causalidad directa, mecánica, inmediata: hacen falta mediadores. Se trata, eso sí, en tal imputación de un deber hipotético, jurídico, condicional, no de un deber categórico, moral. En tal concepción, "teoría pura del Derecho" la denominó su autor, no tan pura, por fortuna más contaminada/comunicada con lo fáctico, según mi interpretación (pido disculpas a los ilustres estudiosos de Kelsen por este breve resumen de tan compleja y debatida posición), la *Grundnorm*, norma fundamental kelseniana como norma de carácter lógico-trascendental y como norma hipotética y no positiva sino sobrepuesta al Derecho puesto, *positum*, positivo, va a formularse en los siguientes términos: debes obedecer a la Constitución, al ordenamiento jurídico, si quieres que tus actos (contratos, testamentos, demandas judiciales, etc.) y tus derechos valgan, sean válidos, tengan validez. Si por los motivos que fueren (resistencia judicial, revolución político-social) el "centro de imputación" se cierra o no funciona, ese Derecho deja de valer, incluso a pesar de mi obediencia a él como ciudadano: carente de eficacia (judicial) pierde su validez (normativa). O, al menos, está en trance de perderla.

Pero —sigue abierta la cuestión— también en el Derecho, o diríamos que de manera muy relevante en el Derecho, existe el horror al vacío. En este análisis que yo califico como realista, sin embargo los jueces, el judicialismo, no son —ya se ha dicho antes— la exclusiva legalidad, la única y última realidad. Si los ciudadanos no cumplen, no respetan, esas leyes, si los jueces (operadores jurídicos) en sus máximas, supremas, instancias a su vez no las aplican, tampoco las respetan, tendrán que ser los otros poderes institucionales (legislativo y ejecutivo/administrativo) quienes intervengan, siempre con el apoyo social que puedan tener detrás, para dar eficaz solución a esa (casi límite) situación: o bien —muy difícil tarea en esta hipótesis— forzando a unos (ciudadanos) y a otros (jueces) a cumplirlas y aplicarlas, o bien —más efectivo, con mayor legitimación— produciendo el cambio, según oportuna cadencia, de ese Derecho tan rechazado, orientándolo desde pautas y criterios demandados, exigidos con mayor o menor fuerza, por el grupo social. Así —tercer y más radical nivel de soporte, protección y seguridad para el Derecho—, el poder social con toda su plural complejidad es quien impulsando al poder institucional en favor de otras leyes, de otro ordenamiento jurídico, incluso actuando como verdadero poder constituyente, proporcionará a la (nueva) legalidad una mayor legitimación, es decir una mayor adhesión, cumplimiento y aplicación: y con ello —desde esta perspectiva para la identificación del Derecho— también una más efectiva y auténtica validez.

En este su sentido más radical, el respeto al Derecho equivale, pues, realmente a la validez del Derecho. De ahí la trascendencia de respetar, o no, el Derecho, el ordenamiento jurídico, las leyes. Si no se respetan las leyes es como sí no existieran. Esa realista radicación de la normativa legalidad en la empírica legitimación así entendida para nada significa, como algunos (¿iusnaturalistas y formalistas?) pudieran aducir, desvalorización alguna de la ley, menosprecio alguno del Derecho. El respeto a la norma (normativismo, Norberto Bobbio) está asumida por esta perspectiva del realismo crítico, y lo propio ocurre con el trabajo de jueces y operadores jurídicos, a través precisamente de su entendimiento de la validez vinculada a la eficacia del sistema jurídico: es decir resaltando, no ocultando, la relación de fondo del Derecho con el poder social, el cual aunque sea de manera incipiente siempre se constituye, a su vez, como poder político-institucional. Al entender así "more realista" el Derecho, lo que también se destaca, con elemental uso de la polisemia, es que el Derecho valido (Ciencia del Derecho, Kelsen), no vale para lo mismo (Sociología del Derecho, Treves) ni vale lo mismo (Filosofía del Derecho, Bobbio), permítaseme este reenvío, no acrítico, a los viejos maestros.

Para la propuesta conceptual y metodológica que se viene haciendo en estas páginas resulta de todo punto necesario volver siempre a recordar que legitimación es —así lo tomo yo aquí— un concepto de base empírica, un resultado fáctico de aceptación y seguimiento social referido —en nuestro análisis— a una determinada legalidad, a un concreto ordenamiento jurídico e institucional, y también a una u otra perspectiva de legitimidad. Pero —esto es decisivo— en cuanto tal resultado fáctico, tal legitimación puede lograrse por muy diferentes, pero no indiferentes, vías: por las de la autonomía moral, el convencimiento y la argumentación racional, es decir la libre decisión y participación (para mí, sin duda, las vías más legítimas) pero también por las del engaño, la corrupción o, incluso, el terror (ilegítimas e injustas en diversidad de graduación y, por desgracia, a veces, en parcial convivencia con las del modelo anterior). Esos diferentes modos fácticos de legitimación no pueden, ni deben, substraerse al control y juicio de valor de esas no indiferentes concepciones de la legitimidad. Una cosa es, pues, la legitimación o deslegitimación empírica (juicio de hecho) de una concreta legalidad jurídica y otra —paso del ser al deber ser— la legitimidad ética (juicio de valor) que, en cuanto moral crítica (más allá de la fáctica moral positiva), justifica o no, o en diferentes grados de fundamentación, tanto a la legalidad jurídica como a la legitimación empírica. Haría observar aquí, sin entrar ahora en mayores disquisiciones, que (Weber) la creencia social en la legitimidad de una legalidad es todavía propiamente legitimación; otra cosa es que su modelo de legitimidad legal-racional fuese quien en el mundo moderno encontrase mayor legitimación precisamente por ser —así lo creo también yo— más legítimo, más justo, por avanzar en autonomía personal y participación real.

En virtud de todo ello añadiría yo como (otra) conclusión de lo señalado hasta aquí: que el respeto a la ley, que incluye obediencia, su legitimación base de su legalidad (realismo), exige —también por coherencia interna— plantear los problemas de legitimidad, estos que son más propios y específicos de la filosofía jurídica y política (realismo crítico). Y ello porque todo sistema de legalidad/legitimación lleva dentro de sí uno u otro sistema de legitimidad. Se trata, en síntesis, de determinar cuándo y en qué condiciones merece de verdad la ley el respeto de todos y cada uno de los ciudadanos. Eso empieza a ocurrir a mi juicio —base fundamental— cuando estos pueden realmente participar y decidir en libertad. El imperio de la ley así producida y el consecuente respeto a los derechos humanos allí implicados constituyen, a mi juicio, el más respetable —pero no inapelable— criterio (ético) de legitimidad y de su derivado sistema de legalidad: a ello es a lo que yo vengo desde siempre denominando Estado social y democrático de Derecho.

II. Democracia como moral y Estado de Derecho

El marco es, pues, con nuestro maestro Aranguren, el de la democracia como moral: la cual habrá de proyectarse en la democracia política y, desde ahí, en la democracia jurídica, es decir en su institucionalización en la fórmula que certeramente se designa como Estado de Derecho. En ese contexto es en el que yo he hablado —como línea general— de la posible existencia de razones morales para la obediencia al Derecho, sin excluir —incluso en ese marco— razones morales para más o menos concretas desobediencias (actitud ésta última en la que se recluyen admirados filósofos y buenos amigos como Felipe González Vicén o Javier Muguerza y sus ¿desobedientes? seguidores; en posiciones más matizadas, entre otros, G. Peces-Barba, M. Atienza o Eusebio Fernández). Considero que el respeto a la ley en una sociedad democrática es un valor ético que, por supuesto, puede entrar en conflicto con otros valores también éticos pero que, por origen y por ejercicio en la terminología tradicional, pudiera tener muy serias razones de ese carácter para prevalecer (o no, según qué situaciones y condiciones). En cualquier caso, yo diferenciaría con claridad entre esos tres niveles del deber de obediencia, entre la obligación jurídica, política y ética. El Estado de Derecho es quien exige —y, en una u otra medida, logra— el mayor respeto a la ley, no sólo por los ciudadanos sino prioritariamente, esto era lo nuevo y más definitorio de él, por los gobernantes, es decir por los poderes institucionales del propio Estado. De esto, y cuestiones conexas allí implicadas, hablaremos en las páginas que siguen.

Hay tres asertos que, desde tiempos ya casi inmemoriales y por considerarlas básicas, vengo yo reiterando en mis frecuentes escritos sobre estas cuestiones: a) que no todo Estado es Estado de Derecho: así comenzaba, recuerdo, mi viejo libro de 1966; b) que el Estado de Derecho es la institucionalización jurídica de la democracia política (y de la democracia como moral); c) que los derechos humanos constituyen la verdadera razón de ser del Estado de Derecho. De la primera de ellas deriva, entre otras cosas, el entendimiento de que sólo es Estado de Derecho cuando se construye desde el imperio de la ley (y de la Constitución) como expresión de la voluntad popular, como bien dice nuestra Constitución: que no basta, pues, con un denominado Estado administrativo de Derecho, aunque sea desde luego positivo el establecimiento de ciertas responsabilidades y controles en unas u otras zonas del poder ejecutivo. La segunda de esas afirmaciones significa entender la relación entre democracia y Estado de Derecho como procesos históricos siempre abiertos y, a la vez, construcciones racionales también siempre en revisión. La tercera es, a mi juicio, la que permite insistir en la fundamental conexión de esa formación jurídico-política que es el Estado de Derecho con diferentes tipos de sociedad y de Estado (liberal, social, democrático) en función precisamente del grado de exigencia, de reconocimiento y realización de esas prescripciones morales que son los derechos humanos.

El Estado de Derecho, como proceso histórico y construcción racional, es (significa, representa) la institucionalización jurídico-política de la democracia. Con aquel se trata de convertir en legalidad (normas, Constitución) el sistema de valores (libertad como base) que caracteriza a la legitimidad democrática. Los modos de esa específica interacción entre legalidad y legitimidad han ido variando en la historia de la modernidad, desde un núcleo común fundamental, en la medida también en que ambas han ido avanzando en la consecución de un mayor apoyo fáctico social, es decir en legitimación.

Puede en este sentido decirse que el Estado de Derecho donde encuentra sus raíces de más fondo es precisamente en la filosofía de la Ilustración. La cultura del Estado de Derecho —génesis liberal, potencialidad democrática— es, implica, la cultura de la Ilustración, la razón y la libertad ilustrada. Deriva así, primero, del iusnaturalismo racionalista y, después, de una razón crítica (desde esta clave es como se entiende mejor la legitimidad legal-racional de Max Weber) que no es ya, desde luego, iusnaturalista pero tampoco positivista. La cultura del Estado de Derecho no se comprende, se falsea, reduciéndola, como quería Carl Schmitt, a las posiciones doctrinales del positivismo formalista. La razón crítica ilustrada implica, en relación con la democracia y el Estado de Derecho, que todos y cada uno personalmente han de atreverse a saber (*sapere aude*), comprender y deliberar, para de ese modo mejor participar y decidir, para poder salir definitivamente de la autoculpable minoría de edad, tanto individual como colectiva. En eso —y en sus decisivas derivaciones sociales— consiste substancialmente la Ilustración tal y como hoy puede todavía invocarse y hacerse valer en la actual polémica con/sobre la postmodernidad.

Correlación, pues, coherencia interna en ese contexto de la razón crítica entre *a)* principios *éticos* basados en la libertad y la efectiva autonomía individual, *b)* exigencias *políticas* de carácter democrático y participativo, y *c)* construcciones *jurídicas* institucionales para la protección de libertades y derechos fundamentales. O, si se quiere y con otro modo de expresarlo, correlación entre democracia como moral, democracia como política (imprescindible pero deficiente siempre de calidad sin aquella) y democracia como institucionalización jurídica de las dos anteriores (Estado de Derecho). El proceso de decisión democrática es el que más se identifica con el proceso de decisión ética (autonomía moral) y, a su vez, es el que contiene en su interior mayor y mejor posibilidad para la actuación y realización de tales autonomías individuales. El sistema democrático es, también por eso, el más ético, el más justo. Esta coherencia interna —hay que advertir— no implica negación ni ocultación de la constante tensión entre ética, política (y derecho) —las relaciones son complejas y no hay siempre soluciones fáciles para los conflictos— pero aquella tampoco se conforma acríticamente con la total escisión e incomunicación entre una y otra de tales dimensiones.

Derivada de la mejor Ilustración (Kant) y desarrollando las anteriores correlaciones, *a)* la *ética* hoy (la democracia como moral) es, ha de ser, autonomía individual en libertad pero también —como exigencia coherente— autorrealización personal (el ser humano como ser de fines), es decir autorrealización de todos sin exclusiones. Por su parte, *b)* la *política*, la democracia política, se define y alcanza legitimidad fundamental y correlativamente como efectiva participación en una doble vertiente: como participación en (la formación y toma de) las decisiones y como participación en (la producción y distribución de) los resultados, medidos en términos de satisfacción de necesidades y de reconocimiento de derechos y libertades. Precisamente para tratar de asegurar tales exigencias éticas y políticas, *c*) el *ordenamiento jurídico*, la institucionalización jurídica de la democracia, el Estado de Derecho lo que hace es legalizar, convertir en principio de legalidad, con la fuerza coactiva detrás, tales valores éticos (libertad-igualdad identificados en el valor justicia) y políticos (doble participación como síntesis del valor legitimidad).

Referidas específicamente al campo jurídico, de este modo, en complejas interrelaciones, primer nivel, la autonomía moral individual y la participación política en las decisiones se concretan así en el Estado de Derecho en la exigencia social de autolegislación, es decir, en el imperio de la ley como expresión de la voluntad popular; a su vez, segundo nivel, el objetivo de la autorrealización personal y de la participación en los resultados se reafirman a través del correspondiente cuadro institucional y de su organización jurídica/judicial coactiva para la protección y garantía efectiva de las libertades y los derechos fundamentales. La razón de ser del Estado de Derecho es la protección y efectiva realización de los derechos fundamentales; pero esta no se logra, en la medida en que en la historia se ha ido logrando, si no es a través de la participación de todos en la toma de decisiones, es decir —jurídicamente— a través del imperio de la ley (y de la Constitución) como expresión de la voluntad popular.

Todas éstas son, creo, razones válidas para argumentar en pro de una legitimidad democrática, traslación de una teoría ética de la justicia, capaz de encontrar fáctica legitimación social y hacer así posible y efectiva su coherente legalización en el marco de un Estado de Derecho que opere en las condiciones nacionales y transnacionales de nuestro tiempo. Estas y otras son, a mi juicio, buenas razones del Estado alegables siempre ante las prepotencias de la mala razón de Estado: ahí es donde se dilucida asimismo el, respectivamente, merecido e inmerecido respeto a la ley.

Los derechos humanos constituyen, pues, la razón de ser del Estado de Derecho: la cultura de este y de aquellos es la común cultura de la Ilustración. Los complejos mecanismos jurídicos y políticos que se articulan y se institucionalizan en ese especial tipo de Estado que permite denominarse Estado de Derecho es algo que se ha ido inventando y construyendo en el tiempo como propuestas coherentes para una mejor garantía, protección y efectiva realización de exigencias sociales y morales calificadas como derechos fundamentales. Estos, por lo tanto, y esa coherente institucionalización, es lo que viene de hecho a definir al Estado de Derecho y, a su vez, lo que en mayor o menor medida justifica y legitima, o no, a aquél. El análisis crítico de tales procesos históricos —hoy hacia uniones o federaciones de Estados supranacionales— y la consecuente argumentación racional, instrumental y ética, acerca de ello constituyen, pues, los elementos básicos para la determinación de aquella "razón de ser".

De acuerdo con dicha metodología y caracterización, reenlazaría yo ahora estas puntualizaciones con las mismas ya mencionadas de aquel libro mío de 1966, *Estado de Derecho y sociedad democrática*, que tomo aquí como punto de referencia: recordando que "no todo Estado es Estado de Derecho". Expresaba así mi discrepancia, a la vez, con Carl Schmitt en desacuerdo radical con su decisionismo totalitario pero también, de manera más matizada y en mayor cercanía a su ideario político, con Hans Kelsen y su teoría pura del Derecho. Por supuesto que todo Estado genera, crea, un Derecho, es decir produce normas jurídicas; y que, de un modo u otro, las utiliza, las aplica y se sirve de ellas para organizar y hacer funcionar el grupo social, para orientar políticas, así como para resolver conflictos concretos surgidos dentro de él. Muy difícil, casi imposible, sería imaginar hoy (y quizás en todo tiempo) un Estado sin Derecho, sin leyes, sin jueces, sin algo parecido a un sistema de legalidad; y esto aunque los márgenes de arbitrariedad hayan tenido siempre alguna, mayor o menor, efectiva y, en todo caso, negativa presencia. De manera correlativa, el Derecho es hoy Derecho estatal (y supraestatal) aunque también, no contra él, autonormación social y trabajo de los operadores jurídicos. Pero, a pesar de ello, de esa constante correlación fáctica entre Estado y Derecho, no todo Estado merece ser reconocido con este, sin duda, prestigioso rótulo cualificativo y legitimador —además de descriptivo— que es el Estado de Derecho. Ni todos merecen (o merecen por igual) el respeto a sus leyes, la obediencia a su Derecho. Un Estado con Derecho (todos o casi todos) no es, sin más, un Estado de Derecho (sólo algunos). Este implica, desde luego, como suele señalarse, sometimiento del Estado al Derecho, autosometimiento a su propio Derecho, regulación y control equilibrado de los poderes y actuaciones todas del Estado y de sus gobernantes por medio de leyes, pero —lo cual es decisivo— exigiendo que estas sean creadas según determinados procedimientos de indispensable, abierta y libre participación popular, con respeto pues para valores y derechos fundamentales concordes con tal organización institucional.

El Estado de Derecho, así básicamente concebido, es un tipo específico de Estado, un modelo organizativo nuclear y potencialmente democrático que ha ido surgiendo y construyéndose en las condiciones históricas de la modernidad (de la Ilustración) como respuesta a ciertas demandas, necesidades, intereses y exigencias de la vida real, de carácter socioeconómico y, unido a ello (como siempre ocurre), también de carácter ético y cultural. El Estado de Derecho, tanto en su (descriptiva) plasmación positiva como —relación no lineal ni mecánica— en su (prescriptiva) formulación ética, responde desde esa consideración histórica a concretas exigencias de certeza y aseguramiento de propiedades, y de su tráfico, así como a protección de otras valiosas libertades (de religión, pensamiento, expresión, etc.) y a garantías de derechos de diversa especie (penal, procesal, etc.) que no pueden prescindir tampoco —por coherencia interna— de una cierta referencia inicial a algún tipo de igualdad real (socioeconómica, cultural, etc.).

El Estado de Derecho es, así, decíamos una invención, una construcción, un resultado histórico, una conquista más bien lenta y gradual (también dual, bifronte), hecha por gentes e individuos, sectores sociales, que, frente a poderes despóticos o ajenos, buscaban seguridad para sus personas, sus bienes y propiedades —*no taxation without representation*— y que, a su vez, ampliando el espectro, exigen garantías y protección efectiva para otras manifestaciones de su libertad. Y ello, en forma tanto de intervención positiva para la toma de decisiones en los asuntos públicos como de, la denominada, negativa no interferencia de los demás en zonas a salvaguardar legítimamente. Se trata de lograr a la vez una mayor participación de los individuos y una mayor responsabilidad de los poderes, velando por la libertad de todos. Pero es asimismo verdad que, en el contexto histórico y conceptual de esa directa defensa de la libertad, de la seguridad y de la propiedad, con frecuencia también se alegaban y se alegan —de manera más o menos explícita y/o condicionada— algunas básicas y potenciales, todavía muy insuficientes, razones relativas al valor de la igualdad. Por de pronto, desde el Renacimiento, la Reforma, y siempre con algún tipo de precedentes, los Estados modernos —frente a los privilegiados fraccionamientos medievales y feudales— reclaman y logran asumir para sí la suprema y única soberanía (Maquiavelo, Bodino). Y es en ese marco donde van a manifestarse con fuerza y con diferentes prioridades dichas demandas y su reaseguramiento (Hobbes), reconocidas y pronto institucionalizadas a través precisamente de una coherente regulación jurídica y de un (auto) control efectivo de tales poderes públicos: Estado liberal, Locke, Declaraciones de derechos de 1689 en Inglaterra y de 1776 en América del Norte (Jefferson como buen símbolo). Sobre esas vías políticas teórico-prácticas incidirá, con acento y potencialidades más democráticas, la Revolución francesa (antecedentes, la Enciclopedia o Rousseau) y, en concreto, la "Declaración de derechos del hombre y del ciudadano" de 1789 de tanta influencia hasta hoy. En el trasfondo, como vengo insistiendo aquí, habrá de estar siempre la huella profunda de la filosofía de la Ilustración y del mejor racionalismo e idealismo alemán (Kant como fundamento).

Puede, como vemos, señalarse que esta triple tradición nacional y cultural, siempre con interrelaciones plurales en su interior, aporta conceptos e ingredientes que, a pesar de sus insuficiencias, van a permitir definir al Estado de Derecho (hechos y valores, legalidad y legitimidad, formando parte de él) como la institucionalización jurídica de la democracia política. La carga conservadora, recelosa de la soberanía popular, que la fórmula liberal (antiabsolutista) del Rechtsstaat posee, cuando se acuña y difunde en la Alemania del primer tercio del siglo XIX (por A. Müller, T. Welcker, J.C.F. von Aretin, R. von Mohl), su preocupación por el control jurídico de los poderes, no iba a resultar incompatible con los elementos de mayor garantía y protección judicial del individuo y de sus derechos y libertades que históricamente estaban presentes en la más compleja institución anglosajona del *rule of law*; ni —andando el tiempo— podría coherentemente oponerse a las influencias democráticas derivadas de manera muy principal de aquella Declaración de la Revolución francesa: libertad, igualdad, fraternidad (pero también propiedad), *regne de la loi*, ley como expresión de la voluntad general, separación de poderes con predominio del legislativo, Estado constitucional, nueva legalidad *versus* vieja legitimidad, etc. Desde ahí se habría de hacer posible que, sobre esa base liberal pero impulsado principalmente por las luchas de importantes y mayoritarios sectores sociales de hecho allí excluidos —de manera muy decisiva por los movimientos sindicales y las plurales organizaciones socialistas—, es decir contando siempre con las fuerzas históricas más progresivas (siglos XIX y XX), aquella institucionalización jurídico-política pasara a constituirse coherentemente en nuestro tiempo como Estado social y democrático de Derecho.

El Estado de Derecho, vengo reiterando aquí, es la institucionalización jurídico-política de la democracia. Pero ni uno y otro de esos términos (democracia y Estado de Derecho) tienen el mismo idéntico significado en sus inicios —siglos XVIII y, más claramente, XIX, América y Europa)— de carácter liberal y con participación más limitada, que el que tienen en las propuestas de nuestro tiempo, con muchas mayores exigencias de participación social, económica y cultural. Son partes, no obstante, de ese común mundo moderno que procede de la Ilustración. La democracia, como tantas otras cosas, es un proceso histórico mensurable desde la razón y la libertad. Ello implica reconocer tanto las graves insuficiencias de ella en sus orígenes (participación censitaria, por ejemplo) como, a pesar de los indudables progresos, también las muy diferentes que siguen lastrando los que hoy denominamos como Estados sociales y democráticos de Derecho: así, grandes desigualdades fácticas incluso en la igualdad ante la ley, en la efectiva protección de derechos y libertades, pero sobre todo en la participación en los resultados, económicos, sociales y culturales, tanto a escala interna como en sus determinaciones globales, interestatales. Por eso creo que, asumiendo dicha historia, cabe hablar con carácter general de todo Estado de Derecho como institucionalización jurídica de la democracia, y, a su vez, de modo más específico, respondiendo a las mejores exigencias éticas y políticas del mundo actual, de un necesario más progresivo y justo Estado social y democrático de Derecho.

III. La justificación hoy del respeto a la ley

A todos incumbe ciertamente el Estado de Derecho, también a todos los ciudadanos y a todos los poderes (económicos, mediáticos, etc.) que actúan en la sociedad. A todos se les exige respeto a la ley, respeto hacia las libertades y los derechos de los demás así como consecuentes comportamientos en el amplio marco de los cauces institucionales y constitucionales. Pero, junto a ello, debe enseguida indicarse que a quien en última y más decisoria instancia se dirige el Estado de Derecho es precisamente al propio Estado, a sus órganos y poderes, a sus representantes y gobernantes, obligándoles en cuanto tales a actuaciones en todo momento concordes con las normas jurídicas, con el imperio de la ley, con el principio de legalidad, con el respeto a la ley, en el más estricto sometimiento a dicho marco institucional y constitucional. Pero —advirtamos— también las dictaduras pueden convertir en normas sus negaciones de la libertad, su despotismo, aunque por lo general se reservan mayores márgenes no sólo de legal discrecionalidad sino también de ilegal arbitrariedad. El Estado de Derecho, estamos viendo, es aquel en que esas regulaciones normativas se producen hoy (deben producirse cada vez más) desde la libre participación democrática, incorporando eficazmente los derechos fundamentales e, insisto en ello, obligando con todo rigor a que los poderes públicos se muevan siempre dentro de un estricto respeto y sometimiento a las leyes (Constitución y demás), prohibiendo y persiguiendo toda actuación o respuesta estatal que utilice cualquier tipo de fuerza o coacción que pueda considerarse ilegal.

El Estado, señala Weber, es el monopolio legítimo de la violencia : sinónimo para él de creencia en tal legitimidad, más bien por tanto sociológica legitimación. Pero poniendo esta en cuestión, para que aquél sea y merezca con mayor radicalidad el título de legítimo, habrá de tratarse —a mi juicio— de una fuerza, de una coacción, de una violencia de ese modo producida y regulada en el Estado de Derecho. No bastan para la legitimidad las meras, supuestas, razones de eficiencia instrumental. El Estado no puede, no debe, de ningún modo, responder al delito con el delito, a la violación de la ley por el delincuente con la violación de la ley por el gobernante o sus representantes: alegando una supuesta eficacia, se convertiría así en un Estado delincuente. No puede, ni debe, cometer el gravísimo delito y el gravísimo error de, por ejemplo, intentar acabar con el terrorismo implantado por unas u otras bandas o asociaciones armadas cayendo en un correlativo terrorismo de Estado, ejercido o ayudado ilegalmente por las legítimas instituciones y tal vez con cierto apoyo social. Si tal hiciera, pondría en cuestión su propia legitimidad: por acogerse a la razón de la fuerza perdería la fuerza de la razón. El delito y la violencia contra el sistema jurídico y político de libre participación, sistema que prevé incluso cauces para su propia reforma y transformación, deben ser en todo caso contestados, perseguidos y dominados precisamente desde esa misma legalidad que aquellos violan, atacan o pretenden destruir: ¿qué diferencia habría si ambas partes la niegan y, en este sentido, la menosprecian por igual? La mejor defensa de la legalidad y la legitimidad exige actuar siempre en el marco del respeto a la Constitución y al Estado de Derecho: no sólo esto es más justo, y más legal, sino que incluso —ésta es mi convicción— tanto a corto, como a medio y largo plazo, preocupándose por contar con adhesiones sociales más fundadas e ilustradas, una mayor y mejor legitimación, será además mucho más eficaz para todo el sistema político y social. Ahí radica hoy la más fundada, racional, justificación del respeto a la ley.

El Estado de Derecho —retomemos la línea general— es, pues, el imperio de la ley: aquél, sin embargo, no es ni se reduce sin más, como a veces parece creerse, a cualquier especie de imperio de la ley. Esto es aquí lo decisivo. También las dictaduras modernas y los regímenes totalitarios, con doctos dóciles juristas a su servicio, podrían alegar el imperio (¡indiscutible imperio!), de la ley: los dictadores suelen encontrar bastantes facilidades, sirviéndose siempre del miedo, del terror, de la mentira y de la falta de libertad, para convertir en leyes sus decisiones y voluntades (individuales o de sus poderosos allegados), es decir para legislar sus arbitrariedades. Podrían incluso aceptar y aducir que su poder está reglado por el Derecho (por el mismo dictador creado) y sometido a (sus propias) normas jurídicas. Eso también es Derecho (ilegítimo, injusto), también es Estado (dictatorial, totalitario) pero no es Estado de Derecho. Lo que en definitiva diferencia, pues, de manera más radical y substancial al Estado de Derecho —como bien se señala en el Preámbulo de nuestra Constitución desde esa su necesaria correlación fáctica y prescriptiva con la democracia— es su concepción del "imperio de la ley como expresión de la voluntad popular": es decir, creada (con variantes históricas, pero no bajo unos mínimos) desde la libre participación y representación hoy de todos los ciudadanos. Por supuesto que la regla de las mayorías para nada implica ahí negación u olvido de los posibles y necesarios consensos. Si la ley, el ordenamiento jurídico, no posee ese origen democrático, podrá haber después imperio de la ley (de esa ley no democrática) pero nunca Estado de Derecho. Desde luego que cuanto mayor y mejor en cantidad y calidad —cuanto más amplia, ilustrada y consciente— sea dicha participación, por de pronto en las decisiones (deliberación, diálogo, consenso, mayorías) mayor legitimación y mejor legitimidad tendrán esa democracia y ese Estado de Derecho. Íntima y profunda conexión, pues, entre democracia deliberativa y democracia participativa. El republicanismo de Philip Petit se construye también hoy desde el respeto a las leyes y la importante función del consenso en la génesis y fundamentación de aquéllas.

Obsérvese, con implicaciones teóricas y prácticas de la más decisiva importancia, que ese concepto de imperio de la ley como expresión de la voluntad popular se comprende y se fundamenta en y desde valores y exigencias éticas (derechos, preferirán decir otros) que constituyen el núcleo de su misma coherencia interna y también de su justa legitimidad. Su raíz está precisamente en el valor de la libertad personal, de la autonomía moral y de las coherentes implicaciones y exigencias (sin perfeccionismos ahistóricos) que la hacen más real y universal. El Estado de Derecho es imperio de la ley producida en las instituciones democráticas (Parlamento) pero, en coherencia con esos mismos valores, de ningún modo es indiferente a sus contenidos (debate sobre ley formal y ley material). El imperio de la ley, así entendida, es (implica, significa) respeto justificado de la ley. La democracia y el Estado de Derecho no son sólo cuestión procedimental: su fundamento ético, también su validez y efectividad, radican en ese valor de la libertad. En ésta, en la autonomía moral personal, en el ser humano como fin en sí mismo, radica el origen y fundamento tanto del imperio de la ley como de la afirmación de los derechos fundamentales. Estos por tanto no debieran verse, de modo prioritario y negativo, como "límites" o "triunfos" (o "coto vedado") frente a aquella —Ronald Dworkin— sino más bien, de manera positiva, abierta y creadora, como resultado ineludible, como parte constitutiva de esa misma libertad real.

Estos, los derechos fundamentales —ya se ha señalado aquí— constituyen la razón de ser del Estado de Derecho, su finalidad más radical, el objetivo y criterio que da sentido a los mecanismos jurídicos y políticos que componen aquél. La democracia, doble participación, es, ya veíamos —además de participación en decisiones—, demanda de participación en resultados, es decir en derechos, libertades, necesidades. El Estado de Derecho, en esa su empírica y también racional vinculación e interrelación con la democracia, lo que hace es convertir en sistema de legalidad tal criterio de legitimidad: y en concreto, en esa segunda perspectiva, institucionaliza de uno u otro modo esa participación en resultados, es decir garantiza, protege y realiza (en una u otra medida según tiempos y espacios, historia y lugar) unos u otros derechos fundamentales. El respeto a la ley por ciudadanos y gobernantes se fundamenta, pues, en la proposición y prescripción de tales objetivos definidores del Estado de Derecho.

Bien claro y firme todo lo anterior, que es básico y fundamental, pero siempre abierto a crítica y revisión, sobre los caracteres y finalidades del Estado de Derecho, habría ahora que subrayar con específica atención que tanto la necesaria búsqueda de una mayor legitimación, adhesión y participación, como también la indagación por una más justa y ética legitimidad, implica de manera muy decisiva no inmovilizar con caracteres esencialistas el significado de esos elementos, de esos requisitos y de esos contenidos que configuran a aquél. Y, de manera muy especial, implica no aislar de la historia y de la realidad social esas demandas políticas y exigencias éticas que se concretan en los que llamamos derechos humanos fundamentales. En el fondo, de ahí deriva —sobre la base de "las luchas por las condiciones reales de la existencia"— toda esa evolución histórica, propuesta también como idea de futuro, que yo he resumido en estas tres grandes fórmulas o modelos, diferenciados pero relacionados, del Estado liberal, social y democrático de Derecho: modelos que no son para nada intemporales, fijos, eternos, cerrados e inmutables.

Destacando la prescripción constitucional del art. 1.1, proponiendo superar las insuficiencias e inconsecuencias del paradigma liberal, asumiré yo aquí lo que significó —bien entrado el siglo XX, aunque siempre con demandas y precedentes en el anterior— la necesaria construcción del Estado social. Los problemas de este, incluso sus imborrables éxitos, están siendo analizados y enjuiciados hace ya algún tiempo —años setenta— desde muy distintas, y hasta opuestas, perspectivas: pero tales problemas exigen hoy, sin duda, la formulación de alternativas de presente y futuro para una más sólida fundamentación del imperio de la ley. La propuesta aquí defendida, y por otros muchos por supuesto, siempre abierta a debate, crítica y transformación, no es desde luego la hoy tan prepotente doctrina neoliberal conservadora (liberista, por reducir todo el problema a libertad económica), sino más bien —mejor explicitar el propio punto de vista— la que partiendo de perspectivas socialdemócratas se propone intentar hacer cada vez más reales y universales, para todos, esos componentes de la doble participación que caracterizan a la democracia a la altura de nuestra época, demandas exigibles también a escala mundial y transnacional: por ello, asumiendo lo mejor del Estado social, he preferido hablar siempre y también aquí de Estado democrático de Derecho.

IV. Estado social y democrático de Derecho

Este es, pues, el mencionado —conclusivo— resumen de tal filosofía política, de las principales dimensiones de este paradigma del Estado de Derecho y, correlativamente, de los elementos de esa doble participación democrática. Resaltar esos caracteres es, a mi parecer, de importancia sustantiva: tanto para insistir en la íntima vinculación entre Estado de Derecho y sistema democrático como para el entendimiento procesual, histórico, evolutivo de ambas conexas dimensiones. Todo ello asimismo con el objetivo de argumentar con razones y mostrar con realidades esa propuesta de legitimidad base del respeto a la ley procedente de tal construcción institucional.

El Estado democrático de Derecho constituiría, a mi juicio tal propuesta alternativa a tomar, por tanto, en consideración en cada una de sus específicas dimensiones, como posibles vías de solución de futuro, y actual, ante las dificultades y problemas que han ido localizándose en el imprescindible Estado social y, especialmente, en la reducción neoliberal del Estado de bienestar. Así:

a) Se trataría en ella del paso necesario desde un tipo de Estado que en el pasado resultó a veces involucrado en exceso en un inabarcable e indiscriminado intervencionismo cuantitativo, hacia un Estado de intervención mucho más cualitativa y selectiva con importantes revisiones y correcciones dentro de él. Que éste, el Estado, por querer hacer demasiadas cosas no deje de ningún modo de hacer, y de hacer bien (sin corrupciones, chapuzas, ni despilfarros), aquello de contrastada superior entidad racional que —variable, en parte, según las condiciones históricas y sociales— le corresponde hacer en función de las metas, necesidades, intereses generales y particulares, obligaciones éticas y políticas que asimismo los ciudadanos puedan y deban exigirle. Hay valores, bienes, derechos que, desde luego, no pueden ni deben quedar a entera disposición del mercado. Importancia, pues, del Estado, de las instituciones jurídico-políticas, frente a las evasivas e inhibiciones liberales, por la derecha, pero también frente a los voluntarismos anti-institucionales libertarios, por la izquierda, aunque recuperando de estos el énfasis en la sociedad civil. Lo que se quiere aquí remarcar es, por un lado, que no puede haber una "sociedad del bienestar", ni, por otro, una real emancipación en una nueva sociedad sin un Estado que trabaje con fuerza en tal dirección. Recuperación, pues, de la política y recuperación a la vez de la política institucional, es decir de las instituciones políticas. Pero también es verdad que el Estado (nacional, central) es hoy demasiado pequeño para las cosas grandes (ahí, la Unión Europea o la propia ONU) y demasiado grande para las cosas pequeñas (Comunidades Autónomas y Administración local en nuestro sistema constitucional). Ese criterio cualitativo y selectivo es, pues, fundamental en más de un sentido para el buen funcionamiento en nuestro tiempo del Estado democrático de Derecho.

También de este modo, con atención muy prevalente hacia los verdaderos intereses generales (compuestos asimismo por legítimos intereses particulares), será más factible la superación de las actuales críticas de paternalismo dirigidas al Estado social. Pero no se trata con ello de una reducción de aquél al más acomodaticio y conservador "principio de subsidiariedad"; no se trata de que el Estado haga únicamente aquello que los demás no pueden ni les interesa hacer: donde hay que mirar es al interés real de los ciudadanos. No, pues, cómoda autocomplacencia en una ética de la irresponsabilidad individual esperándolo todo del denostado Papá-Estado, sino más bien libre autoexigencia personal para una ética del trabajo, del esfuerzo, del mérito, la capacidad, la intervención participativa y solidaria. Me parece que estos valores, estos principios, configuran una ética pública y una cultura crítica, una concepción abierta del mundo y un modelo flexible y plural de organización social y económica que —asumiendo también las buenas luchas de una dura historia— cabe considerar como propios del que es posible seguir denominando socialismo democrático. Puestos a proponer rótulos cercanos, pero no sin diferencias con aquél, otros han preferido hablar más bien de un liberalismo igualitario. Se trataría de actitudes, unas y otras, en cualquier caso muy lejanas de los dogmas neoliberales que derivan, entre otras cosas, de la beatifica total preeminencia del mercado y de la acumulación privada del capital, así como de la exclusiva práctica de la individualista y agresiva competitividad.

b) En concordancia con ello estarían los esfuerzos por construir desde aquellos valores más democráticos una sociedad civil más vertebrada, más sólida y fuerte, con un tejido social más denso, de trama mejor ensamblada e interpenetrada: en definitiva, más ajustada en las dos significaciones del término, como organización (ajuste de las piezas) y como justicia (el ajuste más ético). Una sociedad donde la presencia de las corporaciones económicas, profesionales, laborales, sea en efecto complementada y compensada con la de los nuevos movimientos sociales (ecologistas, feministas, de acción frente a la xenofobia y el racismo) o la de las plurales organizaciones no gubernamentales con su tan decisiva acción altruista a través del voluntariado social. Pasar, se ha dicho, del corporativismo al cooperativismo, de una exclusiva ética de la competición o de la competencia (a veces totalmente incompetente) a una ética también de la colaboración y la solidaridad. La calidad de vida y no tanto la cantidad de productos consumidos y destruidos —medio ambiente incluido— serían objetivos más concordes, creo, con tal modelo de sociedad. Todo ello implica, desde luego, una nueva cultura y un nuevo concepto de ciudadanía.

Se afirma ahí una mayor presencia e intervención, pues, de la sociedad civil pero operando ahora en toda su plural plenitud y no sólo en privilegiados sectores, estamentos o poderosas corporaciones. Y, junto a ello, hay que considerar, desde luego, como imprescindible en el Estado de Derecho la decisiva acción de las instituciones jurídico-políticas, Parlamento, Administración, Tribunales de justicia, etc. Intentando superar las reducciones unilaterales, por un lado, de algunas fases de la socialdemocracia y el Estado social, que confió en exceso y casi en exclusiva en las instituciones, y, por otro, de los movimientos libertarios, siempre recelosos de éstas, esperándolo todo de una mitificada sociedad civil, en otros escritos míos —desde fructíferos desacuerdos y acuerdos con Claus Offe— he insistido en la necesidad actual y futura de una progresiva y abierta síntesis entre ambas: es decir, en un entendimiento imprescindible y un nuevo pacto entre instituciones jurídico-políticas y organizaciones de la sociedad civil así comprendida. Y, en este sentido, he denominado socialismo democrático a esa hipotética conjunción y síntesis dialéctica (pero sin final de la historia) entre, por una parte, la socialdemocracia y el Estado social y, por otra, los movimientos libertarios y la justa reivindicación de la sociedad civil.

c) Para esta alternativa democrática y de doble participación, en el campo de la economía y de la producción el necesario sector público de ella ya no sería sólo ni tan extensivamente sector estatal (en cualquier caso con función selectiva y cualitativa) sino que asimismo actuaría y se configuraría a través de un más plural y dinámico sector social. Y junto a esos dos componentes del sector público (estatal y social) —en una economía mixta con las ya incuestionables "tres patas"—, está el espacio, que tiene y debe tener muy amplia presencia, del sector privado que opera de forma más inmediata con los criterios y las demandas del libre mercado. Lo decisivo sería entonces determinar y establecer en tal compuesto las prevalencias de políticas concretas más y mejor orientadas a lograr hacer realidad esos valores éticos, constitucionales y de cohesión social que son la libertad, el bienestar, la solidaridad y la igualdad. Por supuesto que no es nada fácil ensamblar todo ello en la práctica (ni en la teoría) de una manera armoniosa, justa y con previsión de funcionamiento eficaz; desde luego, pero nada es fácil y no sólo en el campo de la economía. Es preciso estar, pues, abierto a todas las dudas y sugerencias, aunque sin desconocer que desde John Maynard Keynes a nuestros días destacados economistas, como entre otros John Kenneth Galbraith, Alec Nove o Amartya Sen, por recordar sólo algunos ejemplos concretos, han ayudado desde diferentes perspectivas a entender todo esto un poco mejor. A ellos, y a otros críticos, reenviaría pues para el debate y la necesaria ampliación y precisión de estas páginas.

En el Estado democrático de Derecho el imperio de la ley —y el respeto a la ley— no es, ni debe ser, en modo alguno reducible al imperio y sacralización de la iusnaturalista ley del mercado. Esta ley no es por sí sola la más justa ni la más democrática: tampoco la más eficiente y equilibradora. Son muchos, por el contrario, quienes más bien denuncian, y constatan, la dictadura y/o la anarquía —abandonado a sí mismo— del tal mercado. En este se dan, además, altas probabilidades de que —con la automática e inmediata movilidad de capitales en el mercado transnacional— las economías especulativas, financieras y monetarias, jugando a su favor con las nuevas tecnologías en la famosa globalización, resulten, al menos en el corto plazo, muchísimo más rentables y con más fuerte incentivo para los inversores, pero con ello ahogando y destruyendo en frecuentes ocasiones a otras economías realmente productivas y a enteros sectores sociales a ellas vinculadas. En ese mismo campo operaría el denominado (por Richard Sennet) "capitalismo de casino", aquel que se mueve donde y como sea buscando los beneficios más inmediatos, con repercusiones negativas para los proyectos personales de cierta necesaria estabilidad (el "hombre modular" de Ernest Gellner o Zygmunt Bauman). En cualquier caso, se avisa por esas posiciones críticas, estaríamos en una mundialización libre del capital *versus* una inmigración muy restringida y acotada del trabajo: o, en el lenguaje de la "demagogia de los hechos", *internet* para el capital y *pateras* para el trabajo. Estos son, en efecto, los hechos cuando se prescinde de los derechos. Ante tales condiciones fácticas del mundo actual se convierten en muy problemáticas incluso propuestas normativas tan valiosas y bien construidas como las derivadas del consenso racional postulado en nuestro tiempo por gentes tan eminentes como John Rawls o Jurgen Habermas.

Desde aquellas direcciones críticas de la ley del mercado también se ha subrayado, por otro lado, que a diferencia de la acumulación privada del capital (guiada, como es lógico, por fines de lucro, rentabilidad y creciente aumento de las tasas de beneficio, con riesgos en gran parte asumidos por el capital social), el Estado y el gasto público actúan en sectores que no generan ganancias ni, por tanto, acumulación, pero que son absolutamente necesarios (servicios, infraestructuras) para la cohesión del grupo social. Esto —pienso— debiera destacarse mucho más en la educación y la cultura democrática de los ciudadanos; así como la necesidad de una adecuada política fiscal que, entre otras cosas, luche de verdad contra el gran fraude que no es precisamente el de los asalariados y funcionarios públicos que cobran por nómina. ¿Hasta cuando, por ejemplo, la burla cruel y el sangrante beneplácito internacional ante la impunidad de los llamados "paraísos fiscales"? ¿Merecen respeto las leyes que los promueven y los amparan?

En definitiva, el establecimiento de prioridades en la economía de un país (o de una unión de países), así como las concordes leyes de presupuestos, base para ella, es algo que debe, pues, hacerse con criterios de racionalidad que no son sólo los de un reductivo análisis instrumental y los de las imposiciones sin más del mercado, nacional y/o transnacional. En esa economía mixta, el sector público y, dentro de él, el Estado —representante de intereses generales en los sistemas democráticos (otra cosa es que, pero dígase así, esto no se acepte)— debe, a mi juicio, cumplir por tanto esa triple imprescindible función: de producción (selectiva y cualitativa), de redistribución (proporcional y progresiva) y de regulación y organización (flexible y revisable) desde esa doble participación del grupo social que, téngase siempre en cuenta, es básica para la identificación de la democracia, del Estado de Derecho y, en consecuencia, para el Estado democrático de Derecho.

d) Las cosas se hacen, se han ido haciendo también mucho más comprehensivas y complejas en cuanto a los derechos fundamentales, a las exigencias éticas que en nuestros días, y en relación con la búsqueda de posibles alternativas políticas, deben encontrar —se piensa por muchos— reconocimiento legal y eficaz realización. Asumiendo, claro está, los derechos civiles y políticos (protegidos en el Estado liberal), así como los derechos sociales, económicos y culturales (objetivo prevalente, junto a aquellos, del denominado Estado del Bienestar o, mejor, del Estado social), ahora son nuevos derechos —tercera generación— los que reclaman de un modo u otro su incorporación a la legalidad: derechos de las minorías étnicas, los derivados de las diferencias sexuales, lingüísticas, de la marginación por diferentes causas, derechos de los inmigrantes, ancianos, niños, mujeres, derechos en relación con el medio ambiente, las generaciones futuras, la paz, el desarrollo económico de los pueblos, la demografía, las investigaciones genéticas, las nuevas tecnologías, etc. en una lista todo menos que arbitraria, cerrada y exhaustiva.

¿En qué medida tales demandas, o algunas de ellas pues no son todas de idéntico alcance y significado, pueden ser asumidas por el Estado de Derecho de nuestro tiempo o del próximo futuro? No se olvide que la tesis restrictiva respecto de estas también ha negado y sigue negando —a veces con refinados argumentos— que caracterice y corresponda propiamente al Estado de Derecho la protección jurídica de los derechos sociales, económicos y culturales. Disiento, como se puede ver a lo largo de estas páginas, de semejante reductiva interpretación tanto por razones de fáctica legitimación, de imposible aceptación, como (el Estado de Derecho es una fórmula prescriptiva) de racional legitimidad y justificación: lo cual para nada implica desconocimiento de las dificultades planteadas tanto en la garantía jurídica de tales exigencias éticas como, más aún, en su efectiva realización en un determinado contexto social.

No pocos autorizados juristas advierten hoy, con una cierta lógica interna, acerca de la relación inversamente proporcional que pudiera darse entre extensión e intensión a la hora de lograr eficaz protección jurídica para unos u otros derechos fundamentales. Y tampoco dejan de estar ausentes los avisos sobre condiciones objetivas (la escasez, por ejemplo) que impiden o dificultan sobremanera —con las inevitables consecuencias de frustración y deslegitimación— el completo reconocimiento de determinadas aspiraciones humanas o exigencias éticas como auténticos derechos subjetivos ejercitables con plenas garantías en el marco de un sistema jurídico avalado por la Constitución y los competentes tribunales de justicia, nacionales e internacionales.

Todo ello es bien cierto, realista y razonable y habrá de ser tomado muy en consideración por los legisladores y por la propia sociedad si se quiere construir algo con responsabilidad. Pero el mundo no se acaba ni se cierra —tampoco el mundo jurídico— con los estrictos derechos subjetivos. Quiero decir que las exigencias éticas asumidas en el ordenamiento pueden, por ejemplo, servir para orientar con fuerza, es decir con sólidas razones, la futura legislación que dará lugar, entonces sí, a nuevos estrictos derechos. Con ello se fortalecerá, sin duda, el respeto a la ley tanto en el sentido de su más eficaz validez como de su más legítima justificación, como diferenciábamos al principio de estas páginas. Y mientras tanto, pueden valer muy bien para interpretar de un modo u otro los actuales reconocidos derechos o para orientar coherentemente unas u otras políticas sociales. Como se ve, todo menos que inútil tal presencia y su diferenciado reconocimiento en el ámbito jurídico-político. Sin olvidar asimismo que si la política (o el Derecho) es el "arte de lo posible", la filosofía y la ética son, y deben ser, el arte de hacer posible lo necesario. Utopías de ayer son, no siempre pero sí en muchos casos, realidades indiscutidas de hoy. Y tampoco es algo "neutro", o producto del mero azar, que unos derechos hayan logrado, en la historia y/o en la actualidad, plena protección judicial (por ejemplo, la propiedad) y otros, por el contrario, no la hayan alcanzado (todavía) con ese mismo rigor (por ejemplo, el trabajo).

Seguro, sin duda, que todas estas exigencias éticas u otras que podrían formularse (tampoco aquí puede cerrarse la historia), todas esas justas pretensiones y esperanzas humanas desgraciadamente no resultan hoy por hoy por completo susceptibles de su juridificación de manera plena y responsable como rigurosos derechos subjetivos aducibles ante los tribunales de justicia en el marco actual del Estado de Derecho. Reconozcámoslo así, con sensatas dotes de realismo para las más complicadas y difíciles de ellas, a pesar de todas las buenas intenciones y voluntades que pudieran, sin duda, manifestarse. Sin embargo —a mi juicio—, en modo alguno tales voluntades e intenciones, así como los valores y principios que las inspiran, carecen de sentido y trascendencia para la acción social, política y también jurídica. El mundo del Derecho que hay que construir no puede estar ajeno a ellas. Por un lado, la cohesión social, es decir razones de eficacia, y por otro, la ética pública (y privada), es decir razones de justicia, así —creo— lo exigen.

En consecuencia, tales pretensiones y esperanzas no deben quedar fuera o al margen de los proyectos de futuro respecto de esas mencionadas transformaciones de todo tipo, desde económicas a culturales, que en cambio deben siempre impulsarse en el marco de una sociedad democrática y de su sistema jurídico para la necesaria construcción de un correlativo, aquí auspiciado, Estado democrático de Derecho. Todas ellas, y otras más, son hoy razones de legitimidad, de justicia, para una necesaria recuperación de la política y son también razones para una no menos imprescindible política institucional. Éstas exigencias de diálogo con deliberación ilustrada y de doble real participación (en decisiones y resultados) son —pienso que puede hablarse así— las razones fundamentales en nuestro tiempo para un Estado democrático de Derecho, para hacer más reales y universales esos y otros derechos humanos fundamentales. Con ello, para un más justificado respeto ético a la ley en el marco del imperio democrático de la ley.

UNA NUOVA"NARRAZIONE": LA STRATEGIA DEI NUOVI DIRITTI

Pietro Barcellona

1. Discorso scientifico e narrazioni

Uno degli autori a me cari, Kolakowski, in uno dei suoi testi più belli —*Presenza del mito*— sostiene che le società sono, in modo alterno, dominate da due tipi di miti: il *mito dei creditori* e il *mito dei debitori*. Il *mito dei creditori* è tipico delle società fluenti in cui tutti, specialmente i giovani, pretendono di realizzare qualsiasi desiderio; il *mito dei debitori*, invece, è il mito delle società che pensano di dovere molto al passato, agli antenati, ai costruttori delle civiltà e quindi sentono sempre di dover adempiere ad un compito assegnatogli. Oggi viviamo in una società dominata dal mito dei creditori e lo si evince dal fatto che in qualsiasi contestazione (studenti, lavoratori) si reclamano solo ed esclusivamente diritti. In ogni caso, l'idea del dovere, a mio parere fondativa del diritto, è scomparsa dall'orizzonte del senso comune. La riflessione di Kolakowski, secondo me, risulta interessante in quanto evidenzia il legame, il più delle volte sottaciuto, tra l'analisi giuridica e il discorso sui miti.

Lo statuto del nostro sapere, spesso, è una narrazione. Al riguardo, nel recente volume di Ulrich Beck, *La società cosmopolita*, giustamente si sottolinea che le narrazioni non finiscono mai; alle narrazioni dell'800 e del '900 è subentrata la narrazione della globalizzazione.

Che cosa vuol dire narrazione? Non significa che siamo in presenza di elementi fantastici o di fiabe. La narrazione struttura l'autorappresentazione e costruisce l'identità. Quando nel '900 ci siamo raccontati come progressisti, pensavamo di essere non solo gli abitanti della storia che procedeva verso un fine (*telos*), ma anche parti di progetti complessivi che vedevano in campo sia attori esterni aventi determinate caratteristiche (stati nazionali) che attori interni agli stati (partiti, sindacati). Adesso, invece, siamo entrati in un'altra grande narrazione, la narrazione della società cosmopolita, il cui elemento portante è rappresentato appunto dai "nuovi diritti".

Il fatto che si tratti di narrazioni non significa che il nostro discorso sia privo di scientificità (a condizione che si abbandoni una certa mitologia del concetto di metodo scientifico). In genere, si è pensato che il metodo scientifico fosse soltanto quello sviluppatosi a partire da Cartesio, cioè il metodo capace di contenere tutte le variabili dell'esperienza e organizzarle in un sapere deduttivamente fondato o comunque verificabile empiricamente. In realtà, abbiamo poco da dedurre poiché non abbiamo alle spalle una verità inconfutabile e questo sembra ormai una acquisizione della società occidentale. In questo senso, l'Occidente si oppone al fondamentalismo, in quanto ideologia basata su verità inoppugnabili. Da questo punto di vista, il metodo scientifico deve abbandonare sia la possibilità di dedurre da premesse certe (la natura o la ragione) che l'idea della pura verificabilità, ritenuta, per un certo lasso di tempo, il criterio fondamentale.

La narrazione è l'autoriflessione che si produce all'interno di una pratica e che conferisce a quest'ultima coerenza e stabilità. In tal senso un discorso può dirsi scientifico se è coerente e diagnostico, cioè se ha la capacità di capire le strategie implicate nelle narrazioni. Sotto questo profilo la pratica è un concetto un po' più complesso del puro fatto, perché nella pratica sono immanenti l'intenzione, il progetto, la riflessione e anche l'autorappresentazione.

I saperi sono connessi sempre ad una pratica, e solo da una pratica si può in qualche modo risalire ai concetti e poi naturalmente ritornare alla pratica. Come affrontiamo allora il problema del rapporto fra diritto, etica ed economia? Si deve cercare invece di riflettere sulla pratica nella quale siamo immersi, coglierne poi il significato, vedere se questo significato può essere messo in discussione. Noi siamo immersi in una pratica terribile e angosciante, in cui è divenuta possibile la manipolazione della mente e della vita in forme finora sconosciute. In altri termini, come è noto, si stanno sempre più diffondendo interventi sul corpo umano, sulla psiche, sulla nostra vita che si inquadrano in questo processo que si chiama di mercificazione o commercializzazione. Alla base c'è una semplificazione del mondo fondata sul principio che si può fare tutto ciò che è economicamente valutabile, e che è valutabile economicamente tutto ciò che si può ridurre ad una misura di vantaggio e di svantaggio. Il principio della *calcolabilità* accompagna quello della *manipolabilità*: non solo possiamo ridurre tutto a calcolo, ma possiamo anche disporre di tutto ciò che è tecnicamente producibile. Si può manipolare tutto.

Questi due principi hanno a fondamento l'idea che ciascun individuo umano ha una struttura della motivazione riducibile al paradigma dell'utile, il quale viene così definito: è utile tutto ciò che soddisfa i bisogni dell'individuo, e ogni individuo di conseguenza agisce per soddisfare un proprio bisogno e per cercare l'utile. Caso mai il problema che si pone è quello di ridurre questa ricerca individuale dell'utile a un problema di scala attraverso il mercato che risponde all'imperativo individuale in termini generali. Se si dovesse dire oggi qual è l'imperativo di uno Stato, potremmo tranquillamente affermare che lo Stato ha il compito di realizzare il maggiore utile possibile per il maggiore nume_ di cittadini. L'imperativo di uno Stato è dunque la generalizzazione dell'utile dei singoli individui.

In questa prospettiva la "strategia dei diritti" si iscrive nella grande narrazione del progresso come conseguimento del benessere economico e del sistema giuridico-politico come "apparato" di "cura". La strategia dei diritti è sotto questo profilo l'altra faccia della manipolazione tecnologica del vivente e di quella che viene chiamata la "biopolitica".

2. La narrazione dei nuovi diritti

I "nuovi diritti", dunque, sono un elemento della narrazione post-moderna. Adesso, bisogna definire il "contenuto" di tali diritti, al fine di fare una diagnosi sulla strategia implicata e mettere in campo altre narrazioni, altre strategie. Il fatto che i "nuovi diritti" vengano definiti come diritti di quarta generazione implica un'idea di evoluzione, di autosviluppo. Infatti, il diritto moderno oltre ad essere autofondato ha la capacità di adeguarsi; il suo sviluppo è, dunque, autopoietico. In questo senso, ai diritti della prima generazione (diritti civili), seguono i diritti di seconda generazione (diritti politici), poi i diritti della terza generazione (diritti sociali) ed infine i diritti della quarta generazione, cioè i diritti aventi oggetti o contenuti immateriali (la salute, il benessere, l'ambiente) che tendono a realizzare uno sviluppo della persona in quanto tale.

La caratteristica dei "nuovi diritti" è l'assenza di ogni forma di mediazione da parte del potere politico-sociale. Abbiamo definito, per esempio, i diritti sociali come il risultato di una conquista del movimento operaio, dei ceti più deboli, ottenuti attraverso una lotta che, in alcuni casi, diventava compromesso (patto socialdemocratico o keynesiano). In tale contesto, i diritti erano strettamente interrelati ad un rapporto sociale dinamico che dava vita ad un sistema di relazioni industriali triangolare (sindacato, governo e imprese), che a sua volta, dava vita a forme di autonomia collettiva. I diritti sociali si sono sviluppati in questo modo. Solo successivamente sono diventati un mero elenco astratto, disancorati dal contesto sociale in cui erano inseriti. Invece, i diritti di quarta generazione tendono a presentarsi come fondati direttamente sulla individualità in sé considerata.

3. Biopolitica e diritti

Il concetto di biopolitica, elaborato da Foucault, ha per oggetto le istituzioni totali, in particolar modo l'istituzione sanitaria che prende in cura il corpo degli uomini, ma tende a presentarlo come una tendenziale generalizzazione dell'assunzione della materia vivente a oggetto di manipolazioni da parte di un sistema di poteri. Venendo meno ogni forma di mediazione sociale, l'assunzione onnipotente della *nuda vita* a oggetto della politica, e la correlativa trasformazione di quest'ultima in "governo dei corpi", neutralizza le differenze e consegna gli ambiti vitali, anche i più riposti, alla totale manipolazione del Potere. Come dice Toesca, lo Stato del capitale e lo Stato del lavoro sono sostanzialmente simili.

Il paradosso è che i diritti dei cittadini, non appena reclamati o pretesi, vengano poi subito trasformati in "dipendenza", in subordinazione o alla logica del mercato o alla burocrazia. Non c'è tempo di avanzare una pretesa dei bambini o degli anziani, che questi vengono iscritti nell'ordinamento giuridico statale per essere manipolati e privati delle loro relazioni con ciò che prima costituiva l'ambito di relazioni solidali, affettive, non disciplinate né da norme né da regolamenti. I diritti umani rappresentano l'iscrizione della vita nel giuridico statale. Cos'è oggi un anziano che viene trattato come oggetto di diritti? È un uomo ridotto alla "nuda vita", al problema della mera sopravvivenza, senza alcun riguardo al problema dell'affettività.

Foucault aveva affermato con una terminologia straordinariamente efficace: *l'età moderna è, in realtà, l'età della biopolitica.* Secondo Foucault il diritto alla vita, al corpo, alla salute, alla felicità, alla soddisfazione dei bisogni, il diritto a ritrovare al di là di tutte le oppressioni e alienazioni quello che si è, questo diritto così incomprensibile per il vecchio sistema giuridico, è ormai sottoposto alla replica politica e istituzionale che lo organizza e lo sistema in figure giuridiche astratte. Si perde la complessità e l'unitarietà dell'individuo vivente.

È paradossale (continua Foucault) che le stesse rivendicazioni (le famose tavole dei diritti che aprono la porta al privato, alla libertà, alla ricerca della soddisfazione individuale) diventino poi negli Stati totalitari il criterio decisivo per le Decisioni Sovrane su chi sta dentro e su chi sta fuori, su come si organizzano gli ambiti minuti della vita quotidiana, fino al tempo libero. Non è un caso che gli Stati totalitari si occupino tanto anche del tempo libero, e non è un caso che noi oggi ci troviamo di fronte a una forma di totalizzazione dell'immaginario collettivo attraverso la manipolazione mediatica.

L'uomo moderno, dice Foucault, è un animale nella cui politica —come governo dei corpi e delle menti— è in questione la sua consistenza di essere vivente. E dove, proprio per effetto di tutto ciò, si consuma ogni giorno la neutralizzazione delle sue passioni e della sua specifica ricchezza spirituale.

Basta prendere un solo esempio: quello della *manipolazione tecnologica del dolore*, rispetto al problema del senso che gli uomini hanno sempre dato alla sofferenza. La medicalizzazione della vita, come ha sostenuto Salvatore Natoli, distrugge l'interiorità e il significato della persona.

La spettacolarizzazione del risultato degli interventi medici sul corpo ha preso il posto della partecipazione collettiva degli uomini al dolore, e quindi dell'idea che si possa dare un "senso" persino alle cose più nefaste come la morte.

Il problema del dolore si è trasformato in quello dell'efficienza degli apparati che se ne occupano: vale a dire della maggiore o minore possibilità di ridurre i costi sociali della malattia. La persona sofferente viene messa dentro un "campo" in cui non è più visibile "all'esterno" il dolore.

La medicalizzazione, la tecnologia applicata al dolore, si traduce nel massimo di solitudine di chi soffre. La neutralizzazione del dolore (il "peggio" che può toccare al vivente considerato nella sua nudità) tende a escluderlo dalla visibilità: com'è noto, i malati terminali non muoiono più a casa propria.

La manipolazione tecnologica della vita ha come effetto l'esclusione di ciò che non viene trattato medicalmente. Avendo iscritto la nuda vita nell'ordinamento giuridico statuale, nel governo politico dei corpi, si è completamente rovesciata la situazione del diritto in una totale soggezione. La "nuda vita" riceve forma soltanto se è trattata, se è manipolata: non rappresenta niente in sé. All'individuo cui sono stati conferiti i diritti umani è ormai data la nuda esistenza senza "vestito", senza cultura, senza tradizioni.

La nuda esistenza è proprio l'animalità, come ha scritto Hannah Arendt. Paradossalmente la politica moderna si occupa del nostro essere animali, e nega il nostro essere bisognosi di senso, di comunicazione e di reciprocità.

Abbiamo sempre pensato, secondo i vecchi brocardi latini, la società e il diritto come due poli coappartenenti, cioè la società produce il diritto e il diritto corrisponde ad una forma di società. Senza essere marxisti *ante litteram* e considerare i diritti come epifenomeno di una struttura materiale, tuttavia, con un sano realismo, i giuristi romani pensavano che ogni forma di società corrispondesse a una certa organizzazione giuridica; nella fase attuale, invece, i diritti sono riferiti all'individuo singolarizzato, ridotto a nuda vita, cioè spogliata di ogni determinazione sociale (Agamben). In altri termini, la nuda vita è la vita biologica, indipendentemente dalle determinazioni sociali (appartenenza a una nazione, a una cultura, a una tradizione). Nella biopolitica prevale il biologico puro, di fronte al quale si erge un sistema, un potere, un apparato senza nessuna di quelle mediazioni che secondo la terminologia classica potrebbero essere una organizzazione sociale oppure una nazione. La desocializzazione del diritto è simmetrica a una globalizzazione in cui scompare il problema del governo politico. In tale contesto, il concetto corrispondente all'idea di diritti che si autosviluppano sulla base di premesse intrinseche sta producendo una innovazione notevole sul terreno del costituzionalismo moderno.

Si parla oggi di un costituzionalismo senza popolo. Al riguardo, la sentenza della Corte Costituzionale tedesca sul Trattato di Maastricht ha suscitato un interessante dibattito, la cui idea di fondo è quella che non si possa immaginare una Costituzione senza un popolo. In particolare, Grimm ha sollevato la questione dell'inesistenza del popolo europeo e gli è stato ribattuto dai teorici dei "nuovi diritti" che non c'è bisogno di un popolo perché i diritti possano reggersi da soli. Evidentemente, tale idea implica un nuovo sistema di gestione della conflittualità rappresentato dal primato del potere giudiziario sul potere legislativo da un lato, e da un sistema tecnocratico (*authorities* o *governance*) al posto del governo politico imputabile a un centro. I "nuovi diritti" rappresentano una forma di transizione. La società che si è autorappresentata e sviluppata dinamicamente all'interno del patto storico (tra Stato, mercato e identità nazionale) viene totalmente sostituita dalla narrazione della società cosmopolita, caratterizzata da diritti riferibili a singoli individui in quanto tali, istituzioni di garanzia come i giudici, istituzioni di copertura come le tecnostrutture o le *authorities*. Le tecniche di tutela, naturalmente, sono in gran parte giurisdizionali. L'ineffettualità della maggior parte dei diritti che vengono elencati, non ha rilevanza dal punto di vista della loro funzione simbolica. Qualsiasi lotta oggi viene attuata in nome dei diritti, perché il diritto non ha solo la funzione pratica di risolvere i conflitti ma anche una funzione simbolica: rappresentare il modo in cui si colloca ciascuno di noi all'interno di un contesto. Oggi, nelle rivendicazione, avanzate da destra o da sinistra, dal centro o dalla periferia, si reclamano solo diritti, ma non democrazia, o potere. Sembra quasi che il problema del potere sia scomparso.

4. Le nuove forme di appropriazione dei "beni immateriali"

Il libro di Toni Negri e Michael Hardt, *Impero*, costituisce un esempio di ricostruzione di una situazione di egemonia che non si sviluppa nei termini tradizionali ma in forma sistemica. Vi sarebbe un sistema imperiale che diffonde in modo molecolare le sue articolazioni e le sue funzioni sull'intero pianeta, ma che poi risulta privo di un sovrano; anzi, come afferma lo stesso Negri, l'impero americano è antihobbesiano, perché sistemico, cioè realizza una serie di connessioni funzionali ma non ha centro. In questo senso, il sistema imperiale funzionerebbe come la connessione funzionale e comunicativa che si realizza nella rete.

Ma qual è l'effetto prodotto da tale narrazione? Secondo me, occultando la questione del carattere costruito degli ordinamenti giuridici, anche di quelli che sembrano prodursi spontaneamente per sviluppo interno, non ci permette di capire lo spostamento avvenuto tra le forme di ricchezza e di proprietà tradizionale e le forme nuove. La maggior parte dei giuristi si limita a stilare un elenco ben nutrito di diritti (addirittura si parla di diritto alla felicità, come nella Costituzione americana) però nessuno sottolinea, se non marginalmente, l'esistenza nella categoria dei "nuovi diritti" di una singolare forma di diritto: il diritto all'utilizzazione esclusiva e monopolistica di una informazione sul vivente. Prendete, per esempio, la recente discussione sviluppatasi sull'appropriazione del sistema dell'informazione relativa alla selezione del riso in India, da parte di una multinazionale che, dopo averlo brevettato, ne ha fatto l'oggetto di un diritto di proprietà di tipo nuovo, inassimilabile alle forme di proprietà tradizionali.

La riduzione del vivente a mera informazione, che ha consentito la nuova medicina molecolare e le biotecnologie, sta portando ad una progressiva autonomizzazione nel flusso informatico di informazioni rilevanti ai fini di produzione di nuova ricchezza, e questo produce la brevettabilità delle informazioni. Secondo me, non si tratta di un fatto episodico ma del segno di un mutamento di fase nella narrazione della modernità, se è vero, come dice Karl Polanyi, che la modernità si caratterizza per le forme di ricchezza che riesce ad inventare. Polanyi sottolinea il carattere costruttivo del diritto: cioè il fatto che diritto non trova le cose così come le dice, ma innanzitutto le costruisce come beni, come oggetto di diritti, come tutele. E in quel classico che è *La grande trasformazione*, precisa: "La modernità comincia con tre forme nuove di diritto". E cioè:

1) la terra: oggi siamo pacificamente convinti che la proprietà individuale sia la forma normale di proprietà, ma prima dell'invenzione della proprietà moderna e immobiliare nessuno lo pensava;

2) il lavoro: la possibilità di separare il lavoro umano dalla persona del lavoratore e dunque vendere la forza lavoro senza vendere il lavoratore. Ciò ha consentito l'abolizione della schiavitù e ha creato la nuova figura del lavoro libero, salariato, che è una nuova forma di ricchezza;

3) la moneta: ciò richiederebbe un ragionamento più approfondito, anche se oggi tutti hanno la sensazione che la moneta unica, la moneta europea, *comanda* i flussi della vita sociale. Da questo punto di vista, la moneta è la forma di astrazione per eccellenza.

Le tre forme di ricchezza (*terra, lavoro, moneta*) inaugurano l'epoca della modernità capitalistica. La seconda fase comincia con la ricchezza mobiliare, l'esatto contrario della ricchezza contadina, della società contadina, della cultura legata alla terra come oggetto di proprietà ed è l'invenzione della cosiddetta proprietà azionaria, della produzione di quelli che oggi si chiamano prodotti finanziari. Ma la problematica della produzione di una nuova forma di ricchezza mobiliare, anonima ed a circolazione rapida (adesso si parla di moneta informatica, di forme inaudite di matrimonio tra l'informatica e la finanza) certamente sta producendo una terza fase delle forme sociali. La prima fase è contrassegnata dallo sviluppo dell'industria agricola, la seconda fase dalla società per azioni e dall'esplosione dell'industria manifatturiera, la terza fase, quella attuale, questa forma di ricchezza che ha per oggetto beni o prodotti immateriali; è la fase che corrisponde non solo alla globalizzazione ma alla de-industrializzazione dell'Occidente, alla de-localizzazione, alla flessibilità del lavoro.

Una lettura attenta della narrazione attuale contiene tutti gli elementi che costituiscono i punti nevralgici di discussione, ad esempio rispetto alla flessibilità del lavoro. Se il lavoro è un lavoro che si inserisce in una rete informatica, da cui si entra e esce come si entra e si esce dalla connessione attraverso il cellulare, se l'impresa è lo snodo di flussi informatici che permettono di dislocare le produzioni nel sud-est asiatico, nell'America latina, assemblandole in Finlandia e vendendole a Singapore, è chiaro che noi ci troviamo di fronte ad una flessibilizzazione totale del processo produttivo, perché la finanziarizzazione, l'informatizzazione, l'organizzazione dei flussi consente di liberarsi del vincolo territoriale. Pensate all'esperienza delle tute blu di Mirafiori, un corpo compatto che aveva anche un rapporto affettivo con l'impresa, per cui la tuta rappresentava la propria identità profonda; adesso gli operai sono legati all'azienda da vincoli contrattuali piuttosto brevi.

5. L'uomo flessibile e la manipolazione informatica

Come dice Dennet, l'uomo è diventato flessibile perché è stato riciclato dentro il racconto della connessione/sconnessione che funziona all'interno del meccanismo della rete. Ma la cosa più importante è la formazione di una nuova forma di ricchezza legata al potere di controllo delle informazioni rilevante ai fini della produzione di ricchezza. Ciò prevede la brevettazione di segmenti di informazione sfruttati in forma inaudita.

E' evidente che dietro la narrazione dei nuovi diritti si nasconde la formazione di nuovi poteri che stanno *costruendo* nuove categorie di beni, i quali non sono affatto, come si pensa, il semplice riflesso di una naturale produzione dell'utile nel senso comune. Al contrario, l'utile che costituisce l'oggetto dei "nuovi diritti" è tale solo perché è stato innanzitutto costruito giuridicamente. Infatti se un'informazione non viene separata dal flusso delle informazioni, se non viene resa appropriabile singolarmente, in nessun modo potrebbe esser considerata un bene. In passato prevaleva una concezione naturalistica del bene giuridico, cosa che poteva funzionare fino ai prodotti derivanti dalla coltivazione della terra. Oggi, invece, risulta sempre più pertinente l'intuizione di Polanyi: alla base della teoria dei beni, c'è una decisione politico-giuridica che interviene nel contesto della vita e astrae dalle forme di quest'ultima un qualcosa che diventa oggetto di diritto. Insomma, il presupposto dell'utilità è l'appropriabilità e la separabilità che non sono affatto connotati naturali. In effetti, all'interno del flusso delle informazioni, non c'è nessuna spontaneità naturale, capace di isolare e separare un'informazione singola, come quella relativa alla selezione d'una certa qualità di riso; allo stesso titolo, non è affatto naturale selezionare l'informazione del genoma relativa alla riproduzione di un certo tipo di malattia. La separabilità e la brevettabilità assicurano l'appropriabilità privata. Dietro a questa stagione nuova, quindi, non c'è solo la decostruzione del sistema sociale, la delocalizzazione dell'impresa o la desocializzazione della politica: c'è innanzitutto la costruzione di nuove forme di potere che individuano e separano le informazioni, cioè i beni, e così definiscono ciò che è appropriabile e ciò che non lo è, lasciando completamente invisibile la fonte reale della determinazione qualitativa di questi nuovi beni.

Ma esiste una narrazione alternativa a quella dominante? L'unica narrazione alternativa ai nuovi diritti è la narrazione democratica, cioè la partecipazione alle decisioni, alla socializzazione controllata attraverso l'autogoverno. Le questioni tecniche sono tali solo apparentemente poiché le loro implicazioni riguardano la nostra esistenza quotidiana, il nostro modo di vivere, il nostro modo di stare al mondo. Ciò di cui abbiamo urgente bisogno è l'allenamento a *decrittare* i codici che sono implicati nelle narrazioni.

6. Le nuove contraddizioni e il collasso dell'Occidente

Se l'Occidente sta garantendosi persino l'eternità, il resto del mondo rischia di essere ridotto al silenzio e alla morte. Ma anche all'interno del mondo privilegiato pullulano le contraddizioni. Non voglio riproporre la terminologia marxiana che tuttavia, per certi versi, risulta ancora utilizzabile. I mutamenti avvenuti nel modello produttivo hanno modificato profondamente un modello di accumulazione, non più espansivo. In altri termini, l'immortalità bisogna produrla per un numero sempre minore di persone, perché si tratta di un bene non generalizzabile. Ma per produrre immortalità per meno persone bisogna coinvolgere sempre meno persone nella produzione; quindi bisogna avere, per così dire, formazione di reddito spendibile sempre più ristretto. Questo significa che abbiamo un modello produttivo che produce per pochi ricchi, il che apre condizioni drammatiche dentro lo stesso Occidente e dentro gli stessi settori che controllano questi processi. Per esempio, un medievista non sospetto di simpatie marxiste come Cardini, nel già citato suo libro *Astrea ed i Titani*, definisce il governo Bush una sorta di comitato di affari delle otto multinazionali (tutte americane) che si dividono la torta e controllano l'80 % delle risorse del pianeta. Ciò ha comportato una guerra interna non solo tra borghesie nazionali e borghesie locali ma, all'interno stesso delle borghesie globali, tra vecchi e nuovi poteri forti.

In questo contesto risorge l'attore politico. Se si stanno rideterminando i campi di forza dentro i quali agiranno potenze collettive e non singoli alla ricerca della felicità, allora si potranno determinare aggregazioni, grandi spazi, mesoregioni. La quarta fase dell'economia capitalistica è una fase di mutamenti veloci ed autoperformativi ma anche fortemente autocontraddittori fino al punto da mettere a repentaglio la sua stessa sopravvivenza. Non sono convinto che le cose si risolveranno con lo scioglimento dei poteri ma sono convinto dell'esistenza di uno spazio enorme per la costruzione di un'Europa non riducibile alla Carta di Nizza, ma che invece abbia un ruolo politico complessivo rispetto all'equilibrio del mondo. Non credo ad un governo mondiale, ad un governo unificato, ma alla possibilità di strutture poliarchiche.

La parte ricca dell'Occidente dovrà rinunciare al principio fondante delle sue strategie, cioè la non negoziabilità del suo tenore di vita, altrimenti avverrà lo scontro, i cui attori non saranno certamente gli individui mai i popoli, i gruppi umani. Da questo punto di vista, le visioni del pacifismo giuridico, dell'ingenua universalizzazione dei diritti, secondo me, se non sono già morte, stanno per morire.

DIRITTO E DOLORE

Luigi Ferrajoli

1. Dolore inflitto, dolore subito

In un saggio di qualche anno fa, Salvatore Natoli ha proposto di ripensare il diritto sulla base dei nessi —in quanto cura o in quanto sanzione— da esso intrattenuti con il dolore.[1] Ho trovato assai feconda e stimolante, in particolare, la distinzione da lui suggerita tra due tipi di dolore: il *"dolore subito"* e il *"dolore inflitto"*, l'uno naturale, l'altro prodotto dagli uomini. Sono i due tipi di dolore che corrispondono, a me pare, ai due mali nella cui eliminazione, o riduzione possiamo riconoscere la ragione d'essere o giustificazione del diritto.

Non si tratta di una semplice metafora, bensì di un'efficace raffigurazione del ruolo garantista del diritto. Mi sembra infatti che queste due figure del dolore offrano un'ottima chiave di lettura delle forme e delle linee di sviluppo del moderno Stato costituzionale di diritto. Tutti i diritti fondamentali sono in questa chiave configurabili come diritti all'esclusione o alla riduzione del dolore. Precisamente, i *diritti di libertà*, dalle libertà fondamentali al diritto all'integrità personale, consistendo in aspettative negative o in immunità da lesioni altrui, sono interpretabili come diritti volti a prevenire il *dolore inflitto*. Al contrario, tutti i *diritti sociali* alla sussistenza e alla sopravvivenza, dal diritto alla salute ai diritti al lavoro, all'istruzione e alla previdenza, consistendo in aspettative positive, ossia a prestazioni pubbliche, sono interpretabili come diritti volti a ridurre il *dolore subito*. Possiamo aggiungere che la prevenzione del dolore inflitto, cioè del male *artificiale* provocato dagli uomini, avviene tramite il diritto penale e la regolazione e minimizzazione della reazione punitiva ai delitti. La riduzione del dolore subito, in senso lato *naturale*, come le malattie, l'indigenza, l'ignoranza, la mancanza di mezzi di sussistenza e simili avviene invece tramite la legislazione sociale e le politiche di Welfare.

Possiamo insomma leggere l'intera storia del diritto moderno come la storia dello sviluppo della sfera pubblica quale sistema di risposte, in forme sempre più complesse e articolate, a questi due tipi di dolore o di male distinti da Natoli. Certamente il diritto moderno, quello dello *stato liberale di diritto*, nasce sul terreno del diritto penale, come Stato e diritto *minimi* volti a organizzare, a tutela dei diritti di libertà e di immunità, due tipi di risposte al *dolore inflitto*, corrispondenti ai due scopi giustificanti nel diritto penale nei quali ho identificato il paradigma del diritto penale *minimo*:[2] da un lato la

---

1. S.Natoli, *Dal potere caritatevole al Welfare State*, in AA.VV., *Nuove frontiere del diritto*, a cura di Pietro Barcellona, Dedalo, Bari 2001, pp.129-145.
2. Rinvio a *Diritto e ragione. Teoria del garantismo penale*, (1989), VII ed. Laterza, Roma 1989, cap.VI. Formulai per la prima volta questo paradigma in una relazione dal titolo *Diritto penale minimo* presentata a un convegno organizzato da Roberto Bergalli a Barcellona nei giorni 5-8 giugno 1985 in polemica con le tesi prevalentemente abolizionistiche sostenute da altri relatori. Il testo fu poi pubblicato dallo stesso Bergalli con il titolo *El derecho penal mínimo* nel numero 0 della rivista "Poder y control", 1986, pp. 25-48.

minimizzazione del dolore inflitto dagli individui nei rapporti tra loro, tramite la prevenzione e la punizione come delitti delle offese da essi recate ai diritti altrui; dall'altro la minimizzazione del dolore inflitto dallo Stato sotto forma di pene, tramite i limiti della stretta legalità, dell'offensività, della materialità, della colpevolezza, dell'onere accusatorio della prova e del contraddittorio imposti, sotto forma di garanzie penali e processuali, sia alla legislazione che alla giurisdizione penale.

Ma il diritto contemporaneo si è altresì sviluppato, nel secolo passato, nelle forme dello *stato sociale di diritto*, cioè quale Stato e diritto *massimi* volti a organizzare, a tutela dei diritti sociali, un sistema di risposte al *dolore subìto* e in senso lato "naturale": alle malattie tramite il diritto alla salute, all'ignoranza tramite il diritto allo studio, all'indigenza tramite i diritti all'assistenza e alla previdenza. Il paradigma dello stato di diritto è sempre lo stesso: lo sviluppo di una sfera pubblica a garanzia di quell'insieme di diritti fondamentali stipulati, quali scopi o ragion d'essere del diritto e dello Stato, in quei patti fondativi della convivenza sociale che sono le costituzioni.

Per questo —per le analogie strutturali, pur nella diversità di contenuti, tra le tecniche di garanzia contro il male inflitto e quelle contro il male subìto— è particolarmente feconda l'analisi del modello liberale dello stato di diritto quale si è venuto formando sul terreno del diritto penale. Quello che ho chiamato "diritto penale minimo" altro non è che il sistema di norme idonee a garantire questa duplice minimizzazione della violenza e del dolore inflitto: del dolore inflitto dai delitti e di quello inflitto dalle pene. Il diritto penale si giustifica, alla stregua di questo criterio, se e solo se previene e minimizza, tramite le sue norme sostanziali, le offese e le sofferenze inflitte dai delitti e, tramite le sue norme processuali, le offese e le sofferenze inflitte dalle reazioni punitive ai delitti. E non è affatto detto che, di fatto, esso realizzi queste due finalità di prevenzione e minimizzazione del dolore che sole lo giustificano e lo legittimano. La storia dei processi e delle pene —pensiamo all'inquisizione, ai supplizi, alle gogne, alle torture giudiziarie— è stata molto più cruenta ed infamante per l'umanità dell'intera storia dei delitti. In questo senso, sono perciò ideologiche tutte le dottrine di giustificazione *a priori* della pena: quelle cioè che giustificano il diritto penale in quanto tale, con lo scopo in astratto della prevenzione dei reati o della difesa sociale o della rieducazione del reo, al di là del concreto accertamento dell'effettiva realizzazione dello scopo da esse proclamato. Una giustificazione logicamente consistente può essere infatti solo *a posteriori*, contingente, settoriale, ossia con riguardo all'effettiva riduzione della violenza e del dolore conseguita, rispetto all'assenza di diritto e di diritti, non già dal diritto penale in quanto tale, ma da questo o quel diritto penale, o meglio da questa o quella concreta norma o istituto penale o processuale.

Ebbene, questo modello di giustificazione del diritto penale può essere esteso, a mio parere, a tutto il diritto moderno. E' in esso che risiede il tratto specifico dell'illuminismo giuridico: l'aver sottoposto il diritto, riguardato nella forma paradigmatica del diritto penale, all'onere della giustificazione. Il diritto, tutto il diritto, essendo un "artificio" costruito dagli uomini —in questo senso "positivo", e non già "naturale"— si giustifica razionalmente se e solo se realizza la minimizzazione del dolore.

2. Giusnaturalismo, giuspositivismo, giuscostituzionalismo

E' questa specificità del diritto moderno che viene ignorata dalle tesi giusnaturalistiche di quanti ancor oggi —penso, per esempio, ad Emanuele Severino— identificano il tratto caratteristico del diritto proprio della "tradizione occidentale" nell'essere un riflesso dell'ordine naturale, ossia di un "ordinamento immutabile svelato dall'episteme".[3] Questo non si può dire per il diritto dell'età moderna. Lo si può dire soltanto del diritto premoderno, anteriore al processo di positivizzazione e di secolarizzazione del diritto avvenuto con la nascita dello Stato moderno. Solo fino ad allora il diritto non poté che giustificarsi come riflesso di un superiore ordine ontologico di tipo razionale, o divino o naturale. Tutto il diritto premoderno, dal diritto romano al diritto comune dell'età di mezzo era infatti un diritto giurisprudenziale, dottrinario, che si legittimava direttamente sulla base dei suoi contenuti, cioè di una loro intrinseca razionalità corrispondente a una qualche supposta ontologia dell'ordine e dei suoi principi.

Per questo, nel modello premoderno, la validità delle norme giuridiche s'identificava con la loro intrinseca giustizia o razionalità e il giusnaturalismo non poteva non essere, allora, la filosofia del diritto dominante: perché, in mancanza di un sistema unitario e formalizzato di fonti positive, il criterio di identificazione dell'esistenza stessa delle norme era immediatamente quello della loro giustizia sostanziale. Una tesi di Bartolo prevaleva su una tesi di Baldo non già per la sua maggiore autorità, ma per la sua maggiore autorevolezza. In questo senso, nella celebre contrapposizione espressa da Hobbes nel suo *Dialogo fra un filosofo e uno studioso del diritto comune in Inghilterra*, aveva ragione il giurista nell'affermare che *veritas non auctoritas facit legem*: era la verità, ovverosia l'intrinseca giustizia, che in un diritto immediatamente giurisprudenziale quale era il diritto comune premoderno fondava la validità delle norme; laddove il principio opposto proclamato da Hobbes —*auctoritas non veritas facit legem*— esprimeva, con paradosso apparente, un'istanza assiologica di dover essere, ossia di razionalità e di giustizia, che si realizzerà con il positivismo giuridico grazie all'affermazione del monopolio statale della produzione giuridica.[4]

Tutto questo cessa di essere vero con quel grande mutamento di paradigma del diritto che si è prodotto con la nascita dello Stato moderno. Una volta affermatosi istituzionalmente il monopolio statale della produzione giuridica, quel principio autoritario hobbesiano —*auctoritas non veritas facit legem*— viene infatti a identificarsi con il principio di legalità quale norma di riconoscimento del diritto esistente e, insieme, quale primo e insostituibile limite all'arbitrio, garanzia di uguaglianza e di libertà oltre che di certezza, fondamento positivo, insomma, di ogni possibile garanzia. Esso diventa la base dello stato di diritto, ossia di un sistema politico in cui tutti i poteri sono soggetti non già alla (soggettiva e arbitraria valutazione della) giustizia, bensì alla legge e dalla legge limitati.

D'altro canto il principio di legalità, proprio per il suo carattere di norma di riconoscimento puramente formale, che identifica il diritto sulla base unicamente della sua forma di produzione e non anche dei suoi contenuti, presenta un'irriducibile ambivalenza: quale condizione certamente necessaria, ma altrettanto certamente insufficiente ad assicurare il ruolo garantista del diritto. Esso ci dice infatti che il diritto non incorpora affatto, solo perché tale, la verità o la giustizia; che nulla garantisce *a priori*

3. E.Severino, *Téchne-Nomos: l'inevitabile subordinazione del diritto alla tecnica*, in AA.VV., *Nuove frontiere* cit., pp.15-24

4. T.Hobbes, *A Dialogue between a Philospher and a Student of the Common Laws of England* (1681), in *The English Works*, a cura di W.Molesworth (1839-1845), rist. Scientia Verlag, Aalen 1965, vol. VI, p. 5: "It is not wisdom, but authority that makes a law"; poco prima Hobbes richiama la tesi di sir Edward Coke secondo cui "'nihil quod est contra rationem est licitum', ossia non è legge ciò che è contrario alla ragione" e "che il diritto comune medesimo non è altro che ragione". La formula classica riportata nel testo è in T.Hobbes, *Leviathan, sive de Materia, Forma et Potestate Civitatis ecclesiasticae et civilis*, traduzione latina, in *Leviatano*, con testo inglese del 1651 a fronte e testo latino del 1668, a cura di Raffaella Santi, Bompiani, Milano 2001, cap. XXVI, 21, p. 448: "Doctrinae quidem verae esse possunt; sed authoritas non veritas facit legem".

che la sua forma sia riempita di contenuti giusti, né che esso non sia peggiore della natura e non produca più dolori di quanti ne prevenga. Ma ci dice altresì che il diritto è non solo un prodotto del potere, ma anche la sua unica fonte e forma di regolazione. Ci dice inoltre che tutto il diritto è fatto dagli uomini, ed è come gli uomini lo pensano, lo progettano, lo producono, lo interpretano e lo applicano: sicché dipende da loro, ossia dalla legislazione e perciò dalla scienza giuridica e dalla politica, che ne portano intera la responsabilità, la stipulazione in forma legale e positiva di quei principi di giustizia che sono la pace e i diritti fondamentali e l'elaborazione delle relative garanzie di effettività.

Non è un caso, del resto, che i cosiddetti "diritti naturali", dapprima teorizzati e poi formulati nelle prime Dichiarazioni dei diritti e nelle prime carte costituzionali, siano nati simultaneamente al positivismo giuridico, quali clausole del contratto sociale da cui prende origine lo Stato e il diritto positivo. Il loro vero inventore fu proprio Thomas Hobbes, che teorizzò la garanzia del diritto alla vita —siccome diritto uguale e indisponibile, modello paradigmatico di tutti i futuri diritti fondamentali— quale ragion d'essere del contratto sociale e di "quell'enorme Leviatano", come egli scrive, "che chiamiamo Stato, che non è altro che un uomo artificiale, anche se dotato di una statura e di una forza più grandi rispetto a quello naturale, per proteggere e difendere il quale è stato ideato".[5] In questo senso l'idea hobbesiana del contratto sociale è all'origine della moderna democrazia costituzionale: non solo nel senso che in base ad essa la legittimità del potere non deriva più dall'alto, da Dio o dalla natura, ma dal basso, ossia dal consenso dei contraenti, ma anche nel senso che quel contratto non è un vuoto accordo, bensì un patto di convivenza le cui clausole sono appunto i diritti fondamentali: dapprima, nello schema hobbesiano, il solo diritto alla vita; poi, nel modello lockiano, i diritti di libertà e quelli civili di proprietà; poi ancora, nell'esperienza costituzionale che prende avvio con la Dichiarazione dell'89 e perviene alle costituzioni rigide del secondo novecento, i diritti politici, i diritti dei lavoratori e i diritti sociali i quali tutti, al pari del diritto alla vita e all'integrità personale, possono ben concepirsi come altrettante negazioni della sofferenza e del dolore.

Aggiungo che non solo sul piano assiologico della filosofia politica, ma anche su quello fenomenologico, della storia e della sociologia giuridica, possiamo identificare nella sofferenza e nel dolore il fondamento e l'origine dei diritti umani. Nessuno di questi diritti è mai calato dall'alto, quale graziosa concessione. Nessuno di essi è mai stato il prodotto di semplici teorizzazioni a tavolino. Tutti —dalla libertà di coscienza alla libertà personale, dai diritti sociali ai diritti dei lavoratori— sono stati il frutto di lotte e rivoluzioni alimentate dal dolore, ossia da oppressioni o discriminazioni o privazioni in precedenza percepite come "normali" o "naturali" e divenute a un certo punto intollerabili. Tutti si sono imposti come leggi del più debole contro la legge del più forte che vigeva e vigerebbe in loro assenza. Di più. Questo ruolo di "legge del più debole" vale, sul piano assiologico, per tutto il diritto, che è sempre contro la realtà o, se si vuole, contro la natura, ossia contro ciò che avverrebbe in sua assenza: che non sarebbe certo la società pacificata immaginata da molti utopisti abolizionisti, bensì la società selvaggia, fondata appunto sulla legge sfrenata del più forte. Fu precisamente questa l'ipotesi, per così dire l'esperimento mentale proposto da Hobbes, allorché configurò lo Stato e il diritto positivo come convenzioni, cioè come prodotti artificiali della ragione, volti a por fine allo stato di guerra proprio della società di natura e a garantire tutti e ciascuno contro la violenza del più forte.

---

5. Leviatano cit., Introduzione, 1, p. 15

Ma quell'esperimento —non mentale ma tragicamente reale— è stato compiuto nel secolo passato dall'umanità, con la catastrofe dei totalitarismi e delle guerre mondiali. Si scoprì allora che neppure la maggioranza, che consentì al fascismo e al nazismo la presa del potere, neppure il consenso di massa pur vantato dai regimi totalitari garantiscono la qualità dei pubblici poteri; che anche la legge della maggioranza, se non è sottoposta a sua volta a una legge superiore che ne limiti gli abusi, può sempre degenerare nella legge del più forte e legittimare guerre, distruzioni, violazioni della vita e della dignità delle persone e soppressioni delle minoranze. E' sulla base di queste terribili esperienze —le "afflizioni indicibili portate all'umanità" (ancora una volta, dunque, il dolore) che come dice il preambolo della Carta dell'Onu sono state recate all'umanità dal "flagello della guerra" e delle violazioni dei diritti umani— che all'indomani della seconda guerra mondiale fu rifondato il costituzionalismo, con la rigidità di cui sono state dotate le costituzioni statali e con l'allargamento del modello costituzionale al diritto internazionale. Ne è risultata la fine così della sovranità interna come della sovranità esterna: ossia una seconda rivoluzione, un secondo mutamento di paradigma del diritto, non meno importante di quello prodottosi con la nascita dello Stato moderno e del positivismo giuridico.

Grazie al costituzionalismo rigido, infatti, la maggioranza, e perciò la democrazia politica, cessano di essere sovrane e onnipotenti e incontrano limiti e vincoli di diritto positivo nelle norme costituzionali nelle quali tutti i diritti fondamentali —dai diritti di libertà ai diritti sociali— sono stipulati e messi al riparo dal loro arbitrio. Si è trattato peraltro di un mutamento di paradigma che si è prodotto all'interno dello stesso paradigma giuspositivistico, non già quale suo indebolimento bensì quale suo completamento: giacché esso si è risolto nella soggezione alla legge, e precisamente alla costituzione, non più solo delle forme ma anche dei contenuti delle leggi medesime, e perciò alla positivizzazione non più solo del loro essere ma anche del loro dover essere, non più solo delle loro condizioni di esistenza o validità formale ma anche delle loro condizioni di validità sostanziale, cioè delle scelte operate dal legislatore costituente che il legislatore ordinario è obbligato a rispettare.

3. La crisi odierna del paradigma costituzionale

Oggi sia il paradigma legislativo che quello costituzionale dello stato di diritto sono in crisi. Ne sono infatti venute meno le coordinate statali che dell'uno e dell'altro formano il presupposto. E' venuta meno la sovranità esterna degli stati nazionali, sia sul piano giuridico, per il suo assoggettamento alla Carta dell'Onu e alle grandi convenzioni internazionali sui diritti umani, sia soprattutto sul piano fattuale, per il suo generalizzato carattere di "sovranità limitata", dapprima dalle due grandi potenze ed oggi dalla superpotenza americana. Ma soprattutto è venuto meno, in tutti gli ordinamenti, il monopolio statale della produzione giuridica, e si è conseguentemente incrinata l'unità del sistema delle fonti, sostituita ormai da una pluralità di fonti, non più solo nazionali ma sovranazionali.

Sotto questo aspetto possiamo ben parlare, a proposito del pluralismo degli ordinamenti, del loro non chiaro coordinamento e dell'incertezza generata dal sovrapporsi delle fonti, di una regressione al diritto premoderno. E tuttavia questa trasformazione del diritto e della sfera pubblica, questa loro deterritorializzazione e denazionalizzazione, non necessariamente ne comportano, come da molti viene paventato, una crisi regressiva o peggio una dissoluzione. Al contrario ben potrebbero preludere a una loro effettiva universalizzazione. Rovesciando un argomento comunemente opposto a questa prospettiva, può infatti affermarsi che è il frutto di un'indebita *domestic analogy*[6] l'idea che il solo costituzionalismo possibile sia quello statale. Giacché non c'è nessun nesso necessario tra sfera pubblica e Stato, tra costituzione e base sociale nazionale. Ne è prova il fatto che pur con i limiti inevitabili legati alla sua complessità, sta progredendo il processo costituente dell'Europa e non è lontana la prospettiva della realizzazione, tramite adeguate riforme istituzionali e soprattutto l'approvazione di una Costituzione degna di questo nome, di una sfera pubblica europea.

Ciò che è certo è che in assenza di una sfera pubblica internazionale all'altezza dei nuovi poteri extra e sovrastatali, di nuovo il dolore— le guerre, la povertà endemica, i milioni di morti ogni anno per mancanza dell'alimentazione di base e di farmaci essenziali —è tornato ad essere il segno drammatico della vuoto di diritto e del suo ruolo garantista. Certamente, dopo la rottura della legalità internazionale prodotta dalle recenti guerre globali, le prospettive riguardanti il futuro del diritto internazionale non sono affatto incoraggianti. E tuttavia la Carta dell'Onu, la Dichiarazione universale dei diritti umani e le tante altre convenzioni e carte dei diritti di cui abbonda ormai il diritto internazionale disegnano già oggi i lineamenti di una sfera pubblica planetaria. Il fatto che queste carte e i diritti e principi in esse stabiliti siano largamente ineffettivi per mancanza di idonee garanzie non significa infatti che non sono vincolanti, ma solo che nell'ordinamento internazionale ci sono *lacune* vistose —lacune, appunto, di garanzie— ossia inadempimenti che è compito della cultura giuridica denunciare e obbligo della politica riparare. Significa in concreto, se prendiamo sul serio il diritto internazionale, che esiste il dovere, ancor prima che il potere, di promuovere un serio funzionamento della Corte penale internazionale sui crimini contro l'umanità; di orientare le politiche delle istituzioni finanziarie mondiali, come il Fondo monetario internazionale e la Banca mondiale, all'aiuto e allo sviluppo economico dei paesi poveri anziché allo strangolamento, con il preteso pagamento del debito estero e dei suoi interessi usurai, delle loro economie e dei loro sistemi di Welfare statali; di bandire e sanzionare infine, come già vorrebbe l'art. 5 lett. *d*) dello statuto della Corte penale internazionale, tutte le guerre di aggressione come crimini internazionali.

E' questa la sfida che la crisi odierna degli stati nazionali e della loro sovranità lancia oggi al diritto e alla politica. E' una sfida che genera una specifica responsabilità civile e intellettuale in capo alla cultura giuridica e politologica, cui preclude la rassegnata o disincantata contemplazione dell'esistente, quasi che il diritto e la politica fossero fenomeni naturali e non invece opera degli uomini e prima di tutto delle grandi potenze. Sempre, del resto, la cultura giuridica ha concorso a progettare e a edificare il diritto e le istituzioni, anche quando si è presentata come sapere tecnico e scientifico e ha tentato di occultare, naturalizzando il suo oggetto, la sua dimensione pragmatica e politica. Oggi il ruolo critico e progettuale della scienza giuridica è ancor più ineludibile che in passato, essendo iscritto in quell'embrione di costituzione del mondo che è formato dalle carte internazionali sulla pace e sui diritti umani. E' in gioco il futuro di miliardi di esseri umani, ed anche la credibilità e la stessa sopravvivenza, contro l'insorgere di nuove guerre, violenze e terrorismi, delle nostre ricche ma fragili democrazie.

---

6. Si vedano, per la confutazione dell'ipotesi di un costituzionalismo globale con l'argomento della *domestic analogy*, H.Bull, *The Anarchical Society*, Macmillan, London 1977, pp.46-51; H.Suganami, *The Domestic Analogy and World Order Proposals*, Cambridge University Press, Cambridge 1989; D. Zolo, *Cosmopolis. La prospettiva del governo mondiale*, Feltrinelli, Milano 1995, cap.IV, in particolare 3, pp. 128-132; Id., *Globalizzazione. Una mappa dei problemi*, Laterza, Roma-Bari 2004, p. 71.

POLITICHE E CULTURE

Eligio Resta

1. Critica e crisi

Potremmo dire che si tratta di concetti di famiglia. Condividono strati di senso complessi che vanno al di là delle radici etimologiche; nella ambiguità della loro correlazione ci suggeriscono sempre dimensioni inattese. Ci si mette sullo stesso *crinale* quando si parla dell'una e dell'altra e si finisce, persino, per esercitare *recriminazioni*. Quegli strati di senso ci guidano ancora una volta in questo breve tragitto sulle politiche e sulle culture del controllo che non ha alcuna pretesa se non quella di riprendere alcuni aspetti del "nostro" dibattito di questi anni. Nostro, di Roberto Bergalli, di Sandro Baratta, Luigi Ferrajoli e tanti altri che hanno sempre coltivato, pur con le profonde differenze, formazioni, gusti personali, la necessità della critica di una "teologia" della penalità che continua ad animare i dibattiti disciplinari.

L'intreccio indissolubile tra politiche e culture del controllo sociale è tema caro a Roberto Bergalli. Oserei dire che non si tratta di *un* tema, ma d*el* tema che ha attraversato tutta la lunga e densa produzione di Roberto Bergalli fin dagli anni '60, al di là delle opere specificamente dedicate all'argomento, come *Control social punitivo* (Barcelona, ed. Bosch, 1996), *Contradicciones entre derecho y control social* (Barcelona 1998) e tante altre. Non si può del resto ripercorre la teoria contemporanea della penalità senza passare per la riflessione di Bergalli che, insieme a Sandro Baratta, è stato uno dei punti di riferimento più interessanti del dibattito. Oltre alla forte tensione critica e alla puntualità analitica nei suoi scritti, sempre, si troverà una dimensione del lavoro intellettuale che mi sento oggi di sottolineare e indicare alle generazioni più giovani di studiosi: tale dimensione è quella cosmopolita che, in epoca non sospetta, aveva guardato alla globalizzazione come al problema principale dei processi culturali e istituzionali. Epoca non sospetta vuol dire semplicemente che di globalizzazione si parlava prima che questo concetto diventasse una moda culturale da grande magazzino senza parlare della quale si è fuori dalla "semantica influente". Si tratta di stili di lavoro che insieme a Roberto avevamo già indicato nel nostro volume sulla *Soberania* (Paidos, 1996).

Cosmopolitismo, va precisato, non è perdita di identità, rifiuto delle appartenenze, revoca della propria storia: ciò sarebbe soltanto ingenuità. Al contrario il cosmopolitismo riconosce e coltiva le appartenenze e l'identità, ma non è affetto dalle loro "ossessioni". Essere argentino ed europeo nello stesso tempo non è contraddizione se si guarda al collocarsi nel proprio tempo più che al rinchiudersi nel cantuccio delle piccole patrie. E cosmopolitismo è revoca dei confini tanto geo-politici, quanto culturali e, a volte, persino disciplinari. Questo ovviamente non significa che non si debba prestare attenzione ai dati analitici delle singole realtà, anzi: vuol dire soltanto che quei dati non devono essere universalizzati in maniera gratuita. Per questo si tratta di un lavoro comparatistico e nello stesso tempo tendente a disegnare una teoria universalistica di fondo che non ha alcuna nostalgia hegeliana.

In omaggio a questa particolare virtù di Roberto Bergalli, le pagine che seguono sono un piccolo tentativo di guardare alla situazione italiana con un occhio ad un processo più generale di ridefinizione delle politiche del controllo. Si sa che noi italiani ci mettiamo del nostro, ma i venti di regressione che stiamo respirando in Italia non sono un caso isolato. Governi che rilegittimano la tortura e dimenticano la grazia sono più frequenti e diffusi di quanto pensiamo; tutto ciò ha bisogno di un lavoro di critica serrata e costante senza la quale nessuno di noi, in qualsiasi parte del pianeta, può riconoscersi come studioso. La vita di Roberto e il suo lavoro, si sa, ne sono un esempio.

2. Poteri di grazia

"Virtù che è stata talvolta per un sovrano il supplemento di tutti i doveri del trono": così, in una delle tante pagine di Beccaria che si dovrebbero mandare a memoria, viene definito il potere di "esercitare" la grazia. *Esercitare*, non concedere, una grazia, perché da essa si allontani il senso di uno scambio occulto, dall'alto verso il basso, in cui alla magnanimità si faccia corrispondere lealtà ed obbedienza, come raccomandavano vecchie tecniche di governo e usi spregiudicati della ragion di stato.

Ed era virtù indispensabile, aggiungeva Beccaria, quanto più ci si trovasse di fronte ad un'imperfetta legislazione dove le pene "non fossero dolci ed il metodo di giudicare regolare e spedito".

Se non fosse paradossale bisognerebbe parlare allora di "dovere" di esercitare la grazia; paradossale perché il dovere presuppone rispondenza ad una regola che imponga di adottare un provvedimento secondo fini e procedure previste dalla legge, ma soprattutto perché si riferisce ad un atto, la grazia, appunto, che è discrezionale nel suo essere emanazione di un potere inappellabile.

Così nella tradizione costituzionale moderna il "potere di grazia" è affidato all'istanza suprema di un'autorità, non di un governo, che è posta al di sopra delle parti. Anzi, proprio la costituzionalizzazione del potere di grazia, ha accentuato il suo carattere eccezionale e "gratuito". Presuppone una condanna e non delegittima il sistema giudiziario, anzi, proprio perché ne riconosce tutta la validità, opera con questa *exceptio*; ed è *gratuito* perché si colloca fuori da ogni logica di scambio tra vita e sottomissione o deferenza. Del resto è il linguaggio comune che sedimenta tutti questi sensi: si parla di "stato di grazia", di "riacquistare la grazia" e, sempre, la grazia (da *charis*) si presenta come il contrario dell'inesorabilità di un destino, appunto, di una *pre-destinazione*.

Se ne trova un senso possibile nel discorso della teologia cui la penalità moderna e i suoi discorsi sono fortemente legati, molto più di quanto non emerga dal discorso quotidiano del giurista. E' lì, nelle dispute teologiche, che il gioco tra grazia e predestinazione acquista una dimensione inattesa. Di fronte all'insistenza sulla predestinazione degli uomini rispetto all'imperscrutabile disegno divino, la teologia misura una forte caduta dell'impegno nelle opere del mondo. Non c'è spazio per l'ascesi intra-mondana (*innerweltliche Askese*) se tutto è stato già predestinato; non contano più libero arbitrio, etica dell'intenzione, riscatto, dove tutto è già segnato. In questo disimpegno dalle opere nel mondo vi è la caduta di un disegno di autoaffermazione: *deo non placuit*, afferma la teologia e, per questo, introduce forte l'elemento della grazia, che re-immette giudizio, valutazione, critica del destino. Graziare, far grazia è *charis* esercitata dall'alto ma in funzione di comportamenti che sfidano rigidità del destino, assumendosi etiche individuali più responsabili. Non è per caso che simile discorso ritorni oggi al di fuori del linguaggio della penalità nel campo altrettanto complesso della bioetica e precisamente sul terreno delle informazioni genetiche che finiscono per svolgere un ruolo fortemente "predittivo". Tutto questo lascia trasparire un rapporto molto complesso tra ogni forma di destino e l'esercizio di una speranza, o, nella vita pubblica, tra l'intransigenza che sfiora l'intolleranza e l'apertura laica alle altre possibilità.

La grazia, allora, è revoca di un destino proprio in virtù della reintroduzione di un "principio speranza"; lo è soprattutto nella penalità moderna con la sua specifica economia del tempo per cui si è per tutto il tempo della punizione (a volte un'intera vita) quello che un giudice ha detto che si è fatto in un attimo. Sappiamo da W. Benjamin che il giudice non condanna ad una colpa ma a un destino.

Il "dovere della grazia", allora, diventa necessario esercizio di una virtù pubblica di fronte a singole vite che neghino —con la loro esemplarità, il loro presente, la loro dignità— l'inadeguatezza di un destino; ma è necessario anche di fronte al senso costituzionale di una pena che non sia né astratta né guidata dal quel dispendio (*depense*) antieconomico di retribuzioni che nascondono vendette.

E' fuori dal gioco l'argomento dell'uguaglianza; lo è nel bene e nel male, tanto che si pensi a quanti non tocca la grazia, sia che si pensi, al contrario, a quanti non è toccata la punizione. La grazia revoca *questa* ma conferma *la* punizione; ribadisce il senso della legge spesso con i suoi rigori, le sue irrazionalità, i suoi pre-giudizi e le sue pre-destinazioni. In questo senso il diritto che cede il posto alla grazia non è "cedimento", ma riaffermazione, per quel poco che ci è rimasto, di qualche virtù illuminista della giustizia.

3. Il corpo macchina

Indagatio per tormentum: era questa, tecnicamente, la formula usata in quella macchina penale che il Tribunale della Santa Inquisizione aveva perfezionato nei secoli. Destinava alla piazza lo *spectaculum* del supplizio, dove la condanna scolorava nel gioco perverso della festa. In essa il pubblico partecipava col ruolo doppio di chi legittima la punizione ma ne è anche l'esclusivo destinatario. Mentre le pene erano teatro pubblico i processi si svolgevano in segreto: si sa, del resto, che il contrario di pubblico è non soltanto "privato" ma anche segreto, non visibile, nascosto agli sguardi. Il processo segreto era soltanto arbitrio, non tecnica discreta, di chi esercita il potere di punire in quanto custode di *arcana imperii*. Il sillogismo era all'opera: il giudizio non è opera umana (non si decideva a maggioranza) e deve assomigliare sempre più all'infallibilità divina. Per questo bisogna avere certezza che si tratti di *plena veritas* da raggiungere non con deduzioni e ragionamenti, ma con la confessione: a questa si perviene attraverso la prova del *tormentum*. La strada a senso unico di tortura, confessione, colpevolezza era rito segreto che invertiva lo sguardo nello spettacolo della punizione.

L'umanizzazione delle pene di cui l'illuminismo, non senza difficoltà, si è fatto portatore ha dovuto invertire questo gioco dello sguardo. La procedura è diventata pubblica e la pena, sempre terribile, per definizione segreta: non è per caso che le carceri si chiamino, ancora, le "segrete". La pena, da tecnica di governo, è diventata diritto penale, cioè limite del potere di punire e regola della comminazione "utile", proporzionata, legittima, delle pene. A raccontare questa storia vi è il segreto tentativo, sempre in pericolo, di fare del diritto il luogo del limite dei poteri, di tutti i poteri, e della sospensione del codice "amico-nemico", ma questa è storia più complicata.

Rendere visibili le procedure ha significato contenere gli arbitri e cancellare le zone franche del potere di inquisire, giudicare, punire. Del resto, ricordava sempre N. Bobbio, la democrazia è "governo della cosa pubblica in pubblico", che non sopporta esoneri e immunità (di chiunque) e che anzi richiede a chi esercita poteri un maggiore rigore nell'osservanza delle regole. L'immunità trasformerebbe per definizione questi in "poteri selvaggi".

"I pubblici funzionari che esercitino reiteratamente violenze e minacce": così recita grosso modo, l'emendamento leghista, che vanifica l'introduzione del reato di tortura sollecitata dalle istituzioni sopranazionali e ci fa ricadere in un attimo in quello strato oscuro dei poteri selvaggi. Reiteratamente vuol dire che una volta, qualche volta, in certe circostanze, quindi sempre, la tortura è possibile e che chi la esercita è esonerato dal divieto: non c'è *Ausnahme Zustand* (stato di eccezione) che tenga, e il semplice, indiretto riferimento ai fatti di Genova rende tutto davvero grave. Il *vulnus*, come si dice nel linguaggio dei giuristi, è enorme e tocca non una legge, la provincia del diritto, ma la questione della legalità democratica; ne va, come dire, delle forme elementari della vita e della concezione della democrazia. Sembrano inadeguati, se non in mala fede, i tentativi di riportare l'emendamento approvato dentro un normale esercizio di dialettica parlamentare da correggere lievemente; anche circoscriverne il significato (tanto poi c'è la Corte Costituzionale!) significare ammiccare e porsi fuori dalla Costituzione. Cosa grave in se stessa, se non facesse parte di un gioco più complesso che disegna prospettive a dir poco inquietanti. A distanza di pochi giorni, infatti, per bocca del Ministro della giustizia è stata annunciata la modifica, sdegnata, della disciplina della legittima difesa: il tutto ruoterebbe sull'interpretazione della formula dell'art. 52 del codice penale che parla di esonero della colpa se ci si difende, proporzionatamente, dal pericolo di un'offesa ingiusta. Ingiustizia e proporzione hanno dato luogo a dibattiti raffinati ed importanti che non pretendiamo che tutti conoscano, ma che hanno sempre avvertito che non c'è proporzione tra essere privati di qualche bene materiale e, in risposta, togliere la vita. Il bel libro di G.P. Fletcher, *A Crime of Self-defence*, del 1988 tradotto in italiano nel 1995 ene è una testimonianza importante. Rimane la tragedia della paura ma non è con altra violenza che ad essa si può rispondere; la storia del diritto non è altro che il tentativo, l'unico, di neutralizzare la violenza.

Non preoccupa tanto che si utilizzi l'emozione collettiva suscitata da qualche fatto di cronaca: l'inquietante insistenza sui reati dei e sui minori in questi anni è un esempio. E non è neanche eccessivamente preoccupante il gioco dei consensi che si instaura: preoccupa invece il processo di deperimento di livelli di legalità che le istituzioni forniscono alla comunità politica. Basterebbe leggere i commenti spesso ironici che nella stampa estera tali provvedimenti hanno ricevuti.

Non si tratta semplicemente, dicevamo, di incidenti di percorso dovuti a fraintendimenti fra i frammenti di maggioranza. Si sa, Dio è nel dettaglio; e mai come in queste ultime vicende legislative viene alla luce il vero volto, impresentabile, di questa cultura politica di governo. Non si può minimizzare né si può soltanto rattoppare emendamenti che legittimano scelte civili, prima che giuridiche, di tale gravità. Bisognerebbe un po' ritessere i fili di questa storia inquietante e, per cominciare, elevare il tono della preoccupazione: lo ha fatto in un importante convegno dell'Accademia dei Lincei uno dei più autorevoli giuristi italiani che ha parlato, a proposito di alcune leggi "particolaristiche" di questa maggioranza, di "leggi in frode alla legge". Su un aspetto complessivo che ne emerge bisogna insistere; chi avesse, infatti, ancora qualche dubbio sul carattere "doppio" del garantismo di questo ceto politico di governo dovrà sciogliere ogni riserva. Parlare di "ideologia" è eccessivo e, persino, troppo nobile; viene fuori il carattere autenticamente miope e incolto di chi non viene minimamente sfiorato dal senso delle regole elementari della convivenza civile. Si tratta di una lunga deriva sempre animata da "doppiezza": il garantismo sbandierato ai quattro venti, le invettive su "forcolandia", le aggressioni mediatiche al sistema giudiziario, si accompagnano a quei baratri aperti nella legalità che nessuna politica di *law and order* ha mai sperimentato.

Qualcuno ricorderà la fissazione di chi, accanto alla "urgente e fondamentale" riforma dei tribunali dei minorenni", ha sempre annunciato l'abbassamento dell'imputabilità dei minori a dodici anni, che fa parte della stessa storia delle rogatorie, del falso in bilancio e così via. Non è altra cosa, ma la faccia speculare di una politica legislativa dal volto doppio, garantista a senso unico. Se dovessi dire qual è il suo culmine sceglierei forse l'emendamento Bobbio, non Norberto, che nell'ambito della riforma dell'ordinamento giudiziario prescrive il divieto d'interpretazione della legge da parte del giudice; sarebbe soltanto ingenuo, se non altro per il fatto che la norma che prescrive il divieto d'interpretazione va a sua volta interpretato. Era Napoleone che esprimeva davanti a avvocati e magistrati la preoccupazione per le sorti del suo codice oggetto di inevitabili interpretazioni, tanto da esclamare "il mio codice è perduto!". Smette di essere ingenuo e diventa inquietante quando il divieto d'interpretazione viene collegato alle diverse tipologie disciplinari da applicare al giudice. Ne emerge un volto decisionista —ma è un eufemismo— preoccupante. Anni fa parlavo di venti di regressione che cominciavano ad avvertirsi; oggi, con Nietzsche, dovremmo forse parlare di "primordi sempre possibili".

4. Politiche del diritto

Oggi, tra i continui e sospetti richiami al "realismo" che molti intellettuali ci rivolgono, abbiamo dimenticato le riflessioni weberiane al termine del *Dozentenseminar* dei primi del secolo. Weber parlava del lavoro intellettuale come di un compito quotidiano che andava alla ricerca costante del "demone della propria vita".

L'esempio è puntuale ed eloquente: chi si voglia porre seriamente il problema del penale minorile o degli ospedali psichiatrici giudiziari non può fermarsi all'idea di un trattamento migliore o a un modello di una diversa esecuzione della pena. Non c'è dubbio che un *trattamento* migliore possa esserci o che una diversa esecuzione della pena sia auspicabile, se non altro perché tutto questo è imposto da una norma costituzionale. Fermarsi a questo significa ritrarre lo sguardo, magari amministrare con un minimo di scrupolo, ma lasciare che le cose rimangano quello che sono. Per usare una parola grossa significa accettare fino in fondo quella singolare e silenziosa *teologia* per cui le cose non possono che essere così e non si può far nulla per andare alla radice del problema. Significa accettare e non mettere in discussione niente, magari cambiando nomi alle cose, distribuendo competenze ma non modificando altro che le cornici del problema. Basterebbe del resto fermarsi a guardare da vicino questa formula "trattamento" per sentire quanta falsa pedagogia e quanta arrogante "ortopedia" si nascondano nelle fredde proposizioni normative. La parola che usiamo —trattamento— è uno sconfinato campo semantico che lascia trasparire forme di potere e di sapere sottili e silenziose: si *tratta* di qualcosa mentre si *tratta* qualcuno o qualcosa; si scrivono *trattati* e si *trattano* argomenti, si firmano *con-tratti*, si è *dis-tratti*, si attraversa un *tratto* di strada mentre d'un *tratto* si volge lo sguardo; si scorgono segni sui *tratti* del volto e così via. Della vasta provincia di significati il nostro linguaggio ha conservato quello deteriore: il trattamento ha finito per sedimentare una tecnica di manipolazione che fino in fondo accetta che non ci sia altra ragione e altra soluzione e che come effetto quello di evitare di interrogarsi e di mettersi in questione.

Ha ragione chi sostiene che prima ancora delle modalità di esecuzione occorre coltivare quella buona dose di coraggio culturale per ripensare l'intero meccanismo sanzionatorio per i minorenni. Occorre cioè coltivare quell'utopia concreta che ci faccia prender coscienza della "rimozione" del problema che il penale minorile opera e ci spinga verso la totale "de-istituzionalizzazione". Per farlo bisogna studiare, progettare, ma anche, se non soprattutto, mettersi in questione come governanti, politici, cittadini.

Tutto questo non è un caso isolato: trattamento "psichiatrico" è quell'insieme di pratiche, spesso discutibili ed incerte, che negli istituti vengono riservate ai malati di mente e che sostituiscono quel minimo di "garanzia" della pena con l'infinita terapia delle istituzioni totali. Senza pena massima e con un giudizio inferto da un'inferma scienza, una quota di popolazione non indifferente viene soltanto allontanata dagli sguardi con l'unico effetto che la comunità non ricordi il problema della "sua" follia.

Le istituzioni della reclusione e del controllo sono disseminate di incongruenze e paradossi che soltanto il riconoscimento dei diritti elementari della vita riesce a scalfire: il diritto all'affettività (non, per carità, l'obbligo della sessualità) ne è un esempio che apre un panorama e decostruisce molte certezze, ma il cammino da fare è ancora molto lungo. Questo spiega il perché ci siano state tante resistenze e tante velate prese di distanza di fronte ai nuovi regolamenti faticosamente emanati. Una società che butta tutto sul penale e sul carcere, dalle tossicodipendenze, alla prostituzione, all'immigrazione, mostra alcune debolezze di fondo che hanno l'unico senso di voler porre ai margini (ai "confini") il problema di rapporti umani diversi con l'unico intento dell'oblio volontario. La scorciatoia è comoda: le manette e la distanza dello sguardo deresponsabilizza: è lo stesso atteggiamento di chi, anche inconsapevolmente, pensa alle guerre di turno che da qualche parte si rinnovano, come qualcosa di lontano e di estraneo e che nessuna globalizzazione potrà mai portare a ridosso della propria esistenza. Per questo, si sa, funzionano modelli generalizzati di *scandalo* e di *delega* che attirano la nostra attenzione per un attimo e trasferiscono ai "competenti" la trattazione del problema che finisce per non riguardarci più e per essere espunto dai compiti della vita di tutti i giorni: diventa "eccezionale" e a noi estraneo. I telefoni di tutti i colori che vanno proliferando hanno alla base questo genere di antropologia.

Una politica responsabile deve evitare esattamente questo: deve assumersi carichi ed oneri, riappropriarsi del rischio di parlare anche col linguaggio difficile dell'utopia, ma non rimuovere il problema. Andare alla radice delle questioni significa non a caso rimettersi su una difficile e scomoda condizione di confine.

Il punto è proprio questo: affrontare questi temi e "decidere" su tali dimensioni collettive della vita significa rafforzare la assunzione di responsabilità della politica e della cultura. È giusto non separare le due cose e pensare alla politica come il luogo dove è necessario più che creare consensi elaborare idee, progettare modelli di vita che parlino all'opinione pubblica e indirizzino verso scelte emancipative. Anche a costo di apparire "fuori luogo". E tutto questo vale per molti altri problemi della vita pubblica che attengono, non a caso, all'antropologia del controllo che uno dei nervi scoperti del nostro tempo, dove ogni idea illuministica sembra scontrarsi con quell'occhio miope delle politiche della sicurezza che amano mascherare le miserie morali del *metus et indigentia* con le sobrie vesti del realismo.

Quello che il *confine* mette in *questione* è molto di più che una semplice ridefinizione di competenze e di steccati disciplinari: il *confine* è un *metterci* continuamente in questione di fronte a scelte, a programmi, a progetti. Il confine è luogo di inquietudine e di incertezza ma è anche un punto di osservazione enormemente più ricco che pone in relazione un dentro e un fuori, un'inclusione e un'esclusione, un noi e un loro.

È parola chiave di questa nostra epoca che obbliga a ripensare le frontiere, i limiti, i margini come *confini* che mettono in relazione e ci riguardano. La geopolitica, come la scienza, ci provocano costantemente al ripensamento dei confini. Qui l'intelligenza della politica deve ancora anche solamente affacciarsi. Il primo movimento da accennare è quello di dismettere la certezza rassicurante di chi chiude alla scienza e revoca tutta la bioetica in una sfera demonica. Trasferisce tutto in una dimensione di regolazione e di divieto che è lì ad un passo dal colonizzare la vita.

Riconoscere ancora una volta un confine possibile è salutare: esso riguarda quello che si deve chiedere al diritto e cosa si può mettere in forma di legge. Stiamo attraversando una fase, certo non facile, in cui una confusione pericolosa tra diritto e morale porta a ridurre questioni di libertà ineffabili, come le questioni del "proprio" corpo, in primo luogo quelle attinenti alla fecondazione artificiale, ma anche alla clonazione terapeutica, alle informazioni genetiche, come semplici questioni di inter-esse da tradurre in contabilità su cui un diritto ed un giudice sono in grado di aggiudicare. Porre tali problemi in termini di interesse significa negare la libertà e la sovranità di ognuno su se stesso in nome di "grandi ideologie" che si pretendono di leggere nei sistemi delle norme. È pura e semplice colonizzazione della vita in nome di una comunità morale inesistente. Ci sono tante comunità morali e né un diritto né un giudice dovrà mai farsene interprete.

Alla legge non dobbiamo chiedere altro che essere garanzia della scelta di ognuno; la legge non può far altro che "salvare possibilità" e per questo essere non invadente e invasivo imponendo volontà di presunte maggioranze.

Il confine è dunque da riscoprire nella forma della legge e nelle parole del suo giudice: riconoscerne i limiti significa anche contenerne l'arroganza. È vero che nel nostro paese, più che in altri paesi occidentali, non facciamo altro che invocare in un giudice, un "terzo", chiedendogli tutto, persino la felicità; ma tutto questo è sintomo di un impazzimento che deresponsabilizza tutti. La competenza "generalizzata" di una legge e di un giudice sono sintomo di una follia che non vuole riconoscere altre forme, più eticamente coinvolgenti, di responsabilità politiche e che impedisce di ridurre la falsa conflittualità che ci attraversa.

Le questioni della bioetica hanno questa virtù ermeneutica di mostrare dove comincia la libertà di ognuno su se stesso e dove finisce l'arroganza del diritto: ma mostra anche come sia necessario ridurre lo spazio di invadenza del giudice e della sua legge. Una formula possibile potrebbe essere quella di una giurisdizione minima, che significa il recupero delle competenze di una giurisdizione sui diritti e non sulla sfera della vita. Per questo mediazione significa non una giustizia minore ma qualcos'altro capace di trovare un linguaggio più adeguato alla soluzione dei conflitti. Anche qui il modello di una politica di riduzione del danno mi sembra convincente: ma questa volta nei confronti del giudiziario, anche contro una tendenza estesa a non voler rinunciare, da parte dei giudizi, a una competenza generalizzata.

Compito, questo, insieme della politica e della cultura: ma anche qui tra politica e cultura il confine dovrebbe tornare ad essere luogo di comunicazione e non limite di una frontiera.

IMMAGINI DEL CORPO

Stefano Rodotà

1. **Di chi è il corpo?**

Di chi è il corpo? Della persona interessata, della sua cerchia familiare, di un Dio che l'ha donato, di una natura che lo vuole inviolabile, di un potere sociale che in mille modi se ne impadronisce, di un medico o di un magistrato che ne stabiliscono il destino? E di quale corpo stiamo parlando?

Queste domande rimandano ad antichi intrecci, che tuttavia continuamente si rinnovano, con soggetti vecchi e nuovi che di quel corpo quasi si contendono le spoglie. Intanto, l'oggetto della contesa si moltiplica e si scompone, cerca unità e conosce divisioni. In vertiginosi giochi di specchi si fronteggiano corpo fisico e corpo elettronico, corpo materiale e corpo virtuale, corpo biologico e corpo politico. Un corpo sempre più inteso come insieme di parti separate ripropone l'ipotesi dell'"homme machine".[1]

"Nella disciplina storica per molto tempo ha prevalso l'idea che il corpo appartenesse alla natura".[2] Questa confessione di Jacques Le Goff può apparire sorprendente, perché da sempre riti e regole del potere, ma pure i ritmi della vita quotidiana, hanno scandito le modalità d'uso del corpo, la sua libertà o il suo essere oggetto d'implacabile coercizione. Ma subito introduce in una dimensione dove è sempre stato difficile, nei diversi campi disciplinari, affrontare il tema del corpo. Fino all'interrogativo radicale: "E' possibile parlare del corpo? Oppure il corpo ci si propone qualsiasi cosa scriviamo?".[3]

Il possesso di sé e il controllo degli altri sono sempre stati tutto meno che un fatto "naturale". Conformato dalla natura, il corpo era subito consegnato alla disciplina umana, nella quale diritto e norme hanno sempre giocato un ruolo determinante. *Habeas corpus*, l'antica promessa della Magna Charta nel 1215, è una affermazione essenziale per comprendere l'organizzarsi dei rapporti di potere già ai lontani albori di uno Stato che vuol essere moderno e di una civiltà che vuol dirsi giuridica. Ed è proprio la materialità del corpo al centro del negoziato.

Vero è che la modernità giuridica allontana da sé la corporeità, e si costruisce intorno ad una trama di concetti astratti, che definiscono il soggetto facendo appunto astrazione da tutte le condizioni materiali della sua esistenza. Ma, scacciato dall'olimpo delle grandi cattedrali giuridiche ottocentesche, le codificazioni civili, il corpo continua a ricomparire altrove, tutte le volte che il sistema giuridico avverte un bisogno di

---

1. Da vedere l'ampia ricerca di A. Punzi, *L'ordine giuridico delle macchine*, Giappichelli, Torino, 2003.
2. J. Le Goff, *Il corpo nel Medioevo*, tr. it. F. Castaldi Villari, Laterza, Roma-Bari, 2005, p. 4.
3. F. Rella, *Ai confini del corpo*, Feltrinelli, Milano, 2000, p. 204.

controllo che può riguardare la salvezza dell'anima o la salvezza dello Stato. E, per questo fine, convivono forme antiche e nuove di coercizione e controllo, alle quali nessun potere rinuncia volentieri, come dimostra il tragico ricomparire della tortura.

Forse la figura che più incarna questi dilemmi della modernità è Jeremy Bentham. Scrive i *Principles of the Civil Code* e propugna, senza fortuna, l'introduzione in Inghilterra del codice appunto come strumento della modernità. Scrive il ben più noto *Panopticon* e, disegnando una figura architettonica, fornisce un modello di sorveglianza fisica che rimane ancor oggi, anche dal punto di vista simbolico, un riferimento costante nelle discussioni sulla società del controllo. Il piano dei rapporti sociali, affidato al codice civile, sembra così richiedere, quasi ineliminabile complemento, un piano altrettanto preciso di sorveglianza di quelle persone concrete di cui, come soggetti astratti, il codice affermava la libertà.

Me nella distanza tra regola giuridica e corpi delle persone, che caratterizza i codici civili, si deve cogliere pure una diversa premessa. I grandi codici ottocenteschi come quello francese, italiano e tedesco, pur aprendosi tutti con una parte dedicata alle "persone", ne ignorano del tutto la fisicità, limitandosi poi ad essenziali accenni sul nascere e sul morire. Di questi punti estremi del ciclo vitale ci si limitava a registrare la naturalità. Era la natura che governava, e il diritto poteva silenziosamente stare a guardare. Ma bastava buttare lo sguardo appena al di là, e subito si scopriva un corpo femminile oggetto di interdetti feroci, di contratti mortificanti, di un potere proprietario del marito che negava il reciproco possesso affermato da Paolo nell'Epistola ai Corinzi e offriva a Filippo Vassalli lo spunto per una straordinaria ricostruzione del rapporto tra marito e moglie proprio nella chiave del diritto sul corpo.[4]

Non è certo un caso, peraltro, che il *Trattato sulla tolleranza* di Voltaire e *Sorvegliare e punire* di Michel Foucault si aprano con una descrizione di corpi, del supplizio di Jean Calas e dell'esecuzione di Damiens. Sono tragiche le immagini che inducono a riflettere sul corpo, "docile", "analizzabile", "manipolabile", "utile", "intelleggibile", come lo descriverà appunto Foucault.[5] Ma quelle immagini oggi si moltiplicano, e presentano il corpo in mille sfaccettature e scomposizioni. Siamo ormai di fronte anche ad un doppio corpo, fisico ed elettronico, che modifica la percezione del sé ed il rapporto con gli altri.

Di queste immagini si può proporre una classificazione, per valutare le reazioni sociali e istituzionali, e dunque la stessa propensione della "regola" ad impadronirsi del corpo e dei processi che esso genera. Le rappresentazioni del corpo hanno sempre giocato un ruolo essenziale nel determinarne la disciplina.

2. Un corpo *riprodotto* e *moltiplicato*

"Scoprimmo (a notte alta questa scoperta è inevitabile) che gli specchi hanno qualcosa di mostruoso. Bioy Casares ricordò allora che uno degli eresiarchi di Uqbar aveva giudicato che gli specchi, e la copula, sono abominevoli, poiché moltiplicano il numero degli uomini".[6] Qui, nella fantasia fredda di Jorge Luis Borges, tecnologia (lo specchio) e natura (la copula) si congiungono per introdurci ai temi della riproduzione e della moltiplicazione dei corpi.

---

4. F. Vassalli, *Del Ius in corpus del debitum coniugale e della servitù d'amore ovverosia La Dogmatica Ludicra*, Bardi, Roma, 1944.

5 . M. Foucault, *Sorvegliare e punire. Nascita della prigione*, tr. it. di A. Tarchetti, Einaudi, Torino, 1976, pp. 176 ss.

6. J.L. Borges, *Finzioni*, tr. it. di F. Lucentini, Einaudi, Torino, 1955, p. 7.

Per il corpo fisico il caso estremo è quello della clonazione, rispetto alla quale la reazione sociale è stata affidata ad esplicite proibizioni della clonazione riproduttiva, quali sono quelle contenute nell'articolo 3 della Carta dei diritti fondamentali dell'Unione europea e nel primo Protocollo aggiuntivo alla Convenzione del Consiglio d'Europa sui diritti dell'uomo e la biomedicina. Questo orientamento rimane ben radicato e, anzi, si cerca in varie forme e sedi, a cominciare dall'Onu, di estendere il divieto anche a forme di clonazione non riproduttiva, abbandonando la precisa distinzione contenuta della Carta dei diritti fondamentali, con l'obiettivo dichiarato di evitare ogni utilizzazione di questa tecnica in relazione alla sperimentazione sugli embrioni. Al tempo stesso, però, si assiste anche ad un mutamento di clima culturale. Da una parte, si cerca di andare oltre la contrapposizione secca tra ammissibilità e divieto, guardando più a fondo nell'articolata tipologia della clonazione; e, dall'altra, si avvertono i rischi di prese di posizione che, tradotte frettolosamente in norme giuridiche, non soltanto possono imporre impropri limiti alla ricerca, ma pregiudicano anche la possibilità di un libero confronto di opinioni su un tema che, sicuramente, non può essere accantonato con una mossa autoritaria.

Viene così avviata una discussione più distesa, e problematica. "La clonazione è il male assoluto?"[7] —si chiede Gilbert Hottois. "Non vietare la clonazione per ragioni sbagliate",[8] ammonisce Lawrence Tribe, rivedendo anche sue precedenti posizioni. Più radicalmente, e testimoniando una sorta di immediata indecidibilità della questione, Cass Sunstein sdoppia (o clona?) se stesso, e propone due modelli di sentenza che, partendo dalla medesima premessa, conducono a due opposte decisioni, l'una che ritiene la clonazione compatibile con il diritto americano e l'altra che lo nega.[9]

Nella discussione tra i giuristi ci si interroga intorno al fondamento del divieto: é sufficiente un richiamo al principio di dignità, al concetto di unicità della persona, al diritto al libero sviluppo della personalità?

Conviene saggiare, allora, la consistenza degli argomenti che fanno riferimento all'unicità, all'identità, all'eguaglianza, alla dignità, al libero sviluppo della personalità dell'essere clonato. Hans Jonas ha insistito particolarmente sul "diritto trascendente di ciascun individuo a un genotipo soltanto suo, non condiviso con altri, irripetibile", traendone la conseguenza che un individuo clonato é "leso *a priori* proprio in questo diritto". Siamo sul terreno dell'unicità, indissolubilmente legata ad "un evidentissimo *diritto di non sapere*, insito nell'esistenza, negato a chi fosse costretto a sapersi copia di un altro".[10]

Questo argomento esige un approfondimento, soprattutto nella parte in cui si afferma il diritto ad un genotipo irripetibile. Ora, a parte la difficoltà di trovare una fondazione non trascendente di tale diritto, in questo modo di costruire un diritto all'unicità si annida il rischio di un riduzionismo che risolve l'individuo nella biologia e trascura la biografia. Proprio la discussione sulla clonazione ha consentito di ribadire l'improponibilità di una "mistica del Dna", del trattare "il gene come icona culturale".[11] In sostanza, l'identificazione totale dell'individuo con il suo patrimonio genetico contrasta con una evidenza scientifica che mostra come la costruzione della personalità

7. G. Hottois, "Is cloning the abolute evil?", in *Human Reproduction*, 1998, n.° 7; e *Essais de philosophie bioéthique et biopolitique*, Vrin, Paris, 1999, 72-73.

8. L. Tribe, "On not banning cloning for wrong reasons", in M. C. Nussbaum, C. Sunstein (eds.), *Cloning and Clones. Facts and fantasies about human cloning*, Norton, New York-London, 1998, 221-232.

9. C. Sunstein, *op. cit.*

10. H. Jonas, *Tecnica, medicina ed etica. Prassi del principio di responsabilità*, a cura di P. Becchi, Torino, Einaudi, 1997, 144-145.

11. D. Nelkin, M. S. Lindee, *The Dna Mystique. The Gene as Cultural Icon*, Freeman, New York, 1995.

sia il risultato di una complessa interazione tra dati genetici e dati ambientali, sì che la situazione di diritto e la relativa garanzia dovrebbero riguardare piuttosto questo aspetto, e non la semplice salvaguardia di un dato biologico. Proprio la prevalenza della biografia sulla biologia, infatti, garantirebbe l'unicità della persona.

Ma unicità non equivale ad identità. Questa si manifesterebbe *"in modo visibile* attraverso *l'apparenza* del corpo e del volto". Nel caso della clonazione, invece, "il valore simbolico del corpo e del volto umano, considerato come supporto della persona nella sua unicità, tenderebbe a scomparire".[12] E il conseguente rovesciamento dei rapporti tra identità genetica e identità della persona pregiudicherebbe i diritti dell'uomo e la sua dignità.

Se quest'ultima conclusione si riferisce al diritto al libero sviluppo della personalità, che la clonazione violerebbe, si torna ad un problema già ricordato, sul quale dirò qualcosa più avanti. Sarebbe invece eccessiva, e assai rischiosa, una impostazione che considerasse la clonazione come una forma di espropriazione radicale di diritti, alla quale non sarebbe possibile porre rimedio.

Così ragionando, infatti, si sovrappongono impropriamente questioni distinte, dalla strumentalizzazione della persona all'eguaglianza tra nati con modalità diverse, dalla percezione del sé alla percezione di ciascuno da parte degli altri. E si può porre una domanda, solo nelle apparenze banale: se si trova un modo per assicurare i diritti dell'individuo clonato, quali possono essere i limiti entro i quali ammettere anche la clonazione riproduttiva umana?

Schematizzando assai, si può dire che Jonas si concentra sulla percezione che l'individuo clonato ha di sé: parla, infatti, di "un diritto della sfera soggettiva, non oggettiva".[13] Atlan, invece, sembra attribuire maggiore rilevanza alla riconoscibilità dell'individuo come unico da parte degli altri, dunque alla sua percezione sociale: non a caso il riferimento non é ad un dato soggettivo, il diritto di non sapere, ma ad uno oggettivo, l'insieme di corpo e volto. In quest'ultimo caso, allora, l'attenzione dev'essere portata sulle condizioni di diritto che possono favorire l'accettazione sociale del clone, più che su una pura ipotesi di divieto.

Se la questione essenziale diventa quella dell'eguaglianza, allora il divieto della clonazione deve sostanzialmente riguardare ogni sua utilizzazione su scala non individuale, con l'obiettivo più o meno dichiarato di creare gruppi privilegiati o sottomessi. L'ipotesi può apparire di scuola, appartenente più al genere delle utopie negative che all'analisi della realtà, e tuttavia individua un criterio analitico che può meglio contribuire a considerare le situazioni concrete di possibile utilizzazione delle tecniche genetiche a fini di discriminazione.

Affrontando in questo modo il tema dell'eguaglianza, diviene subito evidente che i rischi di una società castale basata sulla clonazione sono infinitamente minori di quelli, invece assai concreti, di discriminazioni fondate sull'uso selettivo delle informazioni genetiche. E l'analisi della domanda di clonazione[14] può essere utile per mettere meglio a fuoco le questioni più generali dell'accesso alle tecnologie della riproduzione. Nell'uno e nell'altro caso, infatti, si tratta di approfondire in generale il quadro dei diritti delle persone e, in questo senso, la radicalità delle domande stimolate dalla clonazione può avere una funzione positiva.

---

12. Si veda il saggio di H. Atlan nel volume citato alla nota 15.
13. H. Jonas, *Tecnica*, cit., 145.
14. E. A. Posner, R. A. Posner, "The Demand for Human Cloning", in *Clones and Clones*, cit., 233-261. Una "lista del bucato" delle possibili domande si trova, ad esempio, anche in H. Jonas, *Tecnica*, cit., 141.

Se poi, passando ai profili strettamente individuali, si mette l'accento sulla strumentalizzazione della persona che la clonazione porterebbe con sé, bisogna guardarsi dall'uso improprio di argomentazioni che potrebbero consentire in maniera più generale un sindacato sulle motivazioni della procreazione. Socialmente e culturalmente assumono certo un grande rilievo i riferimenti al narcisismo; ad un progetto procreativo che, per la sua integralità, può anche essere presentato come una espropriazione del soggetto al quale si riferisce; ai problemi inediti che la persona clonata dovrebbe affrontare. Ma non si tratta di argomenti che possono essere automaticamente trasferiti nella dimensione giuridica.

La rappresentazione stessa del campo giuridico rischia d'essere fortemente distorta da prospettazioni enfatiche o suggestive del tema della clonazione riproduttiva umana. E' sicuramente enfatica una analisi che muova dall'assimilazione tra schiavo e individuo clonato, perché dal punto di vita giuridico non si ritrovano le condizioni tecniche della riduzione in schiavitù; e la metafora é insostenibile anche dal punto di vista biologico, poiché proprio il rapporto tra individuo e ambiente impedisce di ipotizzare una perenne dipendenza tra il modello e il suo clone.

Ancora più enfatica, e distorcente, é l'analisi che cerca di utilizzare la categoria dei crimini contro l'umanità.[15] Adoperando questo riferimento, e per tacere d'altre considerazioni, diventa ineludibile il problema, comune ad altre situazioni (chi può esercitare il diritto di ingerenza umanitaria?), della identificazione dei soggetti legittimati a parlare in nome dell'umanità, e dunque titolari del potere di dichiarare proscritta la clonazione, con le pesantissime sanzioni che la categoria dei crimini contro l'umanità implica e che pongono seri problemi di applicabilità in una materia delicata com'é quella della procreazione.

Suggestivo, e giustificato, é poi il riferimento al principio di dignità.[16] Ma é tutt'altro che decisivo. Diviene determinante quando si tratta di allontanare da materie come questa l'ombra della commercializzazione o nei casi di politiche procreative di carattere collettivo. Si fa più difficile invocarlo come criterio decisivo quando si tratta di valutare scelte che possono essere ricondotte all'autonomia individuale.

Più pertinente, o comunque più proficuo come punto di partenza, appare il diritto al libero sviluppo della personalità, che ha trovato notevoli riconoscimenti, da quello formalmente più vincolante del par. 2 (1) del *Grundgestz*[17] a quello meno strutturato, ma per certi versi ancor più significativo, dell'art. 2 della Costituzione italiana.[18] Esso consente di tenere nel giusto conto le diverse esigenze di chi avrebbe interesse a ricorrere alla clonazione e di chi nascerebbe con questa tecnica. Da questa valutazione comparativa di diritti e interessi, e non da alternative stabilite *a priori* che si espongono alle critiche esposte in precedenza, può essere favorita la prosecuzione di una discussione che voglia favorire la messa a punto di una disciplina della clonazione nei luoghi e nelle forme più adeguate.

Ma di clonazione si parla pure per il corpo elettronico, cioè per l'insieme delle informazioni raccolte sul nostro conto e per il modo in cui possiamo presentarci in rete. Si

---

15. M. Delmas-Marty, "Certitude et incertitudes du droit", in H. Atlan, M. Augé, M. Delmas Marty, R. P. Droit-N. Fresco, *Le clonage humain*, Plon, Paris, 1999, 67-97.

16. Si veda, ad esenpio, M. L. Pavia, T. Revet (a cura), *La dignité de la personne humaine*, Economica, Paris, 1999.

17. "Ognuno ha diritto al libero sviluppo della personalità, purchè non violi i diritti degli altri e non trasgredisca l'ordinamento costituzionale o la legge morale".

18. "La Repubblica riconosce e garantisce i diritti inviolabili dell'uomo, sia come singolo sia nelle formazioni sociali ove si svolge la sua personalità, e richiede l'adempimento dei doveri inderogabili di solidarietà, politica, economica e sociale".

parla appunto di clonazione delle carte di credito e di "furto di identità": si sostituisce a noi chi si è impadronito di un nostro codice segreto, della password. E, soprattutto, su Internet ognuno di noi può assumere identità molteplici, realizzando il desiderio dello Zelig di Woody Allen: "Vorrei essere tante persone. Forse un giorno questo si avvererà".

Questa moltiplicazione dei corpi virtuali pone diversi problemi. Nelle pagine introduttive al libro *La vita sullo schermo*,[19] Sherry Turkle fa cenno ad una esperienza personale, legata alla decisione di aprire un forum di discussione per saggiare le reazioni di chi discute in rete. Essendo una studiosa già nota di questo tipo di comportamenti, ha scelto di condurre la discussione adottando un *nickname*, uno pseudonimo, per evitare che le opinioni dei partecipanti fossero distorte dalla conoscenza dell'attività svolta dal loro interlocutore. La discussione procedette in modo soddisfacente fino a quanto in essa non irruppe un soggetto che ne contestò le modalità affermando proprio di essere la professoressa Turkle, massima autorità in materia. Sherry Turkle aveva incontrato in rete il suo doppio. E poiché a questo punto la genuinità della discussione era comunque compromessa, decise di denunciare l'impostura e di rivelare la sua vera identità.

Vero è che il tema della falsità personale è fenomeno ben noto e antichissimo, del quale si preoccupano il codice civile dal punto di vista dell'usurpazione del nome (articoli 7 e 8) e il codice penale nel più ampio quadro della sostituzione di persona (articolo 494). Ma il suo trasferimento nella dimensione di Internet non ne dilata soltanto la portata: lo modifica qualitativamente, perché potenzialmente infinito è il numero di persone che, a mia insaputa, possono incontrarsi con i miei diversi doppi e perché molteplici sono le situazioni e i contesti in cui ciò può avvenire. Si tende così a passare dall'eccezionalità all'ordinarietà.

A ciò si deve aggiungere la moltiplicazione delle identità da parte dello stesso interessato. Le ragioni possono essere le più diverse. Se, ad esempio, sono una ragazza nera, minorenne, povera, che vive in un quartiere degradato, posso pensare che le mie opinioni, durante una discussione su Internet, saranno meglio considerate se mi presenterò come un maschio bianco, adulto, benestante, che vive a New York in Park Avenue. Come giudicare questa decisione e gli effetti del vivere in rete? Come una liberazione dai condizionamenti sociali che Internet mi offre? O così la rete conferma e rafforza gli stereotipi sociali, dalla cui gabbia esco solo illusoriamente? Ma potremmo anche essere in presenza di una opportunità vera di sviluppo della personalità, come accadrebbe se, una volta accreditate le mie opinioni, rivelassi la mia vera identità, contribuendo così ad una dimostrazione concreta dell'infondatezza dei pregiudizi che mi avevano indotto a presentarmi sotto altre spoglie.

L'analisi di queste diverse variabili induce ad argomentare nel senso, ovvio, della illegittimità di tutte le forme di usurpazione o travestimento dell'identità, di ogni forma di appropriazione dell'altrui corpo elettronico, alle quali già si può reagire con gli strumenti disponibili, secondo la regola che vuole illegale *on line* tutto ciò che lo è *off line*, che si estende anche ai casi in cui una persona assume una identità diversa dalla propria per danneggiare altri (ad esempio, usando un nome di copertura per diffamare una persona su Internet). Dev'essere, invece, garantita la possibilità di una vita sullo schermo che si esprima attraverso la scelta di assumere identità diverse, di presentarsi agli altri con un molteplice corpo virtuale.

E' il tema del mascheramento in rete, della possibilità di mantenere l'anonimato assumendo identità mutevoli e fittizie. Questo andar oltre l'unità della persona, divenendo persone diverse, può divenire un modo per guadagnare una nuova pienezza del

19. S. Turkle, *Life on the Screen. Identity in the Age of the Internet*, Simon & Schuster, New York, 1995.

sé, costruendo la propria personalità in forme più soddisfacenti, anche correndo non trascurabili rischi psicologici. Ed è certamente la condizione per esercitare concretamente altre libertà, come quella di manifestare il proprio pensiero: si pensi all'esule politico, che solo grazie all'anonimato può criticare il regime dal quale è fuggito senza esporre al rischio di rappresaglie parenti o amici rimasti nel paese d'origine.

Viene così sciolto, o fortemente allentato, il vincolo tra nome, corpo e identità, costruito attraverso la progressiva attrazione del nome nell'esclusivo ambito della regola giuridica.[20] Il nome torna a presentarsi come una istituzione sociale che si modella secondo necessità esistenziali, non solo seguendo il corpo nelle sue mutevoli esigenze, ma contribuendo a conformarlo nella dimensione in cui perde la materialità e diventa così disponibile per i più diversi usi sociali.

Non è più soltanto "istituzione di polizia", ma strumento di vita. Lo testimoniano anche vicende diverse di indebolimento del principio di immutabilità, prime tra tutte quelle che vogliono sottrarre i corpi dei figli alla riferibilità al solo padre attraverso l'obbligo di assumerne il cognome, rendendo possibile l'assunzione esclusiva o congiunta anche di quello della madre. E nome e cognome possono trasformarsi da semplice strumento di identificazione in vera e propria merce: una donna americana ha messo all'asta il suo nome, assumendo quello di un casinò di Las Vegas in cambio di quindicimila dollari.[21]

I corpi parlanti con identità diverse possono così moltiplicarsi nel tempo e nello spazio. Viene così resa più complessa la nozione di identità personale,[22] di un sé uno e multiplo, ricostruibile ormai solo in base ad una molteplicità di parametri, con una rilevanza crescente della dimensione virtuale, dove moltiplicazione e riproduzione assumono ormai i caratteri dell'ordinarietà.

3. Un corpo *distribuito*

Si diffondono le banche dove si depositano parti o prodotti del corpo: gameti, sangue, tessuti, cellule, Dna. Tutto questo accresce la funzionalità del corpo, che può essere riparato o reintegrato in funzioni perdute. Due esempi: si parte verso paesi con sistemi sanitari non sicuri portando con sé un flacone del proprio sangue da utilizzare per eventuali autotrasfusioni; si può usare il seme depositato in una "banca" per esercitare la funzione riproduttiva in caso di sterilità o addirittura dopo la morte.

Un caso tedesco può consentire un chiarimento della questione. Una persona apprende di avere un cancro alla vescica e decide di sottoporsi ad un intervento chirurgico. Poiché questo avrebbe avuto come conseguenza l'impossibilità di generare, l'interessato decide, prima dell'operazione, di depositare il proprio sperma presso il dipartimento andrologico di una clinica specializzata. Due anni dopo, avendo problemi di spazi, la clinica chiede ai "depositanti" di far sapere entro quattro settimane se vogliono che la conservazione del loro sperma continui. La persona risponde dopo cinque giorni, ma la lettera non é inserita nel suo dossier e, scaduto il termine, il suo sperma viene distrutto.

Sposatosi nello stesso anno, l'interessato chiede alla clinica lo sperma depositato, per avere un figlio grazie alle tecnologie della riproduzione. Conosciuta la distruzione, chiede un risarcimento dei danni di 25.000 marchi in base al § 823 del BGB (codice

---

20. Si veda la bella ricerca, pur riferita al solo diritto francese, di A. Lefebvre-Teillard, *Le Nom. Droit et histoire*, Presses Universitaires de France, Paris, 1990.

21. *Vende il nome all'asta: si chiamerà come un sito*, ne *Il Giornale*, 31 marzo 2005.

22. Sul punto G. Pino, *Il diritto all'identità personale*, Il Mulino, Bologna, 2003.

civile). In primo e secondo grado i tribunali respingono la sua richiesta, sostenendo che non si é in presenza di una delle circostanze che rendono possibile risarcimento. Mancherebbe, infatti, una "lesione del corpo" (così si esprime il § 823), dal momento che una parte ormai separata da questo dev'essere considerata come una cosa soggetta a regole proprie, e diverse da quelle che regolano il corpo nella sua integrità.

Il *Bundesgerichtshof* (la Corte di cassazione), con una sentenza del novembre del 1993,[23] non contesta in via generale quest'ultima argomentazione. Introduce, però, una serie di distinzioni. Osserva, in primo luogo, che vi sono casi di separazione irreversibile, che si hanno quando un organo o un prodotto del corpo (sangue) sono destinati a far parte di un corpo diverso. In altri casi, invece, la separazione é soltanto temporanea, essendo le parti o i prodotti destinati ad essere reintegrati nel corpo d'origine: questo avviene, ad esempio, per i prelievi di sangue per autotrasfusione, per i prelievi di pelle o di ossa a fini di autotrapianto, per gli ovuli prelevati per una fecondazione in vitro nell'interesse della stessa donna dalla quale provengono. In tutte queste ipotesi viene mantenuta una "unità funzionale" con il corpo d'origine, che non consente di qualificare le entità separate come cose definitivamente distinte e impone, quindi, di considerare come una lesione del corpo gli interventi che pregiudicano appunto questa nuova e diversa unità.

Lo sperma si presenta come un caso a parte, dal momento che alla sua separazione segue la destinazione ad essere integrato nel corpo di un'altra persona. Ma osserva la sentenza: "da una parte, lo sperma é separato dal corpo del soggetto di diritto in maniera irreversibile; dall'altra, é destinato a realizzare una tipica funzione del corpo, quella della riproduzione. Anche se la conservazione dello sperma sostituisce la funzione riproduttiva, essa ha per l'integrità del soggetto di diritto e per la sua capacità personale di realizzazione e decisione la stessa importanza di un ovulo o di un'altra parte del corpo, protetti dai §§ 823 e 847 del BGB. Allo stesso modo dell'ovulo prelevato e destinato ad essere reimpiantato dopo una fecondazione artificiale, nel caso considerato lo sperma rappresenta l'unica possibilità che il soggetto di diritto ha di procreare e di trasmettere ai figli le proprie informazioni genetiche".

Il corpo, dunque, é inteso e definito come unità funzionale, comprendente anche entità fisicamente collocate in luoghi diversi, che dev'essere protetta anche per consentire la realizzazione del diritto di ciascuno all'autodeterminazione. L'esistenza di questo vincolo funzionale fa sì che la violazione anche di una singola tra queste entità debba essere intesa come violazione del corpo nella sua totalità, attraendo così questo nuovo corpo "distribuito" nell'area presidiata dalle regole sulla libertà personale. Siamo di fronte ad un corpo "distribuito" nello spazio, condizione che, ad esempio, ha consentito ad un detenuto d'essere autorizzato ad avere un figlio dalla moglie lontana grazie alle tecniche di procreazione assistita. Al deposito del seme in banche specializzate, inoltre, si ricorre anche per rendere possibile la procreazione dopo la morte: così il corpo non è più soltanto distribuito nello spazio, ma pure nel tempo, e può continuare ad esercitare alcune sue funzioni anche quando la sua esistenza complessiva è finita. Molti giovani americani, dai tempi del Vietnam fino all'ultima guerra irakena, sono partiti depositando il seme che le loro compagne avrebbero potuto utilizzare in caso di morte, dando concretezza al desiderio di una discendenza e attualità tecnologica alle malinconiche parole dell'"Addio mia bella addio" del soldato che parte: "Ma non ti lascio sola,/ma ti lascio un figlio ancor:/sarà quei che ti consola,/il figlio dell'amor". La "sora nostra Morte corporale" non è più necessariamente la morte di tutto questo nuovo corpo.

Peraltro, l'estensione del corpo e dei suoi diritti oltre i confini della sua unità fisica

23. Bundesgerichtshof, 9 novembre 1993, in *Familienrecht*, 1994, pp. 154-156.

ha trovato riconoscimento nell'applicabilità della garanzia costituzionale riguardante le perquisizioni personali anche agli oggetti che ci accompagnano (la borsa, la valigia l'automobile). Poiché attraverso queste cose si è comunque assoggettati alla volontà di altri, si è concluso che "il contenuto della libertà personale si estende ai comportamenti materiali aventi ad oggetto le cose che ci circondano".[24]

Per il corpo elettronico tutto questo è ancor più evidente. "Pezzi" di ciascuno di noi sono conservati nelle numerosissime banche dati dove la nostra identità è sezionata e scomposta, dove compariamo ora come consumatori, ora come elettori, debitori, lavoratori, utenti dell'autostrada, e così via. Di nuovo, siamo distribuiti nel tempo e nello spazio. Ma questa, che per il corpo fisico rimane una situazione eccezionale, è ormai la condizione esistenziale di ogni persona. Con un primo un primo

Si pone, dunque, il problema di quale debba essere il rapporto ordinario di ciascuno con la realtà di un corpo ormai *istituzionalmente* distribuito. Nella dimensione sociale, questa nuova condizione ordinaria implica una vera e propria cogestione di questo corpo tra il soggetto al quale si riferiscono le informazioni, e che conserva il diritto di controllarle ovunque esse si trovino, ed i soggetti che gestiscono le stesse informazioni. Nella dimensione individuale, le domande possono porsi in modo ancor più radicale.

Riesco davvero a "conoscere me stesso" quando possono essermi ignoti i luoghi in cui sono presente con le mie informazioni? Anzitutto, dunque, bisogna mettere ciascuno in condizione di sapere dove si trovano parti del suo corpo elettronico e di avere accesso diretto alle proprie informazioni, quale che sia il luogo in cui sono conservate. Questa è la ragione che sta all'origine del riconoscimento della protezione dei dati personali come diritto autonomo nella Carta dei diritti fondamentali dell'Unione europea che, nell'articolo 8, afferma appunto che "ogni individuo ha diritto di accedere ai dati raccolti che lo riguardano e di ottenerne la rettifica".

Questa scomposizione e dislocazione del corpo in sedi diverse fa poi sorgere il problema della sua ricomposizione. Nelle società della sorveglianza, del controllo, della selezione sociale, della "profilazione" delle persone per finalità di mercato è fortissima la spinta verso raccolte il più possibile complete delle informazioni sulle persone attraverso l'interconnessione delle banche dati dove queste si trovano. Il corpo è così ricomposto secondo esigenze diverse da quelle proprie del soggetto e con finalità che possono contrastare con i suoi interessi.

Per evitare i rischi derivanti dalla perdita non solo di ogni intimità, ma del possesso di sé, espropriato da chi è in condizione di scrutarci e di ricostruire a suo piacimento tutta la nostra identità, l'intero nostro corpo elettronico, si sono posti limiti fondati sul consenso dell'interessato e su norme che disciplinano con precisione i casi in cui l'interconnessione può essere permessa. Ma questo modo di affrontare il problema deve misurarsi con una realtà nella quale la dimensione sovranazionale e le politiche di sicurezza possono vanificare le attuali garanzie. Il consenso dell'interessato, infatti, può spiegare i suoi effetti solo in un ambito territoriale limitato, e così sarà fino a quando convenzioni internazionali non faranno coincidere la tutela del corpo elettronico con i confini del mondo, evitando la nascita di "paradisi dei dati" dove le nostre informazioni possono essere raccolte e collegate fuori d'ogni controllo. La prospettiva di una più forte tutela attraverso strumenti giuridici, tuttavia, è contraddetta dalle tendenze legislative avviate dopo gli attentati dell'11 settembre 2000. Negli Stati Uniti, il Patriot Act consente ad una serie di soggetti pubblici un accesso pieno a qualsiasi banca data pubblica o privata, cancellando così la garanzia offerta dai divieti di inter-

---

24. A. Pace, *Problematica delle libertà costituzionali. Parte speciale*, I, Cedam, Padova, 1985, p. 160.

connessione. Diventa problematica la possibilità di sottrarre il corpo elettronico allo sguardo totale di poteri non controllabili.

Posto al crocevia tra spinte di mercato e di polizia e bisogno di tutela dell'identità e della personalità, il corpo elettronico mette in evidenza un'altra contraddizione. Per cogliere i molteplici volti della privacy, si mette in evidenza che essa consiste anche nel diritto a non essere giudicato fuori contesto. Questo implica che si segua una via opposta a quella appena indicata: la ricostruzione del contesto esige la ricomposizione del corpo, dunque l'interconnessione di diverse banche dati. Si può fare il caso dell'accesso ad un sito dove si mostrano e si scambiano immagini di pornografia infantile. La semplice registrazione di un accesso nulla dice sulle caratteristiche del soggetto che lo ha effettuato e, anzi, può essere fuorviante e produrre effetti negative. Chi accede, infatti, può essere un pedofilo, sì che la sua attività potrebbe esporlo a gravi conseguenze penali. Ma può anche essere un curioso, una persona che vuole semplicemente verificare se effettivamente quei siti corrispondono alle terribili descrizioni che ne vengono fatte; o una persona capitata per caso su quel sito, magari per effetto di un link che lo ha trascinato senza alcuna volontà in quella direzione; o un serio studioso, che sta svolgendo una ricerca in materia; o una persona che vuole identificare e denunciare i responsabili del sito.

Per non rimanere prigionieri di una identità falsificata, è indispensabile integrare il dato sull'accesso con altre informazioni sulla persona interessata, eventualmente contenute in altre banche dati. E' una condizione che può ricordare quella dell'"homme situé" di Albert Camus, che in questo caso non reagisce al sacro, ma ad una logica che comunque vorrebbe imporre risposte date una volta per tutte. La rivolta contro le semplificazioni imposte dalla rete spinge "à revendiquer un ordre humain où toutes les réponses soient humaines, c'est-à-dire raisonnablement formulées".[25] Situare ciascuno nel contesto che gli restituisce la pienezza dell'identità, dunque, diventa un passaggio essenziale per ridare al corpo elettronico la capacità di rappresentare la verità. Ma per non restare impigliati nella falsa dicotomia "nessuna interconnessione o tutte le interconnessioni", e offrire così argomenti a chi vuole usare l'argomento del contesto a beneficio delle finalità di controllo, in tutte le situazioni che implicano la definizione della personalità dev'essere solo l'interessato a stabilire le modalità di costruzione del contesto, dunque indicare i casi e l'ampiezza del collegamento tra le diverse banche dati. Anche qui il governo del corpo, e delle condizioni di vita che ciò rende possibile, deve avvenire in condizioni di libertà. E, proprio per rendere più efficaci le strategie di difesa, si prospetta l'eventualità di creare un proprio sito o un blog che contenga le nostre "vere" informazioni, nella speranza che queste pagine siano poi comprese tra quelle che i grandi portati mettono a disposizione dei naviganti su Internet.

4. Un corpo *modificato*

La storia lunghissima della chirurgia e della medicina ci parla di una ininterrotta vicenda di interventi sul corpo, che così diventa protagonista di intrecci continui tra natura e cultura. Amputazioni, protesi, assunzione di farmaci sono tutte modificazioni volte a salvare o reintegrare un corpo o accrescerne la funzionalità, rendendo così migliore la vita, consentendo a ciascuno di stare bene con se stesso. Il corpo modificato non rappresenta l'eccezione, appartiene alla ordinarietà della vita.

L'espansione delle possibilità di interventi sul corpo appartiene ad una fase storica

---

25. A. Camus, *L'homme revolté* (1958), in *Essais*, Pléiade, Paris, 1965, p. 430.

nella quale la tecnica dei trapianti è quella che più ha messo in evidenza le inquietudini legate ad una modificazione che diviene sostituzione, e per ciò pone seri problemi di identità. Un corpo incessantemente modificato, come la nave di Teseo nel suo lunghissimo viaggio, alla fine della vita sarà lo stesso del tempo della nascita?

Dell'integrità del corpo il diritto si è sempre occupato, ma quasi esclusivamente per le manifestazioni estreme, come le automutilazioni. Un'attenzione costante nasce proprio quando la possibilità dei trapianti obbliga a guardare alle modificazioni come ad una vicenda ordinaria che, inoltre, impone di spingere lo sguardo oltre il corpo singolo. Espianto e impianto di organi ci rivelano corpi che entrano in relazione, che si parlano.

Nel 1934 un caso singolare induce il legislatore italiano ad affrontare il tema dell'integrità con una consapevolezza che porterà ad una innovazione assai significativa per il tempo in cui viene introdotta. A Napoli uno studente universitario vende un testicolo ad un ricco e anziano signore, che se lo fa impiantare sedotto dalla promessa di una virilità rinvigorita. E' la moda del trapianto Voronoff, di cui si occuperà la Cassazione penale e che è all'origine, nel 1939, dell'articolo 5 del primo libro del nuovo codice civile: "Gli atti di disposizione del proprio corpo sono vietati quando cagionino una diminuzione permanente della integrità fisica, o quando siano altrimenti contrari alla legge, all'ordine pubblico o al buon costume".

Colpisce, nelle discussioni del tempo, la consapevolezza che si stava affrontando una questione proiettata nel futuro. Di fronte alla rigidità di un divieto degli atti di disposizione, la Commissione parlamentare incaricata di esprimere un parere sul progetto di Codice manifestò riserve "in considerazione dei continui progressi della chirurgia che rendono possibili trapianti di organi con intenti altamente umanitari". Una posizione, questa, anticipata dalla sentenza della Cassazione: "Nei casi di lesione alla integrità, che importano un pregiudizio di una certa rilevanza al corpo, la morale sociale valuta come lecito il consenso solo a condizione che concorra uno scopo di particolare valore sociale ed il vantaggio alla salute di un'altra persona è di per sé uno scopo di particolare valore sociale".[26]

Sono così anticipati con chiarezza i temi che accompagneranno poi la discussione sui trapianti effettuati non solo con organi espiantati da un cadavere, ma anche donati da una persona vivente. Il corpo non è considerato intoccabile, ma è oggetto del potere della persona che può disporne a vantaggio di altri, sia pure entro i limiti segnati da legge, ordine pubblico e buon costume, dunque escludendo in primo luogo forme di commercializzazione del corpo. La logica è quella della solidarietà sociale, finalizzata alla tutela di un bene essenziale, qual è la salute.

Riletto oggi, quell'articolo 5 rinvia a molti altri problemi e deve essere inquadrato in un sistema socialmente e giuridicamente assai più complesso. La possibilità di disporre di parti del corpo è divenuta manifestazione specifica di un potere più generale che, per quanto riguarda la salute e gli usi del corpo, ha sottratto la persona al potere del terapeuta, sì che la legittimità di qualsiasi intervento esterno è subordinata al consenso informato dell'interessato che, nella sua manifestazione estrema, può assumere la forma del rifiuto delle cure, anche se ciò può portare alla morte, com'è già accaduto più volte anche in Italia quando si è rifiutata l'amputazione di un arto o una trasfusione di sangue per motivi religiosi (è il caso dei Testimoni di Geova). Con qualche enfasi, ma pure con qualche buon fondamento, si è detto che così è nato un

---

26. Su questi punti F. Maroi, in *Commentario del Codice civile*, diretto da M. D'Amelio, Libro I, Barbèra, Firenze, 1940, p. 97.

nuovo "soggetto morale" nel senso proprio dell'attribuzione all'interessato del pieno potere di governo del proprio corpo fisico. E un analogo tragitto può essere individuato per quanto riguarda il corpo elettronico, a proposito del quale ben può dirsi che è nato un nuovo "soggetto sociale" quando le norme sulla protezione dei dati personali hanno attribuito all'interessato il potere di governo delle proprie informazioni. Attraverso questo doppio riconoscimento si congiungono i due corpi, si delinea una più completa nozione di integrità.

Tornando all'articolo 5, appare evidente che la nozione di integrità qui considerata è quella fisica e che gli atti di disposizione la alterano "per sottrazione". Ma questa norma, per l'epoca assai avanzata, deve oggi essere collocata in un contesto che la dilata in diverse direzioni.

La tutela della persona riguarda ormai la sua "integrità fisica e psichica", come dice esplicitamente l'articolo 3 della Carta dei diritti fondamentali dell'Unione europea. Una indicazione, questa, che rinvia alla definizione di salute proposta dall'Organizzazione mondiale della sanità, e ormai universalmente accettata, come "benessere fisico, psichico e sociale". Inoltre, la "diminuzione permanente dell'integrità fisica" può derivare da una "addizione", e non più soltanto da una sottrazione, come dimostrano in modo eloquente il doping, l'assunzione di droghe, il fumo nelle sue due versioni, attiva e passiva.

Siamo di fronte, come ben si vede, ad esiti che non sono soltanto il frutto delle innovazioni scientifiche e tecnologiche, ma di vicende culturali che impongono una considerazione della persona che ridisegna confini e contenuti della fisicità. Allargandosi la porzione di vita oggetto della possibilità di scelta, s'intrecciano ancora una volta l'ampliamento del potere individuale e le possibilità di assoggettamento ad una regola.

Il percorso delle modificazioni si fa sempre più tortuoso. Modificazioni rientranti nella normalità e sicuramente transitorie, come quelle legate alla gravidanza, possono ricadere nell'illegalità quando la maternità di sostituzione viene giudicata non già come una legittima manifestazione del potere di procreare, appannaggio esclusivo, perché naturale, della donna,[27] ma come un fatto in sé illecito o legittimo solo a condizione che in essa si manifesti una solidarietà tra donne, e non una transazione economica. Gli impianti elettronici nel corpo vengono sperimentati per permettere la reintegrazione di funzioni perdute, la conquista di possibilità mai possedute (interventi per rimediare alla cecità fin dalla nascita), l'intervento su condizioni patologiche, ma anche per espandere le possibilità fisiche e intellettuali con potenzialità finora sconosciute.[28] Le terapie geniche germinali consentono modificazioni permanenti del genoma, con incidenza sui caratteri genetici trasmessi alla discendenza, in violazione di un presunto "diritto ad un patrimonio genetico non modificato".

Valutando queste ipotesi, possono essere individuati alcuni criteri utili per fondare il potere individuale e la necessaria sobrietà legislativa. Rimane fermo il principio di incommerciabilità. Può diventare determinante, almeno in alcune situazioni, quello di reversibilità perchè, soprattutto per gli impianti elettronici nel corpo, evita che le modificazioni assumano carattere permanente. E' rilevante il fatto che gli effetti delle decisioni si producano all'interno della sfera privata dell'interessato, riguardino la sua

---

27. C. Shalev, *Nascere per contratto*, tr. it. di G. Ajani e A. Maffiodo, Giuffrè, Milano, 1992, il cui titolo originale è *Birth Power. The Case for Surrogacy*, che dà appunto immediata evidenza al potere di procreare, dunque alla specialità della condizione femminile, ritenuta irriducibile ad ogni altro schema valutativo o regolativi delle condotte riguardanti il corpo.

28. Commissione europea. Gruppo per l'etica delle scienze e delle nuove tecnologie, *Ethical aspects of Ict implants in the human body*, 2005.

sola vita, o al contrario siano destinate ad incidere sulla sfera privata di altri o sulla dimensione sociale dell'agire: l'assunzione di droghe è legittima se interessa solo la sfera individuale, tanto che ne viene ammessa la detenzione in modiche quantità, ma è vietata se, nell'ambito delle competizioni sportive, fa venir meno la necessaria lealtà della competizione e ancor più se incide negativamente sulla salute dell'atleta.

Le modificazioni possono essere ritenute necessarie dall'interessato per "stare bene con se stesso", sì che diventa legittimo attrarre questo profilo nell'ambito della libera costruzione della personalità. La conquista dell'identità passa attraverso un mutamento del corpo. Qui possono assumere rilevanza decisiva modelli culturali prevalenti che esasperano la funzione comunicativa del corpo e, ad esempio, incentivano il ricorso alla chirurgia estetica, ma anche ad interventi ordinari di "manutenzione" del corpo. La mancanza della "bella presenza", richiesta antica e sempre più insistita come un elemento essenziale per l'accesso al lavoro, può essere tecnicamente rimossa.

Altre rimozioni sono assai più problematiche, e drammatiche. In diversi paesi viene ammessa la "rettificazione dell'attribuzione di sesso"[29] che, tuttavia, richiede il mutamento chirurgico dei caratteri fisici come condizione necessaria per il mutamento dell'identità nei registri dello stato civile e, quindi, della possibilità di presentarsi socialmente facendo coincidere sesso legale, fisico e psicologico. Ma, per realizzare questa armonia tra vita, corpo e diritto, non sempre è necessario passare attraverso la dolorosa, irreversibile e psicologicamente pesantissima modificazione dei caratteri sessuali. Per la riconciliazione tra percezione del sé e identità sessuale può essere sufficiente una procedura soltanto giuridico-formale di mutamento del nome e del sesso nei registri dello stato civile, permettendo così di presentarsi socialmente in conformità con il sesso psicologico (è la proposta di riforma annunciata dal governo spagnolo). Un diritto mite al posto di un diritto crudele, che subordina il riconoscimento dell'identità sessuale al sacrificio di una parte del corpo.

Ben diversa è la situazione indicata con l'acronimo BIID, "Body integrity identity disorders". Qui la riconciliazione tra psiche e corpo sarebbe possibile soltanto rimuovendo una parte indesiderata del corpo. Il fenomeno è emerso negli Stati Uniti e, almeno in un caso, ha indotto un chirurgo ad accogliere una richiesta di amputazione delle gambe.

Può questa richiesta esser ritenuta legittima in un quadro in cui integrità psichica e benessere psichico introducono in una dimensione della salute irriducibile al solo momento della fisicità, e il governo del corpo è attribuito alla decisione autonoma dell'interessato? Se l'interessato, rifiutando le cure, può addirittura decidere di morire, può negarsi legittimità ad una mutilazione, pur pesantissima, che assolve alla funzione terapeutica dello star bene con se stesso? Ma, in casi come questi, la risposta sociale non può limitarsi a registrare passivamente gli effetti di una condizione patologica, liberandosi frettolosamente di un problema drammatico. Deve piuttosto interrogarsi sulle ragioni esistenziali che inducono a quella richiesta ed intervenire sulle cause della patologia. Ancora una volta i corpi parlano, ed interrogano la società.

5. Un corpo *controllato*

Il trascorrere dal passato a un presente che è già futuro si può cogliere nel fatto che i collaudati controlli e condizionamenti esterni sono ormai accompagnati da una cos-

---

29. E' questo il titolo della legge 14 aprile 1982, n.° 164.

truzione del corpo stesso in forme che possano renderlo compatibile con la società della sorveglianza.

Davanti a noi sono mutamenti che toccano l'antropologia stessa delle persone. Siamo di fronte a slittamenti progressivi: dalla persona "scrutata" attraverso la videosorveglianza e le tecniche biometriche si può passare ad una persona "modificata" dall'inserimento di chip ed etichette "intelligenti", in un contesto che sempre più nettamente ci individua appunto come "networked persons", persone perennemente in rete, via via configurate in modo da emettere e ricevere impulsi che consentono di rintracciare e ricostruire movimenti, abitudini, contatti, modificando così senso e contenuti dell'autonomia delle persone.

Questa tendenza ha avuto una esplicita conferma nell'intenzione dichiarata il 19 luglio 2004 dal Primo Ministro del Regno Unito di voler "etichettare e controllare" via satellite i cinquemila più pericolosi criminali inglesi. Molti hanno già messo in evidenza le difficoltà tecniche di questo progetto. Ma è la forza simbolica del messaggio a dover essere presa seriamente in considerazione.

Esso ha come premessa un profondo mutamento dello statuto giuridico e sociale della persona. L'aver scontato interamente la pena non basterà più per riconquistare la libertà. Se una persona viene classificata "ad alta propensione a commettere reati", perderà la libertà di circolazione e tutte le relative forme di autonomia individuale, perché le sarà imposto di portare uno strumento elettronico che ne renda possibile in ogni momento la localizzazione. E questa "etichettatura" delle persone pericolose potrebbe essere realizzata inserendo sotto la loro pelle un microchip. Cambierebbe così la natura stessa del corpo che, manipolato tecnologicamente, diverrebbe "post-umano". Ma si può considerare questa prospettiva compatibile con il principio di dignità, che apre solennemente la Carta dei diritti fondamentali dell'Unione europea? Si può accettare l'ardita mossa semantica blairiana che ha ribattezzato "società del rispetto" questa ulteriore versione della "società della sorveglianza"?

Non si dica che queste sono bizzarrie futurologiche, o allarmismi. Negli stessi giorni della proposta di Blair si è appreso che in Messico, con una spesa di 150 dollari a persona, è stato "iniettato" un microchip nel braccio del Procuratore generale e di altri 160 suoi dipendenti per controllare il loro accesso a un importante centro di documentazione e, eventualmente, per rintracciarli in caso di sequestro. Unico commento del Procuratore: "l'impianto mi ha fatto un po' male". Con evidenti intenti pubblicitari, una discoteca di Barcellona, il Baja Beach Club, e poi altri locali in Olanda e in Inghilterra consentono ai soci che accettano di farsi impiantare il chip di entrare nel locale senza alcuna formalità e di pagare automaticamente le consumazioni grazie alla loro identificazione a distanza. Una società americana sta mettendo in commercio armi che possono essere adoperate solo da chi, avendo un chip impiantato nella mano, viene riconosciuto dall'arma stessa come suo legittimo possessore. In un ospedale romano si sperimenta l'inserimento sotto la pelle di un microchip per l'identificazione di pazienti affetti da particolari patologie.

Nel marzo del 2005 si è avuta notizia che, in una scuola californiana, ai bambini è stato imposto di portare al collo un medaglione contenente un piccolo *chip* elettronico che consente di seguire ogni loro mossa, segnalata da sensori collocati in tutti i locali scolastici, bagni compresi. La trasformazione tende a trasferirsi dall'"esterno", dal mondo circostante, all'"interno" di ciascuno di noi. Non basta più mutare l'ambiente, ad esempio con strumenti di videosorveglianza, bisogna mutare le stesse persone. La marcia (irresistibile?) della tecnologia sembra esigere una nuova antropologia.

Lo ha colto benissimo una bambina di quella scuola che, tornata a casa dopo essere stata "etichettata", ha detto ai genitori: "non sono un pacchetto di cereali". Non si poteva descrivere con più efficacia quello che sta davvero accadendo: la progressione riduzione delle persone ad oggetti, continuamente controllabili a distanza con le più diverse tecnologie, implacabilmente legate da un invisibile e tenacissimo guinzaglio elettronico.

Una conferma forse ancor più preoccupante è venuta da una ricerca commissionata da uno dei maggiori sindacati britannici, il Gmb, e condotta dall'università di Durham, di cui sono stati resi noti i risultati nel giugno 2005.[30] E' stato accertato che a migliaia di lavoratori è, stato imposto di portare al polso un piccolo computer che dirige, via satellite, il suo lavoro, lo indirizza verso i prodotti da prelevare, indica i percorsi da seguire o le attività da svolgere, controlla ogni movimento del dipendente e individua così in ogni momento dove si trova. In paesi come l'Italia questo impiego della tecnologia è in principio illegittimo, dal momento l'articolo 4 dello Statuto dei lavoratori (legge 20 maggio 1970, n. 300) vieta "l'uso di impianti audiovisivi e di altre apparecchiature per finalità di controllo a distanza dell'attività dei lavoratori": e infatti, richiamando proprio questa norma, un gruppo di dipendenti milanesi di una società del gruppo Mediaste hanno denunciato l'illegittimo inserimento nei loro tesserini di identificazione, a loro insaputa, di una "etichetta intelligente" che permette all'azienda di controllare e di registrare ogni loro movimento nel luogo di lavoro. Ma la vicenda inglese, che peraltro si riferisce ad un sistema importato dagli Stati Uniti, mette in evidenza una tendenza di carattere generale, legata ad impieghi di massa delle tecnologie di direzione e controllo, che incide non solo sulla dignità e sulla libertà del lavoratore (sono queste le parole che aprono lo Statuto dei lavoratori), ma sulla configurazione della sua stessa persona, e dunque sulla vita.

Tutto questo avviene in nome dell'efficienza e, soprattutto, della sicurezza. Ma dietro questo argomento si scorge anche un pericoloso interesse commerciale. Il sistema di controllo a distanza è stato donato a quella scuola dal genitore di uno dei bambini, produttore proprio di questi sistemi. Fa lo stesso un'altra industria americana, favorendo la sperimentazione gratuita del VeriChip, un piccolissimo chip elettronico che s'impianta sotto la pelle e rende possibili identificazioni e controlli a distanza. Il meccanismo è noto e collaudato. L'"industria della paura" crea il bisogno, subito dopo propone un rimedio tecnico, cominciando ad offrirlo gratuitamente. Forse è eccessivo avvicinare questa tecnica a quella seguita dagli spacciatori per indurre dipendenza. Ma rende l'idea.

Siamo oltre le questioni della sicurezza. Il tema è quello del diritto di ciascuno di trasformare il proprio corpo, di traghettarlo verso il post-umano e il trans-umano, modificandolo con impianti di vario genere per espandere le sue capacità fisiche e mentali, avvicinandolo così ad un cyborg. E del potere di altri di imporre queste trasformazioni.

Ma si può davvero parlare di un diritto? E, comunque, con quali limiti? I principi di dignità e di integrità del corpo non devono forse rappresentare un ostacolo insuperabile? Si possono fare eccezioni nei soli casi di tutela della salute e vietare ogni impianto che consenta controlli o collegamenti con l'esterno?

Questi interrogativi ci accompagneranno negli anni a venire, perché sono fortissime le spinte verso la costruzione di una società del controllo totale. Sembra quasi che la versione tecnologica della lotta tra bene e male si riassuma nel conflitto tra controllo e riservatezza, tra sicurezza e libertà. Nessuno dubita che la sicurezza sia un bene da assicurare a tutti i cittadini. Ma qual è il prezzo che, in un regime democratico, si può pagare per questo fine? Dov'è il nuovo confine che, in un mondo sempre più saturo di

---

30. "Un bracciale-computer guida i lavoratori inglesi", in *Corriere della Sera*, 8 giugno 2005, p. 15.

tecnologia, separa la democrazia dall'autoritarismo? E poi: siamo davvero sicuri che questa delega crescente alla tecnologia produca sempre maggiore efficienza nella lotta al terrorismo ed alla criminalità, come sembra credere anche qualche pubblico ministero un po' troppo sbrigativo nell'affermare che nelle indagini si può usare qualsiasi mezzo, dimenticando la funzione di garanzia che gli affida la cultura della giurisdizione?

Ai cittadini, dunque, non si deve guardare soltanto come a soggetti impauriti di cui, anzi, coltivare la paura, facendoli vivere in un ambiente sempre più simile ad un immenso "panopticon", ad uno spazio dove ogni mossa è scrutata e registrata. Se si crea questo clima, non si coltiva soltanto lo spirito di una società autoritaria, ma si accetta la lenta espropriazione della politica da parte della tecnologia, Vi è il rischio di una sorta di blocco del pensiero, della voglia e della capacità di dare risposte sociali a fenomeni sociali, con un affidarsi cieco al *ready made*, alle soluzioni già pronte e offerte con larghe promesse da un arsenale tecnologico sempre più ricco. La bambina americana, che vuole mantenere la sua individualità e non essere tecnicamente ridotta ad un oggetto, può essere il piccolo simbolo di una società dove la presenza attiva dei cittadini rimane la risorsa più grande, dove la soluzione dei problemi passa attraverso la loro consapevolezza e partecipazione.

6. Un corpo *falsificato*

Qui non siamo di fronte all'immagine di un corpo "altro", di un corpo che usurpa il corpo originale e si propone abusivamente al suo posto. Siamo piuttosto in presenza di situazioni che rendono tecnicamente possibile la creazione di un corpo che falsifica quello reale e lo presenta come "vero" agli occhi degli altri.

Il gioco borgesiano delle biografie immaginarie può dispiegarsi a dismisura su Internet, quasi obbedendo ad un "obbligo misterioso",[31] ma ormai straordinariamente agevole, di moltiplicazione delle esistenze oltre i confini stretti della abituale realtà. Se, però, dalla costruzione di persone e di identità esistenti solo nella dimensione elettronica si passa ad una riscrittura di vita e identità di persone reali, l'effetto è quello di una falsificazione di cui l'interessato rimane vittima talvolta senza alcuna possibilità di conoscenza, e dunque di reazione, con effetti che possono risultare drammatici per la sua stessa vita.

Chiunque può agevolmente scrivere una mia biografia, magari mescolando astutamente dati reali e dati inventati, metterla in rete e renderla così disponibile per tutti i frequentatori di Internet, per tutti quelli che ricorrono ad un motore di ricerca e digitano il mio nome. Per costoro divento quella persona e, a mia insaputa, assumerò una nuova e diversa identità: un fatto già in sé sconvolgente e dal quale possono poi derivare esclusioni, discriminazioni, stigmatizzazioni solo perché in quella biografia immaginaria figuro come xenofobo, nemico dei gatti, portatore della taglia 66. Può darsi che io non venga mai a conoscenza di questo fatto Solo se avrò la ventura di incontrare quella mia immagine falsificata, potrò cercare di oppormi alla falsificazione, di porre rimedio ad una situazione che travisa il mio essere e può danneggiarmi. Potrò allora esercitare i poteri previsti ormai in moltissimi paesi dalle norme sulla protezione dei dati personali, ed ottenere la cancellazione o la correzione dei dati inesatti, l'eliminazione di quelli falsi o illegittimamente raccolti, l'integrazione di quelli incompleti. Verrà così riconsegnata a me e agli altri una immagine veritiera.

---

31. J. L. Borges, *Finzioni*, cit. p. 41.

Ma potrà essere una conoscenza tardiva, tale quindi da non essere in grado di eliminare le conseguenze negative che già possono essersi prodotte, anche perché può essere impossibile risalire a tutti coloro che hanno avuto accesso e utilizzato quella falsificazione. E potrà essere una conoscenza inutile, perché l'operazione è stata condotta in un "paradiso dei dati", in uno di quei paesi che non danno adeguata tutela al corpo elettronico. Risultano in questi casi inefficaci le norme nazionali o sopranazionali che, proprio per eliminare gli effetti di una falsa conoscenza, impongono a chi ha utilizzato e diffuso una mia immagine falsificata di far conoscere la verità a tutti quelli ai quali è stata fatta comunicata l'immagine falsificata.[32]

La vita sullo schermo rischia di trasformarsi in un continuo esercizio di ricerca, in una veglia infinita per cogliere sul nascere e cercar di spegnere ogni travisamento. Per evitare d'esser falsificato, sarò obbligato ad un ininterrotto navigare, a digitare su ogni motore di ricerca il mio nome, con il rischio, appena ricordato, che la scoperta della falsificazione sia frustrata dall'essere avvenuta là dove è muta la garanzia giuridica. Se la vita si svolge in un territorio globale, si corrono rischi paragonabili a quelli affrontati da chi si recava là dove le mappe mettevano in guardia contro un pericolo permanente, però con una scelta volontaria, estranea alla situazione di chi nei territori di Internet si trova trascinato a sua insaputa o persino contro la sua volontà. "Hic sunt leones", dunque, almeno fino a quando convenienza o convinzione non indurranno alla produzione di regole comuni, capaci di riempire gli spazi bianchi del mondo.

Ma la falsificazione può insinuarsi in ciascuno di noi. Se portiamo sotto la pelle un chip elettronico con dati sulla nostra identità, salute, situazione finanziaria, qualcuno potrebbe alterarli a nostra insaputa, se quei chip sono leggibili e modificabili a distanza. Le possibilità tecnologiche vanno in questa direzione. Cresce la distanza di lettura, diventano più potenti i chip attivi, si adottano standard comuni per rendere più agevole la diffusione dei chip, si intensificano le spinte per la loro adozione su larga scala. Tutto questo si traduce nella possibilità di altri di collegarsi con il nostro corpo e di falsificare le caratteristiche sia di quello fisico che di quello elettronico: sostituendo in tutto o in parte le informazioni contenute nel chip, si potrebbe modificare l'indicazione del gruppo sanguigno o l'ammontare di una mia disponibilità bancaria. Gli effetti sarebbero fastidiosi nell'ultimo caso, drammatici nel primo. In occasione di un qualsiasi intervento che richieda una trasfusione, la lettura dei dati contenuti nel chip determinerebbe un errore che potrebbe essere fatale alla persona.

Vi sono, dunque, intuitive ragioni per non imprigionare la vita in un chip o, almeno, per non accrescere la vulnerabilità individuale e sociale secondando la diffusione delle tecnologie senza valutarne adeguatamente tutte le conseguenze. Non si autorizza la commercializzazione di un'automobile o di uno scooter che non presentino requisiti di sicurezza adeguati per la tutela della vita della persona che li adopera. E' la percezione della fisicità del corpo a spingere verso questa cautela. Una cautela che deve ora essere estesa al corpo elettronico, rispetto al quale emerge con nitidezza una categoria di rischi che lo riguardano direttamente, ma che, come mostra il caso del gruppo sanguigno, possono poi estendersi al corpo fisico, mettendo in evidenza una volta di più gli intrecci sempre più stretti tra le due entità, configurando non una "mixed reality", bensì un nuovo e più complesso corpo unico.

---

32. L'art. 3 c) del Codice in materia di protezione dei dati personali (Decreto legislativo 30 giugno 2003, n.° 126), ad esempio, prevede che le operazioni con le quali è stata ristabilita lo verità dei dati vengano "portate a conoscenza, anche per quanto riguarda il loro contenuto, di coloro ai quali i dati sono stati comunicati o diffusi, eccettuato il caso in cui tale adempimento si rivela impossibile o comporta un impiego di mezzi manifestamente sproporzionato rispetto al diritto tutelato".

7. Un corpo *socializzato*

Per sé, il corpo è un oggetto sociale, e la società della comunicazione ne esalta proprio le possibilità comunicative, dunque la sua dimensione relazionale. Ma un grado più intenso di socializzazione si ha quando l'attitudine distributiva del corpo si traduce in una sua esplicita destinazione sociale, nella messa a disposizione di altri di sue parti o suoi prodotti. E' quel che accade, ad esempio, quando lo spirito di solidarietà fa crescere la propensione a consentire la donazione di organi per i trapianti.

Entrando nella dimensione della socializzazione, diventano essenziali le modalità secondo le quali si compie questo processo. I più significativi documenti internazionali e la quasi totalità delle leggi nazionali vietano che il corpo, le sue parti ed i suoi prodotti possano essere fonte di profitto:[33] il corpo, quindi, come *res extra commercium*, irriducibile a merce, sottratto alla logica del mercato, alla *commodification*. Ma sappiamo pure che non sempre è stato e non sempre è così. L'esperienza storica ci parla di vendita del sangue, di contratti di baliatico, del più mite commercio delle trecce recise alle novizie all'atto di prendere i voti. La cronaca ci rinvia a situazioni, sia pur circoscritte, di vendita di reni, di commercio di gameti, di maternità di sostituzione a pagamento. Incontrandosi, passato e presente ci mostrano una realtà nella quale la socializzazione del corpo attraverso il mercato non si manifesta con criteri di uniformità, ma riguarda esclusivamente i soggetti più deboli economicamente e culturalmente.

Viene così prodotta una nuova stratificazione sociale, una divisione planetaria tra produttori e consumatori di organi, una geografia del mondo seguendo la quale gli abbienti comprano vita dai più poveri. La socializzazione assume così la forma di una *cannibalizzazione*, che non può essere riscattata da analisi del fenomeno preoccupate esclusivamente di una più razionale allocazione di risorse scarse, quali sono appunto gli organi da trapiantare. Il riferimento al mercato, infatti, non può determinare la cancellazione di principi fondamentali a tutela della persona, primo tra tutti quello di dignità. In nome della logica economica la società non può scegliere una forma giuridica che legittima una espropriazione selettiva di massa di alcuni gruppi a vantaggio di altri, di alcune aree del mondo a vantaggio di altre, sia pure compensata da quello che, seguendo il lessico proprietario, potrebbe essere definito un "equo indennizzo".

Proprio la compensazione economica rivela l'attrazione del corpo, e della vita, nell'area della proprietà, abbandonando la loro esclusiva collocazione nella dimensione della personalità, assistita da principi e garanzie qualitativamente diverse e più forti. Se il criterio è il mercato, parole come eguaglianza e dignità scoloriscono, perdono peso e, con esse, si fa evanescente l'autonomia della persona, ingannevolmente affidata alla libertà di stabilire se entrare o no nel mercato.

Respingere il paternalismo del legislatore, che non dovrebbe sostituirsi alla volontà di chi decide di vendere un rene per procurare migliori condizioni di vita a sé o ad altri, significa imprigionare ancor più ferocemente ciascuno nelle difficoltà della propria esistenza, senza speranza di riscatto che non sia quella che lo obbliga a perdere, insieme a parti del corpo, il rispetto di sé, in una situazione di totale abbandono sociale.

L'integrità non è una nozione esterna. E' il modo stesso in cui riusciamo a pensarci, a definire il rapporto con il nostro sé. Se viene messa in discussione, inevitabilmente determina un impoverimento del concetto di vita.

---

33. La Carta dei diritti fondamentali dell'Unione europea, art. 3.2, prevede "il divieto di fare del corpo umano e delle sue parti in quanto tali una fonte di lucro", riprendendo alla lettera quanto previsto dall'art. 21 della Convenzione europea sui diritti dell'uomo e la biomedicina. E la Dichiarazione universale sul genoma umano e i diritti dell'uomo dell'Unesco, all'art. 3, stabilisce che "il genoma umano nel suo stato naturale non può produrre vantaggi economici".

La rappresentazione più radicale di questa tendenza, che trasforma la socializzazione del corpo in appropriazione o espropriazione, si può cogliere quando si guarda al "corpo dell'uomo come apparato per la trasmissione di energia e informazioni". Queste sono le parole con le quali viene descritto l'oggetto del brevetto 6.754.472, concesso negli Stati Uniti a Microsoft nel 2004. Così non solo il corpo diviene lo strumento per collegare direttamente una serie di apparati portatili, dal telefono cellulare al computer palmare, al lettore di musica, superando le tecnologie attuali e creando, al posto delle attuali forme di connessione, una "personal area network", una rete personale tenuta insieme dalla nostra pelle, dai tessuti. Diviene uno strumento di cui ci viene sottratta la libera disponibilità, poiché questa nuova forma della sua utilizzazione è ormai subordinata ai diritti di brevetto, dunque alle pretese economiche di Microsoft.

L'immagine del corpo come entità governata unicamente dall'interessato si appanna fino a scomparire.

8. Un corpo *escluso*

La scomparsa diviene radicale in situazioni che ci parlano di un corpo spossessato delle proprie funzioni o dell'occultamento di un corpo perturbante. Le ricerche e le sperimentazioni sull'ectogenesi, sulla gestazione fuori del corpo femminile, hanno come fine proprio l'esclusione della necessità di quel corpo e inducono a parlate di una "madre superflua". Il "potere di generare", attributo distintivo del genere femminile, sarebbe così trasferito dalla donna alla scienza. Anche se si tratta soltanto di tentativi, lontani ancora da possibili utilizzazioni concrete, l'ipotesi in sé di una procreazione senza corpo obbliga a riflettere sul mutamento dell'antropologia stessa del genere umano.

Il corpo del nemico è sempre più nascosto agli occhi del combattente. Le armi intelligenti individuano a distanza il bersaglio, vedono al buio, guidano bombe e proiettili. Il corpo da colpire non solo diventa invisibile, ma persino inconoscibile: e così la guerra elettronica assume le caratteristiche astratte di un videogame. L'esclusione del corpo contribuisce ad escludere i moti della coscienza, la consapevolezza dell'azione. Saranno ancora possibili i tormenti che hanno poi accompagnato la vita del pilota dell'Enola Gay, l'aereo dal quale fu sganciata la bomba atomica su Hiroshima?

9. Un corpo *ridotto*

Il prepotente ritorno del corpo sulla scena del mondo convive con una sua riduzione alla misura che gli attribuiscono le innovazioni scientifiche e tecnologiche. Si dice spesso che noi siamo i nostri geni, noi siamo le nostre informazioni. Si cede così alla mistica del Dna e dell'elettronica, si ignora che la biografia è più forte della biologia, si trascura il contesto in cui viviamo e dobbiamo essere valutati. Questo brusco ricondurre il corpo in una dimensione che ne esalta solo l'immediata materialità, fisica o elettronica che sia, riduce le possibilità stessa di una sua integrale conoscenza, fatta di processi biologici complessi, di relazioni con l'ambiente, di rapporti con gli altri esseri umani. Il corpo esce dalla vita, e la vita abbandona il corpo.

SOBERANÍA, AUTONOMÍA Y PUEBLOS INDÍGENAS

Óscar Correas

Para Roberto Bergalli, estas reflexiones, desde México, sobre un tema de interés común.

Si el poder político, o sea el de decisión suprema e incontestado que en democracia se otorga, mediante reglas preestablecidas, a órganos y gobernantes para que lo ejerzan soberanamente, aparece tergiversado por influencias o injerencias extrañas a la delegación del poder, entonces la *soberanía* no es esa racionalización jurídica capaz de transformar el poder de hecho en poder de derecho [...] En todo caso, agregar que, o bien el principio de soberanía ha observado evidentes limitaciones en América Latina, o si no, cuando se alude a su eventual vigencia, de lo que se está hablando es de alguna otra cosa.[1]

"Soberanía" es una palabra confusa, que tanto sirve para defendernos de la explotación del capital extranjero —aunque el nacional no sea menos explotador—, como para expresar esa intervención extranjera. Lamentablemente, también sirve para enfrentarnos con los pueblos indígenas que, dicen, violentan la soberanía nacional. Estas reflexiones tratan sobre esto último.

1. Soberanía y "cuestión indígena"

Los usos del lenguaje que nos poseen, acuerdan un sentido tramposo a la expresión "cuestión indígena" —en rigor a cualquier "cuestión". La expresión supone que se ha convertido a un dato de la realidad, en objeto de conocimiento; algo acerca de lo cual se pregunta algo. Pero resulta que convertir un dato real en objeto de cuestión, es tanto como apropiárselo, que es en lo que consiste esa maniobra del pensamiento que llamamos "nombrar". Lo que se nombra, queda inmediatamente, y solamente por eso, bajo el poder del que nombra. Simplemente porque quien da el sentido —quien nombra— tiene el poder. Y eso sucede con la expresión "cuestión indígena". Desde que llamamos así a ese dato real que consiste en la rebelión de los pueblos indígenas latinoamericanos, lo convertimos en objeto de estudio, y por tanto lo ponemos bajo nuestro poder.

Tenerlo bajo poder, al nombrarlo, significa que miramos el objeto desde nuestra posición en el mundo. Entonces el real devenido objeto, queda inmediatamente a merced del juego de espejos en que consiste nuestro mirar el mundo. En el caso de los pueblos indígenas americanos, esto significa que esos datos de la realidad, al devenir objeto de habla, y de estudio, quedan sujetos al lugar que les concede el juego de espejos con que organizamos la realidad social para hablar de ella. Esto es lo que sucede

1. Roberto Bergalli, en "Latinoamérica, ¿*soberanía*... u otra cosa?", en Roberto Bergalli y Eligio Resta, *Soberanía: un principio que se derrumba*, Barcelona, Paidós, 1996, p. 205

con el lenguaje jurídico, muy especialmente. Y entonces, desde la ideología jurídica al uso, comienzan las preguntas. ¿Tienen sistemas normativos, o solamente usos y costumbres? ¿Tienen propiedad o no? ¿Tienen funcionarios públicos o solamente cargos? El "sistema de cargos", ¿se parece al nuestro? ¿Diferencian normas jurídicas de morales? ¿Tienen matrimonio o solamente barraganía? ¿Usan un idioma, o hablan dialecto? ¿Están sujetos a nuestro derecho o tienen derecho a tener su derecho? Y recuérdese que alguna vez la pregunta fue si tenían alma o no, asunto en el cual salieron gananciosos: se llegó a aceptar que sí disponen de ella; aunque muchos grandes juristas han opinado que no tienen sistemas jurídicos sino, apenas, usos y costumbres.

Con poco que se analicen estas preguntas, y cientos más, se comprobará que todas ellas están formuladas sobre el supuesto de que nuestra civilización es el marco donde se instalan los pueblos indios. E implican, casi siempre, un racismo latente; al menos un racismo cultural, que pervive aunque casi nadie en su sano juicio, hoy, use la palabra "raza" como un concepto teórico que explique alguna realidad.

Muy específicamente, la reflexión que antecede, es pertinente para tratar el tema de la soberanía y la autonomía de los pueblos indígenas. Desde el principio de la rebelión zapatista, que sólo fue el toque de clarín para la aparición masiva de los indígenas americanos en el espectro político continental, quedó planteado, para abogados y militares, la gran pregunta: la existencia y las demandas de los pueblos indios, ¿violan la soberanía del estado —el mexicano en este caso? La respuesta no esperó ninguna reflexión: salieron a matar indígenas con bombardeos indiscriminados —que la cordura afortunadamente paró en pocos días. Pero la pregunta por la soberanía quedó pendiente en los árboles de la selva, y en las sillas de todos los hombres y mujeres del poder. Generales y coroneles, abogados y jueces, profesores e investigadores, policías y fiscales, presidentes y senadores, todos padecieron el horror a la violación de la soberanía. Incluso se horrorizaron los mismos que vendieron a precio de libros usados, la riqueza del país, que pusieron, finalmente, en manos del capital extranjero. Los mismos que hoy defienden la privatización de lo que queda, y de la salud y la educación; a sabiendas de que, finalmente, será el capital extranjero el que aproveche todo el esfuerzo nacional concentrado en lo poco que queda a nombre del representante del pueblo. Y se horrorizaron: "¿vamos a permitir la violación de la soberanía nacional por estos bandidos enmascarados que se hacen pasar por indígenas, siendo, como son, entrenados en el extranjero?" (Desde que tengo memoria política, cualquier rebeldía es promovida desde el extranjero; mientras se pudo, el extranjero era "el oro de Moscú").

Los indígenas replicaron, casi de inmediato: no queremos soberanía; solamente *autonomía*. Lo cual significaba una renuncia, en el ara de la paz, a su identidad propia. Se instalaron así, conscientemente, en el campo del rival. Porque "soberanía" y "autonomía", son palabras que no existen en sus idiomas; y tampoco existen ni en su mundo, ni en las relaciones de éste con otros mundos, como el nuestro. Pero esto significó echar a andar, por el éter jurídico, la "cuestión indígena" y su punto álgido: ¿violan o no la soberanía nacional?

Pero ¿qué puede significar "soberanía" para el mundo indígena? Por otra parte, ¿está suficientemente claro, entre nosotros, lo que la soberanía implica, su historia, su futuro, tan claro, como para que sea un asunto tan notablemente obstructor del entendimiento entre sociedades diversas?

Un ligero repaso a lo que se ha escrito últimamente, sobre soberanía, y sobre soberanía y cuestión indígena, muestra claramente que, lo menos, es un tema que, los juristas —en rigor, no todos— frecuentemente grandes por solicitada su opinión por la prensa, abordan desde una poco plausible teoría del estado y del derecho, cuando no desde ignorancias que no cabría esperar en actores sociales destinados a decir la última palabra desde las alturas tribunalicias.

Lo peor del caso, es que mencionar a estos juristas, por sus nombres y apellidos, y citando sus escritos, conduciría a sembrar rencores que impedirían el buen entendimiento y el diálogo, tan necesario para desempantanar la cuestión tal como se encuentra en este momento, a mediados de 2005. Aquí, hablaremos en general, tratando de mejorar ideas, y citando la ideología sin mencionar a los ideólogos.

2. Soberanía, entre la Sociología y el derecho

La primera cortapisa con que nos enfrentamos, consiste en que la palabra "soberanía" es multívoca, ambigua, polisémica. Se usa al menos en dos sentidos, que llamaremos *sociológico* y *jurídico*.

La cuestión de la diferencia entre sentido jurídico y sentido sociológico de la palabra, se revela en una anécdota, cuya veracidad no interesa realmente. En una ocasión, no mucho después de la aparición del Ejército Zapatista en Chipas, un periodista, poco avisado, le preguntó a un general qué andaba haciendo por la zona, dando la impresión, el reportero, de que estaba asombrado por la presencia militar siendo que no se avistaba peligro de invasión por parte de Guatemala o Belice. El reportero, al parecer, pensaba que los ejércitos latinoamericanos están entrenados para la defensa del país contra el peligro extranjero, y en esa zona no había tal peligro. El general le contestó que estaba cuidando la soberanía nacional. A los pocos días, el subcomandante Marcos le reviró: que vayan a Nueva York a cuidar la soberanía —lo cual remitía a la verdadera utilidad de los afanes del general—, que es allá donde corre peligro, pues aquí nadie está intentando lastimarla.

La anécdota, cuyas pruebas periodísticas no he guardado, bien podría no ser verdadera, y ser yo un mentiroso. Pero de todos modos revela esta importante cuanto clarificante diferencia entre sentido sociológico y sentido jurídico de la expresión "soberanía". Se comprende por qué: el general hablaba de cuidar que solamente los funcionarios del estado al cual servía, dictaran normas, y las impusieran, dentro del territorio, y para esos habitantes, a los cuales el sistema jurídico mexicano pretende dominar a través de sus normas; mientras que el subcomandante estaba hablando de las presiones a que se dejan someter esos funcionarios, que, recibiendo "sugerencias" de los órganos mundiales del poder económico, producen las normas jurídicas que, finalmente, son las queridas por el poder extranjero. Son dos puntos de vista distintos, y, por eso, ambos guerreros estaban en lo suyo: sólo que hablaban de cosas distintas. El subcomandante, haciendo gala de habilidad propia de abogados, que resulta difícil saber de dónde sacó, estaba contestando con una chicana. En efecto, si el general cuidaba la soberanía jurídica, cuidaba que nadie mandara en ese territorio, ni impusiera normas, que no fuera un funcionario autorizado por el derecho mexicano. Y tenía razón: ésas eran sus órdenes, y ésa su ideología jurídica. El subcomandante, a su vez, enmarcó el tema en otro contexto, y contestó con una ideología cara a los latinoamericanos, acosados por el intervencionismo norteamericano, del FMI, del BM, y cansados de la venalidad de los gobiernos obsequiosos con los intereses del capital extranjero: la soberanía es una cuestión de orgullo nacional, y quienes la están violentando son los gobernantes y no los pueblos indígenas en rebeldía.

En lo que sigue, trataremos de darle forma al asunto.

2.1. *Soberanía y "poder"*

En esta anécdota, se revela también la dualidad respecto de la palabra "poder". En efecto, como cualquier jurista sabe, "poder" se refiere a las conductas que un ciudadano, o un funcionario, están autorizados a producir. Según los usos lingüísticos que nos poseen, en términos jurídicos, alguien tiene poder porque alguna norma se lo otorga. El ciudadano "puede" contratar, porque el código civil dice que puede. Lo cual significa que ningún funcionario está autorizado para impedirle contratar, o para demandar, en su caso, el cumplimiento de los efectos del contrato. Y un funcionario "puede", por ejemplo producir normas, porque otra norma lo autoriza a hacerlo. Lo cual significa que los ciudadanos deben producir las conductas obligatorias según la norma, so pena de que, otro funcionario, los sancione. Éste es el sentido jurídico de la palabra "poder". En sentido sociológico, en cambio, la palabra se usa para referir la fuerza física que permite lograr cierto objetivo. Por ejemplo, el ladrón armado, dispone de poder sobre su víctima; y cuando ésta le ha entregado el dinero, podemos decir que el ladrón ha ejercido poder sobre él. Igualmente, el ejército del país dispone de fuerza física para atacar a alguien en Chiapas, y con la sola amenaza de usarlo, puede conseguir el objetivo consistente en que ciertos individuos produzcan cierta conducta. En tal caso, podemos decir que el ejército tiene poder en sentido sociológico. Pero, por otra parte, puede decirse, sin ausencia de sentido, que el general tiene el poder, "jurídico", de dar la orden de abrir el fuego, puesto que las leyes militares le autorizan a hacerlo. Como se ve, "soberanía" y "poder" son dos palabras que padecen de la misma clase de ambigüedad. Y también puede decirse que esa polisemia es utilizada innumerables veces para expresar ideas confusas, o para confundir a los menos avisados. Vale la pena tenerlo en cuenta para no ser sorprendidos.

2.2. *El sentido jurídico de "soberanía"*

"Soberanía", en su más prístino sentido, significa que, para un territorio y ciertos individuos, existe solamente una fuente de poder. Pero ¿qué clase de poder es éste? ¿Jurídico o sociológico? Aquí, "poder" tiene sentido sociológico. Con ello se quiere decir que solamente un "alguien" dicta normas. Y se dice de él, que es el *soberano*.

Por otra parte, la ideología propia del mundo burgués, moderno, capitalista, ha desarrollado la convicción de que, si *efectivamente* el soberano tiene el poder, *de facto* suele decirse, entonces *también tiene el poder jurídico*, o el "derecho" de dictar esas normas que de hecho dicta. Éste es el principio que usa el derecho internacional para hablar de "re-conocimiento" de estados y gobernantes. En los últimos tiempos de este principio de siglo, Irak es un ejemplo claro: el asiento de ese país en las Naciones Unidas, lo ocupó un individuo designado por el gobierno impuesto por Estados Unidos. Sin embargo, antes de la invasión al país árabe, el asiento era ocupado por un individuo designado por el gobierno que presidía Saddam Hussein. ¿Qué o quien autorizó a las Naciones Unidas a reconocer como embajador iraquí, a un individuo enviado de funcionarios que, conforme con el sistema jurídico de ese país, no podía ser su representante? Obviamente nadie autorizó ese cambio. El nuevo enviado del nuevo gobierno iraquí, fue reconocido porque "los hechos" mostraron que en Irak había un nuevo poder, en sentido sociológico. Este nuevo poder no podía ser jurídico, puesto que, conforme con el derecho anteriormente reconocido por la ONU en Irak, el nuevo poder está constituido por bandidos al margen de la ley. Sin embargo, este nuevo poder físico, sociológico, por ser tal, ahora resulta que, además, es jurídico. Y, por tanto, puede designar embajadores, y ahora el "puede" tiene sentido jurídico: ha aparecido, en Irak, un nuevo sistema jurídico, que "autoriza", a los forajidos de ayer, a nombrar embajadores, y, además, a producir nuevas normas.

Ahora bien; quien *de hecho* produce normas efectivas, se autoerige en el *único* que "puede" hacerlo. (Si no lo hace, es decir si no reclama para sí el absoluto "poder" —jurídico— para legislar, entonces no tiene el poder). Pero, casi insensiblemente, ha cambiado de carril, para decir que "tiene derecho" a dictar normas, porque las normas así lo dicen. Lo que no suele decir, es que esas normas que le autorizan, las ha dictado él mismo: ha convertido el poder *de facto*, sociológico, en poder *jurídico*. Por supuesto, ha encontrado quién le crea. Que le crea que, por tener poder de hecho, lo tiene de derecho. La soberanía, entonces, encubre una maniobra ilegítima de legitimación. Es una ideología que cubre de juricidad al poder de la fuerza.

¿Es la soberanía jurídica un dato de la realidad? No parece. El dato de la realidad, es más bien el *hecho* de que alguien dice que sólo él "debe" producir normas. *Él* dice tener ese derecho. En realidad, lo único que hay es que dicta normas y las hace cumplir. Pero que tenga algún "derecho" a dictar normas no es un dato de la realidad. Pues ¿de qué sistema jurídico habría obtenido ese derecho?[2] Si hubiera unas normas que le autorizaran, no habrían sido producidas por él, sino por otro, quien, a su vez, debería haber sido autorizado por otro. Y sí sucesivamente. Y, como se ve, entonces nuestro aspirante a caudillo no sería "el único" poder, sino que estaría subordinado a quien le presta juricidad, a quien lo "autorizó". Por eso vale decir que la soberanía no es un dato de la realidad, sino un discurso de autolegitimación de alguien que, precisamente por recurrir a la soberanía para justificar el ejercicio de su fuerza, no está autorizado a hacerlo.

¿Cómo, entonces, tanta gente hasta se hace matar por defender la soberanía nacional? Eso es un misterio. Aunque, si se hace memoria, entre los últimos caudillos del siglo XX, hubo uno que lo era "de España por la gracia de Dios". Tal vez ésa sea una respuesta: ¿cómo no aceptar la soberanía de un enviado de un dios?

Una buena pregunta, es cómo una idea tan endeble llegó a adquirir prestigio en la sociedad capitalista. Deberíamos volver sobre esto.

2.3. *El sentido sociológico de la palabra "soberanía"*

En sentido sociológico, esta palabra se usa de manera totalmente distinta. Se usa para hablar acerca de la *causa* de las normas.

Lo anterior implica aceptar que las normas tienen *causas* y que éstas son de orden social. Es decir, implica aceptar que las relaciones sociales y la correlación de fuerzas entre grupos sociales, permite explicar *por qué las normas dicen eso que dicen y no otra cosa*. Implica aceptar que es una buena pregunta la de por qué los funcionarios, los legisladores en nuestro caso, produjeron leyes que dicen eso que dicen —o que alguien, los jueces por ejemplo, dicen que las leyes dicen.[3]

Las causas de las normas son el objeto propio de la Sociología Jurídica, que también se pregunta por los efectos, las funciones, del derecho. Aceptado que existen las normas,

---

2. En rigor, decidir que unas normas son jurídicas porque "devienen" de otras normas jurídicas, o que un poder es legítimo porque obedece la ley, no es un dato de la realidad, sino una afirmación que no puede mostrarse ni empírica ni lógicamente.

3. Esta expresión reconduce a una teoría crítica del derecho, para la cual las normas no dicen nada, sino que alguien, al interpretarlas, hace que digan algo. Esta tarea, otras normas, la adjudican a ciertos funcionarios llamados "jueces".

vale la pregunta por su contenido. La Dogmática Jurídica es la disciplina, propia de abogados, que interpreta los textos jurídicos y propone ciertos otros textos como normas, textos que, frecuentemente, son leídos por los jueces, quienes tienen la última palabra acerca de lo que los textos originarios dicen. Pero la Sociología Jurídica, normalmente aceptando —interpretando también— los textos de la Dogmática Jurídica, se pregunta por cómo llegaron a ser tales textos; por qué alguien dice que dicen eso que dicen; cuáles fueron los procesos sociales que condujeron a los legisladores a producir tales normas.

En nuestra anécdota, el insurgente Marcos decía que la soberanía mexicana es violada, no por los indígenas de Chiapas, sino por los poderes —reales, sociológicos— del gran capital internacional, quien les impone a los legisladores mexicanos cierto contenido para las normas que éstos aprueban. Esto es, si los generales quieren cuidar la soberanía, debieran pelear, no contra los indios de Chiapas, sino contra..., pero eso es otra historia.

Es decir, para Marcos, y para millones de mexicanos, los legisladores, aliados e intérpretes de la gran burguesía mexicana, aliada a su vez de la oligarquía internacional, producen leyes que perjudican a la mayoría de la población; producen normas cuyo contenido ha sido impulsado, "sugerido", por los capitalistas, especialmente los extranjeros. Por eso, se dice que el estado mexicano "pierde" soberanía, o que ésta está disminuida: porque, si bien los legisladores son mexicanos, de todos modos hacen lo que les impone el gran capital. Desde el punto vista jurídico, la soberanía no queda violentada, puesto que los legisladores son todos mexicanos. Es dcsde el punto de vista sociológico que la soberanía queda disminuida, pues esos legisladores, cuando votan, expresan, en realidad, la voluntad de los poderes extranacionales.

Y como la experiencia nos ha enseñado que la pérdida de soberanía —en sentido sociológico— perjudica a la mayoría de los mexicanos, luchamos por la soberanía nacional, en el intento de lograr gobiernos que, en uso de su soberanía en sentido jurídico, sean completamente soberanos en sentido sociológico, legislando conforme con los intereses de la mayoría del pueblo, y no conforme con los intereses de los capitalistas, nacionales y extranjeros. Tal vez ahora puede comprenderse mejor por qué algunos ofrecen su vida en la lucha por la soberanía nacional: se trata del sentido sociológico de esta palabra, y no del sentido jurídico. Y puede comprenderse que el general hablaba con sentido al decir que defendía la soberanía nacional. Y que el subcomandante también hablaba con sentido, porque se refería a otra cosa.

Lo que todo esto muestra, es que "soberanía" en sentido jurídico, es una expresión legitimadora, ideológica, y mentirosa, pues quiere significar que quien tiene el poder —sociológico— de dictar normas, *además*, tiene el poder jurídico de hacerlo.

3. La soberanía, entre el interior y el exterior

Como puede advertirse con poco que se piense, en esto de la soberanía queda comprometido otro asunto: el que se refiere a la cuestión de si la soberanía dice relación con el mundo internacional o con el mundo nacional. Como se comprende, el general de nuestra anécdota no podía, estando, como hay que dar por sentado que estaba, en sano juicio, suponer que cuidaba la soberanía respecto de algún peligro guatemalteco o beliceño. Obviamente, la cuidaba respecto de los indígenas alzados en territorio que el sistema jurídico considera mexicano. Es decir, para él, en ese momento, la soberanía era una cuestión de fronteras adentro. El subcomandante, en cambio, hablaba de soberanía en cuestiones de fronteras afuera: estaba diciendo que eran los poderes imperialistas, no mexicanos, quienes violaban la soberanía.

Frente a esto, cabe preguntarse si tiene sentido que la soberanía pueda mencionarse, con alguna sensatez, en sentido jurídico, respecto de los ciudadanos de un sistema jurídico. A primera vista, habría que decir que no —con lo cual no queremos decir nada acerca de la sensatez del general. Respecto de los súbditos de un sistema normativo como el mexicano, no cabe decir que quienes violan las normas violentan la soberanía. Los usos lingüísticos más bien ordenan hablar, en tal caso, de *delitos*: si alguien no obedece normas, es un delincuente. Y si intenta producir norma sin estar autorizado, es también un delincuente que comete el delito de usurpación de funciones públicas.

Sin embargo, y para que no quede como insensato el general, en el caso de la rebelión zapatista sí sucedía que, en ciertos espacios de Chiapas, y para cierta población, alguien, que no era, o eran, funcionarios del sistema jurídico mexicano, estaban produciendo normas, por ejemplo, de organización militar, sin estar autorizados por alguna ley de ese sistema. En tal circunstancia, pareciera que sí habría habido, en ese momento, una violación a la soberanía. Pero, a contrapelo del uso normal de la palabra, los violentadores de soberanía, eran ciudadanos conforme con el sistema jurídico mexicano. Lo cual pone el problema de si cualquier violación de normas implica violación de soberanía. Frente a una pregunta así, puede decirse que ningún hablante diría que los delitos comunes constituyen violación de soberanía en sentido jurídico. Porque ningún delincuente pone en tela de juicio el poder —jurídico— de dictar normas. El delincuente es eso: un violador de la ley, pero no por eso un violador de la soberanía. Ahora bien, si el delincuente pudiera trocar lugares, y ejerciera represión contra el antiguo dominador, ya no sería delincuente, sino un revolucionario —o un golpista. Y claro que violentaría la soberanía del poder anterior, fundando un nuevo poder, primero sociológico y luego también jurídico —en virtud de esta propiedad mágica de la ideología de la soberanía, que permite convertir a la fuerza bruta en jurídica.

Sin embargo, en el caso zapatista, hay un matiz que permite encontrar razonabilidad en el general: los zapatistas estaban produciendo normas. Y la cuestión es que, en 2005, once años después, no sólo producen normas, sino que las hacen cumplir, y todo parece mostrar que son más efectivas y eficaces que las del sistema normativo mexicano, que produce leyes para el mismo territorio y la misma población. Lo que hace diferente la acción zapatista, de la comisión de delitos, es que el zapatismo, no sólo ha surgido de comunidades que tienen sus propios sistemas normativos, sino que, además, ha creado nuevas organizaciones como la de los municipios autónomos. Lo que hay, en el fondo, es un fenómeno de pluralidad normativa, y eso pone en cuestión la ideología de la soberanía. Mejor, la pone a la luz: no se trata de un dato de la realidad, ni de un concepto teórico que dé cuenta de alguna realidad, sino de una ideología en virtud de la cual, quien tiene poder, dice que además *debe* tenerlo; que es legítimo que lo ejerza.

Respecto del sistema normativo mexicano, los sistemas normativos indígenas, ¿son un "problema" interno o externo? Claramente, para los funcionarios del primero, se trata de una cuestión interna. De ésas que están vedadas al escrutinio internacional —conforme con ideas que están viendo minada su vigencia día a día—, y mencionadas como "cuestiones internas y reservadas a los mexicanos".

Pero, con poco que se mire, la cuestión cambia de aspecto, cuando se pregunta: ¿quién dio derecho a los funcionarios mexicanos para intervenir en las comunidades indígenas? La respuesta es clara e inmediata: la ley mexicana, la aprobada conforme con la constitución. Conforme con estas leyes, las comunidades indígenas, y sus sistemas normativos, son "cuestión interna", reservada exclusivamente al poder —en sentido jurídico— de los funcionarios mexicanos —por eso andaba por allí el general.

Pero, siempre el inefable "pero", resulta que las comunidades indígenas, y sus sistemas normativos, estaban allí desde mucho antes que a alguien se le ocurriese llamarse mexicano, y mucho antes de que algún mexicano imaginara fundar un sistema normativo llamado *mexicano*. Y si las comunidades indígenas están metidas en este desaguisado, es porque fueron conquistadas, y posiblemente aún desde antes de que llegaran los europeos. Y, como se sabe, la conquista no da ningún derecho, conforme con ningún derecho existente en el siglo XXI. De modo que el sistema jurídico mexicano, sólo por la fuerza otorgada por la conquista, impone leyes a los pueblos indios.

Es decir, sólo aceptando el lamentable equívoco de que la conquista da derechos, el general tenía razón al decir que estaba cuidando la soberanía —en sentido jurídico— en Chipas. Aceptar que la conquista da derecho, sería tanto como aceptar que California, Texas, Gibraltar o las Malvinas, pertenecen a los poderes imperiales que se apropiaron de esos territorios. Sería tanto como reconocer que esos imperios tienen *derecho* a cuidar la soberanía en esos espacios. Pero para tener *derecho*, sería necesario que algún sistema normativo les acordase tal derecho. Y, para su mala suerte, tal sistema normativo no existe.

Entonces, la pregunta regresa: los pueblos indígenas, que poseen sus sistemas normativos, sus culturas, sus idiomas, ¿son "cuestión" interna o externa?

El asunto cambia totalmente de aspecto cuando la soberanía no dice relación con ciudadanos de un sistema normativo, sino cuando se usa para referir alguna relación de ese sistema, con otros, a los que el uso permite llamar "extranjeros". En tal caso, no hacemos distinciones finas: toda pérdida de soberanía es vista como detestable. En sentido jurídico, la defensa de la soberanía se identifica con la defensa del país. Estamos en el caso de invasión de tropas extranjeras, al servicio de un sistema normativo distinto y extranjero. La peculiar historia latinoamericana, nos ha hecho nacionalistas a todos, al menos en algún sentido. Y esto a trasmano de lo que parece ser el flujo histórico. Ante la globalización, la mayor parte de los latinoamericanos reaccionamos, al menos con recelo. Ya conocemos el resultado de las recetas económicas que atan nuestro destino a los designios del capital internacional. Y también sabemos lo que significa ser invadidos por el poder imperial. Lo primero, la globalización, y las versiones capitalistas anteriores igualmente, afectan nuestra soberanía en sentido sociológico. Lo segundo, la afecta en sentido jurídico. Posiblemente es México el país que más ha sufrido la ocupación extranjera, si se toma en cuenta el periodo, de varios años, en que soportó un sistema normativo impuesto por una coalición de tropas extranjeras. Y, con seguridad, México es el país que más ha sufrido la invasión norteamericana, habida cuenta de la piratesca toma de más de la mitad de su territorio. Pero estas invasiones las han sufrido también otros países, como los de Caribe y Centroamérica. El recuerdo de tales atropellos, nos han hacho, a casi todos, defensores acérrimos de la soberanía en sentido jurídico, de cara al extranjero —pero por "extranjero" siempre pensamos en países que están más allá de "nuestras fronteras", sin tener en cuenta las fronteras *interiores* que nos separan, aunque en realidad nos unen, de quienes nunca vemos como conquistados.

Por otra parte, la experiencia con el capital internacional, nos hace también recelosos, conscientes de la pérdida de la soberanía en sentido sociológico. Sabemos perfectamente bien, que donde reina la conveniencia del capital internacional, no reina la conveniencia de los pueblos que caen en sus garras. Lo contraproducente de este nacionalismo residual, consiste en que los desavisados, cuando oyen la expresión "pérdida de soberanía", corren a aplaudir a los salvadores de la patria, aunque sólo nos estén "salvando" de la rebeldía de los pueblos conquistados, y no de verdaderas acechanzas extranjeras.[4] Por eso el general no titubeó en decir que cuidaba la soberanía, en vez de decir que perseguía forajidos: sabía que la palabra "soberanía" caería en piso bien regado. Lo que tal vez no esperaba, es que le recordaran que el asunto de la pérdida de soberanía en sentido sociológico, a manos del capital extranjero, es la verdadera cuestión, y que todos los latinoamericanos hubiéramos querido ver a nuestros ejércitos cuidando esa soberanía y no la otra, que nos enfrenta con los pueblos indios. Pero no. Para nuestro general, cuidar la soberanía "interior" era lo mismo que cuidar la exterior.

4. La soberanía y su historia

La soberanía es el grito de guerra del poderoso, que con esa palabra nos hace saber que tiene —el menos cree tener— la fuerza necesaria para impedir que cualquier otro nos imponga normas. Sólo él puede hacerlo —dice. Pero esto tiene una historia.

Desde cierto punto de vista, allí donde ha habido imperios, ha existido la pretensión del *imperator* de ser el único edictor de normas. Las sociedades antiguas lo muestran bien, y ninguna como el imperio romano. Aunque, vale notar, precisamente el imperio romano, permitió que los pueblos dominados conservaran sus sistemas normativos, interesándose sobre todo en el pago de impuestos y no tanto en las normas y su aplicación. Posiblemente, la anécdota de Jesús es una muestra de la relación no excluyente del imperio con sus dominios. Es decir, el reclamo del monopolio de la legislación, ha sido un dato de la realidad por doquier, aún cuando el pluralismo normativo también lo ha sido.

No obstante, la soberanía de la que se oye tanto hablar en nuestro tiempo, tiene una historia que no puede enraizarse en el mundo antiguo. La soberanía de los sistemas normativos modernos, ese grito de batalla del poderoso que construye esos sistemas, es un producto de la sociedad capitalista.

Ayuda a entender esta historia, una precisión lingüística del francés. En este idioma, la *souveranité* substituyó a la *suzeranité*. Veamos este asunto.

La palabra "suzeranité" era utilizada, en el mundo medieval francés, para designar lo que en español se designa con la palabra "señorío". Significa el poder —en ambos sentidos— del *suzeraine* o señor. Como se sabe, durante lo que llamamos edad media, primó una suerte de ambigüedad, cuyos extremos eran, por una parte el imperio y el papado, y por la otra el campesinado. Este último cargó con las cuentas de cualquier riqueza que hubiera existido —que no era mucha, por cierto: Europa, antes de América, era un ejemplo de pobreza. Pero, por debajo de las pretensiones imperiales y papales, corría una amplia gama de terratenientes, encargados directos de la explotación de los trabajadores rurales. Las guerras entre los suzeranos —permítaseme el galicismo por un momento— eran frecuentes. Y entre ellos existían diferencias notables. Tanto, que algunos se decían reyes, con pretensiones de dominar a duques, marqueses, condes y otros parásitos similares. Estas guerras duraron mucho tiempo. Y las partes tuvieron sus intelectuales, "orgánicos", al decir de Gramsci. Los "teóricos" imperiales, se peleaban con los papales, cada uno defendiendo a su amo. La cuestión era quién tenía derecho a gobernar, esto es, a imponer su sistema normativo. Pero también apa-

---

4. No puedo dejar de pensar en este momento, en que los militares argentinos se lanzaron al asesinato de miles de ciudadanos, en nombre de la soberanía nacional, en nombre de la civilización occidental y cristiana, para evitar la agresión soviética, y para matar a ciudadanos desarmados dieron muestra de cabal entrenamiento. Pero cuando se les pidió que sirvieran para algo, defendiendo las Malvinas, demostraron que jamás se habían entrenado para defender la soberanía nacional contra la invasión extranjera; que sólo tomaron clases en Estados Unidos, para aprender a torturar y hacer desaparecer personas indefensas.

recieron, no con mucha distancia en el tiempo, los intelectuales defensores del rey frente al imperio y el papa, y de los suzeranos frente al rey.

Todo lo anterior, debe contar con la aparición, a finales del primer milenio, de una clase social nueva, rica, astuta, y con voluntad de poder: la burguesía. Que tenía también sus intelectuales orgánicos: los abogados, que comenzaban a formarse en el nuevo antiquísimo derecho romano. "Nuevo" pues acababa de ser descubierto. Y "antiguo", porque hacía medio milenio que no se usaba, y estaba escrito en un latín ya olvidado —lo cual resucitó las técnicas hermenéuticas. Y, regalo de la antigüedad a la burguesía, era un derecho propio de un mundo mercantil. Justamente el que la burguesía aspiraba a constituir. Los poderes imperiales y papales, usaron la ideología del derecho romano, en todo lo que les convenía a sus afanes centralista, exclusivistas. La burguesía, por su parte, aprovechó el derecho civil.

Se comprende que el gran enfrentamiento de la burguesía, era contra los suzeranos; los señores feudales que incluso se convertían en asaltantes de los caminos por donde circulaban las mercancías; que imponían contribuciones completamente rechazables para los comerciantes. Y todo, sin que la burguesía contara con defensas efectivas. Y se comprende, también, que la primera alianza de esta nueva clase, fue con el rey, que le prometía unificar los mercados si conseguía unificar el derecho a costa de los poderes de los suzeranos. En ese contexto, apareció el *souverain*, portador de la *souveranité*, enfrentada con la *suzeranité* de los *suzerains*. La dialéctica de estas dos palabras francesas, muestra a cabalidad la cuestión. Lo cual se pierde bastante cuando, en español, se trata de un soberano enfrentado a los señores —en vez de a "suzeranos".

Los suzerains se entendían entre ellos a través de *pactos*, que lo eran de vasallaje. Redes complicadas constituían la sociedad feudal: el vasallo de un *suzerain* podía ser *suzerain* de otro, que era su vasallo, y no por ello lo era del *suzerain* de su *suzerain*. Todo esto, mientras el gran *suzerain*, devenido *souverain*, el rey, pretendía subordinar a todos sus pares. Y los campesinos, trabajadores, sostenían esta red parásita.

Se sabe cómo terminó la historia: el imperio declinó, el poder del papa también, y el rey se hizo "soberano" a fuerza de repetir que lo era —y gracias a la fuerza militar con que se apropió de todo el poder de los suzeranos. Esta historia muestra por qué la palabra "soberanía" no es, ni un dato de la realidad, ni un concepto teórico: es el grito de batalla del rey dispuesto a comerse todo el poder —en ambos sentidos, jurídico y sociológico. Aunque, debe notarse, el poder en sentido sociológico, al poco tiempo, dejó de pertenecer al rey, en la medida en que la burguesía se convertía en "el poder detrás del trono".

La soberanía, por su parte, corrió con suerte. La palabra terminó llenándose de un prestigio que no tenía al principio. El poder central, al que se le ha llamado *estado*, pero que no es otra cosa que el sistema normativo apellidado *jurídico*, consiguió hacer pasar su poder *de facto* por un poder legítimo; un poder que, de esa manera, se autolegitimaba; con lo cual adquiría el derecho a decir el derecho. Derecho que nadie le había adjudicado. "El pueblo" lo otorgó, dijeron los "teóricos" de la burguesía, que así luchaban, tanto contra una la nobleza —ya no la poderosa del medioevo—, como contra el "soberano", quien ahora debía resistir los embates de una burguesía —tampoco era la del fin de medioevo—, sino que era ya un poder que quería todo el poder, aún si tenía que cortarle la cabeza al que insistía en seguir llamándose soberano.

Ahora bien, el pueblo del que hablaban los teóricos de la burguesía, no era sino el conjunto de los propietarios, únicos destinados a votar para formar la voluntad "popular" y ejercer la "soberanía". Debieron transcurrir las luchas obreras, antiburguesas, para que el sufragio fuera universal —lo cual no incluía a la mitad de la población, que eran —y son— las mujeres. Luego, las constituciones comenzaron a decir que la soberanía reside originalmente en el pueblo —al cual no pertenecían las mujeres—, pero, en otros lugares de los mismos textos, se informaba que el pueblo no delibera ni gobierna, sino por intermedio de sus representantes. Que fueron los partidos políticos. Y ya se sabe cómo terminó la historia de la soberanía: con su "titular" humillado y explotado. Mientras la soberanía, o sea la legislación, quedó, en verdad, en manos de esta astuta clase dominante, la burguesía, que así utilizó, entre otras argucias, el lenguaje jurídico, apropiándose de la soberanía cuyo "titular" es el pueblo.

5. La soberanía y los sistemas normativos

La soberanía, visto como adjetivo, ¿qué sustantivo reclama? La soberanía es adjetivo cuando la expresión es "país soberano", o "estado soberano". ¿Cuál es el sustantivo al que le conviene ese adjetivo?

En primer lugar, podría pensarse que le conviene al sustantivo "país". Así, nuestro país es soberano, en sentido jurídico, porque sólo los funcionarios mexicanos producen normas, aunque, en sentido sociológico, la obediencia de esos funcionarios a dictados extranjeros, merma la soberanía del país, pero ahora en sentido sociológico. Sin embargo, como se puede entender sin demasiado esfuerzo, "país" es una palabra confusa. Porque, ¿qué es el país? ¿Acaso el territorio nacional, ese pedazo del planeta en cuyo mapa escribimos "México"? El asunto es punto menos que ridículo. Adjudicar soberanía al pedazo de planeta, es un abuso del lenguaje, cuando menos, si no un disparate. Es como decir que los montes y los valles, los ríos y los litorales, gozan de "soberanía". ¿"País" es el conjunto de los habitantes? Solamente si en verdad creyéramos que en la gente reside la soberanía. Lo cual es otro dislate, porque todos sabemos que no es la gente quien produce leyes, sino unos funcionarios que, eso sí, la "representan". Por otra parte, en verdad no existe el país como conjunto de habitantes, sino que existen las clases sociales, puesto que la nuestra es una sociedad dividida en clases. Todo lo cual muestra que "país" no es el sujeto que le conviene a "soberanía".

En segundo lugar, podría pensarse que la soberanía le conviene a la "nación". Pero para ello vale todo lo dicho respecto de "país". Hasta ahora nadie ha conseguido una definición medianamente útil en ciencias sociales para esta palabra, que, por el contrario, vale plenamente en el discurso político. De modo que cuando oímos hablar de soberanía "nacional", sabemos inmediatamente que no estamos ante ningún esfuerzo teórico, y podemos aplaudir calurosamente al orador si lo que quiere es defendernos de la acechanza extranjera.

En tercer lugar, podría pensarse que la soberanía le conviene al "pueblo". Y de nuevo lo mismo: vale todo lo anterior.

El mejor candidato a ser soberano, es el estado. Alguna vez, el soberano fue el rey. (Aunque no todo está perdido: algunos países atrasados siguen teniendo reyes soberanos.) Y el más rey de todos, para que no hubiera dudas, hizo decir a la Historia que él dijo que él era el estado. Con lo cual suprimía cualquier confusión: soberano, o sea él, era el estado, que también era él. En el mundo contemporáneo, salvo esos pocos países atrasados, la soberanía no se confunde con un individuo, por más hijo que sea. Más bien, la soberanía es un adjetivo, etéreo, que recae en un personaje también inasible: el estado. Inasible, porque nunca nadie lo ha visto. Y como ya no se confunde con una figura humana, por más retrato presidencial que haya en las oficinas, nadie nunca, en su sano juicio, dijo que Kennedy o Perón eran soberanos. Si bien, en países atrasados, cuando el rey es el "jefe del estado", los jueces y los legisladores, actúan, no en nombre del pueblo, sino del rey. Y hasta los títulos universitarios son extendidos en su nombre. Pero eso no nos hace más que sonreir a los americanos. Ningún soberano humano nos impresiona.

Pero el estado, es otra cosa, si es que algo es. No es, ni un hombre, ni varios, ni todos; ni el presidente, ni el jefe del ejército, ni los parlamentarios aunque estén todos juntos y todos voten lo mismo; ni todos los jueces, por cierto. Ni tampoco todos, ni alguno de los funcionarios públicos. El estado es una *ficción*. Mejor, el resultado de una ficción. La ficción consiste en que hacemos *como si* lo que dijo cierto individuo, no lo dijo él, sino el estado.[5] Siendo esto así, también es un abuso del lenguaje decir que un estado es soberano.

Sería poco plausible decir que el presidente de México es soberano. O que lo es alguno de los funcionarios públicos. Se usa, en México, la palabra soberanía para nombrar al congreso. Cuando menos es la expresión usada por los presidentes el día en que leen su informe ante el parlamento. Dicen algo así como "vengo ante esta soberanía a informar...". Tal vez porque la constitución mexicana dice que la soberanía reside en el pueblo, y en el parlamento están los representantes del pueblo, lo cual es otra ficción. Y esto es propia de cualquier clase de representación: hacemos *como si* lo que dijo alguien, no lo dijo ese alguien, sino otra persona. El juez debe hacer *como si* lo que dice cierto individuo no lo dice él, sino que lo dice la sociedad anónima *X*. Debemos obedecer las normas que produzcan los congresistas, porque es *como si* lo hubiera dicho el pueblo o la nación.

Salvo en estos casos ficcionales, no cabe decir que alguna persona, o conjunto de ellas, por más funcionarios que sean o se crean, sean "soberanos". Entonces tampoco cabe que los estados sean soberanos. Quienes sí lo son, son los *sistemas normativos*. Con lo cual, claro, estaríamos aceptando como teoría del estado plausible, la de Hans Kelsen: estado y derecho coinciden; son dos palabras para la misma cosa: un orden. Y un orden es un conjunto de normas. El derecho es un conjunto de normas. Los funcionarios públicos son funcionarios de ese orden: cumplen o incumplen sus normas. El orden puede ser soberano; los funcionarios no. Lo que lo anterior quiere decir, es que la soberanía le conviene a los sistemas normativos. Son soberanos aquellos que establecen quiénes son los individuos que pueden producir normas, y establecen sanciones para quienes quieran producir normas no siendo los funcionarios autorizados para ello. Pero resulta que todos los sistemas normativos son así. Precisamente un orden se caracteriza por establecer cuáles son las normas, y quiénes las aplicarán.

Es muy frecuente leer que el estado es un conjunto de instituciones, con lo cual se cree evitar tener que reconocer que este personaje es una ficción generada por el discurso jurídico. Pero se trata solamente de una equivocación, pues una institución no es sino un conjunto de normas. De modo que decir que el estado es una institución, es lo mismo que decir que es un conjunto de normas.

Ahora bien, como sabemos, puede suceder, y entre nosotros es lo más frecuente, que los funcionarios produzcan normas —a veces se llega al dislate de decir que las instituciones, en su "accionar", las producen: "hay que dejar que las instituciones trabajen"— cuyo contenido es "sugerido", por decir lo menos, por otros poderes —sociológicos— distintos. Y entonces diremos que se trata de un orden soberano, jurídicamente hablando, pero subordinado en sentido sociológico. Y las causas de la subordinación, que disminuyen su "soberanía" —sociológica— pueden ser muchas. La Historia, y los sociólogos, tienen la palabra a partir de aquí.

Lo que interesa para las intenciones de este trabajo, es dejar explicado que la soberanía —jurídica— pertenece, propiamente, a los sistemas normativos. Incluso puede

---

5. Esto merece una larga explicación, que no puede hacerse aquí. Pero estoy interpretando a Hans Kelsen, en su teoría del estado y de las ficciones.

decirse que si no es soberano, no es un orden jurídico. Si producen normas poderes distintos que los funcionarios autorizados, en realidad no existe un orden. Tal vez existan varios —y pienso en México 1915.

Pues bien; si los pueblos indígenas viven conforme con un orden normativo, entonces ese orden, si es tal, es *soberano*.[6] Porque soberanía significa solamente que las normas las producen los funcionarios autorizados por el orden normativo de cuya soberanía se trate. Y en este sentido, *soberanía* no difiere de *estado de derecho*. Puesto que esto último, sólo significa que los funcionarios cumplen las leyes; y entre las leyes que deben cumplir, están las que les autorizan, u obligan en su caso, a producir nuevas normas. Pero si hay normas producidas por otros poderes, entonces no hay soberanía; pero tampoco orden jurídico, ni estado de derecho.

Por dónde se busque, "soberanía" no es una idea simpática, aunque goce de tanto prestigio. Sirve, sí, en el discurso político, para generar emociones que producen soldados. O resistencia frente al imperialismo. Y es menos simpática aún, cuando se usa, retóricamente, precisamente para generar emociones que nos enfrentan a los pueblos indios, quienes, supuestamente, violan nuestra soberanía. Como si nosotros, nuestra civilización, no hubiera violado la suya.

6. Soberanía *versus* autonomía

Tan pronto como fueron acusados de violar la soberanía, los indígenas mexicanos se apresuraron a explicar que no tenían interés en suprimir el sistema jurídico presidido por la constitución de 1917, o el estado, sino solamente en que se les reconociese autonomía para arreglar sus asuntos. Y no por otro medio, sino por el reconocimiento de sus sistemas normativos. La discusión, claro, no fue en estos términos, pero de todos modos el problema que quedaba puesto era el de la autonomía de los pueblos indios. Pero, ¿qué es autonomía? Y, a la fecha, mayo de 2005, la pregunta continúa sin obtener una respuesta clara. Lo malo es que los juristas, acuciosos definidores, tampoco han dado respuesta a la cuestión: ¿qué es autonomía?

Está claro, por lo demás, que el asunto consiste en otorgar significado a esta palabra, y cada uno pone todo su interés, su ideología, en esta carga de sentido. Cada uno de los actores sociales, pretende que esta palabra quede definida de modo que no se pueda interpretar de manera contraria a sus intereses. Esto, claro, sucede porque la nuestra es una sociedad dividida en clases.

Los juristas más temerosos de una invasión indígena, dijeron que otorgar autonomía a los pueblos indios era imposible, porque eso haría estallar al país en un montón

---

6. Leo en el periódico *La Jornada*, México, del 5 de mayo de 2005, p. 36: "Denuncian seris que autoridades intentan quitarles sus tierras. Los habitantes de esta pequeña comunidad indígena, asentada a unos 150 kilómetros al noroeste de Hermosillo, denunciaron que los gobiernos federal y estatal buscan exterminarlos y apoderarse de su territorio para construir, sin ningún obstáculo, el complejo turístico Escalera Náutica [...] Ernesto Molina Villalobos, residente del lugar, denunció que el gobierno pretende destruir al pueblo 'abusando de la fuerza del poder' al haber penetrado a él sin permiso de las autoridades tradicionales, lo que consideró una violación a la autonomía de la tribu seri, que derivó en una alerta de sus habitantes ante una eventual invasión [...] Molina advirtió que no se permitirá que el gobierno —federal o estatal— les arrebate lo que por años les ha pertenecido, y que en un intento por lograr la modernidad del lugar pretende entregar a los inversionistas nacionales y extranjeros. 'Durante años hemos luchado por no perder nuestra historia y el territorio, pero en la actualidad el gobierno ha violado la soberanía de nuestra comunidad'. Los coom'cac habitan un territorio muy codiciado por empresario extranjeros y locales que, favorecidos por la globalización económica, encontraron argumentos 'legales' para intenta apoderarse de esa zona rica en recursos naturales". Se encontrarán en esta simple nota periodística casi todoslos elementos clave para entender la "cuestión" indígena en México. por lo demás, todo ciudadano bien informado sabe qué notas como éstas son comunes.

de estados pequeños. Posición ésta que no dejaba de tener una pizca de razón, si se acepta, como hemos hecho aquí, que la soberanía le conviene a los sistemas normativos, y, si los indígenas poseen, usan uno, entonces, teóricamente hablando, gozarían de soberanía. Pero entonces, lo que impediría que los pueblos indios sean estados, sería, precisamente, *reconocer* los sistemas normativos indígenas, puesto que *reconocer* significa subsumir un sistema normativo dentro de otro, con lo cual se acabaría con la posibilidad de que los pueblos indios sean soberanos. Todo acto de habla de reconocimiento, implica ejercicio del poder; pues quien da el sentido, tiene el poder.

Pero los juristas notables consultados, no lo vieron así. A toda costa quisieron, y consiguieron que el parlamento los siguiera en su temor, y retaceara contenido a la autonomía —puesto que de soberanía ni se aceptaba hablar.

Pero ¿qué es autonomía? En realidad, nadie lo sabe a ciencia cierta. Porque todo depende de las normas con las cuales se regle la situación. Por ejemplo, en México, los estados federados se autodenominan libres y soberanos —ya no digamos autónomos. Sin embargo, un somero análisis del derecho constitucional mexicano, muestra que los estados federados pueden dictar normas —penales y civiles, por ejemplo—, pero no aplicarlas por sus jueces como última instancia. Como se sabe, por la vía del amparo, toda decisión de un juez estatal puede ser revisada por uno federal. Y esta situación, que deja muy poco juego judicial a los entes federados, es llamada soberanía. Como se ve, la cantidad de soberanía —interna— depende del contenido de las normas que la regulan.

Pues bien, lo mismo sucede con la autonomía. Todo depende de las normas que la regulen. Por ejemplo, las universidades públicas mexicanas, la mayor parte de ellas, pero también varias españolas, son "autónomas". Y a nadie se le ha ocurrido decir que por eso constituyen estaditos dentro del estado español. ¿Por qué, entonces, tanto temor en conceder autonomía a pueblos que ya han decidido no hacer uso de su soberanía? En México se piensa, y parece que así es, que se trata de los recursos naturales existentes en los territorios indígenas. Existiría, según esta sospecha, el temor de que los pueblos indígenas reclamaran la propiedad de esos recursos que, por mandato de la constitución, pertenecen a la nación —que nunca ha conseguido definirse, pero claramente el grupo gobernante pretende encarnar. Sin embargo, esto nunca ha sido dicho claramente por quienes se oponen a reconocer los sistemas normativos indígenas, y otorgar autonomía a los pueblos indios. Son las propias voces indígenas, y las de todos los que apoyan sus reclamos, quienes han alertado sobre estos intereses económicos disfrazados de reticencias jurídica, de temores de ceder soberanía por parte del estado mexicano.

"Autonomía" es una palabra sin definición precisa. No hay ningún dato de la realidad que permita obtener alguna idea para darle contenido. La palabra pájaro, por ejemplo, puede ser dotada de sentido señalando ciertos animales voladores y plumíferos. Pero ninguna realidad es "autonomía". Es una palabra irremediablemente normativa. Sólo puede ser definida por su relación con normas. Y ése es su origen. Está compuesta de dos palabras griegas: *autos* y *nomos*. La primera significa uno mismo, y la segunda, norma. Significa, etimológicamente, darse sus propias normas. Y eso hacen, por ejemplo, las universidades autónomas: sus órganos producen las normas que deben ser obedecidas por los universitarios. Y nadie nunca se ha asombrado de ello, ni le ha producido ningún temor. La autonomía indígena, del mismo modo, consistiría en que las autoridades de los pueblos produjeran las normas que deben ser obedecidas por los miembros de la comunidad. Nada de qué asombrarse, nada qué temer. Pues es solamente lo que ya hacen, desde tiempo inmemorial, sin que ello haya menoscabado la vida de la sociedad no indígena. la heredera de los conquistadores.

Pero esta cuestión, más bien simple, ha sido transformada en el punto álgido de la cuestión indígena. Y se ha dado el siguiente y cínico argumento: los pueblos indios, atrasados, violan los derechos humanos y maltratan a sus mujeres, y es por ello que no se puede aceptar que produzcan sus normas y las usen. Como si en nuestra sociedad no se violaran los derechos humanos —entre ellos los de los indígenas—, y como si aquí no se maltrataran mujeres.

Es tan inverosímil, por cínico, ese argumento, que todas las conciencias éticamente bien formadas, saben que no es sino una maniobra diversionista; que pretende distraer la atención del verdadero asunto: los recursos naturales. Los mismos que se han salvado durante centenios, y ahora los capitalistas quieren para sí. Son los recursos de los pueblos originarios de América, los que se salvaron del latrocinio de la civilización occidental y cristiana cumplido durante los últimos quinientos años. No se entiende bien por qué los pueblos indios no tendrían derecho a esos recursos.

Es decir, detrás de la cuestión de la autonomía de los pueblos indios, no existe otra cosa que la voluntad de apropiación de los recursos naturales restantes en sus territorios. La negación de la autonomía, no es sino otra forma de conquista y latrocinio. No hay más que eso. Eso es todo.

7. Soberanía, autonomía y pueblos indios

¿Qué pueden querer decir, para los pueblos indios, estas dos famosas palabras? En el momento en que se rebelaron, fueron enfrentados con estos dos vocablos, recurriendo a la simpatía que despierta la soberanía en los oídos finísimos, y sensibles, de todos los latinoamericanos. Estamos en contra de toda pérdida de soberanía en manos del capital extranjero, aún cuando sea aliado del nacional. Y estamos en contra de cualquiera que quiera violarla. Por eso, por nuestra agudísima sensibilidad frente a la soberanía —sociológica, vale repetir—, los poderosos consiguen distraer a muchos de la verdadera cuestión, con el simple trámite de mencionar algún riesgo para la soberanía nacional, proveniente, no del extranjero, sino de sus propios habitantes. Por eso padecemos el intento de enfrentarnos con los pueblos indios, acusándolos de querer usar una soberanía que indudablemente tienen, y que inequívocamente han decidido dejar de lado. Negar soberanía a los pueblos indios, es lo mismo que aceptar que fueron justamente conquistados. Es lo mismo que aceptar la soberanía de Estados Unidos sobre California o Nuevo México, o de Gran Bretaña sobre Gibraltar o las islas Malvinas. Pero, como sabemos, la conquista instaura sistemas normativos, mas no otorga derecho alguno. La conquista de los indios americanos no ha dado derecho alguno a los conquistadores sobre la soberanía de sus víctimas.

Por otra parte, las reivindicaciones indígenas han sido enfrentadas también con la otra palabra: "autonomía". Ahora para decirles que pueden asumir autonomía, siempre que no violen el derecho hegemónico. Y es claro por qué: la fuente principal de ese derecho, la constitución, dice que los recursos naturales de los territorios indígenas, no les pertenecen a ellos, sino al estado o, como quiere la burguesía ahora, a los capitalistas que los puedan explotar.

El asunto no ha pasado de allí. La discusión continúa. Pero vale la pena despojar a la soberanía y la autonomía, de los velos ideológicos que vienen sirviendo como ariete contra las reivindicaciones legítimas de los indios americanos.

MIGRACIÓN Y ADSCRIPCIÓN ÉTNICA

Dolores Juliano

Con Roberto Bergalli comparto la aventura de la migración. Pero no de cualquier migración, sino la del exilio forzoso desde Argentina, en la década de los setenta. Éste había significado no solo abandonar familia, amigos, posibilidades y proyectos, sino también tener que adaptarse a distintas formas de pensar y organizar la convivencia. El problema de quienes éramos, era una variable dependiente de la mirada que se volcaba sobre nosotros y nosotras. Para dar sentido a nuestros itinerarios había que tratar de entender. Entender la sociedad de la que habíamos escapado (lo que implicaba entender por qué habíamos tenido que escapar) y entender la sociedad que nos acogía. Saber bajo qué condiciones nos recibía. El tema era objeto de discusiones entre los distintos grupos de inmigrantes. La experiencia vital y la especialización profesional nos daban instrumentos para acercarnos al problema y lo intentamos desde distintas vertientes. En la década de los ochenta, iniciamos varios análisis desde nuestras diversas disciplinas. Bergalli y otros aportaban desde el derecho, hubo quien lo hizo desde la sociología, la economía o la historia. Como antropóloga, los temas de organización social me interesaban. Escribí entonces un artículo que se publicó en Argentina con el título "El discreto encanto de la adscripción étnica voluntaria" (Ringuelet, 1987) y que para esta ocasión he resumido y actualizado. Creo que señala bien los encuentros y desencuentros que marcaron nuestra experiencia de migración, en una etapa en la que las heridas aún sangraban y nuestra articulación en la nueva sociedad estaba en pleno proceso.

1. Los dos tipos de adscripción étnica

Los grupos étnicos difieren en cuanto a los requisitos que consideran indispensables para incluir nuevos miembros a su pertenencia. Estos requisitos pueden ser muy severos y limitar la posibilidad de integración a los nacidos dentro del grupo: adscripción sólo por nacimiento; o muy laxos y considerar miembros del grupo a personas que cumplan sólo algunos recaudos mínimos: por ejemplo, que sientan deseos de pertenecer al grupo.

A lo largo de la historia la mayoría de los grupos étnicos han confiado su posibilidad de supervivencia en el tiempo, al mecanismo de la reproducción biológica. Este criterio es el recogido en gran parte de las definiciones de "etnia" que señalan que es un grupo que comparte características culturales comunes y que se perpetúa por medio de los individuos nacidos en su seno. Una forma semejante de autorreproducción se considera básica por muchos autores para definir "sociedad", "pueblo" o "nación". De hecho, la tradición europea se basa ampliamente en este criterio que se refleja en su legislación (*iuris sanguis*), en el subrayado de la pertenencia al grupo de filiación mediante el uso de los apellidos como señal de identificación preferente, e incluso en una amplia cantidad de aforismos y refranes que sugieren que las conductas de los individuos están determinadas por su ascendencia biológica y marcan como mecanismo preferente de transmisión cultural, la endoculturación en el grupo de nacimiento.

Este criterio se considera el "natural" por los pueblos que lo practican con exclusividad y tiene ciertas ventajas desde el punto de vista de la conservación de un patrimonio cultural en circunstancias demográficas estables, pero también presenta inconvenientes, visibles sobre todo cuando estas circunstancias cambian. Entre las ventajas podríamos citar, que implica conceder la adscripción sólo a individuos que conocen y comparten una parte importante de los elementos de la cultura que se perpetúa a través de ellos, y la pertenencia unívoca y no sujeta a dudas. Ambos elementos actúan en forma conservadora, las personas que pertenecen a etnias que se apoyan en la adscripción por nacimiento tienden a considerar, en consecuencia, a su cultura como algo dado, ya realizado y completo, una especie de esencia inmutable que debe ser conservada con las menores modificaciones posibles.

Por otra parte, estos grupos étnicos —que podríamos ejemplificar con igual propiedad con cualquier cultura de las llamadas "etnográficas" o con los modernos países europeos— no esperan que se asimilen individuos nacidos en grupos étnicos diferentes. Esta limitación de los miembros posibles del grupo representa para las minorías étnicas que convivan con ellos una cierta ventaja de supervivencia, puesto que implica que no hay ninguna presión para que el grupo se desintegre como tal, ya que no se impone una opción asimiladora alternativa.

El límite más importante del criterio de adscripción por nacimiento es que hace depender la cuantía demográfica del grupo únicamente de su tasa de natalidad, lo que dificulta la adaptación rápida a situaciones económicas y sociales que signifiquen diferentes necesidades de población. Si las circunstancias son tales que el resultado es la existencia de una población excedente —como fue la situación en Europa luego de la revolución industrial— el problema se soluciona derivando emigrantes hacia otras áreas. Desde el punto de vista de la sociedad expulsora, estas personas no pierden su identidad de origen, ya que la base de adscripción por nacimiento es considerar a ésta como permanente. En el caso contrario, de déficit relativo de población, la falta se compensa incorporando contingentes de inmigrantes que no adquieren la condición de integrantes de pleno derecho de la etnia receptora. Esta situación en que los nuevos habitantes se mantienen como extranjeros incluso en la segunda y aún tercera generación, crea "minorías étnicas" nuevas que pueden llegar a ser muy numerosas en ciertos países y momentos.

La otra opción está constituida por la adscripción voluntaria, según la cual un grupo se reproduce no solo o básicamente a través de sus descendientes biológicos, sino también por personas nacidas en el seno de otras culturas y que opten por compartir la del grupo receptor. Esta opción es claramente atípica en términos numéricos; pocos grupos étnicos la postulan como opción preferente y aún estos probablemente lo hacen por un tiempo limitado. De hecho sólo algunos de los países que han recibido inmigración en forma masiva, la han propuesto y llevado a la práctica en forma más o menos coherente. Los norteamericanos la teorizaron con la ideología del *melting pot* y en Argentina "la amalgama" se constituyó en política oficial a partir de la actuación de la "generación del ochenta". Esta opción de adscripción voluntaria, no es una consecuencia espontánea de la tendencia de cada grupo a su autoconservación, sino que es el resultado de ciertas opciones sociales, es decir de una política.

La ideología de adscripción étnica por opción, funciona en la práctica como la de un grupo religioso que buscara nuevos conversos. Así esta adscripción étnica, lejos de basarse en prácticas previas comunes, se afianza en la diversidad, lo que permite que se consideren satisfactorias las adscripciones provenientes de áreas culturales diversas, y posibilita que los inmigrantes provenientes de ellas opten por el nuevo grupo de pertenencia.

Cada opción tiene sus propios límites y con respecto a los grupos constituidos como tales (minorías étnicas o nacionales), las culturas que se basan en la adscripción voluntaria pueden resultar aún menos tolerantes que las que se basan en la adscripción por nacimiento.

Dado que en Argentina la adscripción voluntaria se constituyó en el modelo ideal de pertenencia desde la organización nacional, trataremos de analizar brevemente en qué circunstancias y propiciada por qué sectores sociales se produjo esta opción, qué inconvenientes y qué facilidades tuvo para incluirse en la ideología de la sociedad tradicional, cómo se manifestó en términos de señales individuales de autoadscripción, cómo se articuló con las minorías étnicas preexistentes (las poblaciones indígenas) y que consecuencias ha tenido cuando la población receptora sed convirtió en expulsora de población.

2. De cómo Argentina se convirtió en una nación abierta

La ideología asimiladora que ofrecía patria para "todos los hombres de buen voluntad que quieran habitar el suelo de la nación Argentina" no era un valor compartido por los distintos sectores de la sociedad en el momento en que el proyecto fue enunciado.

Era un proyecto que no contaba con apoyo popular ni religioso y que sin embargo se llevó a cabo de manera continuada y usando todos los recursos de que disponía el nuevo Estado. Es de supones que era un objetivo del mayor interés para el grupo que detentaba el poder, y en efecto, el sector social latifundista que mantuvo en sus manos el control del país durante toda la época de la gran inmigración se aseguraba por este medio importantes ventajas.

En Argentina durante el siglo XIX, el sistema de tenencia de la tierra se orientó hacia la acumulación en muy pocas manos de enormes territorios. Desde el punto de vista de este sector dominante, la implantación de colonos europeos servía para cumplir diversas funciones:

• Asegurar la defensa y ocupación real de tierras de frontera con indios. El triunfo definitivo obtenido sobre los mapuches en 1885 y la escasa potencialidad bélica de los restantes grupos aborígenes (Maeder, 1996), hizo que se dejara en manos de un ejército profesional la vigilancia del territorio.

• Neutralizar los reclamos de propiedad de la tierra de los anteriores ocupantes reales (indios o gauchos) remplazando esta población por otra sin derechos previos, que además por su fragmentación cultural y lingüística se consideraba más manipulable.

• Captar capitales generados fuera del territorio, mediante la oferta de tierras de pequeña extensión en venta a los colonos, con lo que los terratenientes que las habían obtenido casi sin costo podían realizar un buen negocio.

• Evitar a los terratenientes los gastos de la reconversión económica, haciendo que el paso de la ganadería extensiva a la agricultura fuese pagado por los colonos. Pero sólo en muy pocos casos consiguió la política migratoria concretar su objetivo de obtener el arribo de colonos con algunos recursos previos, por consiguiente se produjo una reacomodación del proyecto de dos maneras:

— Empresas colonizadoras adelantaban el dinero para pasajes e instalaciones, y el colono adquiría una deuda con el empresario que debía pagar con el producto de su trabajo. Esto podía llegar a un tercio de la cosecha en el caso de la colonización pionera de Castellanos en Santa Fe, además de la devolución con intereses del dinero adelantado.

— Los gastos iniciales (pasajes, casa, semillas, animales de tiro) eran cubiertos por el Estado o el gobierno provincial. El empresario se encargaba de la organización y recibía por ello en forma gratuita, tierras fiscales que superaban en extensión a las repartidas a los inmigrantes.

La opción primera implicaba transformar a los colonos europeos en deudores permanentes, atados de por vida a una deuda creciente, "esclavos blancos" como lo reconoce el mismo Mitre en el Congreso (Gori, 1983) (p. 83). La segunda opción permitía derivar al Estado la financiación de una empresa de la que se beneficiarían los terratenientes particulares, al tiempo que creaba nuevos latifundios, o reforzaba los viejos.

Para los momentos en que el mercado internacional de carnes y granos flaqueaba existía aún otra posibilidad de beneficio relacionada con la inmigración. El terrateniente podía especular directamente con la tierra, revendiendo al Estado (del que la había recibido pocos años antes) pequeñas porciones de tierra para la fundación de nuevas poblaciones. Estas fundaciones resultaban necesarias por el aumento del número de habitantes y el Estado pagaba buen precio. Además esta venta valorizaba los terrenos que permanecían en manos del latifundista y permitía utilizar los servicios públicos costeados por los nuevos pobladores (carreteras, ferrocarril, telégrafo). A veces los grandes propietarios vendían directamente a los nuevos habitantes pequeñas parcelas asegurándose medieros para el resto del campo y originando así pequeñas poblaciones a las que imponían su nombre.

El modelo terrateniente absentista se afianzaba entonces con la política de inmigración. En contraposición con la opinión de Gori (p. 99) que postula que "Latifundio e inmigración son términos que se excluyen" podemos sostener que precisamente se genera la política inmigracionista desde los intereses y en provecho de los sectores latifundistas. Así lo confesaba el ministro del Interior en 1876 en la Cámara de Senadores: "El principal negocio hoy... para el que tiene un pedazo de tierra a propósito para la agricultura, es traer colonos".

Para imponer esta política, generada a partir de los intereses específicos de un sector, y transformarla en un proyecto nacional, era necesario legitimarla. Los miembros de la generación del ochenta se abocaron a esta tarea a través de dos líneas de argumentación, defendidas principalmente por Sarmiento y Alberdi. Para el primero, el proyecto de incorporación de nueva población podía justificarse, ya que ésta era más "civilizada" que la nativa y más apta para el desarrollo de las formas superiores de la cultura; propuesta claramente racista que desarrolló a lo largo de todos sus libros, desde "Facundo, civilización o barbarie" hasta "Armonías y conflictos de razas en América". Para Alberdi el problema a solucionar no era la mala calidad sino la escasez de población, de allí su lema "gobernar es poblar". Ambas propuestas, sin embargo, pueden considerarse legitimaciones de un proyecto existente, y se apartaban considerablemente de lo que podría ser una descripción de la realidad.

La propuesta de Sarmiento de "mejorar la población" se compaginaba mal con el hecho de que los inmigrantes tuvieran un nivel cultural inferior a los nativos. Esta circunstancia, sin embargo, no es de extrañar, ya que como señala Sola Pool (p. 68) "el inmigrante es a menudo una muestra de status anormalmente bajo" (Sola Pool, 1969). Como constata Vedoya, según el censo de 1895, había un 42,6 % de analfabetos en la provincia de Buenos Aires (58,1 % en el total del país) mientras que entre los inmigrantes italianos este nivel subía al 61,8 % y llegaba al 66,9 % entre los españoles (Vedoya, 1973). Esta diferencia proporcional se mantiene en el censo de 1936 y llega hasta el de 1960, que dan para el Gran Buenos Aires una proporción de analfabetos de 1,2 % entre los nativos, 5 % para los inmigrantes internos y 8,7 % para los extranjeros. Además, pese a ser los inmigrantes en su mayoría campesinos, no contaban con los conocimientos necesarios sobre las nuevas tierras, condiciones climáticas y posibilidades de cultivos en el nuevo marco en que desarrollarían sus actividades. No incorporaban conocimientos técnicos ni intelectuales significativos, pero estos les eran "asignados" *a priori*, como una forma de justificar su ingreso.

En cuando a la segunda razón "poblar un país desierto", el área contaba con la cantidad de población correspondiente al tipo de explotación económica que se realizaba (ganadería extensiva) e incluso había una población "sobrante", constituida por los indios, a la que se trataba de eliminar porque competía por los mismos recursos. Se trataba de un déficit relativo de población, a partir de un nuevo proyecto económico. El primer momento de la política de captación de colonos europeos está claramente correlacionado con la implantación de la agricultura a gran escala y la creciente importancia de cría de ovinos. Es esta entonces la coyuntura económica que se encuentra en la base de la opción política inmigracionista. Lo mismo pasó en otros países, como Brasil.

La utilidad de la labor ideológica justificatoria de esta política no consistía tanto en desarmar teóricamente a una oposición prácticamente inerme, sino en cargar sus costos sobre el Estado, presentando la inmigración como una empresa de interés general, portadora de "progreso" y "civilización", al tiempo que permitía a las clases económicas dirigentes disfrutar del beneficio real que aportaban: mano de obra abundante y barata para explotar nuevas fuentes de recursos.

La totalidad de los recursos de la nación se pusieron al servicio de este proyecto. Mientras que las legaciones diplomáticas en Europa se encargaban de hacer propaganda de esta política, se preparaban en el país una legislación y un sistema escolar que complementaran la tarea de captación. Principalmente el sistema educativo se organizó en términos de influir en los recién llegados y en sus hijos brindándoles un marco de referencia simplificado y fuertemente ritualizado que se transformó en la "memoria común" de los argentinos y sirvió de mecanismo unificador para individuos adscriptos individualmente (Aguinis, 1990).

La labor ideológica se dio entonces en varios niveles. Primero, mediante la desvalorización del propio grupo étnico, lo que permitía clasificar como conductas irracionales y bárbaras sus reclamos y rebeldías por el despojo de tierras de que eran objeto. Segundo, ensalzando la población extranjera en tanto tal, lo que permitía encuadrar su captación como una política de bien común. Tercero, sacralizando el proyecto social del sector terrateniente, que se presentó como la historia común de los argentinos.

En los tres niveles la manipulación ideológica obtuvo los resultados deseados por sus gestores. Di Tella (p. 176) señala que: "El inmigrante se sentía superior a la nación en que vivía. Superior en la escala de prestigio étnico, al compararse con las clases populares locales" (Di Tella, 1983). Así los diferentes sectores sociales se vieron impulsados a desarrollar estereotipos racistas contra la población nativa y no contra los extranjeros. La versión oficial de la historia, claramente legitimadora de los sectores terratenientes, ha sido cuestionada principalmente desde los intereses de ciertos subgrupos del mismo sector (revisionismo nacionalista) y sólo en las últimas décadas desde los intereses de las clases populares.

Referente a los mecanismos de la adscripción voluntaria, este encuadre ideológico permitió una rápida asimilación de los inmigrantes, al posibilitarles mantener su autoestima pese al abandono de su tierra de origen y al neutralizar la resistencia de los nativos.

Pronto la situación rebasó sus planteamientos iniciales. Los excedentes de población en Europa eran tales que ofrecía una inmigración dispuesta a llegar aún cuando no se le garantizase previamente asentamiento. Estas nuevas oleadas se acumularon en las ciudades, donde sin ningún tipo de protección desempeñaron la función de ejército industrial de reserva para las incipientes industrias, frigoríficos y ferrocarriles. Los nuevos inmigrantes, juntamente con los que fracasaron en sus intentos de arraigar como campesinos, se apiñaban en los barrios bajos de las grandes ciudades, preferentemente Buenos Aires, y aceptan cualquier salario para sobrevivir.

Sólo cuando los conflictos derivados de la sobre-explotación se plantearon con cierto nivel de organización, reuniéndose los inmigrantes en sindicatos y asociaciones de ayuda mutua, comenzó a pensar la oligarquía que no era civilización —es decir provecho económico— todo lo que llegaba desde el otro lado del mar; y comenzó a aplicar sobre los extranjeros las leyes represivas que hasta entonces habían estado limitadas a los compatriotas. Los inmigrantes dejaron de ser "legitimados" teóricamente y se produjo una legislación que los afectaba (Ley de Residencia, n.° 4.044), hostilización desde el Congreso y formación de grupos paramilitares para controlarlos (Asociación del Trabajo y Liga Patriótica, en 1919). Como reconoce Di Tella (p. 191), "la reacción nacionalista se dio en amplios sectores del espectro político argentino, en especial fuerzas armadas, terratenientes e intelectuales vinculados con las clases altas nativas, como Lugones, Rojas y Gálvez". La oligarquía convertida en defensora de la tradición nacional, lucía el traje criollo en sus visitas a las estancias, apoyaba la construcción de monumentos al gaucho y recelaba de "ideologías foráneas que atacan nuestro tradicional sistema de vida".

De todas maneras los inmigrantes ya estaban allí, formaban la mitad de la población y habían adquirido el dominio de determinados recursos económicos principalmente en niveles intermedios del comercio, propiedad urbana y pequeña explotación agrícola. Su falta de acceso a la gran propiedad rural había propiciado su acumulación en áreas urbanas, donde adquirieron peso político. Además la ideología "captadora" que se había generado en las clases altas, comenzó a ser compartida por los otros sectores de la población cuando se produjo la asociación de naturales e inmigrantes en una lucha reivindicativa común. Así la ideología de un país abierto y receptivo, que comenzó siendo un recurso de propaganda para captar mano de obra en el extranjero, tuvo como consecuencia una población mixta, que podía aceptar a los extranjeros.

La identificación de los inmigrantes con su nuevo grupo de pertenencia se vio facilitada por una prolongada prosperidad económica, que duró hasta la década del sesenta (con breves intervalos recesivos) y que posibilitó identificar su cambio de adscripción étnica con un ascenso económico y social. De este modo los hijos de los inmigrantes se absorbieron rápidamente en la población general, de la que resultan actualmente indiferenciables. Este proceso produjo, en un lapso relativamente breve, una población muy homogénea con fuerte sentido de adscripción y generó una ideología voluntarista del sentido de pertenencia.

3. Adscripción étnica y articulación social

Uno de los aspectos en que se diferencia la adscripción voluntaria de la determinada por nacimiento, es que esta última liga al individuo, simultáneamente a un grupo étnico y a un grupo de parentesco; es decir que subraya que se es miembro de una etnia en tanto que desciende de una familia previamente adscripta. La adscripción voluntaria, por el contrario, implica una opción individual y de hecho marca una ruptura con los ascendientes que no han desarrollado la misma elección. Esta forma de adscripción resultaba compatible con la concepción de pertenencia generada entre las clases no poseedoras, en la sociedad rioplatense del siglo XIX, por sus específicas relaciones con los medios de producción.

En una sociedad en que existía una clara diferenciación entre los dueños de la tierra y los innumerables desposeídos de ella, sólo los primeros tenían las bases reales para desarrollar un sentido de pertenencia basado en la continuidad de un linaje familiar, del tipo de generado en Europa en las áreas de campesinos propietarios. Las familias poseedoras afianzaron esta pertenencia, con la autoidentificación mediante el empleo de dos apellidos, el paterno y el materno. Como hemos desarrollado en otro trabajo (Juliano, 1984) las normas de filiación son paralelas a las de transmisión de bienes.

La casi inexistencia, hasta épocas muy recientes, de grupos intermedios de pequeños propietarios rurales, hizo que, en las áreas no urbanas, ningún sector sirviera de articulador entre este sistema de filiación y la simple adscripción individual desligada del subrayado de pertenencia a un grupo familiar.

Recordemos que una de las etimologías propuestas para la palabra "gaucho" era "guacho", animal criado sin madre, o en un sentido más amplio, huérfano. Como señala Pizarro (p. 67) hablando del siglo XVIII: "Se comprende que [...] permanentemente expuestos al despojo de sus tierras o impedidos de adquirirlas por los terratenientes propietarios, se le tornara a nuestro campesino criollo o gaucho cada vez más imposible asentar su hogar y de constituir una familia, ya que no se le brindaba ninguna garantía de propiedad que le asegurara el suelo donde establecer su casa y su hogar. Desde esa época, pues, el hijo de nuestro campesino rural o guacho comenzó a criarse por regla general sin casa y sin hogar…" (Pizarro, 1943). En estas circunstancias se desvalorizaba o perdió funcionalidad la adscripción por nacimiento y pasó a primer lugar el individuo como "hijo de sus obras".

Se daban entonces las bases para una desvalorización de la adscripción por linaje, donde podía injertarse bien la integración individual de los nuevos pobladores inmigrantes, también desposeídos por la lejanía de sus lugares de origen, de tierras y antepasados.

Así como el gaucho y el indio, integrados individualmente, tomaban un poco al azar su apellido (nombres propios apenas transformados, nombres de santos o apellido del "patrón") también los inmigrantes adquirían una señal de identidad nueva al anotarse en los nuevos documentos. No se trataba, como se ha insinuado a veces, que cambiaran su identidad como una forma de ocultar un pasado más o menos turbio, la distancia era ya una barrera suficiente contra ese pasado en caso de existir, se trababa de la falta de funcionalidad de los antiguos signos de identificación familiar en el nuevo contexto, lo que implicaba que no se hiciera un esfuerzo por conservarlos. Así, incluso los errores de los escribientes quedaban sin rectificar. No se trataba de desidia generalizada, sino del resultado de la comprobación empírica de que no habiendo nada que heredar, no merecía la pena el esfuerzo de transmitir intacta una señal de identificación que por otra parte no era exigida socialmente.

En el plano de las señales de identificación individuales esto se manifestó en:

• Uso de dos nombres y un solo apellido.
• Uso de sobrenombres personales y no familiares.

Ambos mecanismos subrayan una inclusión individual en el grupo, desligada de raíces de pertenencia familiares, y son la práctica "normal" en Argentina, claramente opuesta a la habitual en Europa.

De este modo la lógica de la adscripción voluntaria de los inmigrantes se insertaba en una sociedad en que, por el previo despojo territorial sufrido por la mayoría de la población, se han desarrollado ya mecanismos de asimilación individual. En el momento de la confluencia del sector popular criollo y del inmigrante, ambos grupos aportaban sólo individuos y no linajes.

4. La incapacidad de convivir con otros grupos étnicos estructurados

La opción asimilacionista individual entra en conflicto con la posibilidad de organizar una relación permanente con otros grupos étnicos considerados en tanto que tales. En este caso los microgrupos sufren una fuerte presión aculturadora que los pone en la alternativa de disolverse como entidades significativas, o remarcar los signos externos de identidad, si el proyecto es mantener la especificidad. Así, por ejemplo, los gitanos en Argentina usan con frecuencia sus ropas tradicionales como indicador objetivo de pertenencia, mientras que esta práctica es mucho menos frecuente en sociedades menos asimilacionistas, como las europeas. Los judíos, puestos en la misma disyuntiva, procuran conservar sus límites reforzando las prescripciones de endogamia (Guber, 1984).

El caso del tratamiento dispensado a las poblaciones indígenas en Argentina es significativo al respecto. Desconocimiento, desvalorización y "alejamiento" de las comunidades indígenas son utilizados para negar en la práctica (bajo la apariencia de propuestas humanitarias) el derecho de estos grupos a sobrevivir como tales. La interpretación de los mapuches como chilenos y de los indígenas chaqueños como paraguayos, responde a un intento de legitimar el despojo de que habían sido objeto: la población era extranjera, la tierra y el ganado eran argentinos, se podía entonces dispones a placer de cada una de las cosas. Coherentemente con este "alejamiento" de la población, se realizó una evaluación disminuida del número real de indígenas que habitaban en el territorio del estado (lo que minimizaba el genocidio realizado) y la falta de interés oficial para conocer su realidad. Si bien en Argentina se han realizado sistemáticamente censos de población desde 1869, el único censo indígena se realizó en fecha tan tardía como 1966. En un trabajo sobre "derechos humanos", se señala que la no existencia censal de los indios implica discriminación (Hernández, 1985), se trata de una discriminación del grupo étnico como tal, que puede estar encubierta y completada con prácticas asimilatorias con respecto a los individuos.

A la par de este desconocimiento, se han desarrollado en la opinión pública un conjunto coherente de ideas estereotipadas referentes a estos grupos étnicos. Esta óptica de "sentido común" según la denomina Gramsci, puede sintetizarse en tres aseveraciones insistentemente repetidas:

• No hay indios en la Argentina, o si los hay su cantidad no resulta significativa.
• Los indios no fueron eliminados sino que se integraron en la población porque "nunca fuimos racistas". Según esta apreciación los matrimonios mixtos no eran re-

chazados por nuestros antepasados. Contradictoria y simultáneamente hay acuerdo en que la población resultante es sólo blanca.

• Los indios de nuestra área tenían muy bajo nivel cultural. Se toma como único criterio de desarrollo cultural la arquitectura monumental, como esto no existía en el área se desconocen los restantes elementos tales como alfarería, industria textil y platería.

• Referente al primer punto, el censo de 1966, actualizado a 1973 por el Servicio Nacional de Asuntos Indígenas, da una población de 150.000 indígenas, que constituyen el 0,7 % de los habitantes, esta cifra es artificialmente baja, dado que sólo se tienen en cuenta aquellos aborígenes que en el momento del censo vivían en reducciones, lo que constituye, en un cálculo moderado, menos de la mitad de la población real. El problema de la verdadera cantidad de población autóctona no está resuelto, pero parece probable que haya que manejar cifras bastante mayores que las propuestas hasta ahora.

Referente a la pretendida falta de racismo, baste citar el testimonio de Alberdi: "No conozco persona distinguida de nuestras sociedades que lleve apellido Pehuenche o Araucano [...] ¿Quién conoce caballero entre nosotros que haga alarde de ser indio neto? ¿Quién casaría a su hermana o a su hija con un infanzón de la Araucania y no mil veces con un zapatero inglés?" (1852).

La política asimilacionista resultó eficaz con respecto a frustrar los intentos de cualquier grupo étnico de mantenerse como tal. Lo señala claramente Borges (1985), cuando al ser preguntado sobre ¿cómo es el argentino? Responde: "¿Cómo somos? Diría que somos cosmopolitas pero ¿realmente lo somos? Hace mucho tiempo que vivo en este barrio y sé, por referencias que viven (más que otra cosa) árabes y armenios. Pero no hay mezquitas, la arquitectura es similar a la de cualquier barrio de Buenos Aires. Aquí todo se ha hecho para que, fundamentalmente la gente olvide de dónde viene y se hagan armenio-argentinos, interesados en el fútbol, en el tango...".

En los casos de adscripción por nacimiento y en las áreas en que ésta impera, la falta de expectativas de asimilación permite una mayor supervivencia de las minorías étnicas, a los que se encapsula (gitanos o judíos) o incluso se expulsa, pero a los que no se presiona para desintegrarse. Paradójicamente el discriminador resulta favorable a la supervivencia cultural diferenciada, mientras que el integrador defiende a veces en la práctica (y sin advertirlo) políticas etnocidas.

5. Cuando los hijos de los inmigrantes se exilian

El modelo de "adscripción voluntaria" transformado para los descendientes de migrantes argentinos en visión normal del mundo, fue un factor condicionante cuando se produjo la diáspora desde mediados de la década del setenta. Cuando la represión institucionalizada, obligó a exiliarse a un gran número de argentinos —hijos o nietos de inmigrantes por parte de alguno de sus progenitores— la opción "normal" desde el punto de vista de las sociedades que funcionan con adscripción por nacimiento, hubiera sido elegir dirigirse a la tierra de sus antepasados, que desde este punto de vista era su "verdadera patria", sin embargo esta opción sólo se dio en forma secundaria, para aquellos que no pudieron quedarse en España o en México. Podríamos preguntarnos el motivo de esta opción, y dentro de ella por los grandes centros urbanos como Barcelona y Madrid, ya que en realidad eran lugar de origen de muy pocos antepasados. Es posible que la respuesta esté precisamente en la ideología de la "adscripción voluntaria" que les hizo pensar que la integración resultaría más fácil si se emigraba a un hábitat más parecido (y parecido quería decir urbano y castellano parlante). El otro elemento estaba dado por la carencia de sentido de pertenencia a la comunidad de origen del grupo familiar. Así descendientes de italianos, de judíos, de franceses, de alemanes (y un largo etcétera), optaron por vivir con sus "semejantes" y no con sus "parientes" étnicos.

En el comportamiento de la emigración argentina y fundamentalmente en sus opciones de radicación podemos ver un ejemplo claro de supervivencia de los criterios "voluntaristas" en situaciones diferentes a las que lo habían generado. Por supuesto esto implica que se realizó una falsa lectura de la realidad, lo que debía culminar forzosamente con el desencanto. De hecho la diferencia de criterios de adscripción se vivió en muchos casos como rechazo y no como tal diferencia. La adscripción voluntaria implica voluntad del migrante por integrarse, pero implica también poder "pasar de ser extranjero a ser nativo", y esta posibilidad no se da en ningún pueblo de adscripción por nacimiento.

Las diferencias en los criterios de adscripción se corresponden también con diferencias en las formas en que el grupo considera que se puede perder la condición de integrante de una etnia determinada, éstas constituyen las pautas de desadscripción o de pérdida de la identidad étnica. Así mientras que en el caso de la adscripción por nacimiento ésta se considera definitiva y no sujeta a cuestionamiento, en el caso de adscripción voluntaria siempre se considera que existe la posibilidad de revocar esta opción por un nuevo acto de voluntad en sentido contrario.

De este modo los grupos humanos que se rigen por el primer criterio consideran que al enviar a la emigración elementos de su propia pertenencia étnica, no pierden miembros sino que "expanden" o "difunden" su grupo étnico (o su cultura o su "raza"). Los que han nacido de sus raíces seguirán siendo siempre parte de la unidad primigenia. La adscripción por nacimiento se basa en el criterio que ésta no se pierde nunca, y se transmite íntegra a los hijos, sea cual fuere las circunstancias en que éstos se encontraren. De esta manera para saber a qué grupo étnico hay que atribuir una realización cualquiera es suficiente con identificar el apellido del autor, que remite automáticamente a la etnia de origen. Del mismo modo, las preguntas que con más frecuencia dirigen los compatriotas de la etnia de origen al emigrado, se refieren a las posibilidades o dificultades de convivencia con los otros grupos, o a la influencia (o no) que la cultura de origen, por su intermedio, alcanza en el extranjero. La preocupación se centra en las dificultades que encontrará fuera y en la añoranza que él y sus hijos sentirán por sus raíces. Nunca se cuestiona el hecho de "sentirse o no" integrante de grupo de origen. Se da por supuesto.

Muy diferente es la situación del emigrante que procede de un país de pertenencia voluntaria. Para estos grupos, solo la convivencia en el territorio garantizará la permanencia de la identidad étnica, lo que se adquiere por un acto de voluntad puede perderse por otro. Cuando estos pueblos tienen a su vez emigrantes, temen constantemente que éstos se identifiquen con la nueva etnia receptora y que pierdan su identidad anterior.

En resumen, proponemos que existen dos modelos básicos de adscripción étnica, que difieren entre sí en múltiples aspectos, incluyendo en ellos su forma diferente de considerar las posibilidades de desadscripción. Proponemos también que estos modelos, una vez establecidos históricamente, tienden a tener cierta persistencia aún cuando cambien los condicionamientos económicos y políticos que los han suscitado. Constituidos en ideología reificada, sirven de marco y condicionan las actitudes de los distintos grupos étnicos hacia sí mismos y con otros, facilitando o dificultando el paso de una pertenencia étnica a otra, y validando (o no) las opciones segregacionistas.

Bibliografía

AGUINIS, M. y O. (1990). *Memorias de una siembra. Utopía y práctica del PRONDEC (Programa Nacional de Democratización de la Cultura)*. Argentina: Planeta.

DEVOTO, F.J. (1992). "Idea de Nación, inmigración y 'cuestión social' en la historiografía académica y en los libros de texto de Argentina (1912-1974)". *Estudios Sociales, 3*, 9 a 30.

DI TELLA, T. (1983). Argentina: ¿una Australia italiana? In FLACSO (Ed.), *La Argentina en transición*. Buenos Aires: Colección Crítica y Utopía, n.º 10-11.

GORI, G. (1983). *Inmigración y colonización en la Argentina*. Buenos Aires: Eudeba.

GUBER, R. (1984). "La construcción de la identidad étnica: el caso judío Ashkenazi en la Argentina". *Cuicuilco, 13*.

HERNÁNDEZ, I. (1985). *Derechos humanos y aborígenes. El pueblo Mapuche*. Buenos Aires: Búsqueda-Yuchán.

JULIANO, D. (1984). "Apellidos y 'renoms': dos lógicas de transmisión de identidad". *Comentaris d'Antropología Cultural, 6*, 71-83. Universidad Barcelona.

MAEDER, E.J. (1996). *Historia del Chaco*. Buenos Aires: Editorial Plus Ultra.

PIZARRO, P.E. (1943). *Afirmación Gaucha*. Buenos Aires: Edic. La Facultad.

RINGUELET, R. (Ed.) (1987). *Procesos de contacto interétnico*. Buenos Aires: Búsqueda.

ROCK, D. (1993). *La Argentina autoritaria. Los nacionalistas, su historia y su influencia en la vida pública*. Buenos Aires: Ariel.

SOLA POOL, I. (1969). "Las relaciones entre naciones y sus efectos sobre las imágenes nacionales e internacionales", en *Relaciones internacionales, integración y subdesarrollo*. Buenos Aires: Nueva Visión.

TEDESCO, J.C., C. BRASLAVSKY y R. CARCIOFI (1985). *El proyecto educativo autoritario, Argentina (1976-1982)*. Buenos Aires: Gel / Flacso.

VEDOYA, J.C. (1973). *Cómo fue la enseñanza popular en la Argentina*. Buenos Aires: Plus Ultra.

VILA, P. (1991). "Tango to Folk: Hegemony Construction and Popular Identities", *Argentina. Studies in Latin America Popular Culture, 10*, pp. 107-139.

EMERGENCIAS.
PASOS HACIA UNA ANTROPOLOGÍA TRÁGICA

Manuel Delgado

En honor de Roberto Bergalli, maestro que me ayudó a entender hasta qué punto nada hay más criminal que el pensamiento, permanentemente empeñado en asfixiar hasta la muerte todo aquello en que tiene la fatalidad de fijarse.

A veces uno se cuestiona hasta qué punto no se podría decir de las ciencias sociales respecto de lo social —entendido como lo relativo a las formas humanas de vivir juntos— lo mismo que se ha dicho tantas veces del urbanismo respecto de lo urbano. Si el urbanismo podría ser interpretado como un dispositivo discursivo y práctico de amansar, esclarecer, simplificar, en fin controlar lo urbano —el conjunto complejo de maneras de ser de la vida humana en la ciudad—, las ciencias sociales no dejarían de asumir la tarea análoga de reconocer lo social como lo que sólo parcialmente alcanza a ser, que es como una estructura u organigrama compuesto por instituciones claras, referentes comportamentales sólidos, visiones del mundo compartidas y lógicas de acción pronosticables. Eso no quiere decir que lo social no sea eso, sino que se puede sospechar que no es *sólo eso* y existe una zona de sombra en su existencia a la que no le serían aplicables los criterios analíticos o explicativos propios de las disciplinas que se consideran competentes en peritar sobre la sociedad humana. Se trataría de una parcela que funcionaría como punto ciego, zona no observable en la medida en que se negaría a someterse no únicamente a los instrumentos de puesta en sistema de lo socialmente dado, sino ni siquiera a las técnicas que aspiran a registrarlo o describirlo, tal y como pretende, por ejemplo, la etnografía. Parafraseando a Clément Rosset, podríamos decir que el destino de lo social es —como ocurre con lo real respecto del lenguaje— escapar de la sociología, mientras que —como sucede con el lenguaje en relación con lo real— el destino más probable de la sociología y la antropología es acabar echando a perder lo social, es decir perdiéndoselo, no ser capaz ni siquiera de constatar y menos comunicar la cara oculta de su existencia.

Así pues, si el urbanismo quisiese ser una no siempre eficaz herramienta cuya tarea se antoja que es la de mantener a raya lo urbano, en tan gran medida informal e informalizable, lo mismo podría decirse de la aspiración que mueve a sociólogos y antropólogos a intentar sostener lo que Spengler hubiera continuado llamando *el avance de lo inorgánico*, la tendencia que los sistemas sociales pueden experimentar a poner de manifiesto que son mucho menos *sistema* que lo que se pensaba y se deseaba. En este caso, cabría presuponer que, como sucede con lo urbano, lo social podría ser un continente sólo en parte ordenado, puesto que se podría descubrir en su seno —con frecuencia en silencio— un fondo de actividad no estructurada y en temblor.

Se nos aparecería entonces de pronto la evidencia de que el *socius*, lo social, sería en buena medida una suma, un amontonamiento o acaso —por la hiperactividad que allí se registraría— algo así como un enjambre de acontecimientos sólo parcialmente ordenados, que respondería a una entraña amorfa cuya única finalidad sería sobrevivir a costa de lo que fuera y a la que cualquier significado o cualquier moral serían del todo ajenos. En condiciones que identificaríamos con la normalidad —la vida cotidiana, sin sobresaltos, sin sorpresas—, ese fondo de acontecimientos, ese puro acaecer compuesto de imprecibilidades de todo tipo, funcionaría a la manera de un bajo continuo o un murmullo apenas audible, al límite del silencio y que sería tomado como silencio por todos, incluyendo a los analizadores de no importa qué realidad social.[1] Ahora bien, podría ser que ese sustrato sin forma que constituiría el grueso de cualquier modalidad de vínculo societario, encontrara la oportunidad de aparecer, surgir desde abajo, es decir *emerger*. En eso consiste justamente todo *emergencia*, de acuerdo con su etimología —de *emergere*, "salir de dentro"— y en cualquiera de las acepciones que le damos al término: salir, surgir, brotar al exterior desde no importa qué fondo; aparecer alguna cosa, superar el impedimento que impedía verlo, desvelarse, salir a la luz, hacerse visible lo que antes no lo era; protuberar, sobresalir, constituirse en accidente de una superficie; también nombrar una situación extrema e imprevista que provoca alarma ante un peligro grave para el contexto en que se produce. De ahí esas puertas, esos equipos, esos sistemas *de emergencia*, que están ahí *por lo que pudiera pasar*.

Al respecto, cabe reconocer que no existe propiamente una antropología o una sociología de las emergencias, aunque sí ensayos que han reconocido su importancia. Sí que han existido consideraciones acerca de estados excepcionales a los que siempre se ha otorgado el estatuto de funcionales y homeostáticos, es decir de reversibles. En relación con ello cabría hacer notar lo elocuente que resulta la persistencia de diversos los ámbitos que se resisten a someterse a la vindicación omniexplicativa por parte de las ciencias sociales, especialmente por la vocación que suelen proclamar de no dejar ni un solo aspecto de la condición social humana fuera de su competencia analítica. Entre esos terrenos todavía por cultivar destaca el de los acontecimientos terribles que cada día llenan las páginas de sucesos de los periódicos, esos hechos terribles que parecen responder a una especie de desorganización súbita de lo social y en que los protagonistas ordinarios de la vida cotidiana llevan a cabo acciones sobrecogedoras que son como desgarros brutales de la vida diaria y se perciben como una irrupción impensada de algún tipo de locura de lo social, un espasmo insensato que implicaría la disolución violenta del vínculo social, su negación, su reverso más inconcebible y oscuro. No existe en ciencias sociales, en efecto, un equivalente de ese género negro que encontramos en la literatura o en el cine, esa sección de sucesos que el mundo del periodismo coloca en los márgenes inquietantes de esos paisajes de lo actual que recibe el encargo de dibujar. El científico social —y pienso en especial en el etnógrafo, con su inclinación a las aproximaciones naturalistas a lo real— no se han atrevido a plantearse aquella cuestión que se suscitara a sí mismo, al iniciar su "El hombre de la multitud", Edgar Allan Poe, cuando reconocía el interés inmenso que despertaba en él ese misterio hondo e insondable que se oculta tras los acontecimientos más horrendos, la esencia inexpresada de todo crimen, una dimensión de lo social que, como ocurriera con cierto libro alemán al que Poe alude, tiene como característica que *er lässt sich nicht lesen*, "no se deja leer".

Y es entonces cuando surge la pregunta. ¿Es pensable la posibilidad de una ciencia social o humana que asumiera la tarea de dar cuenta del lado opaco de las mecánicas sociales, una sociología, una antropología que se hicieran cargo de desvelar ese esquema velado que ordena lo social a base de desorganizarlo constantemente,

---

1. "¡Y créeme ruido infernal! Los acontecimientos más grandes no son nuestras horas más estruendosas, sino las más silenciosas" (F. Nietzsche, *Así habló Zarasutra*, Alianza, Madrid, 1977, p. 194).

ese desbarajuste que a lo mejor no niega, como nos gustaría creer, sino que, bien ante al contrario, funda y alimenta en secreto la vida social? ¿Podrá ser que las disciplinas que se proclaman competentes para hablar de la sociedad osen algún día adentrarse en el espejo que les brindan a las comunidades humanas los hechos más espantosos que ocurren en su seno?

Esos son algunos apuntes sobre lo que podría llegar a ser una ciencia social de las emergencias, entendidas como aperturas súbitas de los que Deleuze llamaba —evocando la imagen de *La bestia humana* de Zola— *la grieta*, desvelamiento sobrevenido de lo incalculable de las sociedades, justamente aquello que demostraría la imposibilidad de entender lo social como texto descifrable, esa sustancia pegajosa y paradójica que se nos aparece bajo transfiguraciones cómicas o dolorosas, patéticas o tremebundas, ridículas o brutales. Sería esa, por fuerza, una ciencia social que se descalificaría a sí misma, puesto que no podría trabajar sino a favor de un nuevo desmantelamiento —luego de las erupciones de Tarde, las ebulliciones de Durkheim y las salidas de tono de Goffman— de la ilusión metafísica de la sociedad o, mejor dicho, de la sociedad como organicidad finalista y finalizada. La antropología y la sociología podrían convertirse así en disciplinas trágicas y negativas. Trágicas, en la línea de esa filosofía que le debería tanto a Kierkegaard, Chestov, Scheler, Nietzsche o Unamuno, con sus precedentes en Lucrecio, Gracián, Montaigne, Pascal o Spinoza. Sociología o antropología trágicas en tanto que habilitadas para desautorizarse a sí mismas a la hora de ejercer una presunta pretensión a hacer consideraciones a propósito de lo social como orden estructurado, desalentadas al haber quedado trabadas en y por la visión de un fondo descompuesto y disperso, un alimento incondimentable que sólo cabe comer y digerir crudo.

Ese rechazo de toda síntesis se emparenta a su vez con una sociología y una antropología negativas, a la manera de la teología negativa de Dionisio Areopagita, Eckart o Nicolás de Cusa, es decir que no tiene la sociedad como un presupuesto, sino como un enigma que sólo se puede conocer indirectamente a partir de todo lo que de ella se desconoce. Y es que lo social, como Dios —o como el ser en Kant o lo real en Lacan— es informalizable, porque no tiene forma y, caso de tenerla, no nos sería dado conocerla, puesto que está más allá del umbral tanto de lo concebible como de lo expresable. En eso consiste justamente lo que nos permite evocar de nuevo la lucidez pesimista de Clément Rosset y su idea de *emergencia de lo real*, visión de lo oculto, manifestación de lo escamoteado por inaceptable y lo inaceptable por absurdo y ante todo por doloroso e insufrible.[2] El acontecimiento, en su radicalidad, es —se descubre— infranqueable. Lo que sucede es irremediable y lo que se pierde, como escribiera Miquel Martí i Pol, se pierde para siempre.

Las ciencias sociales nacieron con la voluntad de ofrecerle a la sociedad un espejo fiel, objetivo, una certificación de su naturalidad. ¿Qué ocurriría si esas disciplinas que querían disciplinar lo social se negaran a conformarse en espejo, se quitasen del medio y permitiesen que la sociedad —cualquier sociedad— se mirase en la pared desnuda que entonces quedaría frente a ella? Sucedería lo que sucede cuando ocurren las cosas, sobre todo las más irrevocables y temibles, pero también las más cómicas y patética. La sociedad quedaría frente a una superficie rugosa, dura, áspera, opaca, sin significado, sin sentido... Esa misma pared es aquella en la que el pro-

---

2. Sobre la obra de Clément Rosset, cuyo ascendente sobre el presente texto debería resultar evidente, me remito a R. Del Hierro, *El saber trágico. De Nietzsche a Rosset*, Laberinto, Madrid, 2001, y *Rosset*, Ediciones del Orto, Madrid, 2001.

tagonista de *Bajo el volcán* se descubre a sí mismo cuando está borracho.[3] La sociedad, de vez en cuando también fuera de sí, mirándose fijamente en la imagen que le devuelve el muro ante el que se encuentra.

La verdad de lo social ha quedado aplastada por la comprensión trágica de que no hay demasiado que comprender, puesto que ha restituido en su sitio en el mundo humano el papel organizador de lo azaroso y lo arbitrario. Se trataría así —a la luz, o mejor a la oscuridad de lo emergente— de negarse a negar o a trascender la dimensión no estructurada de lo social, su insensatez innata, lo arbitrario de los dispositivos que lo hacen posible, pero que de igual forma lo podrían hacer reventar en cualquier momento. Restitución de una docta ignorancia en las ciencias humanas y de la sociedad. En eso consistirían una antropología y una sociología que renunciaran a comunicar su saber, puesto que habían descubierto que no podían saber en realidad nada. Ciencias sociales paradójicamente irrefutables, puesto que no se puede refutar la duda en que se fundarían o a la que acabarían conduciendo. Ciencias sociales capaces de, de pronto, quedar estupefactas ante lo ininterpretable de su objeto de conocimiento, sorprendidas y luego derrotadas ante la evidencia de que en torno a ello —lo social— no hay nada que decir, puesto que ha habido demasiado que callar.

---

3. Clément Rosset de nuevo subraya la importancia de ese pasaje de la novela de Lowry en su *Le Réel: Traité de l'iditie*, Minuit, París, 1977, pp. 136-137. Fue un artículo de Enrique Lynch el que me puso sobre la pista de tal referencia: "Dos apuntes sobre Clément Rosset", *Las nubes*, 1 (octubre 2004) www.lasnubes.net. Se trata de un interesante número monográfico sobre Rosset.

EL EXILIADO, EXPATRIADO Y EXTRANJERO, COMO PUNTO DE PARTIDA PARA LA VISIÓN LIMITADORA DE LA VIOLENCIA BÉLICA Y PENAL

Gabriel Ignacio Anitua

Dedico esta contribución con cariño y agradecimiento al maestro y amigo Roberto Bergalli.

Al escribir estas líneas pienso en que el profesor Bergalli está a punto de cumplir 70 años. ÉEse es el motivo de juntarnos a celebrar con él. Discutible es, no obstante, que cumplir esos años sea motivo de alegría. Por lo que pasaré a decir, entiendo que sí lo es en las difíciles circunstancias en que vivió nuestro homenajeado: una suerte para él, y también para nosotros, que contamos aún con su testimonio.

En todo caso, celebraremos que el amigo Bergalli entre en esa indefinida etapa de la vida que está entre dos edades, ambas bastante avanzadas. Esa acotación humorística se la debo a mi abuela, por lo que puedo pensar que es en realidad de George Bernard Shaw o de Bertrand Russell, autores a los que ella limitaba sus lecturas. El verbo limitar no me resulta apropiado cuando, como es el caso, la selección es tan aconsejable. Lo cierto es que ella, como su madre —nuestra "Granny", quien prefería la lectura de Winston Churchill—, consideraba que el actor que me divertía a mis jóvenes años era un "inglés degenerado". Ellas, y esto vuelve a hablar bien de ambas, me dejaban ver de todas formas *El show de Benny Hill*. Pero no pude verlo sino unos cuantos años después de la decisión del entonces gobierno de facto de la Argentina de prohibir todo producto cultural británico en 1982. Esa fue una, sin duda la menor, de las terribles consecuencias de emprender una guerra criminal y absurda —como todas las guerras— para "recuperar" las islas Malvinas. Esa empresa, su costo económico y en vidas de varios hombres jóvenes, es otro de los crímenes de la última dictadura argentina. Lamentablemente, no es el crimen más reprochado. Creo que esa falta de reproche se debe más a las consecuencias culturales del modelo de la "soberanía" estatal que a la también enorme entidad de los otros crímenes cometidos.

Roberto Bergalli sufrió en carne propia las acciones criminales de esa época, que finalmente lo llevó a un exilio, por motivos varios, definitivo. Es esta característica de la interesante vida de Bergalli la que quiero destacar en estas breves páginas: quiero hablar de Bergalli en cuanto exiliado, extranjero o expatriado. Ya antes de este exilio forzado para salvar la vida, Bergalli había vivido varios años en otros lugares (Inglaterra, Italia, Alemania) en los cuales se había formado y desarrollado su tarea en tanto investigador y docente. Con todos esos lugares mantuvo, y mantiene, una relación de compromiso y a la vez de distancia crítica, como lo sigue haciendo con la Argentina. Le permite hacer eso, en gran medida, su conciencia de exiliado o extranjero.

En efecto, tengo para mí que justamente del pensamiento del que está "afuera", pero no tanto como para dejar de sentir los dolores y necesidades de individuos concretos, puede surgir un nuevo paradigma para fundar la convivencia en paz y con importante reducción del total de las violencias. Ese paradigma será nuevo en tanto se opone al diagrama de soberanía. En ese diagrama se refleja el producto de aquellos organizadores del orden en sociedades políticamente dominadas por el Estado, económicamente por el mercado, y, en lo estrictamente referido a "lo" sociológico-jurídico-penal que aprendí con Roberto Bergalli, por el modelo punitivo que refuerza lo represivo y excluyente.

El pensamiento jurídico-penal y criminológico no sólo brindó coberturas ideológicas y justificaciones a ese modelo punitivo y excluyente. También intentó limitarlo y hasta combatirlo. No creo casual que casi siempre ese otro pensamiento proviniese de extranjeros o equiparables a tales.

El ejemplo del exiliado y extranjero "Bergalli", es sólo uno de ellos. Pueden ser encontrados otros en todas las disciplinas sociales, políticas y jurídicas, pero me limitaré a las llamadas "criminológicas", en realidad indisociables de las otras mencionadas. Existe un dicho gracioso que indica que la criminología es una ciencia de europeos muertos y americanos vivos. En realidad, para cuando se decía ello —que era tras la mitad del siglo XX— no sólo había "americanos" vivos en los Estados Unidos, sino que también, o principalmente, algunos europeos podían vivir allí gracias a su exilio previo. Es el caso de Frank Tannembaum, de Otto Kircheimer, de Thorstein Sellin, de Marvin Wolfgang, de Hans von Hentig, del matrimonio Glueck, incluso de Robert Merton (quien "americanizó" su nombre que denotaba el origen europeo del Este) y de tantos autores de obras que todo estudioso de la criminología conoce sobradamente (véase Anitua, 2005).

Criminología y exiliados, podía haber sido el título de la presente colaboración en homenaje a Bergalli. Es que es llamativa esta unión, como lo revela también la impronta dejada para la institucionalización de la criminología en Gran Bretaña por otros obligados a escapar de países dominados por los totalitarismos: Leon Radzinowicz, Hermann Mannheim o Max Grünhut. El primero de los nombrados, también profesor de Bergalli durante su época de estudios en Inglaterra, fue el fundador del Instituto de Criminología en Cambridge, así como Mannheim fundó el de la London School of Economics, y Grünhut el de Oxford. También debe recordarse el impacto similar que produjeron en América Latina Constancio Bernaldo de Quirós, Mariano Ruiz Funes, Manuel López-Rey (que adoptaría una perspectiva "internacional" al desarrollar tareas en las Naciones Unidas, como Benjamin Mendelsohn y el nacido en la ciudad argentina de Rosario Israel Drapkin) y Manuel de Rivacoba.

Hago esta selección de entre los españoles sólo por mencionar a los más "criminólogos" de entre aquella riquísima variedad de políticos y juristas en la que se destacó quien fuera el primer maestro de Bergalli, don Luis Jiménez de Asúa. De muchos de ellos se ocupó Luis Marcó del Pont en su libro de 1986, *Criminólogos españoles del exilio*.

Es curioso mencionar ese libro puesto que el propio Marcó del Pont —buen amigo de nuestro homenajeado— integraba una nueva camada de criminólogos exiliados, en este caso como consecuencia de la represión en el cono sur del continente americano, y entre quienes estaban Álvaro Búnster, Sergio Politoff, Juan Bustos, Eduardo Novoa, Emilio García Méndez, Gustavo Cosacov, Juan Pegoraro, Elías Carranza y varios otros de cuyos nombres no quiero olvidarme, además del mismo Roberto Bergalli (a varios de ellos alude Marcó en un libro de 1983).

No quiero olvidarme de exiliados ligados con la criminología, lo que sucede es que es difícil definir a esa disciplina, que Bergalli discute en su configuración epistémica junto a la crítica que hace en función de su carga legitimante del poder represivo. Por la necesaria extensión de los límites que la transdisciplinaria tarea que les cabrá a los sociólogos del control penal creo que es importante mencionar el pensamiento desarrollado en la Argentina por los italianos anti-fascistas como Rodolfo Mondolfo, Renato Treves y Gino Germani. En la tarea de este último para institucionalizar la sociología en la Argentina también fue importante la figura del exiliado catalán Juan Francisco Marsal.

Marsal fue autor de una tesis doctoral publicada en 1963 como *La sociología en la Argentina*. Es un antecedente de la tarea investigativa emprendida luego, con ocasión de escribir sus tesis doctorales, por Manuel Atienza sobre *La Filosofía del Derecho argentina actual* de 1984 y también por Rosa del Olmo sobre *América latina y su criminología*, así publicada parcialmente en 1980 y otra parte en 1990 como *Criminología argentina. Apuntes para su reconstrucción histórica*. Del Olmo también fue una exiliada de la guerra civil, como recuerda siempre que puede Bergalli al mencionar los orígenes barceloneses de quien fuera su amiga. En el homenaje que le escribiera para la revista argentina *Nueva Doctrina Penal* (2004), y que tituló "Rosa del Olmo. Estatura humana e intelectual, pensamiento crítico y compromiso social", Bergalli resalta, al replicar al presentador del libro *Criminología argentina*, que no es ni mucho menos una paradoja que una autora no argentina realice tal estudio pues, ciertamente, "el conocimiento no tiene *patria*" (en itálica en el original). Nada como el ejemplo de América Latina para verificar que, en realidad en todas partes, no corresponde hablar de criminología, sociología o conocimiento "de" tal accidente geográfico sino de tal devenir "en" Argentina, o donde fuera. Sobre ello tuvo oportunidad de discutir ampliamente del Olmo, pero antes también lo denunciaba Alfredo Poviña (citado por Marsal, 1963, 12). No puede haber pensamiento "de" ningún lado, en realidad, puesto que, como dice Bergalli, el pensamiento —al menos el verdadero pensamiento, esto es, el crítico— no pertenece a un Estado y por ello no tiene *patria*.

Por el contrario, creo que sí tiene *patria* la utilización de algunas técnicas y conocimientos para reprimir y excluir a los pueblos y a las personas, para lo cual se ha utilizado especialmente al poder punitivo.

Dice Bergalli al analizar la obra de tesis doctoral de del Olmo que "El primer proletariado industrial se había nutrido en los centros urbanos de una fuerza trabajo proveniente prioritariamente de los cuantiosos flujos migratorios del centro y sur de Europa. Ellos trajeron al Plata los gérmenes del futuro movimiento obrero, de raíces anarquistas y socialistas. La criminalización de sus reclamos por mejores condiciones de trabajo y vida fue la respuesta que el Estado liberal dio, con apoyo en los datos que aportó el desarrollo de una criminología clínica" (2004).

En efecto, el modelo de la soberanía suele reprimir especialmente a quienes, según el tal modelo, pueden subvertir ese orden desigual desde "fuera". Y la función que les cupo, y les cabe, en esa represión al derecho penal y a la criminología es una referencia histórica insoslayable. Las mismas leyes represivas que construyen hoy la "Europa Fortaleza" dan idea de lo que digo, así como la represión ejercida a principios del siglo XX en la Argentina y en los Estados Unidos contra algunos elementos obreros acusados de anarquistas y sobre todo de extranjeros, como denunciaban del Olmo (1990) y Bergalli (1983) al analizar especialmente las funciones de las leyes limitadoras de la inmigración argentinas como la recordada "Ley de Residencia".

Bergalli insiste en la paradoja de que dicha "ley" respondiese al período de gobierno de la élite liberal progresista en la Argentina. Por ello, por responder al deseo de una clase hegemónica pero sobre todo por ser una "ley", se la puede sindicar como un producto "de" Argentina. De cualquier forma, vale la pena resaltar que la producción intelectual de ese entonces en Argentina, también estaría marcada por la obra de otro inmigrante fundamental para la criminología, el palermitano José Ingenieros. Creo que más allá de sus aportes para esa criminología denunciada por del Olmo y por el mismo Bergalli, el origen extranjero de Ingenieros puede develar la clave de su comportamiento siempre inquieto, rebelde y reactivo contra el poder (véase Bagú, 1953). Lo mismo puede decirse del primer sociólogo de la Argentina (Ingenieros 1956, 189 y Marsal 1963, 50), quien además gestó la posibilidad de esa República liberal. Juan Bautista Alberdi, denominado en una moderna biografía como "el ausente", había sido durante toda su vida un exiliado, así como lo fue toda la llamada "generación de 1837", integrada por Echeverría, Sarmiento, etc. Alberdi, en tanto pensador, no sólo sentó las *Bases* para un Estado autolimitado, garantista y tolerante sino que también reflexionó sobre la consecuencia ineludiblemente más terrible a la que lleva el diagrama de la soberanía, en *El crimen de la guerra*.

En el prefacio de esa obra, adelantada en la necesidad de crear una "Liga de la paz", señalaba el autor tucumano desde París que "Concurro desde fuera para escapar a toda sospecha de interés, a toda herida de amor propio, a todo motivo de aplaudir el desastre de los excluidos. Asisto por las ventanas a ver el festín desde fuera, sin tomar parte en él, como el mosquetero de un baile en Sudamérica, como el neutral en la lucha, que, aunque de honor y filantropía, es lucha y guerra. Es emplear la guerra para remediar la guerra, homeopatía en que no creo" (Alberdi, 1934, 33). Más adelante mencionaré a otro autor que habla asimismo del *pharmakon*. Lo que quiero indicar por ahora es la intrínseca relación entre las circunstancias vitales del exiliado —por el motivo que fuera— y la denuncia de las violencias consustanciales al diagrama soberano.

También en el citado texto de homenaje a Rosa del Olmo, Bergalli dice: "Ella recordaba con enorme emoción y gran orgullo estas circunstancias; creo que no era para menos, habiendo yo conocido en Buenos Aires los orígenes y destinos semejantes de tantos hijos de republicanos exiliados en Argentina, historias de vida que mucho después pude entender desde otras perspectivas, cuando vine a residir en España. Las diferencias en mi percepción de tales sentimientos quizá se justifican por varias razones; unas, relativas a los distintos y distantes períodos de mi biografía en que aquellos fueron aprehendidos, los primeros porque fueron advertidos en los tiempos del gran exilio español hacia América, mientras los segundos puesto que se manifestaron, tres décadas después, cuando me tocó vivir en la península la llamada transición hacia la democracia. También existen las razones relativas al corte de la memoria histórica española, por el cual se preparó una forma de olvido de ese cruel período en el que se condenó —y ya no sólo *de jure*, como ocurrió en los tribunales militares— a millones de personas al alejamiento, al ostracismo y, en la mayoría de los casos, a condiciones de vida degradantes, toda vez que sólo pudieron emprender o continuar sus vidas regulares aquellos o aquellas que por su profesión, formación o destacadas actividades pudieron insertarse". Lamentablemente, también aquí he citado y citaré a exiliados que "pudieron", aunque la memoria de aquellos otros que "no pudieron" también es central para lo que quiero decir.

Aquí comienzo a desarrollar la unión entre el exiliado y la memoria. Pero ya en tal situación no quiero olvidarme de ninguno de los pensadores liberales exiliados del nazi-fascismo, que engrosaría esta lista más allá del límite que tengo asignado. En todo caso, mencionaré en general a los que integraron la escuela de Frankfurt, y, en particular, la figura del criminólogo Georg Rusche, puesto que es una buena referencia de aquellos que "no pudieron". Su vida constituyó un misterio hasta que en 1980 otro pensador que me fuera introducido por Bergalli, Dario Melossi, dedicó una investigación en Estados Unidos para rastrear sus derroteros y así explicar mejor la curiosidad de su obra (1980). Si bien Rusche no pudo llegar a los ansiados Estados Unidos —y ello pudo haber determinado su suicidio—, su exilio en Londres frente a la persecución de los nazis, y su exilio interno frente al rechazo más generalizado, lo pueden hacer ingresar con justicia dentro de esta categoría de exiliados para quienes ese exilio, y la estupidez de quienes no supieron aprovechar sus conocimientos, nos privó de una ampliación de su prometedora obra.

En todo caso, tanto *Pena y estructura social* (que se publicó, no obstante, en el extranjero) así como otros trabajos de aquellos que sí pudieron vivir fuera del lugar de nacimiento, resulta importante en este análisis que emprendo en tanto aportes y visiones superadores del diagrama de violencia, de exclusión y de represión que encierra el Estado y el mercado. No es casual que los mejores expositores de ese pensamiento superador escapasen de guerras y de violencias. Algunos se van porque en caso contrario los matan, otros se van a estudiar o trabajar, todos se van a "mejorar".

Pero no sólo van a mejorar sus personales situaciones —muchas de ellas tristísimas— sino también a mejorar las formas de convivencia, para lo que algunos de ellos, los criminólogos y penalistas liberales, creen indispensable limitar las posibilidades del poder punitivo.

Algunos otros irán incluso mucho más allá. En efecto, para limitar realmente al poder punitivo hay que ir a las bases de sustentación de este poder, que están en la misma idea del poder de "soberanía" comenzada a gestarse a fines de la Edad Media y que continúa, no sin problemas (Bergallli y Resta, 1996), en la actualidad. Ya no se pretende meramente limitar la violencia de los individuos mediante la creación de un poder más violento, sino también reducir toda violencia incluso la de ese monstruo artificial. Se tratará de superar finalmente al Leviatán.

La visión crítica a la idea de "soberanía" puede verificarse desde el momento en que tal idea se concretaba prácticamente. A la inversa de la teoría legitimante de Thomas Hobbes, la crítica de Baruch de Spinoza sostiene que no es el miedo sino la búsqueda de la libertad la que lleva a los seres humanos a organizarse en la convivencia. El horizonte ético de esta propuesta lleva a una sociedad tolerante y en la que el individuo no pierde su autonomía frente al Estado. Quizá no sea casual que Spinoza, además de pertenecer a una familia expatriada de la península ibérica, fuera, en origen —porque luego fue incluso expulsado de esa comunidad—, parte de aquella comunidad judía considerada como extranjera en los Estados nacionales europeos, con las trágicas consecuencias que se alcanzaron en el siglo XX.

Esas trágicas consecuencias golpearon a Walter Benjamin, un modelo del "extranjero" que cometiera suicidio precisamente cuando en la frontera de Portbou le negaron la posibilidad de escapar una vez más y seguir así dando testimonio.

El ensayo de Benjamin *Para una crítica de la violencia* de 1921 es fuente de reflexiones para Jacques Derrida (1997) en *Fuerza de ley*. Pareciera ser que ese programa superador de la violencia no pasa por el derecho soberano que no renuncia a la violencia sino por algo más difuso que Benjamin definía como "justicia" y que Derrida asocia con la misma "deconstrucción".

Como recuerda Giorgio Agamben, el modelo de la soberanía no es el de la polis sino el de Auschwitz. El de los campos de concentración. Aquel que permite "construir" a individuos de tal forma que puedan ser catalogados como "subhumanos". Como "vidas que no merecen ser vividas". Un pensamiento que autoriza al Estado a identificar a unos humanos como seres que pueden ser destruidos sin que ello ocasione reproche alguno. Actualmente ello pasa con los que mueren o sufren en las fronteras y en aquellos países de los que por algo intentan escapar. Pero también en tantos otros lugares de los países centrales y en sus "no lugares" como Guantánamo. Ése y cualquier fenómeno concentracionario se relaciona, según Agamben, con el "estado de excepción" y la ley marcial (2004).

En *Homo sacer*, Agamben (1998) hace referencia a las nuevas "no personas" visibles claramente tanto en la "vieja" y autoindulgente Europa como en los evidentemente imperialistas Estados Unidos. Es el lugar de los refugiados, inmigrantes clandestinos, o sin papeles. Los que han atravesado, esforzadamente, la "fortaleza" que dichos Estados opulentos construyen para reservar sólo para "ellos" un lugar seguro y tranquilo. El intento de estos países por mantener la golpeada estructura soberana no hace sino aumentar lo que produjo la idea del Estado soberano desde su implantación.

Otro brillante pensador italiano (a quien también conocí gracias a Bergalli) anima, en *La certeza y la esperanza* (1995), a arriesgarse a analizar la difícil frontera entre violencia y derecho. Resta considera que el presupuesto irrenunciable del pacifismo está en una afirmación de Kelsen: "El concepto de soberanía debe ser absolutamente superado. Éste es el gran cambio cultural que necesitamos". Pero para superar ese paradigma recupera el lenguaje del derecho y de la política. El concepto de *pharmakon* le sirve para analizar la ambigüedad del recurso a la violencia "legítima" —penal o bélica— como remedio y como antídoto para la violencia en general. El problema radica en la violencia que supuestamente se ejerce para hacer respetar ese otro lenguaje que pondría fin a la violencia. Por tanto, la recuperación de política y derecho se deberá practicar con el rechazo abierto a infligir cualquier tipo de violencias, con lo que se renunciaría al poder soberano.

La íntima relación entre poder penal y soberanía se produce en el pensador sin duda menos movedizo de los que aquí se citan (y probablemente de los que conozco). Immanuel Kant se percató de que la redondez del mundo implicaba que en realidad no hay ningún lugar al que "salir": ningún afuera. Por ello, en *La paz perpetua* y en *Idea de una historia universal en sentido cosmopolita*, soñaba con una instancia superadora de los Estados nacionales, que reflejase que todos los seres humanos deberían aspirar a una "ciudadanía" universal. Más allá de sus reflexiones políticas, las morales —como la idea de hospitalidad— son útiles para pensar en una forma diferente a la de "soberanía".

A Roberto Bergalli le también le debemos la cercanía con la cultura italiana. Para Luigi Einaudi, el primer presidente de la República en 1948, parece haber sido muy importante el tiempo de exilio en Suiza. Cuenta ello en un diario que ha sido publicado por la famosa casa editorial de su hijo Giulio (1997). Menciono a la familia, en este caso, puesto que el actual secretario general de la Organización de Estados Americanos es un miembro de la rama de ella que se instaló en los Estados Unidos. Vuelvo al abuelo de ese señor, quien a los pocos días de volver a Italia escribió, en el diario *Il Risorgimiento Liberale* un artículo llamado "El mito del Estado soberano". Allí daba consejos que pueden ser útiles para la América de su nieto, o la Europa que hoy se discute: en realidad, para esa esfera mundial que no acepta divisiones continentales. La solución pasaría por un federalismo solidario, y no por ficticias uniones de Estados soberanos. El problema de este último tipo de "sociedad" estaba en el principio del Estado soberano: "Éste es hoy el enemigo número uno de la civilización humana, el peligroso fomentador de los nacionalismos y las conquistas. El concepto del estado soberano, del estado que dentro de sus límites territoriales puede hacer leyes sin preocuparse de lo que ocurre fuera de ellos, es hoy anacrónico y falso" (1970, 140). Señalaba, antes que Agamben, la lógica consecuencia del "inmundo" mito del Estado soberano, que era la hitlerista práctica del "espacio vital" y antes que ella la misma guerra y la conquista económica o política, igualmente violentas. Por ello decía que "en vez de una sociedad de estados soberanos debemos apuntar hacia el ideal de una verdadera federación de pueblos" (1970, 142).

Por si todo lo dicho no fuera suficiente mensaje de los extranjeros, exiliados o expatriados, quiero insistir en una necesaria repercusión que tiene el exilio, y que es el constante ejercicio de la memoria como característica identitaria.

He aquí la importancia del exiliado en tanto derrotado. En este caso, quiero rescatar la memoria activa de los perdedores. Ninguno ha perdido tanto como esos *homnini saceri* sacrificados por los totalitarismos del siglo XX. Agamben ha dicho que "Auschwitz nunca ha dejado de suceder", y ello no sólo puede pensarse como la presencia intestimoniable de aquello que sucedió entonces, sino como una presencia en aspectos terribles de lo allí experimentado (2000).

Menciona Reyes Mate en *Memoria de Occidente* la respuesta de Benjamin a las cartas en que Horckheimer se incomodaba por su "manía" con la memoria. "Para la ciencia, el pasado de los vencidos es asunto cerrado. Pero no para la memoria: esta puede reconocer derechos pendientes, por más que el deudor no pueda pagar. La víctima tiene derecho a la vida aunque el verdugo no pueda resucitarla. A Benjamin le sorprende que la ciencia proteste tanto por esta complicidad entre pasado y presente vía memoria cuando se trata precisamente de los perdedores. Porque si la cosa se refiere a los vencedores, no hay problema. No sería ningún arcaísmo celebrar el día de la Constitución sobre la tumba de los Reyes Católicos, fundadores, según dicen, del estado español moderno. Pero sería de mal gusto celebrarla sobre la tumba de Boabdil o en torno a la Real Cédula de expulsión de los judíos. Sólo la creencia de la eternidad del vencedor explica esa extrañeza. Ahora bien, mientras no se recuerden y actualicen esos derechos pendientes, los vivos están expuestos al mismo peligro que las víctimas de antaño" (1997, 284).

Aún cuando Reyes Mate alude aquí a la ciencia y a la historia, creo que también en este ejercicio "incómodo" de la memoria el *pharmakon* del derecho tiene algo que decir. Como hemos referido en un trabajo escrito junto al profesor y amigo homenajeado: "La conciencia colectiva se construye, indudablemente, con la ayuda del arsenal jurídico. Lo jurídico, con los valores de verdad y justicia, tiene un valor fundamental para imponer determinados valores y determinadas verdades, que se aferrarán en la conciencia y en la memoria histórica de los individuos. Sobremanera en la redefinición de los valores propiamente jurídicos de la 'justicia', algo alejado de la pena en tanto violencia" (Bergalli y Anitua, 2003, 286).

Bibliografía

AGAMBEN, Giorgio (1998 [1995]). *Homo Sacer: el poder soberano y la nuda vida*. Valencia: Pre-Textos (trad. A. Gimeno).

— (2000 [1998]). *Lo que queda de Auschwitz: el archivo y el testigo*. Valencia: Pre-Textos (trad. A. Gimeno).

— (2004 [2003]). *Estado de excepción*. Valencia: Pre-Textos (trad. A. Gimeno).

ALBERDI, Juan Bautista (1934). *El crimen de la guerra*. Buenos Aires: Consejo Deliberante de la Ciudad de Buenos Aires.

ANITUA, Gabriel Ignacio (2005). *Historias de los pensamientos criminológicos*. Buenos Aires: del Puerto.

ATIENZA, Manuel (1984). *La filosofía del derecho argentina actual*. Buenos Aires: Depalma.

BAGÚ, Sergio (1953). *Vida ejemplar de José Ingenieros*. Buenos Aires: El Ateneo.

BERGALLI, Roberto (1983). "Epílogo y reflexiones (de un argentino) sobre el control social en América latina", en Massimo Pavarini. *Control y dominación (teorías criminológicas burguesas y proyecto hegemónico)*. México: Siglo XXI (trad. I. Muñagorri).

— y Eligio RESTA (comps.) (1996). *Soberanía: un principio que se derrumba (aspectos metodológicos y jurídico-políticos)*. Barcelona: Paidós.

— y Gabriel Ignacio ANITUA (2003). "Necesidad de conocer el pasado para enfrentarse al futuro. Un relato a partir de una polémica del presente", en *Nueva Doctrina Penal*. 2003/A, Buenos Aires: del Puerto.

— (2004). "Rosa del Olmo. Estatura humana e intelectual, pensamiento crítico y compromiso social", en *Nueva Doctrina Penal*. 2004/B, Buenos Aires: del Puerto.

DEL OLMO, Rosa (1980). *América latina y su criminología*. México: Siglo XXI.

— (1990). *Criminología argentina. Apuntes para su reconstrucción histórica*. Buenos Aires: Depalma.

DERRIDA, Jacques (1997 [1994]). *Fuerza de ley*. Madrid: Tecnos (trad. A. Barberá y P. Peñalver).

EINAUDI, Luigi (1970). *Florilegio del buen gobierno*. Buenos Aires: Organización Techint (trad. T. Efrón).

— 1997. *Diario dell'esilio, 1943-1944*, Torino: Einaudi.

INGENIEROS, José (1956). *La evolución de las ideas argentinas*. Tomo V, Buenos Aires: Elmer.

MARCÓ DEL PONT, Luis (1983). *Criminología Latinoamericana*. San José de Costa Rica: Inacipe e Ilanud.

— (1986). *Criminólogos españoles del exilio*. Madrid: Ministerio de Justicia.

MARSAL, Juan Francisco (1963). *La sociología en la Argentina*. Buenos Aires: Los Libros del Mirasol.

MATE, Reyes (1997). *Memoria de Occidente. Actualidad de pensadores judíos olvidados*. Barcelona: Anthropos.

MELOSSI, Dario (1980). "Georg Rusche: A Biographical Essay". Revista *Crime and Social Justice*. N.° 14.

RESTA, Eligio (1995 [1992]). *La certeza y la esperanza. Ensayo sobre el derecho y la violencia*. Barcelona: Paidós (trad. M.A. Galmarini).

BREVES PENSAMIENTOS DESHILVANADOS SOBRE EL ENSEÑAR Y SUS CENIZAS

Claudio Martyniuk

Ombligo

Onfaloscopia, contemplación del ombligo, *arrobada observación de esa especie de centro de la superficie corporal*, precisa Rafael Sánchez Ferlosio. *Conocer es siempre enajenarse*, sigue Don Rafael, salir de la comunidad umbilical y de la historia (disciplina que devino en religión de Estado y que impide conocer). Tomados como objetos, formados por el Estado que interioriza en sus súbditos explicaciones y ficciones, emblemas y distinciones. No presenta un saber dejándolo a mano del sujeto, sino que lo introduce para edificar personas; no acerca objetos exteriores e impersonales para que queden al alcance de la mirada: el Estado modela la visión; adoctrina y ratifica la mirada interna sin mirar hacia fuera, sin estimular los sentidos; adormece el deseo de conocer, obstaculizando el extrañamiento. El Estado nos hace la guerra, y su triunfo lo festejan los vencidos. Cautiva, y dóciles nos mantenemos.

Anómalas son las percepciones de lo vivido como apartado, colonizado y archivado en una representación, porque el triunfo oprime la sensibilidad y alimenta creencias, representaciones sobre la autonomía y la identidad, sella la pasividad de los sentidos y la inactividad del entendimiento. Ninguna verdad podrá hacerlos despertar.

Lo que desgarra y divide

La distancia. Aunque delgada como una hoja de papel, ¿cómo no percibirla? Olvidada, otro puede recordarla: aún existe. Observar siempre lo mismo hasta que se borren los ojos: hacer vacua la profundidad. Separarse de los acontecimientos, cubrir de sombras a los otros: apropiación. El futuro como un espacio distante: juventud. Pérdida de espacio: muerte. Ver y no reconocer, devenir extraño como un salvaje, iluminación poética, a veces filosófica. Pasado acumulado en el envejecer, el cuerpo como espacio de un yo desposeído del mundo. Trazar una distancia reflexiva, proyectar desde nuestra experiencia pero trastocándola: comprenderse desde la perspectiva del otro y viceversa, sean artistas u obreros, ganadores o derrotados. Un enemigo para superar, y a veces para mantener la apariencia: la fatiga.

Oír música, oler perfumes y examinar la conciencia son las técnicas pitagóricas para retirarse hacia uno mismo y no quedar expuesto a los vientos (*stultus*). Séneca y el trompo: la filosofía hace girar al sujeto sobre sí mismo. ¿Cómo? Por la memoria (Platón), la meditación (San Agustín), el método (Decartes). Hoy es la técnica la que hace girar la existencia. Hoy queda la provocación, ¿pero qué puede ella?

La crítica

Sin perseguir "edificar" personalidades, "formar" profesionales, "interiorizar" en los alumnos justificaciones o ficciones —todas metáforas que referidas a cosas que se le hacen a la persona como objeto, no a algo que se le dé como sujeto, como bien lo pusiera en claro Rafael Sánchez Ferlosio en su lúcido ensayo *La hija de la guerra y la madre de la patria* (Destino, Barcelona, 2002)—, tratando *simplemente* de proporcionar conocimiento, de instruir y no de adoctrinar.

Silencio ante la retórica grandilocuente que dice *crítica* y no traza diferencias ni toma distancia. Planifica, busca el control y uniformiza por la educación, acercando a los sujetos, alejándolos de sí mismos. Hacen creer que ensayan, peor se apartan del trabajo fatigoso e incesante de cada día, del día a día. Imponen días felices por la fuerza de la costumbre, por enmohecimiento. Es un relato más, penoso relato que se niega y oculta, que edifica una lengua críptica y que traba un cerrojo.

Sedimentos de sequía

Suspender el texto, como si no llegara a ser por las vacilaciones y el arrepentimiento, por las refundaciones que lo hacen reversible y que lo ligan a una ilusoria edificación de uno mismo. Abandonarlo, como si sólo tuviera final acabado bajo la niebla más intensa. Percibirlo ya como forma sin vida. Percibirlo ya sin sobrentender el universo de experiencias que lo originó. Sombra de alejado sonido, espesa ausencia, silencio prolongado, tumulto de ocasos.

El texto pertenece —quizás sea más apropiado decir necesita— a la soledad. Es ajeno a una cierta agitación subjetiva en la que surge y a la que alimenta. Y no representan nada, ni siquiera una presencia bruta, y mucho menos la libertad de cambiarlo todo, pero siempre roza la libertad, apaña gestos prejudicativo y subrepresentativos, hace correr aire puro, densamente puro.

Un discurso de la impotencia teórica, propio de una distancia de todo —cínico no lugar de la distancia absoluta—, pero el discurso no es más que el comentario y la negación de esa distancia. Sin práctica ni objeto, personas que miran sólo proposiciones, juego fantasmagórico, simulación mágica que le confiere consistencia real a meras apariencias justificando su actividad en lo opuesto. Escritura banal que no supera la banalidad. Que llena huecos del mundo. Que hace huecos que no son bordes de mares y desiertos. Excluye a los que deben incluirse. ¿Cómo hacer comunidad con los que no escriben ni leen?

Miedo y tristeza

Desde la materialidad textual, con una repetición desemejante, como si se fuera tras un testigo de aquello que no puede ser testimoniado, reducido a la experiencia de la ficción, con miedo. Un filósofo, decía Bataille, es alguien que tiene miedo. Ya fuera del cielo cartesiano, este temblor, esta náusea. Un murmullo del silencio, una densidad del vacío; por allí deambulan existencias sin ser que aún acompañan miméticamente a la desaparición (existencia sin existentes). El desastre tomó sentido (imposición de un no-sentido) y tomó (y toma) cuerpos.

De la luz excesiva sólo queda lo auténtico: la ceniza, señaló Walter Benjamin. (Esa luz: imágenes del exterminio y el *kitsch* del holocausto, mucho más que la oscuridad. Primo Levi calificó a las poesías de Celan, salvo "Fuga de muerte", como oscuridad estetizante, ya hastiado de elogios que hablan de que esos textos "suenan en el límite de lo inefable", cansado de "densos empastes magmáticos" y de "denegaciones semánticas".) Ceniza, no cultivo de la nada, no acompañamiento mimético de la desaparición, huecos, agujeros de la experiencia.

Ver al lenguaje como una jaula, una visión exterior. No ver al yo, inobservable (el sujeto no puede observarse en ninguna parte del mundo; el yo no es un objeto). Las reglas no son suficientes para establecer la práctica de respeto a los sujetos; también se necesitan ejemplos. Nuestras reglas dejan alternativas abiertas y la práctica debe hablar por sí misma. Lejos de los ejemplos, bajo la insuficiencia de las reglas, en la creencia de la elusividad absoluta, haciendo desaparecer; tomando posesión de uno y otro, determinando su inexistencia, deshaciendo su materialidad e identidad, sellando la imposibilidad de conocer las propiedades de sus experiencias, bloqueando cualquier posibilidad de conocer las experiencias de los desaparecidos. Desaparición, experiencia de imposición. El final de la tierra no está más lejos que allí, donde se inicia la desaparición. El campo, no de rebaño, de desaparición, infraestructura social. Ese espacio aún define. En ese espacio, ¿el universo de la universidad?

Filosofía, tristeza resignada. Entrevé a través de un cristal oscuro, representa el proceso de autodestrucción (qué necesario, qué difícil tachar una palabra, una expresión ya enunciada), socava, labra hasta el aliento, comprime lo sentido, reduce al máximo la percepción hasta que la conciencia se disuelve (no por las fáciles identificaciones; no por lo completamente otro). Desde la más impura idolatría (imágenes en filmes y fotografías; también en pinturas lingüísticas) se puede alcanzar la contención absoluta, la desilusión de saberse autor, el sonido que crea el silencio, el punto de vista en reposo, la actitud pasiva (actitud estética por excelencia). ¿Quién ha mirado con tanta pasión hastiada?

Y aún así, enseñar. Mostrar, enseñar: pasión y hastío, continuidad y ruptura, acercamiento y distancia que nos envuelve en las aulas, que nos encarpeta. Estudio sinfín, potencia de desgarrar y construir, a veces tal vez crítico por sus efectos y bello por su ascetismo, fe del profesor.

II

SOCIOLOGÍA DEL CONTROL PENAL
Y PROBLEMAS SOCIALES

APPUNTI DELLA PRIMA LEZIONE
DI DIRITTO PENITENZIARIO

Massimo Pavarini

Nella Universale Laterza si legge una intelligente collana di "Prime lezioni". Per ora circa quindici brevissimi volumi: da Giovanni Jervis che pubblica la sua prima lezione di psicologia, a Paolo Grosso che detta, da ultimo, la sua prima lezione di diritto. In mezzo, le altre prime lezioni: di storia greca, di antropologia, di urbanistica, di biologia, di neuroscienze, ecc.

Nel presente anno accademico 2004-2005 ho tenuto nella facoltà di Giurisprudenza dell'Università degli studi di Bologna, in data 9 marzo 2005, nell'aula V della Sede Centrale, dalle 17 alle 19, la prima lezione di diritto penitenziario ad una platea di circa 70 studenti.

Qui di seguito, per punti, la "scaletta" della lezione.

1. C'è stato (ed ancora stancamente langue) la pretesa di chi si confronta con l'"essere della penalità" di farsi ascoltare da chi della stessa si occupa prescrittivamente. Alla osservazione per cui "Il (vostro) "dover essere" della pena non si realizza nei fatti" il penalista dogmatico a ragione ha potuto opporre il *Silète poenologi in munere alieno!*.

L' "essere" non può inficiare il "dover essere". Corretto, ma anche Hume subordina il principio ad una condizione: che il "dover essere" indichi una possibilità realisticamente perseguibile.

La promessa della modernità che la pena debba perseguire (anche) scopi di prevenzione, cioè di utilità sociale, non è pertanto inficiata dalla verifica che ciò non si da (ancora) nei fatti; non altrettanto, ove si convenga che questa finalità non possa in ogni caso darsi. Altrimenti —equivocando— usciremmo dal discorso razionale. Saremmo cioè al di fuori della modernità.

2. Per quel poco che riesco ad intendere, lo sviluppo della scienza penalistica nel suo esito di scienza dogmatica non solo ha potuto compiersi, tra otto e novecento, mettendo tra parentesi la questione dello scopo, ma affermerei che ha potuto svilupparsi all'origine proprio perché mise tra parentesi questo. Nel divorzio tra filosofia del diritto penale e scienza dogmatica del diritto penale, i fini della pena finirono per non appartenere alle preoccupazioni della scienza penalistica in senso proprio. E la dogmatica poté realizzarsi (esclusivamente) come/nella teoria generale del reato. Ed è per questo, mi sembra, che la concezione della retribuzione legale fu (o apparve) il più agevole espediente per rivendicare un'area di autonomia dalla politica criminale e dalla filosofia del diritto penale, proprio perché la retribuzione legale non era (e non è) in grado di esprimere una finalità del sistema penale, ma solo di affermare un criterio

formale di equivalenza sistemica (forse negli auspici di alcuni più sensibili alla vecchia cultura illuminista, in chiave riduzionista). Ma comunque, per la dogmatica, accontentarsi nell'esplicitare criteri formali di proporzionalità tra delitto e pena alla fine illuse di garantire la distanza massima (virtuosa e quasi necessaria) da ogni pericoloso e sempre imbarazzante inquinamento con il piano delle funzioni e quindi della politica.

3. Con la decade degli anni quaranta del secolo passato il sistema della dogmatica penalistica —preciso: il sistema della dogmatica e non quello della giustizia criminale già fortemente inquinato da valutazioni finalistiche se non altro per la incomprimibile invasività di valutazioni positivistiche di pericolosità— si apre, direi per necessità, alla dimensione dello scopo. Necessità politiche di alto profilo, indubbiamente: gli imperativi delle democrazie nella formazione degli stati sociali di diritto impongono di reclutare anche la scienza penalistica alle funzioni proprie di una agenzia "laica" di governo dei conflitti sociali. La riflessione dogmatica deve quindi ricostruirsi ponendo a proprio fondamento il fine di prevenzione. Questo fu, prevalentemente, anche se non esclusivamente, di prevenzione speciale positiva.

4. Nella sua essenza, l'esperienza di educare (o rieducare, risocializzare, emendare, recuperare e reintegrare socialmente, ecc.) chi ha violato la legalità penale si iscrive nel registro ambiguo della modernità, sospeso tra una metafora egemonica e una speranza di liberazione. E' metafora egemonica, nella espressione che vuole che gli esclusi —e quindi socialmente pericolosi— possano essere socialmente (ma soprattutto, politicamente) accettati solo ed in quanto educati alla legalità; è stata anche speranza di liberazione degli esclusi stessi e/o di chi politicamente li ha rappresentati, come fiducia nella socializzazione a quelle virtù che promettono di liberarsi definitivamente dai pericoli di un destino sciagurato per i membri del *lupenproletariat*. Da un lato, pedagogia (sognata in verità, più che effettivamente realizzata) alla nuova legalità; dall'altro lato, virtuoso percorso (anch'esso in verità immaginato piuttosto che effettivamente praticato) per liberarsi dallo status di "canaglia" e finalmente potere "partecipare" politicamente nella nuova democrazia di massa.

Su questa ambiguità di fondo, si stende la ricca e contraddittoria trama della prevenzione speciale positiva. Non esiste esperienza detentiva del mondo occidentale che non abbia visto nella risocializzazione del condannato lo strumento principe di difesa sociale dal crimine; non esiste pensiero progressivo e volontà solidarista che non abbiano inteso la medesima finalità come strada maestra di emancipazione sociale. Ma una ambiguità che si è costruita prevalentemente intorno a due volontà politiche che sovente solo allo stato di aspirazioni sono rimaste. Due prospettive ideali radicalmente opposte di apprezzare il medesimo bene. In effetti, storicamente, il modello correzionale di giustizia penale non è stato antidoto efficace alla recidiva, come altrettanto raramente la integrazione nella cultura della legalità ha prosciugato l'universo sociale di chi ha continuato a confidare nella lotta individuale, egoistica e illegale piuttosto che in quella collettiva, organizzata e nel tempo legalizzata. Ma tant'è: come idee esse hanno significato molto, hanno fatto parte della storia della modernità.

Questa storia "ideale" di una irrisolta ambiguità tra volontà di egemonia e volontà di liberazione percorre tutta la modernità. All'interno di questa storia, conviene segnare alcune fasi, a noi più prossime, per altro anch'esse ideali nel senso weberiano.

5. Esiste una fase decisiva —di norma quella che si impone negli stati sociali di diritto— che si costruisce sul paradigma del deficit nell'interpretazione della esclusio-

ne/devianza/criminalità e che quindi proietta una immagine tipologica di *homo criminalis* di stampo positivista. E' pericoloso chi ha "meno", chi ha deficit. Deficit fisici, psichici, affettivi, culturali, sociali. Eliminato o ridotto il deficit, eliminata o ridotta la pericolosità sociale. L' evidenza dell'osservazione —nell'inganno proprio di ogni processo autoreferenziale— conferma l'assunto: visitate le carceri e vi troverete sempre e dovunque dei soggetti deboli. La pericolosità sociale dei criminali radica quindi nel loro status d'inferiorità e non nella loro natura malvagia. La strada maestra non può che essere una e una sola: operare per ridurre le differenze sociali. Nel settore delle politiche penali ciò comporta l'imporsi dello scopo special-preventivo della pena. Una pena medicinale che sia in grado —come un *farmacum*— di aggredire le cause del male, cioè di ridurre ed eliminare i deficit. In primis: i deficit socio-economici. Realisticamente —o idealisticamente?— il primo livello di passaggio dalla illegalità alla cultura della legalità —per chi sia povero— si conquista nell'apprendimento delle virtù parsimoniose di chi vive del proprio lavoro. La cultura alla legalità e pertanto passaggio obbligato ad ogni processo di inclusione sociale, che è in primo luogo (ossessivamente) inteso come inclusione nel mercato del lavoro. Il modello di produzione c.d. fordista arricchisce poi ulteriormente il contenuto di questa retorica, persuadendo a "sinistra" della bontà dell'impresa pedagogica. Se da un lato —da un punto di vista delle necessità di controllo sociale— sono le disciplinate masse operaie che tranquillizzano se messe a confronto con quelle indisciplinate e criminali, dall'altro lato, il processo di integrazione del movimento dei lavoratori nel governo dello stato sociale assicura in termini di partecipazione democratica l'esito della compiuta socializzazione alla legalità. E' questa la stagione d'oro —segnata da forte ottimismo— delle politiche di rieducazione attraverso le pratiche trattamentali.

6. La fase sopra descritta ha, in effetti, primo o poi una fine, nel senso che la stessa volontà di includere socialmente attraverso l'educazione alla legalità da progetto politico si riduce progressivamente a pura ideologia man mano che il progetto si realizza. Con diversa temporizzazione, negli stati sociali di diritto l'egemonia capitalistica da un lato, e l'assimilazione alla disciplina del salario dall'altro finiscono per realizzarsi definitivamente, per farsi insomma realtà definitive. Insomma: i marginali che delinquono —che sono appunto una minoranza— progressivamente mostrano di non avere neppure loro alcuna necessità di essere educati. Di fatto, il mutamento antropologico è stato storicamente di tali proporzioni che anche chi sceglie l'illegalità alla legalità è in ogni caso a quest'ultima socializzato, anche perché non esiste altra dimensione possibile, né fattuale né culturale. Certo si viola ancora e forse di più le norme penali, ma non certo perché esistano soggettività estranee (nel senso di non educate) alla legalità. E pertanto se alla cultura di una legalità storicizzata si è comunque tutti già socializzati, non si vede come si possa contrastare l'illegalità, ri-educando a quella legalità cui già si è "addomesticati".

Avvenuto il superamento di quella prima fase, la nuova si apre su un diverso fondamento paradigmatico. L' illegalità penale non rinvia più ad una alterità segnata dal deficit, ma ad una normalità attratta dalla ricchezza delle opportunità offerte dalle economie illegali. Che poi queste opportunità offerte dai mercati illegali si mostrino alla lunga per i più diseconomiche non rileva alla fin fine più di tanto. Per i più anche le opportunità offerte dai mercati legali risultano sovente poco appaganti.

Se l'etica del lavoro diventa bolsa retorica anche per il marginale mondo degli illegali, la stessa ideologia e pratica correzionale finiscono per perdere la propria egemonia sull'esecuzione penitenziaria e sulla stessa penalità. La topica della riforma carceraria non si declina più o prevalentemente nella produzione di uomini utili (in quanto non più pericolosi) e nella elaborazione di pratiche pedagogiche volte all'integrazione. Il carcere scommette quindi sulla sua progressiva estinzione. Che nei fatti estinzione non sarà, ma nella premesse ideali certo lo è stato.

Con gli anni settanta del secolo passato, la riforma penale si orienta nel mondo occidentale verso l'orizzonte della decarcerizzazione, come ad un destino necessario e auspicabile. Diversione processuale, pene sostitutive, misure alternative segnano il percorso riformista e progressivo di "liberazione dalla necessità del carcere". La stessa legge di riforma penitenziaria italiana del 1975 e ancora più la legge Gozzini del 1986 —certo in pietoso ritardo sulle politiche penitenziarie già da tempo avviate in altri paesi— fiduciosamente si cimentano, pur tra mille difficoltà e contraddizioni, nel perseguimento dell'obiettivo del carcere come *estrema ratio*, prima tappa del dissolvimento del dominio del grande internamento penale. L'idea (ripeto: l'idea) della *decarceration*, ancora una volta, è in sé semplice, come apparve semplice quella che ispirò l'invenzione del carcere due secoli prima. Lo scopo dell'integrazione sociale del condannato non necessita più di pratiche correzionali attraverso la privazione della libertà per un quantum di tempo determinato, ma attraverso la diretta presa in carico del deviante nella *community*, nel sociale o come amiamo esprimerci in Italia nel "territorio". Un sociale ordinato e ricco di reti offerte e organizzate dallo Stato del *welfare*.

Il giudizio di affidabilità per meritare "altro" dal carcere non si costruisce più o prevalentemente su un giudizio prognostico di non recidività offerto dal carcere. L'"altro carcere" —cioè la penalità nella libertà— si guadagna per valutazioni di affidabilità situazionale. L' "altro carcere" è lo status penale che spetta a coloro che possono essere in ogni caso presi in carico dal sociale, perché più ricchi, o meglio meno poveri di altri, di "capitale" sociale. Oggi in Italia, su 10 misure alternative, almeno 8 sono concesse direttamente dallo stato di libertà, senza alcun assaggio di pena detentiva, senza alcuna osservazione e trattamento penitenziari.

Si presti attenzione al sistema della giustizia penale minorile in Italia, forse il solo sottosistema penale assolutamente coerente tanto alla finalità rieducative, quanto al modello correzionale di giustizia penale. I minori che delinquono già da tempo non finiscono più in carcere o in altre istituzioni segregative. Solo nei primi anni cinquanta del secolo passato, decine di migliaia di minori erano privati della libertà per ragioni penali; oggi a stento solo qualche centinaia. E i pochi che finiscono in istituzioni totali lo sono non perché hanno violato più gravemente la legge penale degli altri, ma solo perché riesce più difficile farsene altrimenti carico. Sono prevalentemente se non esclusivamente zingari e figli di immigrati "irregolari", minori che situazionalmente sono deboli, o più deboli degli altri, di reti sociali efficaci. Il carcere diventa per questi ultimi la sola e pertanto residuale agenzia "assistenziale" possibile.

L'idea —ripeto: l'idea— che la disciplina oramai fosse definitivamente nel "sociale" e che pertanto non necessitasse più di essere coattivamente concentrata negli spazi del carcere, riconosciamolo, fu ed è una appezzabile idea, soprattutto per il pensiero progressista. Ma non fu solo un sogno, fu anche e per alcune decadi una meta intravista come realistica... quasi a portata di mano. Essa si tradusse, sia pure contraddittoriamente, in azione sociale e politica. Conobbe anche i suoi meritati successi. In Italia, per ragioni in tutto analoghe a quelle sopra riportate, uno legge decretò di autorità la chiusura degli ospedali psichiatrici. La penalità nella libertà, in molti contesti occidentali, ha un peso quantitativo superiore a cinque volte quello della penalità attraverso la privazione della libertà.

L' epoca d'oro della decarcerizzazione —ovvero dello scambio disciplinare tra istituzione totale e "territorio"— progressivamente si alienò dall'idea che la sola integrazione possibile fosse quella che passa attraverso la disciplina nel carcere. E da quella originaria ossessione disciplinare coerentemente si allontanò, nel senso che essa sempre più apparve come insensata perché storicamente superata. La socializzazione della marginalità nello stato sociale si cementa oramai sull'imperativo del *to care*, del farsi carico della problematicità sociale in termini oramai solo o prevalentemente assistenziali. Il sofferente psichiatrico, il giovane tossicodipendente, il *drop out*, il piccolo illegale metropolitano, possono oramai essere normalizzati attraverso la rete dei servizi, con un investimento aggiuntivo di capitale sociale, confidando anche —è questo fu un imperdonabile errore, ma appunto col senno di poi— che l'area della marginalità sociale dovesse progressivamente nel tempo restringersi.

Sappiamo oggi che le cose sono andate in una direzione ben diversa.

7. La terza fase "ideale" è quella del presente. Essa è segnata dal passaggio dalla retorica e dalle prassi del *wel-fare* a quelle crudelmente ma realisticamente definite del *prison-fare*. La crescita della "moltitudine" degli esclusi —tanto dal mercato del lavoro garantito quanto da banchetto assistenziale offerto da un sempre più povero capitale sociale— politicamente rende sempre più irrealistico il progetto di un ordine sociale attraverso l'inclusione. E' la stagione del declino miserevole dell'ideologia rieducativa e dell'emergenza e seguente trionfo delle politiche di controllo sociale che si fondano sulla fede nelle prassi di neutralizzazione selettiva, in pieno coerenti con il linguaggio della guerra.

Sappiamo che le società sembrano atteggiarsi in due modi opposti di fronte a chi è avvertito come pericoloso: o sviluppando un atteggiamento cannibalesco, cercano di fagocitare chi è socialmente sofferto in termini di ostilità, nella speranza così di neutralizzarne la pericolosità attraverso l'inclusione nel corpo sociale; o esasperando le pratiche di vero e proprio rifiuto "atropemico", vomitando al di fuori di sé tutto ciò che è socialmente inteso come estraneo. E la nostra società della post-modernità, nella definitiva crisi dello stato sociale di diritto, si costruisce sulla pratica diffusa dell'esclusione sociale. Difficile sul punto non convenire.

8. La scienza penalistica ha ritenuto di potersi liberare dalla insostenibile leggerezza della metafisica —la retribuzione, in altre parole della "meritevolezza del castigo"— per farsi carico della sopportabile pesantezza della prevenzione. Pesantezza sopportabile, però anch'essa ad una condizione: di essere accettata come un *a priori*, che non necessita "in proprio" di essere validato.

Accettare, aprioristicamente, che la pena debba tendere a fini di utilità —ad esempio: rieducare— non comporta, per una scienza del diritto evolutasi in dogmatica, un impegno superiore alle proprie forze. Come sempre, l'importante è trovare un punto, anche un solo punto di appoggio "esterno" su cui edificare l'intera costruzione dogmatica: il resto ne consegue per stringente rigore deduttivo.

Nella contingenza storica in cui si afferma il definitivo superamento della separatezza tra società civile e Stato, e in cui la volontà democratica di quest'ultimo si pone come produttore e riproduttore dei rapporti sociali, l'obiettivo della integrazione sociale diviene il fine e nel contempo il limite della politica dello stato sociale di diritto. E questa volontà può anche trovare espresso riconoscimento costituzionale. Nel nostro sistema giuridico, il secondo capoverso dell'art. 3 della Costituzione è di inequivoca espressività "cannibalesca": lo Stato si impegna a rimuovere quanto —nei fatti, cioè nella Storia— impedisce il processo di integrazione sociale. Ne consegue come imperativo che anche la pratica reattiva alla disobbedienza debba piegarsi alla inclusione sociale. Ed infatti —forse pleonasticamente— segue "… le pene debbono tendere alla rieducazione del condannato".

Il punto di appoggio "esterno" è trovato e politicamente pare solido. Il rigore deduttivo del dogmatico può quindi fiduciosamente cominciare a lavorare alla nuova costruzione. Dalla teorizzazione delle "necessarie qualità" del bene giuridico, alla concezione normativa della colpevolezza; dai criteri di commisurazione della pena, alla diversa collocazione sistematica delle cause di giustificazione; ecc. Su quel solo punto di appoggio si edifica una "nuova teoria" del reato (e forse anche del processo).

9. Da "gli uomini furono ritenuti liberi, per essere puniti" a "gli uomini furono ritenuti "integrabili nel sociale", per essere puniti", ed infine "gli uomini sono ritenuti "eliminabili dal sociale", per essere puniti", ove —per seguire l'intuizione di Nietzsche— in primo luogo è la necessità (ancora, si direbbe "metafisica") della pena a dominare. Il resto —la libertà del volere, l'addomesticamento alla virtù, il diritto di escludere il nemico— sono solo forme di una medesima retorica che è quella della prevaricazione che fonda alle radice il "fatto di punire". Appunto, prevaricazione sempre e comunque, anche quando il diritto di infliggere la sofferenza da parte del Principe ai consociati conosca una legittimazione pattizia. La ineliminabile natura di prevaricazione si radica, infatti, nella funzione "politica" della pena stessa: la qualità afflittiva del castigo legale definisce, quindi, l'effetto di produzione di *deficit* nei confronti del punito, come riduzione di diritti e/o soddisfacimento di bisogni; nel contempo l'azione repressiva deve apparire intenzionale al fine di determinare una relazione di senso —come riprovazione e censura— tra questa e il soggetto passivo; la natura espressiva della pena coglie poi la dimensione simbolica della reazione punitiva volta ad esprimere la pretesa di autorità di chi punisce; essa, infine, si sviluppa in un contesto situazionale come funzione finalizzata alla conservazione di determinati rapporti di potere.

"Un lupo ed un agnello vennero alla medesima fonte; il lupo stava sopra, l'agnello sotto…". Sappiamo come andò a finire: "mi intorbidi l'acqua!", "sette mesi fa mi ingiuriasti!", "tuo padre gravemente mi offese!" sono pretesti retorici per dare seguito ad un destino comunque ineludibile: il lupo divorò l'agnello. Fuori di metafora: è la pena (e nel nostro presente interesse di penalisti, quella legale, ma più in generale, la pena come fatto sociale) che comunque si "da" nella storia; le legittimazioni (e nella modernità in poi, di tipo utilitaristico, o di "difesa sociale") non la fondano, nel senso che anche ove vengano —come sono state— invalidate "empiricamente" (e il processo di invalidazione non può che essere quello che si confronta con le funzioni "reali"), la pena comunque "rimane". Alla fine, si punisce … a prescindere: … "e il lupo divorò l'agnello". Questo è "il solo fatto" che —nella storia— non è mai (o ancora) venuto meno.

10. Quanto sopra rapsodicamente descritto, è solamente una storia ideale … scritta però "a metà". Essa segue con una certa plausibilità argomentativa solo ove si accetti che il penalista dogmatico sia alla fin fine sempre stato un "utile idiota", perlomeno tanto "idiota" da avere "in buona fede" creduto che gli scopi della pena non fossero solo retoriche di prevaricazione, ma principi di fondazione del diritto di punire.

Così in effetti non è sempre stato e non sempre è. E' innegabile che la tradizione garantista propria della scienza penalistica moderna si sia anche, se non soprattutto, fondata in una prospettiva riduzionista, nel senso preciso di volontà di contenere la violenza delle pene.

Amo rubricare questa seconda metà della storia come quella segnata dal disincanto (possibile effetto della denunciata "cattiva coscienza" dei penalisti?) o più confidenzialmente alla storia di chi "ha mangiato la foglia" e quindi sta al gioco, ma non si fa ingannare. In effetti è vero: i rapporti con il Potere sono storicamente sempre stati segnati dall'illusione che il Potere possa essere anche "giocato". Ovvero che non esiste altra possibilità di resistere al Potere, che sconfiggendolo nel rispetto delle sue regole del gioco.

Apparentemente lo scenario di questa altra metà della storia capovolge gli assunti della prima. Le pene legali sono l'opposto funzionale delle pene "private" e di fatto, non la loro espressione pubblicistica. Lo scopo del diritto penale è pertanto di minimizzare la violenza delle reazioni al delitto.

La filosofia della penalità moderna si è certamente fondata anche su una "economia della parsimonia". Un esercizio del castigo vincolato a criteri tanto di autolimitazione sistemica (quelli garantistici della "pena minima") che di limitazione extra-sistemica (quelli appunto finalistici della "pena utile"). Come dire che anche la sofferenza legale moderna è stata pensata come capace di sottostare alla logica del risparmio e dell'investimento. E in ciò forse si coglie l'elemento di più radicale contrapposizione con la pena pre-moderna, quella —come ci insegna Foucault— segnata appunto dalle virtù diseconomiche della magnificenza, dell'ostentazione e della dissipazione.

Ma questa immagine —certo, per noi, assai gratificante— del penalista che da consigliere servizievole del Principe, tradizionalmente avvezzo al vecchio mestiere denunciato dal Carrara di razionalizzatore delle pratiche del boia ["*l'arte schifosa che chiamossi gius criminale: la quale consisteva nell'insegnare i dettati positivi di legislatori autonomi e crudeli; nel disegnare i modi di circonvenire un accusato; e le misure per regolare i tratti di corda, e le strette delle tanaglie*"], sfida il potere stesso, fiducioso, se non di vincerlo, certo di metterlo in seria difficoltà e pertanto di contenere la sua altrimenti inevitabile ferocia, quanto è storicamente "realistica" e quanto invece è comprensibilmente "ideologica"?

Il penalista pensa o si illude di giocare il potere del Principe accettando le retoriche di sopraffazione come tali, appunto come "bugie", ma prendendole "sul serio".

Da qui l'urgenza di scegliere: quale di queste bugie è alla fine e/o contingentemente quella che indebolisce di più il Principe e pertanto limita il suo potere? Quale delle possibili bugie è la più pietosa e quindi "utile" nell'azione di contenimento della violenza punitiva?

Personalmente ho sempre pensato che la simpatia espressa dalla scienza penalistica nei confronti della prevenzione speciale positiva alla fine si radicasse anche nel convincimento che di tutte le bugie, questa alla fine era la più capace di porre ulteriori limiti alla violenza punitiva. Altrettanto personalmente, e da lungo tempo, ritengo che questa scelta "opportunista" non solo sia stata inefficace rispetto allo scopo, ma sotto alcuni profili addirittura controproducente. Ma, vorrei aggiungere: il problema non sta nella scelta "sbagliata", quanto nella presunzione che fosse per il penalista importante scegliere.

11. Una circostanza cui si presta poca attenzione: il sistema penale moderno —nella sua storia "breve"— è stato egemonizzato da retoriche elitarie, nel senso che la legittimazione del diritto di punire —per ragioni di prevenzione— è risultata essenzialmente appannaggio di movimenti culturali e politici minoritari, spesso composti da soli "professionali", animati sovente da intenti progressisti, che hanno espresso sulla pena un punto di vista di parte. Per quanto di parte e minoritario all'origine, questo punto di vista si è anche storicamente imposto nelle politiche penali, ma più per astuzia giacobina che per condivisione democratica.

E questa fondazione segna anche irrimediabilmente l'estrema fragilità della costruzione garantista.

In effetti quanto oggi sembra potersi cogliere come elemento nuovo è la perdita progressiva di peso delle élite intellettuali a favore di quelle politiche sulla cultura della penalità. E nei sistemi democratici, forse per la prima volta la penalità diventa oggetto significativo (in alcuni casi persino il principale) dello scambio politico tra elettori ed eletti, tra opinione pubblica e sistema della politica. E in ciò forse è possibile cogliere un profilo di democratizzazione della politica criminale, sia pure nel senso nuovo offerto dalla "democrazia d'opinione".

L'aprirsi di questo nuovo scenario, libera, mi sembra definitivamente, la cultura penalistica elitaria dall'illusione di potere ancora produrre una cultura della "resistenza", in qualche modo efficace nell'azione di contenimento del potere di punire.

12. Muore, da tempo oramai gravemente infermo, lo scopo della special-prevenzione positiva. E non certo perché questo "nobile fine" non si sia alla fine realizzato storicamente in una "funzione reale" del sistema penale nello stato sociale di diritto. Muore perché —nella irreversibile crisi dello stato sociale di diritto— viene progressivamente meno la prospettiva dell'inclusione sociale. Viene a mancare il punto di appoggio esterno che consente anche ad una bugia di essere (politicamente e culturalmente) plausibile.

Riconosciamolo: non sono certo i penalisti ad avvedersi, per primi, che le cose sono radicalmente mutate nelle "premesse". Almeno in Italia.

In estrema sintesi nella nostra cultura penalistica nelle ultime tre decadi —da quando cioè in altri contesti è oramai evidente che il mito della risocializzazione non è più culturalmente "presentabile"— si possono segnare quattro distinte posizioni.

Ancora permane una astorica resistenza neo-retribuzionista, di ascendenza idealista, che paradossalmente finisce per incontrare il favore anche di chi, e non sono pochi tra i garantisti, opportunisticamente si illude che l'idea di una "pena giusta" tuteli di più di una "pena utile", inevitabilmente attratta quest'ultima alla logica stringente della flessibilità e quindi della incertezza. Da un lato, si sarebbe portati a pensare, lo spirito del vecchio Bettiol è duro a morire; dall'altro lato, a ben intendere, non è tanto la lettura cristiana-integralista del "mondo dei valori" a convincere del primato della retribuzione, quanto una sottocultura "povera" del garantismo. Interessante, se mai, osservare come le tendenze neo-retribuzioniste nella cultura giuridica italiana non abbiano nulla a che vedere con la ripresa neo-retribuzionista riscontrabile ad esempio nella letteratura filosofica e giuridica nei sistemi di *common law*, ove il criterio di meritevolezza del castigo (le teorie della *desert* nella giurisprudenza anglo-americana) è palesemente ancorato al dato sociologico di "ciò che l'opinione pubblica pensa sia il castigo che il colpevole merita".

Una distinta posizione segna poi altri penalisti che ritengono, forse anche per estremo realismo, che la questione dello scopo della pena non meriti poi una eccessiva attenzione da parte della dottrina. La posizione —ancora imperante nella giurisprudenza costituzionale— favorevole alla lettura "polifunzionale" della pena, si iscrive nel registro di chi utilizza questo mostro di sincretismo come comodo alibi per non prendere posizione. O forse, a sorreggere con più dignità questa posizione, è alla fine un realismo "cinico": se la pena c'è a qualche cosa deve pure servire, ma non spetta al dogmatico prendere posizione.

La dottrina penalistica italiana a livello maggioritario rimane però ancorata, pur con differenze di accento, al "valore" costituzionale della prevenzione speciale positiva. Intendo e in parte condivido le ragioni "forti" e "nobili" di questa resistenza al principio costituzionale, nel senso che intendo e in parte condivido le ragioni forti e nobili di questa resistenza "politica". Ma una resistenza che seriamente rischia di svilirsi in patetica nostalgia per qualche cosa che non c'è più. Lo scopo della special-prevenzione positiva fonda la sua plausibilità "logica" ancor prima che "politica" subordinatamente ad una premessa maggiore: se lo Stato sociale di diritto persegue il fine della integrazione sociale, allora anche la pena deve (perché "logicamente" può) essere risocializzante. Ma se nell'agenda politica della post-modernità ad imperare è la finalità della esclusione sociale, come è possibile sostenere che, ciò nonostante, il sistema penale debba (quando "logicamente" non può) perseguire il fine della reintegrazione sociale? Solo un esempio, per farmi intendere: se la scelta politica "a monte" (premessa maggiore) è di espellere gli immigranti irregolari che hanno delinquito, dopo che hanno scontato la pena, ne consegue —subordinata di primo grado— che per il 35 % dell'attuale popolazione detenuta in Italia la pena non può più essere giustificata come misura di integrazione sociale, ma solo come misura di esclusione sociale. E l'esempio è quanto mai pertinente: non solo perché è ragionevole pronosticare che a breve gli immigrati in carcere saranno la maggioranza, quanto perché, paradossalmente, gli immigrati che delinquono sono i soli, forse oramai, per i quali la pena potrebbe ancora operare in una logica di integrazione sociale, ma appunto solo se ancora dominasse la premessa politica della inclusione.

Infine, è possibile rintracciare posizioni dottrinarie minoritarie più riflessive. Già agli inizi degli anni ottanta del secolo scorso, la pubblicazione degli atti del convegno "La prevenzione generale dei reati" a cura di Romano e Stella pionieristicamente per l'Italia avvertiva che le cose stavano cambiando (forse per la prima volta è possibile leggere per mano di dogmatici italiani che il mito della rieducazione era in crisi senza che questo dovesse indulgere a nostalgie neo-retribuzioniste) e introduceva nel dibattito le posizioni funzionaliste dei teorici della prevenzione-integrazione. Per quanto anche in seguito questa nuova prospettiva sia stata ripresa da molti, essa, alla fine, non si è mai tradotta in un diverso sistema della dogmatica.

13. Le osservazioni sopra riportate invitano a riflettere collettivamente all'interno della scienza penalistica sul significato di una collettiva "disattenzione". Perché ostinarsi nel chiudere orgogliosamente la propria riflessione scientifica di fronte al *novum* (che non ha senso aggettivare negativamente per esorcizzarlo)?

Il *novum* —è evidente— non origina all'interno del discorso dei penalisti, non sorge cioè come mutamento di paradigma scientifico. Ma a ben intendere così è sempre stato nella storia del pensiero giuridico. La natura "scientifica" della dogmatica penale non ha nulla a che vedere con quanto Kuhn, ad esempio, intende per metodo scientifico. Il *novum* si radica sempre altrove, nel mutamento di senso e di scopo che il sottosistema della giustizia penale subisce all'interno del sistema politico nel suo complesso.

Qui originano e ovviamente divergono due distinte posizioni politico-culturali dei penalisti: c'è chi assume che la scienza penalistica possa (e quindi debba) farsi soggetto autorevole "autonomo" capace di competere con i soggetti della politica, portando avanti la propria idea di giustizia penale; e chi invece seriamente dubita che la scienza giuridica possa pretendere tanto, se non altro, per quanto prima accennato a proposito della scarsa condivisione democratica delle idee dei giuristi. La contrapposizione non è tanto tra "pensiero forte" e "pensiero debole" secondo la lettura di Vattimo (mi auguro che tutti i penalisti condividano che la scienza penale è per eccellenza ascrivibile al "pensiero debole", altrimenti dovrei sospettare un vero e proprio delirio di onnipotenza!), quanto tra chi ritiene che la Storia di fatto riservi sempre una opportunità politica alle idee dei giuristi come corporazione di scienziati e chi, pessimisticamente, non intende come questo si sia mai dato e possa mai darsi, se non appunto nel ruolo assai subalterno che i giuristi hanno avuto e potranno in futuro sempre avere come consiglieri del Principe di turno.

Ma prendere atto del *novum*, vale a dire la "nuova" politica della esclusione sociale, che cosa significa oggi per la scienza penalista?

14. Debbo riconoscere alla intelligenza di Baratta avere posto chiaramente la questione più di un vent'anni fa, anche se l'amico Sandro così argomentando portava acqua al suo mulino: la sola utopia "concreta" per il "buon" penalista è militare per l'abolizione del diritto penale.

Ma se si può dissentire sull'intenzionalità del discorso, è difficile non condividere la qualità speculativa dell'argomentazione.

Il *novum* della esclusione sociale —"nuovo" come fine manifesto del sistema penale, perché come finalità latente, non solo per Baratta, esso è sempre stato fin dalle origini la funzione del diritto penale— nella scienza penalistica può solo tradursi nell'assumere a modello prescrittivo quanto descrittivamente è nei fatti. Cioè attribuire dimensione di scopo alle funzioni materiali del sistema della giustizia penale.

Le teorie della prevenzione-integrazione, da un lato, e quelle della incapacitazione selettiva dall'altro, non sono, all'origine, teorie giustificative della pena, ma modelli descrittivi e poi esplicativi —e pertanto sociologici in senso proprio— della pena stessa.

Nei fatti, il sistema penale, è "gazzetta della moralità media" nella sua dimensione di insieme di tabù e nel contempo, pratica di neutralizzazione selettiva di soggetti pericolosi nella fase della sua esecuzione.

Più di un secolo fa, il padre della sociologia Durkheim, senza dover fare ricorso alle "inutilmente complesse" astrazioni della scuola sistemica tedesca contemporanea, aveva riconosciuto al sistema penale queste funzioni effettive: rassicurare l'opinione pubblica e produrre pertanto coesione sociale, da un lato, e eliminare alcuni ritenuti pericolosi socialmente, dall'altro lato. Sappiamo come Durkheim ritenesse tutto ciò una fase in via di superamento, confidando che nel processo di divisione sociale del lavoro la coesione sociale potesse diversamente realizzarsi. Ma lucidamente comprese che il sistema penale, nella sua oramai arcaica vetustà, a questo solo servisse. La profezia del superamento della giustizia penale non si è avverata; ma quella intuizione esplicativa permane inossidabile al pensiero critico contemporaneo. E' solo nella pratica della esclusione sociale di alcuni, che il sistema di giustizia penale può produrre maggiore inclusione della maggioranza.

Chi assume la pratica della esclusione selettiva attraverso il sistema penale come scopo di legittimazione del sistema stesso, assume questa realtà come unica e possibile normalità. E pertanto trasforma una funzione "materiale" in legittimazione dell'esistente.

A questo proposito Baratta definiva le teorie giustificative della prevenzione-integrazione e della incapacitazione selettiva come teorie tecnocratiche. Esse dicono il "vero" e non possono essere contraddette dalla realtà e pertanto non sono "ideologiche" in senso negativo. Ma esse nel contempo negano per il sistema penale qualsiasi possibilità di aprirsi ad una diversità distinta da questa realtà. Per il pensiero abolizionista e riduzionista radicale questo è sufficiente per "cercare qualche cosa di meglio del sistema penale".

15. Contrariamente a quanto dai più erroneamente opinato, questa posizione estrema non "chiude" affatto gli spazi "di riflessione" della scienza penalistica.

Al contrario: apre nuovi e sconfinati orizzonti.

Squarciati definitivamente i veli di un "dovere essere" metafisico (nel senso più proprio della critica filosofica), il penalista non può che riflettere su quanto è e soprattutto non può che essere del sistema della giustizia penale. E certo non in una prospettiva a lui aliena, la sociologia del diritto penale, ma in quella propria della dogmatica penale. Quale sistema giuridico-penale può concettualmente e finalisticamente "aderire" alla natura politica del sistema della giustizia penale?; è possibile, in altre parole, elaborare una dogmatica "non metafisica", ma "realista" senza dovere cadere o nella trappola tecnocratica di teorizzare questa realtà penale come unica normalità possibile, o negare la propria esistenza militando nella schiera di chi chiede l'abolizione del sistema della giustizia penale? Ricordo che l'amico Ferrajoli —lucido e strenuo avversario della "falsa" chimera abolizionista— in più occasioni ebbe a precisare che di fronte alla minaccia portata avanti dall'abolizionismo, la scienza penalistica non poteva più trincerarsi opportunisticamente nell'inversione dell'onere della prova, ossia imponendo che gli altri dimostrassero l'inutilità e la dannosità sociale del diritto penale; spettava e spetta, invece, alla scienza penalistica dimostrare e convincere della necessità e utilità sociale di un diritto penale "possibile". Appunto: storicamente possibile.

16. Ma anche quanto sopra riportato è una ricostruzione parziale —troppo parziale— del problema della crisi della scienza penalistica di fronte alla pesantezza della prevenzione.

Nella società del rischio emerge prepotente un diritto penale del rischio. Esso più che mai si prefigge di essere solamente general-preventivo in un senso però prevalentemente negativo. Come limitare se non impedire certe condotte soggettivamente percepite come "neutre" se non in sé lecite, ma obiettivamente pericolose? Si confida nella minaccia di una pena. Ma una pena che ben difficilmente si darà nella sua effettività (e questo rinvia alla natura propria della selettività "di classe" del sistema penale nei confronti di tipologie d'autore socialmente non percepite come pericolose) e che comunque non potrà partecipare dei "sentimenti sociali" di cui è invece intrisa la penalità che da sempre consegue alla violazione dei tabù. Un diritto penale senza l'accompagnamento del "coro greco" —quello che racconta da primo-attore della colpa e del castigo, delle urgenze di coesione sociale, della vendetta e della espiazione— è ancora riconoscibile come diritto penale?

CENSURE, CRIMINOLOGY AND POLITICS

Colin Sumner

This essay is presented in honour of Roberto Bergalli for his major contribution to sociology of law and criminology in Europe and Latin America. It is a much revised version of a paper given at the University of Turin, in March 2004, on the kind invitation and hospitality of Amedeo Cottino. It has been my pleasure over the years to have collaborated with Roberto and seen at first hand the inspiration he gives to others through his hard work, commitment and considerable skill as an educator.

Since its foundation, sociology has questioned the possibility of a scientific criminology based upon the normal usage of the concept of crime.[1] Durkheim saw crime as defined by the collective sentiment, and thus irrevocably intertwined with its passions, prejudices and predilections, long before Sellin, noting the arrests of unemployed miners and their families desperately scavenging for coal in the Depression, remarked that the 'unqualified acceptance of the legal definitions as the basic units or elements of criminological inquiry violates a fundamental criterion of science'.[2] The twentieth century brought the full recognition that the criminal law is not so much God's will or the will of the people as an instrument of all-too-human legislators with interests and prejudices, and therefore that what is defined, policed and prosecuted as crime is very much a question of economics, politics and culture.

Many since 1945 and the liberation of Auschwitz have observed that, whatever its intrinsic obnoxiousness, horror or damage, crime is defined by politicians and law enforcement agencies. It is the officials' selection from the vast number of human behaviours that break the law. We know today that law-breaking is common to all classes, genders, regions and nationalities, that crime is common and ubiquitous, and that if we punished every technical violation we would all be in prison. We know also that the powerful can more easily elude the criminal justice system, redefine their crimes as mere peccadilloes, and indeed steer the very course of legislation. So we now assume and hope that in democracy crime and its regulation are central subjects of social policy and matters for open debate. Criminology last century eventually became less of a science and more of a politics. Today, with some irony, the twenty-first century is witnessing the wheel turning full circle as social policy is being re-turned from an open politics into an insiders' 'science', the technocracy of social control. Yet again the government-funded experts of criminology absolve themselves of any moral or political responsibility for the domination, persecution, exploitation and punishment of the vulne-

---

1. In C.S. Sumner [ed. 1990], *Censure, Politics and Criminal Justice*, Milton Keynes: Open University Press, esp. pp. 19-25.
2. T. Sellin [1938], *Culture, Conflict and Crime*. New York: SSRC, p. 23.

rable elements of society through the processes of the criminal justice system — as if the censure of others could ever be anything other than a moral and political judgment.

Permitting the state to define the categories of science is exactly what criminologists do when they use criminal law categories in the constitution of their research samples of offenders or when their research objectives and conclusions are restricted by their service to the state. It is precisely this problem which Sutherland and Cressey had in mind when they stated that "social science has no stable unit, as it deals with phenomena involving group evaluations".[3] The reactionary character, institutional details and enormously negative consequences of the state re-capture of criminology in Blair's Britain are thoroughly documented by Hillyard et al.[4] in an excellent analysis of the silencing of critical criminology here through the managerialist state with its revenue targets, continuous audits, insane reviews and silent privatizations. However, my favourite observation on the subject, because it comes from a conservative psychologist and because it emanates from a raw scholarly honesty which rises above any political predilections, is the statement from the late Gordon Trasler that: "It is not immediately obvious that criminal behaviour constitutes a viable field of scientific behaviour…".[5] Trasler's point of reference was that psychological studies have not been able to establish "offenders as a class" distinguishable in respect of extraversion, intelligence, emotionality, physique or even social origin, and that the distinguishing, 'criminal', element of crime is that the state has defined it as such. After 37 years of studying criminology, I am not convinced either. Criminology has not yet established that it has any more scientific basis than religion, politics or astrology and certainly the intellectual level of its debates is markedly inferior to those within theology and astrology. Indeed, by far the best pieces of social-psychological analysis of any supposed 'criminal mentality' I have seen in the last few years are banned from publication by the British Home Office because they are written by incarcerated serial killers or much-reviled murderers.

This has led some to believe that criminology is still driven by superstition and faith, and that we have not moved beyond mere religious prejudice against the manifestations of evil. Certainly, criminology as a body of scholars exhibits the cold capriciousness of the Inquisition: its lack of collegiality is exceptional, even by the miserably low standards of academia. One can readily observe the po-faced, middle-class 'God Squads', of varying political persuasions but mostly conservative-liberal in effect, in search of the petty delinquencies of the devil within the lives of the lower working classes, immigrants, ethnic minorities, sexual deviants, general eccentrics and dissidents of the world.[6] They conform all too enthusiastically with the demands and limits of the managerial state, nobly serving time for a pittance and a pension whilst giving the legitimacy of science to an essentially political operation by their paymasters, who will do what they were going to do anyway.

Criminologists need to be rebels and sinners not evangelists, because they need to be able to distinguish between the serious and the trivial in the minefield of moral diversity — and to act on it. They also need to understand what real life and real damage looks like, rather than working blindly within the anodyne confines of the state's moral, sometimes amoral, and occasionally immoral agendas. Certainly, criminology systematically igno-

---

3. E.H.Sutherland and D.R.Cressey [1974], *Criminology*. Philadelphia: Lippincott, p. 20.

4. P. Hillyard, J. Sim, S. Tombs, and D. Whyte [2004] "Leaving a 'stain upon the silence': critical criminology and the politics of dissent". Paper given to the conference of the European Group for the Study of Deviance and Social Control, Chester UK, 2003; see http://www.edgehill.ac.uk/Facu ... dfs/82_Chconfweb.pdf

5. G. Trasler [1973], '*Criminal Behaviour*'. In H. Eysenck *Handbook of Abnormal Psychology*. London: Pitman, p. 67.

6. Again, see Hillyard *et al.*, *op. cit.*, for the full explanation of the current crop.

res the most serious crimes, such as genocide, and persistently ignores the fact that the official statistics are the officials' statistics. Certainly, mainstream criminology ignores, insults, suppresses, rejects or marginalizes critical scholars, even when pre-eminent in the UN for so long like Lopez-Rey, who saw that crime is a "socio-political… concept and only secondarily a causal event"[7] or who just refuse to comply with its mind-numbing subservience to the government of the day. And, certainly, criminology ignores the point made by Mushanga, the African criminologist, that "Mass murders, massacres, genocide and general brutality and terrorism against civilians by those in power may be due to the fact that power is in the hands of vandals, hooligans, nitwits and anomic delinquents".[8] In short, whether it be due to faith or funding, criminology consistently refuses to wrestle with the fundamental and profoundly important Nietzschean truth that crime is defined and proclaimed by those with the power to make legal definitions, and that those with such power are usually at least as mad, bad and stupid as those they persecute.

Criminology has not yet reached a level of maturity as a field of knowledge where it can contemplate for very long the possibility that the system of moral categories society deploys are basically the censures developed by the rich and powerful for the protection of their interests and the defence of their prejudices, and therefore for the control of the poor and rebellious, and that by using those censures uncritically, in their guise as legal terms, criminology is not a bystander science but an instrument of political domination.

Social censure

For at least thirty years now, but less frequently today, the conceptual object of mainstream criminology has been questioned by the 'fortunate'[9] generation of critical criminologists. In various ways, we put the concept of crime and its value in knowledge-creation into doubt by establishing the following:

— That societies often criminalize and punish severely acts which are less serious to the well-being of the majority than various acts which are not criminalized or only punished lightly.

— That crime and social deviance are by no means co-terminous, so that the trivially deviant is often criminalized and the seriously criminal treated merely as deviant or at least untouchable.

— That, to paraphrase Pascal, something can be a crime this side of the Pyrenees and not on the other —what is criminalized is still a question of geographical, cultural and jurisprudential peculiarity.

— That violence is deployed by both the criminalizers and the criminalized and that what distinguishes the two forms of violence is their legitimation by the state —so that one becomes law enforcement and the other crime.

— That states are often established and developed through the use of crime, e.g. land-grabbing, and of criminals, e.g. *agents provocateurs*, and that freedom fighters labelled as terrorists later become state officials and leonized as founding fathers of the new state.

— That the core ideological meaning behind modern crime control the protection of the public whereas the practical reality is that protecting the public is secondary to other considerations such as revenue generation, convenience and budget restrictions.

7. M.Lopez-Rey [1970], *Crime*. London: Routledge, p. 234.
8. T.M. Mushanga [1976], *Crime and Deviance*. Kampala: East African Literature Bureau, p.18.
9. Hillyard *et al.*'s term [2003 *op. cit*].

— And that the overall pattern of the above incongruities, inconsistencies and peculiarities runs directly parallel to the divisions of power, wealth and culture.

In my own work, this critique took the form of the theory of social censures.[10] Censures, such as thief, prostitute, murderer, terrorist, vandal and deviant, are ideological symbols, signs in a partisan discourse, icons of a moral narrative, and designations of inferiority, evil, sickness and weakness. The dominant censures of a society are those of the dominant class, gender, ethnic, regional, and age groupings and therefore are a direct refraction of the fundamental structures and processes of the society. As such, they are not only a part of that society's dominant culture, and of the hegemonic spin put on that culture by its leading political parties, but also a decisive element in the structuration of society itself through both the moral-entrepreneurial and routine daily activities of that structure's dominant agencies and their followers. To paraphrase Foucault, moral work is being done all the time throughout society's systems and processes but in a judgmental society, where social control embraces all in an allegedly participatory democracy, moral judgment is everywhere and reflects the master-structures of capitalism, patriarchy, and globalization.

Social censures are formed at points of contestation; they arise from and reflect social divisions; they are instruments of combat. Censures are cultural expressions of disapproval; terms or concepts embedded within wider ideas or prejudices and general marks and indicators of social division. They are signs of conflict: icons of structural divisions, archaeological sites of cultural industry, insults in the heat of battle, and key terrain on the map of society's distinctions between the normal and the abnormal. They are both law and pre-law, rule and norm; their legality and the authority of their form is variable.

Censures are both the lava pouring out of society's volcanic fissures and the means by which societies seal up their fissures. They reiterate the virtue of the censorious and the evil of the censured. As such, they do not so much describe the behaviours of the offensive as express the beliefs, interests and emotions underpinning the definition of the offence. Whether they become criminal law categories or remain just terms of informal abuse, they cannot be taken literally as descriptors of behaviour labelled in their name. Calling someone a murderer no more means that they have killed someone than calling your enemy a bastard means they were born out of wedlock. Branding people is not a scientific exercise; nor, realistically, is the process of proving the case against the target. Even in its most decorous and serious official forms, it is often a stab in the dark, and sometimes a stab in the back; more often of course it is just a routine process carried out by the institutions of branding backed by the force of law and the exigencies of institutional life.

The concept of social censure expresses the fact that people make moral choices or cuts, they draw prescriptive lines, and these cuts or lines constitute a vital part of the make-up of social practice. It also expresses the fact that what we commonly deplore is not described in scientific or neutral language, or in the universalistic language of the law, but rather in the ideological-moralistic vernacular language of like and dislike. It is only theft if you disapprove, it is borrowing or even liberation if you approve. Des-

---

10. Initially formulated in Sumner 1990 *op. cit.*, translated into Spanish by Encarna Bodelón as "Repensando el concepto de control social", *Revista Altev. Revista Internacional de Teoría, Filosofía y Sociología del derecho*, 2002'. See also "El abandano de la teoría de la desviacion", *Revista Cenipec*, [1985] 7, 45-66, "Foucault, gender and the censure of deviance" in L.Gelsthorpe and A.M. Morris [eds. 1990], *Feminist Perspectives in Criminology*, Open University Press: Buckingham, pp. 26-40, C. Sumner [ed. 1997], *Violence, Censure and Culture*, London: Taylor and Francis, and "The social nature of crime and deviance", in C. Sumner [ed. 2004], *The Blackwell Companion to Criminology*, Blackwell: Malden MA, Oxford and Victoria, pp. 1-32.

troying the environment is vandalism if you are an ordinary citizen, but defacing public monuments to local entrepreneurs is the real vandalism if you are the town mayor. Social censures are judgmental not neutral terms.

Censures are performative utterances; they simultaneously express the language of division and serve as forceful weapons in a conflict. They then become key components of our jurisprudence and morality, giving to both a direction, meaning, substance and target; forming the negative part of the normative sub-text behind the protocols of law and the abstractions of moral principle. Criminological discourse is also a performative utterance, and in so far as it reproduces society's dominant censures deep in the heart of its research categories and methods it reflects and reinforces the censures of the dominant and the immoralities of domination.

Censure, criminology and society

Criminology wishes to be realistic. So, who realistically are the serious thieves: juvenile delinquents or people who steal whole territories? Criminology overwhelmingly focuses upon poor boys who steal and destroy.[11] But is there a single study of how, throughout the nineteenth and twentieth centuries, colonial or imperial powers stole land in developing nations and enslaved whole populations in order to exploit ruthlessly their mineral resources? We could talk about the Belgian Congo and diamonds, or we could talk about South Africa and gold, or even the USA and how its 'robber barons' obtained 'their' 'natural resources'. We could even ask whether events since 1980 in Iraq are not just more of the same, now for oil, but this time, despite the illegality of the most recent invasion, legitimised by the claimed value of deposing a brutal dictator. We could ask realistically whether deposing the dictators of others reduces the level of violence and murder within a society.

We cannot expect mainstream criminology to ask such realistic questions. Its ideas, models and purposes do not permit it. Could criminology talk of the funny shaped skulls of the colonialists or new imperialists? Could it suppose Bush came from a broken home or kept bad company? Could it spot the difference, if any, between the war on crime and war on terror or indeed war in general? The violence involved in the colonial and imperial creation of what we now so euphemistically call globalization has been brutal, sustained, and at times savage and bizarre. Millions have died, or been tortured and maimed, in the name of the advance of that civilization which pays criminologists' salaries.

Who are murderers anyway? The murderers of civil society are not the sum total of unlawful killers. The differences between genocide, murder, abortion, euthanasia, breach of health and safety regulations, a disaster and an accident depends on more than legal logic; they depend on the historic-cultural understanding of the context by our nation's elites —and whether that understanding has been challenged by the people. Mainstream criminology has not even begun to address the legal distinctions between crime, war, negligence, accident and disaster. It continues to focus on the mean streets of juvenile delinquents. Indeed, in the Anglo-Saxon world today, universities are so privatized and desperate for money that only staff who promise to sell their labour to

---

11. For a critique of today's 'New Labour' version of this old practice, see P. Scraton [2003], "Streets of terror: marginalisation, criminalisation and authoritarian renewal", European group for the Study of Deviaince and Social Control, conference at Chester, UK, see http://www.edgehill.ac.uk/Faculties/HMSAS/cscsj/chesterconf/pdfs/18_Chconfweb.pdf

funding agencies have a good chance of getting and holding down permanent jobs as criminologists, so there is even less likelihood of critical analysis of crime than ever.

The value of the social censure perspective has been positively assessed by such progressive scholars as Bergalli,[12] Houchon,[13] Van Swaaningen[14] and Roberts[15] but, since criminology is so tightly wedded to its funding sources, conventional conceptualizations of crime continue to predominate or, worse, are being mindlessly and forgetfully renewed. Critical scholars, in turn, increasingly ignore the statist propaganda of academia and listen to ordinary people and critical social movements. Academia is becoming irrelevant as a source of knowledge about crime and justice.

My work on social censure merely outlined a general theory and only implicitly indicated a particular theory. There are many projects to begin, but the basic point is that we only grasp morally disapproved acts through the prism of negative ideological language, that behavioural definitions of crime are inevitably dominated by state categories, and that censuring is our historic way of dividing society into what we like and what we do not like. The language of censure is the foundation of criminological discourse and that for us to grow beyond criminology we need to begin a conscious re-assessment of which censures we wish to retain and which we wish to qualify or dismiss as problematic.

Because most societies hitherto have been divided, social censures can be classified into dominant and subordinate. The dominant censures are those of the ruling or dominant groups: the wealthy, the powerful, the respected, the 'authorities'—in our world, the multinational corporations, employers, politicians, bishops, editors, producers, and celebrities. Traditionally, dominant social censures have been those articulated by men, elders, whites, property-owners, parents and urban elites, although today this is changing fast. Today's dominant social censures are constantly challenged by the increasing influence of women and the feminization of social processes, of multiculturalism and the hybridity of populations, of increasing globalization and its intrinsic regional tensions, and so on. The subordinate censures of our day, as always, reflect the positions and experience of subordinate groups —unless they too become part of the dominant culture— and are thus often counter-censures. For example, the critiques of the environmental vandalism of the multinationals and of the untrustworthiness of politicians drive oppositional counter-censures that command much assent from people globally.

Given its practical roots in sectional interest or norms, censure is inherently ideological and therefore the treatment of criminal behaviour in academic criminology as a scientific categorization is doubly ideological. The radical net effect of this reasoning is to destroy the validity of the intellectual underpinnings of most criminology and the sociology of deviance.[16] These fields of discourse are not scientifically valid, unless and until they take as their starting point the politics of designation embedded in the categories of legal and moral censure. In principle, the criminal statistics are little more than the outcome of the data-collection practices, policies and categories used by the law enforcement agencies. Similarly, the targets specified by a statute are no more than the legal translations of the morally and politically defined targets of the government of the day. A science of crime without a politics of morality is mere quackery.

12. R. Bergalli [1997], 'Unsolved mysteries and unforeseen futures of social control'. In R.Bergalli and C.Sumner [eds.], *Social Control and Political Order*. London: Sage.

13. Review of Bergalli and Sumner [1997], in *Theoretical Criminology*, 1999, 3[2], 221-229.

14. R. v. Swaaningen [1997] *Critical Criminology: Visions from Europe*. London: Sage.

15. P. Roberts [1996], "From deviance to censure: a 'new' criminology for the nineties", *Modern Law Review*, pp. 125-144.

16. See C. Sumner [1994], *The Sociology of Deviance: an Obituary*. Buckingham: Open University Press.

Criminology, in another sense of this, is based on farce. To take an example, when a parent calls the child a 'nuisance' most of us would assume nuisance is a term of abuse with a doubtful, or at least complex, level of accuracy with reference to the child and probably a term which told us more about the parent and his or her current condition. Only a criminologist would assume the child was actually unequivocally a nuisance and then do research to discover the socio-economic correlates of being a nuisance or to see if s/he came from a family of nuisances, or perhaps to find better ways of policing and suppressing the annoying behaviour of children in families. Put another way, in a world ridden with exploitation, genocide, child poverty, imperial abuse of the rule of law, environmental degradation, racism, war, rape and slavery, and of course serial disrespect for politicians, criminologists take grants from government bodies to study petty 'anti-social' behaviour by the governed or despairing classes, using the government's definition of 'anti-social behaviour'.

Concluding remarks

A sociology of censures is fundamental to the historic task of unpicking the moral and political prejudices and superstitions underpinning Western criminology, and thus to the eventual supercession of the latter. We need to understand the social relationships, struggles and conflicts which gave rise to particular censures and their typical modes of application in the processes of domination. The vocabularies of struggle developed by ordinary working people, the 'underclasses', and the new social movements are a vital starting point in assisting that task. In pursuit of this archaeology of moral evaluations, we will uncover in the counter-censures of the oppressed a different view of the world, one with a different prioritization of social harms, one which defines violence differently, and one calling for a recovery of criminal law and its enforcement to the people and away from the bureaucracies of injustice.

The alternative concepts of serious crime, social harm, violence, and fundamental rights, which are now developing, have no magical powers or significance. Like the censures and censorious practices they oppose, they too are ideological weapons of combat and persuasion; figures of speech in another register —the register of the vocabulary of reform, resistance and revolution— that of populations in search of justice, freedom from exploitation, and peace. At the end of the day, there is no alternative but to face up to the painful task of deciding whether we still need to censure certain things, whether we still need to assign blame to our enemies, and to explore a vision of the world which delivers either another alternative set of censures or modes of dispute resolution which reduce the blaming of others and the rate of recidivism. The fundamental need analytically is for a renewed normative jurisprudence, something which has become rather unfashionable, to specify what we want to censure and assess whether that censure needs to be expressed through the principles and concepts of the criminal law —or indeed whether criminal law has served its historic purpose and become an obstacle to peaceful and progressive dispute resolution. This normative jurisprudence will need a clear and coherent critique of the vocabularies of war and crime, for the two are part of the same punitive system, but it must also develop another vocabulary, one which talks about truth and reconciliation, compromise, mediation, and explanation rather than blame, punishment and exclusion.

A TRENTA ANNI DA "LA QUESTIONE CRIMINALE": RIFLESSIONI POLITICHE*

Dario Melossi

Trent'anni fa, nel 1975, venne fondata *La Questione Criminale* —la rivista che durerà sino al 1981, per poi riprendere, due anni dopo, con il titolo "Dei delitti e delle pene"— è di lì che mi sembra valga la pena ricominciare, fu lì che cominciammo a pensare, da lì ripartire per "riannodare le fila".[1] Fu lì anche che cominciò un percorso che mi avrebbe portato a conoscere ed apprezzare l'amico Roberto Bergalli. Attraverso il "nesso" umano, culturale e politico costituito da Franco Bricola e Alessandro Baratta, più volte avrei calcato il suolo di questa bellissima, seducente città di Barcellona, la capitale della grande nazione catalana. Ma è soprattutto la prima volta che ricordo con affetto (anche se avrei poi conosciuto Roberto solo di lì a poco). Era nel settembre del 1977, l'"European Group for the Study of Deviance and Social Control" che, a cominciare dal 1973, un gruppo di noi giovani seguiva ogni settembre peregrinando di capitale europea in capitale europea, si riuniva a Barcellona. Fu facile prendere la decisione, insieme all'amica Tamar Pitch, montare sulla gloriosa Lambretta, caricarci su gli zaini e prendere il piroscafo per Barcellona. Trovammo una città che non era ancora la sede della *Generalitat*, che avrebbe cominciato ad esistere solo di lì ad alcuni mesi. Ed infatti, era una città che, nei giorni del convegno, vide la più grande manifestazione pubblica cui mi sia capitato di assistere in vita mia, l'11 settembre del 1977, per richiedere a gran voce appunto il riconoscimento dell'autonomia, un milione, forse più, di catalani si trovarono nelle strade e piazze di Barcellona, in cui non v'era posto per le FIAT-SEAT di allora né financo per la mia Lambretta. Solo uomini e donne, le loro voci, non un suono che non fosse la richiesta dell'indipendenza e i suoni e i canti che a quella si accompagnavano. Un gioioso 11 settembre, che faceva da contrappunto alla tristezza dell'11 settembre del 1973, quando l'"European Group" si era inaugurato a Firenze, e dovemmo alzare la voce della nostra protesta contro la tragedia cilena. Né sapevo allora[2] quanto importante fosse quella data per la nazione catalana che ricordava l'eroica difesa della città e la crudeltà dell'occupante, dopo la sollevazione ricordata nella canzone *Els segadors*, occupazione che aveva segnato la fine dell'autonomia catalana all'inizio del diciottesimo secolo.

Ma facile era anche venire a testimoniare la rinascita di un popolo, accomiatandosi da una situazione, quella italiana d'allora —marcata da manifestazioni a Bologna di un

---

* Testo rivisto di una conferenza data il 14 aprile 2005 presso la facoltà di Giurisprudenza della Università di Barcellona sulla base di un gentile invito dell'amico Roberto Bergalli!

1. Questo scritto avviene ad un tempo quando alcuni di noi si accingono a cercar di riprendere il cammino di queste due riviste...

2. L'ho potuto apprendere solo di recente, visitando in occasione di questa conferenza, il Museo della Storia Catalana presso la Barceloneta...

"movimento" che non aveva certo saputo ricucire le ferite del marzo prima— in cui si celebrava il naufragio, *Italian style*, delle ipotesi di liberazione che ci avevano accompagnati a cominciare dal 1967-'68, ipotesi malamente gettate via da coloro che da un lato non sapevano esprimere sogni più alti di quelli che si manifestavano nelle dita alzate a forma di pistola e dall'altro quelli che non potevano che difendere i monumenti ormai muti della grandezza di un tempo. La mia partenza, di ritorno da Barcellona, la mia vera partenza, sarebbe stata, di lì a pochi giorni, per gli Stati Uniti. Volevo infatti comprendere chi veramente ci aveva sconfitti, chi fossero i veri vincitori, come fosse possibile che una cultura che aveva sedotto la "meglio gioventù" avesse dato vita anche alle forze che ne avevano sconfitti i sogni, paradosso reale, o solo apparente? (Una certa nostalgia circolerà in queste pagine quindi, e mi viene da ricordare anche il senso di nostalgia per, ma anche la nostalgia negli scritti di, un grande autore catalano, la nostalgia che si respira nelle sue pagine quando celebra con ironia triste la sinistra *d'antan*, Manuel Vázquez Montalbán e la strana vita del suo personaggio Pepe Carvalho, eroe comunista della resistenza nella Spagna franchista e poi uomo della CIA, e assassino di Kennedy...)

Ma veniamo al dunque. Un grande autore del novecento, Karl Polanyi, ebbe a scrivere, nel porre le basi per l'argomentazione del suo capolavoro, *The Great Transformation* (1944), in cui ricostruisce le basi della nuova società che si va creando negli anni Trenta, la società del *New Deal*, del *welfare state*, del keynesismo, del fordismo, che gli anni trenta appunto erano stati "rivoluzionari" mentre gli anni venti erano stati "conservatori", una visione sorprendente, in quanto è agli anni venti che siamo abituati ad attribuire il lustro della rivoluzione, da quella bolscevica appena accaduta, a quelle del centro Europa, etc. Ma queste rivoluzioni —ribatte Polanyi— sono ancora tutte interne al diciannovesimo secolo, combattono per ipotesi ed ideali che appartengono alla società che sta morendo. Sarà solo negli anni trenta che si costruirà la nuova società del novecento a cominciare dal colpo di genio della fine del *gold standard*... Vorrei provare ad applicare al caso nostro la stessa logica: "sessanta conservatori, rivoluzionari anni settanta". Anni sessanta conservatori perché guardavano al passato, un canto del cigno di un lungo "ciclo" di progresso: dal *New Deal* agli anni '60. Non a caso uno dei *leitmotiv* di Reagan nei primi discorsi dopo il suo insediamento (1981) fu "dobbiamo tornare a prima del *New Deal*!" (Melossi 1985).

Ma le cose non sono naturalmente così semplici e sempre all'apice del periodo subito precedente germina l'annuncio del nuovo: così negli anni '60 c'era l'annuncio degli anni '70...

Recentemente, preparandomi per un convegno per il ventennale dalla scomparsa di Foucault, tenutosi a Trieste,[3] ho avuto occasione di riflettere sul rapporto dello studioso francese con il marxismo e mi sembra sia possibile riscontrare un certo consenso —peraltro incoraggiato da affermazioni dello stesso Foucault— secondo cui, in ampia parte, tale rapporto non fu soltanto con "la teoria di Marx" quanto anche con *i marxismi* storicamente dati che Foucault si era trovato di fronte nella sua esperienza storica, e francese, tra anni cinquanta e anni ottanta. Come osserva Balibar, "una vera e propria lotta con Marx percorre tutta l'opera di Foucault ed è una delle fonti essenziali della sua produttività" (Balibar 1988: 55). Ciò è da intendersi perlomeno in due sensi, sia perché alcuni dei principali problemi teorici affrontati da Marx sono anche quelli che campeggiano nella produzione foucaultiana, sia perché, appunto, la sua "tenzone

---

3. Dario Melossi, "Penalità e 'governo delle popolazioni' tra Marx e Foucault", relazione presentata al Convegno "Il soggetto che non c'è – Michel Foucault 1984-2004", Trieste, 5-6 novembre 2004.

con Marx" è al tempo stesso una lotta ingaggiata con i marxismi della sua epoca. Ciò nelle due versioni appunto in cui a lui il marxismo veniva. Vi era infatti, da un lato il marxismo della tradizione ufficiale di provenienza secondo e terzo internazionalista, rappresentato nei partiti politici della sinistra francese dell'epoca (o comunque in ciò che ne rimaneva), ed i cui capisaldi —sia che si presentassero in una versione "riformista-socialdemocratica" sia che si presentassero in una versione "rivoluzionaria-leninista"— erano sostanzialmente l'"economicismo" (Foucault 1976*b*: 21) e lo "statalismo". Erano cioè l'idea "sovrastrutturale" di un'economia determinante "in ultima istanza", e l'idea dello "Stato" "come bersaglio da attaccare e come posizione privilegiata da occupare" (Foucault 1978: 28), due posizioni che si ricongiungono in quella che i sociologi chiamano la "teoria strumentale dello Stato", caratterizzata dall'"economicismo" e dal "giuridicismo" del "potere" (Foucault 1976*b*: 21).

La critica dell'"ipotesi repressiva"

Ma tale concezione "tradizionale" "marxista" del potere era all'epoca sempre più insidiata e soppiantata da un'altra, simile e diversa al tempo stessa, che si riassume in quello che è stato chiamato il "freudo-marxismo" degli anni sessanta-settanta, un'ideologia "liberazionista" (Breines 1994: 44) o "gauchista, utopico-rivoluzionaria" (Balibar 1988: 56-57), una tradizione "alternativa" che costituiva moneta corrente, per così dire, degli anni in cui Foucault espresse le sue opere più importanti, o almeno più note, tra *Sorvegliare e punire* (1975) e *La volontà di sapere* (1976*a*). Si trattava di una tradizione che rileggeva Marx attraverso le lenti di Freud, con l'aiuto della Scuola di Francoforte e soprattutto di uno degli autori più letti dal movimento studentesco "antiautoritario", o della "democrazia partecipativa", tra Germania e Stati Uniti, cioè Herbert Marcuse (Breines 1994). Stabilendo una sorta di omologia tra "capitale", "Stato", e "controllo sociale" —all'interno del quale comparivano anche l'istituzione familiare e le prime avvisaglie di una questione di "genere"— il potere veniva riletto secondo uno schema fondamentalmente patriarcalista in cui il Leviatano di Hobbes —quello che Kelsen giustamente aveva chiamato il "*Makroanthropos*, o superuomo" (1922: 3)— il capitalismo, e il *pater familias*, svolgevano tutti e tre grosso modo la stessa funzione, che era quella di *reprimere* un elemento "istintuale" di cui in qualche modo venivano visti come portatori una ridda di diversi "senza-potere", fossero questi la classe operaia, i giovani, le donne, le minoranze etniche, gli emarginati, coloro che avevano orientamenti sessuali non-convenzionali, eccetera (da cui, politicamente, l'ipotesi di improbabili "coalizioni-arcobaleno" che cercavano in qualche modo di unificare la rivolta contro il potere dei padri, uomini bianchi, anziani, ricchi, eccetera —ideologia della cui supremazia, sulla base di una pretesa preminenza in termini di razionalità, si era storicamente affermata almeno dall'inizio dell'evo moderno— si vedano per tutti, i *Lineamenti di filosofia del diritto* di Hegel (1821). E' tale "ipotesi repressiva" che costituisce l'obiettivo polemico di Foucault tra *Sorvegliare e punire* (1975), *La volontà di sapere* (1976*a*), esplicitamente dedicata alla critica della psicoanalisi, e il corso del 1976 pubblicato sotto il titolo *"Bisogna difendere la società"* (Foucault 1976*b*), nelle cui lezioni iniziali Foucault promette, ma non mantiene, una disamina della critica del concetto di repressione. Foucault nota come, in certo senso, tale ipotesi "liberazionista" costituisse già una risposta alla crisi del primo e più tradizionale tipo di marxismo, e cioè una risposta alla domanda se sia possibile "fare un'analisi non economica del potere" (Foucault 1976*b*: 22). Afferma Foucault:

C'è una risposta-occasione, una risposta immediata che mi sembra riflessa dal fatto concreto di molte analisi attuali: il potere è essenzialmente quel che reprime. Il potere reprime la natura, gli istinti, una classe, degli individui. Ma non è certo il discorso contemporaneo ad aver inventato la definizione, ripetuta con insistenza, del potere come ciò che reprime. Ne aveva parlato Hegel per primo. E poi Freud, e poi Reich. In ogni caso, essere organo di repressione è, *nel vocabolario attuale*, l'epiteto quasi omerico del potere. Se così stanno le cose, non dovrebbe allora l'analisi del potere essere, innanzitutto ed essenzialmente, l'analisi dei meccanismi di repressione. —*E più avanti:* —Senza dovermene vantare troppo, credo di essere da ormai molto tempo diffidente nei confronti della nozione di "repressione". —*E infine:* —Il mio progetto —che abbandono però immediatamente— era di mostrarvi come lo strumento di cui l'analisi politico-psicologica si è dotata da ormai circa tre o quattro secoli, vale a dire la nozione di repressione —*e che sembra piuttosto ricavata dal freudismo o dal freudo-marxismo*— si iscrivesse in realtà all'interno di una decifrazione del potere che veniva effettuata in termini di sovranità. Ma, dato che tutto ciò ci avrebbe indotto a ritornare su *cose già dette*, è preferibile procedere oltre e riprendere eventualmente l'argomento se, alla fine dell'anno, resterà un po' di tempo [Foucault 1976*b*: 22, 24, 44, mie enfasi].[4]

Dopo di ciò, nel prosieguo del corso Foucault si dedica a sviluppare la sua visione del rapporto tra dominazione, razzismo e biopolitica. Prima, aveva brevemente ricordato le posizioni che era andato sviluppando sino allora, le "cose già dette", ancora una volta soprattutto in *Sorvegliare e punire* e *La volontà di sapere*, sulla soggettivazione come legata al concetto di "disciplina" e tale concetto come quello realmente alternativo all'"ipotesi repressiva" in quanto incorpora la fondamentale intuizione foucaultiana —probabilmente il suo contributo più importante dal punto di vista sociologico, se non filosofico— del potere come qualcosa di produttivo, attivo, che costruisce, che costituisce, che offre ragioni e motivi invece di toglierli, reprimerli, censurarli, eccet. Un potere che offre motivi all'azione invece che "dire semplicemente no" (così come nella propaganda antidroga di cui la "*first Lady*" Nancy Reagan, in quegli stessi anni, era la principale testimone, "*Just say no!*").[5]

Liberatori e/o modernizzatori?

Paradossalmente, mi sembra si possa sostenere che nel prendere tale posizione, incentrata sul concetto di disciplina e che ripudia quello di repressione, Foucault sia sostanzialmente "fedele a Marx". L'"ipotesi repressiva" infatti, piuttosto che sviluppare il lascito marxiano —assai meglio rappresentato, appunto, dallo sviluppo del concetto di "disciplina"— sembra descrivere, come notato da Foucault stesso e poi da altri commentatori già citati, come Balibar (1988) e Breines (1994), il freudo-marxismo degli anni sessanta, un *pastiche* di libertarismo e liberazionismo di origine ottocentesca

---

4. V. anche l'intervista di Alessandro Fontana e Pasquale Pasquino a Michel Foucault (raccolta nello stesso anno 1976), con cui si apre *Microfisica del potere* (Foucault 1977).
5. Tale posizione si era già manifestata in numerosi autori che avevano preso ad oggetto la nascita della società democratica di massa, dal secondo volume della *Democrazia in America* di Tocqueville (1840) a Durkheim (1898-1900) a Gramsci (1929-1935), solo per citarne alcuni. E tutta la tematica nordamericana del "controllo sociale" nei primi tre quarti del ventesimo secolo, muove essenzialmente da posizioni simili (su tutto ciò si veda Melossi, *The State of Social Control*, 1990 e, in estrema sintesi, i quattro contributi intitolati "Stato e controllo sociale 1-2-3-4" in Melossi 2002). La tematica del "dir di sì" Foucault la deriva certo da Nietzsche. Sarebbe interessante chiedersi se tale messaggio non fosse particolarmente attuale in un tempo quando così gran parte dell'ordine sociale sembrava organizzato intorno al "dir di no"!

(che ben si saldava con il "terzomondismo" dell'epoca), e che ben spiega tra l'altro come sia potuto accadere in seguito che tale tradizione sia stata in parte egemonizzata dal neoliberismo, in quanto ciò che quest'ultimo e il "radicalismo" degli anni sessanta-settanta avevano in comune era l'ostilità per i concetti di "Stato", di "socialismo", del *welfare State* "come sistema di controllo sociale" —come si diceva all'epoca, un'ostilità che ben si confaceva all'"antiautoritarismo" degli anni '60, del movimento studentesco, della "rivoluzione sessuale" (emblematico da questo punto di vista il caso di Wilhelm Reich, citato da Foucault sopra!). E infatti in quegli anni generalmente il termine "repressione" veniva riferito o alla "repressione sessuale" o alla "repressione politico-giudiziaria",[6] in una significativa scomparsa di qualsiasi dimensione "di classe". Un idea non "marxista", si diceva, ma quindi che veniva da dove? Il discorso sarebbe lungo ma credo che si debbano citare entrambi i percorsi di critica dello "Stato" che in quegli anni confluirono nell'attacco al *welfare state* e cioè sia un percorso di sinistra di derivazione liberale e/o anarchica, da un lato, e un percorso libertario nel senso anglosassone del termine e cioè radicalmente liberista e che nutrirà non poco di sé la successiva corrente neo-conservatrice che acquisterà sempre più potere intorno all'11 settembre 2001, dall'altro.

La prima "corrente" conobbe una fase di grande rilievo "radical-democratico" nel concetto di "democrazia partecipativa" che, nel 1962, animò di sé il manifesto di Port Huron dello "*Students for a Democratic Society*" (la principale organizzazione del movimento studentesco americano), che riapparirà nel movimento di Berkeley del 1964 e di lì passerà in Europa, soprattutto il movimento tedesco (Berlino) del 1966. Spirito che si ritrova poi nel '67-'68 in Italia, a Torino, Trento, eccetera. In Italia si espresse tipicamente nel linguaggio della Università / cultura / società —a seconda delle ambizioni dei proponenti— "critica", "alternativa", "antiautoritaria", eccetera. Si trattava di una ideologia che si nutriva sia dell'apporto del marxismo "di sinistra" —particolarmente la scuola di Francoforte, per la quale era ben chiaro come la critica del capitalismo non potesse esser disgiunta dalla critica del capitalismo "di Stato" dell'est (si veda ad esempio, *Soviet Marxism*, di Herbert Marcuse (1958), non completamente scollegato dal lavoro che il filosofo aveva svolto presso il Dipartimento di Stato). Questa primissima fase del movimento studentesco fu una fase massicciamente e sorprendentemente di massa, profondamente interclassista (o forse dovremmo dire prevalentemente "borghese", dei ceti medi) e sulla cui spinta di massa il successivo movimento dei "gruppuscoli", a dispetto degli stessi, camperà un pezzo! Non sorprende comunque che i movimenti che ne seguirono —e con cui "La questione criminale" fu senz'altro in approfondito commercio— si ispirarono ad un libertarianismo che il neoliberismo trionfante degli anni a venire non avrà troppa difficoltà a gestire! Non solo perché il mercato si sarebbe incaricato di dare forma a molte di quelle domande ma perché le domande stesse erano essenzialmente antiautoritarie e tipicamente "progressiste", almeno col senno di poi. La critica del *welfare state* come strumento di controllo, la lotta contro la monotonia e la ripetitività della fabbrica fordista, l'autonomia e l'indipendenza finanziaria di giovani e donne, e più in generale la lotta contro tutti gli aspetti autoritari, gerarchici, burocratici e "codini" della società contemporanea, individuavano una direzione politica che sarebbe stata progressivamente "detta" dalla rivoluzione neoliberista. La stessa presenza all'interno di tale rivoluzione di molti transfughi dell'eroico

---

6. Quale fu la sorpresa mia e di Pavarini quando ci accorgemmo, nel 1970, all'apice del gridare al lupo della "repressione", che quell'anno era in assoluto il più basso come tasso di incarcerazioni nella storia d'Italia. La repressione di cui si parlava non era, naturalmente, la repressione di chi da sempre finisce in carcere, ma la repressione di quelle "avanguardie", politiche, sindacali, o culturali, che finiscono in carcere nei momenti di crisi, e in genere, salvo significative eccezioni, per brevi periodi.

periodo della contestazione non sorprende più di tanto a questo punto. Forse essi furono i più coerenti! La domanda che sto ponendo in altri termini mi sembra essere se quel movimento complessivo non fu in fondo se non un altro episodio in un generale filone "modernizzatore", di cui avanguardie estremiste e "piccolo-borghesi" portarono gran parte del carico, una modernizzazione che si pose il compito di disfarsi della *communis opinio* del periodo precedente e arare il campo, per così dire, per quella nuova, ennesima incarnazione di quella "violenza creatrice" borghese di cui Marx ed Engels erano stati tra i più entusiasti cantori, "...Tutto ciò che è solido si dissolve nell'aria, è profanata ogni cosa sacra, e gli uomini sono finalmente costretti a guardare con occhio disincantato la propria posizione e i propri reciproci rapporti" (Marx e Engels 1848: 97; Berman 1988).

Si tratterebbe di comprendere, a questo punto, il percorso specifico che tali vicende ebbero nel campo della criminologia critica e della critica al diritto penale —per usare i lucidi termini di Alessandro Baratta (1982)— ed il ruolo che la stessa "La questione criminale" ebbe all'interno di questo movimento complessivo. Si tratterebbe di rintracciare tale percorso sia nella versione americana sia in quella italiana. Basti citare tre punti di riferimento essenziali per la realtà americana. Da un lato il ruolo di "cerniera" giocato da un pensatore così originale e così cruciale come David Matza che nel corso della sua opera torna a scoprire —per la prima volta dopo un secolo di dominio di ciò che egli chiama il "positivismo" delle scienze sociali— i capisaldi stessi del modo di pensare neo-classico, la "libera volontà" in Delinquency and Drift (1964) ed il ruolo dello Stato —che egli addirittura chiama "Leviatano"— in *Becoming Deviant* (1969). Il suo lucido anarchismo di sinistra non tarderà a far da presagio al neo-utilitarismo repressivo e vendicativo degli anni di Reagan e di Bush. Non dissimile il fato di altre e furibonde lotte degli anni settanta come quella contro l'*"indeterminate sentencing"* di un testo come *Struggle for Justice* (AFSWC 1971) che arerà il campo alla introduzione di modelli imposti per la determinazione della sentenza che risulteranno sia in pene effettivamente servite più lunghe sia in aberrazioni come quelle dell'automaticità dell'ergastolo alla terza condanna (Greenberg e Humphries 1980), o la lotta contro la riabilitazione come "strumento di controllo sociale" che sarebbe stata poi entusiasticamente cavalcata da una destra assetata di severità penale (Cullen 2005). Per cui, da questo punto di vista, il ruolo svolto internazionalmente dalla "criminologia critica" non sarebbe poi così diverso da altri grandi movimenti storici precedenti che si erano incaricati di articolare il nocciolo dei "principi morali" della nuova società che stava emergendo attraverso la cartina di tornasole —così rivelatrice— delle concezioni intorno alla natura della criminalità e al diritto di punire. Sto pensando naturalmente alle altre due grandi scuole "progressiste", quella "classica" dell'illuminismo settecentesco e quella "positiva" del positivismo ottocentesco.

E, se vogliamo passare, scivolando dagli Stati Uniti all'Italia, dalla tragedia alla farsa, che dire dei destini di ciò che è stato chiamato "garantismo" nel nostro paese, dalla difesa di coloro che vennero accusati di reati politicamente motivati negli anni '70 a quella del più sfrenato privilegio politico ed economico negli anni più recenti? O alla vergogna di un sistema che lascia che coloro che sono deboli e senza protezione, come i migranti —coloro cioè che non si possono permettere di acquistare neppure le briciole al mercato del garantismo— affollino le carceri allo stesso modo in cui questo accadeva nei periodi più bui dell'Ottocento? O non sarà che, ancora una volta, dovremo ripetere, a proposito di tale ultimo "progressismo", ciò che, certo per diverse ragioni, affermò Gramsci commentando l'opera della "cricca di scrittori della cosiddetta scuola positiva", che "ancora una volta la 'scienza' era rivolta a schiacciare i miseri e gli sfruttati, ma questa volta essa si ammantava dei colori socialisti, pretendeva essere la scienza del proletariato"? (Gramsci 1926: 55).

Riferimenti bibliografici[7]

AMERICAN FRIENDS SERVICE WORKING COMMITTEE (AFSWC) (1971), *Struggle for Justice: A Report on Crime and Punishment in America*. New York: Hill and Wang.

BALIBAR, Etienne (1988), "Foucault et Marx. L'enjeu du nominalisme". Pp. 54-76 in *Michel Foucault philosophe*. Paris: Editions du Seuil.

BARATTA, Alessandro (1982), *Criminologia critica e critica del diritto penale*. Bologna: Il Mulino.

BERMAN, Marshall (1988), *All That Is Solid Melts Into Air*. New York: Penguin Books.

BREINES, Paul (1994), "Revisiting Marcuse with Foucault: An Essay on Liberation Meets The History of Sexuality". Pp. 41-56 in J. Bokina and T.J. Lukes (a cura di), *Marcuse: From the New Left to the Next Left*. Lawrence (Kansas): University Press of Kansas.

CULLEN, Francis T. (2005), "The Twelve People Who Saved Rehabilitation : How the Science of Criminology Made a Difference", *Criminology* 43: 1-42.

DURKHEIM, Emile (1898-1900), *Lezioni di sociologia: Fisica dei costumi e del diritto*. Milano:Etas Libri, 1978.

FOUCAULT, Michel (1978), "La 'governamentalità'", *Aut Aut* 167-168: 12-29.

— (1977), "Intervista a Michel Foucault". Pp. 3-28 in M. Foucault, *Microfisica del potere*. Torino: Einaudi, 1977.

— (1976a), *La volontà di sapere*. Milano: Feltrinelli, 1978.

— (1976b), *"Bisogna difendere la società"*. Milano: Feltrinelli, 1998.

— (1975), *Sorvegliare e punire: Nascita della prigione*. Torino: Einaudi, 1976.

GRAMSCI, Antonio (1929-1935), *Quaderni del Carcere*, 4 voll. Torino: Einaudi, 1975.

—(1926), "Note sul problema meridionale e sull'atteggiamento nei suoi confronti dei comunisti, dei socialisti e dei democratici", *Critica Marxista* 28/3 (1990): 51-78.

GREENBERG, David F., e Drew HUMPHRIES (1980), "The Cooptation of Fixed Sentencing Reform." *Crime and Delinquency* 26: 206-25.

HEGEL, Georg W.F. (1821), *Lineamenti di filosofia del diritto*. Bari: Laterza, 1979.

KELSEN, Hans (1922), "Der Begriff des Staates und die Sozialpsychologie", *Imago* 8: 97-141.

MARCUSE, Herbert (1958), *Soviet Marxism: A Critical Analysis*. New York: Columbia University Press.

MARX, Karl and Frederick ENGELS (1848), *Manifesto del Partito Comunista*. Torino: Einaudi, 1948.

MATZA, David (1969), *Becoming Deviant*. Englewood Cliffs (NJ): Prentice-Hall, Inc.

— (1964), *Delinquency and Drift*. New York:John Wiley.

MELOSSI, Dario (2002), *Stato, controllo sociale, devianza. Teorie criminologiche e società tra Europa e Stati Uniti*. Milano: Bruno Mondadori.

— (1990 *El Estado del Control Social. Un estudio sociologico de los conceptos de estado y control social en la conformacion de la democracia*. México: Siglo XXI Editores, 1992.

— (1985), "Premesse per un'analisi dei processi di conflitto e trasformazione sociale negli Stati Uniti del 'nuovo inizio' di Ronald Reagan" *Inchiesta* 69: 75-102.

POLANYI, Karl (1944), *The Great Transformation: The political and economic origins of our time*. Boston: Beacon Press.

TOCQUEVILLE, Alexis De (1835-1840), *La democrazia in America*. Bologna: Cappelli, 1962.

---

7. Le date sotto al nome (e indicate nel testo) si riferiscono all'edizione originale dell'opera; la data dell'edizione usata, *se differente*, si trova invece alla fine del riferimento.

SOTTO L'ARMATURA DEL CONTROLLO

Giuseppe Mosconi

Questo scritto rappresenta una ristesura aggiornata e assai cambiata in diverse parti di "Oltre i limiti del controllo sociale", articolo pubblicato in *Devianza ed Enargunazione*, 1986, n.° 10, pp. 51-62. Lo dedico a Roberto Bergalli, che ho conosciuto correndo per i boschi di Onati, e dal quale poi in tante occasioni ho raccolto contributi su questo e su altri temi, con la stessa energia e intensità, tesa al cambiamento delle cose esistenti.

1. Le dicotomie del controllo

Due dimensioni notoriamente si confrontano e si intrecciano nella definizione e nello studio del controllo sociale. Quella della comunicazione partecipativa e condivisa, che spontaneamente colloca gli individui in sistemi di relazione socialmente adeguati. Quella dell'autorità esercitata in modo verticale, come strumento di limitazione del comportamento dei singoli e di repressione delle violazioni delle norme. Esse affondano le loro radici nella visione illuminista e giusnaturalista del rapporto tra individui e società, nella lettura ottimista (Rousseau) e pessimista (Hobbes) dello stesso, e appaiono riproporsi tanto attraverso le grandi dicotomie sociologiche (da Spencer a Tonnies), quanto nella diversa lettura del ruolo dello stato e delle diverse modalità secondo cui si organizzano le relazioni sociali.

Così un approccio particolarmente sensibile agli aspetti culturali, relazionali e interattivi degli aggregati sociali, da Spencer a Gurvitch, fino agli etnometodologi, concepisce il controllo sociale soprattutto nella prima dimensione; mentre la preoccupazione di ricostruire continuamente l'equilibrio e la stabilità del sistema sociale, messa in crisi dalla complessificazione indotta dallo sviluppo economico e tecnologico e dall'elevata frammentazione e mobilità sociale da Ross a Parson, fino, per certi aspetti, al neofunzionalismo di Luhmann, porta ad attribuire particolare enfasi alla seconda dimensione.[1] Non necessariamente queste due concezioni del controllo sociale sono pensate in termini conflittuali, così da escludersi reciprocamente. Ad esempio in un approccio costruzionista, quale quello criminologico-critico, esse coesistono dislocandosi a livelli diversi.

Così il controllo sociale "primario", è definito da A.K. Cohen come insieme di processi e di relazioni attraverso cui i comportamenti e gli eventi si integrano nella stabilità delle norme, prevenendo la violazione delle stesse. Esso è indiretto, informale, e incide sulle motivazioni, orientandole positivamente. Il controllo "secondario" è invece l'insieme dei mezzi di reazione alla violazione delle norme, dopo che questa si sia verificata, preposti alla ricostruzione dell'equilibrio. Esso è diretto, formale, e si oppone in chiave negativa alle motivazioni soggettive.[2] Ma le due dimensioni possono addirittura sovrapporsi e contaminarsi.

---

1. V.A. Gasanti, *Controllo e ordine sociale*, Milano, Giuffré, 1985; A. Gasanti, *Controllo sociale. Un concetto ambiguo*, in *Devianza ed Enargunazione*, 1986, n.° 9, pp. 21-38.
2. Si vedano in proposito A.K. Cohen, *Controllo sociale e comportamento deviante"*, Il Mulino, Bologna, 1969, capitoli V, VIII e X; P.L. Berger, T. Luckmann, *La realtà come costruzione sociale*, Il Mulino, Bologna, 1969; H. Hess, "Il controllo sociale: società e potere", *Dei delitti e delle pene*, 3, 499, 1983. Si veda anche la voce "controllo sociale" redatta dall'autore, in *Dizionario di sociologia e antropologia culturale*, a cura di E. Pace, diretto da S.S. Acquaviva, Cittadella, Assisi, 1984.

Infatti il controllo primario, pur inteso come comunicazione intersoggettiva, eventualmente orientata a valori condivisi, può venire interpretato come l'effetto dei processi di manipolazione e di condizionamento sul comportamento dei singoli dispiegati dai mezzi di comunicazione di massa o dalla pervasività della tecnologia nei comportamenti e nelle relazioni sociali . D'altra parte lo Stato, nel momento in cui si trova a far fronte al pluralizzarsi e complessificarsi della composizione sociale e ai pericoli di disgregazione ad essi intrinseci, viene ad assumere funzioni assistenziali di integrazione sociale, incentivando comunicazione, interazione, partecipazione, convivenza interculturale (Scuola di Chicago, Keynes, Dahrendorf).[3] D'altra parte, quale maggiore legittimazione di un controllo sociale agito dall'alto che l'ipotesi di un consenso generalizzato e condiviso ai contenuti normativi affermati dal "sovrano". La situazione analizzabile attraverso la categoria di "controllo sociale" si trova dunque all'incrocio di due possibilità interpretative. La condizione in cui le norme operano formalmente e il sistema sociale sembra mantenere equilibrio e stabilità può essere di volta in volta addebitata alle interazioni comunicative tra i soggetti (per questo manipolata e manipolabile) o all'azione repressiva, ma anche coordinatrice e reintegratrice di un sovrapposto sistema di controllo.

Molto spesso Roberto Bergalli, nei suoi diversi lavori dedicati al tema del controllo sociale, si è trovato di fronte a questa dicotomia e a queste ambiguità; e giustamente ha sottolineato come la concezione di controllo sociale vada di pari passo con la concezione politica di società e di esercizio del potere che ispira le diverse teorie e i diversi approcci.[4] Tanto che che appare evidente come l'evolversi delle diverse definizioni e concezioni di controllo sociale segua l'evoluzione delle forme dei sistemi politici, delle funzioni dello stato e delle formulazioni teoriche cui le stesse si accompagnano. Se infatti in astratto è concepibile una distinzione tra un'accezione sociologica di controllo sociale, orientata ad interpretare il fenomeno in relazione a diversi modelli di società, ed una concezione politologica, orientata ad analizzare il modo in cui i controllo sociale venga o debba essere esercitato in un determinato sistema politico-statale, è evidente la diversa valenza politica, di volta in volta conservatrice, riformatrice o radicalmente critica, dei diversi approcci sociologici, così come è impensabile che i vari orientamenti politici non facciano di volta in volta riferimento a un'idea di controllo sociale, al modo in cui lo stesso possa funzionare, o non possa che funzionare. Forse poche altre categorie sociologiche sono così compromesse con la dimensione delle scelte politiche, o degli orientamenti ideologici.[5]

E non è detto che le posizioni autoritarie e conservatrici debbano allinearsi ad un'idea di controllo sociale come esercitato autoritariamente da un potere centrale sovrapposto, mentre quelle innovatrici debbano pensare ad un controllo comunicativo diffuso. Proprio un orientamento fortemente innovativo come quello critico-conflittualistico può immaginare il controllo sociale come una forma di potere autoritario, repressivo o diffusamente manipolatore, contro il quale solo decisi interventi destrutturanti meritano credito; così come una società sostanzialmente autoritaria può autolegittimarsi attraverso la costruzione dell'immagine di un diffuso consenso comunicativo e suo sostegno.

---

3. Ci riferiamo in particolare agli autori della Scuola di Chicago, tra i quali menzioniamo, con riferimento al tema in oggetto C. Shaw e H.D. McKay, *Juvenile Delinquency and Urban Areas*, University of Chicago Press, Chicago, 1942; G.H. Mead, *Mente, sé, società*, Barbera, Napoli, 1966. Nella stessa prospettiva consideriamo il lavoro di R. Dahrendorf (*La libertà che cambia*, Laterza, Bari, 1981).

4. V. R Bergalli, El control penal en el marco de la sociedad luridica, in R. Bergalli (ed.), *Sociology of penal control within the framework of the Sociology of law*, Onati Proceedings n.° 10, p. 27. R. Bergalli, Unsolved Mysteries and unforeseen futures of Social Control, in R. Bergalli, C. Sumner (eds.), *Social Control and Political Order*, Sage, London, 1997, pp. 155-156.

5. V. R. Bergalli, *op. ult. cit.*, p. 155.

Ora il fatto è che sia l'una che l'altra dimensione del controllo sociale appaiono inadeguate ad analizzare la realtà del controllo attuale, data la complessità che caratterizza le società postindustriali, così come la società globalizzata. Da un lato infatti, anche se sono evidenti tendenze alla totalizzazione economica e politica, così come è vero che le scelte di pochi aggregati di interessi forti sono in grado di condizionare la scena globale,[6] è impensabile un sistema di controllo che funzioni in modo unidirezionale, autoritario e verticistico, pervadendo di sé la vasta e disarticolata gamma delle relazioni sociali; così come la frammentazione dei legami sociali, la pluralizzazione culturale, il dinamismo delle varie forme di mobilità sociale, l'orientamento a modelli culturali, come diremo, pragmatici e avalutativi sono tali da rendere improbabile l'idea di un controllo sociale fondato sulla comunicazione orizzontale e compartecipe, mentre si determinano, d'altra parte, aree e flussi di comunicazione intersoggettiva non facilmente riconducibili alla funzionalità del controllo, strutturalmente estranei all'economia di un controllo repressivo.

E' a fronte di questi aspetti che la scelta di uno o dell'altro modello di controllo sociale rischia di risultare ideologica, in quanto funzionale ad un certo sistema di potere, o ottimisticamente orientata a verosimili prospettive di cambiamento.[7]

Così, in questa prospettiva un'analisi del controllo sociale delle società complesse che lo descriva come fondato essenzialmente nel semplice piano soggettivo della reciprocità e delle interazioni interiorizzate, o, come più recentemente, sulla profonda condivisione del bisogni di sicurezza e del bisogno dei tutelare i livelli di benessere raggiunti,[8] rischia di legittimare l'immagine falsante di un sistema sociale integrato a tutti i livelli, anche attraverso un consenso esplicito dei singoli. Per altro verso imputare l'apparente stabilità dei sistemi contemporanei a una loro totalizzante capacità di disciplinamento e di intervento repressivo sui rapporti sociali può significare da un lato ipervalutare la capacità di controllo del sistema, dall'altro disconoscere le spinte reali al cambiamento, precludendo la possibilità di uno sviluppo concreto delle stesse.

Il problema è che entrambe le definizioni di controllo sociale, al di là della loro contrapposizione, fanno riferimento ad un'idea di controllo complessivamente organico, descrivibile, efficace, condiviso, con funzioni specifiche e ben definite, in grado di condizionare, nella sua percepibile morfologia, l'intera struttura ed organizzazione dei rapporti sociali. Così come le stesse implicano una descrizione piuttosto organica e definita di società, di volta in volta comunicativa-partecipativa, autoritaria, conflittuale, comunque poco adeguata a descrivere e interpretare la complessità dei processi che pervadono le società contemporanee. Quella descrizione si sostanzia di una serie di elementi, variamente assunti e dati per scontati all'interno dei due modelli sopra descritti: il rapporto tra controllo sociale, potere statale, produttività economica e struttura sociale; la rispondenza consenziente dell'opinione pubblica, la capacità di controllo

---

6. Per un inquadramento del tema della globalizzazione V. U. Beck, *Che cos'è la globalizzazione*, Carocci, Roma, 1999, D. Held, A. McGrew, *Globalismo e antiglobalismo*, Il Mulino, Bologna, 2001. D. Held, A. McGrew e al., *Che cos'è la globalizzazione*, Asterios, Trieste, 1999.

7. È qui necessario tener presente le matrici della separatezza e dell'autonomia dell'attuale organizzazione sociale rispetto alle capacità di decisione e di condizionamento dei singoli che pure ne sono totalmente coinvolti. L'analisi marxiana ci offre in proposito utilmente la descrizione di una triplice scissione: 1) del lavoro dalla proprietà dei mezzi di produzione; 2) della soggettività giuridica dalla soggettività sociale (uguglianza dei diritti/disuguaglianza di classe); 3) dell'autorità statale dallo svolgersi dei rapporti sociali e dai soggetti che pure tale autorità sono chiamati a legittimare (stato/società civile). Riteniamo sia a partire da queste scissioni che, attraverso l'evolversi e il complicarsi successivo dei rapporti sociali, si possa interpretare la situazione attuale.

8. V. in proposito A. Giddens, *Il mondo che cambia*, Il Mulino, Bologna, 1999, Z. Bauman, *Dentro la globalizzazione*, Laterza, Bari, 2001; Z. Barman, *La solitudine del cittadino globale*, Feltrinelli, Milano, 1999.

esercitata dal diritto, l'individuabilità della devianza come oggetto specifico del controllo, l'univocità stereotipica dei fenomeni verso cui il controllo si attiva.

2. La desuetudine della categoria

Si tratta dunque di analizzare il contesto in cui si colloca oggi materialmente la questione del controllo sociale. In esso alcuni tratti fondamentali appaiono mettere in crisi questo insieme di elementi, per cui, per molti aspetti, esso appare poco adatto all'utilizzazione di questa categoria almeno nelle accezioni secondo cui è stata prevalentemente intesa,[9] cosicché si aprono nuove dimensioni di approfondimento analitico del fenomeno. Consideriamo i seguenti aspetti:

a) La ridefinizione di "produttività".
Almeno da quando si sono definite e implementate le funzioni dello Stato Assistenziale, come risposta al Big Crash degli anni '30 la concezione della produttività, intesa come fattore di accumulazione fondato sulla produzione e sullo scambio di merci, è risultata inadeguata. Da un lato l'intervento dello stato nell'economia ha enormemente complicato e dislocato i luoghi della produzione e dell'accumulazione, funzionalizzando alla stessa settori di organizzazione sociale che in precedenza ne erano estranei. Dall'altro lo sviluppo tecnologico, il decentramento e la frammentazione del ciclo produttivo, e l'estensione intercontinentale dei mercati rendono difficile cogliere dove si determina la produttività, sotto il profilo sia quantitativo sia qualitativo. La produttività diventa produttività complessiva di sistema, come riproduzione delle condizioni generali di organizzazione sociale che consentono l'investimento redditizio di capitali.
Più difficile appare perciò definire il controllo sociale come funzione della produttività capitalistica in senso specifico, anche se ovviamente resta di cruciale importanza la questione del rapporto tra valorizzazione dei capitali e forme di condizionamento e di controllo sui rapporti sociali.[10] Quest'ultimo tende piuttosto ad acquistare la dimensione complessiva della produttività, nel senso ora detto.

b) La crisi del concetto di struttura.
In relazione alla ridefinizione della produttività anche la categoria marxiana classica di struttura, come insieme dei mezzi e dei rapporti di produzione appare superata, quantomeno nella sua concezione strettamente legata alla produzione di merci. Ma altrettanto desueta risulta la definizione funzionalista della stessa, come insieme dei "principali ruoli e delle principali istituzioni".
I ruoli sociali oggi sono mutevoli e provvisori, coesistono in riferimento agli stessi soggetti, assumono significati mutevoli, difficilmente definibili. Le istituzioni, quantomeno se intese in senso formale, sembrano rivestire un peso sempre più marginale nell'organizzazione dei rapporti sociali, se si considera l'affermarsi di centri occulti di potere, di processi informali di strutturazione dei comportamenti e dei rapporti sociali. Sempre più ardua risulta d'altra parte l'individuazione di aree culturali omogenee,

---

9. Siamo costretti a riassumere, per esigenze di brevità, in modo estremamente schematico questi aspetti, ciascuno dei quali comporterebbe la necessità di una descrizione ben più ampia.
10. Per un approfondimento dell'attualità dell'approccio marxiano alla dimensione della produttività v. G. La Grassa, *Movimento decostruttivi. Attraversando il marxismo*, Dedalo, Bari, 1985; D. Losurdo, *Marx e piani critici*, Quatrinetti, Urbino, 1985; P. Sweezy, *Il marxismo e il futuro*, Einaudi, Torino, 1985; P. Barcellona, *Il capitale come puro spirito*, ed. Riuniti, Roma, 1990; A. Negri, *La forma Stato*, Feltrinelli, Milano, 1977.

data la rapidità di trasformazione e la frammentazione che caratterizza pure questo livello. Più difficile risulta perciò inquadrare l'idea di controllo sociale nello schema funzionalista in cui ha trovato origine.

c) L'inconsistenza dell'opinione pubblica.

Il superamento del sistema culturale incentrato su valori astratti e complessivi come quelli religiosi, morali, civili e l'affermarsi di contenuti depoliticizzati, pragmatici, rivolti al benessere, al consumo, alla gestione pratica del quotidiano è fatto appartenente ormai all' ovvietà di qualsiasi analisi della realtà d'oggi. La frammentazione di ruoli e di modelli appena sopra richiamata e quest'ultimo aspetto costituiscono evidentemente la base del destrutturarsi di contesti culturali omogenei all'interno di aree definibili del corpo sociale.[11] La ridefinizione di produttività, appena più sopra richiamata, costituisce un quadro complessivo, in cui una grande frammentazione e variabilità di contenuti culturali sono rese possibili. Il costituirsi di una cosiddetta "cultura di massa" non contrasta questo esito. Essa consiste, infatti, molto più nella generalizzazione di modelli di comportamento che nell'interiorizzazione di contenuti di valore. La stessa diffusione dei media è più fattore di organizzazione di ritmi e schemi di vita che di socializzazione di elementi di conoscenza. L'opinione pubblica consiste oggi sostanzialmente in un insieme caotico e disaggregato di elementi: disattenzione, disaffezione, pragmatismo, frustrazione, accettazione di luoghi comuni, assuefazione ai dati di fatto e rimozione depressiva dei fattori di allarme sociale, conflitto tra sentimenti di insicurezza e meccanismi di autorassicurazione. Ma in questo luogo di scarsa e superficiale interiorizzazione essa può essere anche la sede dell'esplosione di spinte emotive forti e irrazionali, quanto episodiche ed effimere, attorno alla rappresentazione, più o meno strumentale, di valori comuni. Queste caratteristiche, comunque, rendono difficile ipotizzare il costituirsi, in questa realtà, di criteri di giudizio omogenei diffusi, tali da sostenere il controllo sociale reciproco tra gli individui; ma neppure è pensabile in esso un modello di controllo sociale verticale che riesca a imporre in modo omogeneo i propri contenuti alla società. Se non è plausibile un comportamento conformista generalizzato, fondato su interiorizzazioni esplicite e coscienti, non è verosimile nemmeno una reattività profondamente radicata contro comportamenti devianti. L'opinione pubblica, oggi, se non può offrire forme di legittimazione esplicita a un ipotetico sistema di controllo, si pone in linea, più che di violazione, di uscita rispetto ai modelli più noti di controllo sociale.[12]

d) La crisi del diritto.

Il diritto viene correntemente inteso come l'espressione più tipica del controllo sociale, in quanto strumento di orientamento del comportamento e di mediazione e composizione dei conflitti.[13] Ma la crisi che lo stesso oggi attraversa rende particolarmente

---

11. Tutti gli elementi messi in luce sull'evolversi della cultura di massa, anche se dai punti di vista più disparati, sembrano convergere su questo punto. Così i processi di secolarizzazione (per tutti G. Guizzardi, S.S. Acquaviva (a cura di), *La secolarizzazione*, Il Mulino, Bologna, 1973), l'affermarsi di comportamenti pragmatici ed edonistici (A. Heller, *Sociologia della vita quotidiana*, Editori Riuniti, Roma, 1975), la fuga dall'attenzione verso qualsiasi progettualità politica ("Critica del progetto", *Laboratorio politico*, 2, 1981, interamente dedicato all'argomento e D. Riesman, *La folla solitaria*, Il Mulino, Bologna, 1973), l'inespressività diffusa e sistematica delle masse, il loro esplodere in un silenzio indecifrabile, in cui ogni movimento appare imprevedibile e indecifrabile (J. Baudrillard, *All'ombra delle maggioranze silenziose*, Cappelli, Bologna, 1978).

12. Rinvio in proposito a quanto già esposto in G. Mosconi, *Criminalità, sicurezza e opinione pubblica in Veneto*, Cleup, Padova, 2000, in perticolare cap. I.

13. In questo senso R. Bergalli, Introd. a R. Bergalli, ed., *Contradiciones entre derecho y control social*, ed. Goethe Institut, Barcelona, 1998, p. 28. V. in proposito V. Pocar, *Guida al diritto contemporaneo*, Laterza, Bari, 2002; V. Ferrari, *Diritto e società*, Laterza, Bari, 2004.

problematica l'attribuzione di questa funzione Se è fondato quanto abbiamo appena rilevato a proposito della pubblica opinione, anche i contenuti posti dalle norme giuridiche saranno inevitabilmente destinati a sfuggire all'attenzione e all'interiorizzazione collettiva. La trasformazione delle norme giuridiche astratte e formali a norme operativo-funzionali fornisce da un lato l'uscita dei loro contenuti dall'attenzione pubblica, dall' altro il loro confondersi e disperdersi nella complessità dei rapporti sociali e nelle tecniche informali d'interazione.

Un diritto che si applica di fatto, senza legittimazione e senza accettazione specifica, è in realtà un diritto difficilmente in grado di operare come strumento di controllo, molto più facilmente in balia dei meccanismi che automaticamente il corpo sociale produce, che mezzo idoneo a regolamentarli, anche se può venire prodotto programmaticamente con questo intento, che può al più raggiungere in modo episodico, strumentale e precario.[14]

L'iperproduzione di norme giuridiche, frutto della necessità di inseguire mille emergenze, anziché essere segno dell'espressione dello strumento giuridico, dimostra la difficoltà operativa e il ruolo progressivamente marginale dello stesso.[15]

Di fronte a queste trasformazioni il ruolo attribuito al diritto dalla tradizione funzionalista, ma anche dai principali orientamenti del pensiero sociogiuridico, che lo intendono come prevalente strumento di controllo della devianza e dei fenomeni che contrastano con la stabilità e organicità del sistema sociale, nonché come strumento di orientamento dell'azione umana e di composizione dei conflitti, risulta in buona misura infondato, o quantomeno inadeguato.[16] A maggior ragione ciò appare evidente in relazione a quanto esposto nel punto precedente, a proposito dei mutamenti che attraversano l'opinione pubblica e l'uscita della stessa dall'orientamento a valori profondamente interiorizzati.

e) La crisi del diritto penale.

In questo quadro anche l'idea del diritto penale come strumento di controllo sociale, in quanto autoritariamente gestito dallo stato e sostenuto da un diffuso e consapevole consenso sociale appare messa in crisi. Non sono solo i principi fondanti, di ispirazione garantista e liberale, del diritto penale ad essere messi in crisi dalle tendenze autoritarie o di gestione puramente amministrativa dello stesso. Sono l'evidente fallimento della funzioni teoricamente fondanti della pena, l'invasione del suo campo da parte di norme, istanze, interventi di tipo infra, sovra, e extra-statuale, l'iperproduzione di penalità in modo farraginoso, caotico e disorganico, quanto inefficace, la crisi delle strutture preposte alla sua applicazione (tribunali, polizie, carceri)a rendere quella crisi ingovernabile e tendenzialmente irreversibile.[17] Ma soprattutto appare sempre più

14. Rinvio in proposito a quanto ho esposto in G. Mosconi, *Complessità del diritto e ambivalenza del controllo*, Imprimitur, Padova 1992, e approfondito nell'introduzione a F. Viainello, *Diritto e Mediazione*, Franco Angeli, Milano, 2004.

15. Sulla crisi e le trasformazioni del diritto si vedano in particolare N. Bobbio, *Dalla struttura alla funzione*, Edizioni di Comunità, Milano, 1977; V. Tomeo, *Il diritto come struttura del conflitto*, Franco Angeli, Milano, 1981; E. Resta, *L'ambiguo diritto*, Franco Angeli, Milano, 1984; G. Gozzi (a cura di), *La trasformazione dello stato*, Nuova Italia, Firenze, 1980.

16. V. in proposito R. Bergalli, *Control Social Punitivo*, ed. M.J. Bosch, Barcelona, 1996, pp. 1-3.

17. Sulla crisi del diritto penale v. G. Mosconi, "La crisi postmoderna del diritto penale e i suoi effetti sull'istituzione penitenziaria", in S. Anastasia, M. Palma, *La bilancia e la misura*, F. Angeli, Milano, 2001, pp. 37-66.; R. Bergalli, *op. ult. cit.*, p. 19; R. Bergalli, *Contradicciones entre derecho y control social*, cit., pp. 28 e ss.; M. Pavarini, "Il "grottesco" della penologia contemporanea", in U. Curi, G. Palombarini, a cura di, *Diritto penale minimo*, Donzelli, Roma, 2002, pp. 255-305; S. Moccia, *La perenne emergenza*, Napoli, Esi, 1995; L. Eusebi, *La pena in crisi*, Morcelliana, Brescia, 1990; E. Musco, *L'illusione penalistica*, Giuffré, Milano, 2004.

evidente la distanza tra le astrazioni schematiche e stereotipate su cui il diritto penale si regge e la complessità continuamente cangiante dei fenomeni sociali che il diritto penale pretenderebbe di governare, tanto più se considerati nella loro specificità.

In questo quadro il controllo penale, più che apparire come strumento di controllo sociale diretto e diffuso, può essere considerato come il rivelatore del modo in cui il sistema informale e diffuso di controllo agisce all'interno del rapporti sociali, in quanto lo stesso lascia lo spazio perché un diritto penale di per sé sempre più irrazionale, antigarantista e diffusore di violenza venga applicato; di quel sistema di controllo il diritto penale può assumere al più una funzione di rinforzo complementare.

f) Critica della "devianza".

Il problema della ridefinizione del controllo sociale, che stiamo cercando di approfondire, coinvolge anche la rivalutazione critica della categoria di devianza. Se infatti, dal labelling approach in poi, la devianza è costruita ed insieme repressa dai meccanismi del controllo sociale, nel momento in cui questa categoria si complica e problematizza, anche quella di devianza non può che seguire la stessa sorte. Già C. Sumner, come più volte sottolinea R. Bergalli, aveva stigmatizzato la matrice funzionalista del termine, sottolineando come esso non possa che produrre un'immagine negativa ed emarginante degli oggetti a cui si riferisce. Più appropriato perciò, secondo l'autore, il termine di "censura", ad indicare come la devianza altro non sia che il risultato di attribuzione di etichette negative da parte di chi ha il potere di farlo, attraverso la produzione di leggi e la capacità di orientamento della cultura dominante.[18]

Ma l'approccio che stiamo proponendo può spingere ancora più in là la critica di questa categoria, nella misura in cui la complessità e dinamicità del mutamento sociale in atto rendono difficilmente individuabili, quantomeno come criteri chiaramente e stabilmente definiti, i riferimenti in base a cui la devianza viene attribuita, risultando l'attribuzione stessa effetto di un processo complesso di dinamiche strutturali, di ideologie normative ed istituzionali, di micropregiudizi di fatto, diffusi nell'interazione sociale.[19] La devianza allora, più che il segno di una censura, diventa l'indicatore della violenza diffusa nei rapporti sociali, della mancata soluzione di cruciali problemi di tutela di diritti e di soddisfazione di bisogni, della spazio, lasciato in essi, all'esercizio della repressione istituzionale

In questo senso, gli aspetti considerati ai due punti precedenti danno l'idea di quanto anche la categoria di "devianza" navighi verso l'inutilità e la desuetudine. Se da un lato è in crisi la possibilità di riscontrare criteri omogenei e univoci di valore e di giudizio all'interno dell' "opinione pubblica", dall' altro il diritto esce da riferimenti di legittimazione e da funzionalità di controllo; entrano perciò in crisi i riferimenti normativi principali in base a cui definire la devianza.

D'altra parte la possibilità di individuare aree sociali chiaramente delimitabili, secondo le diverse teorie criminologiche, come contesti patogeni e criminogeni, o come oggetto privilegiato del controllo e della repressione, o ancora come luogo della ribellione e del conflitto, al di là dei soggetti fatti più chiaramente segno di persecuzione penale,[20]

18. V. in proposito C.S. Sumner, *The Sociology of Deviance. An Obituary*, Open University Press, London 1994.

19. Sulla crisi della categoria di devianza v. G. Mosconi, "Crisi del diritto e critica della devianza", in *Dei Delitti e delle Pene*, 1985, n.° 2, pp. 269-297. V. Tomeo, "Dalla devianza al conflitto. Verso una dissoluzione del concetto di devianza?, in *Sociologia del Diritto*, 1979, n.os 1- 2, pp. 35-55.

20. Ci riferiamo alle fascie di popolazione detenuta più consistenti, in quanto maggiormente fatti segno alla repressione penale: immigrati e tossicodipendenti. Come risulta confermato in G. Mosconi, C. Sarzotti, *Antigone in carcere*, Carocci, Roma, 2004.

appare oggi assai più problematico, a fronte del complicarsi e dislocarsi della composizione sociale. In questa situazione gli interventi repressivi che il sistema opera, definendo di volta in volta diversi tipi di devianza, non sono tanto orientati a reprimere i soggetti che vengono esplicitamente colpiti, quanto a gestire un disegno complessivo di regolamentazione di un contesto magmatico e squilibrato, qual è l'intero sistema sociale. Essi non sono perciò espressione di controllo sociale in senso specifico contro determinati comportamenti alternativi. Le forzature e le distorsioni nella definizione delle devianze sono d'altra parte il segno dell'indefinibilità e della difficoltà di comunicazione con questo contesto; ma sono anche indicativi di quanto difficilmente possano operare in esso le forme classiche del controllo sociale.

D'altra parte, in questa prospettiva, l'idea durkheimiana della devianza come forma di innovazione e di cambiamento sociale, si ripresenta quando possiamo pensare al comportamento deviante come a un punto di non ritorno, in quanto riesce a mettere in discussione sostanzialmente il sistema informale e diffuso di controllo che consente la definizione formale di devianza.

g) La dispersione degli stereotipi.
Questi aspetti appaiono ulteriormente rafforzati dal recente prodursi di una serie di immagini atte a suscitare allarme sociale, difficilmente riconducibili a un discorso unitario. Dopo la fase in cui lo stereotipo del terrorista ha per diverso tempo svolto la funzione di definire il nemico pubblico e di mobilitare il consenso a difesa delle istituzioni, oggi la produzione di stereotipi appare muoversi con incertezza tra significati approssimativi e contraddittori. L'immagine di "mafioso" e di "camorrista", odiosa, ma non priva di una sua base sociale di legittimazione, pericolosa, ma già in partenza non controllabile; quella di "drogato", sì delinquenziale, ma soprattutto bisognosa di cura e di assistenza; quella di "appestato" (AIDS), penosa e irrevocabilmente condannata, ma separata, già da subito, estranea alla collettività dei "normali". Quella di "politico corrotto", certo in modo pregnante significativa di tutte distorsioni e le inadeguatezze di un sistema politico deludente e prevaricatore, ma al tempo stesso rappresentabile come "vittima sacrificale" e riaccreditabile come titolare di uno status inattaccabile dalle vicende giudiziarie. Quello di "immigrato clandestino", certo presentato come minaccia criminale nelle nostre società, ma al tempo stesso vissuto come titolare di diritti e di bisogni sostanziali e difficilmente compatibile con l'ormai diffusa esperienza di convivenza con gli immigrati (regolari e no), in molti contesti della società civile.[21] Infine, più recentemente quello di "terrorista islamico", che se del precedente stereotipo rappresenta un indurimento, indicativo probabilmente dell' inefficacia dello stesso in termini di sollevazione dell'allarme sociale e di organizzazione del consenso, d'altro lato può venire vissuto più come l'effetto delle erronee scelte bellicistiche in politica internazionale dell'occidente sviluppato, che di una cultura estranea ostile e sempre più minacciosa. Se il controllo sociale è anche generalizzazione di contenuti definiti, emotivamente connotati, attorno a cui organizzare dall' alto il consenso come adesione attiva alle regole del sistema, questa idea del controllo appare oggi particolarmente in crisi; essa sembra rispecchiare le stesse incertezze e frammentazioni che abbiamo visto caratterizzare

21. Del resto le ricerche sull'atteggiamento verso gli immigrati da parte dell'opinione pubblica rivelano un attenuarsi dei pregiudizi e degli orientamenti ostili. V. in proposito: G.G.Valtolina, "Atteggiamenti e orientamenti della società italiana", in ISMU, *Nono rapporto sulle migrazioni 2003*, pp. 195-212; Melossi D. (1999), *Multiculturalismo e sicurezza in Emilia Romagna*, prima parte, numero monografico dei *Quaderni di Cittàsicure*, n.° 15, 1999; Mosconi G. (1999), "Devianza, sicurezza e opinione pubblica", V° rapporto, in *Quaderni di Cittàsicure*, n.° 118, 1999, pp. 139-208.

il contesto dell' opinione pubblica. Del resto la stessa sensibilità collettiva appare per diversi aspetti ormai vaccinata rispetto ai tentativi di sollevare il panico attorno ad alcune figure di nemico dalle campagne "Law and order", che appaiono oggi destinate (l'Aids costituisce forse una significativa eccezione) a riscuotere passività e indifferenza, o a ricadere in rapida desuetudine, se non a scatenare effetti decisamente contrari.[22]

h) La ridefinizione della politica.

L'intervento dello stato assistenziale nell'organizzazione diretta dei processi sociali ed economici ha ovviamente provocato un'ampia diffusione e dispersione della politica nel campo sociale, così da far perdere alla stessa una sua omogeneità e una sua collocazione specifica. D'altra parte, la necessità di una continua produzione di output a breve termine, per rispondere alle varie emergenze, l'esigenza di sottrarre la decisionalità alla critica esterna per rafforzarne l'operatività, la legittimazione di fatto delle decisioni, sulla base dell'ignoranza e della disattenzione collettiva sono tutti elementi che giocano nel senso della separatezza della politica. Questa contraddizione rende difficile pensare alla sfera politica come a qualcosa di separato dai rapporti sociali, che opera nel senso di controllarli. Essa ci porta piuttosto a definire la stessa come un processo diffuso, invischiato e sconnesso dalla sua incapacità comunicativa e operativa, troppo in collusione con la gestione caotica e, insieme, statica dell' esistente per raggiungere la dignità di una propria autonomia e di una propria strategia, come vorrebbe la definizione funzionalista di controllo sociale.[23] Tale debolezza dispersiva è d'altra parte messa oggi ulteriormente in crisi dal prevalere dei processi economici messi in moto dalla globalizzazione, che se tendono a prevaricare sulla capacità di controllo e di decisione dei singoli stati, tendono d'altra parte a rendere la dimensione del controllo estremamente diffusa, imprevedibile, articolata, ma anche disarticolata.[24]

i) La critica del modello sistemico.

Tutti gli elementi fin qui ricordati, se considerati sinteticamente, ci conducono necessariamente a un atteggiamento prudente verso le proposte analitiche emergenti dai modelli sistemici. La difficile descrivibilità degli elementi su cui si reggono le società sviluppate secondo gli strumenti classici della sociologia; l'intersecarsi, al loro interno, di processi multidirezionali; il dislocarsi su piani diversi, difficilmente comparabili, degli elementi che spesso sono stati considerati come connessi da complementarietà funzionali (diritto, norma, devianza, opinione pubblica, controllo, etc.) sono tutti aspetti non facilmente riconducibili all'organicità dei modelli sistemici. Tanto le funzioni prevalenti, quanto i limiti interno-esterno, elementi essenziali all'individuazione di un modello sistemico, divengono sfuggenti in questo contesto.

---

22. Sullo stereotipo del deviante, a parte l'ormai classico libro di D. Chapman (*La stereotipia del criminale*, Einaudi, Torino, 1971), si vedano G. Baronti, "La funzione dello stereotipo del criminale nei processi di controllo sociale", *La questione criminale*, 2, 253, 1978; F. Scaparro, P. Fabbri, *Appunti sullo stereotipo del deviante*, Unicopli, Milano, 1979; G. Bonazzi, *Colpa e potere*, Il Mulino, Bologna, 1983; A. Noventa, S. Scanagatta, *Droga e controllo sociale*, Liviana, Padova, 1981; G.A. Mosconi, *Lo stereotipo del terrorista pentito: natura e funzioni in relazione al discorso legislativo*, Critica del diritto, 25-26, 71, 1982.

23. Questa prospettiva mette evidentemente in crisi le note tesi sull'autonomia del politico (M. Tronti, *Sull'autonomia del politico*, Feltrinelli, Milano, 1977). Per una critica a questa teoria si vedano Aa.Vv., *Contro l'autonomia del politico*, Rosemberg e Sellier, Torino, 1978; L. Ferrajoli, D. Zolo, *Democrazia autoritaria e capitalismo maturo*, Feltrinelli, Milano, 1978.

24. Sul controllo sociale nella globalizzazione, v. A. Negri, M. Hardt, *Impero*, Rizzoli, Milano, 2002; U. Beck, *La società del rischio*, Carocci, Roma, 2000; N. Klein, *Recinti e finestre*, Baldini & Castoldi, Milano, 2003; A.Burgio, *Guerra, scenari della nuova "grande trasformazione"*, Derive e Approdi, Roma, 2004; A. Dal Lago, *Polizia globale*, Ombre Corte, Roma, 2003; A. De Giorgi, *Il governo dell'eccedenza*, Ombre Corte, Roma, 2002.

Di più, i modelli sistemici, nella misura in cui si concepiscono e si pretendono come potenzialmente omniesplicativi e omnicomprensivi, di fronte a una realtà che necessariamente tende a travalicarli, non possono che risultare euristicamente riduttivi, mentre ciò che a essi sfugge o che mette in pericolo la loro autoconservazione, non può che essere considerato come necessario oggetto di controllo. Ma è un controllo definito in astratto, data la scelta di principi da cui emerge. Un discorso diverso bisognerebbe fare (ma non c'è ovviamente lo spazio) per i sistemi aperti.[25] Comunque se il modello sistemico, con le sue connesse funzioni e capacità di controllo, appare decisamente inadeguato a interpretare la fluida e dinamica complessità dell'esistente, anche da questo punto di vista si conferma l'inadeguatezza di un'idea di controllo sociale come funzione separata e organizzata, che costituisce l'oggetto critico del nostro excursus.

l) Il controllo sociale della globalizzazione

Le più recenti analisi sull'evolversi del controllo sociale nell'età della globalizzazione mettono in evidenza aspetti che sembrerebbero contrastare con il senso delle osservazioni fino a qui sviluppate: il prevalere di interessi e decisionalità economiche sull'autorità dei singoli stati, l'imporsi di macroprocessi produttivi o speculativi sulle capacità di controllo da parte degli stessi, l'imposizione di scelte belliche da parte di pochi stati sulla collettività internazionale, travalicando competenze e procedure degli organismi di garanzia, l'imporsi di un "pensiero unico" tanto sul piano economico (neoliberismo) che su quello politico (un solo possibile modello di "democrazia"), l'introduzione generalizzata di misure restrittive "antiterrorismo", con l'obbiettivo e l'effetto di limitare le libertà personali e di ampliare smisuratamente i poteri di polizia nel controllo delle persone, il coordinamento più efficiente e rigoroso delle forze di polizia e delle legislazioni repressive, il rafforzamento del controllo su determinate aree di popolazione, in particolare sugli immigrati, per limitarne le possibilità di movimento, il peso sulla scena sociale, prevenirne la presunta pericolosità (politiche di 0 tolerance), neutralizzarne il potenziale critico-conflittuale. Tutti questi aspetti, sicuramente fondati e drammaticamente presenti e in espansione, ripropongono un'idea e un modello di controllo sociale autoritario ed accentratore, che appare riconfermare proprio ciò che fino a qui abbiamo sottoposto a vaglio critico.[26]

3. Una ridefinizione

Questa osservazione ci appare di cruciale importanza, perché ripropone con forza la questione di fondo della definizione di ciò che intendiamo per controllo sociale. Se semplicemente intendiamo l'insieme dei dispositivi e delle funzioni orientate a produrre ordine e stabilità sociale, a prevenire i fattori di disordine e di destabilizzazione, sicuramente non potremo che ascrivere questi mezzi e questi processi all'ambito del controllo sociale, come attuale struttura portante dello stesso. Ma se per controllo sociale intendiamo l'insieme dei fattori e delle variabili che *di fatto concretamente* determinano la stabilità, o quantomeno la continuità della forma sociale, allora non potremo ricondurre il controllo alla strumentazione ora ricordata, e la questione della

---

25. Per un'analisi critica alla teoria dei sistemi si veda G.P. Lazzara, P. Pardi, "L'interpretazione della complessità", Guida, Napoli, 1983, nonché gli interventi di A. Fabbri, A. Carbonara, V. Torneo, V. Ferrari, *Sociologia del diritto*, 1, 1984.

26. Rinviamo ai riferimenti di cui alla nota 25

definizione del controllo viene a riproporsi in tutta la sua complessità. Il fatto è che, per quanto il disegno di riorganizzazione politico-economica legato alla globalizzazione e alla sua gestione politica abbia una sua organicità e capacità di affermazione, non è affatto dato per acquisito che l'attuale situazione di equilibrio/squilibrio che caratterizza l'ordine mondiale sia da attribuire all'efficacia dello stesso. La scena appare assai più complessa, instabile e contraddittoria di quanto si potrebbe presumere se lo strumentario di cui si è detto riscontrasse efficacia. Ricordiamo solo il conflitto tra funzioni e competenze degli stati nazionali e i processi globali, quello tra organi e legislazione internazionale e scelte di alcuni stati, l'ingovernabilità dei conflitti aperti dalle guerre avviate dai tentativi di egemonia, la contraddittorietà tra esigenze del mercato del lavoro e tentativi di governare i flussi migratori, quella tra prospettive e disegni di sviluppo economico e gestione /prevenzione dei rischi allo stesso legati, in primis quelli connessi alle compatibilità ambientali; quella tra bisogno di fonti di energia e di materie prime e la progressiva scarsità e costosità delle stesse; tra bisogni diffusi di sicurezza e benessere, specie per le nuove generazioni, e l'estendersi di processi di maggiore insicurizzazione, a tutti i livelli, per non parlare della crescita di nuovi movimenti di contestazione globale, di nuovi conflitti tra tendenze alla multiculturalità e all'integrazione e nuove forme di razzismo o radicalismo etnico-religioso. Se nonostante tutto ciò i rapporti e le organizzazioni sociali mantengono una relativa continuità e capacità d'integrazione, ciò non può certo essere attribuito ai vari "Patriot acts", agli strumenti di cui si sostanziano le tendenze "new-cons". alle tendenze neo autoritarie. E tantomeno possiamo attribuire la relativa stabilità sociale a più diffuse e penetranti forme di comunicazione orizzontale, o di interazione diretta tendenzialmente partecipativa tra i soggetti. Tutto ciò significa che dobbiamo cercare l'essenza del controllo sociale in altri ambiti e ad altri livelli, scavando più a fondo nelle pieghe dell'organizzazione sociale.

Il terreno sul quale abbiamo cercato di porre il discorso, in virtù di tutti i rilievi fatti, ci si ripropone dunque come utile e proficuo. Il panorama che si apre è notevolmente ampio e complicato. Si tratta di cogliere la diffusività dell'interazione sociale, non solo e non tanto tra i soggetti, ma tra i vari elementi variamente dislocati, considerandola in rapporto alle dinamiche e ai flussi contrastanti che muovono ampi aggregati dell'organizzazione sociale. E necessario cercare di definire i contorni di massima entro cui si colloca la continuità e oltre i quali si aprono lo squilibrio e il mutamento. A questo proposito, senza avere lo spazio per superare l'asciutto schematismo che inevitabilmente ha caratterizzato fino a qui il nostro discorso, consideriamo alcuni aspetti altrettanto necessariamente frammentari e disorganici.

Un punto di partenza può essere costituito dalla già ricordata ridefinizione della produttività.

Se, tramite l'intervento pubblico, gli investimenti di capitale riguardano non solo la produzione e la circolazione delle merci, ma i processi di socializzazione, di produzione culturale, di regolamentazione del conflitto, di gestione di bisogni diffusi e di amministrazione della devianza; se, ancora, obiettivo di questi interventi è garantire le condizioni di massima della continuità della riproduzione del sistema economico-politico, allora è l'intero corpo sociale a dover risultare produttivo.

Controllo è definizione e organizzazione di produttività in questo senso, è oggetto e fruizione dello stesso, così ridefinito. Lo spazio del controllo e della produttività vengono di fatto a coincidere. Economia è economia complessiva dell'organizzazione sociale. Il controllo è il tessuto e il confine complessivo di questa economia. E evidente quanto i termini della definizione siano, così, generalissimi, quanto vaghi e approssimativi. Qui il controllo coincide con il controllo di massima, come apparente stabilità e continuità di sistema, ma anche come controllo di massa, in quanto coinvolge l'intera organizzazione sociale. Se esso è integrazione, che non permette di cogliere appieno i particolarismi e gli strumenti su cui si fonda, è anche entità provvisoria, sottoposta continuamente alla verifica della propria consistenza. Così, paradossalmente, quanto più i processi di trasformazione mettono in crisi le tradizionali chiarezze nella definizione del controllo, tanto più la definizione dello stesso tende ad abbracciare l'intera organizzazione sociale, per quanto in termini indefiniti e sconnessi. La stessa idea di struttura potrebbe essere fatta coincidere con le funzioni complessive della produttività-controllo proprio nel momento in cui la sua definizione appare *estremamente* problematica. Ma da questo punto di vista non possiamo andare molto più in là. Tutto ciò che si può dire è che, finché non intervengono evidenti e consistenti mutamenti nella gestione e nella distribuzione delle risorse in relazione ai bisogni, il controllo sociale funziona come strumento di conservazione dei contorni generali del sistema. Ma più concretamente la sua reale fisionomia non può che essere individuata in rapporto alla particolarità dei punti di conflitto e di tensione, nei dissensi imprevedibili, negli embrioni spesso sfuggenti di nuove tendenze, nelle piccole fratture di cui pullula in corpo sociale.

E qui, infatti, che il controllo può effettivamente definirsi, come misura della capacità di conservazione contro le spinte al cambiamento. Qui gli schemi totalizzanti e i modelli a senso unico non servono. Piuttosto può aiutarci l'idea di un potere informale, microfisico, diffuso, qual è quello emergente da una lettura non capziosa di Foucault[27] e, in questa dimensione, cercare di cogliere senza pretese di organicità alcuni aspetti più evidenti:

1. Nel quadro emergente della frattura tra controllo come stabilità di massima e come micro-operatività diffusa di conservazione, è difficile assegnare un ruolo preciso agli strumenti più noti di controllo sociale (media, forza pubblica, socializzazione, consumi, clientelismo, partecipazione istituzionalizzata, divisione sociale del lavoro, etc.). Come operano gli stessi meccanismi nei luoghi in cui si svolge lo scontro?

2. Una serie di processi e di fattori gioca nel senso di disperdere e diluire nel corpo sociale le funzioni più rilevanti del controllo secondo le definizioni correnti: il decentramento produttivo ha esportato la disciplina di fabbrica; la tecnica produce modelli di vita, di relazione, di organizzazione; l'assistenza, al di fuori delle istituzioni totali, ridefinisce le aree di bisogni, la loro soddisfacibilità, i modelli di integrazione e la neutralizzazione della devianza; il decentramento amministrativo diffonde i dispositivi della politica, capillarizzando le lottizzazioni tra i partiti e la canalizzazione della partecipazione possibile.

3. Se il manifestarsi del conflitto costituisce la sede in cui può individuarsi il controllo, ciò avviene a due diversi livelli. Da un lato la frammentazione degli interessi, delle corporazioni, delle frange marginali, delle stesse esperienze dei singoli produce una miriade di microdomande settoriali, a volte non facilmente mediabili. Dall'altro si aggregano, al di là dei ruoli e delle collocazioni diversificate, grandi domande sociali, le quali, nella misura in cui non possono trovare risposta entro le coordinate che definiscono la stabilità del sistema, finiscono con l'esprimersi come bisogni generalizzati (ambiente, benessere in senso pieno, pace, energia, cultura, tempo libero, salute, alimentazione, etc.).[28]

---

27. Si veda in particolare l' "interpretazione autentica" che l'autore dà della propria teoria in M. Foucault, *Microfisica del potere*, Einaudi, Torino, 1977. Utile pure l'interpretazione di Y. Cotesta (*Linguaggio, potere, individuo*, Dedalo, Bari, 1979).

28. D'obbligo richiamare in proposito gli scritti di A. Melucci, in particolare *L'invenzione del presente*, Il Mulino, Bologna, 1982 e (a cura di) *Altri codici*, Il Mulino, Bologna, 1984.

4. In una situazione in cui i criteri formali di legittimazione si dissolvono, la produzione di simboli ha tutto lo spazio per svilupparsi e dislocarsi secondo le esigenze di stabilizzazione. Così sono facili i passaggi da modelli di operatività politica basati sulla concretezza dei risultati da ottenere (modelli performativi) o sullo scambio politico e sulla trattativa informale, alla delineazione di grandi discorsi o di immagini generali atte a suscitare spinte emotive di massa.

Il modo in cui si connettono gli elementi di quest'ultimo punto è particolarmente significativo del carattere di dispersione e di disorganicità che connota il dispiegarsi del controllo. Sarebbe plausibile che a periodi di controllo informale, basato soprattutto sull'amministrazione delle risorse, si succedessero periodi di maggiore produzione simbolica ispirati alla creazione di allarme sociale e al dispiegamento di misure repressive. Ciò, tra l'altro, riproporrebbe la fondatezza della distinzione lineare tra controllo primario e secondario, corrispondente alle due fasi. Ma è un modello che pur risultando fondato nei suoi elementi essenziali, risulta in reatà più complesso e articolato. Infatti, mentre il livello puramente preformativo può a sua volta connotarsi di valenze simboliche, fino a suscitare ondate emotive (difesa e sviluppo delle riforme istituzionali, mantenimento delle promesse elettorali, risanamento dell' economia, etc.), la repressione aperta, quando viene attuata, resta spesso fatto limitato, a sé, che assume una funzione marginale rispetto al permanere invariato del reticolo informale dei momenti di equilibrio-squilibrio.

4. Le rivelazioni del controllo

Il panorama volutamente disorganico che abbiamo qui cercato, in modo estremamente schematico, di tracciare, vuole essere di stimolo a sviluppare una ricerca orientata a cogliere la particolarità dei giochi di stabilità-destabilizzazione, di conflitto-consenso, di conservazione-mutamento entro cui il controllo sociale tende a svilupparsi, al di fuori dei parametri classici che lo definiscono. Ma ciò non deve esimere dal cercare le linee lungo cui può essere colto il controllo a livello più generale, nell'organizzazione sociale, in modo più concreto dei termini generali e astratti in cui lo abbiamo proposto, come controllo-produttività.

Anche in questo caso la possibilità di definire il controllo risulta, in negativo, dalla possibilità di definire il suo oggetto: il conflitto e la tendenza al cambiamento.

È la presenza di esso che, in una situazione di non cambiamento, funziona da tornasole del controllo che lo impedisce. In proposito proponiamo, concludendo, questi aspetti:

1. L'impiego della forza è segno di un controllo così diffuso da riuscire a trovare in essa una sua sintesi, nel momento in cui le spinte contrarie arrivano pure a rappresentarsi simbolicamente (il caso del terrorismo è emblematico).

2. La struttura del controllo è tanto più estesa e radicata, la violenza della sua capacità di intervento in sostanza è tanto più intensa, quanto più estesa è la sfera dei bisogni che potrebbero trovare soddisfazione solo in un sistema di rapporti sociali totalmente diverso, e quanto più intense sono le potenzialità reali di cambiamento.[29]

---

29. V. Questa tesi mi sembra sintonica con la lettura che R. Bergalli fa del pensiero di J. Galtung (R. Bergalli, Control Social Punitivo, cit. p. 18).

3. La solidità della struttura del controllo è variabile dipendente dalle potenzialità di superamento della frammentazione e degli adattamenti settoriali su cui si regge, a causa del manifestarsi di bisogni diffusi.

4. La consistenza del controllo va valutata anche in relazione alle contraddizioni interne alla sua composizione; per esempio, tra particolarismo e generalità nelle logiche d'intervento, tra provvedimenti attributivo-performativi e repressivo-simbolici, tra diversi livelli di produzione simbolica.

5. Le tendenze alla riaggregazione sociale nei piccoli gruppi o nelle forme comunitarie che esprimono interessi condivisi rappresentano possibili luoghi d'uscita dal sistema del controllo, nella misura in cui i moduli di comunicazione interna e con l'esterno riescono a porsi in alternativa con i moduli frammentari, incomprensibili e insieme invasivi con cui oggi il controllo si propone.

6. Il prodursi e lo svilupparsi di movimenti su scala transnazionale, orientati alla contestazione di fenomeni globali, così come sensibili e impegnati su una serie di tematiche apparentemente settoriali e molto disarticolate, in realtà riconducibili ad un quadro organico di connessioni e di strategie, in cui i circoscritti ambiti locali si coniugano e si connettono a dimensioni globali, è il segno che denuncia l'estensione che il controllo sociale oggi ha assunto, e insieme la sua capacità di penetrazione negli ambiti più reconditi e particolari dell'organizzazione sociale.

5. Una proposta

L'insieme di queste osservazioni ripropone in una luce particolare il rapporto tra le due definizioni di controllo sociale da cui eravamo partiti. I provvedimenti repressivi, le tendenze autoritarie, la deriva attuarial-amministrativa delle politiche penali non sono tanto lo strumento diretto di un controllo sociale diffuso, quanto il test indicatore del carattere e delle dimensioni che lo stesso ha già assunto, in quanto insieme di variabili e di fattori che lasciano oggettivamente spazio a quelle politiche di affermarsi. Di tale struttura sommersa e diffusa di controllo tali politiche possono essere al più strumento di rinforzo, così come, ad esempio l'introduzione di norme penali più rigide e non interiorizzate dalla collettività cui sono rivolte induce ulteriore senso di estraneità e indifferenza, come elemento di un controllo ancora più opprimente. D'altra parte la dimensione di un controllo orizzontale, di tipo comunicativo e partecipativo, se appare sempre più infondata alla luce delle trasformazioni culturali in atto, potrebbe rappresentare, nella sua versione più positiva e utopistica, una meta da raggiungere, in cui le durezze più aspre del controllo sociale diffuso e anonimo che stiamo cercando di indicare, verrebbero a dissolversi.[30]

Le due contrapposte definizioni di controllo sociale, a questo punto, potrebbero delinearsi come i due estremi idealtipici di una gamma di variabili e di condizioni possibili, attraverso cui il controllo sociale di fatto si svolge, in tutta la sua complessità e variabilità. Nella realtà di oggi potremmo pensare a variabili quali i processi globali di investimento e valorizzazione di capitali, i disegni egemonici nell'accaparramento delle risorse e la definizione dei rapporti di forza politici, il sistema di informazione e comunicazione di massa, la socializzazione al consumo, il feticismo dello sviluppo tecnologico, l'autoimprenditorialità precarizzata come via al successo individuale, la gestione dei sentimenti di insicurezza e della cultura del rischio, la

---

30. In questo senso sicuramente J.Habermas, *Teoria dell'agire comunicativo*, Il Mulino, Bologna, 1986.

frantumazione dei legami sociali, le politiche di gestione assistenzialistica delle marginalità e delle differenze culturali ed etniche, gli attacchi continui e diversificati all'equilibrio ambientale, l'assenza di partecipazione politica, l'organizzazione dello spazio, del tempo, del territorio; questi alcuni esempi della complessa rete di fattori di cui si sostanzia oggi il controllo sociale. E' in questa rete che si crea lo spazio su cui si reggono le politiche repressive che riempiono oggi le carceri dell'occidente fino all'inverosimile, così come si rendono possibili le politiche di guerra. Ed è anche verosimile che questo spazio sia il terreno di conflitto tra le due opposte concezioni di controllo sociale, anche se la complessità delle variabili in gioco rende difficile individuare le tendenze prevalenti.

PREVENZIONE, CONTROLLO SOCIALE
E LIBERTÀ PERSONALE

Tamar Pitch

Nelle pagine che seguono il fuoco non è direttamente sui diritti, almeno in apparenza. Ma a ben guardare la questione dei diritti è centralmente implicata nelle politiche di cui parlerò, politiche di controllo sociale e per la sicurezza dei cittadini. Come è ovvio, e come ho già argomentato in pagine precedenti, sicurezza e libertà sono spesso state messe in conflitto. Già Hobbes, nel Leviatano, sacrificava ogni altro diritto perché il Principe (lo Stato moderno) assicurasse ai suoi sudditi il diritto alla vita. Il potere di punire, che dall'età moderna è stato avocato a sé dallo Stato, comporta necessariamente la lesione di diritti fondamentali, che non per caso vengono protetti, quantomeno formalmente, attraverso le garanzie processuali e penali tipiche degli Stati di diritto (cfr. Ferrajoli, 1989). Ma il diritto penale e le istituzioni del sistema di giustizia penale hanno non tanto lo scopo di punire, quanto quello di prevenire futuri delitti, attraverso la minaccia di pene certe rivolta alla popolazione intera.

Il sistema penale, tuttavia, non è mai stato il modo principale né quello più efficace di controllare la cittadinanza. Vi è una immensa letteratura sociologica, a partire da quando la sociologia stessa è emersa come disciplina specifica (la metà del XIX secolo) che indaga come le diverse società, e in particolare la nostra, siano organizzate per produrre consenso o almeno contenere il dissenso rispetto alle norme e ai valori dominanti. Nessuna collettività può del resto sussistere senza un certo grado di controllo sociale. Le modalità di controllo mutano storicamente, sulla base dei mutamenti nell'organizzazione sociale, economica, culturale, politica. Secondo Foucault, per esempio, la modalità tipica dell'età moderna è la disciplina, ossia un complesso di pratiche,poteri e saperi che contribuiscono a produrre *individui*: il carcere è, sempre per Foucault, solo uno dei luoghi in cui si esercita la disciplina, gli altri essendo le fabbriche, le scuole, gli eserciti, ecc.

La compressione di alcune libertà fondamentali è dunque strettamente implicata nei diversi modi di produzione e imposizione del controllo.

Recentemente, vi sono stati, nelle nostre società, mutamenti importanti in questa sfera. Alcuni hanno origine nel cambiamento dell'organizzazione del lavoro (dal fordismo al post-fordismo), nei processi di erosione dei poteri degli stati nazionali a seguito dell'intensificarsi della globalizzazione, che hanno comportato, tra l'altro, la crisi dei sistemi di welfare. Il dominio dell'ideologia neoliberista è un altro elemento, collegato, da considerare. Ancora più recentemente, guerre terrorismo internazionale hanno comportato l'adozione, in molti paesi, e in primo luogo negli Usa, di un forte restringimento e compressione dei diritti di libertà. L'utilizzazione sempre più intensa e diffusa di strumenti di sorveglianza e investigazione elettronica pongono fondamentali questioni di libertà personale, difesa della privacy, ecc. Ma sono anche i diritti sociali a venire fortemente compromessi dai mutamenti nelle modalità di controllo sociale odierni.

E' di questo che si parla diffusamente nelle pagine che seguono.

Prevenire è meglio che curare, prevenire è meglio che reprimere. Due slogan degli anni settanta che non sono cambiati tanto nella forma quanto nella sostanza.

La crisi dello stato sociale, che poi è contemporaneamente la crisi dello stato-nazione, comporta deregolamentazione e insieme declino delle forme di organizzazione collettiva. La disoccupazione di massa, la precarizzazione dei rapporti di lavoro vanificano le protezioni collegate al lavoro, cui si sostituisce la promozione di un modello biografico: ciascuno/a deve farsi carico da solo/a dei rischi del suo percorso professionale diventato flessibile e discontinuo. L'avvenire diventa fonte di minaccia e di paura, il risentimento compare come la risposta sociale al malessere sociale, inducendo un atteggiamento difensivo che rifiuta, assieme alle novità, anche il pluralismo e le differenze, e va in cerca di capri espiatori.

Gli slogan degli anni sessanta e settanta, dunque, hanno oggi sostanza assai diversa da allora. Prevenire è ancora meglio che curare, ma la prevenzione non è più un compito sociale, collettivo, istituzionale, ma individuale e privato. Per quanto riguarda, poi, la prevenzione nel campo della devianza e della criminalità, essa è intesa come una serie di politiche mirate a rendere la commissione di delitti più difficile, piuttosto che a migliorare le condizioni sociali che, fino a non molto tempo fa, venivano considerate come all'origine di devianza e criminalità stesse, e a convincere i cittadini a prendere misure adeguate per non diventar vittime o, se lo diventano, a ridurne il danno (attraverso il mercato privato delle assicurazioni).

Già Cohen, nel 1985, parla dell'avvento di saperi criminologici e politiche criminali "amministrativi", intendendo con questo indicare il nuovo disinteresse per la ricerca o l' intervento sulle (supposte) cause della criminalità. Ricerca e intervento si orientano invece, almeno in linea di tendenza, verso l'individuazione di modalità preventive rispetto alla criminalità (comune) che fanno largo uso di modelli probabilistici per determinare le caratteristiche salienti (i profili) di popolazioni "a rischio" di commettere reati e illegalità. Queste popolazioni saranno sorvegliate più attentamente, e se un individuo che possiede alcune di queste caratteristiche (tipicamente, è un giovane nero o ispanico, disoccupato, proveniente dalle *inner cities*, con famiglia problematica alle spalle, o, in Italia, è un migrante musulmano...) viene arrestato riceverà una pena commisurata non tanto al reato commesso, quanto al grado di pericolosità sociale calcolato in base alle caratteristiche stesse.

La svolta rispetto alla criminologia positivista tradizionale, e alle politiche criminali ad essa variamente ispirate, si ha però con lo slittamento di attenzione dal "criminale" alla "vittima". La questione di fondo diventa quella di diminuire il rischio di vittimizzazione, piuttosto che quella di intervenire sulle "cause" della criminalità. La maggior parte dei saperi criminologici odierni mette al centro la "vittima", le ricerche sulla vittimizzazione e quelle sulla "paura della criminalità" sono non solo le più diffuse, ma quelle che vengono richieste o comunque orientano le tendenze di fondo delle politiche criminali. La parola d'ordine dei governi nazionali e locali diventa "la sicurezza dei cittadini": una sicurezza che ha qui il significato di venir messi al riparo quanto più possibile dal rischio di rimaner vittime di reati e inciviltà comuni. Oggi, sicurezza nel discorso pubblico significa questo, piuttosto che sicurezza sociale, e a questo si provvede attraverso misure di prevenzione varie. In ciò che segue descriverò più dettagliatamente la svolta e le sue conseguenze, per ciò che riguarda in particolare la spinta alla prevenzione cosiddetta situazionale e a quella individuale e privata.

Nelle società di welfare i paradigmi dominanti del controllo sociale erano due, intrecciati. Per un verso, l'idea che devianza e delinquenza avessero cause sociali e culturali legittimava politiche di intervento per l'appunto di tipo sociale e culturale; per un altro verso l'idea che devianti e delinquenti avessero introiettato in modo inadeguato e imperfetto le norme si traduceva in politiche di intervento sui singoli devianti e delinquenti al fine di mutarne le motivazioni interne. La crisi delle politiche di welfare porta con sé il declino delle ipotesi di riforma e bonifica del territorio così come quelle della riabilitazione e risocializzazione. E' il paradigma positivista, alla base in un modo o nell'altro di tutte le teorie e analisi della questione criminale fin dall'800 a venire radicalmente messo in crisi. Tecniche e strategie di controllo cominciano a venir teorizzate e pensate indipendentemente da una indagine sulle cause dei fenomeni da controllare e reprimere. Lo slittamento di attenzione dai criminali alle vittime, la centralità della nozione di rischio, l'enfasi sulla responsabilità individuale (del criminale come della vittima) sono le caratteristiche delle criminologie oggi dominanti, nel senso almeno di orientare retorica e, in parte, dinamiche delle politiche di controllo sociale contemporanee.

La nozione di rischio viene declinata in due sensi: il rischio di rimanere vittime di reati e il rischio di commetterli. Ambedue i rischi sono calcolati a partire da una serie di elementi che individuano, gruppi, popolazioni: a questo fine, sono ininfluenti fattori relativi alla personalità o al contesto socioambientale del singolo. La tecnica del *profiling*, insomma, è utilizzata sia per costruire profili di criminali che profili di vittime. A queste ultime è attribuito l'onere di provvedere esse stesse alla propria protezione, ciò che del resto è sempre avvenuto nel caso delle donne e delle violenze a sfondo sessuale. Chi non vi provveda, non sia cauto e attento, avrà in qualche misura "meritato" la propria vittimizzazione.

A provvedere a che le potenziali vittime stiano attente contribuiscono non solo campagne di stampa, ma la produzione di libretti e opuscoli a cura dei vari uffici di sicurezza urbana ormai diffusi un po' ovunque in Italia, che lanciano una serie di avvertimenti: chiudere bene porte e finestre di casa, munirsi di sistemi di allarme, non circolare in luoghi isolati e ad ore notturne, non portare con sé in modo visibile monili e gioielli, ecc. Queste precauzioni rendono esplicito e in qualche modo imperativo ciò che molti e sopratutto molte cittadine già comunque fanno, di fatto riducendo notevolmente la loro libertà di movimento.

Conviene analizzare un po' più a fondo, a questo proposito, la perdurante differenza tra uomini e donne rispetto all'agio con cui è concesso loro di muoversi nei contesti urbani. Una ricerca di qualche tempo fa (Pitch, Ventimiglia, 2001) ha messo in luce ciò che d'altronde è abbastanza evidente: le donne sono esortate a prendere, e anche spontaneamente e spesso routinariamente e in modo inconsapevole prendono, tutta una serie di precauzioni che gli uomini, almeno i giovani e i giovani adulti, non si sognano neanche di adottare. Molti luoghi della città e molte ore della notte sono vietati alle donne: quelle che, per necessità o altro, contravvengono a questi divieti impliciti, se rimangono vittime di reati o inciviltà sono di solito esse stesse imputate di imprudenza colpevole. Il compito di prevenzione dai reati e dalle inciviltà più comuni, del resto, è ancora in gran parte un compito femminile: sono le madri che cercano di provvedere alla sicurezza di figli e, soprattutto, figlie. Più in generale, spetta a loro educarli in modo che i primi non commettano guai e le seconde non ci si trovino.

Molte donne si trovano così a vivere in un mondo costruito come ostile e minaccioso; vengono esortate ad evitare non solo luoghi, ma anche persone, rapporti; a essere sospettose e diffidenti nei confronti degli estranei, e in particolar modo degli stranieri; in una parola, a non correre rischi, ad evitarli. Ciò configura una forte limitazione non solo della loro libertà di movimento, ma anche più in generale di scelta rispetto al lavoro, al tempo libero, al viaggiare e così via, rispetto alla maggior parte degli uomini.

La ricerca ha tuttavia messo in rilievo come siano precisamente le donne che "corrono rischi" quelle che si sentono più sicure. E le donne che, volontariamente, "corrono rischi" sono quelle che possiedono un bagaglio adeguato, notevole, di risorse sia economiche e sociali che, soprattutto, culturali. Il sentimento di essere in controllo della propria situazione è qui cruciale, come già del resto, a proposito di un'altra ricerca, notava molti anni fa Sally Engle Merry (1981). E questo sentimento, a sua volta, ha molto a che fare con il possesso di quelle risorse di cui dicevo (oltre alla familiarità con luoghi e persone, la quale tuttavia si produce attraverso la frequentazione, non l'evitamento).

Ciò riguarda in primo luogo le donne, ma poi anche tutti quelli che possiedono risorse insufficienti a correre rischi. Si dà il caso, tuttavia, che siano proprio molti di loro a non poter mettere in atto neanche le precauzioni richieste, poiché anche queste costano denaro (molte bisogna acquisirle sul mercato), tempo, un certo agio. Madriz (1997) mostra ad esempio come siano le donne più povere a dover lavorare e transitare in posti giudicati insicuri, magari di notte, e come, se restano vittime di reati, siano colpevolizzate piuttosto che aiutate.

Così la prevenzione contribuisce a mantenere e rafforzare disuguaglianze, sia perché la prevenzione costa e chi non se la può permettere viene messo, implicitamente, sotto accusa, sia perché è essa stessa una modalità di discriminazione, esercitandosi nei confronti di figure deboli e vulnerabili: prostitute, migranti poveri, barboni, tossici, di solito non ricompresi nella "cittadinanza" di cui si predica il diritto alla sicurezza e tipicamente viceversa figure della "paura", come risulta dalle ricerche .

La questione della prevenzione della criminalità di strada è diventata uno degli *issues* principali un po' dappertutto in Europa. Esiste un Forum Europeo per la sicurezza che riunisce parecchie città, e ad esso aderisce l'omologo Forum italiano. Programmi per la sicurezza sono stati scritti e qualcuno anche comincia ad essere attuato in molte città italiane.

La prevenzione viene declinata in due modi. Il primo cerca di coniugare un qualche tipo di sicurezza sociale assieme a quella più propriamente riferita al rischio di criminalità. Il secondo declina invece la sicurezza prevalentemente come prevenzione dal rischio di rimanere vittime di criminalità. Per descrivere quest'ultima, utilizzo le parole di uno dei suoi sostenitori (Felson, 2003): la prevenzione situazionale non vuole cambiare le persone, né mutare la situazione generale. E' a buon mercato, non cambia la cultura né la "struttura generale". Implica pensare "praticamente", piuttosto che "politicamente". Adotta strategie dirette a diminuire i benefici del reato e viceversa ad alzarne i costi e i rischi. Come si vede, è un tipo di prevenzione che programmaticamente ignora il passato e si rivolge al futuro. Non mira alle motivazioni, ma ai comportamenti futuri. La sorveglianza e la sterilizzazione del territorio sono le strategie più comunemente adottate. La questione, secondo Felson, si pone in questi termini: basta impedire i reati in certe zone, giacché "c'è sempre una località migliore per la commissione di delitti". Se non si permettono reati in questa zona, è probabile che non si commetteranno nemmeno altrove.

Sottintesa a questo tipo di strategia è una criminologia che considera la commissione dei reati un evento routinario e normale della vita quotidiana. Si tratta allora di predisporre le cose in modo da non rimanerne vittime e/o di rendere la commissione dei reati in certe zone difficile e poco profittevole (Selmini, 2000). E' parte integrante di questo modo di concepire la questione criminale rimandare buona parte della responsabilità di non rimanerne vittime agli stessi cittadini, come ho già detto.

La prevenzione sociale-comunitaria, invece, si rifà alle più tradizionali teorie eziologiche della criminalità, sociali o individuali che siano. Adotta quindi misure di intervento nelle situazioni sociali e culturali considerate a maggior rischio di produrre fenomeni di illegalità e inciviltà, a partire dal tentativo di bonifica del degrado urbano e abitativo, di miglioramento delle situazioni di maggior disagio sociale, di risoluzione dei conflitti sul piano locale, fino a misure dirette a singoli gruppi, come i giovani. Più propriamente "comunitaria" è detta quella prevenzione che utilizza metodologie di produzione o riproduzione del controllo sociale primario attraverso la mobilitazione degli abitanti e delle loro associazioni.

La prevenzione sociale-comunitaria si distingue dalle politiche sociali "generali" appunto nel senso che è diretta a particolari popolazioni e/o a particolari aree urbane, piuttosto che essere "universalista", o, viceversa, come la maggior parte degli interventi socioassistenziali, diretta al singolo individuo. Inoltre, essa è diretta piuttosto alle potenziali vittime che ai potenziali criminali.

Rossella Selmini (2003) ha censito e analizzato le azioni di prevenzione dei comuni italiani fino al 1999, e ha trovato che, per quanto concerne la prevenzione situazionale, i Comuni hanno utilizzato sopratutto la polizia municipale e emesso una serie di ordinanze e diffide: ordinanze antiprostituzione, contro il commercio abusivo, per lo sgombero di locali o aree occupate illegalmente, controlli sugli affittacamere, ecc. C'è poi un grande e crescente dispiegamento di sistemi di sorveglianza con telecamere a circuito chiuso, sopratutto nei luoghi pubblici come i parchi e le piazze, ma anche le scuole, i centri storici, i parcheggi. Sono altresì utilizzate misure di arredo urbano, al fine di controllare i movimenti delle persone: recinzioni, blocchi di cemento, vernici antigraffiti, rimozione di panchine.

Le misure di prevenzione situazionale, secondo questa ricerca, sono le più utilizzate, indipendentemente dalla coalizione di governo della città. Quanto alla prevenzione sociale comunitaria, essa è comunque diversa dalle misure tradizionali di assistenza e servizio sociale. In primo luogo, infatti, essa è diretta ad aree o gruppi particolari. In secondo luogo, ha come oggetto piuttosto le vittime di reati o potenziali tali, che non gli autori. Di essa fanno parte integrante ad esempio le misure di riduzione del danno nei confronti dei tossicodipendenti, servizi di assistenza e accompagnamento di persone appartenenti a gruppi considerati a rischio (anziani, bambini, donne), misure di assistenza psicologica per chi abbia subito un reato, nonché "campagne pubblicitarie per l'autotutela". In molti dei programmi dei comuni censiti nel 2000 compaiono modalità di contribuzione agli esercizi commerciali perché si dotino di sistemi di sorveglianza (detti "mezzi di difesa passiva").

Queste campagne, promosse dagli enti locali, vanno nella direzione di una crescente privatizzazione della sicurezza. Il mercato della sicurezza cresce del resto anche perchè gli enti locali stessi sono buoni clienti di questo mercato, attraverso l'acquisto di vari sistemi di video sorveglianza. L'aumento esponenziale delle polizie private, le guardie giurate, è un altro fenomeno che va nella stessa direzione.

Non si può dire niente circa i risultati di queste misure, non tanto dal punto di vista della diminuzione effettiva di reati di strada e inciviltà, quanto da quello di un aumentata percezione di sicurezza da parte dei cittadini e cittadine, perché non ci sono ancora ricerche. Ciò che si può dire, è che in questi ultimi anni le azioni di prevenzione da parte dei comuni si sono andate moltiplicando, e ovunque si nota una prevalenza di misure di tipo situazionale, che sono poi quelle preponderanti e dominanti nel discorso politico. Anche la prevenzione cosiddetta sociale si sta trasformando, diventando "più puntuale ed emergenziale" (Selmini, 2003).

Si nota insomma un effetto di trascinamento del discorso sicuritario improntato alla sorveglianza e alla sterilizzazione del territorio, rispetto all'intervento sociale e "comunitario".

Riflessioni più meditate, perché confortate da sperimentazioni di lunga data, vengono dalla Gran Bretagna, dove Tim Hope (2003) nota un aumento di enfasi sul ruolo dei singoli cittadini nell'evitamento dei rischi da criminalità e, di conseguenza, una distribuzione fortemente disuguale della sicurezza, accessibile soltanto a coloro che hanno i mezzi per acquistarla, sia attraverso le assicurazioni private, sia con la scelta di abitare in zone "sicure", nonché di farle divenir tali per mezzo della vigilanza privata se non addirittura della chiusura delle zone stesse (le *gated cities*).

Vi sono interpretazioni diverse anche per ciò che riguarda le città francesi. Alcuni sostengono che le politiche di sicurezza locali hanno avuto l'effetto di migliorare in tutti i suoi aspetti l'habitat cittadino nel suo complesso, sia dal punto di vista sociale che culturale. Altri sono assai più perplessi, rilevando come i problemi delle aree disagiate prese di mira hanno una origine non locale, ma nazionale e transnazionale che queste politiche non possono toccare: disoccupazione diffusa, precarietà del poco lavoro che c'è, scuole disastrate, ecc. non possono essere l'oggetto di politiche locali, le quali viceversa corrono il rischio di stigmatizzare ulteriormente le aree urbane su cui intervengono, nonché di canalizzare risorse su una zona sola, piuttosto che distribuirle universalisticamente (vedi su tutto questo Robert, 1994). Come rileva Castel (2003): "la messa in scena della situazione delle banlieu come luoghi di fissazione dell'insicurezza, è in qualche modo il ritorno alle classi pericolose, ossia la cristallizzazione su gruppi particolari, situati ai margini, di tutto ciò che una società ha di minaccioso", p. 53. C'è insomma il rischio assai concreto che piuttosto che dedicare risorse al miglioramento complessivo della situazione sociale e all'effettiva revitalizzazione del territorio, anche con il contributo degli abitanti, la retorica sicuritaria si inveri in misure di tipo esclusivamente o prevalentemente di prevenzione situazionale, che finiscono per produrre nuove disuguaglianze e nuove discriminazioni proprio in relazione a ciò che oggi viene dichiarato prioritario, ossia il diritto alla sicurezza dei cittadini.

L'enfasi sulla sicurezza produce l'effetto perverso di una moltiplicazione della domanda di sicurezza. L'invasività odierna dell'ideologia o della cultura della prevenzione rimanda all'idea di un mondo conoscibile e controllabile, e all'utopia di una protezione assoluta e di una sicurezza totale, miti assai pericolosi, laddove la vita è di per sé rischiosa, e correre rischi è un ingrediente indispensabile per la produzione di fiducia e di fiducia in se stessi. Inoltre, l'efficacia delle tecnologie e degli strumenti della prevenzione è assai limitata, così che l'enfasi su di essa è destinata a produrre delusioni e ulteriore insicurezza.

Si potrebbe leggere questa enfasi anche in un altro modo, ossia come modalità di controllo attraverso la generalizzazione di un principio di precauzione che deve sottendere le azioni di ciascuno e ciascuna. Una modalità di controllo interiorizzata, che diviene autocontrollo, e perpetua l'illusione di libertà individuale, di avere e tenere la vita nelle proprie mani. Perché se qualcosa distingue l'imperativo alla prevenzione oggi, è che esso è individualizzato e privatizzato, riguarda i singoli corpi e le singole situazioni, piuttosto che le cause sociali dei mali e dei disagi, e richiede azioni e scelte anch'esse individuali e privatizzate.

Il protagonismo accordato alle "vittime" e la centralità odierna della tematica della vittimizzazione portano precisamente questo segno e lo rafforzano. In primo luogo, l'accento sulle vittime o potenziali tali tende a spostare l'attenzione dal passato al futuro, dall'intervento sulle (supposte) cause sociali del disagio e della criminalità di strada alla prevenzione del rischio di rimanervi vittime. Poi basa l'attività e il protagonismo sullo status di vittima o potenziale tale: una modalità di *empowerment* che fa leva, paradossalmente, sulla vulnerabilità, la fragilità, la paura. Infine, coniuga modalità di controllo diffuse e impersonali con il richiamo alla prevenzione individuale. Tutti e tutte devono fare in modo di non diventare vittime o di prendere precauzioni per minimizzare il danno se lo si diventa. La città sorvegliata (di cui parlerò) appare popolata di individui che, a loro volta, si autosorvegliano, in una spirale di diffidenza reciproca che produce ulteriore privatizzazione o chiusura in "comunità di complici" (Bauman, 2000).

L'autoresponsabilizzazione come modalità di controllo sembra non aver niente di nuovo, giacché l'autocontrollo è stato visto come l'altra faccia del controllo già da Mead, nonché, naturalmente, da Freud e poi Foucault. Ma nel contesto di un dominio culturale dell'imperativo della prevenzione, e di una prevenzione privatizzata e individualizzata, l'autoresponsabilizzazione assume il connotato di discrimine tra il buon, la buona cittadina, colui o colei che ce la possono fare da soli, e gli altri, gli emarginati, gli esclusi.

La centralità dello statuto di vittima e dei processi di vittimizzazione nelle politiche di sicurezza ha altre conseguenze. Oltre ad una evidente semplificazione del discorso criminologico —direi anzi un ritorno al positivismo più riduttivo (perché la produzione di criminalità e devianza possono e devono essere viste anche sotto l'aspetto della costruzione sociale dei problemi, mentre l'attribuzione e l'assunzione dello statuto di vittima non sono così indagate, sembrando soltanto il risultato dell'aver subito un qualche reato o danno), conducono a concentrare l'attenzione sulla cosidetta microcriminalità, quell'illegalità, cioè, che fa vittime singole e ben individuabili, a scapito dell'illegalità che colpisce, viceversa, in maniera diffusa e non direttamente visibile, come di solito la grande criminalità, sia quella cosiddetta "dei potenti", sia quella organizzata, oggi ambedue più che mai fiorenti nello spazio transnazionale deregolamentato, e fuori della portata del controllo dello stato nazionale.

E' questo uno ꓔꓔi punti più critici delle retoriche della sicurezza, nella misura in cui contribuiscono a spostare l'attenzione verso il contenimento e il controllo di gruppi e individui appartenenti a popolazioni particolari, collocati già ai margini della vita sociale e costruiti come veri e propri capri espiatori della situazione e dei vissuti di insicurezza.

A sua volta, l'attenzione pressoché esclusiva a microcriminalità e inciviltà è funzionale a politiche di sorveglianza diffusa e sterilizzazione del territorio, non solo di per sé discriminatorie, ma pericolose per le libertà e i diritti civili di tutti e tutte.

Dall'enfasi sulla vittimizzazione viene altresì la diffusione di retoriche e pratiche di mediazione, in cui le vittime dovrebbero avere un ruolo da protagoniste. Per quanto riguarda la mediazione penale, in Italia sperimentata all'interno della giustizia minorile, il rischio, oltre ad una privatizzazione della giustizia penale, è anche quello di una moralizzazione della giustizia stessa, la mediazione dovendo indurre, se non pentimento (ma anche di questo si parla), almeno una consapevole assunzione di responsabilità rispetto al danno arrecato da parte del reo. Su questo tornerò.

La mediazione sociale dei conflitti è esplicitamente indicata come un ingrediente importante, se non fondamentale, delle politiche locali di sicurezza. Si moltiplicano a questo scopo corsi di formazione professionale per mediatori, configurando così la progressiva istituzionalizzazione, con i suoi correlati di normatività, di una pratica che si vorrebbe fluida, diretta a, semplicemente, indurre autoresponsabilizzazione e protagonismo nelle persone direttamente coinvolte nei conflitti. Aldilà della sua efficacia, il diffondersi della mediazione segnala per un verso la perdita di strumenti sociali e personali per far fronte ai conflitti, per altro verso la tendenza sempre più accentuata ad una problematizzazione del vivere quotidiano. In questo senso, e nella misura in cui proliferano gli esperti in mediazione, l'autoresponsabilizzazione e la gestione del conflitto rischiano di mutarsi in una rinnovata dipendenza dal sapere e dall'agire di qualcun altro. Forse, la mediazione sociale è oggi una delle poche strategie disponibili per tentare di ricostruire legami sociali in una certa zona o situazione: tuttavia, è una strategia che rischia di mettere tra parentesi le cause sociali ed economiche dei conflitti, concentrandosi sulle differenze culturali, normative, piuttosto che sulle disuguaglianze.

Le politiche di sicurezza, si è detto, fanno largo uso di sistemi di sorveglianza e di sterilizzazione del territorio. Ma queste pratiche, a loro volta, sono soltanto una parte delle misure rese possibili dalle nuove tecnologie. In un libro recente, Lyon (2002) delinea i vari modi e analizza le conseguenze in cui la società dell'informazione è insieme e complementarmente una società della sorveglianza.

La questione principale, per Lyon, è che la scomparsa dei corpi, il loro crescente nomadismo, impediscono insieme quella fiducia e quel controllo che per l'appunto inerivano all'essere visibili e in presenza. La fiducia viene allora delegata al possesso di una gamma di strumenti di identificazione, dalle carte di credito all'indagine genetica, che sono contemporaneamente, o funzionano da, strumenti di controllo, impersonali e non diretti da una agenzia unica, ma al contrario dispersi tra agenzie sia pubbliche che private, la cui raccolta di dati, tuttavia, è sempre suscettibile di essere centralizzata e comunque circola tra un'agenzia e l'altra: "Nel nostro mondo nomade, la società di estranei rincorre quella privacy che nei fatti dà luogo alla sorveglianza. Segni di fiducia, quali il numero di identificazione personale, e schede con sopra stampigliati codici a barre, sono richiesti per dimostrare di essere un soggetto portatore di diritti e degno di buona reputazione" (Lyon, 2002 p. 35). La tendenza, dunque, come nota Rodotà (2002) è verso l'ottenimento di una trasparenza assoluta, vecchio sogno di tutti i totalitarismi.

Dietro queste misure opera la necessità di governo del rischio, il desiderio di ridurre l'incertezza e controllare gli imprevisti, non solo per ciò che riguarda tutte le questioni che potremmo riassumere sotto l'etichetta di "ordine pubblico", ma anche, e forse soprattutto, nei settori dell'economia di mercato: "Anziché indirizzarsi ad un mercato incerto, le imprese cercano di 'costumizzare', di personalizzare i prodotti e di rivolgersi a nicchie di mercato distinte, per creare il consumatore di cui abbisognano" (Lyon, 2002, p. 57). La nuova produzione individualizzata ha bisogno di controllare e anzi in qualche modo di costruire il consumatore. Ma c'è altresì necessità di stabilire chi sia un soggetto affidabile rispetto al rischio di credito. Un ruolo molto importante è svolto dalle compagnie di assicurazione, il cui modo di operare ha influenza non solo in campo economico, ma anche sociale, giacché le loro decisioni hanno un impatto forte sulle opportunità di vita delle persone : sempre più spesso, le compagnie di assicurazione prendono decisioni sulla base di informazioni che servono a stabilire il grado di rischio rappresentato dai singoli, informazioni che per un verso possono provenire dai dati raccolti da altre agenzie, come la polizia, e per altro verso circolano a loro volta nei *database* più diversi.

E' precisamente il configurarsi di sinergie tra agenzie diverse, pubbliche e private, attraverso il travaso e la comunicazione di dati sulle persone da un database ad un altro che crea un reticolo di sorveglianza diffusa e penetrante determinata a governare, a prevenire i rischi di ogni specie. E' un'attività programmaticamente rivolta al futuro, e che complementarmente ignora il passato. Ciò che conta, ai fini della prevenzione dei rischi futuri, sono gli indizi, le "scie dei corpi" che lasciamo nel presente.

Luogo privilegiato di esercizio di questa sorveglianza è la città. La città è continuamente monitorata da sistemi informatici che non si limitano alle telecamere a circuito chiuso. Le *informational cities*, di cui il videogioco Simcity è metafora, regolamentano la vita quotidiana facendo sì che ciascuno sia al posto giusto al momento giusto, "viaggiando a giusta velocità e trasportando articoli opportuni" (Lyon, 2002, p. 63). Lo scopo, dice ancora Lyon, non è tanto quello di catturare l'evento attuale, quanto di anticipare le azioni, di pianificare ogni eventualità . La simulazione per via elettronica permette la determinazione preventiva dei comportamenti e le connesse azioni cautelative. Ciò che interessa non è ciò che facciamo, ma ciò che faremo o diremo.

E' una sorveglianza che ribadisce le vecchie disuguaglianze e discriminazioni sociali e ne crea di nuove. Essere o non essere in possesso di strumenti che provano che siamo affidabili, potere o no venire assicurati contro certi rischi, essere o no assunti per un certo lavoro sono sempre più questioni che dipendono dalla raccolta e interpretazione di dati ottenuti per via informatica, o, peggio, genetica e biometrica, attraverso cui vengono ricostruiti i "profili" di rischio rappresentati da ciascuno. La prevenzione opera nei più diversi campi e mostra esplicitamente il suo versante di controllo. Nel lavoro, per esempio: "Gli aspiranti lavoratori sono controllati in base alle loro propensioni e inclinazioni, in base a primi indizi premonitori, piuttosto che per quello che hanno effettivamente compiuto... Così le lavoratrici che con più probabilità possono rimanere incinte o coloro che sono soggetti a determinate malattie possono essere esclusi dall'impiego". Ai test antidroga e anti aids, si aggiungono i test genetici, attraverso i quali si cerca di predire l'insorgere di malattie che potrebbero rendere inutilizzabili i lavoratori in futuro.

Nella città, le nuove "elite globali" possono crearsi il loro mondo separato grazie alla ricchezza di informazioni di cui sono in possesso, e così isolarsi escludendo tutti gli altri: "la paura ha generato politiche architettoniche che hanno creato divisioni, ripiegandosi verso l'interno e determinando un ritorno all'indietro, invece di affrontare quelli che sono i mutamenti sociali in atto nella vita urbana: La paura può essere ravvisata nella nostalgia di un passato idealizzato, un mondo fantastico", ricreato magari artificialmente nei centri commerciali a tema, nei quartireri separati e strettamente sorvegliati, nelle comunità chiuse. Nelle città, dunque, l'ineguaglianza è fortemente ribadita e rafforzata da misure di sorveglianza preventive, che includono barriere elettroniche e vedono il concorrere delle attività della polizia ufficiale con quelle di una sempre crescente polizia privata .

Del resto, anche i modi di operare della polizia sono significativamente mutati con l'adozione delle nuove tecnologie. La tendenza a costruire profili di rischio a carico di individui e popolazioni da tenere sotto controllo prima che commettano reati viene rafforzata da queste tecnologie stesse.

Per *profiling* si intende "la registrazione e la classificazione dei comportamenti personali" (Bonacchi, 2004). Non è, di per sé, una tecnica nuova: tra i primi *profiles* si mette infatti quello delineato dal referto autoptico compiuto sull'ultima vittima di Jack lo Squartatore. Ma *profiles* sono stati costruiti su Hitler, per cercare di prevederne le mosse, e più in generale, negli Usa, su altri "nemici" delle guerre successive, comprese naturalmente quelle contemporanee. Caratteristica del *profiling* ad uso criminologico è la costruzione di modelli di previsione comportamentali di singoli individui basandosi su indizi, tracce lasciate sui corpi dei delitti o attorno ad essi, attraverso i quali ricostruire in laboratorio la personalità di chi quei delitti ha commesso. E' chiaro che al costruttore di profili non interessano le cause sociali, né le motivazioni profonde del delitto stesso. Ciò che interessa è, per l'appunto, la costruzione di un modello di previsione del comportamento futuro, in modo da prevederlo e prevenirlo. L'individuo così ricostruito non ha spessore, laddove non ha un passato, né relazioni sociali significative. Oggi, le tecniche di laboratorio si avvalgono delle scoperte in campo genetico e delle tecnologie informatiche. Biometria e genetica sottendono una modalità di sorveglianza attraverso tracce lasciate dai corpi, ma in cui scompaiono le persone concrete. Il corpo è assunto come fonte di dati, spezzettato, frammentato, privato di coscienza e socialità. Non è il corpo nella sua interezza e concretezza a interessare, ma parti del corpo stesso, lette come dati: capelli, sangue, pelle, urine, si prestano ad essere analizzati per ordinare e classificare, per predire e prevenire, per costruire profili di rischio a carico sia di individui che di interi gruppi e popolazioni. I corpi diventano documenti di identificazione: gli occhi, le mani, le voci diventano strumenti attraverso i quali viene concesso o negato l'accesso in certe zone o a certi servizi. In ultima analisi, "la sorveglianza del corpo è connessa all'emergere di un approccio comportamentistico, che si preoccupa più della prevenzione di determinati comportamenti che delle loro cause o delle condizioni sociali che potrebbero generarle" (Lyon, 2002, p. 103). Il riduzionismo biologico e il determinismo genetico concorrono a vanificare l'importanza sia della biografia individuale che della rete di socialità attraverso cui si costruiscono le identità personali.

La fortuna di alcuni film e telefilm contemporanei mette bene in luce questa tendenza. Minority Report, CSI, Gattara, Il silenzio degli innocenti sono tutti basati sulla costruzione da parte dei protagonisti di profili di rischio o di tecniche di previsione dei comportamenti sulla base di tracce, indizi, scie lasciate dai corpi dove non hanno importanza le motivazioni o le cause sociali, e si insiste viceversa su una sorta di determinismo comportamentale leggibile attraverso questi indizi e scie.

Sindrome di Minority Report è del resto il titolo di un articolo di Giuseppe D'Avanzo su Repubblica (3 aprile 2004), a commento di una retata di arresti preventivi di 161 islamici residenti in Italia. Nei confronti di persone sospettate di poter avere qualche contatto con il terrorismo di matrice islamico-fondamentalista i diritti civili e le garanzie proprie di uno stato di diritto vengono sospesi, e si procede piuttosto che per via giudiziaria, per via amministrativa. Dice D'Avanzo "Se si ipotizza che, rimuovendo i sospettati, si azzera il pericolo, il confine della stessa concezione di legittima difesa dinanzi a un pericolo concreto, attuale, inevitabile viene spostato all'indietro da una dimensione giuridica a un territorio pre-giuridico" (p. 15) E il capo della polizia, De Gennaro: "La nostra azione è mirata a contrastare quanti sono sospettati di gravitare nell'area più vicina al fondamentalismo. Un'azione preventiva di cui non si ha la certezza per quanto riguarda tutto ciò che può aver sventato" (ib.).

Le minacce alle libertà civili di tutti e tutte sono messe in rilievo da Stefano Rodotà (Repubblica, 2 aprile 2004, p. 16) che nota come le leggi approvate negli Stati Uniti dopo gli attentati dell'11 settembre 2001 (il Patriot Act e la costituzione del Department for Homeland Security) "incarnino un progetto di trasformazione autoritaria del sistema americano che va ben aldilà della lotta al terrorismo e mette in pericolo le libertà fondamentali". Progetto cui il parlamento europeo, consentendo di fatto alle richieste Usa che le compagnie aree trasferiscano alla loro amministrazione ben 34 categorie di informazioni personali, sembra avallare.

La rilevazione di queste tendenze ha condotto molti, tra cui alcuni criminologi, a concludere che oggi il discorso morale sulla devianza si è del tutto tradotto in "un calcolo delle probabilità moralmente utilitaristico... svuotata della sua trasgressione morale, la devianza è trattata come un normale accidente... una contingenza contro cui esistono tecnologie di rischio per coprire le perdite e prevenirne il ripetersi" (cit. in Lyon, 2002, p. 109). Molti criminologi parlano, a questo proposito, di politiche criminali attuariali, sottese da criminologie, come già si è detto, che abbandonano il paradigma positivista di ricerca delle cause, individuali o sociali, degli atti illegali o devianti, per concentrarsi su modalità di prevenzione del rischio di rimanerne vittime (vedi per es. Feeley, Simon, 1994; O'Malley, 1992).

Queste tendenze nel campo della questione criminale sono tuttavia, come si è visto fin qui, ben più generali e generalizzate, estendendosi alla sorveglianza di tutti e tutte, in quanto in primo luogo consumatori e lavoratori, e della città intera. L'emergenza terrorismo rafforza, come è ovvio, questa tendenza, assai pericolosa per la tenuta dei diritti civili, delle libertà.

E tuttavia, già si è visto come non si possa parlare di una totale demoralizzazione del controllo sociale contemporaneo: la stessa prevenzione si declina, viceversa, anche attraverso misure che passano per le motivazioni individuali, piegandole o influenzandole con il richiamo o l'imposizione a norme e valori che hanno una valenza, un'implicazione morale. L'autocontrollo e l'indipendenza sono esaltati come virtù civiche, la "buona vita", la vita "giusta", pur non ispirandosi magari a valori cosiddetti tradizionali, è comunque proposta come il risultato di atteggiamenti e comportamenti che dipendono strettamente da quanto siamo in grado di prevenire e controllare gli eventi, di far fronte individualmente alle avversità. Questo modo di declinare l'individualismo, del resto non nuovo, lo pone al centro della ricerca della vita buona, e ne fa dunque un imperativo morale.

Le retoriche che legittimano le pratiche e le tecniche di mediazione, ormai estese ad un vasto arco di "problemi sociali" (dal penale, ai conflitti a scuola, nella famiglia, nel vicinato), si richiamano precisamente alla virtù della responsabilizzazione individuale, attraverso l'attivazione di capacità di protagonismo nel risolvere conflitti e problemi. Per quanto, poi, riguarda la mediazione penale, essa non è soltanto invocata come modo di far fronte ai problemi psicologici e materiali delle vittime di reati, ma anche come misura tale da impedire la recidiva, ossia prevenire la commissione di nuovi reati da parte dello stesso soggetto. Per mediazione penale si intende il confronto tra autore di reato (presunto, quando la mediazione, come succede solitamente, si fa prima del processo) e vittima, confronto in cui un terzo, il mediatore appunto, che dovrebbe essere neutrale e imparziale, dovrebbe fare in modo che tra i due si svolga un dialogo tale da indurre riconoscimento del danno arrecato da parte dell'autore e sua assunzione di responsabilità in merito alle conseguenze della sua azione e complementare rassicurazione della vittima. La quale non solo si vede riconosciuta nella sua interezza di persona, ma, a confronto con chi le ha arrecato un danno, dovrebbe o potrebbe "perdonare" il reo, a seguito di un suo "pentimento" e/o della sua disponibilità a riparare in qualche modo il danno arrecato.

Ci sono in realtà molti tipi diversi di mediazione penale, alcuni dei quali non contemplano necessariamente un confronto diretto tra autore e vittima, altri che sono diventati parte integrante del funzionamento del sistema di giustizia penale mentre altri ancora operano aldifuori di quest'ultimo. Anche le retoriche giustificative sono molte e diverse. Tutte, però, si richiamano alla necessità di rendere la vittima protagonista della gestione di ciò che gli è capitato, e, più in generale, di "restituire il conflitto ai suoi protagonisti". Non mi soffermo sulla definizione di conflitto data a ciò che legalmente è chiamato reato. Piuttosto, mi preme mettere in evidenza la tendenza alla responsabilizzazione di ambedue i protagonisti, vittima e reo, nonché al frequente richiamo della funzione preventiva, rispetto al rischio di recidiva, della mediazione. Una funzione preventiva che si appoggia non solo sulla presa d'atto del reo rispetto alle conseguenze della sua azione, ma anche, complementarmente, al suo "pentimento" e alla sua assunzione dei valori morali e delle norme vigenti nella "comunità" di appartenenza, cui dunque potrà far ritorno bene accetto e senza rischiare la stigmatizzazione.

Mi pare evidente, qui, che si tratta di una versione del controllo tutt'altro che "demoralizzata". Al contrario, la diffusione delle pratiche mediatorie e delle retoriche che le giustificano vanno a far parte di quelle tecniche di governo del sé, di autogoverno, declinate sui valori dell'indipendenza e dell'autonomia, di cui già si è parlato.

Tutti e tutte collaboriamo sia alla sorveglianza impersonale e generalizzata, con l'uso che facciamo di carte di credito, passi, codici a barre, ecc., sia, ovviamente, all'autosorveglianza. Questa collaborazione spontanea va sotto il nome di libertà individuale, è la forma di questa libertà. La responsabilità in ordine alle scelte che continuamente dobbiamo fare nella vita quotidiana, la conformità all'imperativo del far da sè, di cui le pratiche preventive sono parte integrante e anzi fondamentale, è ciò che ai nostri stessi occhi appare come libertà. Viviamo, in occidente, all'insegna di una deformalizzazione e una destrutturazione di istituzioni fino a poco tempo fa delegate alla normazione e al controllo di aree fondamentali della vita quotidiana, ad esse legittimate dall'essere contemporaneamente distributrici di risorse e servizi —di una forma di prevenzione di tipo collettivo, sociale— perseguita dal dominio culturale del neoliberismo in nome, appunto, di una riconquista del bene della libertà individuale.

La critica allo stato sociale non è stata del resto appannaggio soltanto della "destra" neoliberista. Gli effetti di paternalismo, depoliticizzazione e contemporanea patologizzazione dei problemi sociali, di invasione autoritaria dei "mondi vitali", sono stati messi in luce anche, anzi soprattutto, da "sinistra". Ciò può contribuire a spiegare perché certe misure e pratiche di cui si è parlato qui abbiano una connotazione "progressista". E' il caso della mediazione, proposta spesso come modalità non solo di autoresponsabilizzazione, ma di ricomposizione di legami sociali —in famiglia, a scuola, nel vicinato— solidali, e tali da rendere protagonisti della gestione dei conflitti e del mutamento della situazione "corpi intermedi" tra lo stato e l'individuo messi da parte, depauperati e esautorati dall'invadenza dello stato sociale. La ricetta "progressista" di riforma dello stato sociale prevede il protagonismo dei e delle cittadine, collaborazione (talvolta chiamata sussidiarietà) tra organizzazioni non statali e istituzioni statali, modalità di reperimento e distribuzione di risorse che facciano leva e stimolino le capacità individuali e collettive. Tuttavia, almeno finora, ciò si sta risolvendo in una delega di compiti e doveri che erano propri dello stato ad un privato-sociale che non solo ad essi non riesce, non può supplire, ma che spesso li adempie violando diritti importanti —ad un salario equo, per esempio— messi in mora con la giustificazione di star operando per il bene di chi si assiste. Complementarmente, deperiscono i diritti sociali, tendenzialmente trasformati in benefici, provvidenze affidate alla solidarietà volontaria o addirittura al mercato privato.

L'insicurezza che ne viene prodotta è allora dislocata altrove: sulla criminalità comune, sui migranti, ma anche, e insieme, sulla cura di sé e di ciò che sta più vicino ed è considerato proprio.

La sorveglianza impersonale riguarda un po' tutti/e in quanto cittadine ed utenti delle città. L'autosorveglianza, la responsabilizzazione, l'imperativo all'indipendenza, l'assunzione delle pratiche di prevenzione sembrano invece riguardare soprattutto coloro i quali sono in grado di fare tutte queste cose. Già Cohen (1985) aveva messo in

180

rilievo come oggi il controllo assumesse forme diverse per la marginalità e per le classi medie: per queste ultime, esso passa ancora attraverso le motivazioni individuali e il richiamo a valori morali. Per i più poveri e disgraziati, invece, il controllo si dispiega attraverso dispositivi impersonali, informati ad una retorica di tipo amministrativo e attuariale di cui la nozione di pericolosità sociale è il puntello. Pericolosità di popolazioni intere, si diceva, identificate attraverso alcune variabili ricorrenti.

Oggi, la diffusione di tecniche di sorveglianza generalizzata tratta tutti e tutte come potenzialmente pericolosi, ma in realtà esse si dispiegano in modo tale da individuare e selezionare per l'appunto popolazioni particolari, sulla base non solo della loro pericolosità, ma della loro inaffidabilità rispetto al possesso dei requisiti ritenuti necessari per avere l'accesso a beni e risorse privati e privatizzati. E' a questo proposito che sembra venir utile l'ormai abusata metafora dell'esclusione: queste popolazioni trovano letteralmente sbarrato l'accesso a zone, luoghi, tempi, risorse disponibili per altri e altre. Tuttavia, questa metafora perde potenziale esplicativo quando si rifletta sul fatto che esse non sono affatto marginali, tanto meno escluse, rispetto alle aree di produzione oggi centrali, che sempre più, viceversa, si basano sul lavoro precario, flessibile, insicuro e malpagato di queste popolazioni stesse. Si tratta allora, per quanto riguarda l'esclusione, non tanto di una condizione quanto di una strategia o, meglio, una forma del controllo sociale odierno. Si governa attraverso dispositivi che per un verso spingono all'autosorveglianza e sono intrisi di imperativi morali, e per un altro verso attraverso dinamiche impersonali che spingono verso l'esclusione da luoghi, beni e servizi, ma non dalle zone centrali della produzione odierna. L'esclusione come modalità di controllo sociale di queste "nuove" popolazioni, necessarie alla produzione contemporanea, provvisoria o no che sia, sembra la forma attuale di governo di esse. Un governo che, attraverso l'esclusione prodotta dalle tecnologie della sorveglianza, oltre che, anzi complementarmente al, dimagrimento dello stato sociale e della perdita di forza delle sue istituzioni, si afferma isolando, mantenendo deboli, ghettizzando, in una parola tenendo fuori della porta della cittadinanza sociale a pieno titolo queste popolazioni stesse. Nonché occultando ciò che lega gli "inclusi" agli "esclusi" (di cui la metafora stessa dell'esclusione è modalità): le disuguaglianze, il potere, le gerarchie. Non si tratta, allora, di "popolazione eccedente", nel senso di inoccupata e inoccupabile, ma al contrario di forza lavoro occupata, seppure nei modi atipici ora prevalenti, e occupata nei settori centrali della produzione contemporanea di un mondo globalizzato.

Autosorveglianza ed esclusione sono allora due modalità complementari di controllo. Sorveglianza impersonale e intervento attraverso le motivazioni individuali e gli imperativi morali sono due facce della stessa medaglia. Il declino della prevenzione sociale e l'enfasi sulla prevenzione individuale e privata contribuiscono in maniera capitale a questi esiti, che confluiscono ambedue nella frammentazione e nella dispersione del sociale. Ad una individualizzazione, insomma, che è non solo tendenziale isolamento di ciascuno/a nel suo proprio, ma una costruzione di individui non individuati, se si può dir così: ossia, ad "individui" non solo astratti, ma frammentati, senza radici, senza corpo, svuotati dentro. Questa forma dell'individualità ha come corrispettivo una libertà senza contenuti, nomade nel senso di poter o dover vagare incessantemente tra luoghi e dunque scelte effimere, connotata dall'insicurezza, priva di vera autonomia.

Bibliografia

BAUMAN, Z., 2000, *La solitudine del cittadino globale*, Feltrinelli, Milano.

BONACCHI, G., 2003, "Il personale è impolitico: prevenzione e profiling", *DWF*, 4, pp. 40-49

CASTEL, R., 2003, *L'insécurité sociale*, Seuil, Paris.

COHEN, S., 1985, *Visions of Social Control*, Polity Press, Cambridge.

FEELEY M., J. SIMON, 1994, "Actuarial Justice", in Nelken D. (a cura di), *The Futures of Criminology*, Sage, London.

FELSON, J., 2003, *relazione* al Convegno "Per una società più sicura", Roma, 3-5 dicembre

FERRAJOLI, L., 1989, *Diritto e ragione*, Bari-Roma, Laterza.

HOPE, T., 2003, *Relazione* al Convegno "Per una società più sicura", Roma, 3-5 dicembre.

LYON, D., 2002, *La società sorvegliata*, Feltrinelli, Milano.

MADRIZ, E., 1997, *Nothing Bad Happens to Good Girls*, University of California Press, Berkeley

MERRY, S.E., 1981, *Urban Danger. Life in a Neighborhood of Strangers*, Temple, Philadelphia.

O'MALLEY, P., 1992, "Risk, Power and Crime Prevention", in *Economy and Society*, 21.

PITCH, T y C. VENTIMIGLIA, 2001, *Che genere di sicurezza. Donne e uomini in città*, Franco Angeli, Milano.

ROBERT, P., 1994, "Le normes de l'Etat-nation, in Robert P., Sack F. (a cura di), *Normes et Deviances in Europe*, L'Harmattan, Paris.

RODOTÀ, S., 2002, Prefazione, pp.VII-XVI, in Lyon D., *la società sorvegliata*, Feltrinelli, Milano.

SELMINI, R., 2000, "Le misure di prevenzione adottate nelle città italiane", Quaderni di Cittàsicure, Maggio-Giugno, anno 6, n.20b, pp.53-78.

—, 2003, *relazione* al Convegno "Per una società più sicura", Roma, 3-5 dicembre.

NEW POTENTIAL FOR ANTI-CRIMINOLOGY

Vincenzo Ruggiero

This little homage to Roberto Bergalli takes inspiration from one of his concerns. In a book he co-edited in 1997 ('Social Control and Political Order'), he reassessed the concept of social control in light of the decline of the welfare state, in a new situation 'of violence, death and environmental aggression'. He questioned the capacity of sociology and criminology to face such new situation with old analytical tools.

In a similar vein, this is an attempt to verify whether and how, in the current situation, a revitalization of critical criminological analysis is viable. It is an effort to identify, within criminology, some theoretical and empirical areas that lend themselves to a radical approach, an approach that I would term critical or anti-criminological. The areas I have in mind include the sociological tradition from which the discipline derives, the area of crime causation, the field pertaining to the crimes of the powerful and, more generally, the area of penal policy. After examining these interrelated areas, and pinpointing the theoretical and practical gaps that still denote our efforts in their respect, I will argue that critical or anti-criminology is far from having exhausted its analytical and political potential.

Crime versus conflict

When we look at the sociological tradition from which criminology and the sociology of deviance originally take inspiration, we have to focus in particular on the sociological knowledge produced concomitantly with the expansion of urban settings. Throughout the twentieth century, the growth of cities was accompanied by the emergence of new forms of social conflict. It is true that students of urban settlements where obsessed by order and invoked innovative social processes which could strengthen it. However, early analysts of the city also focused on innovation and social change, as these were deemed essential for people to cohabit in the urban environment, and for groups to negotiate their respective role and degree of access to resources. Hence the emphasis on collective action, which shapes urban settlements, and through innovation establishes acceptable models of urban order. Hence, also, the attention posed on innovation that disrupts unjust social order and aims at creating a new one. There is, therefore, something dynamic in early studies of urban settings: there is a sense that collective interests and group action, through negotiation or conflict, may determine social mutation.

The simultaneous development of the sociology of deviance was the result of a radical shift, whereby collective action and innovation were abandoned as analytical issues and the focus placed on anti-social behaviour, fear, and disorder (rather than order, or potential new order). Transitional hells and criminal zones became the central scene of enquiry, with the sociological gaze being diverted from more general urban conflicts.

An overview of some classics of the sociology of the city would help identify which tenets were retained and which eschewed, and how the conflictual nature of urban settlements as depicted by the very pioneers of urban studies was distilled into an essentialist notion of conflict as deviance and crime. *One of the tasks of contemporary anti-criminology might be that of analytically revisiting these aspects which are neglected by mainstream analysis, and re-focus attention on collective action and social change that accompany, providing a backdrop to, what we call criminal activity.*

Classical sociology does contain conceptual traces of 'social movement', though such traces form a vague corollary to its central concern around social change. However, both the concept of 'movement' and that of 'change' are hidden behind, and coalesce with, notions of instability and incumbent menace. Exclusive attention to the latter notions was part of the cost the sociology of deviance had to pay for its ambition to achieve independence. Ultimately, confronted with unprecedented growth of cities, the sociology of deviance alimented its independence with what I would term a deep sociological 'fear of living together'. *It is among the tasks of contemporary anti-criminology to resist this process and, paradoxically, to restore forms of theoretical dependence, rather than independence, from the sociology of social change.*

Some examples. Many sociologists of deviance were deeply influenced by the views of social theorists such as Tönnies, who described cities as 'dysfunctional mechanic aggregates'. This description was translated into that of social disorganisation. In sum, the sociology of deviance uncritically embraced the ideas of Tönnies, who lamented that 'people are all by themselves and isolated', and that relationships in cities are segmented and transitory. City dwellers were not expected to encounter each other as whole persons, because their relationships were deemed merely instrumental: 'every person strives for that which is to his own advantage and affirms the actions of others only in so far as and as long as they can further his interest'. Relationships in the urban environment, in brief, were viewed as more likely to generate predatory conducts than collective action for change. *Anti-criminological analysis is committed to shifting the focus from the former to the latter, therefore re-appropriating a crucial area of critical enquiry and practice.*

Let us take the example of Durkheim. The concept of anomie was comprehensively adopted by the sociology of deviance, in that it describes an exceptional situation hampering the normal functioning of society. In Durkheim, however, the polarisation between a condition of stability and one of anomie is only apparent, because groups of individuals may challenge a specific form of stability without throwing the collectivity into a normless condition. The division of labour in society may be altered with a view to increasing consensus, a suggestion implying Durkheim's belief in subjectivities bringing change. The division of labour produces solidarity, he stresses, only if it is 'spontaneous' and not forced.

According to Durkheim there is a 'social force' in complex societies that manifests itself when the division of labour is perceived as highly unjust. *Again, while completely ignored by mainstream criminology, this 'social force' could be one of the areas of enquiry and action in which anti-criminologists might engage.*

Official criminology ignores similar pointers one finds in the analysis that Max Weber devotes to the city.

The Weberian city is extremely conflictual. This is due, mainly, to two orders of circumstances. First, conflict arises from the co-presence, in the urban environment,

184

of people endowed with different power and resources. These people, Weber fears, live elbow to elbow, and become aware of their respective condition. This is Weber's way of arguing that relative deprivation, especially when persistent and visible, may trigger conflict. Second, conflict emerges when groups become aware that economic and political power, unlike in the cities of the Renaissance that Weber idealizes, are concentrated in the same people and even in same physical settings. All these concerns tend to disappear from the criminological discourses inspired by Weberian thought. The Weberian categories utilised by sociologists of deviance are mainly confined to those applicable to the analysis of bureaucracies and organisations. Such categories, for example, prove fruitful when, behind the formalistic impersonality one expects to find in official agencies, 'substantive irrationality' transpires in the form of autarchy, corruption and bossism. Weberian sociologists of deviance, in sum, limit their analytical efforts to the realm of the elites and to the mechanisms of their conservation, while failing to observe how the elites can be contested and social change triggered. An intellectual selective process brings them to overlook what is perhaps the core of Weber's thought, namely that sociology is the science of social action, therefore of social change. The analysis of action, in Weber, addresses not what people might do but what they do purposely to achieve common aims. Actions may be, first, non-rational, inspired by tradition, following custom or meeting everyday expectations; second, they may be emotionally driven, acting upon impulse or the expression of feelings. Third, actions may be instrumentally rational, when directed towards attaining some specific objective, and, finally, value rational, when expressing political choice. It is rare to find these notions in analyses of the city among disciples of Weberian sociology of urban crime and deviance. *Again, an analytical revitalisation of 'action' could inform contemporary efforts of anti-criminology.*

Let us now consider the legacy of Simmel, that we find in some of the work of the sociologists of the Chicago school. These sociologists were very receptive of Simmel's idea of so-called 'extreme phenomena' generated by city life, an idea that the author associated with the desire of individuals to distinguish themselves in a 'colourless and uniform world'. Did the late arrival of the sociology of deviance on the academic scene force this discipline to take as its subjects 'the leftover materials of human behaviour'? (Berger, 1995: 24).

With the Chicago school, the study of the city started becoming the study of the real or imaginary fear caused by urban crime. This became manifest in the somewhat obsessive attention devoted to dangerous eruptions of conflict and particularly to the urban mob. Park drew a parallel between fluctuations of markets and movements of crowds, both being characterised by a condition of instability in the form of permanent crisis. Although he stressed that, often, such movements could be controlled, urban populations were said to be in a state of perpetual agitation; the community itself was in a chronic condition of crisis, because casual and mobile aggregations in the city cause a condition of unstable equilibrium. Park wondered to what extent mob violence, strikes, and radical political movements were the results of the same general conditions that provoked financial panics, real estate booms, and mass movements in the population generally.

In brief, sociologists of deviance inspired by Simmel's thought were initially in search of the rationality guiding organised city life; they were fascinated by the opportunities arising from urban aggregations, but ended up devoting much of their analytical work to the mechanisms of disorganisation. Park was adamant on this point: he saw deviance, urban riots, and 'radical political movements' as forms of social pathology resulting from the unequal distribution of opportunities. *A radical re-reading of Simmel's thought would revitalize notions of conflict which are so central in his work.*

Similarly, it is illuminating to observe how even the thought of one of the most celebrated figures influencing the sociology of deviance is selectively taken on board. When presenting his analysis of deviant adaptations, Merton argued that, along with individuals pursuing legitimate aims through illegitimate means, consideration should be given to individuals and groups who pursue new, unofficial, social aims with completely new means. This creative overturning of official aims and means he described with a type of deviant adaptation termed rebellion. By excluding such variable, sociologists of deviance rule out the possibility that their objects of study may, through collective action, modify their social condition. *The inclusion of this variable in its theoretical and practical work is among the features denoting what I term anti-criminology.*

Examples of this re-orientation include studies of collective action carried out by victims of violence, rather than studies of violent behaviour; of initiatives set up by illicit drugs users, rather than of institutional initiatives addressed to them; studies of campaigns against corporate misconduct, rather than analysis of that conduct; finally, studies of movements against the crimes of the powerful, including conventional forms of organised crime, rather than studies of those crimes. This process of re-focusing would fight what Pareto described as the 'instinct for the persistence of aggregates', whereby individuals, and for that matter academic disciplines, are inclined to maintain established structures of ideas and action, and continue with familiar routines. It is how we cope with the inherent unpredictability of life. Our instinct is to make the world seem familiar and therefore more manageable. *A task of critical criminology is that of analytically spreading notions of unpredictability and that the world is less familiar and manageable than we are prepared to believe.*

Crime causation

The second area where the potential of anti-criminology is far from exhausted is the analytical area of crime causation. As Cohen argued, there is a major distortion compounding the already distorting tendency in sociology to over-generalize. In his view, by concentrating on systems, structures, patterns and trends, by talking glibly of societies, systems and epochs, sociological analysis is often quite insensitive to variations, differences and exceptions. *Anti-criminology may choose to reject generalisations, therefore rejecting the task of elaborating general, universal theories of crime, embracing, instead, variations and differences. In my opinion this might be achieved in a particular way, namely by focusing on the interpretative oscillations that often occur when we are faced with criminal activity. For example, I would suggest that each time we subscribe to one cause of crime we may realise that the opposite cause also possesses some reasonable validity. It is what I would like to term the "causality of contraries".* Some examples later.

For now, let us observe that there is a sort of foundational curse, mixed with an unconfessed inferiority complex, which compels social scientists to constantly search for universal causations of phenomena. Giving up this search, many believe, would exclude them from the scientific community. Amongst sociologists of deviance and criminologists, this compulsion manifests itself in the attempt to identify a unified theory of crime. I am thinking in particular of scholars who focus exclusively on vulnerable sectors of the population, who may find that crime is the result of vulnerability or

186

marginalisation, and end up establishing an automatic association between illegitimate behaviour and low social status.

The study of offending behaviour adopted by powerful individuals shows that this automatic association can easily be refuted. Learning theories of crime possess an embryonic element of the *causality of the contraries* that I would like to endorse. Let us provide some examples.

A small company may adopt illegitimate procedures because it operates in a competitive business environment. In its case, criminal practices may grant a supplementary strength to be utilised in the market, and translate into a competing edge on competitors. On the contrary, a large company may adopt criminal practices because it operates in a monopolistic business sector: by virtue of its position in such sector of the economy this company may escape control by competitors and evade institutional monitoring. In the former case the putative cause of criminal conduct is the competitive environment in which the company operates, while in the latter it is its contrary, namely the absence of a competitive environment. Similarly, companies engaged in long-term investments, which are forced to delay the enjoyment of profits, may be tempted to seek immediate returns through illegitimate practices. Conversely, one may suggest that companies engaged in the acquisition of rapid returns 'learn' profit-making techniques so well that they are induced to apply such techniques in the illicit domain. *This causality of the contraries, in a sense, throws doubt on the adequacy of a criminology devoted to the search for universal causes of crime. It is a type of causality that may be highly productive for critical approaches.*

Critical criminology should abandon the search for omnipresent social conditions, for an 'original sin', in brief, for a primary, universal cause of criminal behaviour. How could we do otherwise? If we, for example, identify variables such as financial success, the pursuit of status, or the accumulation of resources as the primary causes of crime, we end up expanding the criminal label to cover all behaviour. Success and financial gain, in fact, are also the main motivations of legitimate behaviour. On the contrary, if we focus on variables such as lack, deficiency, *deficit* (of opportunities, socialisation or resources), we end up excluding from the criminal rubric all those illegitimate practices caused by abundance, wealth and excess.

The *causality of contraries* to which I am referring is not related to what Young (1988) describes as an aetiological crisis in criminology. According to Young's formulation, the volume of criminal activity grows in all parts of the world, especially in countries where economic development is more vigorous. How can we explain the persistence and growth of crime even when the general production of wealth simultaneously increases? The answer commonly given to this question hinges around the notion of inequality, which includes variables such as social disadvantage and relative poverty. The argument is therefore put forward that the distance between the elite and the socially disadvantaged determines the 'strain' which leads to illegitimate behaviour: relative deprivation is located at the centre of crime causation. This explanation reintroduces surreptitiously an aetiology of deficit, though the notion of absolute deprivation, or indeed deficit, is replaced with that of relative *deficit*. The greater relative deprivation, it is argued, the more intense the pressure to resort to crime for those who lack the legitimate means for the acquisition of wealth and success. The perplexity which such analysis raises is due to the exclusive attention it devotes to conventional crime, to which the variable relative deprivation particularly is suitable. How can such variable explain corporate criminality? This type of criminality, perhaps, may be aptly explained through 'relative affluence', which is the contrary of relative deprivation.

The study of affluence, wealth, and their effects, their criminogenic nature, may be among the tasks of critical criminology. This leads me to the other area of potential development.

The crimes of the powerful

After examining a number of 'crimes of the elite', critical criminologists are bound to be tempted to conclude that the excess of resources and opportunities, rather than the lack of both, is the major cause of criminal activity. This conclusion may derive from subjective evaluation of the overall social damage caused by the two types of criminal behaviour. But, against the backdrop of what I have termed the *aetiology of the contraries*, one should note that both the deficiency and the abundance of legitimate opportunities may lead to criminal activity. *Critical criminology, however, may analyse the selective processes that are in place whereby only some of those who are involved in such activity are also exposed to social stigma and institutional penalisation.*

Traditional popular culture offers numerous examples of how difficult it is to distinguish between those who accumulate wealth legitimately and those who do so illegitimately. Cervantes is never sure whether his characters epitomise entrepreneurship or fraud. The heroes of many popular songs possess such fuzzy features that one is never certain whether theirs is a form of criminal honesty or law-abiding criminality. *Critical criminologists may be inspired by this tradition, and try to focus on the murky boundaries between legitimate activity and entrepreneurial crime.* But why is the study of corporate crime so important? We need a brief epistemological note here.

If we accept that by studying one phenomenon we contribute to its evolution, or even to its creation, subjective choice of the issues studied becomes paramount. Values and beliefs shape reality as well as human action attempting to change it. Acknowledging the centrality of subjectivity may lead to the recognition that what is real is the mind's way of interpreting and responding to the flux of appearances. This is the conclusion reached, among others, by some historians, who claim that there is no contradiction, in their work, between the search for evidence and the use of rhetoric. Sources, in their view, are neither wide-open windows, like realists and positivists believe, neither walls blocking the gaze: rather, they are very much like deforming glasses. The use of desire, without which any research is impossible, is not incompatible with the refutations inflicted by the principle of reality. *Similarly, critical sociologists may stop thinking of themselves as solving social problems objectively defined. Rather, they may develop a sense of how subjectivity defines issues and, at the same time, may lead to possible solutions and to social change. Here the contribution of feminist criminology is paramount.*

Some female criminologists advocate the need to oppose naturalism, and for that matter realism; they claim that reality and meaning are not there, in the world, waiting patiently to be recorded by objective observers. Criminologists, in brief, along with other external observers, contribute to the making of reality and meaning according to the ideological and cultural framework shaped by their role and occupation. "We, as meaning-makers, are obliged to deal with meanings already constituted (by others) for us, but we also play an active part in reconstituting those meanings as we pass them on". Realism, while polemically advocating the concrete against the abstract, materialism versus idealism, implies on the one hand the impatience of one sense of practical, and on the other a tone of limited calculation typical of politicians and businessmen. The sense of practical and limited calculation, in their turn, may reduce the analysis to surface observation thus making realism prosaic, a device to evade the real. It is curious how some criminologists, while studying the conducts of others, find redundant the study of the way in which their perceptions affect the phenomena they observe, and how they neglect that by interacting with the subjects observed they actively constitute frames of meaning. These types of criminologists feel uncomfortable when facing the social mechanisms that produce what they regard as their knowledge. *Anti-criminologists should, on the contrary, feel comfortable when facing these mechanisms.*

To understand crime is to engage in a positive act of creation – something requiring invention and imagination. *Anti-criminologists do not limit their work to reporting on the phenomenon of crime, but positively construct that body of knowledge; their understanding of crime depends on certain critical assumptions about the nature of social relations, and so their understanding is a product of a certain way of looking at the social system as a whole.*

Penal policy

Social inequalities determine varied degrees of freedom, whereby individuals are granted a specific number of choices and a specific range of potential actions they can carry out. Each degree of freedom offers an ability to act, to choose the objectives of one's action, and the means to make choices realistic. The greater the degree of freedom enjoyed, the wider the range of choices available, along with the potential decisions to be made and the possibility of realistically predicting their outcomes. This asymmetric distribution of freedom makes some turn the acts performed by others into means for their own goals. This may be realised through coercion or legitimacy, which award those endowed with more resources with the prerogative to establish which means and which ends are to be considered acceptable. We know, in the analysis of the 'crimes of the elite', how criminal designations are controversial and highly problematic, due to the higher degree of freedom enjoyed by the elite. The capacity to control the effects of their actions allows those who dispose of more freedom to conceal the criminal nature of those actions. To associate criminal activity solely with the emotional thrill this generates, as it has become increasingly fashionable, obscures this asymmetric distribution of freedom. It may be as 'thrilling' to commit an act of political corruption as it is robbing a bank, but the fact remains that the two acts are embedded in two completely different social conditions, are characterised by a deeply different capacity to control the effect of one's act, to repel disapproval and penalisation, and to escape a criminal definition.

If we translate the notion of freedom into that of resources, we can argue that those detaining a larger quantity and variety of them have also greater possibilities to attribute criminal definitions to others and to repel those that others attribute to them. They also have more ability to control the effects of their criminal activity, and usually do not permit that this appears and is designated as such. Hence the desire, on the part of some critical criminologists, to not only, and rightly so, designate as criminal the behaviour of deviant elites, but also to punish powerful offenders in conventional ways, the ways commonly applied, as it were, to conventional offenders. *Anti-criminology is sceptical of strategies aimed at emptying the prisons of powerless people and filling them with powerful ones. It fears that by reiterating the very practices and philosophies of custodial punishment, though addressed to powerful actors, one may potentiate these practices and philosophies and surreptitiously re-affirm their effectiveness in dealing not*

189

only with the elite, but with undesirable behaviour in general. If one is sceptical of the deterrent or rehabilitative function of custody and opposed to notions of retribution when dealing with conventional offenders, one might extend such scepticism to include other offenders. *The abolitionist tradition, in this respect, seems the most apt for an anti-criminological approach: a type of abolitionism which is not only characterised by a programme (let's abolish custody tomorrow), but is informed by a philosophy, a perspective, a completely different way of looking at crime and punishment.*

To conclude, there are some areas which are extremely promising for contemporary anti or critical criminology: I identified, among these areas, the sociological tradition focusing on social change, the area of crime causation, that of the crimes of the powerful and, finally, the area of penal policy. *In all of these areas there is an increasing need for sceptical, deconstructive analysis, for ironic descriptions of how some acts are perceived as harmful and others as harmless. There is also an increasing need for practices and policies. The two levels are not mutually exclusive: as Cohen has argued, it is possible to be sceptical and ironical at the level of theory, yet to be firmly committed at the level of policy and politics.*

POPULAR JUSTICE AND SOCIAL CONTROL: THE SOCIAL- HISTORICAL EXPERIENCE IN GREECE

Vassilis Karydis

I. Social control and popular justice: The face of Janus

According to the Sage Dictionary of Criminology, social control is "a poorly defined concept which has been used to describe all means through which conformity might be achieved —from infant socialization to incarceration" (McLaughlin, Muncie, 2001, p. 268).

I find this definition a successful one, precisely because it says all and nothing, revealing the difficulties of the task. It is well known the discourse and debate about and over the content of the concept which E. A. Ross coined at the very beginning of the 20th century, its usefulness or not in sociological thought, its function as a reactionary or a progressive tool of analysis and method of tackling social problems and social progress at the ideological and political level (Bergalli, Sumner, 1997).

However, when the issue at stake comes to formal social control, there is a consensus that a system for the delivery of justice must be among the basic institutions which maintain social order, necessary for every —in the broad sense— organized human community. At this point, a well —founded debate has been developed over questions such as: "Justice for whom?", "Justice by whom?" and "Justice for what?". As E. Pashukanis has stated eighty years ago : "We can not understand the real meaning of the penal practice of the class state if we do not start from its antagonistic nature... "society as a whole" exists only in the imagination of some jurists, while in reality exist only classes which have opposite, contradicting, interests" (Pashukanis, 1977, p. 177). "Informal justice", "popular justice", "community justice" are some synonyms which have been employed to solve the riddle and serve as alternative forms for dispute resolution in order to benefit the parties of the conflict as well as the wider community/society. Indeed, popular participation in the functions of the criminal justice system consists an important chapter in the evolution of and interaction between theory of law, sociology of law, sociology of deviance and critical criminology.

However, the issues regarding the notion of "community or popular justice" are often quite confusing or even contradictory, since we have witnessed such forms of popular participation in the justice system with entirely different aims, justification and direction. For example, the short-lived popular courts in Portugal, right after the overthrowing of the Salazar dictatorship in 1974, or the informal administration of justice by the Provisional IRA within the Protestant communities in Northern Ireland, have little to do with the various mediation schemes, arbitration agencies, or informal tribunals which were developed as supplementary or complementary agencies to the existing criminal justice system, especially in the Anglo-Saxon countries during the last thirty years. Referring to the latter, R. Matthews discerns, at first place, an "era of optimism", where:

> The apparent naturalness and universality of these different forms of informal dispute processing served important theoretical and political functions…The conservatives clearly saw in the literature a reaffirmation of the superiority of traditional values and their potential for establishing order within the community. For the radicals, on the other hand, the reports of post-revolutionary Comrades' Courts and Peoples' Courts conjured up visions of more collective, democratic and egalitarian modes of dispute resolution and the possibility of developing "prefigurative" reforms within advanced capitalism [Matthews, 1988, p. 3].

and then, a subsequent "wave of pessimism", since: "Apart from the general concerns about 'community control' the critiques of informal justice centred around a number of themes including *a*) double tracking, *b*) ineffectiveness, *c*) relegitimation of law and *d*) the expansion of social control" (ibid, p. 10) .

The pessimistic criticism considers the community schemes developed in order to deal informally with deviants and offenders as a "Trojan Horse" resulting at the net-widening of social control. On the other hand, optimists suggest that this kind of informal local popular controls consist useful nuclei of a necessary decentralization, helpful to the people facing problematic situations, which in the long run could alter the balance between central state authority and informal community institutions in favor of the latter, opening a new era of community relations (Henry, 1994).

This contradictory evaluation, but in a much stronger manner and even polemical overtones, is characteristic of debates over the nature of popular justice in moments of history where such tribunals were the only authority of delivering justice, all the more when this model of justice refers to the future. On the one hand, arguments in favor of popular participation, substantive justice, informality, mediation, conciliation, demystification of the divinity of law, support the alternative popular justice model. On the other hand, strong criticism is leveled against it, involving allegations about arbitrariness, expediency, lack of legal safeguards, violation of procedural rights, and in general lack of fairness. The argumentation reminds the God Janus, who changed faces depending on the angle one was looking at him.

II. The case of "Free Greece" during foreign occupation

a) *A "new state" in the liberated areas*

In Greece, the terms "popular justice" and "peoples' courts" have their reference at a very specific social-historical context, due to the historical experience during the triple foreign occupation (German- Italian- Bulgarian) of the country at the Second World War, and the development of a strong resistance movement, both in the cities and especially in the mountainous regions. In the year 1943, an area of about four fifths of the Greek mainland were evacuated from permanent occupation forces and had come under the control of the resistance movement, and mainly the National Liberation Front (EAM), a coalition of small political parties, in which dominated the Communist Party of Greece (KKE). The voluntary Partisan Army (ELAS) was the second strongest in Europe, after Yugoslavia. In these "liberated" regions, a new form of quasi-state was created and functioned for more than two years, exhibiting creativity and introducing innovations unknown to these backward peasant communities before the war, totally ignored by the central state, all the more by the fascist dictatorship which was imposed in 1936. Telephone and telegraph networks were established, roads were repaired, a proper mail service was organized and a fair tax system was introduced. Women acquired electoral rights and participated actively in the community life. Youths claimed their emancipation joining the collective action. Schools, theatrical groups, musical bands, publications, volunteer contribution, became part of the everyday life of the people.

The most important innovation was the establishment of popular self-administration (or self-government) and popular justice. The special, even unique, feature of the particular Greek experience is not merely the fact that simple, ordinary people were elected as lay judges to administer justice to their peers, but most importantly that the whole administration of affairs was institutionalized by the enactment of codes which reflected each time the political, social and ideological orientation in the operation and administration of the whole new system of power. This particular feature differentiates the Greek case from similar experiences in other countries, for example Yugoslavia at the same historical period, or Portugal and N. Ireland in contemporary times, all the more from traditional forms of informal popular justice, which are reported in countries like India or in Latin America.

b) *Popular self-administration and justice*

Popular courts in Greece were initially created in a certain area of the mountainous central Greece after the dismissal of the old state authorities by the first partisan groups. It is not clear whether these new institutions were the result of the spontaneous necessity of the village people to re-order rationally their every day lives after a war and the subsequent turbulence caused by the foreign occupation, or the revival of the traditions of community self-government during the times of the Ottoman Empire (still vivid in the collective memory), or lastly a conscious political/ideological application of a radical model of popular participation in state functions preparing a future socialist state of the people. Most probably, the new institutions were the product of all these factors in the particular social and historical context.

The first local code, so-called "Code of Poseidon", consisted of only eight extensive articles, which resemble more to general principles than specific legal provisions. This code was eventually introduced in other areas and although its provisions took —due to subsequent reforms— a much more detailed form, the basic concept and spirit remained more or less the same, based on the same principles of popular justice, which were:

1) *People themselves govern their affairs collectively and directly.* For this reason, a so-called General Assembly, which was constituted by all competent citizens (men and women) of the village elected the Committee of the Popular Self-administration

The Head of the Committee was at the same time President of the 5- member local Peoples' Court. The other four (also lay) members of the popular court were also elected by the General Assembly of the village people.

2) *In this way, the principle of the separation of state powers was seriously curbed*, since the Committee of the popular self-administration obtains both executive and judicial powers through its Head who is also ex officio president of the popular court. It is also declared in the Code that popular justice is not bound by the old law of the

regime before the war, *so that the popular court is allowed to create the law, since it is not bound by any specific written provisions.*

3) *The basic directives to the lay judges are informality of the procedure and quest for substantive justice according to their consciousness and what "the people think as right and just".* The audience attending the court were encouraged to participate and state their testimonies and opinions on the case. The parties were not allowed to use the services of a lawyer and the whole procedure did not involve any kind of legal expenses.

4) *Great emphasis is put on the effort by the court to re-conciliate the parties of the dispute in order to come to a compromise.* The notion of shame is widely used to make the wrongdoer come in terms, even before the hearing. Innovative penalties are often imposed following the same pattern of conciliation, amendment of the social breach caused by the deed, and the influence of public opinion. In a case, for example, where two men seduced together a young woman to lose her virginity (a crime before the war), the court decided that the one who had first sexual intercourse should marry the woman and the second one should provide her dowry for the marriage.

c) *Popular Justice in action*

As has already been mentioned, these first codes did not provide specifically for particular offences and the relevant penalties. However, as the main aim of punishment is declared the improvement of the offender and not the retribution for the crime.

At this point, we must underline a remarkable bifurcation regarding the treatment of the offenders by the justice system of the Resistance. The most serious felonies like treason, intentional homicide, armed robbery, rape, animal theft, as well as the military crimes, came under the jurisdiction of the Partisan (military) Courts and were usually severely punished, often with the death penalty, according to the principle of intimidation and deterrence. On the other hand, the rest of crimes and all sort of other disputes were tried by the popular courts of the elected lay judges in a spirit of conciliation and compromise, leniency, communal understanding and solidarity. This last objective of social solidarity is constantly and consciously promoted. In a local code of a region in Peloponnese, it is stated that "the two basic principles of the popular justice is first that those who deliver justice must be primarily concerned for the satisfaction of the collective interests and then for the interest of the individual... The second principle is the consideration of the case from the social side of the defendant".

This brings us to the deeply political aspect of the issue, which is always (overtly or latently) present in any consideration of the form, functions and the role of any model of criminal justice system. Three questions must unavoidably be answered, concerning the basic constituent parts of the system: *"who is delivering justice?", "in what form justice is delivered?", "what is the nature of the law in force?"* . The evidence concerning the case in Greece suggests that lay judges proved overall quite efficient in delivering peer justice, gained more or less the respect and confidence of their fellow citizens, eliminated corruption which was characteristic of the old system and brought a genuine community spirit in the resolution of disputes concerning the daily affairs and social relations within the locality. On the question of the form, the basic features of popular justice, such as informality and flexibility, lack of judicial expenses, community interference, conciliation and compromise, proved also to be successful for its legitimization and acceptance by the collective social consciousness at that time. There are reports about cities, where the people did not appeal to the existing official state courts but trusted the near by popular courts to resolve their disputes. On the other hand however, it seems that the lack of specific written provisions, the heavy reliance on public opinion and dogmatic interpretations of social solidarity and collective interests often resulted paradoxically in a conservative conception of social engineering through legal coercion. There are instances for example, where popular courts imposed penalties in cases of simple gossip or for the breach of civil obligations. It is stated in a report that a young man was punished just because he kept a relationship with an old woman. Forms of public humiliation are reported, such as to tie the culprit for theft of grapes on a tree with a sign "I am a thief", or the whole village to spit on the offender of an insult. The principle of conciliation was also often misunderstood, so that in some cases the defendant was acquitted if the applicant did not accept the compromise. These malfunctions had certainly to do with the ontology of the social infrastructure. The radical changes of the form did not coincide with a similar reform of the social relationships, which had to be regulated. Big ownership of land, the traditional influence of religion and the church, basic principles of family law and the structure of the patriarchal family, were left intact. We find for example, strict directives from the central administration against local initiatives concerning distribution of land to poor peasants or about matters such as divorces or inheritance cases. The economic infrastructure and the social structure of a rural community remained more or less the same, despite the deep changes, which were taking place in the individual and collective consciousness of the people. In this way, the radically constructed mechanism of popular self-government and justice seemed to a certain extent like a wheel spinning in the air.

d) A "hybrid" model of criminal justice system

On May 1944, a National Assembly of elected representatives from all over the country, formed the Political Committee of National Liberation (PEEA), the so-called "Government of the Mountain". The political climate was tense and delicate, since liberation was pending and visible. Great Britain backed an exile in Egypt government under the King of Greece and efforts were made to reach a political agreement over the future of the country and its regime. The leadership of the Resistance realized that radical experimentation created insecurity to certain groups of the population, as well as distrust to the allies, and declared that "law in force" should be the law which corresponds to the existing relations of production, so that only minor reforms at the legal super-structure are possible and feasible at the particular time, leaving the rest to a future Constitutional Parliament. In this direction, a new Code of Popular Justice was enacted, which provided for:

— separation of the self-administration from popular justice;
— creation of a Court of Appeal and a Supreme Court;
— formulation of a Special Part of Penal Code which defined specific offences and penalties;
— obligatorily, judges of the second and third-instance courts should have prior legal training;
— obligatory statement of the reasons which led to the court decision;
— allowance for the services of a lawyer, the presence of whom became obligatory at the hearings before the Supreme Court;
— legal safeguards for the procedural rights of the defendants.

On the other hand however, certain features of the existing popular justice system were praised and kept, such as the election of judges by the people, informality of the procedure, participation of the audience, conciliation and compromise, community spirit and feeling of shame for the offender. *In this way, an interesting "hybrid" model was introduced, which actually re-established the formal liberal "principle of legality", keeping at the same time the communitarian form and spirit in the administration of criminal justice.* The particular system was not really tested in practice, since few months later the German forces left the country and soon after that, on December 1944, the armed intervention of the British Army clashing with the resistance forces, gave an end to social and institutional experimentation of this kind. The country prepared for the abyss of the subsequent Civil War (1946-1949). However, the imprint to the collective social consciousness was significant. A well-known jurist, not a member of the EAM, wrote about the experience of popular justice, already in 1945 : "the speed, the easiness, the big publicity, the attribution of substantive justice, the lack of expenses and the other characteristics of the institution find, justly, appeal to the peoples' soul" (Zepos, 1980, p. 106).

III. Epilogue

The social experience of the application of a popular justice system, like the one that we concisely described, is not merely of historical or academic interest. As M.J. Sandel states : "For a society to be just in this strong sense, justice must be constitutive of its framework and not simply an attribute of certain of the participants' plans of life... For a society to be a community in this strong sense, community must be constitutive of the shared self-understandings of the participants and embodied in their institutional arrangements, not simply an attribute of certain of the participants' plans of life" (Sandel, 1998, p. 173). I submit that the scrutiny of the relative material and the proper —both positive and negative— evaluation of the Greek case, concerning the massive popular participation in the institutions of formal social control can still be utilized in the field of contemporary discourse over the penal question and forms of state authority. To use Bergalli's words *: "it is vital to encourage a new sociological imagination which would allow us to substitute the sociology of social control with a sociology of social justice and democracy"* (Bergalli, Sumner, 1997, p. 162).

References

BERGALLI, R. y C. SUMNER (eds), *Social Control and political order*, Sage Publ, London, 1997.
HENRY, S. (ed.), *Social Control*, Dartmouth, London, 1994.
MATTHEWS, E. (ed.), *Informal Justice?*, SAGE Publ, London, 1988.
McLAUGHLIN,E. y J. Muncie (eds.), *The Sage Dictionary of Criminology*, Sage Publ, London, 2001.
PASHUKANIS, E., *Marxism and Law* (transl. in Greek), Odysseus Publ, Athens, 1977.
SANDEL, M.J., *Liberalism and the Limits of Justice*, Cambridge University Press, Cambridge, 1998 (1982).
ZEPOS, D., *Popular Justice in the Free Areas of Greece under Occupation*, Miet, Athens, 1980 (in Greek).

CONTROLLO SOCIALE E ORDINE POLITICO: MEDITERRANEO COME AMERICA LATINA?

Sophia Vidali

Pochi anni fa, il libro *controllo sociale e ordine politico* editto a cura di R. Bergalli e di C. Sumner, ha messo di nuovo in discussione la storia e anche l' avenire non solo del significato del controllo sociale, ma anche la realizzazione delle politiche riguardanti l' 'integrazione sociale' ispirata da questo concetto. Qui mi riprendo il filo di questo discorso per rimettere in discussione alcune variabili che possono essere utili nel esaminare le differenze dei processi di integrazione sociale secondo la loro provenienza e il terreno di applicazione che a loro volta attribuiscono un particolare significato di quello che si chiama controllo sociale. La mia ipotesi di analisi è che il controllo sociale è un concetto che per quel che riguarda il termine 'sociale' puo avere espressioni ed applicazioni solo entro determinate circostanze sociali e politiche che a loro volta attribuiscono il significato di 'regolazione' al termine 'controllo'. Però quando queste prime circostanze non sussistono, il termine sociale si limita piuttosto a significare la ristrutturazione della memoria collettiva mediante la ricostruzione della storia, mentre il termine controllo si identifica nella repressione e la punizione.

Controllo sociale nella periferia del capitalismo

Si tratta quindi di un primo tentativo di esaminare, quello che controllo sociale è stato nella realta dei paesi dove il capitalismo per gran parte del XX secolo era ancora da svilupparsi e per certe aree lo è ancora e quali sono le eventuali cosequenze di questo periodo al presente. La questione di fondo riguarda l' articolazione dei cosiddetti piani e politiche di controllo sociale in paesi nei quali a) il processo dello sviluppo capitalistico e quello di integrazione sociale siano stati determinati da vicende e condizioni differenti rispetto al 'esempio' del capitalismo avanzato e b) queste diversità costituiscono un quadro di variabili comuni con altri paesi, che hanno vissuto simili esperienze sociali e politiche. Da questo punto di vista, è possibile che le aree del Sud Europa Mediterranea nonchè quelle del' America Latina, si offrono a questo proposito, come esempi di ricerca.

Ovviamente esistono troppe diversità tra gli stati e le realta sociali ed economiche in queste aree. Però secondo il nostro punto di vista, questi paesi hanno anche molte charatteristiche in comune, riguardanti prima di tutto la questione acuta del loro sviluppo economico, questione che nel dopoguerra era di prima importanza mentre per altri lo è ancora (Bergalli 2000, 390). Qui si deve osservare che di solito si sottovaluta il fatto che in certi paesi, come la Grecia, il modello di sviluppo economico e sociale è definito dai specialisti in campo, come modello particolare, in comparazione al 'esempio' dei paesi del capitalismo avanzato (Petmetzidou 1992). Questo modello particolare è stato spesso il prodotto e la causa di una serie di constanti specifiche nella vita sociale e politica di questi paesi.

1. Il primo posto qui si riserva all' *importanza della violenza e del conflitto come aspetti 'normali'* della storia dei rapporti sociali, della costruzione dell' identita nazionale e del ordine politico: la violenza di famiglia (patriarchale), quella interpersonale connessa al onore, la violenza statale e sociale, quella delle rivoluzioni e di colpi di stato, delle guerre civili e di lotte di classe forti, sono constanti caratteristiche della storia sociale, politica ed economica di queste aree ed in molti casi anche del loro presente (Veliz 1975, 2401 seg., Hobsbawn 2002, 557 seg.).

2. Queste condizioni, alle qualli mi riferisco sono riflesse nel sistema dei valori sociali e politici e di istituzioni tradizionali (famiglia, chiesa etc) che costituiscono constanti forti di cohesione sociale: però spesso hanno come riferimento aggregazioni sociali pre-capitalistiche tipiche di un' economia agraria. Sono queste istituzioni quindi che hanno un ruolo mediatore e cruciale. (Nash 1989, 166, Sakellaropoulos 2001, 191-2, 230 seg., Avdela 2002, 236 seg., Paoli 2000, 259, Roninger 1994, 14-15).

3. Un altro aspetto importante riguarda *la supremazia delle forze armate* nelle aree in esame. Tutti gli stati in esame durante il XX secolo hanno avuto esperienze politiche e sociali comuni, individuate nelle svolte autoritarie dei loro sistemi politici, che hanno condotto alla istituzione di regimi militari —dittatoriali o di regimi di democrazia limitata o autoritaria. Di conseguenza, in queste aree le politiche di integrazione sociale sono state strettamente conesse con l' ordine politico l' evoluzione del quale non è stata lineare. Decisivo a questo livello è stato il ruolo delle forze armate e della polizia. Le rapresentazioni sociali —ed i loro stereotipi— riguardanti la funzione reale e simbolica degli apparati di controllo penale (polizia e giustizia) sono prodotti di questi periodi, quando la verifica del grado di integrazione sociale era in dipendenza alle attitudini politiche verso il regime che a sua volta si identificava allo stato (Kaufman 1989, 619, 632, Alivisatos 1983, 260 seg., Charalambis 1985 240-241, Flamini 1982, 6 e seg., Vidali 2004). Queste svolte hanno determinato sia la politica sociale che quella criminale. Constante è stata la prevalenza del modello punitivo orientato alle deviazioni relative alla sicurezza, percepita come questione di sopravivenza nazionale e statale (Portantiero 1989, 437, 438, Alivisatos 1983, 135, 602, Bergalli 1997, 36, 40, Bergalli 2001, 112).

4. Le principali caratteristiche comuni tra i sistemi politici del Mediterraneo e dell' America Latina, conesse con la mancanza di uno stato di diritto e di previdenza sociale, sono state formate durante la Guerra Fredda: queste aree costituivano i confini territoriali del *Occidente libero*. Quindi i processi di integrazione sociale ci sono stati limitati anche dalle necessità che imponeva una ideologia di sicurezza 'nazionale' prevalentemente anticomunista. Da questo punto di vista, la pericolosità criminale diventa una variabile dipendente dal sistema politico. Le politiche del controllo punitivo diventano cosi, quasi intrinseca caratteristica delle forme di stato nelle aree del Europa Mediterranea ed in America Latina. Questa ultima è stata per lunghi periodi valutata come un problema da risolvere sotto l' ideologia della difesa sociale, quella della scuola positiva italiana, ma piuttosto secondo i dogmi della Scuola Classica reintrodotta durante il fascismo (Melossi 2002) e in fine secondo le dogmatiche penali tedesche (p.s. in Grecia). Si ha quindi una tradizione di diritto penale punitivo che si presta come rifuggio non ultimo per la soppressione delle domande sociali e poltiche acute nei paesi in esame (Bergalli 1997, 40, 46). Questo tipo di giustizia penale ha dominato nella prattica giudiziaria per molti anni e e' stata rinforzata pure dalla cultura di emergenza che

gli stati militari (America Latina, Spagna, Grecia, Portogallo) oppure di democrazia limitata (Grecia, Argentina) hanno collaudato (Bergalli 1997, 47, Vidali 2004).

5. Relativo al sudetto argomento (modello economico - modello di stato) è pure quello della parte non militare dello stato: il famoso welfare state. La previdenza e l'assicurazione sociale hanno sempre costituito un argomento difficile, legato all'economia ed al deficit democratico ed alla limitata garanzia di applicazione dei principi costituzionali (quando si dava il caso di essere rispettati) ai diritti sociali e politici. Oggi in Europa in queste aree dove si è prevalso il modello di protezione sociale cosidetto liberale, e in particolare Sud Europeo, registrano i piu elevati tassi di povertà, rispetto alle aree dell'Europa ove si è applicato il modello socialdemocratico (Petmezidou-Papatheodorou 2004, 354), la marginalizzazione sociale è una di queste conseguenze (Panousis 1999, 37).

6. Se a queste osservazioni si aggiunge anche l'alto grado di impunità dei crimini di stato durante e dopo i regimi autoritari, si può avere un'idea di cosa lo stato rapresentava per una parte almeno dei cittadini.

Un'analisi comparata di queste condizioni sarebbe più che necessaria, visto che sotto queste condizioni è stata amministrata la questione criminale. Quindi le differenze culturali, politiche, economiche e sociali che costituiscono il passato ma anche il presente dei paesi del Mediterraneo e dall'America Latina, compongono pure il sottofondo per potere esaminare le condizioni entro le qualli il controllo sociale diventa una lettera vuota o un aspetto di repressione e di ricostruzione della storia che contribuisce a realizzare 'falsi' piani di politica di integrazione sociale. Anche se durante il dopoguerra "l'esportazione" della cultura scientifica statunitese ha cominciato a dare spazio al modello del controllo sociale, inteso come strategia di intervento statale e comunitario non violento, questo concetto spesso si presenta "riformato" finche arriva a significare solo modelli di 'prevenzione' repressiva o semplicemente repressione (Sumner 1997). Gli ultimi 25 anni del secolo scorso la situazione nel Mediterraneo Europeo ha cambiato. La caduta delle dittature ha ricomposto i rapporti sociali e politici in Grecia, Spagna, Portogallo, mentre in Italia si vivevano gli anni di piombo ed in seguito lo scioglimento dei partiti storici e la crisi del sistema dei partiti, nonche la grande "scoperta" della 'cosa nostra'. Da allora la questione del controllo sociale diventa un argomento di importanza centrale in questi paesi visto anche che l'effetto Unione Europea le ha coinvolto in una nuova era politica e sociale in cerca di una nuova identità —europea— utopica e realista allo stesso momento (Melossi 2002, 250-1 seg). I fenomeni di terrorismo politico che hanno dato spazio a politiche di controllo repressivo prima del 2001, sempre che ritornino a questi paesi —e non solo a questi— di nuovo in forma di legislazione speciale e di emergenza che mettono a prova i diritti umani e costituzionali. Certo i fatti terroristici di questi ultimi anni —specialmente quelli provenienti dal cosidetto terrorismo internazionale— hanno cambiato tutto: attitudini, rapresentazioni, giustificazioni e consensi. Però rimane la questione della effettività di queste politiche allo scopo per il quale siano state adottate.

Qui si deve domandarsi se le prevalenti teorie concernenti l'integrazione sociale, la devianza, la criminalità ed il controllo sociale, nella loro maggior parte di provenienza statunitese e britannica, sono capaci di interpretare le relazioni sociali che prevalgono nei paesi in esame. È importante sottolineare a questo proposito, che queste teorie, e le politiche criminali alle quali hanno dato vita, propongono soluzioni a problemi di una società capitalistica avanzata che si riproduce mediante lo stato nazionale e che ha come punto di riferimento la citta industriale e post-industriale. Ed è questa forma di stato che la criminologia e la sociologia della devianza hanno come esempio di riferimento: uno stato unitario alla base della produzione capitalistica, del lavoro e del consumo, delle occasioni di ascesa e di benessere sociale etc. Una forma cioè di intergazione sociale che include e trasforma le molte culture in una (Young 1999) mediante il lavoro e lo stato del benessere, ma anche il ruolo manipolatore dei mezzi di comunicazione (Melossi 2002, 243).

Culture rurali e società povere

A questo punto però sorge l' argomento concernente alle differenze ed al livello di integrazione allo stato che possono essere individuate nelle varie regioni dei paesi che abbiamo esaminato. Si tratta di differenze prodotte dal mancato o diffettivo sviluppo economico e sociale e dal deficit democratico. Si tratta piuttosto di diversità risultanti nella effetività e della sopravivenza di tipi di 'controllo sociale' informale e autoritario, il quale ha riferimenti alla società precapitalistica rurale tradizionale (Lea 2002, 88) che ancora oggi o almeno fino ad oggi, il suo sistema di valori sociali e politici si è sopravissuto nella vita di ognigiorno per certe aree dei paesi in esame: la famiglia e rapporti familiari e di casta, la chiesa cattolica ed ortodossa, i gruppi potenti e le piccole feudarchie al livello locale continuano ad avere una importanza significente tra le popolazioni delle campagne, favoreggiata spesso dalla precarietà delle condizioni di vita e dalle consuetudini. Tutti questi fattori permettono di mantenere la coesione sociale (anche violenta) ad un micro livello locale, dove il capitalismo è arrivato come 'immagine', come magari una meta da arrivare, ma non come realtà vivente e regolatrice dei rapporti sociali.

Queste realtà sociali disperse nei paesi e paesini e nelle piccole città del Mediterraneo e dell' America Latina sono state oggetto di ricerca nel campo della sociologia della devianza e in quello di effettivita e di applicazione della legge in queste aree. Da questo punto di vista, non è stato finora studiato neanche il residuo della cultura politica e quella dei rapporti sociali che hanno lasciato dietro al loro passo i regimi autoritari, le clientele poltiche, le occupazioni straniere, i controlli economici imposti dal estero. Con quali tecniche sociali e politiche questo residuo culturale si conserva, si perde o si ricostruisce e si inserisce nella realtà sociale di questi luoghi, che poi si "trasferisce" in città e costituisce una sottocultura sotterranea. Quale è il contributo di questo residuo culturale alle rappresentazioni popolari riguardanti lo stato, la politica, la legge, la criminalità, i rapporti sociali e come si inseriscono —se è il caso— nella società del rischi e della globalizzazione. Di queste domande credo che abbiamo solo un' idea astratta non concreta specialmente da un punto di vista comparativo. Sarebbe pero importante riflettere su queste società e micro-società visto che in molti casi la povertà si produce li, prima ancora che si arrivi in città.

Infatti anche se siamo sicuri che è la città ed in particolare la 'città-metropolis' e l' aggregazione urbana che danno il tono di vita, di politica, di economia nei singoli paesi del mondo e che là si verifica il processo di integrazione e di formazione dei consensi non solo al potere dello stato, ma anche alla sua cultura, non si puo non osservare che le cose non sono cosi chiare. Basti dare una prima attenzione ai dati ufficali. Si vedrà che in questi paesi una percentuale abastanza consistente ma anche costante della popolazione si occupano nel settore dell' agricoltura —pescheria. In America Latina si tratta di una popolazione di 125 millioni su un totale de 512 (CEPAL 2004, 12). In Europa questa percentuale si arriva al 10 %. Da questo totale circa l' 80 % ha meno di 55 anni di età (European Commission, 2003, 175). Però nelle singole periferie questo dato di modifica. Si tratta di micro-società dove lo stato e la sua cultura arriva per via televisiva, ma non e verificato se questa realta è percepita come un esempio di vita per loro. Puo darsi che in questi paesi le esperienze di vita ed i ricordi del passato si precipitano nei rapporti sociali anche del giorno d' oggi e fanno parte di una cultura di sopravivenza, mediante le istituzioni atipiche di controllo sociale come ho accenato (famiglia, chiesa etc), le quali conservano le tradizioni e i loro poteri. Sono inoltre queli settori ai quali i regimi militari e autoritari hanno dato importanza 'nazionale'. Qui tra l' altro la violenza interpersonale si considera spesso un modo 'naturale' di comunicare, di risolvere problemi, di autoregolarsi nel ciclo dei rapporti affettivi, mentre queste società tra l' altro si considerano pacifiche e con bassi tassi di criminalita'. Non è poi da sottovalutare che qui la criminalità che provoca le reazioni maggiori è quella contro la vita (spesso pero non un crimine giusto che implica l' onore o la vendetta) e contro la proprietà.

Queste società contribuiscono di più alle precentuali della povertà. Questione acuta specialmente nelle varie regioni dell' America Latina dove la povertà riguarda il 44 % della popolazione, mentre per certi paesi come Brasile, Mexico, Panama, Uruguay questa percentuale supera il 50 %. Nel Mediterraneo le cose non sono cosi gravi però la questione della povertà ha già alarmato la Unione Europea. Specialmente in Grecia il quasi 22 % vive sotto i limiti determinati della povertà. Di questo totale una gran parte riguarda le famiglie di agricoltori (CEPAL 2004, 7, 10, Petmetzidou-Papatheodrou 2004, 351, 354 e seg.). I dati però devono esaminarsi tenendo in conto il ruolo 'salvatore' della famiglia di origine, della corruzione e dell' economia grigia, che regolano l' eventuale esplosione dei dati. Ma anche le minoranze di indigeni, etniche, religiose, di razza che sono sopravissute dallo sterminio di masse nazionali (p.s. in Grecia, in America Latina), vivono una realtà di povertà nelle loro piccole micro-società di campagne e di montagne. Anche se si tratta di cittadini dello stesso stato, conservano la forte tradizione degli antennati, gli orientamenti politici e sociali con i quali sono stati educati, ma spesso non la loro libertà di sviluppo personale, piuttosto non godono degli stessi diritti che lo stato riserva agli altri.

Un' analisi comparata tra i vari paesi su questi argomenti potrebbe aprire un discorso criminologico che rivaluta le differenze culturali, sociali e politiche visto che probabilmente il controllo sociale non riguarda la realizzazione di una strategia di integrazione —inclusione unitaria. Non è stato solo una storia di controllo punitivo e di espulsione mediante le misure eccezionali e urgenti, la migrazione o l' esilio, ma anche una storia di perdita della memoria del passato, mediante la ricostruzione della storia ufficiale, non solo sociale, ma anche della storia del sistema repressivo e di giustizia penale e quella speciale, orientate pure alla ricostruzione della memoria. Si deve discuttere non al livello strettamente politico, ma al livello di economia politica dei rapporti sociali e delle istituzioni e di approfondimento sui fenomeni della criminalita sociale, politica e quella dello stato, dei *desaparecidos*, dei briganti e delle violenze e vendette di famiglia, ma anche dei poteri locali che riproducono la corruzione e i rapporti sociali precapitalistici. Si deve includere cosi al nostro campo di ricerca il patrimonio culturale non delle grandi, ma delle 'piccole vite' degli uomini e delle donne ordinari, le loro esperienze e le loro emozioni, che contribuiscono a svelare le grigie zone del passato, le quali però precipitano nel presente non come fantasmi, ma come realtà riprodotta in continuo. Non solo le piccole vite delle città (spazio premiato di controllo) come anche di criminologia culturale al momento proposte (Hayward and Young 2004, 264-265) ma anche delle campagne 'storiche'. Perché a parte la globalizzazione o anche dentro la globalizzazione, l' importanza delle culture locali e nazionali pare che costituisce un sistema di valori, che è in dubbio se si estingue. Oppure la società del riscio 'costringe' gli uomini a tornare alla 'sicurezza' della tradizione.

Bibliografia

ALIVISATOS, Nikos (1983), *Le istituzioni politiche on crisi-1922-197.4"*, Atene, Themelio.

AVDELA, Efi (2002), *Per motivi d' onore*, Atene, Nefeli.

BERGALLI, Roberto (2000), "Impunidad y Terceros Países o el Comienzo de la Postmodernidad Jurídica (a propósito de los casos chileno y argentino", in Eser Albin, Arnold Jorg, *Criminal Law in Reaction to State Crime*, 1, International Coloquium, Freiburg, Juscrim, pp. 388-403.

— (2001), "Globalización y control social: post-fordismo y control punitivo", *Sistema* 160, 107-124.

— (1997), "The new order in Spain and an Hispanic Perspective on the History and Meaning of Social Control", in Bergalli R., Sumner C. (eds.) (1997), *Social Control and Political Order*, London Sage, pp. 34-51.

CEPAL (2004), *Panorama Social de america Latina, Documento informativo.*

CHARALAMBIS, Dimitris (1985), *Forze armate e potere politico: la struttura del potere in Grecia dopo la guerra civile*, Atene, Exantas

EUROPEAN COMMISION (2003), *Employment in Europe 2003, Recent Trends and Prospects*, Dir. Gen. for Employment and social Affairs, Unit A, 1.

FLAMINI, Gianni (1982), *Il partito del golpe, 1968-1970, vol. II*, Ferrara, Italo Bovolenta.

HAYWARD, Keith, YOUNG, Jock (2004), "Cultural Criminology: Some Notes on the Script", in *Theoretical Criminology*, 2004, Vol 8 (3), pp. 259-273.

HOBSBAWN, Eric (2002-2.ª ed., 5.ª reimpr.), *The age of Extremes: the sort twentieth century 1914-1991 (trad. In Greco)*, Atene, Themelio.

KAUFMAN, Ernest (1989), "Crónica del poder y control militar en la historia argentina», in Bergalli R., Mari E.E. (coords.) (1989), *Historia ideológica del control social*, Coleccion: Sociedad-Estado, Barcelona, PPU, pp. 617-663

LEA, John (2002), *Crime & Modernity*, London, Sage.

MELOSSI, Dario (2002), *Stato, controllo sociale, devianza*, Milano, Bruno Mondadori.

NASH, Mary (1989), "Control social y trayetoria historica de la mujer en Espana", in Bergalli R., Mari E.E. (coords.) (1989), *Historia ideológica del control social*, Coleccion: Sociedad- Estado, Barcelona, PPU, pp. 151-174.

PAOLI, Letizia (2000), *Fratelli di mafia*, Bologna, Il Mulino.

PANOUSIS, Yannis (1999), *La marginalita sociale e la societa del 2000 d.c.*, Atene-Komotini, A. N. Sakkoula,

PETMETZIDOU, Maria, PAPATHEODOROU, Christos (2004), "Inequalita, poverta e ridistribuzione per mezzo delle transcrizioni sociali: Grecia in prospetiva comparata", Petmetzidou, Maria – Papatheodorou, Christos (coords.) (2004), *Povertà ed esclusione sociale*, Atene, Exantas, pp. 307- 366.

— (1992), *Inequalita Sociale e Poltica sociale*, Atene, Exantas.

PORTANIERO, Juan Carlos (1989), "Estado, Classes dominantes y cuestion social en la Argentina", in Bergalli R., Mari E.E. (coords.) (1989), *Historia ideológica del control social*, Coleccion: Sociedad- Estado,Barcelona, PPU, pp. 423-444.

RONINGER, Luis (1994), "The comparative Study of Clientelism and the Changing Nature of Civil Society in the Contemporary World", in Roninger L., Gunes-Ayata A., *Democracy*, Clientelism and Civil Society, London, Lynne Reinner Pub., pp. 1-18.

SAKELLAROPOULOS, Spyros (2001), *La Grecia durante la meta-politeysis*, 1974-1988, Atene, Livanis.

SUMNER, Colin (1997), "Social Control: History and Politics of a Central Concept in Anglo-American Sociology", in Bergalli R., Sumner C. (eds.) (1997), *Social Control and Political Order*, London, Sage, 1-33.

VELIZ, Claudio (1975), "America Latina" in Taylor A.J.P., Roberts J.M. (coord.) (1975), *Storia del 20° secolo*, vol. 6 (trad. In Greco), Atene, Chrysos Typos, pp. 2.403-2.409.

VIDALI, Sophia (2004), *Criminalita e polizia, l' economia politica della politca criminale*, Atene, Sakkoulas (in publ.).

YOUNG, Jock (1999), *The Exclusive Society: Social Exclusion, Crime and Difference in Late Modernity*, London, Sage.

CASTIGAR: LA ÚNICA OCURRENCIA*

J. Garcia-Borés Espí

Sin duda, he aprendido muchas cosas de Roberto Bergalli. Entre ellas, el sentido de una mirada sociológica al control penal. Entender que los cimientos de las rejas no son sólo de material jurídico, sino fundamentalmente político y social. Y quise llevar a mi terreno, psicológico y cultural, esta misma lógica: el análisis de las mentalidades ciudadanas que en definitiva soportan las desquiciadas políticas penales que padecemos. Este artículo sintetiza uno de estos trabajos y quiero dedicárselo al maestro y amigo.

Introducción

Qué duda cabe que los términos delito y delincuente, y sobre todo, crimen y criminal, suscitan imágenes mentales inmediatas, intensas y reactivas. Penas más duras, cumplimientos íntegros de condena, son expresiones comunes que conforman el *griterío ciudadano* que se escucha cada vez que, los medios de comunicación, deciden dar existencia pública a alguna agresión acontecida. Unas exigencias que contrastan, ya con la pasión con que se devoran telefilmes sin más argumento que el acto violento, ya con llana aceptación social de la impunidad con que fluyen los *macrodelitos*. Unas voces que, a menudo, no quedan en la nada sino que de un modo u otro acaban teniendo repercusiones: incrementos de presión policial, endurecimiento de penas, *leyes de emergencia*, etc.

En todo caso, el convencimiento de que los ciudadanos desarrollan actitudes severas —hacia determinados tipos de delitos— nos llevó hace algún tiempo a investigar este ámbito desde una lógica psicocultural (Garcia-Borés, 1993, 2000; Serrano, 1995; Cole, 1999), una óptica teórica *socioconstruccionista* (Gergen, 1985; Ibáñez, 1990, 1994), una posición epistemológica *interpretativa* (Bruner, 1991; Wertsch, 1991), mediante *análisis del discurso* (Potter y Wetherell, 1987) y con una voluntad crítica. El presente artículo, pues, se basará en los resultados de dichas investigaciones que, aunque desarrolladas en el contexto de Catalunya, creemos que son en buena medida extrapolables a las actitudes actuales de las sociedades occidentales y, a nuestro juicio, ilustran bien cómo socialmente es afrontada la *cuestión criminal*, así como las múltiples incongruencias que alberga el discurso ciudadano sobre estos temas.

Las semánticas del crimen

Uno de los primeros aspectos que afloran al profundizar en el imaginario social en torno a la delincuencia, en el significado del crimen, es que éste se encuentra asociado a un número muy reducido de delitos. Así, y a pesar de la amplia gama de actos delic-

---

* Este texto fue publicado con el título *Las voluntades punitivas de los ciudadanos*, como capítulo del libro *Pasado y presente de la Justicia Penal Juvenil*, editado por UNICEF y Agencia Sueca de Cooperación Internacional para el Desarrollo en 2001. A su vez, es fruto de una línea de investigación psicocultural que arranca con el libro *Los "no-delincuentes"* que obtuvo el Premio de Ciencias Sociales Rogeli Duocastella de 1994 y continúa con otros trabajos sobre severidad y censura social.

tivos tipificados, cuando se piensa improvisadamente en delitos aparecen el asesinato, la violación y el robo, con una amplísima distancia en frecuencia respecto al resto. Como contraste, es interesante conocer que, de la actividad delictiva detectada por la policía, el asesinato y la violación viene a representar juntos en torno al 0,2 %. El protagonismo de este tipo de delitos se debe, más allá de su obvia gravedad, a la creación y difusión de *alarmas sociales*, las cuales a su vez remiten a los medios de comunicación y a los responsables políticos sobre estos temas.

De hecho, no hay un especial dominio social de la temática delictiva. Por ejemplo, cuando se nombra atraco habitualmente ya ha aparecido también robo, como si se tratara de un delito distinto por el hecho de realizarse a una entidad bancaria, una joyería o un supermercado, que es el significado que se desarrolla habitualmente en torno a este término; o no citar al hurto, como categoría distinta al robo. Aún así, este escaso dominio de las categorías delictivas del Código Penal no impide, como se verá, el desarrollo de posturas convencidas. Un fenómeno en consonancia con aquella encuesta, realizada en España, que indicaba que el 82 % de los ciudadanos consideraban necesario transformar algún aspecto de la Constitución, desvelando posteriormente que únicamente un 2 % de ellos había leído la (breve) Carta Magna, texto por cierto que ordena los parámetros básicos para regular nuestra convivencia. Es una expresión más de esa lamentable evidencia, ya expresada por el psicólogo social Moscovici (1984), de que, para defender aferradamente un posicionamiento, no está siendo preciso tener un mínimo conocimiento de la cuestión tratada.

Por otra parte, el criterio de gravedad está directamente vinculado al tipo de daño recibido, atribuyéndose mayor importancia al conjunto de delitos que suponen agresión física a la persona (homicidio, violación, otras agresiones sexuales, lesiones, etc.). De todos modos, en el intento de jerarquizarlos es cuando aparecen las primeras controversias. Al margen del amplio acuerdo respecto a que el asesinato es el más grave de los delitos, la común discusión sobre el homicidio (simple) y la violación es de las discursivamente más interesantes. Efectivamente, a pesar de que el homicidio es nombrado espontáneamente en muchas menos ocasiones, cuando aparece rivaliza en gravedad con la violación. Los argumentos que dan prioridad a la violación circulan alrededor de su impacto psicológico y su carácter vejatorio, mientras que los que se decantan por el homicidio aluden básicamente a su irreparabilidad.

Particularmente la violación genera, en efecto, cuantioso material discursivo por sí sola. Su protagonismo frente a otras agresiones sexuales, las múltiples discusiones en torno a si queda o no circunscrita a la penetración, el relato de experiencias particulares que uno conoce, la denuncia de la parcialidad judicial al lado del hombre, etc., muestran como, particularmente en el género femenino, el tema rezuma una tensión casi tangible. En todo caso, el daño directo alerta más que cualquier daño indirecto. Buen ejemplo de ello es que al fraude se le adjudica menor gravedad que al robo, siendo incluso superado en atribución de gravedad por el simple hurto. Sin duda, la posibilidad de poder identificar una víctima y un autor concretos conduce a una percepción de gravedad mayor que cuando se trata de daños difusos, como ya se denunciaba desde la corriente de pensamiento criminológico de la *Criminología Crítica*[1]

En sintonía con esta última cuestión, es muy constatable asimismo la gran dificultad para discutir directamente sobre las acciones delictivas, precisándose recurrir de inmediato a la figura de delincuente. Una figura de la que los ciudadanos se desvincu-

---

1. Para un mayor desarrollo de esta orientación crítica, que ha dado lugar al que se conoce como *Paradigma de la Definición*, véanse, entre otros, Bergalli, 1987; Ferrajoli, 1985; Baratta, 1986; Pavarini, 1985, y Larrauri, 1991.

lan al concebirle como ser de otro tipo, de otra naturaleza, mediante distintas estrategias retóricas: con el propio uso de la etiqueta de *delincuente*, con las referencias en tercera persona (él, ellos), o planteando las distintas argumentaciones siempre desde la posición de víctimas potenciales y nunca desde la de imaginarse posibles autores.

Este último aspecto es fundamental, puesto que indica que las concepciones ciudadanas respecto al crimen reproducen, en lo esencial, los planteamientos teóricos dominantes y que, a su vez, son los que orientan las actuales políticas penales de Occidente frente al autor de actos delictivos. En efecto, al igual que el conjunto de desarrollos de la denominada *Criminología Tradicional*,[2] en general el delito es planteado por los ciudadanos como algo indudable y estable, y no como una definición social, relativa a un determinado contexto histórico y cultural, producto reverso de lo que se establece como legal en una particular sociedad. Del mismo modo que se construye esa figura de *delincuente*, planteado como un *ser distinto*, depositario del problema, y sobre el que, por lo tanto, pasa a ser necesario intervenir. Una intervención, eso sí, que casi siempre consiste en encarcelarle —para reeducarlo y reinsertarlo—, a pesar del estrepitoso fracaso en la consecución de estas metas penitenciarias, ya sea por el incremento de la desadaptación social que supone, por los fenómenos de prisionización, por los efectos psicológicos contraproducentes, etc.

Esta estrategia, social e institucional, de ubicar el problema de la criminalidad en el actor delictivo, tiene unas "excelentes virtudes", entre las que destacan: la legitimación de las actuales políticas frente al crimen; el enmascaramiento de una acción institucional represora y retributiva; la omisión de los *procesos de definición* de qué es delito y qué no; la omisión de los *procesos de selectividad* sobre quiénes son los delincuentes; la secundarización de las causas estructurales de la delincuencia; la posibilidad de construir la autoimagen de *inocentes* contrapuesta a la categoría *delincuente*; o la de permitir exculpar a la sociedad, como indicó Bergalli (1987), de toda responsabilidad en la génesis de las conductas criminales.

Las intenciones punitivas

Cuando a los ciudadanos se les propone que establezcan las penas que consideran oportunas para cada tipo de delito, no aparecen las esperables resistencias a hacerlo sin mediar matizaciones, especificaciones, llenando en definitiva de "dependes" su discurso, sino que se disponen a expresar su condena frente al delito mencionado de forma inmediata. Ello ya sugiere una vivencia muy simplificada de la criminalidad, donde se tiende al estereotipo omitiendo las muy diversas circunstancias que rodean cualquier acto delictivo. Destaca especialmente aquí la personalización, a la que antes se hacía referencia, puesto que aunque se les propone punir actos, el asesinato o el robo por ejemplo, los debates que afloran entre los participantes son respecto de cómo debe punirse al asesino o al ladrón.

Al contrastar la intención punitiva con el Código Penal (CP) vigente en el momento de la realización de estas investigaciones, el resultado no deja lugar a dudas. Los ciudadanos desarrollan una severidad que supera con creces la del texto legal. Más de la mitad de las expresiones punitivas recogidas están por encima de las penas establecidas por la ley y, en muy baja proporción, por debajo de ellas.

---

2. Bajo esta denominación se aglutinan las distintas aportaciones teóricas que, desde la Antropología, la Sociología, la Biología, la Psicología, la Psiquiatría, han ido constituyendo lo que se conoce como *Paradigma Etiológico*, modo de afrontar la criminalidad dominante que ha iluminado las actuales políticas frente al crimen.

De entre esta tónica general, los delitos contra la libertad sexual son los que generan la mayor severidad relativa al CP, siendo éste superado por más de tres cuartas partes de las manifestaciones referentes tanto a la violación, como al resto de agresiones sexuales. En efecto, como era de esperar, el imaginario punitivo se dispara particularmente en el momento de imponer penas a los violadores. Un repertorio que va desde los tratamientos hormonales para provocar inapetencia sexual, la aplicación de la ley del Talión, métodos quirúrgicos para provocar la impotencia, hasta la castración —en ocasiones con variopintos métodos— y la aplicación de tratos vejatorios.

Sorprendentes también son las posturas frente a los delitos contra la propiedad. Ante el robo no se presentan las matizaciones que cabría esperar y que sí se reflejan el CP, según que el robo sea con intimidación en las personas o no, o únicamente con fuerza en las cosas, etc. En contraposición a la alta severidad para el robo, los delitos denominados "de cuello blanco" (estafa, falsificaciones, fraude fiscal, etc.), presentan una voluntad punitiva con una alta tasa de adecuación al CP. Parece, pues, que la denunciada benevolencia del texto penal con este tipo de delitos es compartida por los ciudadanos.

Asimismo, debe tenerse en cuenta que, cuando el ciudadano impone pena, lo hace pensando en un cumplimiento íntegro de la condena cuando de hecho, las condenas dictadas a partir del CP se cumplen efectivamente sólo en parte, cuestión que genera a menudo tanta indignación social, pero que en general era muy bien comprendida por todos aquellos que de algún modo conocen mínimamente la cárcel, por trabajo o por sufrirla. Es decir, que si en lugar de compararla con el CP, la severidad expresada se comparara con el tiempo efectivamente cumplido "a pulso", entonces aún resulta ser mucho más elevada.

Respecto al tipo de penas, la cárcel sigue siendo a todas luces el recurso fundamental, a pesar del profundo desconocimiento que socialmente se tiene de la que también es expresión por excelencia de los castigos que, frente a los infractores de la ley penal, el Estado desarrolla. Un desconocimiento, en buena medida debido al secretismo institucional que la envuelve, que se manifiesta en relación tanto a los aspectos generales de su funcionamiento, a las políticas ejecutivas que se aplican en ella, como a su actual estado. También con respecto a las razones por las cuales se está en prisión. Así, en nuestros trabajos se puede apreciar una fuerte inflación precisamente de los delitos contra las personas y contra la libertad sexual. Por ejemplo, como motivo de encarcelamiento se le atribuye al asesinato un 6,79 % —frente al 0,41 % efectivo—, y a la violación el 6,87 % —frente al 1,97 % de hecho. Una descriptiva de la demografía penitenciaria que, en definitiva, da buenas razones para que se considere que no se puede prescindir de ella, a pesar de que predomine la idea de que es algo a rechazar. Una opinión extendida que contrasta con la gran disposición a utilizarla cuando se trata de punir, mostrando un inventario alternativo muy escueto, cuando no más grave.

Por último, es ilustrativo también de este alto grado de voluntad punitiva el hecho de que buena parte de las penas sugeridas que superan al Código Penal, no sólo lo hacen cuantitativamente —20 años en lugar de 12, pongamos por caso—, sino que son penas que no están contempladas en la ley. Es el caso del asesinato que, al tener atribuida ya la pena máxima, todas las intenciones punitivas que superan la ley se sitúan fuera de ella, esto es, se trata de penas no contempladas en el código. O de cualquier otro delito sobre el que se hayan propuesto penas como "Cadena Perpetua", "Muerte", "Con Vejación", "Talión" o "Trabajos forzados", condenas que fueron rechazadas por la mayor parte de Occidente hace ya décadas, por inhumanas, por vulnerar los derechos fundamentales, por responder a una intención meramente vengativa, etc.

Las debilidades

Desde una lógica simplista, podría pensarse que en democracia si la ciudadanía quiere mayoritariamente penas más duras, este deseo debe reflejarse en el sistema penal. En contra de este planteamiento, ya se ha visto que esa voluntad punitiva no parte precisamente de un suficiente dominio temático y que una considerable proporción de las penas reclamadas reflejan una mentalidad superada hace ya mucho tiempo. No sólo eso, sino que las argumentaciones expresadas por los ciudadanos muestran múltiples contradicciones que descalifican su discurso. Esto se hace particularmente patente cuando se les presentan situaciones en las que no aparece clara la frontera entre delito y aquello que no lo es, generándose entonces reacciones de sorpresa, duda, nerviosismo o enfado.

Estas reacciones se suceden ante la secuencia de preguntas, diseñadas con clara intención de provocación, en torno a algunos delitos, actores de delitos y castigos pertinentes. Por ejemplo, cuando se les plantea si consideran una violación el hecho de que el marido fuerce sexualmente a su mujer. Se producen entonces intentos de negociación retórica alrededor de que la mujer esté aceptándolo pero, ante la insistencia de que lo que se plantea es un acto contra la voluntad de la esposa, la incomodidad se hace visible pues son demasiado recientes sus "Castración", "Perpetua" o "Inyección" para el violador de calle.

Lógicamente, esta actividad desarticulatoria no tiene la intención de justificar este tipo de agresiones, sino de reducir el abismo entre *violador* y *el que no lo es*; de mostrar que es preciso reflexionar sobre por qué la violación ocasiona tanta morbosidad, sobre por qué es tan rentable cinematográficamente. Hacer ver que, al parecer, cualquiera puede llegar a violar, como bien nos muestran algunos conflictos bélicos recientes, donde la violación se ha utilizado como una "efectiva arma de guerra" con efectos desmoralizantes casi inigualables en el entorno agredido. La intención es mostrar que el violador no tiene una naturaleza ontológicamente distinta de quien no ha violado, sino que aparece porque es una posibilidad culturalmente contemplada, porque pueden darse —incluso promoverse— determinadas circunstancias psicológicas, sociales y culturales que conduzcan a actos particularmente sádicos contra otros. Mostrar la contradicción que supone estar mayoritariamente de acuerdo en definir al violador como un enfermo y, a la vez, estar exigiendo para el mismo un drástico castigo y no otro tipo de medidas más acordes a esa definición.

Similar desconcierto se produce al plantear situaciones de este tipo respecto a otros delitos, como cuando se les presenta el fraude fiscal (tan común entre profesionales liberales y comerciantes), admitido e incluso admirado socialmente (uno se ve tonto si no lo hace), como un robo al Estado y, por lo tanto, a los más necesitados de sus prestaciones. Ante el espejo reflejándole a uno mismo como ladrón de pobres, los habituales argumentos pro-fraude quedan en un margen moral poco deseado. No obstante, el interés de tal razonamiento es fundamentalmente poner en entredicho las bases para reclamar un duro castigo para el robo común, a menudo de volumen inferior a las "omisiones" del acto contributivo anual de cualquier ciudadano socioeconómicamente medio.

Y los mismos fenómenos se producen al jugar con la figura de delincuente, al presentar situaciones en que los propios ciudadanos pueden verse ubicados bajo esa definición. Como ejemplo, en una de las investigaciones se usó el caso de una señora barcelonesa que, huyendo después de tener un pequeño accidente de tráfico, arrastró con su 4x4 ochenta metros al otro conductor, causándole la muerte. Se preguntaba entonces si esta mujer debía ser tratada como una homicida; si debería ir a la cárcel y, en su caso, por cuánto tiempo. Las respuestas se vuelven entonces titubeantes, inseguras, y escasean las posturas firmes que poco antes relucían sin particulares escrúpulos. Lo único que parece dar razón de este cambio es que no puede evitarse el verse a sí misma en un momento de nervios, o a la madre de uno, o a la propia esposa, según fuera la condición de los preguntados.

Para los participantes de menor edad se planteaban las mismas preguntas que para aquel joven que el sábado por la noche, conduciendo bebido, colisionaba con otro vehículo provocando la muerte a sus cuatro ocupantes. La categoría accidente aparece ahora como un buen recurso exculpatorio, y el mejor sustituto para esquivar el término homicidio es el de imprudencia. Una imprudencia que sí debe pagar aunque, de todos modos, la anterior severidad indiscriminada hacia el homicidio no emerge ahora en casi ninguna voz. En todo caso, las críticas hacia los *procesos de selectividad* de la policía y de los órganos judiciales (Baratta, 1986), a los que antes ya se hacía referencia, pueden extenderse a la sociedad en general, ya que todo parece indicar que se mueve con los mismos criterios sobre quiénes son *delincuentes* y quiénes *inocentes*.

En fin, como puede verse, la alta severidad punitiva de los ciudadanos se sustenta básicamente en los estereotipos de lo que es delito y de la gravedad que tiene. Los ciudadanos se sienten tan legitimados a imponer drásticos castigos que incluso en cuantiosas ocasiones sobrepasan los límites punitivos —en cuanto al tipo de penas— de las legislaciones europeas y de los tratados internacionales sobre la materia. Una severidad con un claro carácter retributivo —pagar por lo hecho—, cuando no de venganza. Evidentemente hay excepciones, pero entonces se refieren precisamente a la necesaria reeducación, resocialización o rehabilitación, que indican asimismo una visión centrada no en el acto delictivo, sino en el autor del mismo, no saliéndose de ese círculo conceptual que también caracteriza a las actuales políticas criminales.

Pero, además, no es una severidad hacia todo, sino que es selectiva y agravante, como lo muestra la condescendencia punitiva hacia determinadas acciones realizadas por los "ciudadanos respetables", o la complacencia por la benevolente respuesta institucional para los "presos de lujo" (empresarios y políticos de alto nivel muy pronto en la calle), algunos alegando depresión, como en la última obra del teatro político —a menudo con vestuario judicial— que se nos ha ofrecido a los ciudadanos españoles. Una severidad, la dirigida hacia la delincuencia tradicionalmente punida, que no atiende a razones, ni a matices, ni a las circunstancias que hacen idiosincrásica cualquier acción delictiva. Una actitud que, sin embargo, se derrumba de inmediato cuanto se les ubica en situaciones que les presentan como *delincuentes*. Los discursos entonces se desestructuran, las fronteras se diluyen y la severidad se desvanece. Posiblemente, la intención punitiva hacia aquel otro —*el delincuente*— cumple además la función simbólica de construir esa imagen de *inocente*, al decidir penas que nunca se aplicarían a alguien cercano.

De todos modos, estas múltiples incongruencias del discurso ciudadano no indican un nivel educacional bajo. Bien al contrario, son manifestaciones emitidas por ciudadanos de una gran urbe europea, de un Estado calificado en noveno lugar en nivel de vida. No, no es fruto de la ignorancia. Es reflejo de una mentalidad occidental, forjada por sobredosis de estímulos y flujo incesante e indigerible de información, donde pocas cuestiones son reflexionadas y recapacitadas. La visión del crimen no es algo independiente de que nos sintamos libres por el hecho de poder elegir la marca del detergente, o de que los políticos deban ser simpáticos para ser votados. El problema clave es de mentalidad, cultural, de los modos de comprender y afrontar la realidad que están siendo predominantes, y de los cuales se derivan actitudes y acciones, tanto sociales como institucionales.

La vivencia social de la criminalidad, poco elaborada e incongruente, rígida y severa, lleva, una vez más, a reclamar una necesaria reconsideración social sobre el conjunto de la cuestión criminal. La ciudadanía —la opinión pública si se prefiere— tiene la fuerza potencial, en democracia, para determinar el rumbo de las decisiones políticas. Por lo tanto, el nivel de conocimiento, las actitudes, la severidad ciudadana, son determinantes, en pro o en contra, de las políticas restrictivas que se insinúan, cuanto menos en el contexto europeo actual (véase Bergalli, 1992, respecto al *discurso de la emergencia*). Por eso resulta imprescindible un replanteamiento, tanto político como cultural, de la temática criminal. Y ello pasa por abandonar la postura de posible víctima, por dejar de centrarse exclusivamente en el *criminal* y por reflexionar más sobre la criminalidad, sobre sus delimitaciones y sus circunstancias, sobre qué prácticas sociales y culturales la promueven, abordándolo desde una posición de implicados y no como algo ajeno y extraño a extirpar de la sociedad, porque ese camino sólo puede llevar a la inflación normativa y punitiva, esto es, a constreñir aún más los márgenes de libertad, tal como ya está ocurriendo.

Referencias bibliográficas

BARATTA, A. (1986), *Criminología Crítica y crítica del Derecho Penal.* Siglo XXI: México.

BERGALLI, R. (1983), "Perspectiva sociológica: sus orígenes", en R. Bergalli, J. Bustos Ramírez y T. Miralles (eds.), *El pensamiento criminológico I.* Península: Barcelona (pp. 91-107).

— (1987), "Ideología de la resocialización - La resocialización como ideología. La situación en España". *Papers d'Estudis i Formació*, n.º E/1-1987, pp. 51-66.

— (1992), "Control social: sus orígenes conceptuales y usos instrumentales", *Revista de Derecho Penal y Criminología*, n.º 2, pp. 173-184.

BRUNER, J. (1991), *Actos de significado. Más allá de la revolución cognitiva.* Alianza Ed.: Madrid.

COLE, M. (1999), *Psicología Cultural.* Morata: Madrid.

FERRAJOLI, L. (1985), "Il diritto penale minimo". *Dei Delitti e delle Pene,* n.º 3, pp. 493-524.

GARCIA-BORÉS, J. (1993), "La crítica sociocultural como intervención", en B. González Gabaldón y A. Guíl Bozal (comps.), *Psicología Cultural.* Eudema: Sevilla (pp. 93-101).

—(1995), "Severidad social a través de la voluntad punitiva", en E. Garrido y C. Herrero (comps.), *Psicología Política, Jurídica y Ambiental.* Eudema: Salamanca (pp. 253-267).

—(2000*b*), "Paisajes de la Psicología Cultural". *Anuario de Psicología.* Vol. 31, 4 (número Monográfico Psicología Cultural), dic. 9-25.

—, J. PUJOL, M. CAGIGÓS, J.C. MEDINA y J. SÁNCHEZ (1995), *Los "no-delincuentes".* Fundació "La Caixa" (Itaca): Barcelona.

GERGEN, K.J. (1985), "The Social Constructionist Movement in Modern Psychology". *American Psychologist,* n.º 40, 3, pp. 266-275.

IBÁÑEZ, T. (1990), *Aproximaciones a la Psicología Social.* Sendai: Barcelona.

—(1994), *Psicología Social Construccionista.* Publicaciones de la Universidad de Guadalajara: México.

LARRAURI, E. (1991), *La herencia de la criminología crítica.* Siglo XXI: Madrid.

MOSCOVICI, S. (1985), *Psicología Social.* Paidós: Barcelona, 2 vol.

PAVARINI, M. (1985), "Il sistema della giustizia penale tra riduzionismo e abolizionismo". *Dei Delitti e delle Pene,* n.º 3, pp. 525-554.

POTTER, J. y M. WETHERELL, (1987), *Discourse and Social Psychology. Beyond Attitudes and Behaviour.* Sage: Nueva Delhi.

SERRANO, J. (1995), "La psicología cultural como psicología crítico-interpretativa", en A. Gordo y J.L. Linaza (eds): *Psicología, discurso y poder: metodologías cualitativas y perspectivas críticas.* Visor: Madrid.

WERTSCH, J.V. (1991), *Voices in the mind,* Harvard University Press: Cambridge.

DE PERIODISMOS Y CRIMINOLOGÍAS

Francesc Barata

Un relato de Jorge Luis Borges nos cuenta que en el imaginario de Tlön las cosas tienden a desaparecer cuando la gente olvida sus detalles, que se esfuman del mundo cuando nadie piensa en ellas. Es una bonita manera de decir que el recuerdo que habita en el universo pensado hace también lo real, que para comprender de forma rica la existencia del hoy es necesario acordarse del ayer. Pensando en las cosas que consideramos importantes ayudamos a que el tiempo no las vuelva translúcidas y hacemos que continúen vivas en un mundo que ya no es el suyo.

Creo que esta idea resulta sugerente para referirnos al Master Sistema Penal y Problemas Sociales y a la Criminología Crítica que Roberto Bergalli nos trabajó en días ya lejanos. Su maleta de exilio vino marcada por el dolor de la pérdida y la represión, pero también trajo cosas buenas cuando los estudios de Derecho estaban imbuidos de conservadurismo. Esas inquietudes llevaron a la creación del *Common Study Programe*, del que Bergalli ha sido uno de sus máximos exponentes. Así comenzó una bonita aventura.

El Master nos ha permitido reflexionar sobre los problemas sociales, debatir sobre viejas y nuevas ideas para que éstas no desaparezcan y nos ayuden a encontrar otras formas de estudiar lo que ahora nos inquieta. Desde este presupuesto quiero manifestar mi interés por el estudio del papel que juegan los medios de comunicación en relación con el Sistema Penal y sus contornos.

Fue el intuir que la *visibilidad mediada* del delito no se ajustaba a la realidad lo que me llevó, en el otoño de 1989, a las clases del Master que entonces se impartían en la calle Elisabets, cuando caía el muro de Berlín y las televisiones inauguraban la información en directo, cuando era un periodista de sucesos que abandonaba a toda prisa la redacción de *El Periódico* para acudir a las clases del Master.

En aquellas alargadas tardes de CIDOB conocimos ideas nuevas sobre lo evidente, aprendimos a mirar y a pensar de otra forma la realidad. En el Master de entonces no se hablaba de los medios de comunicación, pero se inducía a lecturas que resultarían fundamentales para pensar sobre ellos. Descubrir la sociología de la desviación fue comenzar a repensar la visibilidad mediática.

Quiero hablar de algunas de las ideas que aportó la criminología crítica, y también de las preocupaciones que nos ocasiona el presente. Todo ello en relación a los medios de comunicación.

1. De visibilidades mediadas

¿Qué nos hizo descubrir la criminología crítica? Sin duda, unas formas novedosas de estudiar el discurso del delito en los medios de comunicación. Aquellos jóvenes sociólogos radicales de los años sesenta y setenta se enfrentaron a los medios con un andamiaje teórico y conceptual que nadie disponía en la teoría de la comunicación. Las mismas ideas que formaron el corazón crítico de la sociología criminal sirvieron para impulsar los primeros estudios sobre las noticias del delito. Han pasado más de treinta años desde que Jock Young y Stanley Cohen formularon sus primeras consideraciones respecto a los medios. Me referiré a algunos de esos conceptos que todavía, a mi entender, tienen fuerza en el momento actual.

1.1. *El discurso desmedido*

Es oportuno decir que el concepto de *ampliación de la desviación* que ellos utilizaron para caracterizar el discurso mediático sigue lleno de actualidad. Tal vez su vigencia resulte más preocupante debido al papel predominante que ha tomado la televisión en la última década y media, donde la imagen marca la agenda mediática a golpes de escenas impactantes, de drama y de dolor. La información en directo, la capacidad de transmitir con equipos ligeros los acontecimientos en el momento en que éstos ocurren, ha trastocado la forma tradicional de hacer información. Eso, unido a los cambios operados en los grupos multimedia y la feroz competencia por las audiencias, ha producido un aumento de las formas espectaculares y dramáticas de narrar lo que pasa en el mundo.

En ese contexto, las noticias del delito vuelven a ser utilizadas para la conquista de mayores índices de audiencia, tanto en los medios audiovisuales como en los impresos. El tratamiento informativo del delito se ha visto influido por las nuevas formas de hacer televisión, por una cultura periodística que explota la espectacularidad.

En este contexto podemos decir que, más allá de los índices reales de criminalidad, los medios amplían la visibilidad de aquellos problemas sociales más dramáticos e impactantes, aumentan la imagen del delito. A veces la representación mediática es tan diferente a la realidad que se puede hablar de *olas artificiales de criminalidad* que alimentan la indignación social ante determinados comportamientos delictivos. No es que los medios inventen los hechos, sino que los construyen mediante unas formas narrativas y dándole una dimensión pública que no se ajusta a la realidad.

En muchos países el delito invade la agenda informativa, hay un notable crecimiento de la información criminal. Estamos frente a lo que algunos autores han calificado como la vuelta de los sucesos (Imbert, 1992).

La visibilidad mediática hace más presente el peligro y acrecienta la sensación de miedo, actúa como una caja de resonancia que alerta y estigmatiza los conflictos sociales sin aportar elementos para la reflexión. Hacen más próximo lo que Goffman (1971) califica como el entorno *Umwelt*, espacio en que los individuos detectan los signos de alarma. El peligro es introducido hasta las intimidades del hogar.

Hace una década el sociólogo Pierre Bourdieu señaló que la necesidad de mayores índices de audiencia hacía que los hechos delictivos volvieran "a la primera página, a la apertura de los telenotícias, a pesar de que hasta ahora se trataba de ingredientes excluidos o relegados por el afán de responsabilidad impuesto por el modelo de prensa escrita", y añadía: "el suceso es una especie de producto elemental, rudimentario, de información, que es muy importante porque interesa a todos sin tener consecuencias y porque ocupa tiempo, un tiempo que podría ser utilizado para pedir otras cosas" (Bourdieu, 1997 [1996]: 19). Cierto que la noticia criminal interesa a grandes audiencias, pero demasiado optimista se muestra el pensador francés cuando dice que dicha información no tiene consecuencias. Sí, hay que hablar de las consecuencias y ello nos lleva otra vez a repasar algunas de las ideas de los sociólogos de la desviación.

1.2. *Los efectos*

En su clásico *Folk Devils and Moral Panics: The Creation of the Mods and Rockers* (1972), Stanley Cohen propuso el concepto de pánico moral para referirse a los medios, como también desarrolló la idea de empresarios morales que diez años antes había difundido Howard S. Becker en *Los extraños*. Con una mirada marcadamente ideológica donde lo importante era descubrir cómo el poder imponía sus ideas sobre la criminalidad, cómo creaba ideología dominante, los criminólogos críticos vieron los medios como los grandes productores de pensamiento burgués sobre el hecho criminal, los guardianes de la moral.

¿Es acertado adjudicarles ese papel en la actualidad? ¿Bajo qué lógicas producen su discurso? Son preguntas que todavía no han tenido una respuesta única, lo cual no priva el constatar que en muchos casos los medios se comportan como verdaderos empresarios morales que difunden una determinada forma de ver los conflictos sociales. Las perspectivas marcadamente ideológicas parecen insuficientes para el análisis de los medios, pero todavía aportan un ímpetu, una visión crítica útil en los tiempos actuales.

Desde ese punto de vista, una de las ideas todavía sugerentes es la referida a la capacidad de las industrias culturales para crear estereotipos y estigmas, para crear los falsos enemigos a los que se refirió Stuart Hall (1994 [1978]). El estudio de la realidad actual nos revela que los medios construyen una imagen propia del mundo del delito, que proponen unas formas particulares de mirar y solucionar tales conflictos. Elaboran una definición primaria de la realidad delictiva.

La narración del delito no es simplemente un relato de novela negra. Por mucha literatura que contenga sus palabras no dejan de ser signos referidos al orden. Dicen qué es socialmente correcto y qué no lo es, proporcionan un sentido de la justicia, construyen una propuesta de esquema simbólico sobre la moralidad. De ahí su importancia para la sociología del control social.

Por eso, en el momento actual hay que seguir estudiando, con nuevas herramientas metodológicas, la visibilidad que ofrecen los medios de comunicación sobre los comportamientos que entran en conflicto con la ley penal. Hay que continuar analizando el discurso de las industrias culturales porque sabemos de su importante influencia. Es cierto que ya no establecemos una relación directa entre discurso y comportamiento social, pero conocemos el peso de los media en una sociedad donde agonizan los grandes relatos. Nos preocupan las formas de la visibilidad mediática cuando la sociedad está huérfana de ideas colectivas.

Se hace necesario analizar críticamente los medios y promover la acción ciudadana. La información es un negocio, hace más de 130 años que es así, pero también es un bien social que hay que proteger y defender como tal. La información acertada y justa es fundamental para comprender el mundo que nos rodea, para ejercer los derechos ciudadanos con un mayor grado de entendimiento y de libertad. Difícilmente puede haber una acción social justa sobre el mundo de los ilegalismos si los medios ofrecen una visibilidad que distorsiona la realidad.

En general, las disciplinas surgidas del saber criminológico han prestado poca atención al estudio de los medios y desde la teoría de la comunicación se ha visto con desprecio las noticias referidas al delito. La etiqueta de espacio vulgar que pesa sobre el periodismo de sucesos ha impedido que se fundamentara algo más que un rechazo visceral ante un discurso que tradicionalmente se ha expresado en lenguaje sensacionalista y desmedido, con palabras apartadas de la razón y llenas de emoción.

Es imprescindible estudiar la visibilidad mediática cuando el discurso emotivo conquista cada vez más parcelas de la información. Tenemos que preguntarnos ¿qué aporta a la sociedad la narración del delito?, ¿qué usos hacen de ella las audiencias? Para responder a tales preguntas parecería necesaria una confluencia de disciplinas diversas que permitiera abordar el objeto de estudio desde ópticas múltiples, donde la diversidad de miradas le descubra nuevas caras a la realidad.

2. De interferencias y debilidades

Más allá de sus repercusiones en la ciudadanía, la gran visibilidad mediática de las trasgresiones más violentas produce también una preocupante interferencia en los operadores del Sistema Penal. En las dos últimas décadas hemos visto con preocupación como ante determinadas *olas mediáticas* los poderes políticos y judiciales responden con más medidas represivas, en unos casos introduciendo cambios en la ley penal y siempre abonando la cultura punitiva como única forma de afrontar los problemas sociales en conflicto con la Justicia.

La dependencia que muestran los poderes tradicionales respecto a los medios ya fue señalada por Max Weber en 1910 durante el primer congreso de la Asociación Alemana de Sociología, afirmando que: "Si hace 150 años, el Parlamento inglés obligaba a los periodistas a pedir perdón de rodillas ante él por el *breach of privilege*, cuando informaban de sus sesiones, y si hoy en día la prensa, con la mera amenaza de no imprimir los discursos de los diputados, pone de rodillas al parlamento; entonces evidentemente algo ha cambiado, tanto en la concepción del parlamentarismo como en la posición de la prensa" (Weber, 1992 [1910]: 252). Igual que entonces, en la actualidad los poderes políticos y los actores del Sistema Penal también se muestran débiles frente al discurso mediático.

Dicho fenómeno resulta especialmente preocupante cuando la utilización que la prensa hace de la acción policial y del proceso judicial ha introducido una nueva patología que parece desbordar el actuar de la justicia: la punición anticipada, una sanción que en ocasiones es más gravosa que la misma pena. Como señala Luigi Ferrajoli, ha reaparecido "la antigua función infame del derecho penal premoderno, cuando la pena era pública y el proceso secreto. Sólo que la picota han sido sustituidos por la exhibición pública del acusado en las primeras páginas de los periódicos o en el televisor; y no como consecuencia de la condena, sino de la acusación, cuando todavía es un presunto inocente" (Ferrajoli, 1997: 732). La prensa ha trastocado el sentido ilustrado de la publicidad del proceso.

Los jueces, dice Ferrajoli, deberían resistirse al encanto de la prensa ya que la espectacularidad de los procesos siempre es negativa. Deberían tener en cuenta "solo las pruebas y no a la opinión pública ni a la prensa, que siempre son culpabilizadoras" (*El País*, 2 de mayo de 1997). En este sentido, la espectacularidad equivale a una humillación pública que abona el etiquetamiento social y contribuye a lo que Ulrich Beck ha denominado "la sociedad de las *cabezas de turco*" (Beck, 1998: 84), donde lo que provoca la intranquilidad general no son las amenazas, sino quienes las ponen de manifiesto.

Lo anteriormente expuesto lleva a que el tratamiento mediático del delito se convierta en una visibilidad que pone en crisis el funcionamiento de la Justicia. En muchas ocasiones puede hablarse de juicios paralelos; unos tienen lugar entre los legajos reservados de la instrucción judicial, los otros en la gran publicidad mediática.

El alarmismo informativo abona la cultura punitiva y coarta la acción de muchos jueces y fiscales que se muestran temerosos ante los periodistas. Los medios no dicen cómo éstos tiene que actuar, pero mediante titulares impactantes, con relatos de miedo, crean un escenario alarmista propicio para las acciones más represivas, que van desde la prisión provisional hasta las condenas ejemplares. No es casual, como en muchas ocasiones ha denunciado Roberto Bergalli, que los jueces españoles estén aplicando como nunca el concepto de alarma social. Y en muchas ocasiones más que alarma social tendríamos que hablar de alarma mediática.

Ya no basta con decir que los medios son meros reproductores de la ideología dominante, se hace necesario estudiar las complejas relaciones que se establecen entre los productores de la información y los actores del Sistema Penal. Analizar sus influencias y dependencias. Influencias no deseables para la necesaria autonomía judicial, y dependencia periodística frente a unas fuentes de información policíacas que tienen una particular manera de ver los conflictos sociales.

3. De emociones y retos intelectuales

Todo lo expuesto anteriormente tiene que ver con el estudio de la llamada cuestión criminal y las lógicas mediáticas, pero también con las insatisfacciones emocionales y los apoyos recibidos de aquellos que un día impulsaron el Master Sistema Penal y Problemas Sociales. Agradecimientos especiales para Roberto Bergalli por haber iniciado un proyecto que transmitió algo más que saberes críticos, por su apoyo cuando realizaba la tesis doctoral, por contribuir a desarrollar mis inquietudes.

Esas mismas insatisfacciones emocionales tienen que llevarnos a continuar estudiando los medios. En la sociedad actual difícilmente se puede construir una sociología del control penal sin contemplar el factor mediático. Igual que ya aceptados que resulta a todas luces incorrecto el afirmar —como dijo Goffman (1986 [1963])— que el control social sólo tiene lugar en los clásicos espacios del delito, el juicio y su castigo; de la misma forma ya no podemos desarrollar una sociología del control penal dejando fuera el estudio de los medios.

Buena parte de lo que la sociedad sabe y se imagina del mundo de los ilegalismos tiene que ver con los relatos mediáticos. Muchas de las políticas y acciones penales se comprenden mejor sabiendo de las informaciones periodísticas. Es así desde que a finales del XIX aparecieron los medios de comunicación de masas, cuando desapareció el *ritual punitivo* y surgió el *ritual mediático* (Barata, 2003). Desde entonces el discurso informativo interfiere poderosamente en la experiencia social sobre las transgresiones, en la acción del Sistema Penal.

El imaginario borgiano nos invita a recordar los detalles para que no desaparezcan las cosas. Desde estas páginas un recuerdo para el Master y para Roberto Bergalli, para que todos esos pensamientos surgidos de las inquietudes personales y los retos intelectuales continúen vivos en el debate teórico, en la necesaria acción social.

Bibliografía

BARATA, Francesc. "Los *mass media* y el pensamiento criminológico", en Bergalli, Roberto (coord.), *Sistema Penal y problemas sociales*, València: Tirant lo Blanch, 2003, pp. 487-514.

BECK, Ulrich. *La sociedad del riesgo. Hacia una nueva modernidad*, Barcelona: Paidós, 1998 (edición original: *Risikogesellschaft. Auf dem Weg in eine andere Moderne*, Suhrkamp, Fráncfort del Meno, 1986. Traducción de Jorge Navarro, Daniel Jiménez y Mª Rosa Borrás).

BOURDIEU, Pierre. *Sobre la televisión*, Barcelona: Edicions 62, 1997 (edición original: *Sur la télévision*, 1996. Traducción de Xavier Dilla).

GOFFMAN, Erving. *Estigma. La identidad deteriorada*, Buenos Aires: Amorrortu Editores, 1986 (edición original: *Stigma. Notes on the Management of Spoiled Identity*. New Jersey: Prentice-Hall, Inc., 1963).

—. *Microestudio del Orden Público*, Madrid: Alianza Editorial, 1979 (edición original: *Relations in Public-Microstudies of the Public Order*, 1971).

HALL, Stuart, *et al. Policing the Crisis. Mugging, the State, and Law and Order*, London: The MacMillan Press, 1994 [1978].

IMBERT, Gérard. *Los escenarios de la violencia*, Barcelona: Icaria, 1992.

WEBER, Max. "Max Weber: Para una sociología de la prensa", en *Reis*, n.º 57, 1992, pp. 251-259 (edición original: "Alocución en el Primer Congreso de la Asociación Alemana de Sociología en Frankfurt" [1910], en Weber, Max. *Gesammelte Ausfsätze zur Soziologie und Socialpolitik*, Tübingen: Verlag con J.C.B. Mohr, 1924. Traducción de Susana Khel).

XENOFOBIA Y TEORÍA POLÍTICA: LA INFLUENCIA DE LA NUEVA DERECHA EUROPEA EN LOS PARTIDOS NEOPOPULISTAS*

Joan Antón Mellón

Cambia el cielo, no el ánimo de los que cruzan los mares.

CICERÓN, *De la amistad*

Sin ninguna retórica y con mucho afecto quiero expresar en estas líneas iniciales que es un honor para mí participar en este volumen/homenaje al profesor R. Bergalli. Un honor y un placer. La memoria humana es valorativamente selectiva. Tiende a tener muy presente todo aquello que se juzga relevante. De ahí que de los 22 años de relación con el Dr. Bergalli mi memoria pasada y reciente selecciona tres de sus características que juzgo admirables: rigor científico, lealtad consigo mismo y con sus colegas y amigos y visión científica integradora y no excluyente. Tres características que me han servido de ejemplo a imitar en mi propio recorrido vital y académico.

La conjugación de estas tres, en mi opinión virtudes, conduce —dejando aparte los temas caracterológicos personales (dada su curiosa combinación de entrañable regañón y bonachón)— a una forma de estar en el mundo (seguro que Roberto sabría el verbo alemán idóneo) tan útil a las personas como al acrecentamiento del conocimiento. Cuestiones ambas que muy bien sabemos sus miles de alumnos y todos aquellos que hemos trabajado académicamente bajo su dirección y/o coordinación.

Introducción

Los partidos neopopulistas europeos han consolidado su posición electoral en sus respectivos sistemas de partidos, e incluso en Italia la (LN) o en Austria el (FPÖ) han alcanzado el poder en coalición con otros partidos de derecha. Al respecto es ilustrativo los 5,5 millones de votos obtenidos por J.M.ª Le Pen en la primera vuelta de las elecciones presidenciales francesas del 2002 o el 26,6 % de votos obtenidos por el partido neopopulista suizo UDC en las elecciones parlamentarias de octubre del 2003.

Su banderín de enganche es la xenofobia: "preferencia nacional" defienden los franceses FN y MNR; "Austria primero" propugna el FPÖ; hundir a cañonazos las embarcaciones de los emigrantes ilegales es la "propuesta política" que expuso en un mitin Umberto Bossi, líder de la LN italiana y ministro del gobierno italiano de S. Berlusconi; pero su influencia va más allá de su directa capacidad en las labores de gobierno o en la oposición, están influyendo decisivamente en las propuestas de otras subfamilias políticas de derechas[1] al competir por la misma posible clientela electoral en unos mismos mercados políticos, es la denominada lepenización de los espíri-

---

* Este artículo ha sido publicado en el *Anuario SOS RACISMO 2005*.
1. Véase Hainswort, P.: *The Politics of the Extreme Right*, Tiper, Londres, 2000.

tus.[2] En última instancia rentabilizada políticamente por las organizaciones neopopulistas que se presentan como el original de las propuestas y no como remedos vergonzantes de éstas.

Las organizaciones neopopulistas europeas han sido bien estudiadas en sus vertientes sociológicas, organizativas e ideológicas. En mi opinión las tesis más incisivas y reveladoras se deben a las investigaciones de H.G. Betz, P. Perrineau, N. Mayer y R. Griffin, con una modesta contribución de quien escribe estas líneas.[3] Del profesor británico R. Griffin destaquemos su brillante análisis de que las propuestas neopopulistas pueden ser calificadas de "liberalismo etnocrático" y que constituyen una inteligente reconversión adaptativa (en una época de hegemonía de los valores democráticos) de los clásicos idearios de la extrema derecha. Sabemos quién vota a estas formaciones políticas y bastante del porqué, sin embargo está bastante inexplorado el terreno de cuáles son los referentes filosófico-ideológicos de los presupuestos xenofóbicos de las organizaciones neopopulistas. A esta relevante cuestión está dedicado el presente artículo, si sabemos a partir de qué parámetros piensan los partidos xenofóbicos podremos contrarrestar su discurso desmontando sus argumentos base. He aquí nuestro objetivo central. La Nueva Derecha Europea (ND) son los ideólogos que han actualizado los caducos discursos fascistas y ultranacionalistas del primer tercio del siglo XX. Son los revolucionarios conservadores del siglo XXI. Proporcionan, como veremos, legitimidad ideológica, entre otras, a las formaciones políticas neopopulistas.

¿Qué y quiénes son la Nueva Derecha Europea?

La Nueva Derecha Europea (ND) está constituida por asociaciones cultural-políticas que se crean a imitación de la francesa Groupement de Recherche et d´Études pour la Civilisation Européenne (GRECE). Desde su fundación en 1968 la ND francesa ha sido el faro teórico de sus homólogas europeas y su "maître à penser" Alain de Benoist el líder intelectual indiscutido. Dado que el combate de la ND es metapolítico, cultural los buques insignia de la flota de la ND siempre son revistas y, derivadas de ella, editoriales. En Francia la revista oficial es *Éléments pour la culture européenne*, en Italia, *Trasgressioni*, liderada por el politólogo Marco Tarchi, en Bélgica, *Vouloir*, dirigida por R. Steuckers, en el Reino Unido, *Scorpion*, con su hombre fuerte M. Walker y en España el alto funcionario del Ministerio de Educación Javier Esparza, director entre 1993 y 2000 (fecha del último número) de *Hespérides*.

Todos ellos comparten unos mismos criterios culturales y políticos y, por ello, sus artículos más emblemáticos son intercambiados, traducidos y publicados por sus respectivas revistas. El núcleo central de sus convicciones radica en que tienen una visión de la naturaleza humana radicalmente opuesta a la tradición ilustrada. Para la ND el hombre es naturalmente desigual, agresivo, territorial y jerarquizado. No nace libre sino que la libertad es una conquista sólo alcanzable por los mejores, los cuales deben dirigir a la comunidad. Y ésta forja su destino en un combate constante contra todo tipo de adversidades. Se es libre por superación personal y por pertenecer a una determinada comunidad que ha logrado preservar su soberanía.

---

2. Véanse Tevain, P. y S. Tissot: *Dictionaire de la Lépenisation des esprits*, L´Esprit Frappeur, 2002.

3. Antón Mellón, J.: "El neopopulismo en Europa occidental. Un análisis programático comparado: MNR (Francia), FPÖ (Austria) y LN (Italia), en Antón Mellón, J. (edit.): *Las ideas políticas en el siglo XXI*, Ariel, Barcelona, 2002.

Para la ND los protagonistas de la Historia son los pueblos étnicamente homogéneos. De ahí que el enemigo principal, superado un visceral anticomunismo calificado de juvenil, sea el cristianismo por sus concepciones igualitarias y universalistas y el liberalismo por su radical visión individualista y anti-holística[4] del hombre. EE.UU. como líder occidental mundial y potencia única, tras 1989, es el demonio a vencer, mientras que, en un terreno más abstracto, los Derechos Humanos son el gran objetivo a derribar.

En su opinión, obsoleta la frontera clásica entre la derecha y la izquierda, la nueva división radica entre los colaboradores y/o funcionarios del Sistema o tecno-estructura mundial y los partidarios de la recuperación de las raíces culturales de los diferentes pueblos del mundo para superar la decadencia y anomia actuales. En este heroico combate el papel que se otorga a si misma la ND es metapolítico, ser un laboratorio de ideas, agitar culturalmente y disputar al Sistema la hegemonía[5] ideológica (en cualquiera de las formas que adopta) para preparar unos nuevos planteamientos políticos rupturistas. Europa y el Tercer Mundo frente a EE.UU.

Todo ideario político articulado elabora una utopía en la que se ven reflejados sus objetivos. La utopía de la ND sería una Europa libre de inmigrantes (o residiendo éstos temporalmente como ciudadanos sin acceso a la nacionalidad). Un mundo plural, heterogéneo, formado por comunidades homogéneas. Recuperada de la catástrofe igualitaria del cristianismo y su laicización racionalista ilustrada en cualquiera de sus manifestaciones: humanismo, liberalismo, marxismo;[6] que se reconociera en su pasado indoeuropeo precristiano para decidir, libremente, su glorioso destino al recuperar su espiritualidad y su afán de lucha, sepultada por siglos de hegemonía de los valores mercantiles burgueses (materialistas y prosaicos) e igualitaristas.

Fiel a estos planteamientos metapolíticos la ND se mantiene alejada de la lucha política partidista e incluso marca distancias y descalifica muchas de las propuestas de las formaciones políticas que más tienen en cuenta sus criterios de base: las formaciones políticas neopopulistas. Evidenciándose con ello que en el terreno de las ideas políticas es más relevante el uso político que se hace de ellas que las propias ideas.

¿Cuáles son los objetivos de la ND?

La ND europea nace en Francia en la década de los sesenta del pasado siglo como un intento de reformulación del tradicional ultranacionalismo francés, traumatizado por las derrotas de los procesos de descolonización y deslegitimado por el colaboracionismo de Vichy. Además, sus planteamientos iniciales están también condicionados por la explosión ideológica y cultural de Mayo del 68[7] y por la luz europeísta que continúa proyectando el Nacionalsocialismo en el universo ideológico de la extrema derecha y derecha radical, a pesar de su desaparición como régimen político en 1945. El ideario del Fascismo Clásico alemán proyecta su luz de estrella muerta igual que la proyecta el magma cultural que hizo posible, entre otros factores, su toma del poder en 1933 y su legitimación ideológico-cultural.

---

4. Las doctrinas holísticas propugnan que el todo es superior a la suma de las partes y posee características que le son propias.

5. En el sentido en que da a este término el filósofo marxista italiano A. Gramsci.

6. Recordemos al respecto que en capítulo 11 de *Mi lucha* A. Hitler descalifica como ideas modernas tanto al liberalismo como la democracia y el socialismo.

7. La editorial de GRECE Le Labyrinthe ha publicado una obra al respecto: *Le mai 68 de la Nouvelle Droite*.

Perdida la capacidad de seducción de los derrotados mitos fascistas es necesario substituirlos por otros. Es necesario una nueva Revolución Conservadora adaptada a una muy dura realidad para las Extremas Derechas y Derechas Radicales europeas: la Europa que resurge de sus cenizas después de 1945 se construye a partir de valores y criterios políticos antifascistas y profundamente democráticos; y la revelación propagandística de los horrores de los campos de exterminio ha evidenciado la intrínseca perversidad de los idearios fascistas.[8]

Dicha nueva Revolución Conservadora asume la radical crítica de la modernidad efectuada por los revolucionarios conservadores alemanes del primer tercio del siglo XX: desprecian a Kant tanto como admiran a Nietzsche[9] y leen detenidamente los conservadores planteamientos metafísicos de Heidegger. Pero no sólo leen estos autores, sino todo aquello que pueda ser útil[10] ante su enorme tarea: redefinir la modernidad, ya que eso supone, en la segunda mitad del siglo XX, redefinir los conceptos de libertad y democracia en contra de las hegemónicas acepciones liberal-democráticas y socialdemócratas. En un largo proceso de estrategias y tácticas metapolíticas de destilación de ideas, alambicamiento de análisis[11] y proceso sincrético de síntesis global.

Teniendo como objetivo que una cosmovisión alternativa a la ilustrada-burguesa se imponga en el mundo[12] y como medio el combate cultural-ideológico, en una muy inteligente, en mi opinión, utilización de un sistema ecléctico de disonancia cognitiva cultural. Se asume todo aquello que apoya, "demuestra" o "legitima" una determinada concepción del hombre y de la naturaleza y de las potencialidades de los seres humanos. Juzgados en su esencia como unos entes comunitarios, desiguales, agresivos, jerárquicos y territorializados. Condicionados por sus características biológicas, socialbiológicas y etnoculturales, pero libres para forjar su destino sino renuncian a su voluntad de poder como comunidades e individuos.

La amplitud del objetivo estratégico de la ND (redefinición de la modernidad) y de la opción táctica escogida (intervención metapolítica) comportan una renuncia a la actividad política directa. Pueden permanecer puros, fieles a sus ideas. Dedicados a leer pensar y propagar. Algunos se cansan en este largo viaje, pero los auténticos representantes de las esencias de la ND como A. de Benoist, M. Tarchi o J. Esparza permanecen y no ingresan en los partidos neopopulistas o liberal-conservadores que, desde un primer momento, los esperan con los brazos abiertos, ávidos de intelectuales solventes. E incluso la ND francesa se permite despreciar al FN en general y a su líder J.M.ª Le Pen de forma pública desde 1990 en particular por su populismo y su asunción del liberalismo.[13] Tanto da; como la clase política sabe muy bien —y así lo apuntábamos previamente— más importante que las propias ideas es el uso político que se hace de ellas.

---

8. Por eso ha aparecido la corriente historiográfica denominada Negacionismo. Negando la existencia del Holocausto se reafirma la no maldad intrínseca del ideario nazi.

9. El objetivo general de Nietzsche y de la ND es idéntico: la substitución de los valores al uso, hegemónicos en Occidente, por otros que se creen superiores.

10. "Practicando una lectura extensiva de la historia de las ideas, la ND no duda en recuperar aquellas que le parecen acertadas en cualquier corriente de pensamiento." Benoist, A. de y Champetier, Ch.: *Manifiesto: la Nueva Derecha en el año 2000.*

11. Por ejemplo para la ND el racismo (que denuncian en paralelo a una defensa de los inmigrantes aunque propugnan su regreso a sus países de origen) es un producto patológico del ideal igualitario.

12. Se pretende que lo espiritual predomine sobre lo material; lo idealista/altruista sobre lo pragmático; lo heroico sobre lo prosaico; la generosidad sobre el cálculo constante; lo comunitario sobre lo individual; el sacrificio sobre el hedonismo; el espíritu de aventura sobre la comodidad; el ánimo guerrero sobre el pacifismo; la jerarquía sobre la igualdad.

13. Véanse las publicaciones francesas *Le Choc du mois*, n.º 31(1990) y *Les Dossiers de l'Histoire*, n.º 82 (1992).

En este sentido, conceptos como el "Derecho a la Diferencia"; planteamientos políticos como la "necesidad" de la creación de amplios movimientos comunitarios superadores de factores ideológicos y de clase; su visión del capitalismo como un sistema de producción idóneo si se lo supedita a control político; su óptica patriarcal; el planteamiento estratégico-táctico ninista (definirse como ni de derechas ni de izquierdas); la distinción jurídica entre ciudadano y nacional, entre otros factores, son asumidos de una determinada manera, política, por quienes los asimilan en sus planteamientos programáticos. De ahí que el mencionado "Derecho a la Diferencia" de la ND se convierte en la propagandística consigna del FN y el MNR "Preferencia Nacional".[14] Al defenderse posturas radicales diferencialistas y antimulticulturales se potencia un racismo espiritual que se vulgariza en la xenofobia de los planteamientos políticos, culturales y jurídicos de las organizaciones neopopulistas. O la crítica radical de la ND al conjunto de ideologías[15] se transforma, en su adaptación política de las organizaciones neopopulistas, en el rechazo de éstas a los otros partidos políticos en bloque, descalificando así la consustancial pluralidad de la democracia representativa.

Son las concepciones nucleares de una Derecha Radical renovada, adaptada a las cambiantes realidades de los inicios del siglo XXI. La ND, por tanto, no ha transversalizado a la derecha y a la izquierda, "superándolas". Este análisis encierra, ideológicamente, una intencionalidad política que es más un deseo que una realidad: su análisis es que el fin tecnocrático de las ideologías (en la postmodernidad de un mundo globalizado) ha permitido resucitar una visión alternativa a la modernidad liberal-burguesa a la vez tradicional (pagana e indoeuropea) y futurista, aristocrática y armonicista. Una tercera vía[16] capaz de reconciliar, como la Ilustración no ha podido hacer, pares antagónicos.

La lúcida crítica que efectúan a las miserias de las sociedades occidentales (por ejemplo el papel mundial que juega lo que denominan Tecno-estructura, el déficit democrático, el anómico egotismo o la infantilización de la sociedad) no debe obnubilar nuestra capacidad de análisis del ideario de la ND francesa y de sus más débiles sucursales europeas. Denuncian y rechazan cualquier totalitarismo[17] (cuyo origen, en su opinión, es el monoteísmo) pero lo hacen desde una perspectiva de superhombre nietzscheano, más allá del bien y el mal. Creen, como sus padres espirituales, que la sangre vale más que el oro; que la "forma de estar en el mundo" legitima cualquiera de sus actos, más allá del bien y el mal; que la libertad es un concepto práctico y político y que la voluntad de poder, como ley universal de la vida, establece quien es superior capaz y quien es débil e impotente.[18] Y todo esto es lo que el antifascismo ha considerado como

---

14. Analogía que ofrece pocas dudas. "[...] les formulations récents du national-populisme sont tributaires de l'ideologie de la différence mise au point par la Nouvell droite." Taguieff, P.A.: *Sur la Nouvelle droite*, Descartes, París, 1994, p. 98.

15. "Del marxismo al conservadurismo ultraliberal, pasando por todas las variedades del centrismo y de la socialdemocracia, uno se encuentra en presencia de la misma visión de la sociedad, del Estado y del hombre." Benoist, A. de y G. Faye: *Las ideas de la Nueva Derecha*, Ediciones Nuevo Arte Tor, Barcelona, 1986, p. 450.

16. "[...] el Estado [...] dirige políticamente la economía sin intervenir administrativamente en su gestión. Esta concepción de una 'economía dirigida' constituye la tercera vía entre el liberalismo del Estado mínimo y el socialismo del Estado nacionalizador y poli-intervencionista." Benoist, A. de y Faye, G.: *Las ideas de la Nueva Derecha, op. cit.*, 387.

17. Véase Benoist, A. de: *Communisme et nazisme 25 reflexions sur le totalitarisme au Xxe siècle (1817-1989)*. Le Labyrinthe, París, 1989.

18. En palabras del propio Nietzsche: "Aquí resulta necesario pensar a fondo y con radicalidad y defenderse contra toda debilidad sentimental: la vida misma es *esencialmente* apropiación, ofensa, avasallamiento de lo que es extraño y más débil, opresión, dureza, imposición de formas propias, anexión y al menos, en el caso más suave, explotación". Apud Tugendhat, *Problemas*, Gedisa, Barcelona, 2002, p. 86.

fascismo. Por tanto, mientras se escuchen ideas fascistas habrá que levantar la bandera del antifascismo y convencer a P.A. Taguieff recordándole que es suyo el siguiente análisis, tras comentar la ruptura explícita entre GRECE y el FN a partir de 1990 al calificar Benoist al FN de Extrema Derecha tradicional: "[...] cette rupture n´implique pas l´annulation de l´impregnation 'greciste' du discours de certains responsables du Front National, formés dans la mouvance de la 'Nouvelle droite'".[19] Igual opina M. Florentín: "[...] el Frente Nacional francés ha bebido muchos principios ideológicos en las fuentes del GRECE [...]".[20]

A la ND no le gustarán las políticas que propugnan los partidos neopopulistas pero muchos de los cuadros neopopulistas comparten la cultura política de las publicaciones de la ND. Las ideas abstractas todo el mundo entiende que hay que darles forma y contenido para que puedan concretarse. Lo selecto se convierte en práctico no selecto al intentarse aplicarlas a la realidad. Por eso, inspirándonos en una reflexión de R. Griffin, podríamos preguntarnos si todo el inmenso horror de lo sucedido recientemente en la ex-Yugoslavia ¿no es el intento de construir sociedades étnicamente homogéneas, mediante una férrea y combativa voluntad de poder de una comunidad que recuerda su mítico pasado y quiere forjarse un destino como comunidad?[21]

En última instancia la vieja propuesta del fascismo clásico de conseguir la armonía mediante una revolución cultural, espiritual y "nacional" es la propuesta, renovada, de la ND. Aunque ahora se acepte incluso la democracia, redefinida. Lo importante es acabar con la hegemonía del universalismo y del igualitarismo. De ahí que las propuestas liberales etnocráticas de las organizaciones neopopulistas sean la concreción política real de estas propuestas metapolíticas.[22] El ideario de la ND, por tanto, es la filosofía política de la Derecha Radical europea actual, como en su día las concepciones de la Revolución Conservadora Alemana fueron uno de los decisivos basamentos ideológicos del ideario nazi. La misma inmensa diferencia que se dio entre E. Jünger y A. Hitler es la inmensa diferencia que existe hoy entre A. de Benoist y J.M.ª Le Pen o B. Mégret. Todos ellos compartían y comparten una visión del mundo alternativa a la concepción ilustrada-liberal-socialista que afirma que es una verdad por si misma que los hombres nacen libres e iguales.

Bibliografía

ANTÓN MELLÓN, Joan (2001): "Julius Evola (1898-1974): ideólogo de la antimodernidad", en Máiz, R. (edit.): *Teorías políticas contemporáneas*, Tirant lo Blanch, Valencia.
—(edit.) (2002): *Orden, Jerarquía y Comunidad: Fascismos, Dictaduras y Postfascismos en la Europa Contemporánea*, Tecnos, Madrid.
BENOIST, Alain de (1977): *Vu de droite*, Le Labyrínthe, París.
—(1982): "Ni fraiche ni joyeuse", en *Éléments*, n.º 41 (marzo/abril).
—y FAYE, Guillaume (1986): *Las ideas de la "Nueva Derecha"*, Ediciones de Nuevo Arte Thor, Barcelona.

---

19. Taguieff, P.A.: *Sur la Nouvelle droite*, op. cit., 346.
20. Florentín, M.: *Guía de la Europa Negra*, op. cit., 82.
21. Con independencia del hecho que, probablemente, S. Milosevic nunca haya leído nada de A. de Benoist.
22. "Es necesario replantear el mundo en términos de conjuntos orgánicos de solidaridad real: de comunidades de destino continentales, de grupos nacionales coherentes y ópticamente homogeneos por sus tradiciones, su geografía y sus componentes etnoculturales [...] Estas asociaciones de naciones son geopolíticamente posibles y supondrían la destrucción del marco económico-estratégico actual." Faye, G.: "Pour en finir avec la civilisation occidentale", *Éléments*, n.º 34 (1980), 8-9.

—(1993): "Bibliographie française de la Revolution conservatrice allemande", en Mohler, Armin: *La Revolution conservatrice en Allemagne 1918-1932*, Pardes, Puiseaux.

—(1994): *Le grain de sable*, Le Labyrínthe, París.

—y CHAMPETIER, Charles (1999): "Manifiesto: La Nueva Derecha del año 2000", en *Hespérides*, n.º 19.

BULLIVANT, K. (1990): "La Revolución Conservadora", en Phelan, A. (edit): *El dilema de Weimar*, Alfons el Magnànim, Valencia.

CASALS, Xavier (2003): *Ultrapatriotas*, Crítica, Barcelona.

DOUGUIN, A. (1993): "Crise balkanique, crise europénne", en *Vouloir*, n.ᵒˢ 97-100.

FAYE, Guillaume (1982): "Pour un Gramscisme de Droite", en *Actes du XVI Colloque National du GRECE*, Le Labyrínthe, París.

—(1983): "La modernité: Ambiguités d´une notión capitale", en *Etudes et Recherches*, n.º 1.

FLORENTÍN, M. (1994): *Guía de la Europa Negra*, Anaya & Muchnik, Madrid.

GRIFFIN, Roger (1999): "Between metapolitics and apoliteia: the New Rights strategy for conserving the fascist vision in the interregnum", en *Contemporary French Studies*.

—(en prensa): "Plus ça change! The Fascist Legacy in the Metapolitics of the Nouvelle Droite", en Eduard, Arnold (edit.): *The Developement of the Radical Right in France 1890-1995*, Routledge, Londres.

IGNAZI, Piero (1994): *L´estrema destra in Europa*. Il Mulino, Bologna.

LAQUEUR, Walter (1996): *Fascism, Past, present and future*, Oxford University Pres, USA.

MOHLER, A. (1993): *La revolution conservatrice en Allemagne 1918-1932*, Ed. Pardes, Puiseaux.

TAGUIEFF, Pierre-André (1994): *Sur la Nouvelle Droite*, Descartes & Cie, París.

VENNER, D. (1996): "Jünger: la figure même de l´Européen", en *Éléments*, n.º 83.

¿ES LA PREVENCIÓN UNA OBVIEDAD? CRITERIOS PARA UN DEBATE EN EL CAMPO DE LAS DROGAS*

Oriol Romaní

A Roberto Bergalli que, gracias a su invitación a participar en la aventura del Master "Sistema Penal y Problemas Sociales" de la Universidad de Barcelona, me ayudó a profundizar en los campos fronterizos (y, por lo tanto fecundos) entre el derecho y las demás ciencias sociales. Nuestra relación se ha basado siempre en el respeto mutuo desde el punto de vista profesional y creo que en un interesante manejo de nuestra proximidad/ distancia personal; cosas, ambas, que nos han permitido colaborar positivamente hasta el presente. Y estoy seguro que, en su nueva situación laboral, habrá muchas mas ocasiones para seguir haciéndolo, y con mucho gusto.

0

En el texto que sigue intento conceptuar lo que a mi juicio debe entenderse por prevención, y concretarlo en el campo específico de las drogodependencias, poniendo de relieve, además de algunos aspectos técnicos, sus principales condicionantes socio-culturales y legales.

1

Antes de hablar de prevención de la drogodependencia debemos aclarar que por uso de drogas entendemos la incorporación de una sustancia química al organismo humano con la intención de alterar algunas de sus funciones, y cuyos efectos están muy mediatizados social y culturalmente. Este fenómeno, que se da en todas las sociedades humanas, forma parte del ámbito de la llamada auto-atención, un aspecto central de lo que en las sociedades occidentales llamamos salud, y que es la intervención sobre todos aquellos problemas referidos al funcionamiento del organismo humano y de relación social inmediata en que se encuentran los individuos y los grupos humanos.

En todo grupo social se dan con cierta frecuencia y continuidad episodios de daños, padecimientos o enfermedades, y ante esto surge la necesidad del individuo y su entorno inmediato de establecer acciones para resolver estos problemas. Tales acciones forman lo que llamamos auto-atención. En sociedades que no cuentan o no contaron con especialistas ni instituciones pertinentes, éste era el único medio de atención. En cambio en las sociedades contemporáneas, más complejas y globalizadas, la auto-atención deviene el nivel primario de atención entre los microgrupos.[1] Estudios de principios de los '80 demuestran que, en las propias sociedades desarrolladas, entre el 70 y el 80 % de

* Este texto es una versión de la conferencia presentada en la reunión "Prevención del consumo de drogas: conceptos normativos y propuestas de buenas prácticas", realizada en Santiago de Chile en noviembre de 1999, bajo los auspicios de CEPAL-ECLAC (Naciones Unidas).
1. Para tener una idea global de la producción socioantropológica sobre auto-atención en salud, resulta muy útil acudir a la reciente revisión de Haro (2000).

la atención inmediata se realiza en el nivel de los microgrupos, mientras que sólo el 20 a 25 % inicia su atención acudiendo a los especialistas (véase Levin, 1983).

En esta atención primaria existen aspectos preventivos y otros estrictamente asistenciales. Las acciones aquí desplegadas son el diagnóstico y la atención, realizados por la propia persona o grupo primario; implican desde la abstención de actuar (encaminada a la cura) hasta el uso de equipos de cierta complejidad. De ahí en adelante aparecen otros niveles de atención, en algunas sociedades representados por especialistas en la atención en salud aunque no sea a tiempo completo (como, por ejemplo, chamanes o curanderos), y en otras mas desarrolladas por algunas instituciones específicas destinadas a estos servicios.

De este modo, los curadores o especialistas se van diversificando y agrupando progresivamente, desde los complejos religiosos asistenciales a la medicina institucional científica. Es decir, hay distintos tipos de especialistas que se van agrupando en instituciones que tienen algún vínculo con la intervención sobre la salud. A diferencia de la auto-atención, ellos aportan soluciones heterónomas y desde fuera. Resuelven problemas en una lógica y perspectiva profesionales, y a la vez contribuyen al control social —tanto si pensamos en las instituciones sanitarias o en instituciones sociales tradicionales, como el caso de los curadores indígenas en su propia comunidad—; pues el heterocontrol implica siempre una acción de control social.[2]

Es importante recalcar que, tal como el proceso de asistencia tiene aspectos de gestión (prácticas, comportamientos, actuaciones), también tiene aspectos ideológicos. Estos últimos se encarnan en las representaciones, los valores, en las actitudes y hasta en el conjunto de legitimaciones corporativas y modos de organización institucional (véase Comelles, 1985). En el caso de la medicina científica moderna, hay un discurso que tiene como última referencia la ciencia, que legitima toda la actividad profesional en el campo de la salud. En el campo de los servicios sociales el tipo de legitimación es distinto, pero siempre existe este discurso con pretensiones de cientificidad, que permite que el resto de la sociedad acepte de alguna forma una intervención determinada.

Una intervención tiene que estar de acuerdo, por lo menos hasta cierto nivel, con la visión de mundo de la gente asistida. Tenemos ejemplos como la eficacia del chamán o del terapeuta que, tanto en sociedades tradicionales como en las industriales, depende en buena medida de que comparta el mismo mundo simbólico de la persona que va a asistir. En caso contrario, tendremos cortes muy fuertes como los que encontramos cotidianamente en las sociedades contemporáneas, donde la ausencia de estos "mundos compartidos" dificulta la asistencia. Por eso debemos tener presente que los procesos asistenciales no son sólo un asunto técnico, sino un conjunto de técnicas, rituales aplicados y complejos procesos de movilización que se enmarcan en una determinada visión del mundo con sus correspondientes sistemas normativos.[3]

Hay que entender los usos de drogas en este contexto más amplio, y yo propongo una definición que combina la declaración más consensuada o "canónica" de la Organización Mundial de la Salud con la aportación del antropólogo Eduardo Menéndez (1990). De una parte, estamos hablando de una sustancia química que, incorporada al organismo, produce una serie de modificaciones sobre sus funciones. Por otra parte, está mediatizada por el contexto social, económico y cultural del grupo que la utiliza. Esto se ha comprobado en la propia clínica, con casos en que la gente utiliza productos a los que reacciona con efectos no esperados farmacológicamente, según el manual

---

2. Una pequeña discusión sobre el concepto la presentamos en Comas/ Romaní, 2004.
3. Véase el clásico estudio de Levi-Strauss (1968) sobre los cora de Panamá.

correspondiente o las investigaciones de laboratorio. Esto ocurre porque una cosa es el laboratorio y otra distinta son las expectativas que los sujetos, en su propia vida, tienen sobre el producto-droga. Son variadas las personas que las consumen (por su estructura físico-psíquica), los grupos en los que viven, que dan un sentido u otro (pautado culturalmente) al hecho de consumirla y, por lo tanto, a la utilidad social que se atribuye a la droga, las formas de obtener el producto, las dosificaciones que cada cual consume, las técnicas de uso y la calidad del producto obtenido, además de las circunstancias concretas en las que se hace y otros aspectos menos relevantes. Todo esto modifica sustancialmente los propios efectos de las drogas, tanto subjetivos como objetivos, en lo inmediato y en el mediano o largo plazo (véase Romaní, 2004).[4]

Hay, pues, distintos modos de usar y significar las drogas, y esta evidencia debe ser parte de la práctica preventiva. Casi no existe sociedad en que no haya habido usos de drogas. En el caso de nuestras sociedades no hace falta explayarse mucho: tenemos las drogas ilegales (a las que hemos estigmatizado como "droga") y la cantidad de drogas legales que utiliza la gente respetable cada día sin ningún problema. Más aún, nos permitimos adjudicar el estigma de drogadicto simplemente a quienes utilizan una droga que tiene otro estatuto cultural y/o legal.

2

Sabemos entonces que la prevención, desde el nivel de la auto-atención, ha estado siempre presente. En casi todas las lenguas, de sociedades muy distintas y en el contexto de sus propias cosmovisiones, existe algo parecido a la frase "más vale prevenir que curar". Existe esta sabiduría popular de que efectivamente es mejor abordar las cosas antes de que se dificulte su tratamiento.

Desde la perspectiva de los especialistas de nuestras sociedades, y a partir de la segunda mitad del siglo pasado, la prevención se forja sobre todo en el campo de la salud pública. Sus objetivos básicos consisten en mejorar las resistencias de las personas ante condiciones amenazantes para su salud, disminuir la virulencia del agente patógeno y modificar el contexto ambiental, creando barreras entre los factores de riesgo y la población. Esto se enmarca en un discurso sanitarista de la salud pública.

Para trabajar estos objetivos podemos actuar de dos maneras. La primera es basarnos en lo que podríamos llamar la sabiduría de las instituciones (que existe pero no lo es todo), y la segunda es apelando a las opiniones y saberes de las poblaciones con las que trabajamos. Hace ya 10 años publicamos un libro colectivo donde, junto con proponer la legalización de las drogas para poder trabajar con ellas sin el estigma y los problemas directamente relacionados con su criminalización, planteábamos dos modelos de acción: el modelo prescriptivo y el modelo participativo (véase VV.AA., 1989).

El modelo prescriptivo es aquel en que el profesional dice lo que hay que hacer. Y sabemos por experiencia que, lo que ayer era malo, hoy puede ser sano y conveniente, y viceversa. Es decir, hay una serie de cambios a los que los especialistas están sometidos desde la investigación científica correspondiente. Aquí la población tiene que asumir lo que le dice el especialista. En el modelo participativo, en cambio, se propone incorporar el conjunto de necesidades de la población, e identificar con la comunidad los problemas y criterios de abordaje. Cuando la información no trabaja con los cana-

---

4. Sobre el rol central de las representaciones sociales en la configuración del fenómeno drogas, véase Megías *et al.* (2000).

les de comunicación de la comunidad, tiene un índice de fracaso bastante alto, mientras que el eje del trabajo del modelo participativo es la educación integral a través de los canales de socialización habituales.[5]

Respecto de los métodos de comunicación, tenemos por una parte el nivel de las consignas de las campañas publicitarias y los consejos emitidos por los entendidos; y por otra parte la discusión grupal que va permitiendo la definición de los problemas. El tema de las campañas ha sido muy discutido, incluso por algunos de los que más las han practicado: en unas sesiones de trabajo en las que participé, en una fundación de ayuda contra la drogadicción, se aceptaba mayoritariamente que la utilidad de las campañas masivas radicaba, sobre todo, en identificar a la institución que las realiza. Esto puede tener una función secundaria ya que, al reconocerse la institución, se puede proceder a trabajos más específicos con grupos de médicos, educadores, usuarios, etc. Pero este efecto mediato tiene poca relación con la eficacia inmediata que se atribuye a las grandes campañas en medios de comunicación de masas.

El modelo prescriptivo tiende a hacer campañas globales del tipo "drogas no", mientras que el modelo participativo se plantea objetivos a partir de sectores específicos y de cómo en ellos fueron emergiendo los problemas planteados. En el campo de las drogodependencias, el modelo participativo redefine la prevención como el conjunto de esfuerzos que una comunidad pone en marcha para reducir, de forma razonable, la probabilidad de que en su seno aparezcan problemas relacionados con los consumos de drogas. No se trata aquí del planteamiento dicotómico del tipo bueno-malo, blanco - negro, drogas no - drogas sí. Lo que se plantea en este caso es un enfoque mucho más realista y profesional, centrado en la posibilidad de solucionar algunos aspectos o de contrarrestar los efectos más dañinos derivados de ciertos consumos de drogas. Esto lleva a plantear la flexibilización de criterios y considerar las políticas de reducción del daño.

Desde un punto de vista técnico existen los distintos niveles de prevención, tradicionalmente categorizados como prevención primaria (cuando todavía no hay consumos), secundaria (cuando hay un cierto consumo que aun se puede contener) y terciaria (cuando realmente hay gente con problemas de drogas). En esta última categoría se trata estrictamente de reducir los daños colaterales producidos tanto por las drogas en sí como por las propias políticas aplicadas.

Sin embargo, esta clasificación de niveles ha sido cuestionada. En los hechos ocurre que los niveles tienden a entrelazarse y cuesta distinguirlos con propiedad, lo que ha originado un marco conceptual más complejo en el que se señalan cuatro elementos básicos: el control, la influencia, el diseño ambiental y el desarrollo de las competencias. La característica interesante de estos elementos es que se pueden aplicar en distintos momentos de los procesos en los que se encuentra la población en relación al consumo de drogas, lo que implicaría una cierta capacidad de control en los usos y en la distribución de drogas.[6]

Y aquí quiero subrayar algo que me parece importante: plantear el control en relación a la capacidad de influencia y al desarrollo de competencias requiere de mecanismos informales de control, que van muy ligados a la cultura del grupo. Requiere, también, la capacidad de estos grupos de asumir un cierto nivel de autocontrol, pero al mismo tiempo implica alguna normatividad del grupo sobre el individuo y su relación

---

5. Hablamos de educación en el sentido del avance conjunto del grupo con el especialista en la adquisición de conocimientos y habilidades que les permitan enfrentar el problema planteado.

6. Al respecto, véase todo el apartado correspondiente a la prevención (Bloque quinto) de Grupo Igia y Cols. (2000).

con los consumos (de drogas, y de otras cosas). Para que funcione, este tipo de prevención debe tener su punto de partida en la cultura y el conocimiento o, como han dicho
algunos antropólogos, en los mundos locales de significados. Se trata de trabajar con la
microcultura del grupo desde un modelo participativo, lo que implica ver las posibles
vías de prevención en base a sus intereses.[7]

He escogido los siguientes cuatro puntos que me parecen elementales para abordar la prevención en jóvenes usuarios de drogas:

a) *El reconocimiento de que la gente joven se ve atraída por las drogas y va a experimentar con ellas pese a la prohibición*. Esto es un dato de la realidad soslayado por la
política dominante en materia de prevención del consumo de drogas. Los adultos consumen drogas más ligadas a la cultura hegemónica, pero en los jóvenes hay un tipo de
consumo asociado precisamente a la contra-identificación con los adultos, por lo que
ciertos consumos les atraen mucho más al estar prohibidos.

b) *Hacer circular y discutir la información objetiva tanto sobre los efectos deseados
como no deseados de las sustancias*. Efectivamente un joven puede ir a buscar en la
sustancia determinadas efectos, pero en el camino se encuentra con otros que no esperaba. Por ejemplo, puede recurrir al éxtasis para bailar toda la noche, pero luego padece accesos de sudor y náusea no previstos. Por lo mismo, estos temas deben tratarse de
forma clara y directa.

c) *Fomentar el conocimiento de los distintos aspectos relacionados con las drogas,
tanto en el individuo como en su entorno*. Sabemos que la información por sí sola no
lleva a ninguna parte porque, en realidad, no existe, siempre va teñida de unas u otras
orientaciones de valores, que es mucho mejor explicitar si queremos tener una cierta
credibilidad. No hablo, pues, de la supuesta "información sobre drogas", clara o sutil-
mente moralizante a la que nos tienen acostumbrados muchas campañas "anti-droga"
que, como ya se ha dicho, resulta inútil, a la postre. Hablo de aquellos datos más con-
trastados empíricamente provenientes de distintos ámbitos, desde el laboratorio y la
clínica, hasta los tan variados de tipo comunitario, doméstico, callejero, etc., de todos
los cuales obtendremos conocimiento de los distintos aspectos, tanto positivos como
negativos, de los usos de drogas. Una información de calidad, en este sentido, no acos-
tumbra a ser suficiente, pero sí es absolutamente necesaria.

d) *Aplicar las medidas técnicas, teniendo en cuenta que sólo funcionan cuando realmente se ubican en el mundo de los grupos correspondientes*, y que son necesarias en
efectos como el pánico, las nauseas, la sobredosis y, en definitiva, en distintos momentos de los procesos adictivos. Una vez más cabe señalar que la prevención en el campo
de las drogas seguramente será mucho más útil si se centra en la capacidad de lograr
que la gente maneje los usos sin llegar a lo que conocemos como adicción, que no si
pretende utópicas abstenciones totales como norma general.

3

Quisiera terminar aclarando que todo lo que he planteado hasta aquí necesita de un
marco razonable que lo facilite. Enfrentamos circunstancias arbitrarias en que un consumidor de alcohol es aceptado y uno de drogas ilegales es sometido a prisión. En tal

---

7. Un buen planteamiento de la cuestión, referido a la salud en general, puede encontrarse en Bartoli (1989).

escenario el margen de discusión, y por ende de negociación, así como la credibilidad de muchos discursos, se vuelve muy estrecho. En las actuales circunstancias, ciertamente, ya se ha empezado a hacer prevención en la línea mostrada aquí, pero generalmente a costa de grandes esfuerzos y energías y con resultados a veces limitados, cuando no plenamente cortocircuitados, desde ciertas instancias políticas e institucionales.

Me parece que si hablamos de prevención debemos hablar también del marco que la haga posible de una manera más profunda y coherente. Es decir, no como el intento de imposición de una ideología determinada sobre el conjunto de la sociedad, sino como la búsqueda de mayores cotas de bienestar general. Ello implica aceptar plenamente la pluralidad sociocultural existente en nuestro mundo para trabajar a partir de ella. Y esto requiere, a su vez, la desestigmatización de "la droga", su despenalización, como un paso clave de la misma y, en definitiva, la "normalización de las drogas", en el sentido de considerarlas como un elemento mas de nuestra vida social que, nos guste o no, van a continuar estando aquí, y que es mejor conocer y controlar a partir de los intereses generales de la sociedad. De forma muy distinta al actual "descontrol salvaje" propiciado por la Prohibición que, en realidad, es utilizada como una forma de control y opresión de ínfimas minorías sobre el resto de la sociedad.[8]

Referencias bibliográficas

BARTOLI, P. (1989). "Antropología de la educación sanitaria", *Arxiu d'Etnografia de Catalunya*, 7: 18-24.

COMAS, D. y O. ROMANÍ (2004). "El control social. Reflexiones en torno a controles sociales y control social", en VV.AA. *Consumo y control de drogas: reflexiones desde la ética*. Madrid, Fundación de Ciencias de la Salud: 119-135.

COMELLES, J.M. (1985). "Sociedad, salud y enfermedad: los procesos asistenciales", *Jano: Medicina y Sociedad*. 655-H: 71-83.

GRUP IGIA y colaboradores (DÍAZ, M. y O. ROMANÍ, coords.) (2000). *Contextos, sujetos y drogas. Un manual sobre drogodependencias*. Barcelona - Madrid, Institut Municipal de Salut Publica - F.A.D.

HARO, J.A. (2000). "Cuidados profanos: una dimensión ambigua en la atención de la salud", Perdiguero y Comelles (eds.), *Medicina y cultura: estudios entre la antropología y la medicina*. Barcelona, Ed. Bellaterra:101-161.

LÉVI-STRAUSS, C. (1968). "El hechicero y su magia", *Antropología Estructural*. Buenos Aires, Eudeba: 151-167.

LEVIN, L. (1983). "Self-Care in Health", *Annual Review of Public Health*, 4: 181: 201.

MEGÍAS, E., D. COMAS, J. ELZO, J. NAVARRO y O. ROMANÍ (2000). *La percepción social de los problemas de drogas en España*. Madrid, F.A.D.

MENÉNDEZ, E.L. (1990). *Morir de alcohol. Saber y hegemonía médica*. México, Alianza Editorial Mexicana - FONCA.

ROMANÍ, O. (2004). *Las drogas, sueños y razones*. Barcelona, Ariel, 2.ª edición.

VV.AA. (GONZÁLEZ, C., Dir.) (1989) *Repensar las drogas*. Barcelona, Grupo IGIA.

---

8. Tres "historias ejemplares", entre otras muchas, de las implicaciones de la agencia USA de "lucha contra la droga", la DEA, y la de espionaje del mismo país, la CIA, en la vida interna de distintos pueblos, posibilitadas por la Prohibición, los encontramos en el Plan Colombia, en la política de la coca en Perú (que no creo que sea ajena a la actual situación de inestabilidad en aquel país), y en el que fue el sonado escándalo cuando se conocieron algunas de las actividades reales de unos supuestos grandes adalides de la "lucha contra el narcotráfico" como eran el ex presidente del Perú Fujimori y su asesor Montesinos.

LA PRISIÓN Y LA TRANSMISIÓN INSTITUCIONAL*

Julio Zino

Un análisis de la prisión: más allá de la organización social

La explicación del fenómeno organizacional que se genera en el seno de la prisión encuentra en el *sistema de acción concreto* un concepto fecundo para su análisis. Un *sistema de acción concreto* (SAC) es "un conjunto humano estructurado que coordina las acciones de sus participantes mediante mecanismos de juego relativamente estables y que mantiene su estructura, es decir la estabilidad de sus juegos entre ellos mismos, por mecanismos de regulación que constituyen otros juegos" (Crozier, 1977: 286).

Los sistemas de acción concreto permiten describir y analizar la manera en que los miembros de una organización estructuran sus relaciones y "abarca dos realidades: el sistema de regulación de las relaciones y el sistema de alianzas y sus obligaciones" (Bernoux, 1985: 149).

El sistema de regulación de las relaciones (SRR) es la manera concreta que los miembros llevan a cabo las reglas establecidas para resolver los problemas a que se enfrentan en relación al funcionamiento de la organización. Si bien en ocasiones este sistema de regulación aparece claramente definido en el diseño organizacional, en la práctica su realización suele diferir del procedimiento establecido, dando lugar al surgimiento de procedimientos de facto, instaurados por los miembros involucrados en la acción. En ambos casos, el alcance de las acciones dependerá del juego de las interacciones entre los miembros.

El sistema de alianzas (SA), en cambio, se constituiría en un terreno informal de la organización. Las alianzas surgen a través del proceso de las relaciones entre los miembros, expuesto anteriormente: "las perspectivas necesariamente diferentes de unos y otros les llevan a oponerse a unos y a aliarse con los otros. (Un miembro de la organización) no solamente frecuentará a tal o cual persona sino que se aliará con ella. Es decir que, sin un compromiso oficial, tal actor para una determinada acción sabrá que puede contar con el apoyo de tal otro actor. No se trata de compromisos definitivos [...] pero cada uno sabe de seguro con quien puede contar cuando un determinado tipo de acción se lleva a cabo" (Bernoux, 1985: 150-151).

---

* Hace casi 10 años Roberto Bergalli, que formaba parte del tribunal de la tesis doctoral que yo defendía, hizo en su intervención una observación acerca del sentido institucional de la cárcel, aspecto que en mi propuesta quedaba subordinado al enfoque organizacional. La respuesta por mi parte no se produjo en aquel acto, cosa que Roberto Bergalli no dudó en señalar. Este escrito no pretende ser una respuesta postergada a su pregunta sino una reflexión en torno a su vigencia y un reflejo de la búsqueda de una perspectiva analítica. Con él va mi reconocimiento a su persona, como intelectual, como docente y como promotor y dinamizador de ese ámbito de encuentro e intercambio que es el Master Sistema Penal y Problemas Sociales.

El concepto de sistema de acción concreto permite un análisis de la prisión a diferentes niveles. Su doble componente permite tanto el análisis microsocial de una prisión concreta como la extensión de este análisis a ámbitos más estructurales. En este último caso el sistema de regulación de las relaciones explicaría los modos hegemónicos de interpretar o dar contenido a concepciones abstractas o formales (por ejemplo, los derechos fundamentales, la ley, la reinserción, el sentido de la pena...) y los sistemas de alianzas permitirían explicar el *continuum* social que atraviesa las fronteras de la prisión en uno u otro sentido.[1]

El sistema de acción concreto, a través de esa doble componente permite un análisis donde los aspectos institucionales de una prisión estén implícitos, aunque no tengan un tratamiento específico. De hecho, el sistema de regulación de las relaciones ocupa el lugar de lo institucional: lo contempla aunque no desarrolla todos sus matices. El interés por los aspectos institucionales de la prisión se mantiene y en las siguientes páginas expondremos algunas de sus particularidades.

Instituciones, posiciones y campos sociales

El concepto de institución en ciencias sociales adquiere un carácter polisémico. Por una parte, si nos situamos en el plano de las cosmovisiones de los individuos, institución se refiere a los esquemas que orientan sus modos de pensar, sentir y actuar (en adelante, PSA).[2] Por otro, situados en el plano de los conjuntos sociales, una institución se refiere a un conjunto delimitable de individuos que actúa organizadamente en pro de determinados objetivos. Para distinguir un sentido de otro introducimos el concepto de campo.[3] Utilizando esta terminología, una prisión concreta conforma un campo social y los individuos que lo integran se relacionan entre sí según las posiciones que ocupan y establecen prácticas orientadas por unos esquemas de pensar, sentir y actuar (instituciones) propios de ese campo.

En los diferentes campos que conforman su realidad las personas se convierten en seres sociales encarnando diferentes posiciones a través de las cuales actúan dentro de cada campo concreto. Estas posiciones, tienen unas definiciones propias en función de cada campo y establecen lo que los actores pueden y lo que no pueden hacer, así como las obligaciones, las coerciones que pesan sobre ellos. Se desprende de todo esto que dentro de cada campo las posiciones no son igualitarias sino que, precisamente, una de las características más destacadas de los campos es una distribución diferencial de ciertos atributos entre las posiciones. Decimos entonces que las posiciones tienen definiciones sociales diferenciadas: los significados que para el conjunto de las posiciones tiene cada una de ellas y sus consecuencias sociales. Estos significados y estas consecuencias son socialmente construidas y regulan el juego de relaciones entre las posiciones en el

---

1. Así por ejemplo, concepciones restrictivas perviven en la prisión con cierta independencia de las políticas oficiales, crecen hasta alcanzar un peso cualitativo importante, tienen su expresión a través de grupos estructurados (determinados sindicatos, p. e.) y bajo determinadas circunstancias se convierten en aliados de estrategias políticas generales.

2. Diversas son las definiciones que se han dado del concepto de institución. Referimos a continuación algunas de ellas. Institución es "un sistema establecido o reconocido socialmente de normas o pautas de conducta referentes a determinado aspecto de la vida social" (Radcliffe-Brown, 1993: 189). "Conjunto de ideas, opiniones y normas de comportamiento propuestas y a menudo impuestas a los individuos en una sociedad determinada" (F. Petit, 1984: 28). "La institución es el equivalente en el campo social de lo que es el inconsciente en el campo psíquico. Lo cual se expresa en otros términos por medio de la fórmula: la institución es el inconsciente político de la sociedad. [...] La institución censura la palabra social, la expresión de la alienación, la voluntad de cambio" (G. Lapassade, 1972: 77).

3. Un campo es una red de relaciones objetivas entre posiciones, en el cual los actores pueden actuar pero a su vez se encuentran limitados por las reglas que conforman el propio campo.

campo. Unas respecto a otras las diferentes posiciones tienen establecidas la manera como se deberían relacionar: como iguales, en superioridad (tener más poder), en inferioridad (menor poder), tener vedada o restringidas las relaciones entre sí.[4] La construcción de estas definiciones y el trato que se otorgan mutuamente las diferentes posiciones es un proceso complejo caracterizado tanto por una cierta horizontalidad (el proceso de institucionalización) como por cierta verticalidad (el proceso de transmisión cultural, como parte de la reproducción social y de un determinado esquema de dominación).

El ingreso en prisión permite ser analizado bajo esta perspectiva, a la vez que sirve de ilustración de este proceso. Las diferentes posiciones que orientan la vida social de las personas se unifican con el ingreso en prisión, pasando a predominar la definición que cada prisión concreta establece para quienes ocupan la posición de "internos". De este modo, a partir de la definición abstracta de derechos y deberes que figura en la legislación penitenciaria, cada prisión las concreta en sus propias definiciones sociales.[5] La reconstrucción de esta definición social podría realizarse, de manera primaria, a través de las diferentes normativas y regulaciones internas a través de las cuales cada prisión hace operativa la legislación y, de manera más ajustada, a partir de la observación de las prácticas que vinculan los diferentes actores en una prisión concreta.[6] La

---

4. En el sentido que venimos exponiendo, la definición de las posiciones se podría concretar como el entramado de "derechos" y "deberes" que están localmente atribuidos a cada posición y que son los que permiten unas determinadas prácticas sociales y restringen otras, establecen los límites, obligan o reprimen a los individuos según la posición que ocupen. "Derechos" y "deberes" que entrecomillamos para significar que son los surgidos de un proceso de construcción social, de unas determinadas prácticas resultantes del juego entre las diferentes posiciones, y que en ocasiones concretan derechos abstractos atribuidos formalmente a las personas. Al decir que los derechos abstractos "se concretan" nos estamos refiriendo a que esos derechos se redefinen localmente.

5. Obsérvese cómo en el Reglamento penitenciario aparece claramente definida la posición de "interno" y cómo se confronta con otras posiciones mostrando así el modo como están relacionadas las posiciones en este campo particular:

Artículo 5. Deberes.
1) El interno se incorpora a una comunidad que le vincula de forma especialmente estrecha, por lo que se le podrá exigir una colaboración activa y un comportamiento solidario en el cumplimiento de sus obligaciones.
2) En consecuencia, el interno deberá:
1. Permanecer en el establecimiento hasta el momento de su liberación, a disposición de la autoridad judicial o para cumplir las condenas de privación de libertad que se le impongan.
2. Acatar las normas de régimen interior y las órdenes que reciba del personal penitenciario en el ejercicio legítimo de sus atribuciones.
3. Colaborar activamente en la consecución de una convivencia ordenada dentro del centro y mantener una actitud de respeto y consideración hacia las autoridades, los funcionarios, trabajadores, colaboradores de instituciones penitenciarias, reclusos y demás personas, tanto dentro como fuera del establecimiento cuando hubiese salido del mismo por causa justificada.
4. Utilizar adecuadamente los medios materiales que se pongan a su disposición y las instalaciones del establecimiento.
5. Observar una adecuada higiene y aseo personal, corrección en el vestir y acatar las medidas higiénicas y sanitarias establecidas a estos efectos.
6. Realizar las prestaciones personales obligatorias impuestas por la Administración penitenciaria para el buen orden y limpieza de los establecimientos.
7. Participar en las actividades formativas, educativas y laborales definidas en función de sus carencias para la preparación de la vida en libertad.

6. Una primera aproximación a la manera en como se desarrollan estas relaciones sociales, queda reflejada en la definición de instituciones totales introducida por Goffman. En ella se señala que mientras en la sociedad general la vida cotidiana se desarrolla en ámbitos diversos (dormir, jugar, trabajar), en las instituciones totales se produce "[...] una ruptura de las barreras que separan de ordinario estos tres ámbitos de la vida [...] todos los aspectos de la vida se desarrollan en el mismo lugar y bajo la misma autoridad única. [...] Cada etapa de la actividad diaria del miembro se lleva a cabo en la compañía inmediata de un gran número de otros, a quienes se da el mismo trato y de quienes se requiere que hagan juntos las mismas cosas. [...] Todas las etapas de las actividades diarias están programadas, de modo que una actividad conduce en un momento prefijado a la siguiente y toda la secuencia de actividades se impone desde arriba, mediante un sistema de normas formales explícitas y un cuerpo de funcionarios.

primera aproximación nos ofrecería todavía una cierta formalidad de la posición de "interno" cuya característica más destacada sería cierta uniformidad en la definición. La segunda aproximación nos permitiría matizar esa formalidad y percibir cómo en la realidad estas definiciones se construyen a través de las prácticas, volviendo según el caso más flexibles o más restrictivas las definiciones formales.[7]

El sentido institucional que orienta las prácticas está pues en la base de las definiciones de las posiciones, de sus diferentes "derechos" y "deberes". Los esquemas de pensar, sentir y actuar se inscriben en los individuos según las posiciones que tengan atribuidas en el campo, haciendo que las actuaciones adquieran un carácter de cierta previsibilidad recíproca: los actores tienden a actuar de una manera previsible, a la vez que esperan que los demás actúen en el sentido previsto por tales esquemas. Esta dialéctica, lejos de ser un determinismo, se sostiene por mecanismos de control, que son monopolizados por determinadas posiciones como parte de sus privilegios dentro del campo.

Instituciones, diferenciación social y discriminaciones

Vinculando los conceptos de institución y de prácticas sociales al concepto de posición social, nos permite explicar la dinámica de la desigualdad de "derechos" y "deberes" entre las posiciones y la vigencia de esta diferenciación, que en ocasiones puede adquirir el carácter de discriminación. Como señalábamos anteriormente, la estructura de desigualdad de "derechos" y "deberes" entre las posiciones sostiene un reparto desigual de atributos o bienes, que se transforman en privilegios de un grupo o clase de posiciones. Las instituciones, además de orientar las prácticas de los actores, son las que permiten el sostenimiento de estas desigualdades, en tanto que las posiciones privilegiadas (y sus enclasamientos), a través de sus mecanismos reproductivos, tienen la capacidad de transmitir al conjunto de las posiciones unos contenidos institucionales (esquemas de pensar, sentir y actuar) justificadores o enmascaradores de las diferencias. En ocasiones estos contenidos institucionales adoptarán la forma de discurso que otorga una explicación de las diferencias (y eventualmente de las discriminaciones) que la hace comprensible (en un sentido de "aceptable" o "tolerable") para el conjunto. En otros casos los contenidos institucionales consiguen hacer simbólicamente invisible las diferencias para el resto de las posiciones, aún cuando estas adopten un carácter discriminatorio.

Los contenidos institucionales en la prisión operan bajo esta lógica. Así por ejemplo, estos esquemas orientan las apreciaciones, percepciones y prácticas de los agentes: la percepción de los internos como potenciales enemigos,[8] la evaluación del estado del clima social de una prisión y el vaticinio de acontecimientos futuros,[9] el establecimiento de relaciones causa-efecto nunca comprobadas pero que obstaculizan cualquier innovación,[10] la formación de categorías ontológicas que establecen clases de

---

Finalmente, las diversas actividades obligatorias se integran en un solo plan racional, deliberadamente concebido para el logro de los objetivos propios de la institución" (Goffman, 1972: 19 y ss.).

7. Véase J. Zino (1999) "Las trayectorias sociales en prisión y el proceso de identidad", *Arxiu d'Etnografia*, Tarragona.

8. Cuando en la realidad la prisión funciona más por la "cooperación" que por la "competencia".

9. Por ejemplo, tomar como indicador de "etapas calientes" la masificación de los centros o las peleas coyunturales entre internos a las cuales se atribuyen características identitarias (por razón de origen o religión) o vaticinar futuros motines a partir de convicciones que al compartirse se vuelven certezas.

10. Por ejemplo, la resistencia al establecimiento de programas de intercambio de jeringuillas se fundamentaba en que supondría un fuerte aumento de toxicómanos por vía parenteral, cosa que según las evaluaciones reales no se ha verificado.

internos,[11] la justificación de los tratos desconsiderados hacia los reclusos por el hecho de ser trangresores de la ley penal.

Habitus y transmisión institucional

El planteamiento que venimos realizando nos permite una primera aproximación al sentido institucional de la prisión. Pero nos interesa también observar como se transmite este sentido institucional. Dicho de otra manera, como los individuos que pasan a formar parte de la prisión interiorizan los esquemas PSA propios de ese campo.[12] Este proceso de interiorización, similar al que sucede en cualquier campo, tiene en el caso de la prisión unas particularidades derivadas del hecho que su composición social se fundamenta en la violencia (real y simbólica) inherentes a la privación de libertad.[13]

El concepto de *habitus* propuesto por Bourdieu nos permite otras consideraciones sobre la manera como los esquemas institucionales se incorporan en los individuos y controlan las dinámicas sociales de un campo.[14] El habitus es interiorizado por los individuos que conforman un campo a través de sus prácticas comunes, introduciendo una lógica social que permite comprender tanto las dinámicas relacionadas con el control social como con la dominación que unas posiciones o clases ejercen sobre otras. En el primer sentido, el habitus establece una correspondencia entre estructuras mentales y estructuras sociales que hace generar prácticas coherentes con determinados órdenes y contextos sociales. En el sentido de la dominación, el habitus en tanto que capital cultural incorporado, es el producto de un trabajo de inculcación de un arbitrario cultural que hace percibir la realidad social como "natural" y, consecuentemente, algunas de sus situaciones discriminatorias como "invisibles" o "aceptables".

El trabajo de inculcación de los habitus se produce, de manera principal, a través de acciones educativas —particularmente del sistema educativo— que actúan como instrumentos del proceso de reproducción social. Adoptando esta perspectiva, las prisiones serían lugares de formación de habitus y sus procesos de transmisión permiten ser analizados de manera similar a otras instancias que realizan una acción pedagógica.[15] Pero si en el caso del sistema educativo global el objetivo final es conseguir, a través del habitus, la transmisión de un arbitrario cultural que permita de una manera directa la reproducción de las condiciones sociales de una determinada formación, en el caso de la prisión los modos de alcanzar esos objetivos afectan a diversos ámbitos y sujetos. Y es que la prisión cumple con este cometido a través de diversas acciones, unas simbólicas y otras que tienen un carácter más concreto. Así, de manera destacada y más allá de discursos y justificaciones, la prisión se constituye como un instrumento de contención de ciertas exclusiones sociales producidas por unas determinadas condiciones objetivas de

---

11. Estereotipan la realidad según tipo de delitos (violadores, maltratadores, traficantes...), prácticas (toxicómanos) o procedencias (sudamericanos, árabes, centroeuropeos...).

12. Nos referiremos principalmente al proceso que afecta a los que ocupan la posición de internos, si bien en determinados pasajes del desarrollo haremos alguna mención al proceso que afecta a los agentes institucionales.

13. "[...] la política penitenciaria es, sin duda, una de las políticas de los Estados modernos más proclive a ser ejecutada de forma violenta, tratándose como se trata de una actividad mediante la cual, contra la voluntad de los afectados, se les obliga a estar recluidos en cumplimiento de una decisión jurisdiccional que les impide hacer libre uso de sus libertades de movimiento" (Bergalli, 2003: 57).

14. Los habitus son "sistemas de disposiciones duraderas y transferibles, estructuras estructuradas predispuestas para funcionar como estructuras estructurantes, que integran todas las experiencias pasadas y funciona en cada momento como matriz estructurante de las percepciones, las apreciaciones y las acciones de los agentes cara a una coyuntura o acontecimiento y que él contribuye a producir" (Bourdieu, 1991: 210).

15. Utilizamos en este caso la propuesta analítica formulada en P. Bourdieu, y J.C. Passeron (2001), *La reproducción*, Madrid, Editorial Popular.

existencia y unas determinadas estrategias de dominación.[16] Si bien ésta parecería ser su principal aportación, se deben también considerar otras funciones que también realiza la prisión y esto nos lleva a incidir en su sentido institucional.

Como señalábamos anteriormente, la prisión lleva a cabo todas esas funciones utilizando tanto coerciones físicas como simbólicas. Las coerciones físicas son las que se derivan de la privación de libertad y constituyen las condiciones objetivas a partir de las cuales se desarrollan los "trabajos pedagógicos" mediante los cuales se van constituyendo unos determinados habitus que regulan las relaciones en el interior del campo y que tienen pretensiones de perdurar como esquemas que mantienen su vigencia para los individuos en el ámbito de la sociedad general. Al hablar de trabajos pedagógicos nos referimos a todas las acciones de los agentes penitenciarios en tanto que dichas acciones van dirigidas, de un modo u otro, a constituir el habitus de "interno". Este sentido de los habitus interiorizados que inducen comportamientos generalizables es el fundamento de las ideologías resocializadoras y es a su vez uno de los fundamentos institucionales de la prisión.

El concepto de *violencia simbólica* nos permite analizar el modo por el cual las diferentes acciones de la prisión van transmitiendo unos contenidos institucionales (esquemas PSA) que son interiorizados a través del habitus. La *violencia simbólica* se refiere al mecanismo social por el cual la coerción derivada del poder es vivida como "natural" tanto por quien la ejerce como por quien la experimenta.[17] La *violencia simbólica* se basa entonces en un doble procedimiento: imponer unos significados arbitrarios, presentándolos como "naturales", ocultando que se han impuesto y que son arbitrarios, consiguiendo que sean aceptados y adoptados como "naturales" por aquellos a quienes les han sido impuestos.[18]

En este sentido, y al igual que en cualquier sistema educativo, la acción pedagógica de la prisión se caracteriza por su doble arbitrariedad. En un sentido, porque dicha acción pedagógica se ejerce a partir de un poder arbitrario, que es en el que se fundamenta la existencia de la prisión como instrumento. En un segundo sentido, la acción pedagógica de la prisión es arbitraria en tanto que está basada en una selección arbitraria hecha por un grupo o clase social de determinados comportamientos a los cuales les asigna el significado de delictivo y a los cuales les asigna un tiempo de reclusión calculado según ese arbitrario cultural.[19] Complementariamente, la propia acción de la prisión añade a esta doble arbitrariedad otras surgidas de la gestión que la prisión hace del tiempo de reclusión. Así, por ejemplo, la concreción de los contenidos de lo que se denomina el tratamiento penitenciario adquiere también la forma de un arbitrario cultural.[20] También en la manera como se concreta el "principio de seguridad" que rige la vida penitenciaria resultan perceptibles los significados arbitrarios tanto en sus normas como en la selección de individuos que por sus comportamientos serán objeto de estas prácticas de seguridad.[21]

---

16. "Las cárceles europeas y en particular las de los países mediterráneos se han convertido en contenedores de masas de inmigrantes clandestinos y de personas -hombres y mujeres- que afectadas por la marginación y la exclusión social, han tenido que convertirse en traficantes hormigas de substancias prohibidas, lo que en buena medida los ha llevado a la prisión" (Bergalli, 2003: 60).

17. "Todo poder de violencia simbólica, o sea todo poder que logra imponer significaciones e imponerlas como legítimas disimulando las relaciones de fuerza que están en el fundamento de esa fuerza, añade su fuerza propia, es decir, propiamente simbólica, a esas relaciones de fuerza" (P. Bourdieu y C. Passeron, 2001: 18).

18. "La selección de significaciones que define objetivamente la cultura de un grupo o de una clase como sistema simbólico es *arbitrario* en tanto que la estructura y las funciones de esta cultura no pueden ser deducidas de ningún principio universal, físico, biológico o espiritual, no estando unidas por ninguna tipo de relación interna a la 'naturaleza de las cosas' o a una 'naturaleza humana'" (P. Bourdieu y C. Passeron, 2001: 22).

19. Tanto uno como otro proceso de significación es arbitrario ya que como reiteradamente se ha puesto en evidencia, ni las definiciones de delito ni la pena que comportan se pueden deducir de ningún principio universal.

20. De hecho se trata de procesos que pretenden una transmisión institucional de unos supuestos "modos normalizados de comportamiento".

21. El caso de las "clasificaciones interiores" mediante las cuales se distribuyen los internos en los centros según características supuestamente comunes, resulta de una atribución arbitraria de significados que acaba

Para que esta acción pedagógica pueda llevarse a cabo se hace necesaria la constitución de unas autoridades pedagógicas revestidas de cierta autonomía respecto por ejemplo, del poder político. La tradicional dicotomía régimen-tratamiento refleja esta aparición de autoridades diversas, constituidas estratégicamente para poder imponer un arbitrario cultural como si fuera una cultura legítima.[22] Observemos que internamente a cada uno de estos grupos se constituyen sucesivas autoridades, que se intentan mostrar relativamente autónomas del poder político, y que diversifican las instancias concretas de transmisión del arbitrario cultural que se quiere imponer. Los diversos agentes institucionales que ejercen diversas disciplinas se van constituyendo en autoridades a partir de unas prácticas que involucran a los privados de libertad.[23] En unos casos más que en otros la arbitrariedad del poder queda a resguardo y con ello queda preservado uno de los principios básicos de la violencia simbólica.[24]

Las estrategias para constituir estas autoridades así como sus efectos, son diversos y lo ilustraremos tomando como ejemplo el caso de algunas prácticas rehabilitadoras. Como veremos a continuación en ocasiones la autoridad pedagógica se constituye como resultado de un juego de autoridades que se complementan y se refuerzan y que se presentan como vía para alcanzar "beneficios penitenciarios". Tal es el caso de la instauración de tratamientos para toxicómanos, que inicialmente aparecían como una iniciativa penitenciaria, y que pasan al cabo de poco tiempo a ser adoptada por los Jueces de Vigilancia Penitenciaria como un requisito para otorgar beneficios.[25] La práctica de este tipo de acciones se acaba revistiendo del mismo tipo de autoridad pedagógica que cualquier otra acción educativa: quien se sitúa en el lugar visible de esta autoridad "ostenta" cierta autonomía tanto de la autoridad judicial como de otras autoridades instauradas en el seno de la prisión, del mismo modo que el maestro de una escuela se puede mostrar autónomo de lo que le requieren los diversos poderes que rodean en su caso el hecho educativo. La configuración en el campo de este juego de acciones y autoridades lleva a que los diversos actores implicados —incluso en este caso los toxicómanos, en tanto que sujetos principales de esas acciones— perciban tanto las acciones como sus contenidos como legítimos (por ejemplo, la abstinencia de drogas, los sugeridos estilos de vida alternativos) y estén en disposición de interiorizar los esquemas en que se fundamentan las acciones ("estilos de vida normalizados").

Observemos que en el caso de las toxicomanías estas acciones van haciendo interiorizar en el conjunto social de la prisión unos esquemas de pensar, sentir y actuar que legitiman determinadas formas institucionales que están en correspondencia con el arbitrario cultural de grupos o clases dominantes de la sociedad. Así, la medicalización del discurso y de las prácticas de la atención a las toxicomanías acabará siendo adoptada como visión y discurso legítimo no sólo por los agentes institucionales sino también

convirtiéndose en un principio de percepción de la realidad: considerando más o menos adaptados a los internos destinados a los diferentes módulos, cada uno de los diferentes módulos en conjunto será percibido como más o menos "peligroso", cosa que redundará en la caracterización individual de cada interno.

22. Estratégicamente, en el sentido que la violencia simbólica que se ejerce solo puede producir su efecto en la medida en que el poder arbitrario que la hace posible está oculto. Por eso, en el caso de la prisión, la constitución de estos dos ámbitos como ámbitos contrapuestos y diferenciados permite un juego de ocultar la imposición: lo que no impone uno impone otro.

23. Agentes de vigilancia con diferentes funciones, psicólogos, personal sanitario, criminólogos, educadores, asistentes sociales, pedagogos, maestros, monitores diversos... cada uno de ellos se constituirá en la autoridad de un ámbito social a partir del cual transmitirá una forma específica del arbitrario cultural de la prisión.

24. Téngase también en cuenta que la propia interiorización del habitus el ámbito social totalizador de la prisión hace que las prácticas más autoritarias lleguen a ser percibidas por los actores como "naturales" o como consustanciales al medio social de la prisión.

25. Lo mismo podría señalarse para otras acciones pedagógicas de la prisión, como por ejemplo, los programas sobre delitos sexuales o de características violentas.

por los propios afectados. Junto con esta transmisión se van legitimando otras prácticas que deslegitiman el conjunto de la vida de los afectados: sus gustos, sus prácticas de ocio, sus maneras de relacionarse, en resumen sus propios estilos de vida.

Este conjunto de acciones pedagógicas destinadas a transmitir unos determinados arbitrarios culturales se constituye como un sistema cuya relativa homogeneidad y convergencia de objetivos forma también parte de los procedimientos de transmisión de los contenidos institucionales de la prisión. Esto supone que ese conjunto de autoridades pedagógicas que actuaban con cierta autonomía respecto al poder político, tengan controladas sus prácticas y tiendan a una cierta homogeneidad y a una cierta restricción de los trabajos educativos heterodoxos. Así, los agentes institucionales estarán dotados de una formación homogeneizadora y aplicarán sus acciones pedagógicas a partir de marcos o instrumentos también homogeneizadores de sus prácticas como son los programas de tratamiento, los diversos protocolos de actuación, los modelos de entrevista, los baremos de valoración o evaluación, etc.

Epílogo

La perspectiva que hemos presentado es una propuesta para el análisis de los contenidos institucionales de la prisión, el encaje de sus funciones en relación a la estructura general y el modo como afecta a los individuos que la conforman. En este enfoque el papel de los individuos cobra especial importancia ya que ellos son objetos y sujetos de este proceso de transmisión institucional. Aún cuando su papel está contemplado, una siguiente fase de este análisis debería incidir en el papel que asumen los individuos en esa transmisión en tanto que agentes o receptores de las transmisiones. Consideramos por tanto que este punto de partida debería integrar otras aportaciones teóricas, complementarias de las presentadas, que permitan una comprensión de los procesos activos que llevan a cabo los actores en juego.

Bibliografía

BERGALLI, Roberto (2003). "Las funciones del sistema penal en el estado constitucional de derecho, social y democrático: perspectivas socio-jurídicas", en Bergalli *et al.*, *Sistema penal y problemas sociales*, Valencia, Tirant lo Blanc.

BERNOUX, Phillipe (1985). *La sociologie des organisations*, París, Points.

BOURDIEU, Pierre (1991). *El sentido práctico*, Madrid, Taurus.

— y Jean-Claude PASSERON (2001). *La reproducción*, Madrid, Editorial Popular.

CROZIER, Michel y Erhard FRIEDBERG (1977). *L'acteur et le système*, París, Points.

GOFFMAN, Erving (1972). *Internados*, Buenos Aires, Amorrortu.

LAPASSADE, Georges *et al.* (1977). *El análisis institucional (por un cambio de las instituciones)*, Madrid, Campo abierto.

PETIT, François (1984). *Psicosociología de las organizaciones*. Barcelona, Herder.

RADCLIFFE-BROWN, Alfred Reginald (1993). "La estructura social", en Radcliffe-Brown, A.R. (ed.), *El método de la antropología social*. Barcelona, Anagrama.

ZINO TORRAZZA, Julio (1999). "Trayectorias sociales y proceso de identidad en prisión", *Arxiu d'Etnografía*, Tarragona.

POLICÍA Y DERECHOS HUMANOS EN MÉXICO

Elena Azaola

En homenaje a Roberto Bergalli

A partir de una serie de testimonios recabados entre policías preventivos de la Secretaría de Seguridad Pública de la Ciudad de México, el presente trabajo intenta mostrar las ideas y actitudes que entre ellos prevalecen en relación con los derechos humanos.

El trabajo forma parte de una investigación más amplia que viene desarrollando la autora desde hace cuatro años entre las diferentes corporaciones policiales con las que cuenta la Ciudad. Desarrollar este trabajo desde el punto de vista de los policías, obedece a tres premisas básicas:

1) Cualquier proyecto de reforma policial que aspire a producir cambios de fondo, requiere que los policías lo conozcan y estén dispuestos a llevarlo a cabo;

2) para que dicho proyecto cuente con la aprobación de los policías, se requiere que éste tome en cuenta sus necesidades y ofrezca respuestas a sus problemas;

3) para conocer y entender los problemas que para los policías son más significativos, es necesario escucharlos e intentar mirar el mundo con sus categorías y desde donde ellos lo miran.

De este modo, lo que me propongo abordar en este texto es uno de los conflictos que para la policía tiene mayor relevancia: el que se refiere a lo que denominan "la falta de garantías" para poder desempeñar su trabajo. La investigación se ha basado en el análisis de los testimonios de cerca de 250 policías, la mitad de los cuales los obtuve al entrevistar a policías de todos los niveles jerárquicos así como de distintos sectores y agrupamientos, y la otra mitad de autobiografías escritas por policías también de distinto rango y antigüedad en el servicio.[1]

Lo primero que hay que señalar es que se trata de un tema generalizado de preocupación que atraviesa todas las jerarquías, desde los superintendentes hasta los policías, pasando por los inspectores y oficiales. Casi todos coinciden en que, años atrás (que en ocasiones ubican en los años 70 y en otras en los 80), la policía disponía de "mayores garantías" para poder realizar su trabajo, habiendo también coincidencia en que dichas "garantías" comenzaron a perderse a partir de que aparecieran en escena "los derechos humanos".

Llama la atención que la gran mayoría de los policías utiliza la expresión "derechos humanos" de manera vaga, sin precisar si se refiere a una o a un conjunto de institucio-

---

1. El trabajo se llevó a cabo en la Secretaría de Seguridad Pública del Distrito Federal que cuenta con, aproximadamente, 75.000 policías.

nes, de valores, de leyes o de sus representantes. No obstante que utilizan la expresión para identificar a un ente tan abstracto como impreciso, lo que queda claro es que éste ocupa, sin lugar a dudas, la posición del enemigo: es el responsable de la pérdida de las "garantías" que dicen haber disfrutado en algún tiempo y que consideraban indispensables para poder realizar su trabajo. De ahí que muchos miren con añoranza aquellos tiempos a los que, si fuera posible, les gustaría volver.

Algunos refieren concretamente que antes tenían "manos libres" para ejercer sus funciones y que ahora se sienten atados. Otros señalan que la reducción de sus facultades los tiene paralizados para enfrentar a los delincuentes y, otros más, agregan la serie de obstáculos que deben sortear cada vez que deciden presentar a un delincuente ante las autoridades, sólo para concluir que no vale la pena y que, dado que no disponen de las "garantías" necesarias, han perdido la batalla contra la delincuencia.

Son excepcionales los testimonios de los policías que identifican los derechos humanos con las garantías fundamentales de que disponen todos los ciudadanos y, aun más, que ellos mismos se ubiquen entre éstos. La mayoría de las veces parece que se sitúan como una categoría aparte, si no es que en abierta confrontación con los ciudadanos, aunque en ocasiones se sienten obligados a declarar que los policías también deberían ser considerados ¡seres humanos!

Transcribiré a continuación una serie de testimonios que corresponden a policías de diferente jerarquía, que se hallan adscritos tanto a sectores como a agrupamientos.

Antes había más disciplina, desgraciadamente los derechos humanos vienen a contrarrestar esa disciplina tanto interna como externa y el policía no se puede defender.[2]

El policía no tiene ninguna garantía jurídica para hacer lo que debe hacer. Esto, agregado a los derechos humanos, nos da una gran desventaja. En tal forma ha crecido la delincuencia y la inconformidad de los policías porque no se tienen garantías para su trabajo.

A muchos se nos olvida que derechos humanos nos vino a violentar los derechos de nosotros los policías. Nos da pánico hacer una buena presentación porque ya vamos con el temor de que el delincuente nos va a voltear la tortilla. Tenemos temor de irnos a un reclusorio. Muchos están allí por abuso de autoridad y las autoridades no nos apoyan. Y luego los malos abogados que le ven al policía un signo de pesos y en vez de apoyarlo lo envuelven para su provecho personal. El único abogado que vale llevar en esos casos es el dinero… Al delincuente que mata a un policía, hasta lo festejan en la cárcel. De allí viene la inseguridad de los policías para trabajar.

Los derechos humanos han sublevado y han desanimado a los policías; por eso ha aumentado la delincuencia, porque les dan preferencia a los delincuentes. El policía no tiene garantía ninguna, las autoridades intervienen en favor del delincuente… Es por eso que ahora el policía prefiere hacerse tonto, no hacer nada, porque no tiene garantías.

De ahí la frase que es frecuente escuchar entre los policías: *si quieres llegar a policía viejo, hazte pendejo…*

Ahora no podemos detener a alguien sólo porque nos parezca sospechoso; si no hay flagrancia no se puede detener. Antes había razzias y deteníamos a todos; se quedaban los que ya tenían antecedentes penales. Desde el 90 que comenzaron los derechos humanos estamos maniatados. Si yo veo a cuatro personas en un vehículo no los puedo parar como antes hacíamos para ver si traían armas o drogas… De hecho la Constitución dice

---

2. Los testimonios que se citan corresponden, tanto a lo que los policías expresaron textualmente en las entrevistas, como a lo escrito por ellos en sus autobiografías. En éstas últimas se corrigieron, en todos los casos, los errores de ortografía, mientras que los de sintaxis sólo en aquellos que parecía indispensable para la comprensión. Por lo demás, se tuvo el cuidado de preservar el sentido y los modos de expresión utilizados por los policías. Cada párrafo corresponde a testimonios de diferentes policías.

que no podemos molestar a las personas pero nuestras tácticas requieren de pericia para detectar a alguien. Si alguien le parece a uno sospechoso, debemos buscar la forma de decirle al presunto que se le va a revisar por rutina, pero luego nos intimidan con que nos van a denunciar con derechos humanos.

Antes no era tanto el respeto que se tenía por la policía, pero sí el miedo. Ahora ya no le tienen miedo por el auge que han tenido los derechos humanos, porque toda esa difusión dejó relegado al policía. Yo veo que el policía no es capaz de enfrentar esto porque se pregunta: para sacar un arma, ¿tengo que esperar a que me lesionen? El policía sabe trabajar en la calle y defenderse pero es vulnerable jurídicamente.

Una de mis propuestas es que nos dejen actuar libremente y que no se nos pongan trabas tanto en las agencias del Ministerio Público como en derechos humanos…

Yo quiero sugerir la modificación del artículo 215 del Código Penal que tipificó como delito grave el abuso de autoridad porque la mayoría de las veces nos hace mucho daño…

Antes se golpeaba a los delincuentes, ahora no porque te puede costar tu libertad y tu trabajo…

A nosotros no se nos respetan nuestros derechos… No hay estado de derecho… si uno llega a actuar, se van en contra del uniformado. No ven todas las irregularidades que hace el ciudadano, nos dicen que somos agresores si alzamos la voz. Si va uno al Ministerio Público se revierte todo contra nosotros. Antes se tenía fe pública, ahora no… tiene más fe pública un delincuente.

Yo siento que últimamente se han recrudecido más los maltratos al policía… Esto creció a raíz de los derechos humanos… la ciudadanía es la que nos maltrata, no todos, sino unos maleantes que se sienten protegidos por los derechos humanos. Nosotros estamos desprotegidos por esas ideas. Antes de que existiera derechos humanos, en el 90, todo era más tranquilo, todo estaba más controlado porque la gente no le tenía respeto al policía, pero cuando menos le tenía miedo. Hoy en día no le tienen respeto ni mucho menos miedo… La gente nos humilla.

Ya la delincuencia aumentó y es que, año con año, le impiden más su labor al policía, lo restringen más a uno por los derechos humanos. Los derechos humanos no son para el policía. Nosotros no tenemos garantías para trabajar. Antes no estábamos tan limitados en lo que se podía hacer al delincuente. Ahora uno no puede subir al delincuente así nomás a la patrulla. A veces ellos se golpean y lo acusan a uno de abuso de autoridad. A veces el mism   Ministerio Público los alecciona… todos están en contra del policía.

Al policía no lo tratan como ser humano. Teniendo los mismos derechos, si el delincuente mata al policía, le aplican una cadena normal, al policía, en cambio, le aplican el doble que al delincuente, por eso la facilidad con la que matan a un policía.

Yo propongo que haya leyes para proteger la integridad del policía, porque éste no cuenta con instancias que lo defiendan. Hay leyes en contra de los servidores públicos pero no en contra de los delincuentes.

Lo que los testimonios anteriores dejan en claro, entre otras cosas, es que los policías consideran a los derechos humanos como algo, no sólo ajeno, sino contrario a su labor, aún más, como si fuera el principal obstáculo que les impidiera realizarla.

Como parte de lo que los policías caracterizan como la falta de "garantías" para poder desempeñar su trabajo, también se encuentra su sensación de inseguridad.

Yo pienso que los derechos humanos deben ser de todos, no sólo de los delincuentes. ¿Por qué no actúa el policía? Por temor, por pensar en su familia. Queremos que, cuando se nos arraigue, que sea en un buen lugar… Por eso el policía tiene miedo de actuar, porque si va a la cárcel, ni quién lo defienda… Para nosotros las penas son más altas, el ciudadano te puede golpear y no le pasa nada, pero si lo hacemos nosotros, la pena es doble. ¿Cómo podemos dar seguridad si el policía no la tiene?

Lo anterior explica que una de las frases que con mayor frecuencia se repitieran, es: *el policía tiene un pie en el reclusorio y otro en el panteón*. Asimismo, uno de los principales motivos de inconformidad con la Secretaría, es que su departamento jurídico no les ofrece una defensa apropiada cuando caen en prisión. Algunos testimonios sobre este punto, señalaron:

Yo entré al reclusorio por un problema que tuve con un policía judicial, fui golpeado y estuve encamado tres meses… la Secretaría no me defendió, el jurídico me entregó. Lo hemos sufrido muchos así. Luego me trajeron tres años vuelta y vuelta para reincorporarme y alguien más estuvo cobrando mi sueldo durante esos tres años. Yo lo agradecí porque por lo menos sirvió para que no me dieran de baja… No hay el apoyo jurídico para defendernos, no se dedican a defender al policía, en vez de ayudarnos, nos hunden… Tenemos de enemigos a nuestros jefes, a la contraloría, a derechos humanos y a la sociedad.

El peor delito para nosotros es que mezclen al policía con el delincuente en el mismo reclusorio, ése es el peor delito. Caemos porque todos cometemos errores. La Secretaría debería hacer un reclusorio sólo para policías.

Así como nosotros tenemos posibilidad de morir por hacer nuestro trabajo, también los rateros deben morir porque también andan haciendo su trabajo. A veces decimos: de que llore mi familia a que llore la de él, mejor la de él…

Cuando nosotros tenemos algún problema, la Secretaría no nos apoya, nomás agarra y nos avienta, los jefes no se ocupan de nosotros. No nos dan ningún apoyo: ni económico, ni legal. Al ciudadano le creen lo que diga mientras que nosotros no tenemos ninguna garantía.

Si el policía cae al reclusorio, luego sale con mucho rencor porque los abogados de la Secretaría, como no ganan bien, no lo defienden. Como están mal pagados, en cuanto pueden, se van a otro trabajo.

Nosotros deberíamos tener una buena defensa y no la tenemos; no tienen la capacidad suficiente para defendernos… Se nos critica que no actuamos en situaciones de riesgo, y es cierto, pero no tenemos con qué enfrentarlas…

Hemos caído en la holgazanería porque aquí no hay un bufete jurídico que nos defienda cuando a nosotros nos meten al bote. La Secretaría se deslinda del problema y uno se defiende porque no quiere pisar la cárcel. Hablamos de derechos y no se otorgan y las obligaciones son muchas; por eso los policías son apáticos.

Los delincuentes tienen su bufete jurídico y pueden pagar mejores abogados que nosotros. Deberíamos tener nuestra propia cárcel como los militares, porque cuando caemos, nos golpean…

Nosotros estamos aquí en un hilo, entre la cárcel y la tumba: eso es lo que nos toca.

Ya que los testimonios anteriores hablan por sí mismos y ponen de manifiesto numerosas coincidencias en los puntos de vista que sostuvieron diferentes policías, quisiéramos sólo llamar la atención acerca de algunos de los puntos que quizás serían más preocupantes. Por un lado, estaría la nostalgia hacia aquellos tiempos en que la policía era temida porque no había quién pusiera límites a su actuación. Por otro, estaría también un señalamiento que, de manera inadvertida, coloca en el mismo plano el trabajo del policía con el de los rateros *(también andan haciendo su trabajo, dijo)*, y ello para hacer notar, una vez más, que el policía se siente en desventaja.

También nos parece importante destacar el hecho de que, aparentemente, a nadie se le ocurre preguntar ¿por qué los policías tendrían que ir tan frecuentemente a prisión?, o bien, ¿cómo es que tan a menudo corren la misma suerte de quienes están obligados a perseguir? o también ¿cómo explicar que con tanta frecuencia violen las leyes que su mandato les impone preservar? Por detrás de esta falta de cuestionamientos lo que posiblemente podemos encontrar es un conjunto de sobrentendidos que serían tan ampliamente compartidos que nos impedirían hacer explícitas las premisas sobre las que se fundan.

Y es precisamente porque se trata de un valor entendido que, por ejemplo, uno de los parámetros que con mayor frecuencia ha utilizado desde hace algunos años la Secretaría de Seguridad Pública para rendir cuentas, es el número de policías que han sido consignados por haber cometido diversos ilícitos. No sólo eso, sino que parecería que uno de los indicadores que mejor hablaría de una determinada administración, sería el del número de policías que hubiera logrado consignar. Así, es gracias a este sobrentendido que sabemos, por ejemplo, que en 2001 fueron consignados 257 policías y 624 en 2002, mientras que tan solo entre enero y julio de 2003 son ya 502 los que han sido presentados ante la Fiscalía para Servidores Públicos.[3] Asimismo, por el último informe que rindiera el Secretario de Seguridad Pública ante la Asamblea, sabemos que, entre septiembre de 2002 y el mismo mes de 2003, 1.733 policías fueron destituidos, cifra que, de acuerdo con el informe, es ocho veces más alta que la reportada en 2001 y significa que, durante el último año, cada día han sido despedidos cuatro policías.

Pero si la Secretaría no se pregunta ¿qué procesos han tenido lugar para que el número de policías consignados haya llegado a ser un indicador favorable para una determinada gestión?, tampoco los policías parecen hacerlo. Los testimonios arriba citados dan cuenta de que los policías dan por sentado que ir a prisión es un riesgo prácticamente inherente a su trabajo. De ahí que la Secretaría hubiese establecido un departamento jurídico que tiene el encargo de defenderlos y de ahí que los policías consideren que dicho departamento está obligado a defenderlos de los que ya se consideran los riesgos asociados a su profesión. Se entendería, además, que la Secretaría tiene la obligación de hacerse cargo de su defensa sin que a nadie se le ocurra distinguir los casos en que los policías hubieran cometido ilícitos de aquellos en que no fuera así.

Lo anterior nos podría llevar a analizar lo que se podría interpretar, en un extremo, como el resultado de una cultura paternalista que, en este caso, llevaría a la Secretaría a asumir la defensa de los policías mientras que, en el extremo contrario, podría interpretarse como una especie de transacción implícita mediante la cual la defensa de los policías se asumiría a cambio de no otorgarles las condiciones mínimas que requiere el desempeño de su trabajo. De ser así, aceptaría defenderlos en una especie de reconocimiento tácito de que la Secretaría sería, cuando menos, parcialmente responsable del deficiente desempeño de su personal.

En cualquier caso, lo que no deja de llamar la atención, es que a todos nos parezca tan natural que los policías terminen tan a menudo en prisión. Baste señalar que una encuesta recientemente levantada en los reclusorios de la Ciudad de México, nos ha permitido saber que 13 % del total de su población, pertenecía antes de ingresar a alguna corporación policíaca.[4] Desde luego que esto no ocurre en muchos países del mundo o, en caso de que algo similar llegara a suceder, no pasaría desapercibido y sería motivo de una gran preocupación.

Otro tema que no deja de ser paradójico, es el tipo de delitos por los que con mayor frecuencia son detenidos los policías. Así, por ejemplo, en la Policía Bancaria e Industrial, cuya principal tarea consiste en la protección de bienes asignados a su cuidado, el delito más común es el robo, mientras que entre la Policía Preventiva, que realiza tareas de protección a los ciudadanos y de vigilancia del orden público, los delitos más

---

3. Datos proporcionados por la PGJDF en agosto de 2003. Por su parte, en su Tercer Informe de Gobierno, Andrés Manuel López Obrador, refirió que, entre septiembre de 2002 y agosto de 2003, habían sido destituidos 2.698 policías preventivos, mientras que 66 habían muerto en cumplimiento de su deber.

4. Bergman Marcelo, Elena Azaola, Ana Laura Magaloni y Layda Negrete, 2003. *Delincuencia, marginalidad y desempeño institucional*, Centro de Investigación y Docencia Económicas, México, D.F.

frecuentes son el abuso de autoridad y el cohecho. Entre la Policía Judicial, en cambio, hay una mayor participación en delitos relacionados con el crimen organizado, como el secuestro y el tráfico de drogas, aunque esta corporación cae fuera de nuestro universo de estudio.

De cualquier forma, lo que nos interesa destacar, es que los sobrentendidos a que nos hemos referido tienen como trasfondo la premisa de que los policías son delincuentes. La medida en que se considera como criterio válido para juzgar el avance de una gestión en seguridad pública el número de policías consignados, es quizás la misma en que no hemos podido visualizar que tendríamos que invertir mayores esfuerzos en metas distintas que llevar a más policías a prisión.

A VIOLÊNCIA CONTRA AS MULHERES
SOB A PERSPECTIVA DO CONTROLE SOCIAL

Ana Lucia Sabadell

Quando, em 1988, iniciei meus estudos de pós-graduação em Barcelona, tinha no campo do direito penal uma formação exclusivamente "dogmática", adquirida no Brasil em ambientes universitários totalmente alheios à problemática sociológica e criminológica. A isso se contrapunha minha profunda indignação diante do papel seletivo, opressor e não raro letal dos aparelhos da justiça penal, indignação devida à experiência política e de advocacia militante no final da ditadura militar brasileira.

Freqüentando as aulas de Criminologia e de Crítica do Direito Penal em Barcelona, consegui encontrar os elos teóricos que "juntavam" esses dois mundos. O Professor Roberto Bergalli, que orientou meus estudos criminológicos, foi co-organizador e o principal autor do primeiro volume de um então novo livro, intitulado *El pensamiento criminológico I. Un análisis crítico*. Nessa obra releio hoje, quase vinte anos depois, uma impactante frase, que no meu exemplar está sublinhada com caneta vermelha e assinalada com duas linhas laterais: "la existencia real de criminalidad en una sociedad es aquélla cuya imagen puede ser transportada a la realidad en virtud de una concreta fijación (creación) e imposición (aplicación) de normas" (Bergalli 1983, 152).

Isso impõe enfrentar com ceticismo os discursos relacionados ao direito penal e a sua capacidade para resolver problemas sociais. Partindo desse pressuposto, apresentaremos algumas reflexões sobre a violência doméstica como instrumento de controle social das mulheres nas sociedades patriarcais e sobre a resposta penal a essa forma de violência, que constitui um meio ineficaz de controle social dos agressores. Este trabalho é realizado em homenagem ao Professor Bergalli, que me ofereceu acesso à reflexão crítica e teoricamente informada do sistema de justiça penal, marcando significativamente minha maneira de pensar e pesquisar.

1. Elementos da definição de violência doméstica

Estudos estatísticos indicam que no espaço privado se produzem graves violações dos direitos fundamentais das mulheres. Uma parte significativa da atuação feminina se desenvolve nesse ambiente, que permanece fora do alcance efetivo das normas que protegem os espaços masculinos, públicos e garantem a "privacidade" dos homens (Landes 1998).

A análise feminista comprovou que os princípios constitucionais que estruturam e legitimam o discurso jurídico padecem de eficácia social, já que em todos os níveis da atividade jurídica podem ser identificados elementos que (re)produzem a discriminação da mulher, contrariando as promessas de liberdade e igualdade (Sabadell 1998, 5-9; Kennedy, Bartlett 1991; Weisberg 1993).

Nesse âmbito, o argumento da preservação da privacidade constitui o maior obstáculo para o reconhecimento do problema da violência doméstica, já que permite apresentá-lo como assunto que só interessa aos diretamente envolvidos (Schneider 1994, 42-43; Sabadell 1998, 11-15).

As incertezas sobre o conceito de violência doméstica estão vinculadas à dificuldade de entender que a *violência (aberta ou latente) estrutura a família*, apesar de não ser um atributo natural de determinadas pessoas.

A violência doméstica não constitui uma patologia que acomete certos indivíduos, grupos ou classes sociais. Trata-se de um correlativo da histórica construção social das relações desiguais entre os gêneros, um meio *sistematicamente* empregado para controlar as mulheres através da intimidação e do castigo, mesmo que no senso comum prevaleça a idéia de que a violência domestica é algo isolado, que pode ser atribuído a patologias do homem ou do casal (Anne Edwards 1994, 26; Mahoney 1994, 60-65; Bodelón 2003, 472).

Não deve a violência doméstica ser definida pela lei ("violência ilegal") ou pela percepção do agressor, mas sim segundo a percepção da mulher vitimada, muito mais capaz de sentir o que cerceia sua liberdade do que o agressor ou o legislador (Hanmer 1987, 220).

Conforme ensinou a teoria do etiquetamento (*labelling approach*), a definição do que é crime e violência ou exercício de direito, do que é liberdade ou sujeição, contrato livre ou exploração, não constitui um problema objetivo. Nenhuma situação social tem atributos ontológicos, isto é, uma "essência" ou "natureza" que poderia ser expressa por meio de um conceito. Tudo depende da definição social, que é seletiva e se modifica historicamente em função das relações de poder (Bergalli 1983; Baratta 1986, 83-134).

Dessa forma, a definição do comportamento de um homem como expressão da liberdade e privacidade ou como violência contra a mulher é o resultado de uma luta social. Quem compartilha as teses defendidas pelo movimento feminista admite que as relações patriarcais, caracterizadas pela desigualdade e pela assimetria entre os gêneros, são suspeitas de incluir violência. Isso impõe uma definição ampla, não limitando o termo aos casos "evidentes" de agressão física.

A violência doméstica é uma forma de agressão física e/ou psíquica, exercida pelos homens contra as mulheres no âmbito das relações de privacidade e intimidade, que expressa o exercício de um poder de posse, de caráter patriarcal. Seu traço distintivo é o fato de ocorrer nas (e decorrer das) relações privadas. Assim, a violência doméstica constitui uma forma primária de *controle social informal*, a contribuir para o condicionamento de mulheres e crianças em uma sociedade patriarcalmente estruturada.

2. Violência doméstica e sistema social

Pesquisas demonstram altos índices de violência doméstica mesmo em países onde o Estado dedica recursos importantes para combatê-la, o que evidencia a dificuldade em encontrar soluções (Kelly 2003, 74; Mooney 1993, 9-12; 2000, 2-4). Pergunta-se, porém, como um país ligado à cultura patriarcal pode questionar seus valores, contestando sua positividade no processo de construção social. Como pode uma sociedade machista confrontar-se com sua própria negação?

Sob a perspectiva social, é possível identificar um primeiro movimento, que denominamos *negação da realidade*, que preserva a invisibilidade da violência doméstica; o segundo, a *sabotagem,* que implica conceder tratamento jurídico a determinados problemas, contando com alta quota de ineficácia das normas; o terceiro é a *rejeição das formas mais violentas do machismo,* que elimina as conseqüências mais daninhas da cultura patriarcal. Aqui não se nega o patriarcado, mas se objetiva seu fortalecimento, assimilando uma reflexão imposta por pressões nacionais e, principalmente, internacionais.

A maior visibilidade social da mulher após sua entrada no mercado de trabalho torna necessário seja ela tratada de modo a não prejudicar o funcionamento do sistema produtivo. As mulheres que enfrentam humilhações e atos de violência no espaço privado e no local de trabalho não conseguem ser "funcionais". Isso não significa que a discriminação tenha os dias contados por ser prejudicial ao sistema social, mas explica por que muitas das reivindicações das organizações feministas foram ouvidas, embora de forma parcial e distorcida.

A inclusão do gênero feminino na esfera pública impôs uma revisão, ainda que incompleta, dos termos do "contrato patriarcal". A mulher continua a vender seu corpo, em contextos muito diferentes do gênero masculino; sua imagem é usada para aumentar as vendas de produtos tipicamente consumidos por homens; é marginalizada nos processos decisórios na economia e na política; submete-se aos mais diversos tratamentos estéticos procurando prolongar a "beleza" nos moldes definidos pela sociedade de consumo. Em outras palavras, sujeita-se dialeticamente a uma cultura patriarcal que lhe impõe um modelo de comportamento e atuação discriminador, o que nos permite falar em "mulher-objeto" nas sociedades modernas (Sabadell, 2003).

As mudanças impostas ao papel feminino pelo modelo capitalista não se realizam sem contradições e resistência dos homens, manifestadas em práticas como o assédio sexual e a violência doméstica, que preservam a submissão da mulher. Tais práticas operam no sentido de condicionar o comportamento feminino na sociedade patriarcal.

3. Sobre a inadequação das respostas penais

Os movimentos femininos insistem em fazer uso do instrumentário penal para enfrentar os problemas de violência contra a mulher (Frommel 2002; Staubli 2001; Teles 2001). Quem reivindica a criminalização e efetiva perseguição da violência doméstica não o faz por acreditar na efetividade "ressocializadora" do direito penal, mas sim pelo desejo de sensibilizar a sociedade em relação aos problemas das mulheres, mediante o emprego simbólico do direito penal "como asignador de negatividad social" (Bergalli, Bodelón 1992, 67; Bodelón 2003, 481).

Por outro lado, os críticos da política criminal propõem a redução drástica da intervenção penal diante da incapacidade de resolver conflitos sociais de forma satisfatória. O medo é que, em tempos de "tolerância zero", seja ampliado o âmbito de atuação do direito penal, os resultados em termos de tutela dos direitos fundamentais sejam insignificantes e a tentativa de reapropriação simbólica do direito penal pelas mulheres legitime os mecanismos de repressão (Bodelón 2003, 481-484).

Ora, a maioria desses críticos, quiçá por não se ocupar da problemática de gênero,[1] não percebe a contradição presente em seu discurso. Esses estudiosos não têm dificuldade em criticar a estrutura discriminatória, que divide os cidadãos entre "bons" e

---

1. Uma exceção constituem os estudos de Bergalli, Bodelón 1992; Baratta 1999 e, mais recentemente, Bodelón 2003.

245

"maus", quando analisam a "criminalidade de rua" ou as omissões do sistema penal em temas como a poluição ambiental; mas não desejam questionar a estrutura patriarcal que estabelece papéis diferenciados para homens e mulheres e legitima o uso da violência física e psíquica contra as mulheres.

A rejeição do discurso do *moral panic* não pode significar omissão, já que a *coerência* do sistema jurídico é um requisito central, vinculando-se diretamente ao princípio da igualdade. Quando o direito reprova determinada conduta, deve prever a punição de forma coerente, abandonando a atual "percepção de gênero" (Bergalli, Bodelón 1992, 56). É inaceitável dar continuidade à discriminação das mulheres em relação à violência doméstica por tratar-se de delito cometido por homens e ademais no âmbito privado, que, de acordo com a ideologia do patriarcado, deve permanecer fora da intervenção estatal. Quem considera que o direito penal não permite tutelar os interesses da mulher maltratada deveria adotar o abolicionismo de forma coerente, concluindo que o direito penal também não deve ser empregado para proteger os homens de agressões físicas e crimes patrimoniais. Ora, diante da impossibilidade (política) de imposição imediata da política abolicionista, podemos considerar o direito penal uma ferramenta a ser utilizada como *ultima ratio*, mas de forma coerente, capaz de tutelar a integridade física e psíquica de todos no espaço privado.

Aqui enfrentamos outro problema. Dentre as possíveis respostas à violência doméstica, as mais problemáticas são as repressivas. Quem não cai na armadilha da "ressocialização", que Bergalli (2003, 58) denominou "falácia penitenciária", entende que não é possível "arrancar" de uma pessoa a mentalidade patriarcal por meio do cumprimento de uma pena privativa de liberdade, sendo o ambiente prisional eminentemente violento e povoado por homens e estereótipos masculinos.

Alguns autores propõem que se trabalhe com um *sistema binário*. Condenar a penas criminais e oferecer, como alternativa, medidas de tratamento e de reeducação. Essa proposta é contestada com base em dois argumentos (Frommel 2002). Primeiro, é uma postura patriarcal exigir que se apliquem aos casos que envolvam vítimas do sexo feminino alternativas não penais, quando em outras situações "emergenciais" a reação penal endurece. Segundo, em países que adotaram sanções alternativas não se alcançou diminuição significativa da prática da violência doméstica. Temos aqui o mesmo problema que enfrentaram no passado os psicólogos espanhóis, quando os toxicômanos se submetiam a terapias impostas pelos tribunais. Qual terapia e qual processo de reeducação podem ser eficazes quando se fundamentam na ameaça de pena criminal (González *et al.* 1988)?

O papel da intervenção penal na solução de conflitos envolvendo a violência doméstica pode ser abordado sob duas perspectivas. Em primeiro lugar, temos a crise do sistema de justiça penal: a baixa eficácia da sanção favorece a ineficácia primária das normas. Em segundo lugar, constatamos a prevalência de estratégias repressivas como mecanismo de solução de conflitos decorrentes da prática da violência doméstica nas relações de gênero, apesar de sua ineficácia.

Um ulterior elemento deve ser considerado ao analisar o fracasso das políticas públicas em matéria de contenção e eliminação da violência doméstica: a vontade e as necessidades das vítimas (Mahoney 1994). A mulher vitimada não deseja, na maioria dos casos, separar-se, nem espera que o pai de seus filhos vá para a prisão. Ainda que analisemos tal desejo como decorrência da forma dialética da reprodução da cultura patriarcal, que faz a vítima aceitar a ideologia de seu agressor, não podemos ignorar que a solicitação feita pela mulher vitimada é muito simples: ela deseja que o companheiro deixe de ser violento!

Há pelo menos três razões (Mahoney 1994, 73) para que a mulher vítima da violência queira manter o relacionamento com o agressor: medo de não conseguir prover sozinha às necessidades dos filhos; depressão e passividade, devidas à própria experiência contínua de violência; temor de sofrer maiores danos e correr risco de morte se abandonar o companheiro violento.

A esses fatores podemos acrescentar os vínculos emocionais com o agressor. A inserção das mulheres na cultura patriarcal impõe reconhecer que um homem deve ser provedor e exercer a autoridade paterna, portanto pode exigir a submissão, desde que não implique violência física exercida sistematicamente. Portanto, corrigindo "excessos" no exercício do poder patriarcal, não haveria motivo para deixar de ser desejado por sua companheira.

Nenhum desses fatores tem sido levado em consideração no caso da intervenção penal. Isso significa que, em matéria de violência doméstica, mesmo se houver eficácia na aplicação das sanções, o direito, como meio de controle social, oferece respostas socialmente inadequadas.[2] Mesmo se a mulher decidir romper o relacionamento, a sanção penal ao agressor não supera o simbolismo de uma vingança, não ajudando a mulher em seu projeto de vida, nem lhe propiciando maior segurança. Ao contrário, a mulher que decide separar-se deseja "esquecer" o conflito, evitando processos que possam atiçar o potencial violento do ex-companheiro.

O direito como mecanismo de orientação dos indivíduos e de imposição de sanções apresenta dupla limitação estrutural. Em primeiro lugar, só pode prevenir a violência doméstica de forma indireta (prevenção geral). Temendo eventuais sanções penais, os homens deixarão de agredir as mulheres no âmbito privado? É uma suposição pouco plausível e de difícil comprovação empírica.

Em segundo lugar, o direito deve dar respostas diferenciadas segundo a gravidade da violência perpetrada. Seria inconstitucional responder da mesma forma ao homicídio, à lesão corporal, à injúria, às pressões psicológicas e ao desprezo, mesmo que todas essas formas de manifestação da superioridade masculina tenham conseqüências devastadoras para as mul0heres-vítimas.

Ora, tais distinções não correspondem à realidade do fenômeno da violência contra a mulher. Têm razão as autoras que afirmam que existe um *continuum* de violência como meio de controle e submissão das mulheres (Hanmer 1978; Susan Edwards 1994; Smaus 1994). Enquanto se mantiver essa estrutura, o tratamento dos sintomas na forma fragmentária da intervenção jurídica não permitirá solucionar o problema.

Isso significa que o direito penal não apresenta utilidade nos casos da violência doméstica. Não satisfaz as demandas da vítima de ver seus direitos tutelados de forma efetiva e não só nominalmente, através da retórica penal sobre os "bens jurídicos" supostamente protegidos pelas sanções penais.

4. Educação para a violência e contra a violência

Na busca de soluções devemos levar em consideração que, sob o ponto de vista masculino, o patriarcado é um poder legítimo de controle social, baseado em uma série de valores culturais (Dimoulis 1999, 19-20). O homem é capaz de perceber o

---

2. Sobre a distinção entre eficácia social da norma (aplicação efetiva à realidade social), sua adequação interna (capacidade de alcançar os resultados almejados pelo legislador) e adequação externa (correspondência entre as prescrições legais e as demandas sociais), cfr. Sabadell 2002, 64-69.

caráter anti-social de uma lesão corporal ocorrida na esfera pública, mas não a considera estruturalmente semelhante à violência exercida pelos homens nas relações privadas. Isso vale para o agressor mas em larga medida também para os juízes, a polícia e os demais operadores jurídicos.

A política pública mais eficaz para transformar essa realidade é *educação de gênero*, que requer uma ruptura com a prática do sexismo nas escolas, preparando com a preparação de educadores e criando novos modelos de comunicação que eliminem a linguagem e as idéias sexistas.

Ensinando as crianças a refletir sobre os modelos de comportamento de gênero, semeando dúvidas em relação ao modelo patriarcal com o qual elas convivem e oferecendo modelos educacionais alternativos será possível estabelecer novas estratégias para enfrentar o problema da violência doméstica (Barnett, Laviolette 1993, 113-114; Schneider 1994, 52). Para tanto, o Estado deve introduzir na formação dos professores a matéria educação de gênero, impondo-a como disciplina obrigatória em todas as escolas.

Ao contrário do sistema jurídico, os processos educativos desenvolvem estratégias de orientação que se distanciam da dinâmica ordem-desobediência-penalidade, permitindo persuadir o indivíduo por meio de um processo de reflexão, conhecimento e autoconhecimento que não necessariamente o sanciona pelos eventuais erros cometidos.

A isso devemos somar outro elemento: a intervenção jurídica individualiza o conflito, situando em pólos opostos a vítima e o agressor e tornando invisível a intervenção da cultura patriarcal, que é determinante para o surgimento dos conflitos de gênero. Ora, se ao juiz não é possível chamar à lide o machismo e condenar a cultura patriarcal, a educação pode intervir sem individualizar os conflitos. A reflexão crítica sobre os valores culturais está no centro dos processos. Por essa razão, educação *de* e *para* o gênero é muito mais determinante do que o recurso ao direito em projetos que visam erradicar a violência doméstica. A educação não oferece respostas imediatas, mas é a única capaz de produzir soluções satisfatórias e duradouras.

Bibliografia

BARATTA, Alessandro (1986), *Criminología crítica y crítica del derecho penal,* México: Siglo Veintiuno.
— (1999), "Il paradigma del genere dalla questione criminale alla questione umana", *Dei delitti e delle pene.* v. 6, n. 1-2, 69-116.
BARNETT, Ola; LAVIOLETTE, Alyce (1993), *It could Happen to Anyone. Why Battered Women Stay,* Newbury Park: Sage.
BERGALLI, Roberto (1983), "Perspectiva sociológica: estructura social", in Bergalli, Roberto *et al.*, *El pensamiento criminológico I. Un análisis crítico,* Barcelona: Península, 133-158.
— (2003), "Las funciones del sistema penal en el Estado constitucional de derecho social y democrático: perspectivas socio-jurídicas", in Bergalli, Roberto *et al.*, *Sistema penal y problemas sociales,* Valencia: Tirant lo Blanch, 25-82.
—; BODELÓN, Encarna (1992), "La cuestión de las mujeres y el derecho penal simbólico", *Anuario de filosofía del derecho,* IX, 43-73.
BODELÓN, Encarna (2003), "Género y sistema penal: los derechos de las mujeres en el sistema penal", in Bergalli, Roberto *et al.*, *Sistema penal y problemas sociales,* Valencia: Tirant lo Blanch, 451-486.
DIMOULIS, Dimitri (1999), "Das Patriarchat als Vertragspartner. Zu einigen Denkvoraussetzungen der Geschlechterbeziehungen", *Kriminologisches Journal. Beiheft 7,* 11-27.

EDWARDS, Anne (1994), "Male Violence in Feminist Theory", in Hanmer, Jalna; Maynard, Mary, *Women, Violence and Social Control*, Great Britain: Macmillan, 13-29.

EDWARDS, Susan (1994), "'Provoking Her Own Demise': From Common Assault to Homicide", in Hanmer, Jalna; Maynard, Mary, *Women, Violence and Social Control*, Great Britain: Macmillan, 152-168.

FROMMEL, Monika (2002), *Strafverfolgung bei häuslicher Gewalt – ein historischer Rückblick*, www.kik-sh.uni-kiel.de/download/histrueckblick.pdf.

GONZÁLEZ, Carlos *et al.* (1988), *Repensar las drogas*, Barcelona: Grupo IGIA.

HANMER, Jalna (1987), "Violence and the Social Control of Women", in Littlejohn, Gary *et al.*, *Power and the State*, New York: St. Martin's Press, 217-238.

KELLY, Kristin, (2003), *Domestic violence and the politics of privacy*, New York: Cornell University Press.

KENNEDY, Rosanne; BARTLLET, Katharine (1991), *Feminist Legal Theory. Readings in Law and Gender*, Boulder: Westview Press.

LANDES, Joan (1998), *Feminism, The Public and The Private*, Oxford: Oxford University Press.

MAHONEY, Martha (1994), "Victimization or Oppression? Women's Lives, Violence and Agency", in Fineman, Martha Albertson; Mykitiuk, Roxanne, *The Public Nature of Private Violence. The Discovery of Domestic Abuse*, New York: Routledge, 59-92.

MOONEY, Jane (1993), *The Hidden Figure: domestic violence in North London*, London: Islington's Police & Crime Prevention Unit.

— (2000), *Gender, Violence and the Social Order*, London: Palgrave.

SABADELL, Ana Lucia (1998), *Patriarcado, direito e espaços das mulheres. Uma pesquisa no marco da teoria feminista do direito e do desvio*, Dissertação apresentada para obtenção do título de Mestre em criminologia, Universidade do Saarland.

— (2002), *Manual de sociologia jurídica. Introdução a uma leitura externa do direito*, São Paulo: Revista dos Tribunais.

— (2003), "A mulher-objeto no capitalismo moderno", *Thesseis*, n.º 85, 67-78 (em idioma grego).

SCHNEIDER, Elizabeth (1994), "The Violence of Privacy", in Fineman, Martha Albertson; Mykitiuk, Roxanne, *The Public Nature of Private Violence. The Discovery of Domestic Abuse*, New York: Routledge, 36-58.

SMAUS, Gerlinda (1994), "Physische Gewalt und die Macht des Patriarchats", *Kriminologisches Journal*, XXVI, 2, 82-104.

STAUBLI, Diana (2001), *Ley de violencia familiar de la provincia de Buenos Aires. Una visión desde el género*, http://www.geocities.com/rima_web/dstaubli_violencia.html.

TELES, Maria Amélia de Almeida (2001), "A violência doméstica e a Lei 9.099/95", *Folha feminista*, n.º 26, 1-2.

WEISBERG, Kelly (1993), *Feminist Legal Theory. Foundations*, Philadelphia: Temple University.

LA INTEGRALIDAD DE LOS DERECHOS HUMANOS DE LAS MUJERES FRENTE A LA VIOLENCIA DE GÉNERO

María Eugenia Espinosa

> Expreso sinceramente mi gratitud y aprecio por el doctor Roberto Bergalli, quien ha contribuido a la formación académica y a la práctica profesional de quienes hemos asumido, a partir de ello una actitud crítica y un compromiso conciente para transformar espacios de inequidad e injusticia social, y con ello formar parte del diseño de estrategias teóricas, académicas y políticas que nos permitan construir formas más equitativas y dignas de vida.

Hoy nos referiremos a la historia de los derechos humanos de las mujeres en plural, "pues la mujer en abstracto no tiene existencia histórica concreta en un tiempo y en un espacio... las mujeres son sujetos en lo individual y de manera colectiva, de una historia propia, una historia compleja, diversa y llena de contradicciones que sólo podrá conocerse con profundidad mediante un análisis que, sin pasar por alto su especificidad, las vincule con los procesos históricos globales" [Marcela Lagarde].[1]

La historia de las mujeres mexicanas no ha sido ajena a las contradicciones y a las situaciones de desigualdad político-cultural y económico-social que viven el resto de las mujeres en el mundo, y que han limitado el disfrute de sus derechos fundamentales. Los acontecimientos históricos a nivel mundial demuestran que una de las primeras batallas que han librado las mujeres, ha sido, la búsqueda de su incorporación como género dentro de lo humano, para que la sociedad entera reconociera su calidad de humanas y de sujetas de derecho y con derechos.

No por otras razones, Maribel Pimentel, en su libro Tiempos de Violencia, menciona que las mujeres son convertidas física y emocionalmente en objetos, "y como los objetos no sienten ni tienen derechos, luego entonces, el acto violento no existe",[2] lo anterior se demuestra con muchas y muy diversas historias de vida en la que no sólo se les concibe como inferiores o se les desvaloriza en razón de su género, sino que por la gravedad de las formas en que se ejercen contra ellas diversas formas de violencia, pareciera que ni siquiera asumen una calidad de personas y son vistas como "cosas".

Esta situación evidencia que la discriminación, la desigualdad y la inequidad son incompatibles con la dignidad humana y con el bienestar de la sociedad, por ello, las circunstancias de pobreza, las deficiencias en la alimentación, la salud, la educación, la capacitación y las oportunidades de empleo son también faltas de equidad en el ejercicio de los derechos humanos de las mujeres.

Pero respecto al término de discriminación, existen diversas posturas teóricas, como la denominada de la "igualdad en la diferencia", la cual plantea que las diferencias pueden ser negativas y causar discriminación cuando responden a prejuicios o estereotipos; y otras positivas, por su connotación reivindicativa, que se denomina acciones positivas. Por ejemplo, cuando en ocasiones la ley dice que hombres y mujeres son iguales y que los

---

1. Marcela Lagarde. *Los Cautiverios de las Mujeres: madresposas, monjas, putas, presas y locas*, PUEG, UNAM 2001, México, p. 83.
2. Maribel Pimentel Pérez. *Tiempos de Violencia. "Violencia: ¿condición de género?"*, UAM-Xochimilco, p. 85.

trata en igualdad de condiciones, el resultado puede ser discriminatorio, por ello, se plantean políticas de diferenciación para la igualdad. Tratan diferente a quien se encuentra en situación de desigualdad para disminuir las distancias económicas, sociales, culturales y políticas. Las medidas que reconocen esa situación diferente, desigual e injusta y se adoptan para reducirla, se convierten en acciones afirmativas para compensar y remover barreras sociales, económicas, políticas, etc., que reproducen esas formas de discriminación. Estas acciones positivas o afirmativas tienen como finalidad lograr la equidad, se convierten en estrategias que establecen la igualdad de oportunidades por medio de medidas que permiten corregir las discriminaciones resultado de prácticas o sistemas sociales prejuiciados. Se dice en este sentido que hombres y mujeres son igualmente diferentes, pero reconocer las diferencias biológicas no debe tener como resultado legitimar los estereotipos de la desigualdad, sea ésta de género, laboral, social, o cualquier otra, sino asumir que diferente no significa desigual.

Otra concepción de igualdad y de equidad entre las personas se encuentra en la definición que hace la Convención sobre la Eliminación de Todas las Formas de Discriminación contra la Mujer (CEDAW), con base en el concepto de discriminación, el cual señala que es discriminatorio "todo trato que tenga por resultado la desigualdad y deje a una persona en posición inferior es discriminatorio aunque su objetivo haya sido la igualdad". En este sentido, Alda Facio señala que: "si reconocemos que las mujeres y los hombres vivimos en condiciones distintas y desiguales [...], es obvio que tendremos necesidades diferentes y por ende, una ley que parte de que somos iguales, que nos trata como si estuviéramos en igualdad de condiciones, no puede menos que tener efectos discriminatorios. Siempre habrá desigualdad cuando dos seres formados de acuerdo a una concepción de género que los hace desiguales, se enfrenten con una legislación 'unisex' que se pretende neutral en términos de género".[3]

En este sentido, no podemos obviar que los derechos humanos de las mujeres revisten una connotación histórico-política y social, que no ha sido lo mismo declarar derechos que tener la posibilidad de ejercerlos y acceder a los mecanismos para su defensa, protección y promoción. Por ello, en la actualidad, los derechos humanos de las mujeres representan un logro en cuanto al reconocimiento de la diversidad y la heterogeneidad que implica, tanto la pertenencia a un género como a una etnia o a condiciones sociales y económicas prevalecientes dentro de un país u otro.

Algunas posturas teóricas proponen reconstruir el concepto de los derechos humanos para que sean las propias mujeres quienes describan y manifiesten las diferentes maneras en que se han visto sometidas, subordinadas, marginadas y excluidas de poder ejercer sus derechos, garantías y ciudadanía, asimismo, para que propongan los mecanismos, no sólo para transformar relaciones de desigualdad, sino para que por medio de una educación, de una cultura y de una socialización distinta puedan propiciar formas no violentas de relación, y contribuir a la construcción de una convivencia equitativa y democrática para todos los seres humanos.

Las mujeres mexicanas para adquirir plenitud en el goce de sus derechos han tenido que enfrentar diversas resistencias culturales y sociales, hechos de discriminación y violencia. Al luchar por la reivindicación de estos derechos no se busca identificarlas como víctimas y vulnerables, sino demostrar que las mujeres pueden transformar estas relaciones injustas, y que ellas, con su práctica social y política, pueden hacerlo, pero que esto no debe servir para olvidar los hechos de injusticia que han tenido que

---

3. Facio Alda, Lineamientos para la Integración de la Perspectiva de Género en los Organismos de la Federación Iberoamericana de Ombudsman, FIO, 1992.

vivir y soportar al buscar que la sociedad y en particular, el género masculino respete sus diferencias y participe en la construcción de los mecanismos jurídicos e institucionales que promuevan, protejan y defiendan sus derechos humanos, sin que éstos sean vistos como meras concesiones o actitudes de buena voluntad sino como verdaderos actos de justicia, por ser precisamente humanos.

El proceso por el que han atravesado tales derechos ha sido largo, y formalmente pareciera que se inicia en parte cuando las mujeres empiezan a dejar de ser consideradas como "propiedad de..." y comienzan a involucrarse en la vida nacional, con ello se pone en marcha la lucha por la defensa de sus derechos políticos, concretamente con la conquista del derecho al voto, casi al mismo tiempo se alcanzan sus derechos laborales el derecho al trabajo, y ello conlleva entre otras cosas, a exigir que se eliminen las desigualdades en cuanto al pago y al tipo de actividades en las que se les emplea; el derecho a la educación se volvió el motor que impulsó a superar las condiciones de vida, marcó el principio del camino para despertar la conciencia crítica en el género femenino.

El logro de estos derechos sirvió para demostrar la capacidad e inteligencia de las mujeres en la construcción del desarrollo social. Los derechos civiles fueron útiles para detectar las desigualdades frente a las responsabilidades familiares, y en relación con la posibilidad de tener personalidad jurídica para adquirir o administrar bienes o propiedades; respecto a los derechos sexuales y reproductivos, éstos fueron fundamentales para la toma de decisiones frente a lo que competía a la integridad física y sexual de las mujeres, manifestándose en contra de la utilización del cuerpo femenino como "objeto de placer" o de ornato; el derecho a una vida libre de violencia ha girado alrededor de la lucha por erradicarla como forma de relación entre los géneros (femenino y masculino), en donde diversas acciones individuales y colectivas han permitido que, independientemente de razones políticas, de ideologías, o diversidad de culturas, las personas y los gobiernos, sean sensibles a la problemática y se reúnan para erradicar este fenómeno de discriminación y violencia que se ha convertido en una violación sistemática a su integridad y dignidad humana, lo cual conlleva a fragmentarlas y otorgarles algunos derechos en detrimento de otros, no respetando la integralidad con que deben considerarse para adquirir la calidad de persona digna.

Por tal motivo, a pesar de que, como parte del proceso de internacionalización de los derechos humanos, se ha considerado a la Declaración Universal de Derechos Humanos (1948) como fundamento de los derechos de las mujeres, también se ha empezado a tomar en cuenta que las desigualdades económicas y sociales, las luchas en los espacios de participación política, la deficiencia en el acceso a los ámbitos educativos, culturales y de justicia de que han sido objeto las mujeres a nivel mundial, han hecho necesaria la inclusión, como parte de un proceso ya no de universalización sino de particularidad, al proceso de multiplicación y especificidad de los derechos humanos, e incluir en el sistema de las Naciones Unidas, como sistema universal para la promoción y protección de los derechos humanos, aquella especificidad que revisten los derechos fundamentales de las mujeres y en especial de las niñas.

Es común escuchar a personas de ambos géneros, que no es necesario defender los derechos de las mujeres en particular, que ya están contemplados en las declaraciones universales, pero la posibilidad de acceder a los ámbitos de justicia, de las personas con alguna discapacidad, con VIH SIDA, privadas de su libertad, homosexuales o pertenecientes a un grupo étnico, nos reflejan la falta de equidad e igualdad de oportunidades que enfrentan estos sectores cuando pretenden hacer valer sus derechos.

Muchos de los reclamos respecto a no nombrar a las mujeres o incluirlas en el término hombre, han sido avalados porque se dice que "hombre" es sinónimo de humanidad; por lo que, se vuelve innecesario nombrar a las mujeres, pero en la realidad, "no enunciar la definición genérica de los sujetos en la elaboración de sus derechos vitales significa reiterar la opresión de las mujeres al hacerlas invisibles, y con ello inexistentes, precisamente en lo que las constituye y otorga identidad de mujeres, de humanas".[4] En cambio, aceptar la construcción histórica de los derechos de las mujeres implica además, considerar su participación tanto en la esfera privada, como son las relaciones familiares, o en sus comportamientos sexuales, así como en todos aquellos procesos de socialización y control que manifiestan las formas en que han de interactuar en todos los ámbitos sociales y culturales con el género masculino.

Al cuestionamiento de ¿por qué hablar de los derechos de las mujeres, si gozan de los mismos derechos que los hombres?, hay que responder que aunque existan a nivel formal, o se contemplen dentro de las declaraciones "universales", al asomarnos a la realidad y contrastarla con sus condiciones de vida, se duda de la vigencia sociológica de los mismos, por la falta de equidad, que no necesariamente radica en su titularidad, sino debido a circunstancias históricas, políticas y jurídicas que aún impiden su participación ciudadana y la toma de decisiones en los espacios de poder, por lo que no se puede soslayar el hecho de que la declaración formal de los derechos no incluye las garantías, ni los mecanismos para que las mujeres puedan acceder a los ámbitos de justicia.

Se puede aseverar que las leyes han beneficiado de manera desigual a las mujeres al ser injustamente tratadas, concretamente cuando se violentan sus derechos por las propias instancias de justicia encargadas de velar porque se respeten y se tutelen. Algunas posturas teóricas han delineado lineamientos político-criminales, en los que han estado presentes prejuicios culturales, así como etiquetas y estereotipos fundamentados particularmente en paradigmas criminológicos positivistas, con base en los cuales, en las prácticas jurídico-penales han prevalecido, a través de las y los funcionarios públicos, actitudes de discriminación en razón del género.[5]

En ocasiones, se justifica que éstas se encuentren en malas condiciones o infrahumanas, porque sólo son vistas como delincuentes e inmorales, por lo que si sufren violencia, se la merecen, o se minimiza su sufrimiento e injusticia, se tiende a aminorar la gravedad sobre todo cuando enfrentan agresiones sexuales.

La dignidad e integridad de las mujeres se valora en cantidad, como si no fuera un ser humano integral, como si la fragmentación de sus derechos fuera válida y si con "pedacitos de dignidad" pudieran construir su integralidad como seres humanas. En atención a lo anterior, no basta la existencia de leyes y políticas públicas con igualdad jurídica o formal, continúa la falta de equidad para su aplicación, pero aún es necesario implementar mecanismos que prohíban la discriminación y tutelen de manera especial el respeto a los derechos específicos de diferentes sectores que han permanecido excluidos de declarar derechos y necesidades específicas de tutela por parte del Estado.

Adquiere relevancia hablar de los derechos de las mujeres en México, por ello es relevante la incorporación del principio de no discriminación que contempla la Constitución Política de los Estados Unidos Mexicanos, que establece en el artículo 1°: "queda prohibida toda discriminación motivada por origen étnico o nacional, el género, la edad, las capacidades diferentes, la condición social... o cualquier otra que atente contra la dignidad humana y tenga por objeto menoscabar los derechos y libertades de las

---

4. IIDH. Estudios Básicos de Derechos Humanos IV, Unidad Editorial del Instituto Interamericano de Derechos Humanos, San José, Costa Rica, 1997.

5. Por ejemplo, el caso de los feminicidios en Ciudad Juárez, Chihuahua, y en otras ciudades de la República Mexicana.

personas". Si bien en este marco constitucional están reconocidos formalmente los derechos de las mujeres a ser tratadas con equidad, en la sociedad mexicana, lamentablemente, persisten prácticas discriminatorias y selectivas que repercuten en el acceso al goce y ejercicio de sus derechos humanos, así como omisiones en el ejercicio de la autoridad, que atentan contra el valor de la equidad social en el que se fundamenta una sociedad democrática.

Los procesos de criminalización-victimización en los que se involucran las mujeres han estado atravesados por multiplicidad de enfoques que justifican desde el sexismo, la explicación atávica y "la sexualidad perturbada por la naturaleza de las mujeres", entre otras. "La sexuación de la delincuencia femenina implica que los tribunales castigan a las mujeres que mantienen una sexualidad socialmente 'inadecuada', mientras que los hombres reciben penas proporcionales a la mayor gravedad de los delitos".[6]

En este sentido, se está intentando construir y generar una conciencia no discriminatoria y más equitativa en el propio derecho penal y en el ámbito de ejecución de penas, para terminar con la discriminación basada en el racismo y en el sexismo como componentes estructurales de la vida social, e institucionalizar relaciones en las que se de un ejercicio equitativo del poder por ambos géneros y en el propio sistema de justicia penal, no para utilizarlo en contra del o la otra, sino para eliminar los abusos de poder, que se dan cuando uno(a) lo ejerce en contra del otro(a), o cuando el Estado se excede en el uso del poder punitivo lesionando derechos y no respetando garantías.

Se observa que a lo largo de la historia de la humanidad una de las formas de sometimiento y subordinación ha sido la utilización de la violencia (ya sea en forma de maltrato infantil o violencia familiar, de abuso u hostigamiento sexual, de violación e incluso homicidios) y que muchos de los modelos jurídicos de exclusión, refuerzan situaciones que dan origen a la violencia de género que viven las mujeres; aspecto que se relaciona con el incumplimiento por parte de los órganos del Estado de sus funciones y de la inadecuada protección y defensa de sus derechos fundamentales, es decir, se refuerza en ellas una triple forma de violencia: la violencia estructural, la violencia punitiva y la violencia de género.

La violencia estructural, por la desigualdad económica o condición social, afecta de la misma manera las relaciones sociales en las que interactúan mujeres y hombres, pero dentro de ella hay un rubro que la globalización económica que a nivel mundial ha introducido el denominado fenómeno de la "feminización de la pobreza", la cual advierte que el género femenino sociológica y estadísticamente es el que se ve más afectado por esta forma de violencia.[7]

La violencia de género ha estado presente también en el propio derecho, en la norma y en toda forma de regulación social. También tiene implicaciones con las acciones u omisiones del Estado, puesto que la violencia institucional se relaciona con la incidencia de las políticas públicas que rigen dentro de esas instancias y que generan vio-

---

6. Elena Larrauri (comp.) *Mujeres, Derecho Penal y Criminología,* "Las Mujeres y el Estado: Modelos de Control Social en Transformación", Nanette J. Davis y Karlene Faith. Edit. Siglo XXI, p. 126.

7. Las mujeres realizan el 67 % del trabajo en el mundo, pero sólo les es pagada la décima parte; los hombres realizan el 48 % y tres cuartas partes del mismo es remunerado. Las mujeres representan el 51 % de la población mundial, pero sólo poseen una décima parte del dinero que circula en el mundo y una centésima parte de todas las propiedades; el 80 % del casi millón y medio de personas que viven con menos de un dólar al día son mujeres (Secretaría de la Mujer-España). Según la Conferencia de Naciones Unidas para el Comercio y el Desarrollo (UNCTAD), cerca del 60 % de los 550 millones de trabajadores pobres en el mundo son mujeres, cultivan el 65 % de los alimentos del orbe, y representan casi la mitad de todas las personas con VIH/SIDA en el planeta. (19 de octubre de 2004, www.rebelion.org/noticia.php)

lencia contra las mujeres o no la sancionan.[8] La violencia contra las mujeres tolerada o perpetrada por el Estado incluye la violencia cometida por policías, guardias, soldados, funcionarios/as de inmigración, la violación sexual en conflictos armados, la tortura bajo custodia, etc.

La violencia de género puede ser verbal, física, sexual, emocional. Algunos datos y cifras muestran la magnitud de la violencia de género, de la violencia contra las mujeres desde el punto de vista de los derechos humanos.

— En México 47 de cada 100 mexicanas sufre algún tipo de violencia en el hogar (Encuesta INMUJERES-INEGI-UNIFEM, 2003)

— De acuerdo con la Secretaría de Salud, en el año 2001 se atendieron 855 mil casos por lesiones, de éstos, 1,7 % correspondió a lesiones por violencia intrafamiliar, y el 60 % de las atenciones por ese tipo de violencia correspondió a mujeres.

— El Consejo de Europa señaló que la violencia de género causa más muertes e incapacidad entre las mujeres de 15 a 44 años que el cáncer, la malaria, accidentes de tráfico y hasta que la guerra.

— En Bangladesh o en la India una mujer es quemada con ácido cada 12 minutos.

— Una de cada cuatro mujeres sufre violencia doméstica.

— 25 % sufre una violación o intento de violación.

— 25 % de las mujeres es acosada sexualmente en el trabajo o en espacios públicos.

— Según estimaciones del Banco Mundial, la victimización de género es responsable de uno de cada cinco días de vida saludable perdidos por las mujeres en edad reproductiva.

— El gobierno ruso estima que 14.000 mujeres encontraron la muerte a manos de su pareja o familiares en 1999.

— 15 niñas murieron abrasadas y decenas resultaron heridas en un incendio en una escuela de La Meca, en el 2002, debido a que la policía religiosa saudí les impidió salir del edificio porque no llevaban la cabeza cubierta con pañuelo y ningún familiar varón las esperaba a la salida, además se impidió a los equipos de rescate entrar al edificio por ser hombres (web.amnesty.org/library/index).

Es obvio que la violencia no afecta sólo a las mujeres, también existe el maltrato de las mujeres hacia los hombres, aunque su incidencia es del 1 % con respecto al 99 % del que ocurre del hombre hacia la mujer.[9] Ahora bien, la intención no es golpear, maltratar o violentar a los hombres, sino sensibilizarlos y educar a toda la sociedad sobre este grave problema y diseñar las estrategias para su eliminación, ya que la violencia de género justamente es resultado de actitudes sexistas.

La violencia de género tiene sus raíces históricas en la discriminación y en la ausencia de derechos de las mujeres —de las humanas, el reconocimiento de la violencia de género como violencia contra las mujeres reviste un carácter constitucional dentro de un Estado de Derecho. La Asamblea General de las Naciones Unidas, en el marco de la Convención sobre la Eliminación de Todas las Formas de Discriminación contra la Mujer (CEDAW), teniendo como referencia la Conferencia Mundial de Derechos hu-

8. "La falta de la debida diligencia se refleja en la pasividad del Estado en ámbitos tales como inexistencia de medidas preventivas adecuadas, la indiferencia de las fuerzas de la autoridad ante los abusos, la no tipificación de éstos como delito, la discriminación de la mujer en el sistema judicial y la existencia de procedimientos legales que obstaculicen la imparcialidad de los procesos penales."

9. En México por cada 100 receptores de violencia, 96 son mujeres y cuatro hombres, y de los generadores de violencia, 9 de cada 100 son mujeres y 91 hombres. Encuesta sobre Violencia Intrafamiliar (ENVIF 1999).

manos celebrada en Viena, Austria en 1993, en su artículo primero la define como: "aquella violencia basada en el sexo y dirigida contra la mujer porque es mujer o que le afecta en forma desproporcionada. Se incluyen actos que infligen daño o sufrimiento de índole física, mental o sexual, incluidas las amenazas de tales actos, la coerción o las privaciones arbitrarias de libertad, ya ocurran en la vida pública o en la privada".

De ahí la importancia de considerar la integralidad de los derechos y la integralidad del ser humano, como partes de un mismo proceso para ser personas dignas.

Hay infinidad de documentos nacionales e internacionales que podrían dar cuenta de la repercusión de la violencia de género en la no vigencia de los derechos humanos, y de la gran cantidad de movimientos sociales que han develado los costos sociales y políticos por la utilización de estrategias violentas en el desarrollo de la humanidad. Pese a estos grandes esfuerzos y avances legislativos, la Organización de las Naciones Unidas publicó el 14 de octubre de 2004 una nota en la que señala que "no obstante el reconocimiento de que la violencia contra las mujeres es ahora ampliamente reconocida como problema público que continúa ocurriendo en todo el mundo y se agrava en situaciones de conflicto, persisten usos sociales, costumbres y religiones que privan a las mujeres de sus derechos más básicos, otorgándoles un estatus legal ante la sociedad menor al de los hombres". Además señaló que: "a 25 años de la adopción de un tratado global sobre derechos de la mujer, ningún país en el mundo ha alcanzado la total equidad entre mujeres y hombres, ni en la ley ni en la práctica, [...] las leyes discriminatorias persisten en muchos de los 178 países que firmaron la CEDAW, en algunos otros países promueven la equidad pero permanece la discriminación informal, indicó el Comité para la Eliminación de la Discriminación contra la Mujer (CEDAW)" (Periódico *El Universal*, 14-10-04).

En el Proyecto de Ley Orgánica de Medidas de Protección Integral contra la Violencia de Género, en España se señala que: "La tipificación específica de la violencia contra la mujer, además de ser una herramienta jurídica coactiva, cumple una función pedagógica: no caben justificaciones, está prohibida".

¿Pero qué mecanismos tenemos para combatirla, para erradicarla de nuestras vidas, de la vida de nuestras abuelas, madres, hermanas, hijas, amigas? La violencia se ejerce contra el ser humano, la violencia de género, la violencia contra las mujeres está inmersa en las relaciones sociales y para transformarlas no basta con un cambio de conciencia sino que se requiere la construcción de instituciones y prácticas que se materialicen en su interior, que modifiquen las estructuras vigentes en las que el poder masculino no siga siendo la base material de nuestra existencia. Esa creación de nuevas formas de relación responderá a una manera específica de experimentar el pensamiento crítico, de utilizar lo político y los espacios de poder para cambiar lo que siempre se ha visto como normal, natural, correcto, universal pero indigno al final.

Propuestas:

— Se requiere incorporar la propuesta metodológica de la perspectiva de género en las políticas públicas para eliminar la discriminación y la desigualdad en las relaciones sociales a partir de acciones que promuevan la equidad y la participación ciudadana.

— Tomar el campo de los derechos humanos como un espacio de democratización, ya que los podemos utilizar para denunciar las situaciones injustas y de violencia.[10]

---

10. La Corte Interamericana de Derechos Humanos en las sentencias del 27 de noviembre de 1998 y 10 de enero de 1999, en el caso Loayza Tamayo, tomó en cuenta la doctrina de la reparación del daño al proyecto de vida, señalando: "el denominado proyecto de vida atiende a la realización integral de la persona afectada,

— Promover acciones gubernamentales y no gubernamentales en contra de la violencia en todas su manifestaciones contra ambos géneros, pero tomando en cuenta la perspectiva de los derechos humanos de las mujeres y entendiendo que la violencia también es una cuestión política, de ejercicio equitativo de poder y una cuestión de justicia social.

En fin, ante el fenómeno de la violencia de género no basta ni la toma de conciencia ni la crítica, se requiere de las acciones y mecanismos institucionales que garanticen que se puedan combatir y erradicar de la vida de las mujeres los hechos como el maltrato, la violencia y toda forma de exclusión. Todo ello implica romper con la marginación, no mantenerse "al margen de" la igualdad, la equidad, la justicia, hay que aportar aspectos teóricos y prácticos que permitan transformar las estructuras sociales que legitiman teorías y paradigmas que sirvan para la sumisión y la dominación y que impidan a las mujeres y a los hombres configurarse como seres humanos.

Bibliografía

Análisis Comparativo de Legislación Local e Internacional Relativo a la Mujer y a la Niñez de los Estados de Chiapas y Tabasco, CNDH, México, 1997.

IIDH. Estudios Básicos de Derechos Humanos IV, Unidad Editorial del Instituto Interamericano de Derechos Humanos, San José, Costa Rica, 1997.

Encuesta sobre Violencia Intrafamiliar (ENVIF, México, 1999).

FACIO, Alda. *Lineamientos para la Integración de la Perspectiva de Género en los Organismos de la Federación Iberoamericana de Ombudsman*, FIO, Costa Rica, 1992.

LAGARDE, Marcela. *Los Cautiverios de las Mujeres: madresposas, monjas, putas, presas y locas*, PUEG, UNAM, México, 2001.

LARRAURI, Elena (comp.). *Mujeres, Derecho Penal y Criminología*. "Las Mujeres y el Estado: Modelos de Control Social en Transformación", Nanette J. Davis y Karlene Faith, Siglo XXI, p. 126.

OMS/OPS. *Mesa Nacional para la Atención de la Violencia Intrafamiliar. Por un camino de concertación para deconstruir la violencia intrafamiliar en el Perú*. Perú, 1998.

PIMENTEL PÉREZ, Maribel. *Tiempos de Violencia*. "Violencia: ¿condición de género?", UAM-Xochimilco, México.

Programa de Acción Regional para las Mujeres de América Latina y el Caribe, 1995-2001. Comisión Económica para América Latina y el Caribe. Fondo de Desarrollo de las Naciones Unidas para la Mujer. Santiago de Chile.

SÁNCHEZ, Consuelo. "Las mujeres indígenas en el debate", en revista *Memoria* n.º 174, Identidad, género y autonomía, Pan y Rosas, www.rebelion.org/mujer/030924sanchez.htm, 24 de septiembre de 2003.

considerando su vocación, aptitudes, circunstancias, potencialidades y aspiraciones, que le permiten fijarse razonablemente determinadas expectativas y acceder a ellas [...] se asocia al concepto de realización personal, que a su vez se sustenta en las opciones que el sujeto puede tener para conducir su vida y alcanzar el destino que se propone. En rigor, las opciones son la expresión y garantía de la libertad... Por tanto, los hechos violatorios de derechos impiden y obstruyen seriamente la obtención del resultado previsto y esperado, y por ende alteran en forma sustancial el desarrollo del individuo... la existencia de una persona se ve alterada por factores ajenos a ella que le son impuestos en forma injusta y arbitraria, con violación de las normas vigentes y de la confianza que pudo depositar en órganos del poder público obligados a protegerla y a brindarle seguridad para el ejercicio de sus derechos y la satisfacción de sus legítimos intereses... La violencia de género rompe cualquier proyecto de vida hasta modificar las condiciones de existencia de la mujer".

BREVE REPASO HISTÓRICO DEL TRATAMIENTO JURÍDICO DE LA PROSTITUCIÓN EN EL ESTADO ESPAÑOL CONTEMPORÁNEO (SIGLO XIX HASTA LA TRANSICIÓN POLÍTICA)

Gemma Nicolás

Este texto es una síntesis del trabajo de investigación con título *Evolución del tratamiento jurídico de la prostitución en el Estado español contemporáneo. De la reglamentación del siglo XIX al semiprohibicionismo de la Dictadura franquista*, con el que adquirí, conjuntamente a otros dos trabajos, el Diploma de Estudios Avanzados (DEA) el año pasado, 2004. He querido incluirlo en este libro homenaje a mi querido Profesor Bergalli porque constituyó para mí la primera recompensa académica tras finalizar la licenciatura e iniciarme en el mundo de la investigación. Sin duda debo su realización, tanto formalmente, por apoyarme en la solicitud de las diversas becas que he obtenido para cursar mi Doctorado, como en su contenido, por lo aprendido junto a él y por los comentarios concretos que me hizo sobre algunos capítulos, a Roberto Bergalli. A él y a Iñaki Rivera les agradeceré siempre el haberme abierto las puertas de un mundo desconocido para mí, el haberme permitido aprender de ellos y el haberme hecho un hueco en su familia universitaria. Han sido tres años de andadura y aprendizaje. Sólo puedo decir, para concluir esta introducción, que espero de corazón que sean muchísimos más.

1. De la reglamentación decimonónica al semiprohibicionismo franquista

Los derechos humanos de las trabajadoras sexuales y su dignidad han sido históricamente violados por los poderes públicos contemporáneos. Los motivos que solieron justificar esta discriminación tenían su origen en criterios de salud pública, respecto al control higiénico de la transmisión de enfermedades venéreas, y de orden público, sobre la represión de conductas atentatorias de la moral. La regulación estatal decimonónica y de la primera mitad del siglo XX, ya sea reglamentarista o semiprohibicionista, controló, reprimió y estigmatizó a las mujeres prostitutas, mientras que ninguna de las intervenciones estatales se dirigió nunca contra los hombres, participantes necesarios de la prostitución. La actividad del Estado en el intercambio de sexo por dinero se ha centrado siempre en la oferta, a diferencia de otras políticas públicas, como las de drogas, que focalizan su operación en la demanda (consumidores, drogodependientes, pequeños traficantes consumidores, etc. más que en los grandes traficantes).

La reglamentación[1] decimonónica de la prostitución, que se generalizó en el Estado español en la segunda mitad del siglo mediante reglamentos locales o provinciales, vulneraron gravemente los derechos humanos y la dignidad de las prostitutas y de

---

1. Por "reglamentación" se entiende la existencia de un cuerpo normativo que permite y regula los requisitos y las condiciones en las que debe realizarse el sexo pagado.

todas las mujeres (Alcaide, 2000; Carboneres, 1876; Castejón-Bolea, 2001; Gureña, 2003; Lidón, 1982; Vázquez y Moreno, 1996). Los exámenes ginecológicos obligatorios, el registro administrativo de las mujeres, las restricciones a la libertad deambulatoria en las ciudades y a la libertad de expresión en la calle, el confinamiento en burdeles, el internamiento y el tratamiento obligatorios, la fuerte y constante estigmatización, las dificultades para abandonar la profesión y la brutalidad y la arbitrariedad policial son algunas de las agresiones de las que fueron víctimas las mujeres trabajadoras sexuales durante el siglo XIX. Todas las mujeres eran víctimas de este sistema represivo e intrusivo. Cualquiera de ellas podía ser considerada prostituta y ser objeto de exámenes médicos obligatorios y ser registrada como trabajadora sexual.

El llamado "neo-reglamentarismo", que se materializó en el Reglamento estatal de 1908, supuso una racionalización y sistematización del sistema reglamentarista que también justificó la intrusión en los cuerpos y vidas de las prostitutas con argumentos de profilaxis de enfermedades venéreas (Castejón-Bolea, 2001; Gureña, 2003; Lidón, 1982; Vázquez y Moreno, 1996). Pese a separarse y priorizarse los aspectos sanitarios de los policiales-represivos, el sistema de control de las mujeres no dejó de ser discriminatorio y vulnerador de sus derechos humanos.

Cuando fue evidente que la reglamentación había fracasado en cuanto al control de enfermedades venéreas, la mayoría de los Estados pasaron a prohibir la prostitución,[2] aunque dijeran que optaban por sistemas abolicionistas.[3] La Segunda República derogó por primera vez, en 1935, la reglamentación de la prostitución y declaró la instauración en el Estado español de un sistema abolicionista (Gureña, 2003; Lidón, 1982). No se puede llegar a saber si en la práctica se implementó un sistema semiprohibicionista ya que la Guerra Civil estalló el año siguiente.

La Dictadura franquista reprimió a todas las mujeres y vulneró los derechos de las prostitutas en las dos etapas del tratamiento jurídico de la prostitución que pueden diferenciarse. Hasta 1956 el gobierno sublevado restableció la reglamentación y continuó con los controles médicos obligatorios, con el control policial, con el confinamiento de las mujeres en burdeles, etc. Tras el Decreto-Ley de 1956, el Estado español se declaró abolicionista, pese a instaurar de facto un sistema prohibicionista que perseguía, criminalizaba y encarcelaba a las mujeres autónomas (Caro-Patón, 1956; Gureña, 2003; Lidón, 1982; Núñez, 2003; Núñez, 1995). Tanto el Código penal, como la Ley de Vagos y Maleantes hasta 1970 o la Ley de Peligrosidad y Rehabilitación Social después de esa fecha legitimaban la persecución policial y el encarcelamiento de las mujeres prostitutas.

2. El imaginario social de la mujer prostituta

La intervención estatal sobre la prostitución y las teorías que la justificaron en sus varias etapas dibujaron una imagen distorsionada y misógina sobre la mujer prostituta y contribuyeron a la consolidación de ese imaginario. En general, las prostitutas han sido tratadas como parásitas, peligrosas, enfermas y desordenadas.

---

2 Por "prohibicionismo" ha de entenderse aquel sistema que persigue y reprime a las mujeres que realizan esta actividad, ya sea por la vía penal o por la vía administrativa.

3. Por "abolicionismo" debe entenderse aquella política pública que permite la prostitución, pero no la legaliza ni la prohíbe. Tan sólo tipifica como delito el proxenetismo, el lucro que de esa actividad pueda obtener una tercera persona. La finalidad última que persigue es la erradicación de la misma.

La reglamentación decimonónica de la prostitución generó una visión de la prostituta como mezcla de utilidad y enfermedad. La regulación de la prostitución en el siglo XIX se llevó a cabo, según la doctrina del mal menor, por el convencimiento de la imposibilidad de eliminarla y por, al mismo tiempo, el reconocimiento de la función positiva que significaba tener un espacio circunscrito y controlado para el desahogo sexual masculino. Ante este hecho, la reglamentación tenía la finalidad expresa de evitar el contagio de enfermedades venéreas, de lo cual sólo se acusaba a las mujeres. Las prostitutas se consideraron vectores de transmisión de la sífilis. Por ello se convirtieron en el "gran demonio social" (Spongberg, 1997).

Con el cambio de siglo, dos imágenes de la trabajadora sexual aparecieron y se combinaron, sobre todo a nivel internacional. Por un lado, el abolicionismo feminista y el humanitario percibieron a la prostituta como víctima, ya fuera de circunstancias económicas, del abandono familiar o del seductor, etc. (Drenth y Haan, 1999). En sentido diverso, y por influencia del positivismo lombrosiano, apareció otro concepto: el de la prostituta congénita (Lombroso y Ferrero, 1893; Ruíz-Funes, 1927). En este caso, la mujer se convertía en uno de los mayores peligros sociales, ya que no sólo transmitía enfermedades venéreas, sino que perjudicaba la prole y degeneraba la raza al concebir descendencia infectada por la sífilis. En la preocupación eugenésica por la raza, la prostituta era uno de los mayores peligros para el futuro de la nación. Podría afirmarse que con el auge de los pensamientos contrarios a la reglamentación, y pese al neo-reglamentarismo, el convencimiento respecto a la utilidad de la prostitución perdió intensidad.

En la Segunda República española no se produjeron grandes cambios en la concepción de la mujer prostituta. Quizá, por la fuerza del pensamiento de izquierdas y del feminismo, adquirió mayor fuerza la imagen de la prostituta como víctima del sistema económico y patriarcal (por ejemplo, Goldman, 1977; Nelken, 1919). Sin embargo, debido a la influencia de la eugenesia, y pese a la declaración abolicionista de 1935, se plantearon como políticas viables el delito de contagio venéreo, el tratamiento médico obligatorio y la hospitalización forzada (Primer Congreso, 1935). Pese a que estas medidas no iban dirigidas expresamente a las trabajadoras sexuales, era obvio que ellas habrían sido las víctimas de estas propuestas represivas. Durante la Guerra Civil, en el bando republicano predominó la concepción feminista y de izquierdas de la prostituta víctima de las injusticias sociales. Algunas propuestas que se llevaron a la práctica en la zona anarquista, como "Mujeres Libres", no se redujeron a una pasividad victimista, sino que trataron de "empoderar" a las mujeres para dotarles de autonomía y fuerza (Ackelsberg, 1991; Nash, 1975).

En el franquismo la imagen de la mujer prostituta se materializó con solidez en la figura de la mujer caída, caída del árbol de la virtud femenina, formando uno de los extremos de la maniqueísta división entre mujeres putas y mujeres "madonnas". La prostituta era útil, salvaguardaba la honra y la salud de las mujeres decentes, pero al mismo tiempo era también un parásito de la sociedad. La actitud franquista manifestó hipocresía en la visión de la prostituta, mezcla de conmiseración, como caída, y culpabilización, como pecadora. En virtud de esto, se la pretenderá redimir y reprimir al mismo tiempo (Caro-Patón, 1956; Núñez, 2003; Roura, 1998).

3. La criminalización de la prostitución: una rápida ojeada a los Códigos penales españoles

Durante el siglo XIX, la regulación penal (1822, 1848-50 y 1870) no tipificó conductas relativas a la prostitución adulta como delito, ya que ni ésta ni su explotación económica se consideraron suficientemente lesivas para la sociedad. Los Códigos penales tan sólo recogieron una falta penal para el caso de inobservancia de los reglamentos sobre prostitución. El Estado liberal manifestaba en este aspecto de la sexualidad femenina su talante no intervensionista, algo paradójicamente contrario a la tipificación como delitos de otras conductas relativas a la libertad sexual femenina, como, por ejemplo, el adulterio.

Hasta 1904 no se recogieron en el Código penal español los delitos de proxenetismo y rufianismo. Esta tipificación no se produjo por un cambio en la política gubernamental respecto a la prostitución, que seguía estando regulada como en el siglo anterior, sino por la presión internacional que iba encaminada cada vez más a la instauración de un sistema abolicionista represivo. La inclusión de estas conductas en el Código penal supuso una incompatibilidad de fuentes en el ordenamiento jurídico español que estuvo presente, salvo el breve paréntesis abolicionista de la Segunda República, hasta 1956 cuando se derogó finalmente la reglamentación.

La tipificación penal de los delitos relativos a la prostitución permaneció constante, sin demasiadas variaciones, a través de los distintos Códigos penales del siglo XX (y hasta del XXI). Durante la dictadura franquista el Código penal se aplicó arbitrariamente a las trabajadoras sexuales en virtud del delito de escándalo público.

En 1933, la Ley de Vagos y Maleantes también perseguía administrativamente el proxenetismo y el rufianismo como actividades peligrosas, además de la tipificación penal a la que se acaba de hacer referencia. A lo largo del franquismo, las prostitutas fueron perseguidas, según la legislación de Vagos, por escándalo público y actividad inmoral. Con la Ley de Peligrosidad y Rehabilitación Social de 1970 se continuaron castigando administrativamente el proxenetismo y el rufianismo, además de la prostitución callejera como actividad peligrosa.

4. El pensamiento contrario a la reglamentación: los abolicionismos

El abolicionismo, como movimiento de oposición al reglamentarismo, no fue nunca homogéneo. En más de un siglo de evolución, varios pensamientos contrarios a la reglamentación de la prostitución se consideraron abolicionistas. La oposición a la reglamentación de la prostitución se gestó desde diferentes flancos, algunos muy diferentes entre sí. Mayoritariamente, el feminismo y el pensamiento de izquierdas participaron en el movimiento abolicionista liberalizador de las mujeres. Los juristas, los criminólogos y los eugenistas oscilaron en una zona de grises entre el abolicionismo humanitario y el prohibicionismo represivo.

En un primer momento, el abolicionismo, de la mano de la inglesa Josephine Butler, nació en el siglo XIX estrechamente relacionado con la primera ola del movimiento feminista, que fundamentaba la exigencia de la derogación de la reglamentación en la emancipación de todas las mujeres (Barry, 1988; Drenth y Haan, 1999; Walkowitch, 1995).

Este abolicionismo concibió la prostitución como una cuestión de "dignidad de la mujer" porque la normativa que la regulaba formalizaba y legalizaba la esclavitud sexual de las mujeres. La cruda brutalidad de los médicos y la arbitraria identificación policíaca de las prostitutas creaban todo un sistema de control que se forjaba sobre todas las mujeres. Cualquiera de ellas podía ser identificada como prostituta y sometida a humillantes controles médicos si se arriesgaba a salir al mundo público. Más allá de la derogación de la reglamentación, la campaña demandaba la destrucción el doble criterio sexista de moralidad y más libertad personal para todas las mujeres.

Hacia finales de siglo, el abolicionismo fue también defendido por puritanos conservadores que fundamentaban la derogación de las normas reglamentaristas en la defensa de la moral (Pivar, 2002). Abogaban por la castidad masculina y la protección y el control sobre las mujeres, sobre todo de clase trabajadora, a través de restricciones estatales sobre la conducta social y sexual.

Este movimiento reaccionario y no emancipatorio de las mujeres monopolizó el debate abolicionista y contra la trata de blancas a nivel internacional. Josephine Butler y otras mujeres se apartaron de esta corriente (Pheterson, 1992:48), mientras que el pensamiento fue influido por los argumentos positivistas de la Escuela Italiana, hecho que hizo recaptar adeptos de los reformadores sociales partidarios de la eugenesia. Consideraban que las prostitutas eran especialmente peligrosas porque al transmitir la sífilis a sus clientes o al dar a luz a sus hijos posibilitaban la proliferación de seres de enorme peligrosidad social, futuros criminales más dañinos aún que sus madres (Vázquez y Moreno, 1996:49).

Muchas de las propuestas de este abolicionismo conservador se acercaron más al prohibicionismo represivo que al abolicionismo humanitario. Algunos criminólogos abogaron por la represión total de la prostitución, con encierro e, incluso en algunos casos, con esterilización forzosa.

Los movimientos de izquierdas también apoyaron el abolicionismo de la reglamentación. Su postura se asemejaba más a la feminista, en el sentido de reivindicar la descriminalización de la prostitución y la emancipación de las mujeres. En general, se achacaba al sistema económico y a las desigualdades estructurales que producía la existencia de la prostitución. Los partidos políticos y las asociaciones obreras acusaban a la clase burguesa de ser la verdadera provocadora de la prostitución a través de la explotación económica y coactiva sobre las trabajadoras y las mujeres de la clase proletaria. Además, los pensadores de izquierda situaron la causa principal de la prostitución en la seducción de las jóvenes por hombres de la clase burguesa. Las feministas de izquierdas también atacaron el sistema patriarcal y la desigual configuración de las sexualidades (Arenal, 1869; Goldman, 1977; Nelken, 1919).

Las corrientes de pensamiento reglamentaristas, abolicionistas y prohibicionistas permanecen aún hoy en los debates actuales sobre prostitución. Algunos argumentos se han revestido de elementos nuevos, otros, en cambio, se enuncian igual que en el siglo XIX sin ningún pudor. Así pues, en los discursos de hoy en día continuamos encontrando argumentos de orden público, de salud pública (tema sida), de moralidad, de esclavitud sexual de la mujer, etc. que defienden posturas prohibicionistas o abolicionistas que vulneran los derechos de las trabajadoras sexuales sin, en ningún caso, escuchar su voz. Sin embargo, no podemos decir que todo sea antiguo en los discursos del trabajo sexual del siglo XXI. En el debate actual unas nuevas interlocutoras y un nuevo planteamiento han aparecido. Por primera vez en la historia, las protagonistas del fenómeno de la prostitución toman la palabra y alzan la voz para representarse a sí mismas en el debate público. De su mano aparece un nuevo discurso dirigido a la lucha por los derechos humanos de las trabajadoras sexuales como ciudadanas y trabajadoras, que dinamita, desde sus fundamentos, la construcción teórica, social y política del fenómeno de la prostitución de los, al menos, dos últimos siglos.

Bibliografía

ACKELSBERG, Martha (1991), *Free women of Spain. Anarchism and the Struggle for the Emancipation of Women*. Bloomington, Indianapolis: Indiana University Press.

ALCAIDE GONZÁLEZ, Rafael (2000), *La higiene de la prostitución en Barcelona: una aproximación a los contenidos médico-sociales del higienismo en España durante el siglo XIX*. Barcelona: Geo-Crítica, Textos electrónicos, Departamento de Geografía Humana de la Universitat de Barcelona, en www.ub.es/geocrit/pspestin.htm

ARENAL, Concepción (1869), *La mujer del porvenir. Artículos sobre las conferencias dominicales para la educación de la mujer, celebradas en el Paraninfo de la Universidad de Madrid*. Sevilla-Madrid: Eduardo Perié-Félix Perié.

BARRY, Kathleen (1988), *Esclavitud sexual de la mujer*. Barcelona: LaSal. Trad. P. Villegas y M. Bofill.

CARBONERES, Manuel (1876), *Picaronas y alcahuetes o la mancebía de Valencia. Apuntes para la historia de la prostitución desde principios del siglo XIV hasta poco antes de la abolición de los fueros, con profusión de notas y copias de varios documentos oficiales*. Valencia: Imp. De El Mercantil.

CARO-PATÓN, Tomás (1956), *La mujer caída. Memorias y reflexiones de un médico en la lucha antivenérea*. Madrid: M. Montal Editor.

CASTEJÓN-BOLEA, Ramón (2001), "Doctors, social medicine and VD in late-nineteenth-century and early-twentieth-century Spain", en R. Davidson y L.A. Hall (eds.), *Sex, sin and suffering. Venereal disease and European society since 1870*, Londres, Nueva York: Routledge, pp. 61-75.

DRENTH, Annemieke van y Francisca DE HAAN (1999), *The Rise of Caring Power. Elisabeth Fry and Josephine Butler in Britain and the Netherlands*. Ámsterdam: Amsterdam University Press.

GOLDMAN, Emma (1977), *Tráfico de mujeres y otros ensayos sobre feminismo*. Barcelona: Anagrama. Trad. A. Becciù.

GUREÑA, Jean-Louis (2003), *La prostitución en la España contemporánea*. Madrid: Marcial Pons.

LIDÓN, Jose María (1982), "La reglamentación de la prostitución en España durante los siglos XIX y XX", en *Estudios de Deusto*, vol. XXX/2, n.º 69 (jul.-dic.), pp. 409-493.

LOMBROSO, Cesare y Guglielmo FERRERO (1893), *La donna delinquente, la prostituta e la donna normale*. Torino, Roma: L. Roux e C.

NASH, Mary (1975), *"Mujeres libres". España 1936-1939*. Barcelona: Tusquets.

NELKEN, Margarita (1919), *La condición social de la mujer en España. Su estado actual: su posible desarrollo*. Barcelona: Minerva.

NÚÑEZ DÍAZ-BALART, Mirta (2003), *Mujeres caídas. Prostitutas legales y clandestinas en el franquismo*. Madrid: Oberon.

NÚÑEZ ROLDÁN, Francisco (1995), *Mujeres públicas. Historia de la prostitución en España*. Madrid: Temas de Hoy.

PHETERSON, Gail (1992), *Nosotras, las putas*. Madrid: Talasa, Colección Hablan las mujeres. Trad. G. Baravalle.

PIVAR, David J. (2002), *Purity and hygiene, women, prostitution, and the "American Plan", 1900-1930*. Westport, Conn., Londres: Greenwood.

Primer Congreso Nacional de Sanidad, Madrid, 6-12 de mayo de 1934 (1935), tomo segundo. Madrid.

ROURA, Asumpta (1998), *Mujeres para después de una guerra. Informes sobre moralidad y prostitución en la posguerra española*. Barcelona: Flor del viento.

RUÍZ-FUNES, Mariano (1927), *Endocrinología y criminalidad*. Madrid: Javier Morata Editor.

SPONGBERG, Mary (1997), *Feminizing Venereal Disease. The Body of the Prostitute in Nineteenth-Century Medical Discourse*. Basingstoke: Macmillan Press.

VÁZQUEZ GARCÍA, Francisco y Andrés MORENO MENGÍBAR (1996), *Poder y prostitución en Sevilla*. Tomo II. Sevilla: Universidad de Sevilla.

WALKOWITZ, Judith R. (1995), *La ciudad de las pasiones terribles. Narraciones sobre peligro sexual en el Londres victoriano*. Madrid: Cátedra, Colección Feminismos. Trad. M.ª L. Rodríguez Tapia.

Legislación

Código Penal Español, Decretado por las Cortes en 8 de junio, sancionado por el Rey, y mandado promulgar en 9 de julio de 1822 (1822), en *Papeles Varios, Historia de España, 12.* Madrid: Imprenta Nacional.

Código Penal, comentado y anotado por un abogado del Ilustre Colegio de Madrid (1867). Madrid: La Ley.

Código Penal reformado, mandado publicar provisionalmente, en virtud de autorización concedida al Gobierno por la Ley de 17 de junio de 1870 (1870), Edición Oficial. Madrid: Imprenta del Ministerio de Gracia y Justicia.

Código Penal de 23 de Diciembre de 1944, ordenado conforme a los preceptos y orientaciones de la Ley de Bases de 19 de Julio de 1944, adicionada con jurisprudencia pertinente, antecedentes y concordancias con otras disposiciones legales y varios apéndices (1944). Por la redacción de la Revista de los Tribunales. Madrid: Góngora.

Código Penal. Texto revisado de 1963. Anotado y concordado por Aranzadi (1963). Pamplona: Aranzadi.

GROIZARD y GÓMEZ de la SERNA, Alejandro (1913), *El Código Penal de 1870 concordado y comentado*, tomo V, 2.ª ed., Madrid: Sucesores de J.A. García.

Ley de Peligrosidad y Rehabilitación social (1970) en SABATER TOMÁS, Antonio (1972), *Peligrosidad social y delincuencia*. Barcelona: Ed. Nauta.

PACHECO, Joaquín Francisco (1867), *El Codigo Penal concordado y comentado*, tomo III. Madrid: Imprenta de Manuel Tello.

RODRÍGUEZ DRANGUET, Alfonso (1935), *Defensa social. Tratamiento de los peligrosos. Legislación de vagos y maleantes. Ley y Reglamento*. Madrid: Centro Editorial Góngora.

VIADA y VILASECA, Salvador (1890), *El Código Penal reformado de 1870 con las variaciones introducidas por el mismo por la ley de 17 de julio de 1876 concordado y comentado*. Madrid: Librería Fernando de Fé.

—(1906), *El Código Penal reformado de 1870 concordado y comentado*. Madrid.

DELITO ENCUBIERTO EN IMAGEN DESCUBIERTA

Saúl Rosas Rodríguez
Irma Cavazos Ortiz

A don Roberto Bergalli. Por su infatigable búsqueda de la razón y entrega desinteresada a sus discípulos, quienes hoy le rinden un sentido homenaje.

Nunca volverán los tiempos gloriosos en los que el ser humano, atento a su vida cotidiana, escuchaba desde su interior la radio. Medio que generaba en el receptor infinidad de imágenes de una realidad o irrealidad, a veces cruel, a veces pura, a veces ficticia. Sin embargo, se han ido los años de la imaginación a través de la palabra. Aquellas horas añoradas en las que sólo bastaba escuchar para ver y recrear. Hoy sólo vemos, pero somos incapaces de oír, y, cuanto menos, de escuchar.

En este primer lustro del siglo XXI, la mayoría de seres humanos es conciente, o inconscientemente víctimas de un alud de imágenes respecto de una realidad que, a veces pensamos, pueden no ser reales, pero que aturden, que enervan los sentidos con la contundencia de la información que traen detrás de ellas.

Así en México, desde hace más de una década, un conjunto de hechos deleznables se ha convertido en un fenómeno no solamente delictivo sino mediático. Se trata de las llamadas "Muertas de Juárez", el cual ha impactado los ámbitos político, religioso y social.

En gran medida la imagen y la percepción del fenómeno, que se presenta en la ciudad fronteriza, se debe a la utilización de los medios de comunicación que se han comportado no sólo como informadores de los sucesos, sino, se han convertido en jueces y verdugos, en un sistema de justicia que, como muchos otros, ha demostrado ser incapaz no sólo de controlar al fenómeno sino de entenderlo.

Hoy el lenguaje de los medios de comunicación está gobernado por las imágenes. Por el acontecer desmedido de sucesos violentos, que generan en el espectador una percepción magnificada de un suceso, de por sí deplorable, pero que lo convierten en algo imposible de contener. Lo anterior en parte se debe a la falta de información oficial, respecto del fenómeno, lo cual ha abierto el terreno para la especulación; y, los medios, han dado a conocer una realidad tangible y terrorífica a la cual no se le encuentran motivos y, menos aún, fines.

Las diversas explicaciones abarcan desde el homicidio pasional, pasando por la trata de blancas, las organizaciones de delincuencia organizada (narcotráfico); o bien, como obra de uno o varios asesinos seriales. Sin olvidar, por supuesto, la elaboración de lo que se ha llamado cine *snuff*. Todas éstas se han convertido en los hilos de investigación que, en lugar de desentrañar la problemática, la han hecho cada día más compleja.

Los medios a través de sus recursos (escrito o audiovisual) ofrecen un sin fin de testimonios, imágenes e información que viajan a todo el mundo. Generar imágenes audiovisuales es una tarea más allá de informar. Los medios tienen su propio lenguaje, sus códigos de emisión de mensajes a través de medios específicos. En la radio, por ejemplo se han limitado a ofrecer cifras y testimonios del fenómeno. Han permitido difundir las palabras de dolor y desesperación. Han transmitido el silencio de la impotencia y la impunidad a través de entrevistas inacabadas y siempre redundantes de las autoridades. Generado más expectativas que certezas.

En cuanto a la transmisión de imágenes, por todos los medios al alcance, se han generado iconos de pavor como medida de presión para aquellos que debieran ofrecer una solución al problema. Pero, ya no se trata de una presión social o política; se trata de quién o quiénes consumen los mensajes, de todos aquellos que, con sólo oprimir un botón, consumen las imágenes de la violencia misma. De la muerte que acecha y que pareciera que sólo ahí ronda para cobrar una víctima más.

Así paradójicamente de pronto, el caso de las Muertas de Juárez, es un conjunto de delitos encubierto, pero que se ha convertido en imagen descubierta, que ha envuelto no sólo al país, sino al mundo entero. El descubrimiento de cada mujer sin vida, es como el nuevo aliento para creer que sólo allá se quita la vida sin razón, se extingue la conciencia social y se remarca que el único habitante de este planeta que mata por placer es el hombre mismo.

El caso ha sido banquete de la nota roja, del morbo, del grito ante la indiferencia, como lo fue en su momento el movimiento zapatista. Después de la acción, vino la calma, más no la solución del conflicto. Pero, al no haber acción no hay imagen, no hay noticia, no hay más que la realidad que no ha cambiado y que espera... espera.

Con las Muertas de Juárez podrá ocurrir lo mismo, cuando la muerte siga ahí pero silenciosa, sin una cámara enfrente, sin un suceso que narrar. Seguirá así hasta que el espectador y la sociedad lo vean como una costumbre y tan sólo los medios habrán servido al poder para olvidarlas o llamarlas cuando los intereses de políticos y organizaciones así lo demanden.

¿Cuál es entonces el papel de los medios de comunicación ante sucesos como éstos? ¿Hasta dónde va la ética de quienes son dueños de los medios de comunicación? ¿Es un deber informar y formar o informar y crear de la información un espectáculo como lo ha sido hasta hoy: un entretenimiento macabro que va sin duda más allá de lo verosímil?

Tanta información se ha difundido pero tan en desorden, que llegará un momento en que, cualquier solución que se dé al suceso será insuficiente para la sed de respuesta que se ha generado en la sociedad mexicana y mundial.

¿Cuáles son los límites de la libertad de expresión o hasta dónde se tiene el derecho a la información?

Es decir se ha creado una cultura del consumo de la información, que los medios ofrecen para entender una realidad. Sin embargo, es necesario no dejarnos avasallar por el tumulto de imágenes que pueden provocar, incluso, más caos del que ya existe.

Así, en la sociedad moderna el individuo es un ávido consumidor de imágenes, pendiente de cada suceso, es un rapaz usuario de la violencia visual y auditiva. Nulificando su percepción de los actos de justicia para erradicar el crimen. Paradójicamente el consumo de violencia ha permitido a la sociedad solucionar algunos problemas, porque la denuncia en imágenes ha servido para contrarrestar la violencia.

Sin embargo, los medios, en su loca y acelerada carrera por tener más audiencia, han olvidado la objetividad en el manejo de la información y la manipulan de acuerdo a sus propios intereses. La noticia vende espacio, la violencia vende, es sensacional, es alarmante y mientras genere ingresos económicos no importan las consecuencias sociales. Se ha perdido, igualmente, el ángulo crítico ante los hechos y sólo se exige justicia mostrando la barbarie que está ahí y que parece no detenerse.

Sin duda alguna, las Muertas de Juárez, es, no sólo, el resultado de una sociedad mexicana que hoy cree más en la impunidad que en sus instituciones. Se ha convertido en un espectáculo macabro que alimenta páginas y páginas en los diarios; y horas y horas de imágenes en televisión.

En un país como México, inmerso en la modernidad, que vive en un caos político y social, se necesita una cultura mediática; un aprender día con día a evaluar la información, para tratar de entender la realidad y, así, proponer soluciones a los conflictos desde los ámbitos sociales hasta los jurídicos y políticos, que son hasta ahora los más vulnerables, por lo menos desde el punto de vista del ciudadano común.

Violencia contra las mujeres descubierta

Como se apunta, los medios han contribuido de manera decisiva en varios aspectos en la imagen del fenómeno *Muertas de Juárez*. Entre ellos el que más destaca es el morbo. Pero, también, se ha convertido en el sitio donde han encontrado cauce las demandas ciudadanas, principalmente las femeninas con respecto de los homicidios y desapariciones de mujeres en esa región fronteriza.

Así, gracias a la prensa se tiene seguimiento de la información, porque la ciudadanía no siempre cuenta con datos accesibles. A pesar de ello se tiene, en cierta manera, una visión —quizá parcial— de los hechos que suceden. En este sentido, el trabajo periodístico del fenómeno permitió evidenciar la muerte de mujeres en otras regiones del país. Así, desde 1993, aparece el hecho, empieza a expandirse la información a escala nacional y, posteriormente, adquirió dimensiones y alcances internacionales.

De esta manera, las principales fuentes periodísticas que abordaron el asesinato de mujeres desde el seguimiento periodístico son *Las Muertas de Juárez*, de Víctor Ronquillo (1996) y *Huesos en el desierto,* de Sergio González (2002). En ellas se destaca el fenómeno, el cual consiste en registrar casos de mujeres privadas de la vida en parajes solitarios; pero, a la vez próximos a la urbe; con signos de abuso sexual; pobres; jóvenes; morenas y de cabello largo. Tal como se muestra en el documental *Señorita extraviada,* Lourdes Portillo (2001), éste permitió dimensionar a las víctimas indirectas y ocultas de cada caso: los familiares. Asimismo la periodista Diana Washington, publicó *Cosecha de mujeres*, recientemente presentado en mayo de 2005, en el cual expresa otras hipótesis.

En el fenómeno hay enormes contradicciones. Sin embargo, destacan dos aspectos: el primero, vinculado a la incapacidad de las autoridades para resolver los homicidios; y, el segundo, es el referente a la violencia de género y la vida personal de las víctimas.

Con relación a ambos, Francisco Barrio Terrazas, ex gobernador del estado de Chihuahua —quien ejerció la función por parte del Partido Acción Nacional, entre los años 1992 a1996—, afirmó que todas las víctimas venían de familias desintegradas; que eran migrantes; que tenían una doble vida y salían con muchos hombres y concluyó que la cantidad de asesinatos podía considerarse normal.[1]

El funcionario declaró públicamente que las víctimas eran propiciatorias por su forma vida, las discriminó por características familiares y por no ser originarias de la región. Sin embargo, lo más alarmante fue la expresión —casi justificación— de que eran víctimas por su forma de vida. Expresó sintéticamente lo que la mayoría de los sujetos (femeninos y masculinos) perciben, del imaginario social sexista, la violencia simbólica y manifiesta contra las mujeres. Además, de considerar los homicidios como algo normal; es decir, que es natural que las mujeres, con las características descritas, terminaran o terminarían así.

---

1. Cfr. Boletín Electrónico de la Red Feminista Latinoamericana y del Caribe contra la Violencia Doméstica y Sexual, disponible en la página web: http://www.isis.cl/temas/vi/inter6.htm

La desconfianza en las instituciones se reafirma ante tales actitudes, permite cuestionarse ¿impericia, negligencia, impunidad, complicidad?

En la sociedad mexicana existe de manera palpable una hostilidad y desvalorización a lo femenino, un desprecio a los sujetos femeninos que no cubren las expectativas de los estereotipos culturales afirmados por el patriarcado. Hay una tolerancia inconmensurable hacia la violencia contra las mujeres, en todos los espacios y una aceptación a su desigualdad no sólo social, sino en el extremo de lo jurídico. En suma, en México ser mujer involucra no estar en igualdad de condiciones para ejercer y gozar de los derechos fundamentales implícitos en las leyes nacionales y en los tratados internacionales; pues, de una manera formal se han incluido, pero en la realidad siguen distantes para acceder como colectivo femenino a ellos.

La defensa de las víctimas provino de los diversos grupos feministas, quienes negaron rotundamente las fallidas afirmaciones de la máxima autoridad estatal. En algunos casos se demostró, de forma contundente —por medio de entrevistas y semblanzas—, la falta de conocimiento sobre el tema, lo perturbador es que las aseveraciones eran del ejecutivo local, responsable (o mejor dicho irresponsable) de las investigaciones en Ciudad Juárez Chihuahua.

De igual manera, en el ámbito internacional el caso empezó a cobrar relevancia pues Naciones Unidas, Amnistía Internacional, la Comisión Interamericana de Derechos Humanos, entre otros, representados por sus relatores especiales incluyeron el tema de *Muertas de Juárez* dentro de sus agendas, incluso varios funcionarios visitaron la zona. Es indudable que todas y cada una de las aseveraciones previstas en sus informes y opiniones vertidas en entrevistas, mostraban un fragmento de la problemática de Ciudad Juárez, pero siempre determinaron una constante: las mujeres eran —y son— víctimas de violencia que culmina con la muerte.

También, con la información que reportó la prensa, se realizó una base de datos por una consultoría contratada para tales efectos por el Instituto Chihuahuense de la Mujer, los resultados del fenómeno en diez años y medio dio como resultado 321 mujeres asesinadas en la localidad, de esos homicidios sólo 90 son de tipo sexual y 34 corresponden a asesinatos seriales.[2]

Sin embargo, la *cifra oficial* no ha sido presentada contundentemente, parece que cada una de las instancias involucradas contabiliza de forma diferente u otros casos, pues en realidad se desconoce la magnitud real del fenómeno que se está tornando en un problema de Estado cada vez mayor.

Ahora bien, si tomáramos alguna de las cifras como válida y trabajáramos con ella, encontraríamos múltiples problemas, el principal es que la información no se encuentra desagregada y por ende no todos los casos fueron iguales durante este periodo de tiempo; después no se cuenta con la información de que si han sido identificados los cadáveres para eliminar las desapariciones y por último no señalan si los casos fueron resueltos o en que estado se encuentran.

Como se puede apreciar, prácticamente no se conoce la dimensión del problema. En algunos casos se confirma la cifra, en otros se aumenta o peor aún se disminuye, es decir, en cuanto al anterior punto la disminución puede ser en el número (pocos) o en importancia lo que es en realidad muy alarmante.

---

2. Martha Martínez. México, D.F. viernes 29 de agosto de 2003, disponible en la página web: http://www.cimac.org.mx, misma que se destaca por ser pública. Martín Gabriel Barrón Cruz. "Violencia en Ciudad Juárez: Asesinos seriales y psicópatas" en *Homicidios y desapariciones de mujeres en Ciudad Juárez. Análisis, Críticas y Perspectivas*. INACIPE, México, 2004.

No fue hasta el gobierno del Presidente Fox que el fenómeno *Muertas de Juárez* se incluyó dentro de la agenda del ámbito federal, al presentar el Plan de 40 acciones afirmativas a través de la Secretaría de Gobernación, que creó una Subcomisión para prevenir la violencia contra las mujeres en Ciudad Juárez. Asimismo, la Procuraduría General de la República creó una Fiscalía especial para intervenir como Ministerio Público en las investigaciones que tenían a su cargo la Fiscalía Especial y la Procuraduría General de Justicia del Estado de Chihuahua.

Paralelamente se creó en el Congreso de la Unión, la Comisión Especial para conocer y dar Seguimiento a las Investigaciones de asesinatos de mujeres en Ciudad Juárez; así como, la participación de la Comisión Nacional de Derechos Humanos.

Los casos de homicidios y desapariciones en esa región empezaron a tomar otras dimensiones, pues dado el interés e importancia del tema diversos grupos empezaron a evidenciar la violencia contra las mujeres que se vivía en otras latitudes del país, incluso algunos académicos e intelectuales nacionales develaron que no sólo en Ciudad Juárez se presentaba el fenómeno. Se demostró que otros estados de la República como Guerrero, Baja California, Michoacán, Oaxaca, Morelos, entre otros se encontraban en similares circunstancias que las de Chihuahua, pues mueren casi igual número de mujeres y en condiciones muy similares.[3]

En ese momento se mostró evidente el problema: en todo el país no se respeta el derecho de las mujeres a vivir libres de violencia, pues la constante vulneración y de forma reiterativa estaba cobrando muchas vidas, no sólo en Ciudad Juárez como se había dibujado, sino que es una constante en todo el territorio nacional.

El caso que parecía aislado se torno generalizado, el fenómeno permitió descubrir el velo de la violencia contra las mujeres llevada al extremo: la muerte. Se reconoció el problema en cada entidad, se inició el conteo y focalizaron los municipios con más incidencia.

La LIX legislatura del Congreso aprobó el cambio de nomenclatura de la Comisión Especial focalizada en Ciudad Juárez para extenderla a toda la nación. El nombre actual es Comisión Especial para conocer y dar Seguimiento a las Investigaciones sobre los feminicidios en la República Mexicana y a la Procuración de Justicia Vinculada.

Quizá el reconocimiento del problema no lo resuelva, pero permite un anhelo y una esperanza en la ciudadanía de que están trabajando, pero como se afirmó en la primera parte, cualquier solución que se dé al suceso será insuficiente como respuesta por el costo humano en sufrimiento y vidas que representa.

Emblemático es el caso de Ciudad Juárez, muestra más visible y tangible de la violencia de género. Fue necesario más de una década para reconocer el constante peligro con el que tiene que vivir un poco más de la mitad de la población del país; casi 11 años para entrar en la agenda del Estado, para exhortar a las autoridades en los tres niveles de gobierno para colaborar en el esclarecimiento de los casos y, quizá a todas las que quedamos con vida, nos lleve el resto de ésta para poder comprender el por qué tanta indiferencia e ignominia.

Bibliografía

GONZÁLEZ, S. (2002), *Huesos en el desierto*. Anagrama, Barcelona.
RONQUILLO, V. (1996), *Las muertas de Juárez*, Temas de Hoy, Madrid.
WASHINGTON, D. (2005), *Cosecha de mujeres*, Océano, Barcelona.

3 Cfr. Irma Cavazos Ortiz, "Ciudad Juárez: Violencia para hombres y para mujeres", en *Homicidios y desapariciones de mujeres en Ciudad Juárez. Análisis, críticas y perspectivas*. INACIPE, México, 2004.

MISALES Y MISILES

Miquel Izard

A finales de 2004 nos dejó Susan Sontang, comprometida con la equidad y su época, quien sostuvo en 1967: "EE.UU. fue fundado sobre un genocidio, en la asunción incuestionable del derecho de los blancos europeos a exterminar a la población residente, tecnológicamente más atrasada y de otro color, para hacerse con el continente". Poco después porfió "La raza blanca es el cáncer de la historia de la humanidad; es sólo la raza blanca —sus ideologías y sus invenciones— la que erradica a las civilizaciones autónomas allá donde se extiende, la que estropea el equilibrio ecológico del planeta y la que ahora amenaza a la propia existencia de la vida".

Dos semanas antes de la muerte de Sontag se supo que: "El equipo de Aznar borró los ordenadores de Presidencia al abandonar el poder". Tampoco fueron originales, lo mismo hizo Roma tras conquistar Cartago o Castilla con códices mayas. Me malicio que para facilitar la tarea de futuros cronistas. Pero los escollos pueden ser más esperpénticos, los que enfrenta en Cataluña, con gobierno de izquierdas, la Asociación para la Recuperación de la Memoria Histórica en su afán de excavar fosas comunes de asesinados por el franquismo en 1939.

Por añadidura los desvaríos no eran grotescos, sino un caso más de la ristra de desacatos o dislates, y no sólo políticos, poniendo en evidencia lo que se perpetra a tantos, demasiados, niveles. Mucha bellaquería actual es mero clon de las antiguas y el manoseado subterfugio cae por su propio peso.

Memorial de agravios

Me limito a una docena de atrocidades del cambio de año:

"Un dólar por una niña. La ONU investiga 150 casos de abusos sexuales cometidos por sus empleados en el Congo", con asiduas violaciones (2/12/04, 5).

"El Pentágono investiga fotografías de malos tratos previos a los de la cárcel de Abu Ghraib" (5/12/04, 10). De falacias urdidas por Washington como excusa para la agresión trata el reportaje fílmico *Al descubierto: guerra en Irak*, de Robert Greenwald. Luego el escándalo salpicó tropas británicas y Maruja Torres, columna "Condones", decía "vuelve a llevarse, cada día más, el familiar aroma conocido como Sangre de Colonia" (20/01/05, 56).

"Más de 5 millones de niños mueren de hambre en el mundo cada año. FAO estima que 852 millones de personas sufren malnutrición" (9/12/04, 31). "El ejército israelí reconoce haber matado a 29 civiles inocentes" (9/12/ 04, 4). Según UNICEF, "La miseria, la guerra o el sida acosan a mil millones de niños. La pobreza crece un 25 % desde 1990 en los países desarrollados" (10/12/04, 33).

"ONG Transparencia Internacional: Los ciudadanos ven a los partidos como las entidades más corruptas" (10/12/04, 12).

"Un tribunal decide que Berlusconi sobornó a un juez, pero le absuelve porque ya ha prescrito" (11/12/04, 1).

"Supervivientes [27.000 gentes] del horror en Chile". "Me obligaron a tener relaciones sexuales con mi padre y mi hermano". "Violación y acoso sexual con perros". "Introducción de ratas vivas en la vagina" (12/12/04, 1-2).

"El tabú de la matanza de armenios". Ankara niega la de un millón y medio en 1915 y un portavoz turco de Exteriores sostuvo "Nuestra posición es bien conocida. No reconocemos ningún supuesto genocidio ni nunca lo reconoceremos". Para sus historiadores "sólo hubo enfrentamientos entre tropas turcas y grupos cristianos aliados con el enemigo en la I GM". Unos millares de deportados murieron pero no debido a un programa deliberado para la eliminación de un grupo étnico (14/12/04, 3). Desmentido que debería cotejarse con Ararat, film de Atom Egoyan.

Martínez Camino, Secretario General de la Conferencia Episcopal, bajo epígrafe "El gobierno no puede imponer su laicismo" y hablando de muchas cosas, debe responder a la pregunta "es difícil aceptar que un Gobierno, por muy radical que sea, persiga a la Iglesia católica, como ustedes denuncian" (21/12/04, 25). Lo que parece como mínimo estrafalario si recordamos que la yunta corona-iglesia durante más de tres siglos y a través del Santo Oficio acosó y hostigó cientos de miles de personas en nombre de la ortodoxia o llamándoles —imposible demostrarlo o defenders— brujas o sodomitas, todo ello en una atmósfera de delación, desconfianza y terror, equiparable a la organizada por los nazis.

En la Pascua militar, Bono, ministro de Defensa, sostuvo entre otros desatinos "España es una de las naciones más antiguas del planeta", irrefutable prueba del cariz sagrado de la Historia Sagrada, capaz de producir prodigios de tal calibre, un territorio devenido nación antes de surgir la entelequia. Por supuesto lo mismo sostienen los nacionalismos catalán o vasco (7/1/05, 15).

"La Tierra sufre una extinción de especies sólo comparable a la desaparición de los dinosaurios" (25/01/05, 28).

El dantesco listado contrasta, por una parte, con el quehacer de algún creador. *Buenos días, pereza*, de Corinne Maire, devino fenómeno editorial, se vendieron 20.000 ejemplares semanales en Francia; ella opinaba "una vez descubierto el 'absurdo' pastel, sólo cabe convertirse en un discreto inútil, que no quiere cargos de responsabilidad y que reconoce a los suyos ('por detalles en la ropa, por cierto sentido del humor') entre los otros empleados" (23/11/04, 37). James Ellroy, autor de *LA Confidencial* (1990), demoledora denuncia de la corrupción policial, revela su obsesión sobre "gente violenta en tiempos violentos" (2/12/04, 38). El vandalismo gringo no sólo se ejecuta en el exterior, es conocido el grado de vesania interna, en las escuelas pongo por caso, detallada por varios films, *Bowling for Colombine* de Michel Moore o *Elephant* de Gus van Sant Patrick Bard, periodista, escritor y fotógrafo galo, en *La frontera*, partiendo de hechos reales narra el asesinato de 400 jóvenes en Ciudad Juárez. Cada semana se instalaban 30 ó 40 maquiladoras empleando desconcertadas campesinas inmigrantes del sur (2/12/04, 39).

"Nosotros, los europeos", "Opinión" de Suso del Toro, novelista gallego sostenía "hoy los EE.UU. han emprendido la tarea de dibujar un nuevo orden total: adueñarse del planeta [...] exigen al mundo que se rinda. La alternativa a la rendición es Irak

[...]. La locura puede comenzar cuando el lenguaje no se corresponde con la realidad [...] no se le puede reprochar a la Administración de Bush que se exprese con ambigüedad". Paolo Flores D'Arcais, filósofo, en "La mentira como virus totalitario", "Opinión" de dicho día, sobre el enredo de Aznar en la comisión del 11-M, alegó, "Su deposición ha vuelto a plantear [...] un problema crucial (y removido) de la crisis por la que atraviesa actualmente la democracia liberal [...] relación entre política y mentira./ ¿Es compatible la democracia liberal con la destrucción de esas que Hannah Arendt denominaba las 'modestas verdades de hecho' [...] No [...]. La destrucción de las verdades de hecho y su sustitución por una 'verdad' de régimen son [...] una de las características esenciales de los totalitarismos? [...] primero se borra a Trotski de las fotografías, después se le 'borra' en la realidad [...]. La mentira como virtud del 'realismo político' consiste en engañar a los enemigos. Que algunas veces (más bien siempre, por lo menos potencialmente) son también súbditos. [...] Por tanto, toda mentira de Gobierno es, técnicamente hablando, un 'golpe de Estado' [...]. Porque trata a los ciudadanos como enemigos, y no como soberanos: usurpa su poder. [...] Con Bush, con Aznar (y por supuesto con Berlusconi) no tenemos que vérnosla con partidos de derecha [...] sino con fuerzas extra democráticas [...] porque al defender con orgullo y arrogancia su 'derecho' a manipular y abolir los hechos, [están] inoculando de forma masiva un virus totalitario en las democracias liberales, destruyen la base común [...] sobre la que dividirse según las diferentes opiniones" (10/12/04, 15-16).

Al otro día, un Editorial sugería, "Se trata de discernir si un personaje investigado hasta la náusea y acusado por la fiscalía de perjurio, blanqueo de dinero, falsificación de documentos o soborno de jueces puede representar dignamente a un país de la Unión Europea. El caso Berlusconi representa probablemente el epítome de la riqueza ilimitada utilizando el poder político para seguir creciendo y a la vez para protegerse de la justicia, incluso mediante la elaboración de nuevas leyes y regulaciones en beneficio propio. Como tal, significa un abuso lamentable de la democracia" (11/12/04, 14). Viejo fenómeno de inversión, la política al servicio no del pueblo sino de un fulano que usa y abusa del mando en beneficio propio. En "Opinión", misma fecha, Norman Birnbaum, catedrático de derecho de Georgetown, declaró "Los ciudadanos occidentales al ver a sus gobiernos desprovistos de ideas para dar la vuelta a la situación, han reaccionado con su propia forma de parálisis política. Han dejado de votar, un problema de Estados Unidos, pero que se ve cada vez con más frecuencia en Europa. La política les parece corrupta o lejana, y las tonterías de los políticos, que son conscientes de que influyen poco en las decisiones de los dueños de los mercados, parecen confirmar su impresión" (11/12/04, 15).

En columna de última página, "La arenga", Manuel Rivas, otro escritor gallego, apuntó que [en época de Jelinek y Ferlosio] "viene Bono con la arenga de la Inmaculada (Tomo I) [...] Hay gente que sólo ver un micro le sale la arenga bordada. En una reciente exposición en Barcelona, titulada En guerra, podía verse muy diverso armamento, pero lo que más miedo metía era el micrófono de Queipo de Llano" (11/12/04, 72).

Por otro lado el registro de desafueros choca con la realidad. Delirios de Aznar en la comisión parlamentaria sobre los atentados de Atocha no tuvo una respuesta adecuada sino con la intervención, 15 de diciembre, de Pilar Manjón, portavoz de los afectados. Josep Ramoneda concluía su comentario del "Domingo" (19/12/04, 14-15) que los comisionados se limitaron a aplaudir "No comprendieron que era tiempo de silencio. El silencio como forma más digna de la vergüenza".

Y bueno sería recordar que la corrupción y el peculado deben ser tan antiguos como el poder y la posibilidad de aprovecharse del mismo. Santos Madrazo pormenoriza el abuso en la España moderna, apoyo de la iglesia y menciona casos precedentes. Así mismo evidencia que el rigor punitivo de la jerarquía eclesiástica sólo afectaba a las clases populares pues corte, clérigos o explotadores se libraban de aquél. Por descontado lo mismo ocurría con el Santo Oficio de ser eclesiásticos los acusados, Rocío Rodríguez Sánchez encontró diferentes baremos al castigar la homosexualidad.

Si el armenio es uno de tanto genocidio actual rehuido, son legión los del pasado. En diversos trabajos detallé atrocidades perpetradas por Castilla en América desvirtuadas por la que llamo Leyenda apologética y legitimadora (Lal) y voy a recordar el caso lusobrasilero. Si el capuchino Frei Martinho de Nantes lamentó, 1672, "Não é de surpreender que esses índios, sem Fé, sem Leis, sem escrita e sem arte, hajam praticado desordens tão monstruosas. O demônio que eles adoravam nos ídolos, não tinham prazer senão em afogá-los em todo gênero de abominações", Mathias de Cunha, governador geral, sugería, 1688, "A entrada e a guerra que há de se fazer aos bárbaros [...] que possa ser mais ofensiva, degolando-os e seguindo-os até os extinguir, de maneira que fique deste castigo a todas as mais nações que comfederadas com eles não temiam as armas de Sua Magestade". Ello ayudaría a entender el Documento final de la Confêrencia dos Povos e Organizações Indígenas do Brasil, deplorando fastos oficiales por el "descubrimiento", "analisamos a sociedade brasileira nestes 500 anos de história de sua construção sobre os nossos territórios. Confirmamos, mais do que nunca, que esta sociedade, fundada na invasão e no extermínio dos povos que aqui viviam, foi construída na escravidão e na exploração dos negros e dos setores populares. É uma história infame, é uma história indigna". Y también la introducción de Pedro Casaldáliga, obispo de São Félix do Araguaia, "Tanto a sociedade como a Igreja Romana, devemos nos defrontar com os 500 anos numa atitude sincera de 'memória, remorso e compromisso', como cantamos na Missa da Terra Sem Males. 'Memória perigosa', porque subversiva da desordem estabelecida. Sem a disculpa de dizermos que não podemos refazer o passado, porque, sim, podemos desvelá-lo, fazer outro presente, forjar um futuro outro".

Reseñando libros sobre masacres franquistas en el mediodía, dice Hilari Raguer "S'havia dit (jo mateix ho havia cregut) que la raó de les matances era la necessitat de no deixar enemics a la reraguarda, atès que l'exèrcit [...] no es podia afeblir deixant guarnicions a cada poble. Però els estudiosos de la repressió al sud coincideixen a afirmar que [...] hi va haver en els militars colpistes una voluntat prèvia d'esbandir tota possible resistència". Y sobre La columna de la muerte, de Francisco Espinosa añade, se aplicó la "política del terror que legionaris i regulars havien emprat al Marroc, com una mena de guerra preventiva que eliminaria de soca-rel tota vel·leïtat de resistència". Pregunto si cualquier ejército no actua así, desde que existen, y si concebimos huestes excepcionales en Indias que según la Lal, taumatúrgicamente, en vez de atacar actuaban como ONGs. Haro Tecglen lo tiene claro, termina columna "La séptima generación" sobre inmigrantes andinos, "¿Cuántas generaciones han pasado desde que su raza perdió ante los porquerizos de Extremadura, convertidos en dioses militares por sus hambres? Y siguen siendo siervos: no aquí, sino en las que fueran sus tierras" (18/01/05, 45).

Alterando el pasado y deformando el futuro

Para algunos historia se vincula con pasado y por ello con memoria, y política con futuro e imaginación. Pero ambas, timos estatales, son reciente aberración, engendro y excrecencia del poder surgidas, como mucho, tras el neolítico, 10.000 años ha, una nimiedad si aceptamos que la humanidad lleva un millón sobre el planeta. Durante la vasta mayoría del ciclo mandaron teocráticos reyes absolutos y cronistas cortesanos curaban de inventar su prosapia y hará doscientos años los liberales urdieron la historia, "ciencia" a la que se encomendó enmascarar y falsificar el ayer, y tramaron lo que llaman democracia, otra forma de despotismo, perpetrado por una minoría, que miente sobre lo ocurrido y promete una utopía, situada siempre más allá y, en realidad, cada vez más inalcanzable. Frente a ambas, situaría por un lado la memoria popular, tantos casos desde los caribes hasta las gentes de Subtiava que no es necesario detallarlos. Y por el otro la crítica de contados francotiradores filósofos o escritores, pensadores o creadores.

Veía el film *2046*, de Wong Kai-war, como emblema de lo primero. Un periodista y novelista de agitada vida sexual, se niega dos veces a escuchar a amantes con problemas alegando que lo único que no les puede regalar, ni a ellas ni a nadie, es su tiempo. Luego arrepentido, desearía desfacer el entuerto y, sin que quede nítida la frontera entre realidad y novela que escribe, toma el ferrocarril que traslada al año 2046, pero que no va al futuro sino al pasado, con la esperanza de volver a empezar y enmendar errores consumados.

Me parece fábula alegórica. Cada vez más gente cree que la humanidad hace tiempo erró en el desvío y tomó un carril que lleva a la catástrofe, mientras, como imaginaban sureños de Morelia y tanta nación americana, cabría la posibilidad de hallar una salida al laberinto, no en el mañana, sino rescatando alguna cultura que se desechó por obsoleta no hace tanto tiempo.

Así Juan Vernet, frente a la avalancha de ninguneamiento, menosprecio y agravio del ámbito musulmán, nos legó una obra ejemplar, detallando lo que Occidente recibió de al-Andalus, álgebra o trigonometría, alcachofas o arroz, berenjenas o papel, química o navegación de altura.

El varias veces citado dilema ocupa a muchos, el historiador, novelista y enseñante Joan Andrés Sorriber lo manifestaba en reciente seminario, "Es el nostre present qui determina el nostre passat, ja que és ell qui condiciona la nostra mirada cap enrera. És el nostre present qui selecciona els moments que ens importa estudiar, qui ens fa valorar els fets com a decisius o irrellevants. Tots nosaltres sentim com a pròpia la Revolució Francesa; molts també la Russa. Quants, però ens sentim protagonistes del comerç d'esclaus o de les tortures de la Inquisició? Quin és el nostre passat?/ Per centrar aquest passat, tenim el costum de fixar-nos en determinades fites que tenim com a senyeres. [...] Són els mites; si ho voleu més clar, els nostres mites. Mites que, per més que vulguem globalitzar-los i exportar-los, no deixen de ser occidentals". Más allá menta su búsqueda personal en un tiempo "trist imperi gris de cebes i espardenyes. [...] El problema era que cap d'aquelles coses meravelloses que ens contaven com fets heroics, cap d'aquells personatges mítics no tenien com a protagonistes el meu poble, la meua terra o la meua gent [...] vam ser tota una generació que com diu Raimon, vam sentir 'que ens amagaven la història i ens deien que no en teníem. Que la nostra era la d'ells'".

Espejo y especular

Demasiado documento oficial debe leerse ante una luna para percibirlo de forma inversa, así los que cuentan azañas de milicos conquistadores o frailes irreprochables, los perpetrados por dictadores contra oponentes o la autoridad contra subversivos. Se puede especular, examinar o reflexionar sobre un suceso del pasado.

La jerarquía desbarra de forma pareja en todo el orbe, una muestra antológica del artista argentino León Ferrari fue "clausurada por decisión de una juez ante una denuncia de la organización ultracatólica Cristo Sacerdote, después de que el arzobispo de Buenos Aires la calificara públicamente de 'blasfema'". [...] el tribunal de alzada ante el que recurrió el gobierno de la ciudad [...] ordenó la reapertura con un fallo revocatorio de la decisión de la juez valorado como 'histórico'. [...] La resolución [...] dice [...]: 'La libertad de expresión debe proteger el arte crítico; y si es crítico, es molesto, irritante y provocador'" (5/01/05, 64).

Uno de tantos problemas, secuela del timo en que acabó la revolución, protagonizada por masas populares en julio de 1789, fue, precisamente, dar un cometido a las multitudes desocupadas, defraudadas y estafadas. Napoleón lo logró convirtiendo las tropas organizadas para defender el proceso en un ejército expedicionario que, de forma enloquecida, pretendía conquistar a sangre y fuego toda Europa y alguno de sus apéndices coloniales para brindar materias primas y mercados a la nueva o vieja burguesías. Por donde pasaron asesinaron, destruyeron, saquearon y violaron, lo que se conserva, todavía, en la memoria popular lusa o en los Desastres de Goya.

A pesar de la evidencia —Napoleón es equiparable a Pizarro, Custer, Hitler, Mao o Mobutu— la Historia Sagrada lo enaltece hasta el panegírico y el ditirambo. Mencionaré algún espécimen francés pero surge doquier. Así un manual clásico de Franklin L. Ford, de la Universidad de Harvard, habla de "brillante campaña italiana", "grandiosa expedición a Egipto", "asombrosa" carrera militar y suelta tópicos como, pongo por caso: "El pueblo español, orgulloso, devoto, receloso de los forasteros y ardientemente leal a su legítima familia reinante". El 5.º volumen de la *Historia General de las Civilizaciones* contiene malabarismos de Historia Sagrada: "El valor de las tropas, su energía, su resistencia y su dedicación total sostienen las iniciativas del jefe. El culto al emperador sustituye al de la República impersonal y de sus valores abstractos; el honor sustituye al patriotismo. Desde luego, cuanto más lejos vaya, más disminuirá la eficacia de ese ejército; luchará con menos soltura en la Europa oriental, no sólo a causa de las condiciones naturales, sino también a consecuencia de la inferior calidad de los hombres [*sic*], de los mariscales, y de la mayor participación de los contingentes exigidos a los satélites". El epígrafe "El genio napoleónico" reza "La masa y la materia en expansión [...] representan medios políticos desconocidos hasta entonces [...]. El genio de un hombre dispone de ellos: genio de la guerra y de la paz, genio de la rapidez y de la eficacia, incrementado aún más por una imaginación romántica, excitado por un temperamento de jugador, y servido hasta Jena, por una firme suerte personal. Medios todopoderosos se hallan en las manos más poderosas y más activas de la época." O "El romanticismo napoleónico modela esa Europa en fusión, en la que, al menos provisionalmente, todo es posible".

Se sacraliza un monarca o todo el sistema, extravío común y cito *El milagro europeo*, de E.L. Jones, proclamando que sólo el viejo continente —en realidad mera península de Asia— "realizó la notable hazaña política de cercenar el poder arbitrario, eliminando así riesgos e incertidumbres, alentando la inversión productiva y promoviendo el crecimiento". A poco clarifica lo que entiende al respecto, "La consecución del crecimiento económico es la forma de solucionar los abrumadores problemas humanos que la privación origina, y ello importa desesperadamente". Sobada entelequia de humanos famélicos hasta el neolítico o, en este caso, el capitalismo. Un desvarío. Si llevamos un millón de años sobre el planeta y más del 99 % inicial estuvimos desnutridos la especie habría degenerado. Porfía en la loa al decir "gobernantes de unos estados europeos [...] aprendieron que, mediante la prestación de los servicios de orden y justicia, podían atraer y retener a la mayor parte, y a los más solventes, de sus elementos constituyentes". Sin originalidad ve la expansión europea ninguneando a sus víctimas, gentes o selvas, o cita el panfleto de Walter P. Webb. Escalada que no cesa, hacia el final concluye, "Parece como si este énfasis en el debilitamiento gradual de la arbitrariedad, de la violencia, de la costumbre y de los antiguos controles sociales dejara poco espacio para un ataque directo al antiguo orden". Tendría otros asertos por anacronismos, "cuando España recobró Granada [...] desvió sus ejércitos hacia Méjico, previniendo así la desorganización que habría supuesto el regreso de aquéllos a casa". Ni había estado con aquel nombre, ni podía recobrar lo que no tuvo antes, ni en la Península conocía nadie aún la existencia del ámbito azteca.

FOTOGRAFÍAS

Roberto y Gustavo Bergalli

Roberto Bergalli con Raúl Loyola

De izquierda a derecha, John Lea, Roberto Bergalli,
Louk Hulsman, Alessandro Baratta y John Blad.
Common Session, Sant Cugat, 1991

De izquierda a derecha, Ignacio Muñagorri, Roberto
Bergalli, Iñaki Rivera, Elena Blanco y Carla Rivera

Roberto Bergalli y Rosa del Olmo

Roberto Bergalli y Massimo Pavarini

Entre otros, Enrique Marí, Óscar Correas,
Héctor Silveira y Roberto Bergalli

De izquierda a derecha, Gustavo Cosacov,
Roberto Bergalli y Óscar Correas

Perfecto Andrés Ibáñez, Roberto Bergalli
y Boaventura de Souza Santos

De izquierda a derecha, Roberto Bergalli,
Fernando Coronado, Serafín Ortiz, Marduk Pérez.
Tlxacala, México

Entre otros, de izquierda a derecha, Héctor
Silveira, Stefano Rodotà, Francesc Barata,
Ignacio Muñagorri, Encarna Bodelón, Roberto
Bergalli, Tamar Pitch, Amadeu Recasens, Xavier
Arana y Eligio Resta. Workshop sobre el
concepto de soberanía. Oñati, 1992

Roberto Bergalli, Ignacio Muñagorri
y Koro Mendiola

Iñaki Rivera, Encarna Bodelón y Roberto Bergalli

Amadeu Recasens y Roberto Bergalli

Entre otros, Damián Zaitch, Roberto Bergalli
y Amadeu Recasens. Common Session del
Common Study Program on Criminal Justice
and Critical Criminology

Roberto Bergalli

III

EL SISTEMA PENAL: HISTORIA, POLÍTICA(S) Y CONTROVERSIAS

LA TORTURA È ALLA PAGINA WEB*

Mauro Palma

Le molte immagini dell'orrore

Le immagini cruente degli interrogatori e della detenzione in Iraq sono giunte, in alcuni mesi del 2004, sempre più numerose, corredate da video, da dichiarazioni, da rapporti, da informazioni sulle regole che hanno consentito che avvenisse ciò che mostrano o descrivono. Regole formali o regole trasmesse attraverso ordini dati a voce a persone giovani, galvanizzate nella loro lotta a un nemico assoluto. O anche attraverso l'acquiescenza e la copertura: strumenti di formazione della cultura concreta di chi opera in questi settori, ben più efficaci delle lezioni impartite nei corsi.

Così la tortura è entrata massicciamente nelle case del cittadino qualsiasi e, grazie alla diffusione planetaria dei mezzi di informazione, si è resa visbile alle diverse latitudini del globo. Non si potrà più dire di non sapere; non si potrà più chiedere se la tortura esista ancora o se la pratichino soltanto regimi non democratici, chiusi all'occhiuta vigilanza degli organismi internazionali e delle organizzazioni non governative.

Il contesto è certamente il fattore decisivo della sua persistenza. Ma il contesto non è solo quello degli eventi bellici, come forse si potrebbe supporre interpretando quelle immagini come fotogrammi del conflitto tuttora in corso. No, il contesto è piuttosto quello dell'aver stabilito una irriducibile negazione dell'altro; e ciò avviene anche in situazioni non formalmente conflittuali. Avviene quando non si è in grado di leggere in colui della cui libertà si è, seppur temporaneamente, responsabili e custodi, caratteristiche di somiglianza, o almeno di appartenenza allo stesso consorzio umano, ma si è portati a leggere soltanto un'irriducibile differenza, la rappresentazione di un male assoluto capace di aggredire, per il fatto stesso di esistere e costituire un'alterità, la propria dimensione esistenziale. Uno specchio negativo che proietta attraverso l'immagine del detenuto tutto ciò che colui che lo detiene vuole abbattere. Per questo il custode vuole annientarlo con un'umiliazione che degradi la sua umanità e gli permetta di non sentirsi più aggredito dalla sua esistenza; oppure con la capacità di ottenere da lui stesso la conferma della sua minorità, o richiedendogli di aderire a informazioni già definite o confinandolo al ruolo di delatore.

Così la tortura e il trattamento inumano o degradante si ripresentano periodicamente non solo nelle situazione di guerra, dove l'inimicizia è sancita, ma anche nei conflitti non formalizzati, e però densi di odio etnico, o nelle situazioni di tensione pur in normali operazioni, quando la persona detenuta o il suo gruppo di appartenenza

---

* Una versione parzialmente diversa del presente articolo è stata pubblicata sulla rivista *Dignitas. Percorsi di carcere e giustizia* (n.° 5-2004).

vengono vissuti come nemico assoluto in grado di aggredire la stessa identità, individuale o collettiva, di chi lo detiene.

Può apparire strano, ma tali comportamenti nascono proprio da una presunta simmetria tra chi è privato della libertà in virtù di qualcosa ha commesso o di cui è sospettato e chi lo ha in custodia in virtù di un mandato della collettività, che egli nel suo agire rappresenta. E' una simmetria mal posta, seppure frequente. L'abbiamo ritrovata in chi, dopo le immagini delle torture ad Abu Ghraib cercò di stabilire un parallelo con l'uccisione, avvenuta in quei giorni, del giovane Nick Berg, quasi a giustificare l'orrore delle prime con quello della seconda. Così non vedendo la differenza tra l'azione di forze dell'ordine o forze militari investite di un compito affidato loro dalla collettività del proprio paese e, quindi, espressione di un potere che richiede doveri nel comportamento e rispondenza a obblighi statualmente assunti, e l'azione di gruppi che agiscono in proprio rispondendo solo all'organizzazione o banda di appartenenza. E' proprio questa impropria simmetria che alimenta la cultura del branco anche in forze che dovrebbero operare sotto regole e obblighi definiti, in virtù di un mandato pubblico; e così alimentata è produttrice di maltrattamenti e torture.

Che maltrattamenti e torture siano ben vive anche nel nostro mondo "democratico" non è del resto cosa nuova per chi ha compiti di indagine e ispezione nei luoghi opachi della privazione della libertà: nelle celle delle polizie, nei primi interrogatori dopo l'arresto, nelle carceri, nei luoghi di detenzione degli immigrati irregolari. Ovviamente non si tratta di un comportamento ordinario —sarebbe un errore non vedere l'evoluzione che, per esempio, ha avuto in Europa la cultura delle forze dell'ordine— ma di un comportamento pronto a manifestarsi quando la situazione evolve verso quel rapporto totalizzante di inimicizia verso singoli, gruppi, minoranze. L'abbiamo vista e la vediamo in alcune regioni europee particolarmente esposte al conflitto — cito soltanto il caso della Cecenia— oppure in coincidenza di specifici eventi — l'esperienza del G8 di Genova è nella mente di ognuno di noi — o di particolari operazioni di polizia, o di azioni verso specifici gruppi, laddove comunque la situazione viene gestita come aggressione verso un potenziale, seppur incidentale e provvisorio, nemico. E vale la pena andare a vedere le condanne per maltrattamenti o torture in singoli episodi che la Corte per i diritti umani di Strasburgo commina nei confronti anche di stati "insospettabili".

Cosa aggiungono, dunque, le immagini che nel 2004 hanno affollato giornali e televisioni, oltre alla impossibilità di far finta di non sapere? Hanno aggiunto innanzitutto la loro stessa visibilità, più forte di qualsiasi descrizione: la tortura non viene negata, ma rivendicata; di più, viene esibita. Talvolta sorridendo nella foto scattata dal commilitone.

Questo è il dato nuovo, rispetto a un panorama mondiale ove tutti gli stati accusati di tali pratiche negano le proprie responsabilità e i propri crimini. E' un'intrusione improvvisa della moderna società dell'immagine nel moderno orrore: si esiste in quanto si è ripresi, riprodotti e visibili da altri e a questa ferrea logica non sfuggono più nemmeno le pratiche innominabili.

Quelle che da allora sono circolate sono immagini di torture classiche, con fili, elettrodi e cappucci; ma anche immagini di degradazione che molto indugiano sulla sfera dell'intimità sessuale, in un contesto culturale e sociale che fa invece della riservatezza sessuale un punto della propria identità. C'è in esse una commistione evidente tra ciò che è ritratto e fruibile nei siti pornografici di segno sado-masochista e ciò che viene realizzato o simulato per essere ripreso dalla macchina fotografica del commilitone. Un *reality show* dell'orrore di cui a tratti, forse, gli attori hanno scarsa consapevolezza; ritenendolo un ovvio comportamento. Alcune di queste immagini, infatti, vanno al di là di quel loro utilizzo che anche in altre contesti di tortura avevamo visto: intimidire i nuovi giunti con la minaccia di ciò che potrebbe loro succedere, giacché la minaccia è sempre una componente intrinseca della tortura — cosa che molti nel recente dibattito parlamentare italiano sembrano non aver capito. Esse rappresentano qualcosa di più: l'intimidazione certo, ma anche la considerazione degli iracheni detenuti come non appartenenti all'umanità, come reperti da ritrarre per ricordo, per dimostrare al proprio piccolo mondo di appartenenza l'umiliazione loro inflitta e in questo rattoppare la propria debole soggettività.

Dietro c'è la responsabilità di chi tutto ciò ha permesso —e permette— in successive fasi. Affidando compiti delicati quale l'interrogatorio ad agenzie esterne o quale la detenzione a personale di riserva approntato rapidamente con promesse economiche. Non formando adeguatamente tutti costoro sugli obblighi che i compiti loro affidati determinano sul piano delle convenzioni internazionali, ma presentando questi come possibili impedimenti all'efficacia dell'azione da condurre. Non reprimendo sul nascere gli episodi che —come sa chi ha un minimo di esperienza delle rigide catene di comando in questi luoghi e in un contesto conflittuale— erano certamente noti ai livelli di responsabilità maggiore. Dando regole di ingaggio ambigue od omissive, quando non indirettamente determinanti tali comportamenti: cos'altro è l'indicazione di "ammorbidire" i prigionieri da interrogare? Ignorando i rapporti del controllo della Croce Rossa, senza darne apparentemente informazione neppure altre forze della coalizione, fintanto che le notizie non sono circolate grazie all'autonomia e alla pervasività della rete. Restringendo la dimensione del fenomeno, una volta emerso, alla consueta storiella delle "poche mele marce", che da sempre consente di non indagare sul sistema nel suo complesso. Tutti comportamenti, questi, che certamente che preludono al riproporsi del problema.

Non solo ma la panoplia di immagini rischia di retroagire negativamente sia determinando assuefazione all'orrore, sia costituendo una sorta di limite rispetto al quale ogni futura situazione di maltrattamento potrebbe essere sottoconsiderata e, quindi, tollerata: il dibattito sulle "moderate" pressioni fisiche sulle persone, per carpirne informazioni, è florido negli Stati Uniti dal settembre 2001.

Dopo Beccaria

Questo è il quadro che osserviamo a duecentoquaranta anni dalla pubblicazione dell'opuscolo di Cesare Beccaria *Dei delitti e delle pene*. Sembra un quadro sorto dalla fantasia immaginifica di Hieronymus Bosch, che nell'anta di destra del suo *Giudizio finale*, descrive l'inferno, rappresentando i vari tormenti. Sono soltanto più moderni i mezzi impiegati, ma le pratiche restano analoghe, volte a quel "torcere", etimo della tortura, che si rivolge doppiamente alle membra della persona e al processo di indagine da indirizzare verso la conclusione voluta.

La riflessione di Beccarla è dell'estate del 1764. Nel XVI paragrafo del suo opuscolo, egli scrive: "Un uomo non può chiamarsi *reo* prima della sentenza del giudice, né la società può togliergli la pubblica protezione, se non quando sia deciso ch'egli abbia violato i patti coi quali le fu accordata. Quale è dunque quel diritto, se non quello della forza, che dia la potestà a un giudice di dare una pena a un cittadino mentre si dubita se sia reo o innocente?" E continua: "Non è certo nuovo questo dilemma: o il delitto è certo o incerto; se certo, non gli conviene allora altra pena che la stabilita dalle leggi, ed inutili sono i tormenti, perché inutile è la confessione del reo; se è incerto, e' non devesi tormentare un innocente, perché tale è secondo le leggi un uomo i di cui delitti non sono provati. Ma io aggiungo di più ch'egli è un voler confondere tutt'i rapporti l'esigere che un uomo sia nello stesso tempo accusatore e accusato, che il dolore divenga il crogiuolo della verità, quasi che il criterio di essa risieda nei muscoli e nelle fibre di un miserabile. Questo è il mezzo sicuro di assolvere i robusti scellerati e di condannare i deboli innocenti".

Le parole di Beccaria proseguono, interrogandosi sui perché della tortura, sui motivi tradizionalmente addotti non già per giustificarla — tale è la dichiarata ripulsa verso il suo uso — quanto per utilizzarla nel segreto degli interrogatori, cioè in quella realtà fenomenica che sfugge alla purezza descrittiva delle convenzioni e degli ordinamenti per innervarsi nella drammaticità dei corpi violati da chi esercita indiscriminatamente il proprio potere. E punto dopo punto egli abbatte le argomentazioni fino ad allora adottate. All'alba dell'Illuminismo egli scuote una società abituata alla disponibilità dei corpi per chi indaga e per persegue senza limiti la ricerca di una verità o la ricerca di una esemplarità punitiva.

Chiude con le sue parole la stessa iconografia che aveva abituato a vedere i luoghi dell'interrogatorio —luoghi dove come egli dice si dovrebbe far uso di massima prudenza e di massima astrattezza— come luoghi di dirompente fisicità, dove strumenti, macchine e corpi dilaniati costituiscono la scena della rappresentazione dell'indagine. Simmetrica a quella del reato, simmetrica a quella del negativo che si vorrebbe estirpare.

Da allora la tortura diviene carsica, non già estirpata, ma negata; perché entra progressivamente a far parte dei disvalori, al pari del genocidio, della discriminazione razziale, del dispotismo. Nel secondo dopoguerra soprattutto dopo la tragedia attraverso cui l'Europa è passata nella prima metà del secolo, si enucleano così le Dichiarazioni dell'intangibilità della persona e si afferma la dignità umana quale valore da rispettare e tutelare e da inserire nei testi costitutivi del vivere civile contemporaneo. Questa comune affermazione di rigetto della tortura non ha ovviamente portato alla suo bando dalle pratiche inconfessabili che a volte, ma in alcuni periodi e in alcuni luoghi spesso, caratterizzano il rapporto tra inquisitore e inquisito, tra potere e oppositore. Tuttavia ogni volta che filtrano notizie di tortura la negazione è immediata da parte dello stato coinvolto; e difficile è la documentazione, spesso accessibile molto tempo dopo. Per questo le molte immagini dei questi giorni hanno un elemento forte di novità, di mutato rapporto con essa.

Sul piano del diritto internazionale, infatti, la tortura è stata formalmente bandita da gran parte degli ordinamenti degli stati moderni, firmatari della Convenzione delle Nazioni Unite contro al tortura del 1984. Questa indica impegni e obblighi per gli stati aderenti affinché il rifiuto teoricamente affermato, sia poi concretamente attuato e non si offrano spazi per deroghe: è un divieto assoluto. Ma, non solo negli stati non firmatari della convenzione, anche in quelli che hanno sottoscritto l'obbligo internazionale al suo rifiuto, riappare in particolari contesti in varie forme, da quelle cruente che in questi giorni vediamo a quelle più sofisticate spesso di natura psicologica, che lasciano minori tracce. Inoltre è tollerata e appoggiata da quegli stati che, sebbene firmatari della convenzione, concedono facili estradizioni di detenuti verso paesi dove questi saranno torturati o detengono persone in territori diversi dal proprio, dove non valgono quindi gli obblighi assunti o dove i controlli non sono possibili. Permane in molte situazioni di detenzione o di interrogatorio di persone fermate, laddove mancanza di adeguata capacità professionale, segnali di tolleranza indirettamente inviati da chi ha ruoli di responsabiìità, desiderio punitivo, particolare inimicizia verso il gruppo di appartenenza della persona fermata, o anche un'impropria sensazione di interpretare un odio sociale verso di essa, convergono nel degenerare in una situazione di grave maltrattamento fisico, finalizzato a umiliare la persona che si ha in custodia o ha ottenere da essa informazioni o confessioni.

Per questo sulla tortura occorre vigilare, con funzione preventiva, al di là della affermazioni di repulsa espresse da ogni stato civile. La Convenzione della Nazioni Unite, pur definendo obblighi per gli stati aderenti e norme per la salvaguardia dei diritti delle persone fermate o recluse, è debole sul piano della prevenzione: non prevede la possibilità di ispezionare i luoghi di detenzione, come è evidente nell'attuale impermeabilità di luoghi oscuri quali il Campo di Prigionia Delta a Guantanamo.

Diversa è la situazione in Europa, che si è dotata, con un'apposita Convenzione della fine degli anni Ottanta, di un proprio comitato di persone indipendenti, uno per ogni stato, che ha illimitato accesso a ogni luogo di detenzione e ai relativi documenti, pur sotto un vincolo di riservatezza: il Comitato per la prevenzione della tortura, organo del Consiglio d'Europa.

Il controllo in Europa

Il Comitato —indicato in sigla CPT— ha dunque illimitato accesso a ogni luogo di privazione della libertà e a ogni fonte di informazione; intervista in privato le persone che vi sono ristrette e redige un rapporto su quanto osservato e accertato, che invia poi al singolo stato, indicando le azioni da svolgere sotto forma di raccomandazioni. Non interviene dopo che la violazione è avvenuta per sanzionare lo stato responsabile, bensì in fase preventiva per fornire indicazioni sul piano legislativo, regolativo e operativo per rimuovere le situazioni a rischio di violazione dei diritti fondamentali di chi è privato della libertà personale.

Due principi reggono l'attività del Comitato: la cooperazione e la riservatezza. La cooperazione con le autorità nazionali è centrale nella stessa Convenzione: queste devono cooperare con il Comitato garantendo immediato accesso a luoghi, persone e documenti; dal canto suo il Comitato deve aprire un dialogo con esse avendo il chiaro mandato di proteggere le persone piuttosto che quello di condannare gli stati. Proprio da qui discende la necessità di riservatezza: quanto viene accertato nel corso di una visita non costituisce la base di una pubblica denuncia, ma il fulcro di un rapporto riservato da cui deve partire un dialogo volto a rimuoverne le cause; prima tra tutte l'eventuale messaggio di impunità che indirettamente viene inviato ai singoli operatori se ogni episodio di maltrattamento non viene adeguatamente accertato e sanzionato.

Il rapporto relativo a una visita viene così pubblicato solo su richiesta dello stato coinvolto, unitamente alle risposte date dalle autorità ai singoli rilievi sollevati e alle raccomandazioni formulate. Solo se è evidente la mancata collaborazione da parte del governo del paese o il suo rifiuto ad attuare le raccomandazioni ricevute, il Comitato ha il potere di rompere il vincolo della riservatezza, adottando una dichiarazione pubblica in cui rende noto sia quanto ha accertato sia l'assenza di azioni conseguenti da parte del governo. Si tratta di una prerogativa eccezionale, a cui, nella sua storia di quattordici anni di attività, il Comitato è ricorso solo quattro volte: nel 1992 e nel 1996 nei confronti della Turchia, nel 2001 e nel 2003 nei confronti della Federazione Russa, relativamente alla Cecenia.

Sono sufficienti questi istituti a garantire un'Europa rispettosa dei diritti anche di chi è privato della libertà?

Non è semplice rispondere.

Una prima risposta è positiva. Nel senso che questo sistema rappresenta quanto di più avanzato l'Europa è riuscita a costruire, ben diversamente da altre realtà regionali che pure dovevano dare corpo alla comune Dichiarazione dei diritti fondamentali del 1948, traducendola in trattato.

Una seconda risposta è più dubbiosa e riguarda l'efficacia delle azioni, rinviando alla domanda di quali siano gli strumenti disponibili ed efficaci per ottenere la tutela dei diritti fondamentali.

Ovviamente le violazioni devono essere perseguite con gli strumenti del diritto interno, sia sul piano giudiziario che su quello amministrativo — per esempio, nel caso frequente di maltrattamenti più o meno gravi di persone private della libertà da parte dell'autorità pubblica, la richiesta di perseguire penalmente gli agenti responsabili di tali azioni e di provvedere anche con visibili e credibili sanzioni penali e disciplinari.

Dove ciò non avviene, si apre la via alla prima possibile risposta sul piano sovranazionale, quella di chiamare lo stato a risponderne davanti a una istanza superiore: è questa la *ratio* della Corte europea di Strasburgo che, per l'Europa, può affermare in modo univoco l'eventuale violazione e, quindi, imporre allo stato un rimedio pecuniario. E' anche la via della previsione di un tribunale penale internazionale che non riconosce competenza territoriale, né limiti geografici di intervento di fronte a reati che attaccano il fondamento della convivenza civile e della elementare umanità e che agisce rispetto ai singoli irrogando pene detentive con una potestà affidatagli dalla comunità internazionale.

Le vie sovranazionali non possono andare più in là: l'imposizione del rispetto dei diritti non può spingersi oltre senza avventurarsi per vie che possono giungere a soluzioni estreme e inaccettabili. In nome della tutela di un senso di umanità si può altrimenti arrivare a giustificare interventi violenti, a definire "umanitarie" azioni di polizia internazionale e anche di guerra, come la storia recente dell'Europa recente insegna.

La via alternativa, quella seguita dal CPT e da analoghi comitati, è quella del pressante *power of persuasion*; è una via non giudiziale, che vuole stringere lo stato interessato verso l'adozione di misure in grado di evitare il proporsi di violazioni o il loro ripetersi o estendersi.

Naturalmente un processo di questo tipo richiede alcuni presupposti. Il primo che si riconosca la legittimità degli interlocutori e, quindi, che ci si riconosca come partner di uno stesso patto, di una stessa azione, di una Convenzione, appunto. Il secondo è che le violazioni vengano riconosciute come sintomi di difficoltà, come problemi da risolvere e non come strumenti più efficaci per raggiungere uno scopo. Il terzo presupposto è che si riconosca un valore etico-politico alla propria azione di governo; valore che verrebbe fortemente leso se questa venisse stigmatizzata dall'esplicita condanna della comunità internazionale. Un *public statement* emesso nei confronti di uno stato membro del Consiglio d'Europa ha valore solo nella misura in cui lo stato interessato lo percepisce come riprovazione della comunità degli altri stati, quasi come un suo essere posto ai bordi di una convivenza civile e politica riconosciuta. Altrimenti non ha alcun valore e resta un debole strumento di intervento, inadeguato rispetto alla gravità della violazione riscontrata.

Sono questi tre presupposti a ricevere gravi scossoni e forse a vacillare nei primi anni del nuovo millennio.

SOBRE LA IMPUNIDAD Y LOS DELITOS SIN PENA: UNA DENUNCIA CRIMINOLÓGICA

Wolf Paul

Prólogo

Desde el año de 2002 está en vigor el precioso *Völkerstrafgesetzbuch*, como contribución destacada de Alemania al ordenamiento sancionador del Derecho Internacional Público y al combate contra las formas más graves de la delincuencia internacional, como son el "genocidio", los "crímenes contra la humanidad" y los "crímenes de guerra". En virtud de este Código Penal Internacional, el Estado alemán se reserva la autoridad para perseguir los crímenes internacionales estipulados por él mismo, aun cuando sean cometidos fuera de sus fronteras e independientemente de lo dispuesto en la órden interna (§ 1). Utilizando el principio de justicia universal, el *Völkerstrafgesetzbuch* alemán se une al Estatuto del Tribunal Penal Internacional en el intento de perseguir dichos delitos habitualmente no perseguidos, es decir, los delitos de violación masiva de derechos humanos cometidos por órganos del poder público y personas responsables en funciones similares. Por lo tanto, la justicia penal internacional tiene por objetivo llenar el vacío de punibilidad o espacio de impunidad que es significativa de la materia criminal en cuestión.

Refiriéndose explícitamente al *Völkerstrafgesetzbuch* la ONG americana Center for Constitucional Rights de Nueva York ha presentado recientemente, en la *Bundesanwaltschaft* (Fiscalería Federal de Alemania), una denuncia formal contra el Ministro de Defensa de los EE.UU., el señor Donald Rumsfeld, entonces director del CIA, George Tenet, el General Ricardo Sánchez y otros oficiales del ejercito americano y funcionarios del Pentágono por haber cometido el delito de crimen de guerra y tortura contra los detenidos de la cárcel Abu Ghraib en Iraq, por haber lesionado gravemente los derechos básicos de los internados, protegidos por los convenios humanitarios de la comunidad internacional. No cabe duda que los hechos delictivos cometidos en Abu Ghraib y en Guantánamo caen bajo la tipicidad formalizada por el Código alemán, obligando a la Fiscalía a iniciar procedimientos de instrucción penal. Por otro lado, la *Bundesanwaltschaft* no procederá contra el Ministro de Defensa de los EE.UU. y los demás denunciados, por una razón obvia: el Ministro y los demás responsables de torturas en cárceles militares americanos son considerados *impunes katexochen*, es decir exentos de responsabilidad y enjuiciamiento criminal por excelencia.

Reflexiones acerca del concepto de la impunidad

Todo saber jurídico penal parte del imperativo categórico kantiano: *Strafe muß sein*. Quienes cometen un delito, serán castigados. La pena es la reacción imprescindible del

Estado al acto delictivo. "Castigar a los delincuentes", es el imperativo categórico de todo Derecho Penal. La Justicia asume la garantía de penalización de cada persona que sea criminalmente responsable.

No debe ser ni puede ser cualquier delito sin pena. Según el propio Kant, hay que ejecutar a todo asesino antes que suceda el éxodo de un pueblo fuera de su territorio (*Inselbeispiel*). Consecuentemente, la dógmatica jurídico-penal, fundada en el concepto básico de la "acción" y del "delito", desconoce la impunidad (*Straflosigkeit*) como término jurídico. La impunidad, semánticamente la antípoda y compañero binario de la pena, aparece como categoría *non grata* que no tiene ni valor ni función propia en el sistema del Derecho Penal. *Quod non est in iure non est in mundo.*

Evidente engaño de los juristas. La realidad pragmática de la Justicia penal desmiente esta construcción del pensar jurídico-penal. En esta realidad la impunidad acontece como *Rechtstatsache* (*Arthur Nußbaum*), como "hecho jurídico", y como tal es un fenómeno criminológicamente registrado en las respectivas estadísticas empíricas. La impunidad —la falta de castigo, la pena no impuesta— es práctica extraordinaria de los tribunales. En ciertos casos la impunidad aparece como práctica meramente informal e ilegítima ocasionando indignaciones públicas. En estos casos de absolución aparentemente arbitraria de presuntos delincuentes, la impunidad está considerada como escándalo y fallo de las instituciones judiciales. "Ahorcar a los pequeños y dejar escapar los grandes delincuentes" siempre ha sido el marcador de que el negocio de la justicia no es nada limpio. En tales casos la impunidad está contestando los fundamentos éticos de la jurisprudencia penal.

Índice empírico-semántico

Para evitar malentendidos cabe precisar la semántica de la impunidad. Hay que diferenciar, en el cuadro de la fenomenología jurídico-empírica, entre (de un lado) la impunidad llamada la "normativa" (la impunidad de iure) y la impunidad llamada la fáctica (la impunidad de hecho). Se habla de impunidad normativa cuando sus preceptos están determinados por el Derecho Positivo vigente, es decir cuando existen causas legales que, por excepción, inhiban la penalización. La nomenclatura jurídico-penal alemana está registrando estas causas bajo los términos *Strafausschließungs- und Strafaufhebungsgründe* (circunstancias eximentes de la pena) resp. *Verfolgungs- und Pozeßhindernisse* (circunstancias eximentes de la persecución y del enjuiciamiento criminal). Las causas más conocidas de la impunidad normativa son la inmunidad, la indemnidad, la exterritorialidad, la amnistía, el indulto (*Begnadigung*), la prescripción (*Verjährung: Verfolgungs- und Vollstreckungs-verjährung*). Ejemplos: tanto en Alemania como en España el delito de genocidio no prescribirá en ningún caso (Art. 131 n.º 4, 133 n.º 2 CP; §§ 78,79 StGB). A diferencia a España, Alemania extiende la proscripción también al delito de homicidio (Mord 211 StGB). El *Strafgesetzbuch* ha sido reformado en este sentido para evitar la impunidad de los autores de los llamados *nationalsozialische Gewaltverbrechen*. Ha sido un acto de justicia histórica el no permitir a los criminales uniformados del "III Reich" escaparse del castigo merecido al exceptuar la circunstancia de la prescripción. Otro ejemplo menos importante pero bastante significativo para la lógica de la impunidad normativa en España: el CP enumera, entre las causas que extinguen la responsabilidad criminal, el perdón del ofendido… (Art. 130 n.º 4). La impunidad normativa también es concedida a personas menores de edad, por considerar a los menores incapaces de ser criminalmente responsables.

Desde el punto de vista jurídico, es mucho más problemática y hasta traumática la otra impunidad, que se llama la *fáctica*, es decir la impunidad sin causa justa, la cual viene siendo la impunidad *strictu sensu*. Se trata del incidente, de la no-penalización de personas criminalmente responsables de infracciones que la Ley castiga formalmente. Se trata de la impunidad aparentemente irregular. Esta impunidad que carece de fundamento jurídico, ocurre como consecuencia de razones supralegales o extrajurídicas, políticas y económicas, como nos han explicado los eminentes sociólogos y juristas de la Criminología Crítica como p.e. Roberto Bergalli, Eugenio Zaffaroni, Alesandro Baratta y otros. La incidencia de la impunidad en estos casos aparece como consecuencia de manejos de lo que llamamos (en Alemania) *die unsichtbaren Hände*, las manos invisibles entre los bastidores del espectáculo forense. Se trata de mecanismos informales, de manipulaciones discretas, de intervenciones externos. Además existen las llamadas "lagunas legales" (*Gesetzeslücken*) que garantizan, a priori, la impunidad de determinados delitos y delincuentes. *Roberto Bergalli* ha destacado que, en buena parte, la impunidad resulta en la selectividad del sistema penal, de la selección política de los tipos legales, de la instalación legislativa de "*strafrechtsfreie Räume*" (espacios libres de control penal). Otras investigaciones criminológicas han destacado que en muchos casos la impunidad se debe a instrucciones internas, decretadas por las instancias superiores de la administración de justicia o por agentes del poder político, o por medidas procesales como el alojamiento de fiscales, la substitución de agentes de persecución y otras intervenciones en el régimen de competencias jurisdiccionales. Los señores Guissé et Joinet, relatores de la Comisión de la ONU que investiga el problema de la impunidad de violaciones de Derechos Humanos (1993), han presentado un esquema de los diferentes mecanismos causantes de la impunidad fáctica ("impunidades investigadora, por congestión, y delictiva") que han sido observados en procesos penales ante Tribunales Internacionales.

A continuación se debe citar otro aspecto significativo de la impunidad fáctica: los criminólogos de la Escuela Crítica han descubierto que, con regularidad, una determinada clientela delictiva resulta ser beneficiaria de la impunidad. En la gran mayoría de los casos resultan privilegiados los "cuellos blancos", es decir aquellos autores que provienen de las clases dirigentes de la economía, política y sociedad. Estos miembros de las élites, acusados de delitos a gran escala, actúan en sistemas con efectos altamente perjudiciales para los bienes de la comunidad (vida y salud pública, valores materiales, propiedades, patrimonio público, medioambientales, mercados). La experiencia alemana muestra que los llamados "*Großverfahren in Wirtschaftssachen*" (macroprocesos en asuntos económicos) habitualmente caminan "bajo el buen astro del patronaje de las manos invisibles" acabando "en pizza" (como se dice en el Brasil). Un primer ministro alemán y sus compañeros partidarios, bajo sospecha por corrupción, delitos fiscales, blanqueo de dinero y adquisición ilegal de donativos para su partido (*Parteispenden*) salieron impunes después de ser procesados formalmente por la justicia penal. Casi todos los procesos contra dirigentes industriales responsables de productos farmacéuticos, alimentarios y químicos que causaron lesiones fatales (p.e. casos Contergan, Lipobay, Síndrome Tóxico, BSE, Dioxina) fueron suspendidos por los tribunales sin imposición de penas. Desde luego habrá que denunciar otros grupos de personas que disfrutan de este privilegio como p.e. el grupo de responsables de violaciones de derechos humanos en conflictos armados.

Retrato criminológico-paradigmático: la impunidad brasileña

La impunidad lusoamericana es objeto de gran interés criminológico. No hay otro ambiente jurídico-social que muestra tan distintamente la fenomenología empírica de lo que Darcy Ribeiro, el gran sociólogo de las Américas, ha llamado "a doença latinoamericana". Para los brasileños y demás latinos la práctica forense de la impunidad es experiencia cotidiana, fruto de la llamada "Justicia de la Desigualdad" (*Roberto Bergalli*), la cual se reserva la libertad de juzgar hechos símiles de una manera desigual según el estado social del reo.

"A cadeia para os pobres, a impunidade para os ricos", es lo que se conoce como principio de hierro de la Justicia Penal brasileña. Parece exagerado, pero las estadísticas dicen que 90 % de la población encarcelada es negra, mulata, india, cabocla, pobre, descendientes de los cuarteles de la miseria, de las favelas y barrios chinos, como afirma *Drauzio Varella*, estudioso del centro penitenciario de São Paulo, de la "Estação Carandirú". Desde las estadísticas criminológicas del Brasil se ha comprobado la falta de presos "blancos" entre los reclusos de las trenas, la ausencia de "cuellos blancos" condenados y presos que sean miembros de la clase política y empresarial, de los presuntos autores de las famosas "*roubalheiras*", rapiñas organizadas, latrocinios en gran escala, conocidos por haber expoliado los tesoros públicos y las cajas de pensiones. Faltan también entre los cautivos los dirigentes y gestores de los muchos "esquemas de corrupción" conocidos por haber infiltrado las estructuras de la administración pública para cometer, de forma aparentemente legal, todo tipo de delitos contra el patrimonio, contra el orden socioeconómico, contra la Hacienda Pública y contra la Seguridad Social. Es admirable la perfección del "arte de furtar" manifestado en el Brasil, la más elevada cultura criminal en este sector.

Desde luego, falta entre los presos encarcelados la presencia de miembros de la clase latifundista, de las oligarquías agrarias, responsables de la "pacificación de brazo armado" de los "semterras", es decir de las víctimas de los múltiples conflictos agrarios en todo el país.

Es impune también un grupo de personas, que, sin duda, han cometido en los años setenta y ochenta crímenes contra la humanidad a gran escala. Se trata de los militares, coroneles y generales, dirigentes de la "caravana de la muerte" en el Brasil, Chile y Argentina, autores responsables de genocidio, de la desaparición forzada de personas, de torturas y masacres, de lesiones y delitos contra la libertad, hoy todos beneficiarios de las "leyes de impunidad". *Last but not least* aquellos presidentes y jefes de gobierno que, según consta, han cometido diversos "crímenes de responsabilidad", crímenes de corrupción y desvíos de dinero público, hasta los de la tolerancia del tráfico de armas, drogas y productos tecnológicos. Son bien conocidos los nombres de los distintos señores presidentes latinoamericanos beneficiarios de la impunidad y de un exilio cómodo.

La criminología de la impunidad latinoamericana se refleja y documenta en las obras de los grandes novelistas latinoamericanos que han utilizado categorías como la "violencia" y la "impunidad" como llaves semánticas para descifrar las realidades sociopolíticas bajo la Cruz del Sur. Destacan las famosas novelas sobre los dictadores, generales y presidentes de Augusto Roa Bastos, Alejo Carpentier, Miguel Ángel Asturias, Octavio Paz, Gabriel García Márquez, últimamente el retrato del dictador dominicano Rafael Trujillo de Mario Vargas Llosa. Todos estos autores han tematizado la impunidad como el mal reinante en la cultura política de América Latina, que siempre ha sido, en el pasado, una cultura de *Gewaltherrschaft*, personificada por hombres sin escrúpulos, *Verbrechermenschen*, responsables de actos de violencia y injusticias contra individuos y pueblos. En este sentido la investigación literaria sirve para denunciar enfáticamente el fenómeno de la "impunidad de los poderosos" y se une al combate contra la impunidad que es atributo de la *Unrechtsjustiz* y como tal violación institucional de los más distinguidos derechos fundamentales de la humanidad.

LA ESQUIZOFRENIA DEL DERECHO PENAL

Julio B.J. Maier*

1. Introducción

Hoy es prácticamente un lugar común para cualquier "penalista" el intento de afirmar o de explicar la "crisis del Derecho penal", expresión que no sólo contiene al Derecho penal material propiamente dicho, sino también al Derecho procesal penal —inclusión en la que yo he creído durante toda mi vida jurídica universitaria y práctica— y, además, a la ejecución penal, según estimo con menor grado de certeza, a causa de mi conocimiento meramente vulgar del tema. Más aún, creo también que todos los "penalistas" coinciden en más o en menos —pero mucho más en más que en menos—

* Escribiré con abuso en primera persona del singular, contrariamente a mi costumbre, por dos razones principales: ésta pretende ser mi última excursión académica o como publicista y, aunque en un lenguaje de algún modo académico, las líneas que siguen no pretenden ser algo más que impresiones personales —con ciertos fundamentos—, experiencias de cuarenta y cinco años de vida universitaria, ocupadas casi totalmente por el Derecho penal. Tanto es así que conservaré algunas expresiones del lenguaje común o vulgar, pues me parece que ellas describen mejor aquello que pretendo trasmitir. Esta opinión, pesimista, por cierto, sobre el futuro del Derecho penal, que tiende a convertirse de nuevo en un argumento de mero *poder*, según creo, se llamó en su primera versión desperdigada, para una conferencia en homenaje a un amigo, *El Derecho penal que yo he vivido*, parafraseando un recuerdo de quien fue mi modelo de profesor universitario, don Ricardo C. Núñez, y el fracaso que sufrí al querer traerlo a Buenos Aires para que lo conocieran los jóvenes de aquí, en ese entonces mis primeros alumnos, y quiso desde ya ser mi despedida académica. Con cierta elaboración, el doble discurso permanente del Derecho penal me sugirió el título que hoy tiene, nombre y enfermedad atribuida que he visto luego ratificados, aunque sólo en relación a la posición del núcleo progresista de sus cultores o de la *izquierda penal* —por así llamarla— en el libro de Silva Sánchez, Jesús-María, *La expansión del Derecho penal. Aspectos de la política criminal en las sociedades postindustriales* (2.ª edición), Ed. Civitas, 2001, p. 71.

Con el tiempo me llegan pedidos de colaboración para los libros en los cuales se brinda un homenaje merecido a dilectos amigos míos. Es comprensible: he alcanzado una edad inconfesable que, con diferencias mínimas, expresa la desaparición intelectual y académica de la generación a la que pertenezco. Con ligeras modificaciones en cada caso, que surgen por referencia a la persona o por razón de los distintos tiempos de publicación, pretendo colaborar en esos homenajes con este mismo tema, que, como ya lo dije, representa mi despedida del Derecho penal. Me doy cuenta de que esa decisión no encaja dentro de la normalidad, pero no me es posible aportar otra cosa, algo que se comprenderá a medida que se avance en la lectura del texto, que expresó mejor un amigo en conversación oral y cotidiana conmigo (Winfried Hassemer: "malos tiempos para el Derecho penal") y porque, además, yo también he tomado otros rumbos.

Posiblemente ésta sea la primera oportunidad de publicación (no lo sé porque todos los homenajes están en curso). Va dedicada a Roberto Bergalli, que se merece algo más que mi pobre pesimismo, sobre todo si tengo en cuenta que, sin razón aparente —para él que es tan exigente—, luego de un enfrentamiento de jóvenes por razones cotidianas, me rodeó de un cariño infundado, en toda ocasión, ante mí y aun ante otros, sin mi presencia, a quien, seguramente, no pude retribuirle del todo ese cariño y quien formó parte importante de mi propia vida; ¡a ese porteño que se mantuvo intacto y porteño!, en el buen sentido, pese a haber vivido tantos años en el extranjero y que nos hizo quedar tan bien ante otros, como aquellos que hoy le brindan este homenaje. En verdad, si yo hubiese sido un buen jugador, me hubiera gustado regalarle, en la ocasión, una pelota de rugby firmada por mí: pero no lo fui, ni lo seré más pese a mi deseo/ y sólo esta pobre alabanza me es posible, que no alcanza para agradecer ni para rendir homenaje/ a un amigo.

en el diagnóstico, esto es, en la descripción de la situación real por la que el Derecho penal atraviesa. Esa situación real es la que pretendo señalar conceptualmente bajo los próximos números, mediante una somera descripción del "paisaje penal" actual.[1]

El diagnóstico en sí no parece ser, entonces, el problema, aun cuando convenga describirlo por sus características básicas. Por lo contrario, la solución política es el problema en sí mismo. Unos aceptan este estado de cosas como inevitable, pretenden explicarlo y hasta justificarlo, al menos para evitar la "infección" del Derecho penal llamado *nuclear* o *normal* (este último adjetivo por comparación con el supuesto pretendidamente de *excepción*);[2] otros, aunque de distintas maneras, no aceptan esta situación[3] y algunos todavía se animan a exponer ciertas recetas para superarla.[4] Yo, como entenderán al final, soy excesivamente pesimista —visión extendida al mundo político—cultural en general—, creo que presenciamos el comienzo de la muerte del paradigma de Descartes, para reemplazarlo por algo así como "tengo poder, luego existo"[5] y, conforme a ello, prefiero retirarme a tiempo del mundo intelectual, pues las

---

1. Sobre la "crisis del Derecho penal" hubo una reunión universal de juspenalistas, organizada por la Fundación Alexander von Humboldt de la República Federal de Alemania, cfr. Hirsch, Hans-Joachim (compilador), *Krise des Strafrechts und der Kriminalwissenschaften? (Tasgungsbeiträge eines Symposiums der Alexander von Humboldt-Stiftung veranstaltet vom 1. bis 5. Oktober in Bamberg)* [R.F.A.], Ed. Duncker & Humblot, Berlín, 2001; en el mismo sentido descriptivo de esa crisis y en idioma castellano, Silva Sánchez, Jesús-María (citado en la nota anterior al pie), caps. 1, 2 y 3, pp. 17 y ss.; y el libro de Jakobs, Günther – Cancio Meliá, Manuel, *Derecho penal del enemigo*, Ed. Civitas, Madrid, 2003. La repercusión de esa crisis en trabajos científicos en la República Argentina ha sido escasa: posiblemente haya que nombrar en primer término al discurso del que hoy es nuestro mayor penalista, al recibir el título de doctor h. c. de manos del Sr. Rector de la Universidad de Castilla-La Mancha, discurso cuyo manuscrito tengo en mis manos, *El derecho penal liberal y sus enemigos*; luego conozco por publicación el trabajo de Niño, Luis Fernando, *Sobre el futuro de la dogmática jurídico-penal*, Cuadernos de Política Criminal, n.º 55, Madrid, 1995, cuando aún la cuestión, si bien ya insinuada, no había explotado del todo, al menos entre nosotros; y el trabajo de Lascano, Carlos Julio (h), *El "derecho penal para enemigos" y las garantías constitucionales*, www.eldial.com/edicion/cordoba/penal/indice/doctrina/cp031016-b.asp, del 16/10/2003, Ed. Albremática, Buenos Aires, 2003; y, por manuscrito, conozco también, al comenzar estas líneas, el trabajo de Pastor, Daniel, *El Derecho penal del enemigo en el espejo del poder punitivo internacional* (en prensa, Homenaje a Jakobs en Argentina); en la América hispánica no se puede ignorar el trabajo de Aponte, Alejandro, *Derecho penal del enemigo vs. Derecho penal del ciudadano. Günther Jakobs y los avatares de un derecho penal de la enemistad*, cuyo manuscrito castellano poseo y cito, y que, según confesión del mismo autor, constituye el núcleo fundamental de su tesis doctoral, publicada en la Rep. Fed. de Alemania, *Krieg und Feindstrafrecht. Überlegungen zum "effizienten" Strafrecht anhand der Situation in Kolumbien*, tesis dirigida por el Prof. Dr. Alejandro Baratta, recientemente fallecido.

2. Cfr., claramente, Jakobs, Günther (cit. nota 1), pp. 13 y ss.

3. Cfr., en la vereda de enfrente, por ejemplo, Cancio Meliá, Manuel (cit. nota 1), 2, pp. 89 y ss.; Pastor, Daniel (cit. nota al pie n.º 1, del manuscrito en mi poder, en especial, pp. 13 y ss.).

4. Cfr. Hassemer, Winfried, *Kennzeichen und Krisen des modernen Strafrechts*, "ZRP", R.F.A., 1992, Heft 10, pp. 378 y ss. (reproducido como introducción en *Produktverantwortung im modernen Strafrecht* [2. Auflage], Ed. C.F. Müller, Heildelberg, 1996, pp. 1 y ss., y traducido al castellano en el libro de Hassemer, Winfried-Muñoz Conde, Francisco, *La responsabilidad por el producto en derecho penal*, Ed. tirant lo blanch, Valencia [España], 1995, pp. 15 y ss.); con una propuesta inversa, de penalización con el soporte de nuevos bienes jurídicos institucionales, conforme a su clara definición ideológica, Gracia Martín, Luis, *Prolegómenos para la lucha por la modernización y expansión del derecho penal y para la crítica del discurso de resistencia (A la vez, una hipótesis de trabajo sobre el concepto de Derecho penal moderno en el materialismo histórico del orden del discurso de criminalidad)*, Valencia, España, 2003; con otra propuesta para dos o tres derechos penales diferentes, Silva Sánchez, Jesús-María (cit. nota al pie n.º 1), n.º 7 y 8, pp. 149 y ss.

5. Jakobs, Günther (cit. nota 1), llamaría a este estado de cosas, probablemente, un regreso al *estado de naturaleza*, con cita y diferenciación de Rousseau, de Fichte, de Kant y de Hobbes, pp. 41 y ss. De otra manera, pero en idéntico sentido, en el diario *Página 12* de Buenos Aires, del 12/1/2005, en el llamado *Pirulo de tapa* (p. 1), de nombre *Desenvoltura*, con paráfrasis del actor Sean Penn sobre Bush (extraída de un reportaje de la revista francesa *Le nouvel observateur*), se dice lo mismo del presidente norteamericano: "En su universo, la fuerza ocupa el lugar de la verdad" (en el mismo diario, columna "Cartas" de la "Contratapa", 17/2/2005, un lector [*Parcialidad*] le atribuye al mismo presidente la expresión de la razón de ser de esta afirmación: "Dios no era imparcial, por lo que no todos éramos *igualmente* —destacado mío— hijos de Dios. Lo que pensaban algunos era grato a Dios, por lo

únicas soluciones que hallo al problema tampoco me satisfacen, probablemente porque no soy capaz de imaginar —o de afirmar— claramente otro tipo de relación social entre los seres humanos que aquella que ha constituido mi trasfondo de vida y otro tipo de organización social distinta a aquella en la cual existí y aún existo.

No fui, ni soy, un *abolicionista*, en cualquiera de sus acepciones posibles,[6] pues si lo hubiera sido o lo fuera hoy en día, tendría solucionados, al menos intelectualmente, gran parte de mis dudas e imprecisiones tanto en mis afirmaciones relacionadas con el Derecho penal que quisiera defender, como con la organización social que le sirve de soporte. Por lo contrario, me atrevo a anticiparles en esta introducción que, considerar que algunos seres humanos son distintos de otros o —mejor dicho— que deben ser tratados de distinta manera —unos como *ciudadanos*, otros como *enemigos*, para exagerar la contraposición con el idioma,[7] o como *individuos* distintos de la *persona* o *sujeto de derechos*, con renuncia evidente al principio liberal de igualdad ante la ley—,[8]

---

que los otros debían obedecer"). Resulta para mí gracioso, y a la vez triste, la comparación que como neófito —pero estudioso para una charla entre amigos— hube de hacer, sin mayores pretensiones que mi propia visión, con la danza popular actual de los jóvenes en relación a los ciclos históricos de la danza popular en, *Las danzas tradicionales argentinas* (inédito), p. 13 del manuscrito: allí me pareció que la danza actual de los jóvenes se parece sobremanera a la danza ritual, individual, de orígenes primitivos (hoy, individualismo extremo).

6. Esto es, con prescindencia de los diversos modos de serlo que adoptan los cultores de esta tendencia político-criminal: nadie mejor que un *abolicionista* puede reconocerlo, cfr. Christie, Nils, *Una sensata cantidad de delito* (traducción de Cecilia Espeleta y Juan Iosa de *A suitable amount of crime*, Londres, 2004), Ed. del Puerto, Buenos Aires, 2004, cap. 6.4, pp. 120 y ss.

7. Creo que el primero en utilizar la palabra *enemigo* en relación con el Derecho y la administración de justicia penales de la actualidad fue Ferrajoli, Luigi, *Diritto e raggione* (2.ª edición), Ed. Laterza, Roma-Bari, 1990, p. 852 (en castellano, *Derecho y razón*, Trotta, Madrid, 1995, p. 815), para describir modernamente la lógica de las leyes penales de excepción o del Estado de excepción frente a las naturales en un Estado de Derecho (véase también el cap. 12.º del mismo libro, pp. 844 y 807, respectivamente); pero sin duda lo ha sido Jakobs, Günther, primeramente con su *Kriminalisierung im Vorfeld einer Rechtsgüterverletzung*, en *Zeitschrift für die gesamte Strafrechtswissenschaft* (ZStW), n.º 97, Ed. Walter de Gruyter, Berlín-Nueva York, 1985, pp. 751 y ss., y, finalmente, con su *Derecho penal del ciudadano y Derecho penal del enemigo* (citado nota al pie n.º 1 como libro conjunto sobre *Derecho penal del enemigo*), quien ha desatado la más que viva discusión actual, sobre todo en Alemania y España: más detalles acerca del desarrollo de la idea, en el comentario general de Schünemann, Bernd, *Die deutsche Strafrechtswissenschaft nach der Jahrtausendwende*, para el "*Golddammer´s Archiv für Strafrecht*" (GA), Ed. R.v.Decker, R.F.A., 2001, III, pp. 210 y ss., con interesantes alusiones a las reacciones de la ciencia penal alemana y valoraciones propias; Greco, Luis, *Über das sogenannte Feindstrafrecht* (aún inédito); y, en castellano, Aponte, Alejandro, *Derecho penal del enemigo vs. Derecho penal del ciudadano. Günther Jakobs y los avatares de un Derecho penal de la enemistad* (versión castellana y reducida, aún inédita según mi conocimiento, de su *Krieg und Feindstrafrecht. Überlegungen zum 'effizienten' Feindstrafrecht anhand der Situation in Kolumbien* [Guerra y derecho penal de enemigo: reflexiones alrededor del derecho penal eficientista de enemigo de la mano del caso colombiano], Ed. Nomos, R.F.A., 2004), p. 2 del manuscrito, donde reconoce la polémica desatada alrededor de las ideas expuestas por el Profesor Dr. Jakobs, situación que ya consta en el subtítulo; Pastor, Daniel, *El derecho penal del enemigo en el espejo del poder punitivo internacional* (cit. nota al pie n.º 3), en mi manuscrito, pp. 1 y ss. Cf. Maier, Julio B.J., *Derecho procesal penal* (Dpp), Ed. del Puerto, Buenos Aires, 2003, t. II (*Parte general*), § 11, pp. 287 y ss., sobre el nacimiento del Derecho penal y sus órganos estatales de aplicación, que parten, precisamente, de necesidades opuestas: tratar a los rebeldes propios (revolucionarios o, al menos, contrarios activos al orden establecido) como ciudadanos iguales a los otros, aceptantes de la organización social y de sus normas a grandes rasgos, por tanto, sujetos de derechos, distinguibles por contraposición al enemigo exterior y tratables con otros métodos (ver B, 1, pp. 386 y ss.). Cfr. además, desde este punto de vista, específicamente, Schneider, Hendrik, *Bellum justum gegen den Feind im Inneren?*, en ZStW, n.º 113 (2001), en especial, III, pp. 508 y ss., con retroceso histórico hasta el concepto escolástico de "guerra justa", quien intenta obtener criterios para el tratamiento de la "criminalidad organizada": allí puede leerse que lo extraño y, al mismo tiempo, perfectamente comprensible en la utilización de esos criterios ha sido que ambas partes en conflicto, enfrentadas, apelaban a los mismos criterios para justificar la guerra contra el "enemigo", por supuesto, cada una con aporte de agua para su molino propio, como lo demuestra la guerra religiosa desatada por la Reforma (*bellum justum ab ultraque parte*) y, además, que ha sido la Iglesia quien acudiera a estos criterios para proceder libre y cruelmente contra el "enemigo", en procura de su eliminación.

8. Ya históricamente, antes de la Ilustración, eran conocidas estas desigualdades: patricios y plebeyos, personas capaces e incapaces, dueños y esclavos, varones y mujeres; el mismo orden jurídico, aun después de la Ilus-

no se desarrolla otra cosa distinta conceptualmente —y, quizás, prácticamente— que aquello que el mundo social conoce como la división entre *incluidos* y *excluidos*, categorías que, en los llamados antiguamente países en desarrollo o del tercer mundo, y hoy *emergentes*, parten por mitades al conjunto de la sociedad[9] entre ricos —o, al menos, satisfechos— y pobres, para decirlo con pocas —pero demostrativas— palabras. Sólo así, si se considera a ciertos seres humanos como inferiores, como integrantes de la sociedad nacional que constituye un Estado, pero *excluidos* de sus beneficios o de los derechos reservados a otros (como *enemigos* frente a los *ciudadanos*), realidad que la historia nos ha mostrado en diversas oportunidades en el mundo jurídico y que hoy se conserva en el Estado de Derecho, en principio, de modo meramente formal,[10] se puede comprender un trato desigual de unos con respecto a otros por parte del orden jurídico o, si se quiere, la subsistencia de dos estatutos jurídicos materiales y formales diversos coexistiendo en una misma organización, uno para los socios plenos y otro para aquellos disminuidos.[11]

Pero expresadas las cosas como enfrentamiento —más que como distinción— entre estamentos sociales, uno de cuyos derechos penales está representado por una *guerra* o *lucha* entre *enemigos*, el riesgo evidente, quizás no advertido por los sostenedores de la teoría, consiste en que el *enemigo* sea el que triunfe en el combate —o guerra—, con lo cual los otros, presumiblemente quienes elaboran la teoría por estimarse a sí mismos presuntos triunfadores, serían —o pasarían a ser— los destinatarios del *Derecho penal del enemigo*, a partir del día de la derrota, y sólo tendrían —como aquél hoy— escasas posibilidades frente a él, casi diría, dos únicas acciones posibles: huir, mientras exista esa posibilidad y en la medida de lo posible,[12] o combatir de nuevo, pero ahora

---

tración, conoce "desigualdades", quizás no "de derecho", pero sí "de hecho", tal como la regulación de la incapacidad civil para obrar por sí mismo (CC, 54), que exige la representación legal. El problema no es, precisamente, la constatación de su existencia, sino su justificación jurídica y moral. Se trata siempre de "categorías sospechosas", para decirlo en lenguaje del Derecho constitucional actual, siempre necesitadas de una justificación especial para la discriminación. Ver en la nota al pié n.º 5 las palabras con las que el presidente de la nación bélicamente más poderosa del mundo intenta justificar la desigualdad entre los hombres como una institución divina; cfr., en contra de este pensamiento, Rousseau, Jean Jaques, *Discurso sobre el origen de la desigualdad entre los hombres*, traducción de Angel Pumarega, en *Discursos*, Ed. Edeval (colección "Juristas perennes"), Valparaíso (Chile), 1979, pp. 57 y ss.

9. Como sucede en los países a los cuales pertenezco, pues a ellos pertenece mi país, la República Argentina, por contraposición a los países centrales que, sin embargo, no parecen escapar del todo a esta división, aun cuando en diferentes proporciones (sociedad de los dos tercios). Ferrajoli, Luigi, *Razones jurídicas del pacifismo* (citado Por Pastor, ver nota al pie n.º 3, p. 27), observa esta injusticia global y, como en el Derecho interno, nos preguntamos si no es mejor y más real proponer métodos de prevención basados en cierta equiparación de posiciones, al menos como previos a la ultilización del poder punitivo, no tan sólo porque ello es "justo", sino también porque resulta más eficaz para todos, pero, incluso, para el mismo Derecho penal.

10. Véase nota al pie n.º 8.

11. Repárese que no lo expresamos así para negar estados o sociedades multinacionales, con minorías o mayorías cuyas costumbres, derechos y formas de orientar su vida debemos respetar (O.I.T., resolución n.º 169/1989, 76.ª reunión de la Conferencia general, del 7/6/1989, en Ginebra), realidad que, precisamente, ha inducido a buscar la igualdad por respeto del prójimo, de la cultura y tradiciones ajenas. Cfr. también, en un sentido absolutamente distinto, como defensor de un "derecho penal para los ricos", enemigos frente a los ciudadanos con menor capacidad económica, Gracia Martín, Luis (véase nota al pie n.º 4). Esta división se extiende desde antiguo, pero esencialmente desde el "postmodernismo" y la "globalización", a las relaciones entre los estados y, cada vez más, a los súbditos de esos estados en sus relaciones entre sí por nacionalidad o pertenencia (cfr. Silva Sánchez, Jesús-María (cit. nota inicial al pie), n.º 3, p. 81 y ss.; y, desde otro punto de vista, Jakobs, Günther, *Derecho penal del ciudadano y Derecho penal del enemigo* (cit. nota al pie n.º 1), VI, pp. 50 y ss., y VII, 6, p. 56; Pastor, Daniel (cit. notal al pie n.º 1).

12. Vietnam: una palabra resume todo, incluso para los americanos del norte, en el presente. Estimo que la expresión del señor Bush, respecto de Iraq, básicamente, "legítima defensa preventiva", se parece mucho a la de "Derecho penal del enemigo", teoréticamente, a pesar de que el creador de esta última expresión —resulta evidente— sólo pretende un producto meramente intelectual para evitar la "infección" actual del Derecho penal

desde una posición sin privilegios, paraestatal, negativamente normativa. Pues en esa explicación el "enemigo" actual, también considera a los "fieles" al orden jurídico establecido, naturalmente, "su enemigo" y, en consecuencia, aplicará las mismas reglas si vence en el combate, a partir de ese día. Ello muestra que ese planteo puede derivar en una regulación normativa, eventualmente, a la cual resulta difícil llamar Derecho, en el sentido tradicional que le damos al término, unido al concepto de "justicia" o de "solución de conflictos sociales" y separado del de "banda de malhechores" o de "bandos en disputa". Creo que la confianza ingenua de la sociedad llamada *occidental* en plantear las cosas de esta manera, porque espera ganar la guerra *siempre*, *"a la larga"* —esto es, en el mediano y largo plazo, que no sé establecer en unidades de tiempo—, carece de sentido y no es razonable.

Resta aún por expresar un argumento acerca de la necesidad de la igualdad de trato —o en contra de la desigualdad—, desde el punto de vista conceptual.[13] La división de estatutos, uno para el amigo y otro para el enemigo, parte de la base de la posibilidad *a priori* de reconocerlos, de distinguir con certeza a ambas categorías de seres humanos, esto es, por el uniforme, como si se tratara de una guerra convencional y antigua, es decir, tal como se distinguen dos adversarios en un partido de fútbol por la camiseta de distintos colores que usan los jugadores o como, en la ciencia ficción, creemos ingenuamente que nos distinguiremos de los habitantes de otros planetas. Pero la realidad muestra que esa línea divisoria tajante no sólo empíricamente, sino también conceptualmente, resulta irreal e imposible. El resultado final consiste en que aquel estatuto teóricamente de excepción, pensado para el enemigo, termina aplicándose al amigo (*ciudadano*), de conducta ocasional desviada o ni siquiera desviado (recuérdese que sólo conocemos esta realidad a través del procedimiento penal, con todas sus reservas e improlijidades, y que dentro de él también existe un Derecho procesal penal para el ciudadano y otro para el enemigo, realidad que indica la necesidad de una distinción *a priori*), en una extensión ingobernable, que ya ha sido catalogada como *inflación* del Derecho penal.[14]

De tal modo, *perplejidad* es lo que yo siento subjetivamente al alejarme del Derecho penal, perplejidad ante la doble personalidad del Derecho penal y del Derecho procesal penal actuales, que me resultan, según yo creo, objetivamente *esquizofrénicos*: por un lado, ellos representan el resultado y son los defensores del Estado de Derecho, miran al pasado y a sus hechos y quieren castigar por ellos a quienes no obraron de conformidad con las reglas; por el otro, ellos se orientan actualmente hacia la destrucción de esa forma de Estado, hacia la afirmación de un "peligrosismo" bien próximo al positivismo orgánico y criminológico del siglo XIX, miran al futuro y quieren preverlo y prevenir resultados eventuales no deseados.[15] Una autén-

común (del *ciudadano*), por llamarlo de algún modo, y el primero, en cambio, la usó para declarar y tornar realidad una guerra de *agresión*, delito del Derecho penal internacional, aunque todavía no haya podido ser definido (¿?).

13. Afirmación algo tácita pero latente, que inspira toda la oposición a considerar Derecho penal al del "enemigo", en la exposición de Cancio Meliá (cit. nota al pie n.° 1), sobre todo n.° 2, C, pp. 100 y ss. A ella conduce, irremediablemente, el abandono del principio liberal del hecho histórico como modelo de imputación y la recepción del supuesto de peligrosidad futura como fundamento y fin de la pena estatal.

14. Cfr. Ferrajoli, Luigi,), en *Crisis del sistema político y jurisdicción: la naturaleza de la crisis italiana y el rol de la magistratura*, en "Pena y Estado", año 1, n.° 1, Ed. del Puerto, Buenos Aires, 1996, pp. 125 y ss.; véase también, del mismo autor, *Diritto y raggione* (2ª edición), Ed. Laterza, Roma-Bari, 1990, cap. 2°, n.° 8, pp. 80 y ss. (en castellano, *Derecho y razón*, Trotta, Madrid, 1995, pp. 103 y ss.); y, en el mismo sentido, Silva Sánchez, Jesús-María (citado en nota al pie n.° 1), quien prefiere utilizar la palabra *expansión* del Derecho penal.

15. Sobre el riesgo de esta esquizofrenia, sintéticamente expresado en idioma periodístico, comprensible para todos, Wainfeld, Mario, *Las claves para no perder el juicio* (*El trípode*), columna de opinión del periódico *Página 12*, Buenos Aires, 24/1/2005 (en Internet: http://www.pagina12web.com.ar/diario/elpais/1-46566-2005-01-24.html).

tica personalidad que inmortalizó Stevenson en la literatura inglesa mediante los célebres personajes del Dr. Jekyll y de Mr. Hyde.[16]

2. La crisis

No me preocupa ahora desarrollar la crisis conforme a parámetros comunes entre los académicos, que la organizan para su intelección mediante clasificaciones básicas.[17] Otros lo han hecho antes y seguramente mejor que yo. Prefiero anotar los fenómenos directos que yo, antiguo cultor de un Derecho penal con características distintas, el Derecho penal que, al menos, creíamos *liberal*, procedente de un Estado de Derecho y de su forma de comprender al poder penal del Estado, enseñaba con cierta modestia y con alguna congoja. Ese Derecho penal había nacido con su institución madre, la *pena estatal*, producto de la creación del Estado-nación, al comienzo puro poder político, luego maniatado por reglas jurídicas, transformada en *Derecho penal*, como resultado de una verdadera composición entre la Ilustración y el conservadorismo viviente aún en el siglo XIX.[18] Ese Derecho penal, cuya partida de nacimiento todos conocemos, así como conocemos su razón de ser (domesticar al poder soberano, expresado por su forma más violenta, mediante reglas jurídicas que lo limitan en su ejercicio, pero, al mismo tiempo, lo reconocen y legitiman), que por y para ello transfiere el uso de la fuerza —salvo un caso genérico específico fundado en la necesidad— al poder político centralizado, con la finalidad de evitar la reacción directa del ofendido, cuyos principios y características todos hemos debido declamar como una oración en una ceremonia religiosa,[19] está siendo hoy en día, aun sin nombrarlo, objeto de enormes cambios que, si bien no pretendo agotar, si quiero destacar como características salientes.

a) Tras Ferrajoli, yo ya he advertido acerca del abandono del carácter *subsidiario* del Derecho penal, fenómeno que, con él, he preferido llamar de modo afirmativo *"inflación"* —por sus virtudes definitorias, al menos en nuestro país y para quienes integran mi generación— y señalado también sus consecuencias, especialmente como determinante directo del Derecho procesal penal y de la práctica judicial en materia procesal penal.[20]

---

16. Cfr., con el mismo diagnóstico, Jakobs, Günther (cit. nota al pie n.º 1), pp. 48 y ss.

17. Véase, por ejemplo, Cancio Meliá, Manuel (cita. nota al pie n.º 1), 2, pp. 65 y ss., clasificación que atrapa y subyuga, por su sencillez y valor.

18. Cfr., para explicar desde mi punto de vista el origen de la pena estatal, del Derecho penal y del Derecho procesal penal, Maier, Julio B. J., *Dpp*, t. II, § 9, E, 1 y 2, pp. 52 y ss., y § 11, "Introducción", pp. 290 y ss.

19. Hasta aquí vale la pena observar su parto en un pequeño libro, que sólo pretende traducir el sistema político de Montesquieu (*El espíritu de las leyes*) al sistema penal: Beccaria, Cesare, *Dei delitti e delle pene*, en *Opere*, Ed. Mediobanca, Milano, 1984, t. I, pp. 13 y ss.; cfr., sintéticamente, con la misma afirmación sobre su nacimiento, Demetrio Crespo, Eduardo, *Del "Derecho penal liberal" al "Derecho penal del enemigo": en torno al debate sobre la legitimidad del Derecho penal*, en "Nueva Doctrina Penal" ("NDP"), Ed. Del Puerto, Buenos Aires, 2004/A, I, p. 47. Vale la pena confrontar esta afirmación con la "dinámica cíclica" entre "discurso penal de emergencia o autoritario" y "discurso penal crítico o de garantías" que señala Zaffaroni, Eugenio Raúl, en *El derecho penal liberal y sus enemigos* (cit. nota al pie n.º 1), fenómeno que recuerda a los dos modos de comprender y conocer la historia: *sincrónico o diacrónico*.

20. Cfr. Ferrajoli, Luigi (cit. nota al pie n.º 14); Maier, Julio B.J., *Ist das Strafverfahren noch praktikabel?* (en castellano, con la traducción de Gabriela Córdoba, *¿Es posible todavía la realización del proceso penal en el marco de un Estado de Derecho?*, en AA.VV., *Nuevas formulaciones en las ciencias penales. Homenaje a Claus Roxin*, Facultad de Derecho y Ciencias Sociales, Universidad Nacional de Córdoba, Ed. Marcos Lerner/La lectura, Córdoba [R.A.], 2001), en *Krise des Strafrechts und der Kriminalwissenschaften* cit., II, pp. 246 y ss. Para Cancio Meliá, Manuel (cit. nota al pie n.º 1), esta característica casi basta para definir la situación ultrasintéticamente y él cita en la nota al pie n.º 2, pp. 62 y s., una extensa bibliografía que gira alrededor de ella y que conviene consultar.

Pero, para decirlo en idioma muy vulgar —casi deportivo—, me *"quedé corto"*: más allá de la sospecha de Cancio Meliá,[21] pero hurtándole sus palabras, creo que *"asistimos a un cambio estructural de orientación"* que, como ya vimos, se corresponde con un cambio de la orientación y sentido del poder político. La *expansión* del Derecho penal[22] es el fenómeno más visible y tangible: el Derecho penal logra, cotidianamente, nuevos ámbitos de relaciones para su regulación, que ya casi interesa a todas las relaciones sociales entre los seres humanos o entre ellos y el Estado. Ello provocó que yo —de nuevo vulgarmente— ejemplificara esta situación de la mano de una sentencia que le escuché a un colega del Derecho privado: una gran reforma del Código Civil o del Código de Comercio, o su reemplazo, traería aparejados, seguramente, varios títulos dedicados al Derecho penal, pues ya no parece poder concebirse legislación alguna que carezca de mandatos y prohibiciones cuya infracción se amenaza con una pena.[23]

La pérdida del principio de *subsidiariedad* y, con él, el de la concepción del Derecho penal como *ultima ratio* de la política social,[24] y, unido a ello, el extravío del *carácter fraccionario* que tradicionalmente se le atribuyó con base en el principio *nullum crimen*, conduce, como muchas veces sucede, a la "bastardización" del instrumento como mecanismo útil para la política social y para quienes la soportan.[25] De allí la afirmación de la trasformación del Derecho penal en una regulación jurídica *simbólica*, que sirve a intereses particulares, como la "demagogia política y el espectáculo mediático",[26] con el agravante de que, a través de la administración de justicia, no sólo confirma, sino que reafirma y agrava su *carácter selectivo*, fenómeno por todos conocido: sólo los peces chicos (pequeños), débiles y, por tanto, vulnerables, caen en la red —aun en la zona de los presuntos "nuevos" bienes jurídicos—; a contrario de lo que sucede en la pesca real, los grandes y gordos se escapan por múltiples razones que exceden a esta exposición y a mis conocimientos.[27]

Esta expansión del Derecho penal ha trasformado también su objeto de preocupación intelectual: ya su parte general —fundamento y límites de la imputación personal— y hasta la ejecución penal han perdido dedicación; el interés está puesto, casi

---

21. *Ídem*, p. 60.

22. Según prefiere llamarlo y examinarlo Silva Sánchez, Jesús-María, libro cit. en nota al pie n.º 1.

23. Resulta jocoso recordar que en mi época de estudiante, y aún después de ella, reconocíamos a los estudiantes de Derecho o a los juristas porque ellos a ciegas, al tacto, podían distinguir el Código Civil del Código penal rápida y sencillamente; esa posibilidad creó también el epíteto de malos juristas o alumnos para quienes no lograban distinguir uno de otro a primera vista o por el tacto. Hoy ese atributo no sería más posible o, cuando menos, la distinción es más dificultosa y no conduce al reconocimiento ni al epíteto. Ni los sistemas de informática jurídica pueden seguir la legislación penal de manera ordenada y al día, sobre todo si se requiere un texto oficial único. Segunda anécdota: el Departamento de Derecho penal de la Facultad de Derecho de la Universidad de Buenos Aires organizó una protesta contra la reforma de los preceptos que fijan la escala penal en los casos de reiteración delictiva (Cód. Penal, 55); yo solicité el texto de la reforma a los colegas que iniciaron la protesta, pues no podía adherirme a ella por un conocimiento meramente periodístico, por otra parte por demás confuso; nadie me pudo proporcionar el dato. Tercera anécdota: un colega alemán me aclaró que en la República Federal de Alemania un parágrafo del Código penal había sido modificado dos veces en un mismo día, acción que significa que, en ese día, hubo tres textos vigentes de ese mismo parágrafo.

24. Al contrario, Hassemer, Winfried (cit. nota 4, en adelante la edición castellana), ha afirmado con razón su caracterización actual como *prima* o *sola ratio* y la extensión de su regulación a regiones antes insospechadas: *La responsabilidad por el producto en el Derecho penal*, pp. 26 y 31.

25. En el idioma sucede con frecuencia que la ampliación del contenido conceptual de una palabra al infinito conduce a que ella pierda valor, no defina nada, fenómeno que he pretendido traducir con un neologismo inventado, tomado del término bastardo y convertido en acción consumada; en sentido idéntico al del texto opina Hassemer, Winfried (cit. nota anterior al pie), III, pp. 26 y ss.

26. Palabras entrecomilladas que tomo de prestado de Demetrio Crespo, Eduardo (cit. nota n.º 19), I, p. 51.

27. Cfr. Hassemer, Winfried (cit. nota n.º 24), p. 32; también Zaffaroni, Eugenio Raúl; Alagia, Alejandro; Slokar, Alejandro, *Derecho penal. Parte General [Dp.Pg]*, Ed. Ediar, Buenos Aires, 2000, II y ss., pp. 7 y ss.

únicamente, en la *parte especial* y, sobre todo, en el Derecho penal *complementario*, a la par de en un Derecho penal multinacional o internacional que comienza a ganar espacio; desde el punto de vista procesal han perdido importancia el *juicio y sus garantías* para el imputado y, en cambio, resultan hoy trascendentes los *modos alternativos* de obtener una condena o una solución del conflicto y la ampliación de los *métodos probatorios*, si no de abierta al menos con cierta contradicción con el capítulo dedicado a las prohibiciones probatorias. En verdad, ha perdido interés, desde el punto de vista político, el desarrollo de un sistema de límites y garantías, el desarrollo de ciertos valores básicos atribuidos al ser humano, que conducían el sistema, para ocupar ese lugar la importancia de un criterio meramente práctico y *"eficientista"* de impulsar al Derecho penal y procesal penal.[28]

b) Esta expansión del Derecho penal se logra a través de múltiples instrumentos que tienen en común, por una parte, la creencia ingenua de que el Derecho penal es una medicina milagrosa para todos los problemas que se presentan en el seno de una sociedad organizada (violencia política, sexual y patrimonial, polución del ambiente, ingresos y egresos de la hacienda estatal, delincuencia colectiva, funcionamiento del mercado de bienes y servicios, fallas en la elaboración y distribución de mercancías de consumo masivo, respeto parental, etc.) o, expresado con más énfasis, la fe —o la "ilusión"—[29] en que por esa vía se cura toda enfermedad social, en que el Derecho penal resulta un "sanalotodo" de cualquiera de ellas, sobre todo de aquellas que inciden en el ámbito de las acciones que el Estado —administración y legislación— emprende para lograr el "bien común". Por la otra parte, el fin que persiguen agrupa a esos instrumentos más allá de su realización efectiva: todos ellos, conforme a aquella fe casi religiosa, pretenden *prevenir el futuro*, esto es, están dirigidos hacia él para evitar resultados no deseados en forma de prohibiciones o mandatos que intentan no asumir riesgos innecesarios con prescindencia de la mayor o menor aproximación del resultado dañino que se pretende evitar. Así se ha logrado pasar de un Derecho penal que se refería básicamente al pasado, al hecho histórico sucedido, sin ignorar que alguien era su autor, a un Derecho penal que se refiere al futuro, insondable para los seres humanos, que no pueden predecirlo y, por ello, referido, en definitiva, más a la persona que se considera "peligrosa" por síntomas de riesgo que anuncian un resultado futuro meramente eventual, cuyo acaecimiento, en realidad, se ignora y hasta carece de interés analítico.

No persigo describir cada uno de estos instrumentos sino, tan sólo, nombrar a los más característicos del nuevo sistema, sin pretensión analítica ni clasificatoria alguna. Paradójica pero comprensiblemente, este Derecho penal "futurólogo" se vale de la punición de acciones que antes se hallaban en la zona anterior o previa a la de los hechos punibles, esto es, anticipa la punibilidad al declarar punibles actos que se hallaban antes casi siempre en la zona de lo que podemos llamar genéricamente "actos preparatorios".[30] Así, los delitos de peligro, y, sobre todo, los de *peligro abstracto*, han ganado el centro de la escena, desplazando de ella a los delitos de resultado e, incluso, a su tentativa.[31] Con ello no quiero decir que antes no existiera esta primera coraza defensiva o

---

28. Cfr. Hassemer, Winfried (cit. nota al pie n.º 4), III, 1, pp. 27 y ss.; Silva Sánchez, Jesús-María (cit. nota inicial al pie), 2.10, y 3, pp. 74 y ss.

29. Expresión que pertenece a Prittwitz, Cornelius, *Internationales Strafrecht: Die Zukunft einer Illusion?*, en *Jahrbuch für Recht und Ethik*, Ed. Duncker & Humblot, Berlin, t. 11, 2003, pp. 469 y ss., con referencia al Derecho penal internacional.

30. Cfr. Jakobs, Günther, *Kriminalisierung im Vorfeld der Rechtsgüterverletzung* (cit. nota n.º 7).

31. Como ejemplo demostrativo, se persigue al "merodeador" —persona cuyo paseo repetido representa el síntoma de advertencia— antes que al autor del hurto o robo, precisamente porque llevó a cabo esa acción.

los *delitos de anticipación*,[32] pero resulta claro que ellos eran, en el ámbito de lo punible, una excepción; hoy, en cambio, ocupan —como dije— el centro de la escena. Repárese en que, al prescindir del daño, no sólo se prescinde de un elemento objetivo del delito, el resultado, sino que también se evita verificar la conexión (causalidad, determinabilidad) entre ese daño y la acción del autor, y hasta su anticipación o su previsibilidad como elementos del tipo subjetivo, bases antes ineludibles para caracterizar a esa acción como hecho punible. Ello implica, a la par de una extensión geométrica del poder punitivo, un considerable auxilio para el acusador en el proceso penal, en materia de prueba, y también para la condena del tribunal, ahora sometida a otros cánones respecto de la verdad y a otras exigencias analíticas.[33]

Allí, sin embargo, no acaba la cosa. También el *principio de legalidad* ha perdido mucho de su significado histórico y de su paciente desarrollo por los juristas. Varios mecanismos contribuyen para ello. Como fue dicho, el Derecho penal se nucleó y desarrolló alrededor de los intereses o bienes jurídicos individuales y unos pocos intereses colectivos referidos, sobre todo, a la protección de la organización básica del Estado y de su administración. Ello se correspondía con la razón de ser de la pena estatal, al crearse el Estado central o nación como tipo de organización social, y al cimentarse el Derecho penal, en el siglo XIX, sobre la base de la persona humana y su *contrato social*, criterio de explicación que incluía, a la par de la renuncia del ciudadano a ciertas libertades en beneficio de otros, la trasferencia al Estado del monopolio de la fuerza para asegurar las libertades no renunciadas.[34] Algunos otros bienes jurídicos colectivos o universales como la *salud pública* carecían de importancia en el conjunto y otros, como la *fe pública*, representaban tan sólo la agrupación de distintos hechos punibles que, en el fondo, lesionaban o ponían en peligro directo a intereses individuales. Hoy el Derecho penal existente pretende, antes bien, la defensa de *bienes jurídicos universales*, intereses sin concreción individual alguna o de dificultosa concreción (¿delitos sin víctima?) y, por ello, carentes de una definición concreta y tangible. La vida, la integridad física y la salud individual, hasta el patrimonio y el honor, parecen hoy, aun con la ayuda del transcurso del tiempo y de la elaboración científica, bienes tangibles del ser humano, alrededor de los cuales se han desarrollado los hechos punibles y la ciencia del Derecho penal; en cambio, la salud pública que se pretende proteger con el Derecho penal de sustancias controladas (drogas) o con la responsabilidad por la elaboración y circulación en el mercado de productos consumidos masivamente, el medio ambiente, la delincuencia organizada trasnacionalmente, la hacienda pública en forma de ingresos (tributos) y egresos (subvenciones), son todos conceptos *vagos*, sin fronteras e inasibles, en general, y variables en tiempos breves —al punto de que muchos de ellos son definidos por la Administración o, mejor dicho, por funcionarios administrativos—, que no sólo nos colocan frente a las dificultades que ocasiona la apertura de su definición, sino que, además, parecen dedicados a proteger la acción del Estado encaminada a alcanzar el llamado "bien común", por tanto, *bienes institucionales*,[35] hoy *primas donnas* del Derecho penal. Llamar a los antiguos bienes jurídicos *Derecho penal nuclear* y a los modernos *Derecho penal complementario*, o regular a este último por leyes

---

32. Como lo recuerda, siguiendo a Jakobs, la tesis doctoral de Patricia Ziffer sobre el delito de asociación ilícita, II, e, pp. 20 y ss. y IV, pp. 37 y ss. del manuscrito original (todavía sin defensa y, por tanto, sin publicar, conocida por mí porque soy su consejero).

33. Cfr. Hassemer, Winfried (cit. nota al pie n.º 24), III, 2, pp. 29 y ss., y 4, p. 34.

34. Sobre todo ello, magistralmente, Zaffaroni, Eugenio Raúl y otros (cit. nota al pie n.º 27), §§ 17 y 18, pp. 218 y ss.; Hassemer (cit. nota n.º 24), B, pp. 17 y ss.

35. Según ha advertido Hassemer, Winfried (cit. nota n.º 24), III, 2, p. 28.

especiales, separadas del Cód. Penal,[36] no ayuda demasiado a resolver el problema con eficiencia, ni tan siquiera explica la confusión bajo un único rubro o una única rama jurídica. Menos aún significa esta caracterización un auxilio intelectual para la comprensión del fenómeno, cuando, a raíz de la aparición de estos nuevos bienes jurídicos, parece ser que este último concepto ha perdido su coloración negativa, hermenéuticamente limitadora de la punición rigurosa, que le atribuye el liberalismo, para adquirir una aptitud positiva, criminalizadora y rigurosamente punitiva,[37] al menos en la letra de la ley penal.

Ambos problemas, indefinición del bien jurídico como tal y punición de los peligros abstractos, conducen a una tercera lesión o disminución funcional del principio de legalidad: la violación, por parte del legislador y de la práctica judicial del *mandato de certeza* o *de determinación*. Para no decir más, la ambigüedad o extensión con la cual hoy son definidos los comportamientos amenazados con penas privativas de libertad más que rigurosa, asusta.[38]

c) Se puede comprender a todos estos fenómenos actuales —la expansión del Derecho penal en sí misma—, aunque no se simpatice con ellos, con la alusión a la llamada *sociedad del riesgo*,[39] propia del capitalismo avanzado actual, y al temor que esos riesgos suscitan por un uso mediático y político exagerado en beneficio propio, pero resta aún sin justificación alguna la elevación exagerada de la amenaza penal, en especial de la pena privativa de libertad,[40] que sólo parece detenerse —y ello tan sólo parcialmente— ante la pena de muerte. Éste es otro de los signos del Derecho penal actual que,

---

36. Cfr. Zaffaroni, Eugenio Raúl y otros (cit. nota al pie n.° 27), § 17, IV, pp. 233 y ss.

37. Los ciencia jurídica edificada sobre la plataforma del liberalismo o del Estado de Derecho siempre ha atribuido a la teoría sobre el bien jurídico una virtud descriminalizadora, algo así como un mandato para el legislador de referirse a un bien jurídico con sus prohibiciones y mandatos amenazados con una pena, regla que ha elevado a la categoría de principio, de *lesividad* (ej.: Cód. Contravencional, Ciudad de Buenos Aires, art. 1, expresamente), descalificante cuando sucede su infracción, y, a la vez, un mandato para el juez, regla que cumple una función análoga a la necesidad de interpretación restrictiva (cfr., por todos, Zaffaroni, Eugenio Raúl y otros, *Dp-Pg*, § 11, I, pp. 119 y ss.). La teoría que así define la función del bien jurídico no es históricamente correcta del todo, pues, además, como puede verse ahora nítidamente, esa función fue, desde el punto de vista lógico, ya en principio legitimante: permitió *objetivar* el interés que propone como legítimo un bien jurídico particular, de modo de alejar al ofendido real, de carne y hueso, de su definición, según sucedía en el Derecho común antiguo (fenómeno que, desde otro punto de vista, los *abolicionistas* califican como *expropiación* de derechos de la víctima), para posibilitar la asunción de la reacción punitiva por parte del poder político central sin referencia alguna a la voluntad del ofendido o a la definición subjetiva del perjuicio (cfr. Christie, Nils, *Los conflictos como pertenencia*, pp. 157 y ss.; y Maier, Julio B.J., *La víctima y el sistema penal*, p. 187, ambos en *De los delitos y de las víctimas*, Ed. Ad-Hoc, Buenos Aires, 1992). Pero ha sido Hassemer, Winfried (cit. nota al pie n.° 24), II, p. 22, quien ha advertido acertadamente sobre la modificación de su función en tiempos modernos que se expone en el texto.

38. Tómese como ejemplo, en el Cód. penal argentino, la reforma de los *delitos contra la honestidad* (hoy *delitos contra la integridad sexual*), arts. 119 y 120, y en el Derecho comparado, genéricamente, el llamado Derecho penal de las drogas, incluido el "lavado de dinero".

39. Para su explicación acudo, por inidoneidad y para abreviar, a otra tesis doctoral que me tocó dirigir, aún no defendida, pero ya juzgada y dictaminada por mi, el consejero del doctorando: Sarrabayrouse, Eugenio, *La responsabilidad por el producto en el Derecho penal*, § II, donde se recapitulan todas las ideas sociológicas y jurídicas sobre el riesgo.

40. Para muestra basta un botón: en el Cód. penal argentino, art. 55, II, se ha elevado la pena del concurso material de hechos punibles al doble de la frontera anterior, a ¡50 años de prisión o reclusión!, y la posibilidad de la libertad condicional respecto de la pena privativa de libertad perpetua, art. 13, I, antes a los 20 años de ejecución de la condena, hoy ¡35 años! de ejecución efectiva de la condena (leyes n.° 25.928 y n.° 25.892, de reforma del Código penal, sancionadas el 18/8/2004 y el 26/5/2004, relación de fechas que muestra otra de las características de la fiebre reformadora e inflacionaria del Derecho penal: todos los días tenemos novedades). Con tales reacciones sí que me parece que quienes las requirieron, las sancionaron y eventualmente quienes las apliquen estiman que del otro lado está un peligroso *enemigo*. Después de esas cifras la pena de muerte —suceso que, se me ocurre, de todos modos ocurrirá en la mayoría de los casos durante la privación de libertad— parecerá un alivio para el condenado, en lugar de la tortura que ellas representan, sobre todo en las condiciones de vida de las cárceles argentinas.

lejos de seguir la corriente humanizadora que denotan todos los períodos de su historia, cualquiera que haya sido su resultado e incluso su fracaso final, apunta con fe inusitada a un exceso de penalización. Tal fe en la pena como solución adecuada para los conflictos sociales es irracional, ya no por sus fundamentos, sino, antes bien, porque las investigaciones empíricas, pero también la experiencia común, verifican su más que escaso poder preventivo real. Verificaciones de este tipo conducen a afirmar el peligro de caer en un Derecho penal meramente *simbólico*.[41]

d) Yo debería hablar mucho más del Derecho procesal penal, pero en este ámbito de problemas, en el cual me sentí cómodo durante toda mi vida universitaria, las novedades ya son incomprensibles para mí. Al parecer, he estado equivocado todo el tiempo cuando, a lo largo de mi vida universitaria, siempre creí que el Derecho procesal penal del Estado de Derecho significaba agregar a las condiciones materiales del castigo o de la pena, condiciones formales para los órganos del Estado que la deciden o administran el poder penal del Estado. Vale la pena enumerar alguna de estas condiciones sintéticamente para darse cuenta de ello: el principio *nemo tenetur*, cualquiera que sea su correcta intelección, el principio de *inocencia* hasta que una condena firme no verifique lo contrario, con todas sus repercusiones procesales, en especial, el *in dubio pro reo*, el principio de *formalización del procedimiento*, con su repercusión sobre la definición de la palabra prueba —aquello que resulta legítimo utilizar para conocer la realidad— y sobre el procedimiento idóneo para condenar o absolver, el *juicio público y contradictorio*, el principio del *juez natural*, que gobierna la determinación e integración del tribunal que lo lleva a cabo, el principio de *imparcialidad* de los jueces que integran ese tribunal, el principio *ne bis in idem*, que supone una única oportunidad de imputación, la garantía del *recurso para el condenado*. Todos estos principios, y alguno más que seguramente he olvidado en la enumeración, suponen una concepción del procedimiento penal previo a la pena, que legitima la decisión estatal sobre ella y, para ello, concede una oportunidad al imputado para evitarla, y no tan sólo, como parece indicar la idea del procedimiento como "combate" contra el enemigo o "guerra" contra el agresor, un procedimiento penal posterior al castigo, para corroborar si, al castigar directa o inmediatamente, no nos hemos equivocado y darle una oportunidad al ya penado para redimirse. Como se observa, en el primer caso el Estado procedía para poder castigar legítimamente; en el segundo, en cambio, sólo procede para evitar yerros eventuales, en especial, yerros futuros acerca de lo ya hecho.

Apenas unos ejemplos bastarán para observar la trasformación actual. Tal como lo expone Dencker,[42] el Derecho procesal penal se ha convertido en una regulación hipócritamente injusta y deshonesta, sus principios básicos han sido vaciados de contenido: "Los principios fundamentales de la protección de la comunicación familiar, del derecho a permanecer en silencio del imputado, del secreto médico, etc., quedan simplemente vacíos, se convierten en 'piezas de museo' con los nuevos métodos de investigación 'secretos', llámese a ellos 'escuchas' (micrófonos y minicámaras) o 'intermediadores', agentes provocadores y agentes encubiertos"; y "en el procedimiento judicial público posterior son, además, exhibidos al público, no obstante que ya carecen de utilidad". Sería al menos más honesto prevenir a quien soporta una persecución penal

---

41. Cfr. Hassemer, Winfried (cit. nota al pie n.° 24), II, 4, p. 32.
42. Cfr. su *Criminalidad organizada y procedimiento penal*, en "NDP", Ed. del Puerto, Buenos Aires, 1998/ B, pp. 486 y ss.

y a quienes tienen el derecho o la obligación de abstenerse de brindar información mediante una declaración no sólo acerca de su derecho de abstención libre frente al funcionario de la persecución penal, sino, además, de su derecho de abstenerse de hablar con su cónyuge y con posibles "amigos", como los arrepentidos, los agentes provocadores, los encubiertos y hasta consigo mismo, porque la alcahuetería y el engaño están permitidos, y porque la observación con métodos técnicos sofisticados es hoy posible y admitida: puedes callar no sólo aquí, sino que te conviene dejar de hablar, incluso con tu cónyuge, callar para siempre, habría que decirles al imputado y a todos aquellos que pueden o deben abstenerse de brindar información en un procedimiento de persecución penal. Según se observa, tanto el derecho a ser informado sobre el derecho a abstenerse de declarar, como el derecho de abstención mismo, quedan derogados.[43] No sólo las reglas sobre prueba sufren la enfermedad. De la misma manera ocurre con otras vallas que el Derecho procesal penal ha ido edificando, a manera de garantías contra la persecución penal y como condiciones cuya observancia estricta legitima la decisión estatal sobre la pena; para ejemplo de pares contrapuestos: *inocencia* y prisión preventiva fundada en la suposición y prevención de hechos futuros, *juicio público*, suprimido mediante el mecanismo la aplicación del llamado "juicio abreviado" o justicia consensuada, conocedora de la antigua advertencia acerca de que "no es posible diferenciar cualitativamente entre la promesa de una ventaja y una amenaza",[44] y clase de *juicio* —llamado así impropiamente— que literalmente abroga el derecho de *defensa* que se ejerce en él en esos casos. Del mismo modo que la mentada expansión del *Derecho penal institucional*, en el Derecho procesal penal se ha acuñado una metáfora que señala el sentido inequívoco de la e(*in*)volución: "una vez que un camino de este tipo ha sido habilitado se convierte con el transcurso del tiempo en una amplia avenida" (con referencia a ciertas limitaciones que, en su origen, poseen estas aplicaciones).[45]

3. El primer síntoma de la enfermedad

Una vez que el positivismo jurídico, en el sentido del apego sacralizado a la norma parlamentaria, fue desplazado y de que, debido a ello, se crearon instancias normativas de control referentes a la validez de las reglas parlamentarias,[46] resultó claro que quien legisla no pudo apartarse gratuitamente de estas últimas reglas, de jerarquía superior, directivas dirigidas, en principio, a la actividad legislativa común. En especial, el parlamento cotidiano no pudo apartarse de las reglas de garantía de seguridad jurídica individual que las constituciones escritas contienen para adecuar el orden jurídico a aquello que se comprende por Estado de Derecho, normas que no sólo representan el origen del Derecho penal —no así de la pena estatal, fenómeno político anterior a su regulación jurídica— en sentido estricto, según lo expusimos, sino que, además, constituyen el contenido primario de un Derecho internacional, el de los derechos

---

43. *Ibídem*, p. 490.

44. Cfr. Grünwald, "NJW" (*Neue Juristische Wochenschrift*), 1960, p. 1.941, citado por Dencker, *ídem*, p. 487.

45. Dencker, *ídem* notas anteriores, p. 489.

46. Vale la pena repasar aquello que debió decir un positivista confeso, como Gustav Radbruch, acerca del punto: *Fünf Minuten Rechtsphilosophie* y *Gesetzliches Unrecht und übergesetzliches Recht*, artículos ambos publicados en su *Rechtsphilosophie* (8.ª edición a cargo de Erik Wolf y Hans-Peter Schneider), Ed. K.F. Koehler, Stuttgart (R.F.A.), 1973, pp. 327 y ss., y 339 y ss., una vez que, inmediatamente después de la Segunda Guerra Mundial, verificó la tragedia del nacionalsocialismo alemán, que, al menos parcialmente, había procedido según leyes y conforme al principio de obediencia a ellas (*Gesetz ist Gesetz*).

humanos, que pretendió extender sin fronteras los principios básicos de control del poder penal estatal.[47]

Esto explica, también, que el desarrollo del Derecho penal durante gran parte de los dos siglos anteriores y, al menos, hasta la década de los 60', haya sido gobernado por un profundo espíritu humanista, que, más allá de su éxito o de su fracaso, se revelaba en cada una de las reformas y proposiciones que se sucedieron a través de los años, referidas a la pena en sí misma o al sistema de análisis teórico que los juristas empleaban para definir el hecho punible y el procesamiento de la imputación. Ese sentido de la regulación jurídica en materia penal se ha invertido abruptamente, conforme lo hemos expuesto paradigmáticamente, y, sin embargo, se sostiene enfáticamente la vigencia del Estado de Derecho y de los derechos humanos en el área propia de la imputación penal, como signo distintivo y definitorio de aquello que se comprende conceptualmente como Derecho penal. Esto no puede significar otra cosa que una contradicción enorme de términos y, más allá de ello, un desvarío que muestra la enfermedad de la cual proviene. El llamado hoy Derecho penal internacional —una realidad difícilmente explicable desde el punto de vista político— parece ser el mejor ejemplo de ello, pues, con el objetivo de reaccionar frente al ataque masivo o sistemático contra derechos humanos, con la pretensión de evitarlos, concibe un sistema penal para el cual casi todas las garantías de seguridad individual propias del Derecho penal se rinden ante la gravedad de la imputación o son vencibles por ella, al punto de que, para algunos, la llamada "justicia penal internacional" constituye *Derecho penal del enemigo* en su versión más auténtica.[48]

4. La descripción del desarrollo práctico del Derecho penal

a) Ésta es la versión *intelectual* del Derecho penal. Ella parte, naturalmente, desde la sentencia penal del tribunal como suceso real. Ése es su atalaya o punto de observación descriptivo, para lograr objetividad en sus postulados. Eventualmente puede partir del informe o dictamen de un acusador o de un defensor, productos intelectuales que no guardan la misma relación con el resultado, pues están dominados por los intereses defendidos en esos informes. Ese punto de observación, en el que se coloca normalmente el jurista, fija condicionamientos varios para aplicar la institución característica del Derecho penal: la pena estatal, eventualmente, también, para las medidas de seguridad y corrección en un Derecho penal de doble vía. Las condiciones fijadas por el orden jurídico penal son múltiples: unas, las del Derecho material, se refieren a la aplicación de las normas que gobiernan la reacción penal; las otras, las de Derecho procesal, se refieren a la forma o manera en que deben conducirse los órganos estatales que realizan la pretensión penal o persiguen penalmente, en especial a su labor más compleja, la determinación del acontecimiento histórico a enjuiciar en la sentencia. Cualquier obra de Derecho penal o de Derecho procesal penal habla de estos condicionamientos jurídicos, tantos que parece imposible superarlos todos para aplicar una pena y, de hecho, así sucede en la realidad: sólo unos pocos casos, de los múltiples que suceden con interés para el Derecho penal y de los múltiples que el sistema llega a

---

47. De allí la verdad de las dos antiguas afirmaciones básicas de von Lizt acerca del Derecho penal como límite de la política criminal y como carta magna del delincuente.

48. Cfr. Jakobs, Günther (cit. nota al pie n.° 1), VI, pp. 50 y ss. y VII, 6, p. 56; Pastor, Daniel (cit. notal pie n.° 3), p. 25 y ss. del manuscrito.

conocer, arriban a una condena penal. Sólo para dar un ejemplo: el Derecho penal material conforme a un Estado de Derecho exige que, para arribar a una pena, la prohibición amenazada con la pena sea categórica, en el sentido del *juicio de tipicidad*, y no esté desplazada por permisos, en el sentido del *juicio de antijuridicidad*; sólo así estamos en presencia de un *injusto* que, además, sólo erige a su autor en destinatario de una pena, cuando él responde por su hecho (*juicio de culpabilidad*, que presupone otros juicios referentes a él) y merece la pena (motivos que eliminan la atribución de culpabilidad). Más aún, todavía restan en la frontera con el Derecho procesal penal, causas de diversa índole que eliminan la punibilidad del hecho (condiciones objetivas de punibilidad, presupuestos procesales). Empero, desde el punto de vista en el que ahora nos colocamos, el ejemplo sería más que insuficiente, pues el Derecho procesal penal, si bien reconoce la pretensión punitiva, le coloca a la pena tantos condicionamientos formales para legitimarla que aherrojan aún más la actividad condenatoria de un juez. Piénsese sólo como ejemplo en el *juicio público*, en los *jurados*, en las *prohibiciones probatorias* —enorme capítulo de límites—,[49] en el *in dubio pro reo*, que exige un conocimiento casi perfecto del juez acerca de los elementos de la imputación necesarios para condenar, a pesar de las trabas aludidas anteriormente, en la posibilidad cierta del condenado de recurrir la sentencia y demostrar sus yerros (*doble conforme*), tanto materiales como formales, y aun descriptivos de la imputación, en fin, en el *ne bis in idem*.

b) Pero esa visión del jurista, extraída básicamente del pensamiento ilustrado, no coincide con el modo real de trabajo del Derecho penal. Él tiene por atalaya, punto de observación, antes bien, la denuncia, el acto que inicia la persecución penal de una persona, que la sentencia, el acto que define la solución del caso y finaliza su itinerario. Y es este punto de vista descriptivo-real del sistema aquel que mostrará sin ambages el doble discurso del Derecho penal. Para decirlo también sin ambages: lo primero que verifica esta mirada es el escaso poder de aquel que más conoce y es, supuestamente, más apto para elaborar el juicio sobre la pena, el tribunal de mérito penal, frente al enorme poder discrecional de quienes lo preceden en la persecución penal, llámese policía, fiscalía, jueces de instrucción o de cualquier otra manera. Paradigmáticamente: para *formar causa penal*, el funcionario competente apenas necesita una afirmación; para *procesar*, en el sentido con el que utiliza esta palabra el Derecho argentino —imputación penal seria que habilita la privación de libertad prolongada si no procede de la llamada *excarcelación*—, basta una sospecha fundada o probabilidad; para someter a juicio público a un imputado —*acusar* y *elevar a juicio*— basta también la probabilidad, todas ellas condiciones menos pesadas y fáciles de superar que la certeza sobre todos los elementos que tornan punible la imputación, exigida para condenar. Ello con relación al *in dubio pro reo*, alrededor del cual parece ser que las exigencias del principio son distintas cuando finaliza el procedimiento práctico y mayor conocimiento se tiene sobre el asunto, caso en el cual esas exigencias, en forma de condiciones para condenar, se extreman, que cuando comienza ese proceso y se tiene un menor conocimiento sobre el problema, a más de que, supuestamente, el tribunal de mérito —con o sin jurados— parece integrado de manera de evitar mejor los posibles errores y conseguir un juicio más justo para el imputado.

---

49. Cfr. Dencker, Friedrich, *Verwertungsverbote im Strafprozeß*, Ed. Carl Heymann, Köln-Berlin-Bonn-München, 1977; Jäger, Christian, *Beweisverwertung und Beweisverwertungsverbote im Strafprozess*, Verlag C.H. Beck, München, 2003; y Guariglia, Fabricio, tesis doctoral de la Universidad de Münster, que cito por su manuscrito, pues aún no ha sido publicada.

Si se piensa en las formas del procedimiento —juicio público y contradictorio vs. procedimiento de investigación de la autoridad— se obtiene un resultado similar. Y ocurre otro tanto con las exigencias de fundamentación, tanto referidas al aspecto descriptivo de la imputación, como a su significación jurídica. En síntesis, el Derecho penal práctico prefiere la decisión del menos apto y del peor informado, privilegia el procedimiento y la fundamentación menos garantizadora para la administración de justicia, que aquella que reputa necesaria para la corrección del juicio.

El ejercicio de relacionar la pérdida de la libertad mediante el encierro en una cárcel —muy similar en su ejecución como pena y como prisión preventiva— con este punto de observación, atalaya del Derecho penal práctico, arroja resultados similares. El agente de policía —también un particular— requiere escasos conocimientos para detener a quien estima que intenta o ha consumado ya un hecho punible y, precisamente, por ese deber, cumple con él cuando la acción desarrollada por el autor o la omisión de una acción debida —lesionar a una persona, por ejemplo— aparece en el mundo frente a él. Es inútil intentar convencerlo acerca de que ésa fue una acción defensiva: él, si procede con corrección, estará dispuesto a testimoniar lo que vió, pero nunca a dejarnos en libertad. El juez, en cambio, tendrá mayores problemas para confirmar esa prisión y mayores problemas todavía tendrá el tribunal de mérito para justificar la privación de libertad por condena. Ello, al menos en un sentido, confirma la regla: el poder de quien es menos apto y menos conoce es mayor que el de aquellos que, supuestamente, son más idóneos y, por el transcurso del procedimiento, obtienen y procesan un mayor conocimiento sobre el asunto, sometidos a mayores exigencias y, por tanto, a mayores controles en el ejercicio de ese poder.

Se me puede contestar, con cierta razón, que el poder del menos apto y del peor informado es efímero, mientras que el poder de los más aptos y mejor informados comprende una permanencia superior, a medida que se perfecciona a los procedimientos y a la integración de los órganos que administran justicia penal, de modo que también las exigencias y condicionamientos consecuentes son superiores en rango.

c) Antes de responder a esa objeción —que, en cierto sentido, considero correcta y quedará contestada por el texto siguiente— desearía examinar ótro punto acerca de la manera de trabajar del Derecho penal. Cuando en el firmamento penal aparece una nueva prohibición o un nuevo mandato amenazado con una pena, los juristas acostumbramos a aislarlo, como los biólogos a una bacteria o virus, a examinarlo cuidadosamente y a describir con notable precisión sus elementos integrantes, de modo de advertir a los prácticos sobre qué extremos de la realidad deben ellos trabajar para conseguir conocimientos que les permitan solucionar el caso. Tal actividad tiene como presupuesto, según lo ya explicado, los ojos puestos en la sentencia de mérito, pues, razonablemente, no trata problemas probatorios o de procedimiento. Sin embargo y por la razón antes apuntada, cada prohibición, cada mandato sostenido bajo la amenaza de una pena extienden geométricamente hacia atrás de la sentencia el poder penal del Estado. Para expresarlo con una figura geométrica: el vértice está representado por el nuevo hecho punible y, a medida que se traslada hacia atrás de la decisión final en el procedimiento de persecución penal, desata mayores poderes sobre los ciudadanos de parte de los sucesivos órganos del Estado competentes para llevar a cabo la persecución penal, como si se tratara de un ángulo de buen grado. Así, las distintas figuras acerca de la prohibición de comercializar o tener drogas o sustancias controladas, llegan a la policía que interviene en forma de una autorización casi indeterminada para intervenir los derechos fundamentales de los ciudadanos (libertad circulación, intimidad corporal, libertad locomotiva, etc.).

d) Si sumamos estas visiones a la ya examinada *expansión* del Derecho penal, tanto material como formal, que, por un lado, anticipa la punición a actos meramente preparatorios, a delitos de peligro abstracto, sin víctima y sin daño real, y a definiciones abiertas, con escaso apego al mandato de certeza, referidas a bienes jurídicos institucionales, y a penas privativas de libertad no sólo superiores, sino, incluso, ridículas desde el punto de vista de la proporcionalidad y aún de la expectativa de vida,[50] el resultado no puede ser otro, a corto plazo, que el de la famosa novela de Orwell.[51] Y, para colmo de males, también avivará la génesis de un Derecho penal ineficiente, incluso simbólico, que generará no sólo un uso desmedido de la fuerza pública contra algunos, probablemente los excluidos y contrarios al sistema, sino, además, discrecionalidad en su uso conforme al conocido fenómeno de la *selectividad*.

e) La *expansión hacia atrás* (de la sentencia) de la fuerza pública, sobre todo en forma de privación de libertad, acerca de cuya aplicación anticipada y preventiva parece existir cada vez mayor consenso mediático y ciudadano,[52] genera en el procedimiento penal un cambio fundamental: de único método e instrumento para verificar la culpabilidad de una persona como autor de un hecho punible o partícipe en él, con el fin de autorizar una pena[53] —una medida de seguridad, excepcionalmente—, se está convirtiendo, cada vez más rápidamente, en un mecanismo de verificación —por el momento incoado por el mismo Estado— acerca de si existe un eventual error estatal en la decisión autorizante de una pena *ya aplicada* y en ejecución. Cualquiera que sean las palabras utilizadas para describir el fenómeno —y las vulgares son más correctas y trasparentes, aunque no nos gusten—, lo cierto es que las injerencias en los derechos de los ciudadanos son cada vez más intensas y más anticipadas a la decisión final: el Derecho penal se aplica no bien se recibe noticia de que un hecho punible se afirma como existente. Y, por lo demás, los estragos que provoca la utilización del Derecho penal, cuando se confirma un yerro en su aplicación a través del procedimiento de verificación, son ya irreversibles, aun cuando el tiempo de su aplicación haya sido escaso.

5. La moraleja del cuento y su conclusión

En todo caso, la vida doble y el mensaje contradictorio que envía el Derecho penal es notorio. Aun sin computar su realidad actual, el Estado de Derecho, que él supone según su origen, resulta de muy baja calidad, calificación que se oculta tras su exposición intelectual, para la cual la sentencia del juez de mérito resulta el atalaya de observación y el paradigma de aplicación. Sin embargo, por una parte su realidad actual y, por la otra, su aplicación real suponen no sólo un desmejoramiento teórico-intelectual

---

50. Hoy acabo de leer en los periódicos de la fecha un requerimiento fiscal español, por delito internacional contra los derechos humanos, esto es, por un crimen atroz y extendido, que solicita más de ¡nueve mil años de prisión! para la eventual condena, y nadie parece haber dicho nada sobre ello. La capacidad de asombro frente a la racionalidad de la pena se ha perdido.

51. *1984*, sólo que el autor calculó erróneamente el año. Cfr. mi *Blumbergstrafrecht*, editorial de "NDP", 2004/A, pp. I y ss.

52. A propósito de ciertos acontecimientos luctuosos en la República Argentina o, mejor dicho, en Buenos Aires y sus aledaños, cfr. mi *Blumbergstrafrecht*, cit. nota al pie n.º 49; pero el problema parece ser universal y no distinguir ni siquiera tendencias políticas: Cfr. Demetrio Crespo, Eduardo (cit. nota al pie n.º 19), p. 51; Silva Sánchez, Jesús-María (cit. nota n.º 1), 2.3., n.º 5, p. 31, 2.4., pp. 32 y ss., 2.5. y 2.6., pp. 42 y ss., 2.8. y 2.9., pp. 66 y ss.

53. CN, 18; por todos, Vélez Mariconde, Alfredo, *Dpp* (2.ª edición), Ed. Lerner, Buenos Aires, 1969, t. II, *Parte dogmática*, cap. I, n.º 2, pp. 18 y ss.

de aquello que históricamente aprendimos sobre el Derecho penal, sino, además, un desquicio práctico según el cual los menos aptos, por formación y según la ley, y los menos informados, por el período del procedimiento en el que intervienen, desde algún punto de vista tienen poderes mayores y más discrecionales que aquellos que, se supone, están en mejores condiciones para conocer y juzgar sobre la aplicación de la pena estatal, según la propia ley. Este discurso doble atrapa también al procedimiento penal que, todavía bajo el manto de un método imprescindible para verificar las condiciones necesarias de aplicación de la pena estatal, oculta, cada vez en mayor medida, su realidad de procedimiento de verificación de una pena ya aplicada.

¿Cuál sería la solución para corregir esta conclusión? A mi juicio, no cabe otra solución genérica que aquella que, suprimida sin más discusión la pena de muerte,[54] divida básicamente las sanciones entre las privativas de la libertad personal o física —prisión-reclusión-medidas privativas de libertad, entre nosotros— y las demás, al menos las de menor gravedad: para las primeras, que deben ser aplicadas sólo a la lesión de intereses básicos (*derecho penal mínimo*), es imprescindible conservar todas las garantías propias de la Ilustración y del Estado de Derecho, hoy positivizadas constitucionalmente o por las reglas del Derecho internacional de los derechos humanos; para las demás, que deben adoptar la forma de un Derecho administrativo sancionatorio o incluso, en el caso de personas de existencia ideal, de la responsabilidad objetiva por el hecho de personas o cosas a su cuidado (la llamada *culpa in eligendo* o *in vigilando*: Derecho distributivo),[55] se puede aceptar imputaciones o responsabilidades sin tantos condicionamientos, formales o materiales.[56] La gravedad de la afectación de un derecho básico como la libertad locomotiva para el ejercicio de los demás derechos humanos, esto es, la aplicación máxima de la fuerza por el Estado —por quien detenta el poder de hacerlo— contra un ser humano en que consiste la sanción, que sólo excluye a la muerte, justifica la división tajante de áreas, cualquiera que sea el título con el que se las denomine, en una medida muy superior a aquella que puede partir de la infracción a una norma jurídica.

Vale quizás la pena aclarar que, cuando reproduzco la posición política del *Derecho penal mínimo* me refiero a las diversas prohibiciones y mandatos cuyo núcleo fuerte eran los bienes jurídicos individuales y los delitos de resultado, que responden al propósito de considerar punible, básicamente, las acciones violentas o fraudulentas extremas, que dieron origen al Derecho penal —no así a la pena—,[57] y cuyo sistema de reacción emerge, según explicación intelectual del liberalismo, de la renuncia del individuo, en el "contrato social", a algunos derechos y libertades del ser humano en posición primitiva, sin regulación social que los limite, para posibilitar la vida gregaria y el ejercicio de aquellos no renunciados, y, consecuentemente, de la renuncia considerable al uso de la fuerza como método de reacción individual frente al daño, en este caso, a los daños

---

54. PIDC y P, 6; CADH, 4.

55. Toda parte del orden jurídico que tiene por finalidad la distribución de bienes se rige por el principio del *enriquecimiento lícito* o *ilícito*, según prefiera ser llamado, como, por ejemplo, lo hace el Derecho civil cuando gobierna las formas lícitas de adquirir el dominio o las obligaciones, entre ellas, las de reparar daños (*Derecho de daños*), posición que comparte con los demás derechos que integran el Derecho privado, como, p. ejemplo, el Derecho comercial.

56. Ello no discrepa demasiado con la tesis de Hassemer, Winfried, sobre un *Derecho de intervención*, situado entre el Derecho penal y el Derecho de daños (cfr. cit. Nota al pie n.º 4 (versión castellana), III, 2, *b*, y IV, pp. 43 y ss.); y Silva Sánchez, Jesús-María, sobre un *Derecho penal de segunda velocidad* (cfr. cit. nota al pie n.º 1, n.º 7, pp. 150 y ss.).

57. Cfr. Baratta, Alessandro, *Viejas y nuevas estrategias en la legitimación del Derecho penal*, en *Poder y control*, Ed. PPU, Barcelona, n.º 0/1986, pp. 79 y ss.

graves (venganza privada), para transferir esa fuerza, esa violencia, al Estado protector de esos intereses. Ello, quizás, permitiría, con ciertos correctivos, mantener una administración de justicia y un aparato estatal moderado para servir al Derecho penal —conocimiento y ejecución— que, al mismo tiempo, trasmitiera cierta eficiencia.[58]

En cambio, cuando hablo de otras sanciones distintas —básicamente de la multa, pero también de otras como la *reparación*[59] o las *acciones de retirada*[60]— estimo posible una disminución acentuada de las reglas de garantía o de seguridad individual, entre ellas de las probatorias y de fundamento de la decisión, y una consecuente disminución de los procedimientos necesarios para aplicarlas, conforme incluso a la necesidad de evitar o disminuir inmediatamente el riesgo. Tal procedimiento podría contener formas consensuadas de operar y decidir entre el Estado, y las eventuales "partes involucradas".

Claro es que ya ha aparecido la réplica a esta forma de pensar en forma de reproche político: si al Derecho penal se le atribuía dirigirse básicamente a aquellos marginados carentes de poder (*powerless*), resulta ahora sintomático que, cuando comienza a abarcar a los poderosos (*powerful*), como forma de control riguroso sobre sus comportamientos, presumiblemente en defensa de los menos poderosos, los juristas exijan garantías o procuren desandar ese camino por diferentes razones, entre ellas, las indicadas en este texto.[61] No puedo refutar este argumento, pues, en cierta medida, es correcto como descripción, pero tengo la impresión —así como la tuve para indicar que los senderos abiertos por un *Derecho penal del enemigo* conformarán rápidamente autopistas por las que circulará el Derecho penal nuclear o como lo presentí para desconfiar del llamado *Derecho penal internacional*—[62] de que el cuento no terminará del modo que supone el argumento: el Derecho penal seguirá marginando duramente a los ya marginados. Pero este argumento y esta impresión representan algo sobre lo que, gracias a Dios, deberán trabajar las generaciones futuras que se ocupen del problema penal. Restan para mí tantas cosas hermosas por apreciar y aprender, que el tiempo ya no me alcanza para abarcarlas. ¡Ojalá el dilecto amigo homenajeado coincida conmigo!

FALACIAS EN LA JURISPRUDENCIA PENAL

Perfecto Andrés Ibáñez

¿Hoy (casi) como ayer?

En 1945, Piero Calamandrei (1958: 5), en el prefacio al libro de Beccaria, señalaba cómo "los siglos han pasado, la técnica de los códigos se ha perfeccionado, pero los angustiosos problemas morales que constituyen el centro de toda esta materia de los delitos y de las penas, continúan en el mismo punto". Era y es cierto, como lo demuestra la permanente vigencia de la aporética condición del sistema penal, que, en palabras de Carnelutti (1959: 75), sigue haciendo "sufrir a los hombres [no sólo] porque son culpables, sino también para saber si son culpables o inocentes".

El mismo Beccaria (1958: 120), citaba con fines polémicos un demoledor brocardo en materia probatoria, ampliamente difundido en su tiempo: "*In atrocissimis leviores conjecturae sufficiunt, et licet judici jura transgedi*". Es decir: "En los más atroces delitos bastan las más ligeras conjeturas, y es lícito al juez transgredir el derecho"; aquí las reglas generales de la valoración probatoria. Una máxima, para Filangieri (1821: 99), con origen en la "extravagancia de la jurisprudencia romana" y que habría "sacrificado a la imbecilidad de los jurisconsultos un número infinito de inocentes".

Pues bien, a distancia de más de dos siglos, la denuncia de los juristas ilustrados ha servido para que ese criterio no se enuncie ya con toda su cruda brutalidad original, pero lo cierto es que sigue latiendo en la experiencia procesal, por *razones* de crudo pragmatismo punitivo. Y se actualiza en diversas formas de derogación de prescripciones legales de garantía en el tratamiento de las fuentes y elementos de prueba. Precisamente, en causas por los delitos de mayor gravedad, como los de terrorismo y los relacionados con el tráfico de las diversas drogas ilegales.

El asunto tiene un interés mucho más que técnico-procesal y merece salir del ámbito estricto de los profesionales y estudiosos del proceso. Es por lo que voy a examinar tres supuestos, tomados de la jurisprudencia española actual, que, a mi juicio, confieren también lamentable actualidad a las denuncias de Beccaria, Filangieri, Calamandrei y Carnelutti.

Hablo de falacias, voz que viene del latino *fallatia*, que quiere decir engaño. Aunque igualmente podría hablar de sofismas, pues en todos los casos se trata de modos de operar en el proceso penal, que, sedicentemente respetuosos de la disciplina constitucional y legal, sin embargo, la conculcan, quebrando la línea de principios que vertebran el proceso acusatorio y el juicio contradictorio.

De prueba, conocimiento, causas y efectos

La potestad jurisdiccional en materia penal se diferencia de las demás estatales en que, al acertado decir de Ferrajoli (1998: 69), tiene atribuida una función que es, en primer término, "de comprobación o de verificación". En efecto, según se sabe, por una exigencia básica de legitimidad, la correcta aplicación del *ius puniendi* está subordinada a la previa acreditación de la veracidad de una afirmación de hecho.

Es por lo que el proceso penal del Estado constitucional de derecho se rige por el principio de presunción de inocencia, que, en este contexto, a la tradicional función humanitaria de asegurar el mejor trato al imputado presunto inocente, asocia una exigente dimensión epistémica o de método. En tal perspectiva, el principio mira a situar al que juzga en una posición de neutralidad, con objeto de que, dentro del juicio, el punto de vista de la acusación no juegue otro papel que el de una hipótesis. Ésta sólo prevalecerá si se com*prueba* en el debate contradictorio su calidad explicativa de lo acontecido.

De ahí que el juicio aparezca ideal y legalmente configurado como un espacio autónomo, en el que deberán entrar las fuentes de prueba, pero ninguna información ya antes definitivamente adquirida a partir de éstas. Pues la instrucción, que sirvió para formular la hipótesis acusatoria, no puede valer para confirmarla, debido a que —como dice muy bien Ferrua (1999: 197)— las hipótesis no se autoconfirman.

Este planteamiento está profundamente inscrito en la lógica del proceso acusatorio fundado en el principio de contradicción, que, por imperativo de imparcialidad, reclama la neta separación de los roles procesales de acusador y juez. Y tuvo una aceptable acogida en el art. 24 de la Constitución de 1978, que consagra la centralidad del juicio y el respeto de las garantías constitucionales del proceso, como presupuesto de legitimidad de lo actuado en él.

El legislador español de 1985 no fue especialmente afortunado al elaborar la Ley Orgánica del Poder Judicial (LOPJ). Pero, no obstante, el texto contiene un exigente tratamiento de las ilicitudes probatorias en el art. 11,1 *in fine*: "No surtirán efecto las pruebas obtenidas, directa o indirectamente, violentando los derechos o libertades fundamentales".

El precepto expresa la más coherente proyección del cuadro de los aludidos derechos fundamentales de naturaleza procesal. Que por ser verdaderos derechos y gozar de ese rango, están dotados de la máxima eficacia normativa. Así, si el proceso es actividad reglada con una función cognoscitiva de hechos que podrían ser penalmente relevantes, la ruptura grave de sus reglas deberá tener consecuencias, igualmente graves, en este plano. Y la imposibilidad de utilizar datos ilegítimos, por ilícitamente obtenidos, es la más obvia.

Tal es la obviedad que, no obstante representar todo un cambio de paradigma, este modo de entender el art. 11,1 *in fine* LOPJ —francamente innovador y rupturista del *statu quo* procesal heredado— fue interpretado por la Sala Segunda del Tribunal Supremo (TS) como lo que en realidad es: una prohibición absoluta de utilizar los datos probatorios mal adquiridos. Así, por todas, STS 1380/1999.

De este modo, en el caso más común, los datos incriminatorios debidos a una escucha telefónica o a la entrada en un domicilio sin autorización judicial en forma, carecerían de valor procesal, como tales y como antecedente discursivo de una inferencia probatoria. Así, la cocaína incautada de esa recusable manera, estaría exenta de valor probatorio en sí misma; y tampoco cabría usar en el proceso el dato de su real existencia extrajurídica, para introducirla como elemento de cargo a través de *otro* medio de prueba, un interrogatorio, por ejemplo. Lo que significa que habría sido expulsada del proceso, definitivamente y a todos los efectos. Es decir, como directo elemento de prueba y como presupuesto argumental de otra prueba refleja.

No diré que la opción del legislador hubiera suscitado una acogida entusiasta en los tribunales, por definición reacios a prescindir de lo que *se sabe* con certeza práctica, sobre todo en presencia de delitos graves. Pero tal es la interpretación que se impuso y que estuvo vigente hasta la conocida sentencia 81/1998, del Tribunal Constitucional (TC).

Esta resolución introdujo un esencial cambio de criterio, que ha tenido proyección en muchas otras, dando, en su conjunto, jurisprudencial carta de naturaleza a la llamada *teoría* de la "conexión de antijuridicidad".

Ahora, la ilegitimidad no va implícita en la información mal obtenida, incorporada a ésta en razón de la tacha de origen. Pues no basta que entre la prueba refleja y la original ilícita exista patente relación genética: lo que el TC llama conexión causal-natural. No es suficiente que, en el ejemplo, conste que, en realidad, todo lo que se sabe es sólo porque se entró o se escuchó de manera inconstitucional. Es preciso que, por alguna otra razón, *se entienda* que, además de ese conocimiento y con él, se transmitió la "antijuridicidad". Lo que, a diferencia de antes, ahora no necesariamente sucede.

A ese fin, hace falta una comprobación que, según el TC, discurre en dos planos, "interno" y "externo". Dando por cierto que entre ambos momentos del curso probatorio existió un enlace *natural*, hay que ver si, "desde el punto de vista interno" —en razón del grado de menoscabo de la garantía y por la intensidad de la relación entre las pruebas directa y refleja— se habría o no transmitido también la inconstitucionalidad, de la primera a la segunda. No sucederá si ésta resultase "jurídicamente independiente". Lo que acontece —por ejemplo— cuando el inculpado, interrogado en la vista por el Fiscal sobre el hallazgo de la cocaína en su ámbito de dominio, debidamente defendido, respondiera en sentido afirmativo. En el discurso del TC, tal declaración, producida en juicio con *todas las garantías*, es un medio de prueba *autónomo*, y, así, apto para *desconectar* jurídicamente ese segundo momento procesal de aquél en el que tuvo lugar la vulneración del derecho fundamental afectado.

Ya en la perspectiva "externa", habrá que calibrar si las necesidades de tutela del derecho fundamental en juego imponen o no la prohibición de valorar el conocimiento aportado por la prueba refleja. Lo que no aconteció —en otro ejemplo— porque la actuación policial ilegítima se produjo sin el propósito deliberado de vulnerar el derecho afectado. Caso en el que el TC entendió que "la necesidad de tutela inherente al secreto de las comunicaciones quedó satisfecha con la prohibición de valorar la prueba directamente constitutiva de la lesión". Sin necesidad, pues, de extender ese efecto a la refleja.

El TC sitúa en la base de su razonamiento la afirmación de que los derechos fundamentales no tienen carácter absoluto. Y esto, que como escriben Díez Cabiale y Martín Morales (2001: 95), es cierto cuando se trata de los de naturaleza sustantiva, no puede predicarse de la misma manera de los fundamentales procesales, pues, por ejemplo, ni el derecho a la presunción de inocencia ni el derecho a un juez imparcial admiten atenuaciones. Es a lo que se debe el carácter incondicionado de la prescripción del art. 11,1 *in fine* LOPJ: "no surtirán efecto las pruebas obtenidas, directa o indirectamente, violentando los derechos o libertades fundamentales".

"Directa o indirectamente", es decir, *en ningún caso*, porque *tertium non datur*. Según un imperativo legal que en esto no deja lugar a dudas interpretativas. Pues, en castellano, "efecto" es lo que sigue a una causa; que será "directo" cuando lo hace en línea recta, e "indirecto" si de alguna otra manera. Esto aquí significa que la cocaína ilegítimamente incautada no probará como pieza de convicción; y tampoco lo hará la información sobre su existencia, como premisa de un razonamiento o presupuesto de un interrogatorio.

Ya es problemático que en un marco como el proceso penal, jurídicamente reglado y gestionado por sujetos institucionales que actúan formalmente, quepa aislar cursos causales —sólo, supuestamente— *naturales*. Pero lo es más aún la pretensión de que, tomados como tales, en la calidad de cauces de transmisión de datos, y datos radicalmente connotados de ilicitud, éstos puedan ser sanados mediante actos sin aptitud legal para retroactuar convirtiendo lo constitucionalmente ilegítimo en legítimo. Porque aquí la ilegitimidad es esencial e insubsanable y, como tal, indisponible, hasta para el propio afectado por ella. E incluso en la improbable hipótesis de que quisiera obtener una condena en su contra. Ya que el uso del *ius puniendi* no es facultativo, y, más aún, si existe una disposición legal-constitucional que excluye de la apreciación judicial el presupuesto probatorio de su ejercicio.

Si lo expuesto plantea un obstáculo, ciertamente insalvable, a la aludida posibilidad de *desconexión de la antijuridicidad* en el plano "interno". Otro tanto sucede en el "externo". Porque es la propia ley, al prescribir con el rigor que lo hace la utilización de las pruebas ilegítimas, la que cierra el paso a cualquier estimación judicial sobre las necesidades de tutela del derecho fundamental. Estimación que, además, sería —como claramente política y de oportunidad— impropia de un juez. Sobre todo cuando el legislador ha optado por dispensar aquélla, en general, en términos absolutos.

¿"Nemo tenetur..."?

También por influencia ilustrada, el derecho del imputado al silencio, es decir, a no declarar e incluso a mentir, puesto que relevado del deber de decir verdad, consagrado en la máxima *nemo tenetur se detegere*, ha adquirido carta de naturaleza, como uno de los principios cardinales del proceso penal de inspiración liberal-democrática.

Recuerda Grevi (1972: 9) que ello obedece, en el fondo, a la asunción del "carácter *contra naturam* de toda declaración auto incriminatoria". Y responde asimismo al interés por dejar a los sujetos de poder que se relacionan con el denunciado a salvo de la tentación de hacerle objeto de cualquier forma de constricción. Incluido el juramento, verdadera "tortura del espíritu", en la expresiva apreciación de Pagano (1806: 50).

La regla de referencia había permanecido incuestionada. De forma que el silencio del acusado en el juicio llevaba consigo una consecuencia obvia, que describe muy bien Cordero (2003: 254): "el silencio no significa nada a los fines de la decisión; hacerlo pesar equivaldría a adosarle la carga de una prueba negativa". Y precisamente esto es lo que ha hecho el Tribunal Europeo de Derechos Humanos, a partir de la sentencia del *caso Murray*, de 8 de junio de 1996, con reflejo en algunas del TC (137/1998 y 202/2000) y del TS (590/2004 y 1191/2004) españoles. El argumento es que si el imputado calla ante una, en apariencia, consistente prueba de cargo, por sentido común, hay que entender que ello se debe a que no tiene explicación plausible porque que es culpable. O sea, el silencio como confesión, por eso de que "el que calla otorga", aunque lo haga en el uso de un derecho procesal de carácter fundamental a no declarar.

Pero no es ésta la única grave derogación del *nemo tenetur*. En particular, en los casos de terrorismo —donde resulta frecuente que el sospechoso declare con profusión en el cuartel o en la comisaría, y calle ante el juez y el tribunal, alegando haber hablado antes bajo presión o tortura— se ha dado con una *imaginativa* fórmula procesal para sortear ese obstáculo y obtener *de aquél* información que le incrimina y, además, hacerlo *de forma contradictoria*.

Muy sencillo: se trata de llevar a juicio a los agentes autores del atestado, que recibieron en él la declaración, luego cuestionada por el interesado. Éstos, a preguntas del

Fiscal, dirán, obviamente, que lo que allí figura es lo realmente manifestado por el acusado, ahora mudo; que, a los efectos, será *como si* hubiera hablado ante el tribunal, y en idéntico sentido autoinculpatorio que lo hizo en comisaría.

Como es fácil advertir, lo escenificado es una verdadera subversión del régimen constitucional de tratamiento del imputado, que hubiera decidido callar. También del correspondiente al testimonio de referencia, excepcional y subsidiario, inutilizable en presencia del directo conocedor. Asimismo del estatuto procesal del funcionario de policía, que sólo puede *testificar* sobre "hechos de conocimiento propio" (art. 297 Lecrim). Es decir acerca de eventos de la realidad extraprocedimental, presenciados o percibidos en primera persona. Por no hablar ya de las reglas del juicio contradictorio, sin la menor proyección sobre la declaración policial del inculpado, producida en otro momento y lugar y ante agentes de la administración: acto de investigación, pues, elevado así de manera subrepticia a la categoría de prueba.

No puede ser más claro que lo que hay es una ficción *contra reo*, que se da, también, claramente, en fraude de Constitución. Pero, lo cierto es que ahí está (SSTS 1357/2002, 2049/2002, 440/2004).

"Motivación" por delegación... en la policía

El deber de motivar, que el art. 120,3 de la Constitución refiere a las sentencias, pero que es inequívocamente extensible a cualquier decisión jurisdiccional que afecte a derechos fundamentales, tiene en la experiencia procesal-penal un particular *via crucis*. Todo, porque los tribunales de apelación, casación y Constitucional, remisos a hacer uso del instituto de la nulidad, por su deslegitimadora consecuencia de impunidad en el caso concreto, reconocen validez a actuaciones judiciales de justificación débil e incluso de franca ausencia de justificación. El resultado es un "hacer de la necesidad virtud", con demoledores efectos de orden cultural en la magistratura y para la calidad de sus prácticas. Cuando lo cierto es que una línea de rigor en la exigencia —demandada por el rango constitucional del imperativo y lo sensible de la materia— si, ciertamente, hubiera producido ocasionales absoluciones, también habría situado a este último en el lugar central que le corresponde. Y, lo que es básico, a los jueces y tribunales ante la ineludible necesidad de afrontarlo con la profesionalidad requerida.

Esta cuestión incide hoy, particularmente, en las interceptaciones telefónicas y los registros domiciliarios realizados en respuesta a una petición policial. Lo más normal es que el solicitante, que, hasta ese momento ha operado de forma autónoma en su propio ámbito, se dirija al juzgado en términos persuasivos, pero nada o escasamente informativos. El referente suele ser un grupo criminal organizado, que, justo en ese momento, espera un alijo de drogas de gran envergadura. La noticia es confidencial, pero muy fiable. Y, además, concurren indicios tales como que los sospechosos frecuentan a otras gentes del mundo de la droga, viven y gastan por encima de sus posibilidades, carecen de ocupación remunerada conocida, hacen uso de vehículos de gran cilindrada...

Esta clase de afirmaciones, verdaderas cláusulas de estilo, como es de ver, son tan imprecisas que prácticamente se agotan en sí mismas, por falta de contenido empírico. Y lo cierto es que, en la mayoría de los casos, no se analizan, aunque sería obligado. Si es que el Juez de Instrucción ha de ser algo más que un mecánico *estampillador* de atestados.

Pues bien, aun cuando, en asuntos de esta clase, en algunos supuestos, el TC siguiendo a Häberle (1993: 203), ha declarado que el control judicial se integra en el contenido esencial del derecho mismo, son mayoría aquéllos en los que da por buena la *motivación* por referencia, en este caso, a la solicitud policial (SSTC 313/2001, 82/2002; SSTS 320/2004, 11/2005). A pesar de que el mismo TC, en alguna sentencia (paradigmática, STC 239/1999) ha denunciado como intolerable que quien ejerce poder judicial actúe por "simple remisión a los motivos que aduzca otro poder no judicial". Lo que implica verdadera delegación de una potestad como la jurisdiccional, rigurosamente indelegable.

Para justificar tal clase de malas prácticas, suele argumentarse con la supuesta elocuencia de los datos aportados con la solicitud. Pero —aunque así fuera, que, en general, no es— ocurre que la Constitución y la ley quieren un juicio crítico *autónomo y específicamente judicial*, en concreto; que es en lo que se cifra la garantía. Juicio que debe ser explícito, pues de la policía ya se sabe, porque lo dice, que está convencida. Pero tiene que convencer al juez que, a su vez, debe argumentar por qué lo está, de forma igualmente convincente. Es una proyección del principio de desconfianza impreso, según Erberhard Schmidt (1957: 24), en la lógica del Estado de derecho. Desconfianza que aquí se proyecta sobre el juez en cuanto sujeto de poder, cuyas buenas razones no se presumen: han de ser suficientemente verbalizadas. Y esto, no sólo para que sean conocidas, sino también para contar con la seguridad de que tomó su decisión tras una reflexión serena sobre la calidad de los antecedentes de la misma.

El que se ilustra es un modo de operar muy extendido. Y, a pesar de que el estándar a que responde, es de lamentable falta de profesionalidad y abiertamente infraconstitucional e infralegal, cuenta con apoyo en multitud de sentencias de todas las instancias, profusamente citadas y que confieren a esas prácticas un marchamo de *regularidad*.

La causa inmediata del grado de tolerancia observado al respecto es la *razón* pragmática de que, en una valoración *ex post*, no habría duda: la actuación policial-judicial fue fundada, pues, gracias a ella, se obtuvo prueba de cargo. Un supuesto buen fin, que justificaría la radical inversión del paradigma constitucional implícita en ese mal medio. Que envía, además, un mensaje demoledor, sobre todo a la policía: vale igual lo mal hecho que lo que pudo y debió hacerse bien.

Bibliografía

BECCARIA, C. (1958). *De los delitos y de las penas*, trad. de Sentís Melendo y Ayerra Redín, EJEA, Buenos Aires.

CALAMANDREI, P. Prefacio a C. Beccaria, cit.

CARNELUTTI, F. (1959). *Las miserias del proceso penal*, trad. de Sentís Melendo, EJEA, Buenos Aires.

CORDERO, F. (2003). *Procedura penale*, Giuffrè, Milano, 7ª ed., p. 254.

DÍEZ CABIALE, J. y R. MARTÍN MORALES, (2001), *La garantía constitucional de la inadmisión de la prueba ilícitamente obtenida*, Civitas, Madrid.

FERRAJOLI, L. (1989). *Derecho y razón. Teoría del garantismo penal*, trad. de P. Andrés Ibáñez, J.C. Bayón, R. Cantarero, A. Ruiz Miguel, y J. Terradillos, Trotta, Madrid.

FERRUA, P. (1999). *Il giudizio penale: fatto e valore giuridico*, en *La prova nel dibattimento penale*, de varios autores, Giappichelli, Torino.

FILANGIERI C. (1821). *La ciencia de la legislación*, trad. de J. Ribera, Imprenta de D. Fermín Villalpando, Madrid, vol. III.

GREVI, V. (1972). *Nemo tenetur se detegere*, Giuffrè, Milano.

HÄBERLE, P. (1993). *Le libertà fondamentali nello stato costituzionale*, ed. de P. Ridola, trad. de A. Fusillo y R. W. Rossi, La Nuova Italia Scientifica, Roma.

PAGANO, F.M. (1806). *Logica d' probabili applicata a' giudizi criminali*, en Opere varie, tomo V, Agnello Nobile, Milano.

SCHMIDT, Eberhard (1957), *Los fundamentos teóricos y constitucionales del derecho procesal penal*, trad. de J.M. Núñez, Editorial Bibliográfica Argentina, Buenos Aires.

LA ETNOLOGÍA Y EL SISTEMA PENAL

Edmundo Samuel Hendler

La ley de los conflictos

En la introducción de la obra colectiva cuyo título que traducimos como: *El proceso de los conflictos. Derecho en diez sociedades*, [1] compuesta con los trabajos de campo efectuados en el período 1965/1976 en diez pequeñas aldeas de muy diversas culturas,[2] Laura Nader y Harry F. Todd incluyen algunas reflexiones dignas de interés. El derecho (la ley), dicen estos autores, tiene muchas funciones. Sirve para educar, castigar, mortificar, proteger intereses públicos y privados, proporcionar distracción, conseguir recursos, distribuir recursos escasos, mantener el *statu quo*, mantener sistemas de clases y dividir sistemas de clases, integrar sociedades y desintegrarlas. La ley, afirman, puede ser una causa del delito aunque, por su poder discrecional, desempeña el rol de definirlo. También puede fomentar el respeto o el desprestigio de sí misma.

En todas las sociedades hay alguna contradicción entre la ideología que gobierna la estructura jurídica y la manera en que esa estructura opera en la realidad. Las contradicciones más notorias aparecen en comunidades caracterizadas por la diversidad social y cultural. La ley tiene un claro funcionamiento como equilibradora de fuerzas y aseguradora de ecuanimidad pero también como legitimadora de las relaciones de dominio de unas culturas o subculturas sobre otras. Pero la dominación cultural no significa que haya una total dependencia. Como explica Denys Cuche, en todo caso puede afirmarse que la cultura dominada no puede prescindir de tomar en cuenta a la dominante y, a la inversa, esta última no tiene nunca asegurada su total dominación.[3] Mientras no existen relaciones de dominio, una cultura frente a otra adopta siempre una actitud etnocéntrica. Foucault, en un curso dictado en el College de Francia entre fines de 1975 y mediados de 1976[4] hablaba de la dupla salvaje-bárbaro surgida en el pensamiento jurídico del siglo XVIII y en el pensamiento antropológico de los siglos XIX y XX: el salvaje es el que vive en la naturaleza. El bárbaro supone la existencia de una civilización a la que es externo y a la cual se opone.

El empleo de la violencia, naturalmente presente en las reacciones frente a los agravios, comprende ciertas especies como las hostilidades de un grupo contra otro. Es un

---

1. Laura Nader and Harry F. Todd Jr. (editors), *The disputing process - Law in ten societies*, New York, Columbia University Press, 1978.
2. 1) Nueva Guinea (Indonesia); 2) Escandinavia; 3) Bavaria; 4) Turquía; 5) Líbano (musulmán sunnita); 6) Ghana; 7) Cerdeña; 8) Zambia; 9) Líbano (multireligioso) y 10) Méjico.
3. Denys Cuche, "La noción de cultura en las ciencias sociales", trad. Paula Mahler, Buenos Aires, 2004, ed. Nueva Visión, pp. 86-87.
4. Publicado como "Genealogía del racismo" (traduccion de "*Il faut défendre la societé*", ed. Altamira, La Plata, 1996).

fenómeno que se verifica con relativa frecuencia entre diferentes grupos que forman parte de alguna organización política superior a ellos —los clanes y la tribu por ejemplo—y algunos autores de Etnología le atribuyen la calidad de mecanismos jurídicos. Pero la violencia tiene una presencia más extendida en las prácticas sociales y algún etnólogo contemporáneo, Leopold Pospisil, pese a no compartir el criterio de catalogar las hostilidades grupales como mecanismos jurídicos, propone una clasificación de las formas de violencia que incluye, entre otras especies, al derecho y también al delito.[5] Las distinciones que propone este autor parten de contraponer, en primer lugar, la violencia autorizada y la que no lo es. Luego la que tiene lugar entre grupos distintos, contraponiéndola respecto de la que surge en el interior de un grupo. En este último caso, a su vez, la que se realiza con participación grupal o en forma individual. Los ejemplos de esas distinciones pueden apreciarse en el siguiente cuadro sinóptico, inspirado en el que figura en la obra de Pospisil:[6]

Hecho de violencia	Reconocimiento social	Característica distintiva	Entorno grupal
Delito	No autorizado	Hecho individual	Interior del grupo
Crimen organizado	No autorizado	Hecho grupal	Interior del grupo
Compensación Coercitiva	Autorizado	Hecho individual	Interior del grupo
Derecho (¿penal?)	Autorizado	Hecho grupal	Interior del grupo
Compensación coercitiva exterior	No autorizado	Breve duración	Entre grupos
Hostilidades	No autorizado	Prolongado	Entre grupos
Guerra	Autorizado	Hecho grupal	Entre grupos

Por otro lado, y en cuanto al zanjamiento de las disputas por la vía jurídica, distintos trabajos de campo, entre ellos los reseñados en la obra de Nader y Todd, indican que sólo surge si existe algún entrecruzamiento de vínculos sociales reconocidos entre las partes, lo que es una obvia demostración de la cualidad determinativa del agrupamiento social. Pero la vinculación entre los litigantes puede ser de distinta índole y, a su vez, determina la forma del procedimiento para zanjar la disputa y su resultado. De acuerdo con otro autor fundamental de la Etnología jurídica, Max Gluckman,[7] los modelos de procedimiento jurídico se distinguen según la naturaleza de las vinculaciones y los agrupamientos sociales en un enfoque estructural-funcional. La variable es el grado de complejidad de esas vinculaciones. Los litigantes que tienen vinculaciones múltiples o continuadas (como el integrante de una organización tribal con sus vecinos con quienes tiene lazos políticos y familiares) confían en la negociación o mediación lo que tiende a resultados transaccionales. Los litigantes vinculados por relaciones simples (como el empleado con su empleador; el conductor del ómnibus con el pasajero, etc.) se remiten a procedimientos de arbitraje o adjudicación lo que tiende a resultados absolutos (ganar o perder).

---

5. Leopold Pospisil, *Anthropology of Law. A Comparative Theory*, Nueva York, 1971, Harper & Row, pp. 6-10.

6. *Op. cit.*, p. 10. El cuadro que sigue no es traducción exacta del incluído por Pospisil pero se inspira mayormente en él.

7. Max Gluckman, *The Judicial Process among the Barotse of Northern Rhodesia*, Manchester University Press, 1967.

El estudio de esa clase de procedimientos, en particular los que conciernen al arreglo de disputas entre individuos, es el objetivo fundamental de la antropología jurídica. Así lo señala otro etnólogo contemporáneo, P.H. Gulliver, que también traza una clara distinción entre el "arreglo de la disputa" y la "resolución del conflicto", uno preferentemente centrado en la negociación y el otro en la "adjudicación". En el primero las partes pueden estar asistidas por terceros que tengan ascendiente o predicamento social en calidad de asesores o representantes o voceros. En el segundo entra en juego la obligatoriedad de la adjudicación que depende de la autoridad del juzgador y que puede depender a su vez de la fuerza coercitiva que éste tenga posibilidad de ejercitar. Aparte de la verticalidad jerárquica, esta última modalidad también conduce al reconocimiento de estándares consagrados o normas cuya interpretación sirve a ese mismo fin. El análisis de casos legales en sociedades no occidentales, según Gulliver, permite observar la existencia de comunidades carentes de toda forma de adjudicación pero no el de sociedades que carezcan de alguna forma de negociación para afrontar las disputas en su seno.[8]

De todos modos, la conclusión que es importante destacar es que la investigación etnológica ha demostrado la falsedad de la hipótesis de que el éxito de una nación (entendido como el desarrollo económico) y aún la existencia misma de la nación, dependan de la creación de una población homogénea y que la mejor manera de lograrlo sea por medio de la ley, generalmente el derecho importado de Occidente. Lo que sí es posible afirmar es que el derecho occidental, codificado o no, ha afectado prácticamente a todos los países del mundo. Pero es falso, en cambio, suponer que el orden social no puede conseguirse sino con el derecho occidental o que la homogeneidad por medio de la ley sea el mejor camino hacia la modernidad. Por otra parte tampoco se debe caer en la ingenuidad de creer que las sociedades pequeñas no tienen dificultades en instrumentar soluciones pacíficas de las controversias. Lo único que sería un signo alentador para el futuro es el rol que los pueblos modernos han desempeñado en la implementación consciente de foros para la justicia.

Delitos y penas

En otro trabajo de Nader (en coautoría con Philip Parnell), ocupándose del derecho penal en sociedades ágrafas, se concluye que lo que está comprobado es que las sociedades carentes de población delincuente son las que se abstienen de acordar estatus criminal al comportamiento de los individuos, lo que es muy distinto de que en esas sociedades los integrantes se abstengan de transgredir la ley. El registro de las sociedades del mundo conduce a una comprobación muy diferente, nos indica claramente que el delito es una noción enteramente cultural.[9]

En lo que se refiere a las penas, un famoso etnólogo inglés a quien se suele considerar como funcionalista, proponía considerar las sanciones del derecho penal como hechos sociales que corresponden a la categoría de las sanciones organizadas, distinguiéndolas de las de carácter difuso como la reprobación o la censura de la comunidad. La funcionalidad de esas sanciones, señalaba Radcliffe-Brown, no se relaciona

---

8. P.H. Gulliver, *Case Studies of Law in Non-Western Societies*, incluido en el volumen *Law in Culture and Society* editado por Laura Nader; Chicago, 1969, Aldine, pp. 11-23.

9. Laura Nader y Philip Parnell, *Preliterate societies* en *Enciclopedia of Crime and Justice*, compilada por Sanford H. Kadish, Nueva York, The Free Press, voz *Comparative Criminal Law and enforcement*, pp. 200-207.

con los efectos sobre la persona a la que se imponen, sino con los que se producen para la comunidad que las aplica. Según ese autor, que escribió mucho antes de que los autores de Derecho Penal enunciaran la así llamada teoría de la prevención positiva, se logra con ellas una directa afirmación de sentimientos sociales y se contribuye a mantener esos sentimientos restaurando el bienestar social por medio de la expresión colectiva de los agravios ocasionados por el hecho.[10]

La responsabilidad objetiva, la reparación privadamente perseguida y la imposición de sanciones colectivas son los tres fenómenos sociales que los autores clásicos de antropología jurídica, con un criterio marcadamente evolucionista —que hoy llamaríamos etnocéntrico— consideraban característicos de grupos tribales primitivos. Los ensayos más recientes fundados en esa disciplina, consideran que, por el contrario, se trata de tres fenómenos que se verifican también en sociedades complejas y no solo en las preindustriales (o "primitivas"). Tomando como punto de partida la tesis de Roscoe Pound (en *The spirit of the Common Law*), de la existencia de cuatro estadios de evolución con distintas características en cuanto al modo de establecer la responsabilidad por hechos agraviantes, Sally F. Moore[11] lo considera un simple cliché generalmente admitido y critica el criterio, en ese sentido, seguido por autores como E.A. Hoebel, Henry Summer Maine, y Bronislav Malinowski. Rescata, sin embargo, en gran parte, el punto de vista sociológico de Durkheim de quien toma en cuenta el desarrollo que predica de una solidaridad mecánica a una orgánica. Las diferencias entre sistemas jurídicos para Moore estriban, en definitiva, en la importancia política o estructural que asignan a las disputas privadas entre individuos.

La responsabilidad objetiva que, para la autora mencionada, existe también en sociedades complejas, se explica en el ámbito de la vida tribal como medio de aliviar el resentimiento de quienes han sido perjudicados en una situación social en que víctima y ofensor deben seguir en una relación social continuada. La reparación privada o composición se distingue según sea llevada a cabo por el individuo o por el grupo y puede comprender guerras, incursiones, hostilidades, luchas, apoderamientos y otros medios menos violentos que pueden distinguirse por el tipo de unidad estructural implicada o, a veces, por el modo de conducir las hostilidades y, a veces también, pero no siempre, por el motivo de la disputa. El planteo, en definitiva, es si una disputa entre individuos será contenida entre ellos o se extenderá a una confrontación política.

La responsabilidad colectiva, por otro lado, tiene la característica de ser vicariante, es decir, adjudicada a unos en lugar de otros y presenta analogías con la responsabilidad de entidades ideales en la civilización occidental. Aunque podría señalarse alguna diferencia en la limitación de responsabilidad individual que sucede en este último caso, también se verifican limitaciones semejantes en sociedades preindustriales. La tesis es que la existencia de responsabilidad del grupo corporativo por la acción de uno de sus miembros, establece al mismo tiempo el poder disciplinario del grupo que puede expulsar o entregar al enemigo o no apoyar en el conflicto, a quien hubiera actuado abusivamente. Eso permite trazar el paralelo funcional entre la expulsión y las penas criminales modernas ya que la prisión, señala con una aguda perspectiva la autora mencionada, puede ser una forma de expulsión interna. La responsabilidad individual disciplinaria con posibilidad de expulsión que acompaña la responsabilidad colectiva es lo que establece la equivalencia con la responsabili-

---

10. A.R. Radcliffe-Brown, *Structure and Function in Primitive Society*, Londres, Routledge & Kegan, pp. 205-211.

11. *Legal liability and evolutionary interpretation: some aspects of strict liability, self-help and collective responsibility* incluido en el volumen *The allocation of responsibility* editado por Max Gluckman (Manchester University Press, 1972).

dad criminal en la sociedad industrial y desmiente que esta última difiera en las sociedades tribales.

En definitiva, la reflexión que es importante extraer para el sistema penal a partir de la etnología es que sus transformaciones no son indicativas de progreso evolutivo ni se explican por la mayor o menor racionalidad de las prácticas seguidas en distintas épocas. Lo que puede ser distinto es la dimensión del grupo social o la complejidad de la organización. También puede haber transformaciones que semejen una evolución pero que, en rigor, son sólo cambios sin que quepa predicar progreso. La idea misma de progreso o evolución es etnocéntrica en el sentido de que sólo vale desde la perspectiva del observador. Del mismo modo se debe descartar la idea, bastante popular, de reconocer la coherencia del pensamiento que se sigue llamando "primitivo". Eso es una benevolencia ficticia que encubre la misma actitud etnocéntrica: se reconoce esa coherencia porque desde nuestra perspectiva civilizada podemos comprender —con un obvio alarde de generosidad y de supuesta perspicacia— la inteligencia de los aborígenes. Lo que en verdad se debería reconocer es el primitivismo de la civilización. No se trata de que los así llamados "primitivos" sean evolucionados, ni se puede desconocer la existencia entre ellos de muchas prácticas supersticiosas o absurdas. Lo que ocurre es que los que llamaremos "evolucionados" o "civilizados" tienen prácticas que, aunque sean distintas de las de los "primitivos", no son menos irracionales sino igual o equivalentemente absurdas.

Dejo para otra ocasión proponer ejemplos de esta última afirmación. Por ahora me conformo con un modesto aporte que sólo tiende a reconocer los muchos que ha hecho, particularmente desde el campo de la sociología, Roberto Bergalli, a quien van dedicadas estas líneas.

REFLEXIONES PENALES
EN TORNO AL GENOCIDIO ARMENIO

Eugenio Raúl Zaffaroni

Este trabajo es el texto ordenado de la conferencia pronunciada con motivo del 90.° Aniversario del Genocidio Armenio, al que se agregan sólo las notas imprescindibles. Destinamos su publicación al homenaje al colega y amigo Prof. Roberto Bergalli, que sufrió las consecuencias de la represión argentina, con el invariable afecto de muchos años.

1. Una ocasión para reflexionar

El siglo pasado se inició bajo el signo de una tradición de indiferencia jurídica frente al genocidio, al que ni siquiera se había asignado una identificación nominal. Hace noventa años que comenzó el Genocidio Armenio, el primero del siglo XX, cuya brutalidad no alteró la tradición. Apenas tres décadas después se inició la atención jurídica y, al menos, la identificación del crimen.

Si bien hoy forma parte de la conciencia jurídica mundial que la atención jurídica sobre el genocidio no puede quedar supeditada a los cambiantes intereses de la política nacional e internacional, se corre el riesgo que creer que la punición de los responsables agote los esfuerzos del derecho a su respecto. Es indudable que esa punición no revierte por completo la indiferencia jurídica, que exige un compromiso mucho más amplio del derecho si se pretende un verdadero efecto preventivo.

Por otra parte, eventuales futuros crímenes contra la Humanidad tendrían consecuencias mucho más destructivas que las de los pasados, en razón del desarrollo tecnológico, lo que hace que planteos, aparentemente jurídicos, como la negación del concepto mismo de Humanidad —que atraviesa todo el pensamiento antiliberal y autoritario desde la restauración— debe ser rechazada con mayor energía.

Éstas son algunas de las cuestiones que el derecho debe plantearse si realmente se propone prevenir los crímenes contra la Humanidad. La lucha conceptual no es parte de una superestructura indiferente, sino el camino de esclarecimiento de la conciencia jurídica o el de racionalización de los crímenes más graves, según la decisión que se tome en la encrucijada.

2. Wer redet noch von der Vernichtung der Armenier?

¿Quién habla todavía sobre el aniquilamiento de los armenios? Se discute si estas palabras fueron pronunciadas por Adolf Hitler en la alocución a sus generales el 22 de

agosto de 1939. La duda documental surge de que aparecen en una de las tres versiones de esa alocución; además se observa que no estaban directamente referidas al Genocidio Judío, sino a la inminente invasión a Polonia.[1] En principio, si aparecen en una versión es porque en un momento de la elaboración discursiva fueron tomadas en cuenta. En cuanto a su alcance, es claro que no estaban referidas al Genocidio Judío, pero fueron pronunciadas en vísperas de la Segunda Guerra Mundial y nada hace pensar que estuviesen sólo destinadas al capítulo inicial de ésta, o sea, limitadas a la invasión a Polonia. Pero estas discusiones carecen de importancia frente a la certeza de que esas palabras —pronunciadas o no— fueron seguramente pensadas.

Adolf Hitler sabía que hasta ese momento se subestimaba la importancia de lo que luego se llamarían *genocidios*, pues su impunidad era invariable, subordinada a los intereses de las cambiantes coyunturas políticas y de poder internacional. Las víctimas y sus reclamos se silenciaban, como se silencian las voces carentes de poder, cuyos destinos se deciden en las mesas de negociaciones ajenas. Sabido es también que la experiencia histórica pesa poco cuando es lejana, pero cuando es reciente cobra un peso decisivo. Por ello, el nazismo no podía prescindir de la experiencia armenia en sus cálculos. Nadie podía decidir la destrucción sistemática de millones de personas sin tomar en cuenta la experiencia histórica inmediata y, como parte fundamental e inmediata en el tiempo, la que le proporcionaba el genocidio cometido a dos décadas escasas de distancia. La negación del primer genocidio y las nulas consecuencias jurídicas y políticas posteriores son elementos que nadie puede negar que debieron pesar en las decisiones de la Segunda Guerra Mundial. De allí que sea extremadamente ingenuo detenerse en la anécdota: aún admitiendo *ad argumentandum* que esas palabras no hayan sido pronunciadas, sin duda fueron pensadas y eso es lo importante para el curso posterior de la historia.

3. La indiferencia jurídica

El Genocidio Armenio había corrido la suerte de los anteriores genocidios de la historia. El siglo XX no innovaba en esta materia. En un primer momento, el 11 de junio de 1919, el primer ministro otomano Damad Férid reconoció los hechos en la Conferencia de la Paz en París y el 5 de julio del mismo año, el Tribunal Militar presidido por Nazem Pashá condenó a muerte en ausencia a Taleat, a Enver, a Djemal y a otros responsables el régimen de los *jóvenes turcos*. Pero cuando cayó el sultanato y el nuevo régimen establecido por Mustafá Kemal tomó las banderas de la integridad territorial del viejo Imperio Otomano, el 3 de enero de 1921, el llamado *Tribunal de la Independencia*, anuló esas condenas y más tarde, la ley 319 de la República Turca, del 31 de marzo de 1923, extendió la impunidad a todos los que hubiesen sido condenados por cualquier tribunal militar con anterioridad.

La respuesta no se hizo esperar y el 15 de marzo de 1921 Tehlirian dio muerte a Taleat en una concurrida avenida de Berlin. Difícil fue la cuestión para el gobierno alemán en ese momento. Sus magistrados no habían cambiado desde el Imperio de Guillermo II, aliado del Imperio Otomano en la guerra y cómplice junto al Imperio Austrohúngaro —al menos por omisión— del genocidio cuyo mayor arquitecto era justamente Taleat. El ministerio público lo consideraba un *huésped* y su extradición había sido negada. La defensa de Tehlirian se apoyó en juristas de nota que destacaron

---

1. Cfr. Ives Ternon, *L'État criminel, Les Génocides au XXe. siécle*, París, 1995, p. 202.

la complicidad alemana en los hechos. El tribunal encontró la salida en la inimputabilidad temporal del acusado, pero los hechos habían quedado expuestos.[2]

Cabe destacar que el Genocidio de los años 1915-1923 se instaló sobre una experiencia de impunidad del siglo XIX. En el curso de ese siglo, a medida que el viejo imperio se debilitaba y se separaban nuevos países y perdía la mayor parte de su territorio europeo, los armenios eran, por un lado, más débiles, pues carecían de un estado propio y, por otro, sus propios movimientos políticos, que distaban de ser compartidos por todos, ofrecían el pretexto fácil para una agresión y para lo que luego se llamarían *intervenciones humanitarias*. En estas circunstancias, el sultán Habdul Amid decidió un primer genocidio que costó doscientos mil muertos a los armenios entre 1895 y 1896, y que le era funcional para acallarlos y también para medir la seriedad de las amenazas de *intervención humanitaria* de algunas potencias. Por supuesto que esa intervención no se produjo y, por ende, el primer capítulo o antecedente del genocidio quedó impune; las potencias se limitaron a protestas en notas diplomáticas, pese a que todo el cuerpo diplomático y consular era testigo directo y ocular del crimen.[3]

Por consiguiente, el camino del genocidio en el siglo XX tuvo un antecedente inmediato entre 1895 y 1896, sobre cuya experiencia de indiferencia jurídica los *jóvenes turcos* llevaron a cabo el Genocidio de 1915 a 1923, y sobre esa experiencia también de indiferencia los nazistas decidieron el Holocausto.

4. Punición y prevención

Aparentemente, la conclusión que cabría extraer de estos hechos es que en el caso del genocidio, la pena a los responsables tiene efecto preventivo o, al menos, que la impunidad de los responsables tiene efecto reproductor. No obstante, esta conclusión es superficial y el caso armenio es un buen ejemplo de ello.

Existe una trampa peligrosa en el pensamiento jurídico, pero que tiene singular éxito en la opinión pública. La única coerción jurídica no es la penal y, en muchos casos, ni siquiera es la más importante a efectos de prevención de hechos similares. Si bien la punición a los genocidas es necesaria, en modo alguno es suficiente para prevenir futuros genocidios.

Los genocidas del Pueblo Armenio quedaron en alguna medida librados a la retaliación particular. No sólo Taleat fue muerto en una avenida berlinesa, sino que en el mismo año de 1921 fue muerto en Constantinopla el que fuera ministro del interior de Azebaiján y principal responsable de las muertes de Bakú, y en Roma el ex *premier* de los *jóvenes turcos*, y al año siguiente, en Berlín halló la muerte el responsable de una importante sección de las bandas asesinas llamadas *organizaciones especiales*, el ministro de marina del régimen en Tiflis y en manos de una patrulla rusa Enver.

Cuando el derecho penal no pone coto a la reacción punitiva frente a un crimen de proporciones tan descomunales, resurge inevitablemente la *pérdida de la paz*; prácticamente, *de facto*, el sujeto queda fuera de la protección jurídica,[4] y estos hechos lo prueban, como otros muchos en la propia historia del siglo XX, pudiendo ejemplificarse, en un salto de un cuarto de siglo, con la muerte de Mussolini. Cabría pensar que este

2. Cfr. Vahakn N. Dadrian, *The History of the Armenian Genocide*, Providence-Oxford, 1995, p. 287.

3. *Ídem*, p. 113; Yves Ternon, *op. cit.*, p. 182; Viscount J. Bryce, *The treatment of the Armenians in the Ottoman Empire*, Londres, 1916.

4. Cfr. Zaffaroni-Alagia-Slokar, *Derecho Penal, Parte General*, Buenos Aires, 2000.

fenómeno también tiene efecto preventivo, incluso mayor que la pena, pero en el caso queda verificado que no lo tuvo.

Creer que el efecto preventivo incumbe sólo a la pena del derecho penal es parte de un pensamiento *pan-penal* o quizá, el simple resultado de una visión inmadura y omnipotente de los penalistas. Si se evoca la memoria y se busca el reconocimiento internacional del Genocidio Armenio, es obvio que hoy no se están persiguiendo penas, sino otro tipo de reparaciones, además de las puramente morales o simbólicas. El poder se desentiende de quienes le sirven en algún momento, e incluso puede librarlos a la pena del derecho penal, cuando dejan de serle útiles. El efecto preventivo no es del poder punitivo solamente, sino de todo el derecho, de la totalidad del poder jurídico. Y ésta es la cuestión.

5. El planteo tiene origen penal, pero no se agota en este campo

Es verdad que los esfuerzos por superar la indiferencia jurídica se iniciaron en lo técnico por el lado del derecho penal. El académico polaco Raphael Lemkin acuñó el vocablo *genocidio*. La idea de una justicia internacional fue el tema central de las preocupaciones del catedrático rumano Vespasiano V. Pella y, por su influencia, de la Asociación Internacional de Derecho Penal.[5] Pero los juristas —los técnicos— no fueron escuchados por los políticos y apenas después de la Segunda Guerra el genocidio fue identificado, se lo consagró en la ley internacional, se lo separó del delito político y se terminó reconociendo formalmente la imprescriptibilidad de los crímenes contra la Humanidad (aunque ésta estaba teóricamente aceptada desde antes como costumbre internacional).

Pero si imprescriptible es el crimen de genocidio, también deben serlo las demás consecuencias jurídicas extrapenales de ese ilícito, y, básicamente, las que hacen a la reparación para quien aún hoy sufre las consecuencias del crimen. No se trata de ignorar el paso del tiempo ni se pretender retroceder el curso de la historia, sino de exigir jurídicamente lo que es materialmente posible, esto es, la reparación de lo reparable para quienes sufren actualmente las consecuencias de actos genocidas. Sin esto, el efecto preventivo de la pena al genocida será siempre relativo, pues olvida que se trata de un crimen del poder, que suele valerse de personas a las que él mismo desprecia y en ocasiones abandona sin ningún costo cuando dejan de serle funcionales.

Sin duda que la pena al genocidio puede tener un efecto preventivo respecto de algunas personas, pero no lo tiene para el poder, que siempre hallará a otros para que se encarguen de esos crímenes y desaparecerá del escenario cuando éstos sean penalmente responsabilizados o incluso se rasgará las vestiduras en esas circunstancias y hasta clamará por el castigo de su propios agentes.

Por otra parte, reconocer la imprescriptibilidad del genocidio y, al mismo tiempo, aceptar la prescripción de sus consecuencias jurídicas no penales, importa un contrasentido sin solución. ¿Qué importancia tendría esto para los bienes de los armenios en cuyo poder se quedaron los turcos? ¿Estarían prescriptas las acciones a su respecto? Si así fuese, habría un derecho que tendría por fuente un genocidio. ¿El derecho puede nacer de un crimen? Todo positivismo jurídico busca un punto de apoyo, un clavo en el que colgar la secuencia de los distintos razonamientos jurídicos, una *constitución básica*, un *acto fundamental*, pero cuando ese acto fundamental sólo puede hallarse en un

---

5. Vespasiano V. Pella, *La criminalidad colectiva de los Estados y el Derecho Penal del porvenir*, Madrid, 1931.

genocidio cabe preguntarse si puede hablarse de *un derecho*. Salvo por vía de la brutal antropología hobbesiana llevada al extremo[6] —hoy curiosamente revalorada— no puede explicarse cómo el simple paso del tiempo puede convertir un crimen en fundamento del derecho.

Por ello, hoy creemos que el Tribunal de Roma importa un significativo paso en la historia, en la medida en que pueda evitar retaliaciones particulares y una reedición de la *pérdida de la paz germana*, y, además, porque es el primer capítulo de una justicia internacional, siempre deseable. Pero si nos quedamos con un tribunal penal, sin pensar en un tribunal civil o de reparaciones, el esfuerzo quedará notoriamente trunco.

6. Las razones políticas de la negación

La negación del Genocidio Armenio proviene de los sucesivos gobiernos turcos a partir del momento en que Mustafá Kemal tomó el poder y llevó adelante las últimas etapas. Pero no sería suficiente la negativa de un gobierno responsable para que se creyese mundialmente en la inexistencia de un genocidio, cometido ante testigos de todas las potencias. La negación del Genocidio Armenio es obra —sin duda— del gobierno turco, pero su aceptación es ajena a éste. Se trata del resultado de un juego de política internacional en que cada potencia midió su propia inconveniencia de enfrentarse a Turquía en cierta circunstancia internacional. Sin duda que a las potencias centrales les convenía el silencio. Aunque el Imperio Austrohúngaro se había disuelto y el Imperio Alemán había caído y fue reemplazado por la República de Weimar, por cierto que a los sucesores de estos sistemas les convenía el silencio, pues habían sido aliados complacientes del Imperio Otomano. Rusia, que había sido en alguna medida responsable de los pretextos para las masacres, salía destruida de la guerra, había sufrido una tremenda revolución y había establecido la paz por separado con las potencias centrales, tenía interés sobrado en establecer una paz con Turquía, por lo cual el 24 de agosto de 1920 se firmó en Moscú un tratado de amistad y cooperación con el régimen kemalista, por el cual los turcos tenían garantías de que no intervendría en la cuestión armenia. Estados Unidos cambió su gobierno y los republicanos, contrariando la política multilateralista del Presidente Wilson, se desentendieron del destino de Europa, entusiasmados con la afluencia de capitales y personas a su territorio y no ratificaron el Tratado de Versailles. Francia y Gran Bretaña se dedicaron a asegurar el resultado que hasta entonces habían obtenido del desmembramiento del Imperio Otomano. Las advertencias formuladas al gobierno otomano durante el genocidio, prometiendo la sanción a los responsables, fueron disolviéndose en jirones que se desprendían para priorizar el interés sectorial del momento.

Hubo muchísimos testigos calificados entre ciudadanos, funcionarios y diplomáticos de las grandes potencias del momento. Algunos de ellos se comportaron con humanidad y decencia, incluso dejaron testimonios invalorables a la hora de establecer la verdad de los hechos; otros hubo que se opusieron abiertamente al genocidio y que

---

6. Suele combinarse esta antropología (así, Carl Schmitt, *Der Leviathan in der Staatslehre des Thomas Hobbes. Sinn und Fehlschlag eines politischen Symbols*, 1938; hay trad. castellana, México, 1997) con la afimación de De Maistre de que desconoce el concepto de "humano" o de "hombre", que nunca lo ha encontrado, que sólo vio franceses, italiano, rusos, pero nunca al "hombre" como tal (*Considérations sur la France*, en las obras completas (París, 1988), VIII, p. 87 (sobre el contenido antiliberal de este pensamiento, Stephen Holmes, *The Anatomy of Antiliberalism*, Cambridge-London, 1993, p. 14). Schmitt lo perfecciona al sostener que la humanidad no tiene enemigos (Carl Schmitt, Carl Schmitt, *El concepto de lo político*, Ediciones Folios, México, 1985).

lograron proteger a muchos armenios, pero los intereses dominantes fueron en definitiva los de la política internacional. La justicia penal es siempre selectiva y la circunstancia de que sea internacional no cambia esta característica. Los armenios eran un blanco de victimización muy vulnerable, pues no contaban con poder propio y tampoco con ninguna alianza que pudiera ampararlos, no tenían nada que ofrecer más que su dignidad y su dolor.

7. Las técnicas de negación

El marco general de la negación del Genocidio Armenio lo constituye una gran mentira que tiene efectos hasta nuestros días, que es la famosa fábula de que *la Primera Guerra (1914-1918) fue una guerra de caballeros*. Aunque no faltan historiadores que consideran que hubo una única guerra mundial, iniciada en 1914 y terminada en 1945, lo cierto es que hubo dos momentos específicamente bélicos, y esta fábula hace que el primero quede opacado por el segundo y hasta se piense en él con cierta nostalgia. En realidad, la Primera Guerra no fue menos cruel que la Segunda, en buena medida como guerra de trincheras, con cientos de miles de soldados muertos por tétanos y otras infecciones, con empleo de gas venenoso, con incontables mutilados tratados con intervenciones despiadadas. Fue la primera guerra que victimizó a todos y no respetó casi nada, se bombardearon poblaciones civiles, se destruyeron ciudades, monumentos históricos, etc. El mito de la *guerra de caballeros* oculta sus atrocidades y, entre ellas, el genocidio armenio, que los turcos pretendían justificar atribuyendo los fracasos de sus ejércitos a los armenios.

La negación del Genocidio Armenio es parte de esta fábula que, muchos años después sería un elemento para la construcción de otra no menos nefasta, al menos en Latinoamérica: por oposición a la *guerra de caballeros* se construyó la *guerra sucia*, cuya supuesta falta de reglas permitiría racionalizar la violación de todos los límites impuestos por el derecho de Ginebra.

En cuanto a los argumentos específicos para la negación, hallamos todos los que se utilizan para minimizar cualquier delito, o sea, lo que algunos criminólogos llamaron *técnicas de neutralización*. Se indican como tales la negación de la propia responsabilidad, la negación de la ilicitud, la negación de la víctima, la invocación de instancias superiores y la condena de los que condenan.[7]

a) Se niega la propia responsabilidad pretendiendo que era necesario preservar la integridad territorial y que el ejercicio del poder en esa emergencia hubiese obligado a cualquiera a tomar las medidas de desplazamiento masivo de población.

b) Se niega la ilicitud afirmando que las muertes eran producto de bandas ajenas al gobierno, cuando las llamadas organizaciones especiales eran *bandas asesinas* organizadas por el propio gobierno, con delincuentes comunes liberados al efecto y usadas como cobertura.

c) Se niega a la víctima pretendiendo disminuir el número, como si el genocidio se resolviera por una cuestión contable. También se inventa una legítima defensa frente a la pretendida traición de los armenios a favor de los rusos.

---

7. M. Sykes – D. Matza, "Techniques of neutralization. A theory of delinquency", *American Sociologycal Review*, XXII, 1957, p. 664. Una síntesis en Alessandro Baratta, *Criminologia critica e critica del diritto penale*, Bologna, 1982, p. 75.

d) *Se invocan instancias superiores* con la apelación a argumentos nacionalistas y a componentes racistas, aunque en el caso más limitadamente que en el deliro nazista. El mito reconstructivo de un gran imperio contrapuesto al ario no era del todo indiferente a esta invocación.

e) *Se condena a los que condenan*, acusándolos de negar o subestimar la importancia del Holocausto. En realidad, en tanto que los otros son técnicas negadoras que también ensayarían los nazistas respecto del Holocausto, éste es el argumento más original por su extrema perversión, pues ésta alcanza una intensidad formidable cuando un genocida intenta deslegitimar a sus víctimas pretendiendo que éstas desplazan a las víctimas de otro genocida.

En realidad, ambos genocidios fueron diferentes, entre otras razones porque la tecnología de muerte corresponde a dos épocas y a dos realidades geográficas, pero no por ser diferentes dejaron de ser genocidios y es inconcebible la casi infinita perversión discursiva de quienes aspiran a manipular las diferencias para explotar la comprensible prioridad del dolor propio y desconcertar a las víctimas, enfrentándolas entre sí.

Esto prueba que el genocidio no sólo es un crimen de lesa humanidad por su resultado material, sino también porque apelar a semejantes perversiones discursivas pone de manifiesto las enormes falencias éticas del protagonista y de sus encubridores. Realmente, el genocidio y, sobre todo, la indiferencia jurídica en torno a él y, en el caso armenio, el silencio y la negación, pone a prueba nuestras propias convicciones sobre las potencialidades del ser humano, nuestra propia visión acerca de nuestro ser.

Pero también el Genocidio ofrece una oportunidad de reforzar la confianza en el ser humano. Así, el ser humano, la Humanidad misma, la condición humana como esencia, brilló en la heroica resistencia del Ghetto de Varsovia, y sigue brillando en los armenios, que resistieron hasta el sacrificio y que siguen cargando con sus historias familiares, y que contra intereses e indiferencia de poderosos siguieron y siguen luchando hasta lograr que la verdad histórica se imponga y, con seguridad, hasta lograr las reparaciones que el derecho les adeuda.

EL DERECHO PENAL FASCISTA Y NACIONALSOCIALISTA Y LA PERSECUCIÓN DE UN PENALISTA JUDÍO: EL CASO DE MARCELLO FINZI*

Francisco Muñoz Conde

Hace ya algunos años un grupo de intelectuales, de diversa nacionalidad y procedencia ideológica, se reunían en la Universidad de la Sorbona para discutir sobre un tema que llevaba como título genérico: ¿Por qué recordar? ("Pour quoi se revenir?"). El objeto de referencia de este coloquio era naturalmente el Holocausto, la terrible matanza de judíos y de otras muchas personas, que se produjo en los Campos de Concentración y de Exterminio ("Konzentrations-und Vernichtungslager") durante el dominio del régimen nacionalsocialista en Alemania (1933-1945).

¿Por qué recordar cuando ya han muerto no sólo las víctimas, sino también los verdugos de aquellas atrocidades, cuando ya han pasado sesenta años de las mismas?

¿Para mantener vivo el rencor y el odio entre sus herederos?

¿Para que no se olvide lo que entonces pasó, y al recordarlo continuamente evitar que vuelva a pasar en el futuro?

¿Como aviso a las nuevas generaciones quizás?

¿Cómo un acto de Justicia, o como uno de Piedad para las víctimas?

Todas éstas y otras muchas cuestiones tuvieron que plantearse necesariamente, incluso como cuestiones jurídicas y no puramente morales o filosóficas, cuando a comienzos de los años 60 del pasado siglo, a raíz de los primeros procesos ante la Justicia alemana contra algunos de los responsables del Holocausto, empezó, primero como táctica exculpatoria de los acusados, luego de una forma más general, una campaña en algunos medios de comunicación y en algunos círculos pretendidamente intelectuales, en la que se negaba que hubiera existido el Holocausto, que realmente hubieran sufrido y muerto tantos millones de personas encerradas en los Campos de Concentración y Exterminio esparcidos por Alemania y diversos países del Este europeo antes y durante la II Guerra Mundial.

De pronto los verdugos responsables de aquélla monstruosidad, aparecían como víctimas de burdos engaños urdidos por los vencedores para desacreditar el régimen nacionalsocialista. Las pruebas contundentes, los testimonios de miles de personas, los millones de muertos, las cámaras de gas y los hornos crematorios, no eran, según estos "revisionistas" de la Historia, más que un invento.

Naturalmente, nada de esto encajaba con las propias declaraciones y confesiones de los inculpados en los Juicios de Nüremberg, que nunca negaron la atrocidad evidente de tales hechos, y que todo lo más alegaron tímidas excusas de ignorancia de la

---

* Texto de la conferencia pronunciada en la Facultad de Jurisprudencia de la Universidad de Módena, Italia, el día 27 de enero de 2005, con motivo de la *Giornata della Memoria*, en la *Marcello Finzi, Giurista a Modena. Universitá e discriminazione razziale: tra storia e diritto*. Hay versión italiana de Luigi Foffani.

ilicitud, de obediencia debida a las órdenes superiores del Führer, o incluso el argumento de que permanecieron en sus puestos aún conociendo tales atrocidades, para evitar males mayores, para reducir el número de víctimas, o en hacerles sufrir lo menos posible, mandándolas a esterilizar en lugar de gasearlas en los Campos de exterminio, o enviándolas, por ejemplo, a Dachau (Campo de Concentración) en lugar de a Auschwitz (Campo de Exterminio), etc.

Esta campaña de "Negación del Holocausto" llegó a tal nivel que el legislador alemán se vio obligado a tipificar como delito lo que se llamó la "Auschwittzslüge", la "Mentira de Auschwittz", castigando con pena de prisión el hecho de negar la existencia del Holocausto o de exaltar a sus autores.

Desde entonces no han faltado tanto en Alemania, como en otros muchos países, campañas que, de un modo u otro, han pretendido seguir negando la evidencia. Sólo que algunas de esas campañas han sido llevadas de forma más inteligente y refinada. Ya no se trata de negar el Holocausto, sino de atribuírselo a unos pocos fanáticos que ya fueron juzgados y condenados, o murieron en el transcurso de los años. Según esta nueva versión oficial, acogida con entusiasmo incluso por quienes no profesan ideologías extremistas, los otros responsables pertenecientes a la Administración de Justicia, a la Universidad, al Ejército, etc., del Estado nazi o fascista, apenas fueron contaminados por dichos regímenes, y si tuvieron alguna intervención o colaboración con ellos, ésta fue forzada, obligada casi por las circunstancias, limitándose la mayoría a adoptar una actitud pasiva, poco entusiasta, escasamente relevante, a la espera de mejores tiempos en los que poder volver a mostrar una actitud más liberal e incluso tolerante con los judíos y con personas pertenecientes a otras etnias o razas, o con los disidentes políticos. De ahí que no hubiera ningún problema en recuperarlos después para la democracia y que volvieran a desempeñar sus trabajos en puestos académicos, políticos, económicos o administrativos importantes, que desempeñaron de forma eficaz e incluso brillante.

Por eso, cuando, en las investigaciones más recientes, una vez superada la Guerra Fría con la caída del Muro de Berlín, y los Archivos existentes de aquella época han podido ser consultados libremente, empezaron a aparecer nombres apenas sospechosos de haber tenido ideas afines con el nazismo o el fascismo, y que, sin embargo, habían colaborado estrechamente e incluso fueron en parte sus legitimadores, muchos aún o han salido de su asombro y se niegan a aceptar lo que cada vez es más evidente: Que muchos de los más grandes artistas, filósofos, científicos y juristas, la mayoría de ellos famosos profesores de las Universidades más prestigiosas del mundo habían puesto sus conocimientos, su arte, su ciencia, al servicio del régimen más criminal que ha conocido la Historia. Así entre los músicos destaca la figura de Richard Strauss; entre los filósofos la de Heidegger; entre los físicos la de Heisenberg (Premio Nobel); y entre los químicos la de Buttenandt (Premio Nobel). Pero es entre los juristas y profesores de Derecho, donde más se dio sin problemas ese trasvase camaleónico del régimen nazi al democrático. Figuras como la del constitucionalista Theodor Maunz, el civilista Larenz, o el filósofo Heinrich Henkel, que se habían destacado como los grandes constructores jurídicos del Derecho nazi en sus diversas manifestaciones, volvieron a ocupar sus cátedras y fueron reconocidos como grandes maestros del Derecho en la etapa democrática de la República Federal Alemana, recibieron de ella honores y homenajes, y prácticamente nadie volvió a recordar lo que habían hecho entre 1933 y 1945.

Un caso especial lo constituye el penalista alemán, *Professore di Diritto penale* in Monaco di Baviera, Edmund Mezger, uno de los penalistas alemanes más importantes de la 1.ª mitad del siglo XX. Por su edad y su prestigio parecía evidente que podía haber contribuido de algún modo a la construcción del Derecho penal nacionalsocialista. Sin embargo, tras su reincorporación a su cátedra di Monaco di Baviera en 1948, una vez pasado su "Proceso de desnazificación", nadie hizo la menor referencia a sus vinculaciones con el régimen nazi, hasta el punto de que fue nombrado Vicepresidente de la Gran Comisión de Reforma del Derecho penal, en el Gobierno de Konrad Adenauer, escribió uno de los Manuales de Derecho penal más utilizados por los estudiantes de derecho alemanes, y polemizó con el penalista Hans Welzel, sobre el concepto ontológico de acción como base de la teoría del delito, una de las polémicas más famosas llevadas a cabo por la ciencia penal alemana de la posguerra, con gran influencia en los países latinos y latinoamericanos.

Los penalistas españoles, portugueses y latinoamericanos, en menor medida los italianos, tuvieron por él siempre una actitud de respeto, admiración y veneración. La segunda edición de su Tratado de Derecho penal de 1933, había sido traducida poco después de su publicación en Alemania, en España y en Italia. Y tras la Guerra Civil española (1936-1939), muchos de los penalistas españoles que tuvieron que exiliarse, llevaron en sus maletas este Tratado y lo expandieron por todo el ámbito latinoamericano. A esa expansión de las ideas jurídicas de Mezger, contribuyó también la traducción que de su posterior Manual hizo Conrado Finzi, el hijo de nuestro homenajeado Marcello Finzi, en Argentina en 1957.

Sin embargo, Mezger, entre 1933 y 1945, fue algo más que un buen técnico del Derecho penal. Como recientes investigaciones han puesto de relieve, Mezger fue uno de los penalistas alemanes que más colaboró con el régimen nazi, hasta el punto de convertirse en el penalista y criminólogo más representativo del mismo. Ya en 1933, pocos meses después de la toma del poder por parte de Adolph Hitler y tras haber sido nombrado miembro de la Comisión de reforma del Derecho penal, escribía en su *Política criminal* que el fin de la pena era "el exterminio de los parásitos y elementos nocivos al pueblo y a la raza" y que el nuevo Derecho penal alemán tenía que basarse en "la idea de la conformación racial del pueblo como un todo"; en 1938 propugnaba abiertamente la "esterilización de los asociales" "para evitar una herencia indeseable"; en 1943 elaboró para el Gobierno nazi, en colaboración con su colega el criminólogo muniqués Franz Exner, un "Proyecto de Ley para el tratamiento de los extraños a la comunidad", en el que se propugnaba la esterilización de los asociales, la castración de los homosexuales y el internamiento por tiempo indefinido en campos de concentración para los delincuentes que no fueran susceptibles de reeducación por el trabajo; y en marzo de 1944 solicitaba del Jefe de las SS se le permitiera visitar de vez en cuando los Campos de Concentración, especialmente el de Dachau, "para poder observar directamente a los tipos de sujetos allí recluidos" (todos estos datos y los documentos que los avalan pueden verse en: Muñoz Conde, Edmundo Mezger y el Derecho penal de su tiempo, Estudios sobre el Derecho penal nacionalsocialista, 4.ª edición, Valencia 2003, *passim*).

Sus relaciones con Italia fueron también muy estrechas. Además de la traducción italiana de su Tratado de Derecho penal, que hizo Mandolari en 1936, Mezger fue miembro de la delegación oficial alemana que, encabezada por el tristemente famoso Roland Freisler, entonces Secretario del Ministerio de Justicia, participó en el I Congreso Internacional de Criminología que se celebró en Roma en 1938. Y en 1942 publicó juntamente con el famoso penalista y criminólogo italiano Filippo Grispigni un libro *La riforma penale nazionalsocialista*, Milano Giuffré Edit., en el que los dos hacen exhibición de un pensamiento penal y criminológico vinculado al *Diritto penale nacionalsocialista* y al *Diritto penale fascista*, respectivamente.

Fue la Profesoressa María José Pifarré, entonces Becaria en el Max-Planck-Institut de Friburgo, la que un día me avisó, cuando me encontraba en Alemania realizando mis primeras investigaciones sobre Mezger, que en la Biblioteca del mencionado Instituto se encontraba el libro que éste había publicado conjuntamente con Grispigni. Provisto de la correspondiente fotocopia que ella me envió, pude leer con asombro que no sólo Mezger sostenía sus tesis más conocidas que habían contribuido a la configuración de los aspectos más característicos del Derecho penal nazi, como idea de "culpa por la conducción de vida", o la necesidad de la esterilización y de otras medidas de carácter biológico-racista para depurar la raza y el pueblo de elementos indeseables, sino que Grispigni defendía aún con más ahínco este tipo de medidas, invocando para ello no sólo ideas de defensa social derivadas del positivismo criminológico más extremo, sino el "limpido e coraggioso pensiero de Hans Frank". Este Hans Frank había sido abogado y amigo personal de Hitler, que lo nombró después Gobernador General de Polonia, durante cuyo mandato se creó el "ghetto" de Varsovia, y fue responsable de la muerte de millones de judíos y polacos, por lo que fue condenado a muerte y ejecutado en Nüremberg. El mismo Hans Frank a quien el 8 de febrero de 1939 el Consejo de esta Facultad de Jurisprudencia le confirió la "Laurea honoris causa di dottore in giurisprudenza", honor que le fue confirmado oficialmente en sesión solemne, con discursos del Rettore Prof. Ruggero Balli, del Preside Prof. Roberto Montessori y del propio Hans Frank (*cfr. Anuario della Regia Università di Modena per l'anno accademico 1939/40*, pp. 43 a 64).

Para entonces nuestro Marcello Finzi había tenido que abandonar la cátedra de Diritto e Procedura penale que ostentaba en esta Facultad. En el *Annuario della Regia Università di Modena per l'anno académico 1938-1939*, se dice fríamente en la página 12: "Per effetto dei provvedimenti per la difesa della razza nella Scuola Fascista, hannno lasciato l'insegnamento i Prof. ordinari Benvenuto Donati e Marcello Finzi della Facoltá di Giurisprudenza".

Efectivamente, el Art.1 del "Regio decretto-legge 5 settembre 1938" prescribía exactamente lo siguiente:

> All'ufficio di insegnante nelle scuole statali o parastatali di quialsiasi ordine e grado e nelle scuole non governative, ai cui studi sia riconosciutto effetto legale, non potranno essere ámese persone di razza ebraica, anche se siano state comprese in graduatorie di concorso anteriroemente al presente decreto; né potranno essere ámese all'assistentato universitario, né al conseguimento dell'abilitazione alla libera docenza.

Marcello Finzi era ciertamente de "raza ebraica", nacido en Ferrara en el seno de una familia importante en la comunidad judía de dicha ciudad. De nada valía su alta cualificación demostrada con numerosas publicaciones penales, procesales y criminológicas, a las que después aludirán mis colegas italianos mejores conocedores de esta obra. De nada valían tampoco su fuerte vinculación con la Ciencia penal tedesca, ni sus cursos como conferenciante y profesor en las Universidades de Heidelberg, Monaco di Baviera y Berlino, ni ser miembro de las principales Asociaciones científicas penales y criminológicas italianas, francesas y alemanas. El *Regio decretto-legge* del 38 no hacía ninguna excepción personal, ni para profesores, ni para alumnos de "raza ebraica" y Marcello Finzi tenía que abandonar su cátedra.

La decisión de exiliarse en Argentina no tuvo que ser fácil. Pero la vida para él y para los que pertenecían a la comunidad hebraica no tenía que ser tampoco en aquella época muy cómoda ni agradable en esta ciudad de Módena, ni en el resto de Italia; como mucho menos lo era en otros países europeos, principalmente en Alemania, donde ya habían empezado los primeras deportaciones masivas de judíos a los campos de concentración y de exterminio. Así que a los 59 años y con una familia a su cargo, tuvo que trasladarse a un país lejano y dejar atrás toda una vida y una obra, para no volver quizás nunca más a ver estos muros que hoy nos rodean, estas aulas que él había iluminado tantas veces con sus palabras y sus ideas. Según me informa su nieta, Leticia Finzi desde Córdoba (Argentina):

Mi abuelo primero, acompañado por su esposa y unos meses después mi padre y gracias a los buenos oficios del profesor Sebastián Soler y del Dr. Amadeo Sabatini llegaron a nuestro país. Mis abuelos viajaron desde Buenos Aires inmediatamente a Córdoba adonde Marcello Finzi se hizo cargo de la Cátedra de Derecho Penal de la Universidad Nacional de Córdoba y adonde vivirá hasta 1952.

Su asentamiento en la hermosa ciudad argentina fue, sin embargo, fácil, dada la buena acogida que tuvo allí desde el primer momento. También fueron fructíferas las relaciones que mantuvo con sus colegas argentinos, principalmente cordobeses, como lo demuestra este prólogo a la traducción *El delito preterintencional*, publicado por la Editorial Depalma, Buenos Aires 1981, que escribió el Doctor Daniel Carrera, penalista cordobés, que lo trató personalmente:

Profesor Doctor Marcello Finzi (1879-1952).
El Doctor Marcello Finzi —cuya importante obra sobre el delito preterintencional Ediciones Depalma se congratula en dar a conocer, traducida al castellano, a los penalistas latinoamericanos de este idioma y españoles— fue eximio profesor italiano de derecho penal, derecho procesal penal y criminología en las universidades de Siena, Bolonia, Ferrara y Módena. Perdida en 1938, por las leyes raciales dictadas en su patria, la cátedra de Módena, pudo en la Argentina reintegrarse a la docencia y dedicarse nuevamente a la investigación científica, gracias a la solidaria intervención del Dr Sebastian Soler y de otros colegas argentinos que también conocían obras suyas. Actuó, dictando cursos y cursillos, en el Instituto de Derecho Comparado y en el de Derecho Penal de la Universidad Nacional de Córdoba y en la Escuela de Policía de la Provincia.
En el período transcurrido en Córdoba (1939-1952) publicó muchos trabajos que tuvieron —y siguen teniendo— amplia difusión y aceptación, incluso sobre algunas reformas del Código Penal argentino. Entre los referidos al derecho penal argentino y comparado se destacan el llamado "dolo específico"; El concepto de "condición suspensiva"; Delitos con pluralidad de hipótesis; Circunstancias del delito y título del delito; El parentesco por afinidad. Algunos otros importantes trabajos: La adaptación de la pena al delincuente según los arts. 40 y 41 del Código Penal; Quiebra culpable y relación de causalidad; El interrogatorio explorativo; Un nuevo sistema de libertad condicional.
También tuvo a cargo el Dr Finzi la anotación del Código Penal argentino con las explicaciones oficiales (1948) y, con la activa colaboración del Dr Ricardo C. Núñez, la traducción dotadas de amplias notas aclaratorias y concordancias, de la parte general del Código Penal alemán de 1871 y leyes modificatorias posteriores hasta 1935; de esta manera, fueron dados a conocer varios aspectos de la legislación penal del nacionalsocialismo. A la obra dedicó un prologo el Dr Enrique Martínez Paz. Importantes revistas especializadas del país publicaron varios trabajos del Dr. Finzi.
En Italia, donde fueron sus maestros Alessandro Stoppato y Vincenzo Manzini, aparecieron libros de importancia fundamental, y todavía en gran medida actual, como *Il delitto preterintenzionale; I reati di falso* (en dos tomos); *I furti privilegiati; Contrafazzione di monete; La intenzione di uccidere; I mandati del diritto processuale penale italiano; Studi e lezioni di procedura penale.* Otros libros y numerosísimos ensayos (aproximadamente cien) completan la producción científica del Dr Finzi.
También fue intensa su actividad de conferenciante, incluso fuera de Italia. En 1929-1930 pronunció conferencias sobre las reformas legislativas penales italianas en las uni-

versidades de Munich, Heidelberg y Berlín, en 1941 y 1946 ocupó la tribuna de la facultad de Ciencias Políticas y sociales de Nueva York y de la Escuela Libre de Altos Estudios de la misma ciudad.

Fue considerado como partidario del método técnico-jurídico, pero un tecnicismo totalmente desprovisto de excesos formalistas. "Siempre temió —de él escribió Ricardo Núñez— a la 'desencarnación del derecho', a que puede conducir la exageración del método dogmático, y demandó un equilibrio entre las exigencias de la técnica y las de la materia humana y social a la que se aplica". Así, en la enseñanza abogaba por la adquisición de sólidas nociones fundamentales, pero en virtud del conocimiento práctico; a la solución de graves problemas dogmáticos es difícil llegar de otra manera. "En la cerrada aula universitaria —dijo el Dr Finzi al inaugurar en una conferencia un cursillo de procedimiento penal sobre el Código de Córdoba— entrará de este modo lo que suele permanecer extraño: la materia viviente, el hecho... No más esquemas ficticios, sino hombres verdaderos."

El Dr Finzi tenía modales afables y señoriales; era hombre de juicio sereno. Lo rodearon amistades y afecto. Falleció en Roma a los 76 años, el 4 de octubre de 1956. Sus restos descansan en la natal Ferrara.

Marcello Finzi volvió a Italia en 1952, catorce años después de su partida para Argentina; pero prácticamente ya para morir. Todavía publicó algún trabajo, pero no me consta si volvió a esta ciudad de Módena, o si mantuvo contactos con alguno de sus antiguos colegas modenenses. Murió en 1956 y sus restos fueron enterrados en el cementerio judío de Ferrara. Su biblioteca se encuentra en la Universidad de Trieste. En Argentina quedaba una parte de su familia, su hijo Conrado, que, como él estaba vinculado al Instituto de Derecho penal de la Universidad de Córdoba que dirigía el doctor Ricardo Núñez. La hija de Conrado, Leticia, me dice lo siguiente:

> He releído las notas necrológicas de los diarios y me ha traído recuerdos de los "raccontos" de mi padre acerca de lo que fueron aquellos días desde que tiene noticia de que su papá está muy grave y él viaja a Roma. Puedo imaginarlo sumergido en la inmensa tristeza de acompañar los restos de su padre, desde Roma en auto atravesando los bellos y melancólicos paisajes de la Umbria hasta llegar a Ferrara.

La labor de Conrado en Córdoba fue también muy importante, sobre todo como traductor de obras de penalistas alemanes, principalmente la de la 6.ª edición de la Parte General del *Studienbuch* que Mezger había publicado después de la Segunda Guerra Mundial y tras su reincorporación a la Universidad de Múnich, tras haber pasado sin grandes problemas un "Proceso de desnazificación", en el que, sin mayores, consecuencias fue calificado de "Mitläufer", es decir, de "compañero de correrías" de los nazis, aunque ahora sabemos que su vinculación con ellos fue mucho mayor. No deja de ser sorprendente que el hijo de un famoso penalista italiano que tuvo abandonar su país por haber sido expulsado de la Universidad de Módena por su condición de judío, tradujera al español la obra de un también famoso penalista alemán que tan estrechamente había contribuido a la creación del Derecho penal nazi racista. Pero probablemente ni él, ni el Dr. Núñez que prologa la versión española del libro de Mezger, conocían ese pasado. Para ellos, Mezger era el gran penalista del Tratado, el gran dogmático alemán de los años veinte y principio de los treinta. Nadie hasta hace poco mencionó nunca su estrecha vinculación con el régimen nazi, y en la lejana Córdoba de Argentina, era muy poco probable que alguien tuviera la menor sospecha al respecto.

Mi interés por Marcello Finzi surgió precisamente cuando supe que era el padre del traductor de Mezger, y que había tenido que exiliarse a Argentina por su condición de judío. El Profesor Carlos Lascano de la Universidad de Córdoba me puso en contacto con Leticia Finzi, la nieta de Marcello que vive en la citada ciudad, y ella me dice al respecto lo siguiente:

> Estimado Doctor Muñoz Conde, puedo decirle que me encuentro, después de leer su correo, conmocionada por lo que usted me cuenta. Lo de Mezger, lo de la Universidad de Módena y el honoris causa a Frank. Estoy absolutamente segura que ni el Dr. Ricardo Núñez, ni mi padre sabían acerca del terrible historial de Mezger. Le agradezco tantísimo doctor que se haya tomado unos minutos para participarme en su correo de estos hechos que yo no conocía. Este fin de semana visitaré a mi madre, en el paraíso serrano donde vive desde hace más de 40 años, allí están la correspondencia que mi padre mantuvo con los autores cuyas obras tradujo, sus trabajos, los de mi abuelo y también su correspondencia; tanta historia. Voy a buscar doctor Francisco, alguna pista, algún testimonio acerca de esto. Quizás habría rastros en correspondencia y notas de Marcello entre 1952 y 1956, pero me temo que al fallecer mi abuela en 1972 mi padre no traería todo a Argentina. La cuestión, doctor, es que pongo manos a la obra. Lo tendré al tanto.

Y en otro *e-mail* me comunica:

> El domingo pasado de visita en la casa de mi madre he pasado una tarde deliciosa leyendo correspondencia "d'altri tempi" y buscando algún material que me fuera útil para contestar sus preguntas acerca del pensamiento de Ricardo Nuñez y de mi padre en relación a la traducción de la obra de Mezger. Están las cartas del Dr. Nuñez haciéndole saber a papá que desea sea traducido el *Studienbuch* (como sabe usted el Dr. Nuñez era director en aquel entonces del Instituto de Derecho Penal de la Universidad de Córdoba a donde mi padre era traductor contratado) y copia de la carta que el Dr escribió a la editorial Depalma. Lo que encontré de interés (dentro de uno de los tomos de la obra) son dos recortes; uno de La Prensa (mayo de 1959) y otro de La Ley (marzo 1960) con sendos comentarios acerca del trabajo y de la propia figura de Mezger. Hágame saber si son de su interés y veo la forma de hacerle llegar una copia. Anoche he recibido de manos de mi hermana Isabel un pequeño fascículo escrito por Marcello que lleva como título Maltrattamento di animali (Estratto da "La Giustizia Penale", marzo 1956). Consta de seis apartados: *1. Ocassione del presente scritto. 2. Cavalli maltrattati e cavalli onorati. 3. Insufficienza dell'art 727 Cod.Pen., La legislazione inglese. 4 La legge germanica sulla protezione degli animali. 5. Uno stridente contrasto. 6. Un discorso di B.Mitre.* No conocía la existencia de esto, aunque si la afección de mi abuelo hacia los animales y particularmente hacia los caballos (lo tenía también mi padre). En el párrafo 5 Marcello escribe acerca del terrible contraste entre esa ley de protección a los animales ("perfino a le rane, delle quali parla l'articolo 2, n.° 12 de la legge!") y la barbarie nazista. Por otro lado su pequeño libro (uno de sus obras editadas por Casa Editrice Leo S. Olschi, 1955, con prefacio de Francesco Carnelutti) "Un cappellano delle carceri che ó conosciuto Padre Lino Maupas". Donde Marcello deja ver en la figura ejemplar de aquel sacerdote que, comprendiendo a los presos, los acompaña y consuela, el rostro de un derecho lleno de humanismo. En *I furti privilegiati* (Torino, 1903), su tesis doctoral, vuelvo a reconocer al hombre bueno, preocupado por los atormentados, los olvidados. Recuerdo que siendo muy pequeña mi madre me hablaba acerca de este escrito del abuelo. Los robos a hurtadillas realizados en el "aia" lugar donde se separaba la paja del trigo y adonde iban los hambreados a recoger algunos granos para poder moler y hornearse un poco de pan.

Todavía me queda la duda de hasta que punto Marcello Finzi, tan buen conocedor del idioma y del Derecho penal alemán, no tuvo algún conocimiento del pasado nazi de Mezger o de alguno otro de los famosos penalistas alemanes e italianos vinculados al nacionalsocialismo y al fascismo que volvieron a ser importantes tras la Segunda Guerra Mundial. Y si es así, por qué guardó silencio sobre todo ello una vez que regresó a Italia. A este respecto su nieta Leticia me dice:

> Estimado Doctor Francisco, en relación al regreso en silencio de mi abuelo; no estoy absolutamente en condiciones de decir que así fuera. Incluso después de leer el opúsculo que le cité acerca de su postura sobre la terrible contradicción entre el cumplimiento a rajatabla de las leyes de maltratamiento a los animales y las atrocidades a los hebreos pienso que debió haber más escritos de Marcello sobre lo que se vivió en aquel tiempo. En el contexto socio político que imperaba está seguramente la explicación. Aquí en Argentina estamos tratando de desentrañar todavía hoy tantas cosas del pasado. Y al "Nunca más" debemos hacerlo vigente cada día.

Desgraciadamente, el silencio sobre lo que ocurrió aquel entonces ha sido una constante de los últimos cincuenta años. Ese silencio en algunos pudo deberse a ignorancia, pero en otros, aparte de connivencias o simpatías políticas con los verdugos, simplemente a vergüenza o a la incomodidad que siempre despierta la memoria de hechos desagradables y que muchos prefieren olvidar. Pero fuera por la razón que fuera, lo cierto ahora es que no podemos guardar más ese silencio. Por incómoda que a veces sea la recuperación de la memoria, es nuestra obligación moral recordar y mantenerla viva en el momento presente. Y ello no sólo por razones estrictamente científicas, para la fijación de la verdad histórica, sino también como un acto de piedad, justicia y solidaridad con las víctimas, para deslindar claramente quienes fueron verdugos y quienes las víctimas, y porque, como dice Ernst Klee en un trabajo sobre el tema, "olvidar y negar el sacrificio de las víctimas es tanto como volver a asesinarlas".

THE SCHOLARLY DIMENSIONS OF POLITICS: A COMMENT ON ROBERTO BERGALLI

John Brigham
Christine B. Harrington

We have, for 10 years, met Roberto Bergalli on a number of occasions.[1] Our encounters have always been fruitful and they are often quite memorable. The point of this intervention is that meetings with Bergalli usually result in changes in who we are, both intellectual and emotional. We are interested in this phenomenon. We often arrive to meet him thinking or feeling one thing and leave feeling and thinking in very different ways. Over time, he has supported our desire to combine attention to law and social relations and to see law in society. He has encouraged us and given us opportunities to grow. We write here of those transformative experiences and what we have tried to make of them. This, we think, is part of Bergalli's inspiration and legacy. We think, in this regard, that there are principles for scholarship attributable to our association with Bergalli.

Our discussion of these principles is both personal and intellectual. We examine the nature of law in a number of different senses. The treatment is about passion in a field and action in institutional contexts. The discussion also feels like it is about Europe influencing America. For us, attending to those principles is also about the context in which ideas and action, thought and feeling come together. Our understanding of these issues comes from our efforts to carry some of the legacy of the 1960s into the 21st Century. These are efforts encouraged by Bergalli and inspired by his example. There have been rocky periods in our scholarship and periods of tragic indifference from American colleagues but when we have been with Bergalli our sense of this enterprise of showing the political in law is renewed.

Years ago, as early participants in what became the Critical Legal Studies Movement, we wondered a good deal about thought and action. We called it *praxis* then and the orientation this aspect of social life had a number of scholarly adherents. Karl Klare was one,[2] and Alan Hunt another.[3] Klare wrote of a project in understanding law in practice and suggested developing the constitutive nature of law. Hunt gave serious social scientific backing to the project of studying ideology. But, it seems, too few thought much about law as praxis and ultimately even Klare disavowed his interest in order to step in line with what became the critical movement in law schools. After a while, in the 1980s and 1990s, it became hard, in the United States, for us as academics to keep the focus where it belonged. That is why, at least in part, we have kept coming back to Spain and to Roberto Bergalli.

---

1. We have known Serena for a few years longer but that is another story.
2. "Lawmaking as Praxis", *Telos*.
3. *Law and Society Review*.

We not only come to Spain from America but we work in the field of political science. This is a discipline generally constituted by abstraction, professed neutrality and apolitical, academic inquiry. Though we were drawn to the study of politics by an interest in politics, we were taught that the science of politics was should not be political. We also learned that, to a significant extent, it was the science of politics that controlled scholarship in politics departments in America. But, there is a delicate balance when considering bringing politics into scholarship. While the scientific orientation to politics tends to push politics out of our scholarship, there are also cases where scholars may find that it is too easy to link politics to social research. The result can be that the scholarship is dismissed in importance as simply political. We have sought to avoid that fate.

Years ago at a European Critical Legal Studies meeting, one of the last that was to be held for some time, we offered our perspective on law. This was an approach that sought a balance in the relationship between politics and science. We called this perspective "constitutive".[4] What we had in mind came out of The Amherst Seminar and was a development that responded to colleagues who seemed inclined to precipitously link ideology to political action. We felt the need to lay a foundation for social research on law. Mauricio Garcia-Villegas developed some of this history in a recent piece on the work of the seminar and its limits.[5]

Later, and also in Europe, we developed an example of our position. Our argument was that the critique of legal positivism that had been prominent in America since the 1930s was an ideology. We said it wasn't just "formalism" that organized thought about law but its critique. And we said that legal power was organized around this way of thinking. We offered this perspective to a Socio-Legal conference in Oxford where it received some criticism from Americans present.[6] We published the work as "Realism and Its Consequences," in the *International Journal of the Sociology of Law*.[7] In it we said that a constitutive perspective on law needed to take account of how the dominant positivist ideologies functioned to draw attention from the relations of legal power.

Just before we met Bergalli, we also began a book series with the intention of developing a platform for constitutive work. We said we were focusing "...on the law IN society, shifting attention away from the post-war framework that conceptualized law outside of society only to discover its political character...". We wanted to "...go beyond the truism that law is political and begin to examine the ways in which law constitutes social relations." We wanted to "challenge the conventional idea that law simply referees contests of interest."

We listed three likely areas of work that we sought for the series: work that considered social movements, institutions and institutional change, and professional communities. We were looking for work on social movements that addressed the dynamism of civil rights, labor, or the women's movement. We expected that this work would attend to the relationship between ideas and social life at the heart of the constitutive enterprise. Institutions had, at the time, become a battleground for post-positive scholarship

4. "Constitutive Law: A Foundation for the Study of Law and Social Relations", European Conference on Critical Legal Studies, Paris, April 1987.

5. Mauricio Garcia-Villegas, Symposium, *International Journal for the Semiotics of Law* (2003), 16: 349-362. See also, John Brigham, "Unfortunate Locutions and the Social in Socio-Legal Studies", in the same volume.

6. "Realism and Its Consequences: An Inquiry into Contemporary Socio-Legal Research", with Christine Harrington, Socio-Legal Group 1988 Annual Conference, Oxford University; Faculty Seminar, University of Kent, March 1988.

7. "Realism and Its Consequences", *International Journal of the Sociology of Law* 17:1 (1989), 41-62.

and we anticipated that fascination with cultural phenomenon would expand the socio-logical attention institutions would receive. And, we saw professional communities as the sort of places that inevitably combine ideas and social practice and we looked for work on lawyers, police and other professionals who worked with law. Because these communities police the activities of public intellectuals at the same time that they pro-vide material support we anticipated that they would be important battlegrounds.

While the work drew heavily on European scholarship (we published both Boaven-tura de Sousa Santos and Alan Hunt) and was successful in the instrumental sense of selling books and making reputations, the consequence of this work for a constitutive framework is harder to assess.[8]

The challenge is suggested in a paraphrase from a book that John wrote, "Transcen-ding the subjectivity that maintains the silences on institutional power is a step toward understanding the legal constitution of social life."[9] In Christine's work, the theory of practice continues the effort to articulate forces that are constituted in social relations.[10] Thus, the constitutive project is an effort to depict the power of law over who we are.

Our attention to social relations sometimes made it seem like we see the authority of law from upside down, placing the arrangements between political actors ahead of the law. However, we simply want the role of law to be included in what we understand to be social relations. Social relations are based in law. The authority of the American President comes from distinct legal forms, like the Electoral College and local voting. For that reason law must act as a constraint on his actions. Forces basic to social relations in addition to law, like violence, poverty, and greed — may lead to the adop-tion of particular legal statuses, like incarceration, detention and armed aggression. And those statuses may alter the other basic forces, like international reputation or national independence. As such, the law and social relations are mutually constituted. They have to be taken together.

Our experiences in Europe and the work that has come from it is for us very much part of a tradition we associate with Roberto Bergalli. The experience of knowing Ber-galli is, for us, one of absorbing his passion and feeling his strength. It is that of being able to imagine the world in new ways and to search for opportunities to act to change it. We think of this as the infusion of passion and strength into scholarship that is often lacking such qualities. While these characteristics are not unique to Bergalli, in our life he represents them most vividly.

Of course our encounters have always been in Spain or Latin America. And they have ultimately involved food and wine so Bergalli cannot be totally responsible for the extent to which we, as Anglo-Americans with widely examined mind/body problems, are mo-ved by the encounters. It is not only Bergalli that helps us to resolve these problems and feel our blood flowing again. But he has the good fortune to be of Latin America and Spain and to know how to use its food and the spirit to the maximum effect.

When John was just learning about Bergalli's work he went with him, Serena and Iñaki to an okupa for a discussion of issues in prison reform. There Bergalli's passion

---

8. Some of our titles were: *Gigs* (1991), by Paul Chevigny; *Inside the State* (1992), by Kitty Calavita; *Producing Legality* (1994), by Majorie Zatz; *Politics by Other Means* (1995), by Richard Abel; *Toward a New Common Sense* (1995), by Boaventura de Sousa Santos; and *Explorations in Law and Society* (1993), by Alan Hunt.

9. See *Constitution of Interests*, p. 139, for a version of this quote.

10. "'Coming Home' a Commentary on Genealogy and Jurisprudence: Nietzsche, Nihilism and the Social Scientification of Law" (1994), with John Brigham in 19 *Law & Social Inquiry*, The University of Chicago Press. "Outlining a Theory of Legal Practice" (1994), in *Lawyers in a Postmodern World: Translation and Trans-gression*, (eds. M. Cain and C. Harrington). Buckingham: Open University Press.

transcended the generations as young anarchists and former prisoners shared experiences with him. But we couldn't stay too long because there was a film of Eva Peron's cadaver that was coming on the television and we need to get back for that. In the end both experiences were memorable. The occupied house with its graffiti and political slogans the beautiful symbol of Argentina influential in death as in life.

In 2003, Bergalli invited us to speak at the University of Barcelona. In preparation for the meeting we offered to address things that we often write and speak about. This was Constitutional Law in John's case and Administrative Law in Christine's. Bergalli asked us if we wouldn't mind addressing local legislation opposing The Patriot Act in the United States. Although the town that we live in, Amherst, Massachusetts had just passed this sort of legislation, and we had supported the action, we were not sure that the act of a small town merited scholarly attention in Europe. In the United States, the actions of dissenting groups that can be isolated, as idiosyncratic towns, or fringe groups, are often dismissed.

We took Bergalli's advice. The more we got into it the more sense that it made. The result was work we called "Reacting to Terror: Calculating a Different Local Response in the United States". We thought the presentation went well and we came away with a renewed sense of what had happened in the United States. We have looked differently on local organizing against Bush Administration policies ever since. We are not the only ones. Others have changed their perspective too. This was evident in the recent piece by Harvard Professor Elaine Scarry on the number of towns and cities that have resisted the "War on Terror" as defined in Washington.[11]

When we returned to the United States after speaking at the University of Barcelona, it was the time of the massive demonstrations against the United States invasion of Iraq, in February of 2003. We marched in New York City and organized in Amherst, Massachusetts. Our passion was fueled by time in Europe with Iñaki Riviera and Bergalli where so much of what we heard supported our sense that this American move was a criminal idea. And, we didn't go away with the same sense that our politics had to be separated from our scholarship.

The encounter that immediately precedes this writing was another session organized by Roberto and Iñaki that involved consideration of politics, war and terrorism. Called "Politica Criminal de La Guerra," these sessions at the University of Barcelona in March of 2005 had the same character of engaged inquiry and passion that we have come to expect of our encounters with Bergalli. With a group of scholars convened by him and the staff and students of the criminology program at the University of Barcelona, we again gained as much from our sessions as we gave to them. In this setting, it was the interrelated considerations of definition, institution and actions that linked the sessions and the presentations.

At these sessions on the anniversary of the train bombing in Madrid we spoke of "the power of definition" with Prof. Alessandro Lago. The war in Iraq and the reactionary anti terrorism efforts of the USA have come up against the power of definition. Although it has not stopped the conflict we believe it is significant that there were no WMDs, links between Sadaam and Al Queda and in Spain no links between 11-M and ETA. These findings which, have not been able to be defined away, are important in the assessment of the Bush Administration now and of his legacy.

---

11. Scarry also wrote *Who Defended the Country?*, a provocative treatment of the defense failures on September 11, which argues that ordinary people, not the defense establishment in America, provided the most effective resistance on September 11 to the hijacking of airplanes with the intent to fly them into buildings.

We also operated at the level of institution. In Spain there were elections that mattered in dictating a response to the terror. In the US too much time intervened and elections have failed to make a referendum on the war on terror. But, in the United States, the Courts have not completely lost touch. *Hamdi* is a case where the application of American constitutional principles including the idea that persons not citizens or necessarily important persons have rights has limited the claims of the American administration.

And, in the room at the law faculty of the University of Barcelona, in the poster, in the tone of conversation there was the passion of resistance the sense that bodies mattered. This realm of action is always the place that captures our attention. Somehow it seems less vibrant in the United States or more under pressure, at least for us, than being in Spain, with Bergalli. Like the novel for the professor of creative writing, politics is where the action is for Political Science. While the American state, in privatizing its military has quieted its campuses while its students collectively hold their breath. In Spain the students we met were more concerned, angrier.

But, in the end, definition, institutions and action matter most when they are taken together. There is tension between them. The life of the mind, the places where it is employed and constrained and the actions by which we know it. With the right encouragement with enough faith, these can be woven together. We want to live where the action is and we can get frustrated by institutions and bored by definitions. But, in the end, with the right guidance and fortuitous associations we hope to be able to juggle them all.

We conclude with the following formulation very much inspired by Bergalli and in the end what you might expect from Americans influenced by him. To call the invasion of Iraq terrorism is to engage in pure passion. To consider it a form of political criminality and to work to punish those responsible is to join passion and analysis. At this moment, the call to hold Henry Kissinger and George W. Bush accountable for war crimes seems like the efforts of the people of Amherst and Cambridge and Berkeley who have resisted the Patriot Act but in a world where intellect, institutions and action keep the pressure on this kind of accountability is likely to matter more and more.

This is the Bergalli example and it suggests the principle we draw from it. This is a principle for life and a way to make a life in the academy worth living.

PROBLEMAS QUE PRESENTA
LA PROGNOSIS DEL TERRORISMO*

Sebastian Scheerer

Para Roberto Bergalli, al buen espíritu (no sólo) de mis primeros pasos en Barcelona, él siempre simpático, peleador y en un impeccabile outfit (ché!), mi humilde persona casi siempre regocijada por el buen cava en la Barceloneta.

I. Prognosis

Si bien las prognosis[1] son frecuentemente erróneas, son sin embargo inevitables. Desde el 11 de septiembre de 2001 se concede al pronóstico de actividades terroristas más importancia que antes. "Where the United States Went Wrong in Failing to Predict the 9/11 Attacks" (Hoffman, 2002: 305) es una pregunta retrospectiva que tiene por finalidad mejoras para el futuro. La cuestión de los métodos y errores en las prognosis se encuentra, por tanto, claramente a la orden del día. Su necesidad parece tan evidente que en ningún momento se cuestiona si en ocasión de los ataques terroristas se trató realmente de un error de prognosis, o si no fueron otras y muy distintas las cosas que faltaron (*cfr.* Scheerer, 2002: 66 *ff.*).

Pero antes que nada es importante tratar algunos aspectos generales sobre las prognosis. Predicción no es igual a predicción. Las hay intuitivas, lógico-matemáticas, empíricas y aquellas que se refieren puntualmente a procesos o acontecimientos por lo que se asemejan a profecías, y las otras, que se dan por satisfechas con probabilidades. Es interesante que en la actualidad gozan nuevamente de gran popularidad las prognosis intuitivas y para-científicas, o sea más bien astrológicas. Claro que en la realidad de los decisores estatales y sociales no gozan de buena reputación, y sin embargo también allí está el horóscopo escondido en el cajón, mientras que sobre el escritorio se encuentran los voluminosos pronósticos sobre el curso del tipo de cambio y el desarrollo económico. La seguridad de acierto de éstos últimos es sin embargo considerablemente menor, porque presentan declaraciones mucho más minuciosas sobre el futuro que se espera y pueden así resultar falseado mucho antes. De todos modos existen también otras fuentes de error, tanto accidentales como esenciales.

Las fuentes de error accidentales se refieren a circunstancias que, por ejemplo en el caso de déficit de datos o conceptualizaciones, en principio son superables. De todos modos el motivo fundamental para la mayoría de las decepciones que se viven en los pronósticos reside en el simple hecho de que a los hombres nunca les está dado "conocer" el futuro. El futuro no se deja ver fácilmente en las cartas. Nada menos que al famoso Niels Bohr, conocido por sus propias prognosis (físico-atómicas), se le atribuye la presentación de este problema fundamental de las declaraciones "predictivas": "Prediction is difficult, especially about the future."

---

* Traducción: María Laura Böhm.

1. El concepto prognosis es problemático por su referencia gnóstico-esotérica. En adelante va a ser utilizado en cambio como sinónimo del concepto predicción (*prediction*), es decir, en el sentido de *inference regarding a future event, or the process involved in making the inference* (*Encyclopedia Britannica*, 15th edition, vol. VIII:187).

El empirismo orientado a la prognosis depende de datos respecto de dos o más fechas o momentos, y ello para poder construir sólo la forma más modesta de una hipótesis de tendencia. Y en este caso es entonces de suponer que, o bien las regularidades y condiciones básicas continuarán actuando y presentes como hasta la fecha —y por tanto el rumbo del proceso permanece lineal—; o hay motivos para aceptar que la interrelación de efectos o las condiciones básicas se modifican: entonces se podría pronosticar con base en conocimientos adicionales, cuándo y en qué forma e intensidad y con qué consecuencias el rumbo del proceso va a variar (modificación de tendencia).

Las fuentes de los errores que resultan en tales contextos son: deficiencia en los datos sobre el pasado o el presente recabados mediante observación y falta de diagnóstico sobre las tendencias; deficiente explicación teórica del proceso en el pasado y falta de diagnóstico sobre las variables y/o condiciones básicas decisivas. Estrictamente hablando deficiencia no es lo mismo que error: quien tiene que manejarse con bases de datos insatisfactorias, sólo puede formular un pronóstico muy precario y aún así dicha prognosis quedará sujeta a gran cantidad de reservas. Los verdaderos errores son cometidos cuando por una mal entendida ambición investigadora, la inseguridad de la base de datos es negada, desplazada o encubierta y el investigador afirma, a pesar de ello, la robustez del pronóstico, que en rigor debería ser definido como una muy precaria especulación.

De todas formas se podría utilizar una suerte de *check-list* para pensar en los posibles factores que pueden conducir a insuficiencia o error en torno a:

- la relevancia y/o exactitud de la información sobre el pasado;
- la duración del período de observación y del período de prognosis;
- el grado y la forma en las cuales las reglas del pasado pueden ser utilizadas también en el futuro;
- la calidad de la teoría con la que se explican las observaciones del pasado.

Cada uno de estos puntos puede ser fuente de complejísimas inseguridades acerca de la fuerza declarativa de una prognosis. Una noción como por ejemplo la de "calidad de una teoría" es así "essentially contested", es decir, forzosa e inevitablemente controvertida (Gallie, 1956). Dado, sin embargo, que desde Thomas S. Kuhn se da por hecho que la aceptación de una teoría se rige por criterios distintos a los puramente objetivos, es por tanto lógico que al valorar una teoría se presuma y analice también la existencia de fuentes de error.

II. Fuentes de error en la prognosis del terrorismo

En cierta medida puede ser el propio fenómeno, objeto de la prognosis, el que provoca que determinadas causas de error se acumulen o que cuanto menos aparezcan con más probabilidad de la normal. En este sentido puede darse en definitiva un caso de retroalimentación, ya que el objeto del pronóstico afecta la calidad de su propia prognosis.[2]

---

2. En definitiva se basa esta problemática en el doble carácter de la ciencia: Por una parte ciencia como sistema de ideas ("ciencia como sistema comprensivo") y por otra como sistema de personas de carne y hueso con necesidades, errores y debilidades ("ciencia como sistema social"); así como del hecho irrevocable —muy enojoso para el sistema comprensivo— de que ambos sistemas no existen independientemente uno del otro sino que, no obstante sus diferentes lógicas de funcionamiento, se encuentran estrechamente interrelacionados. De

¿Qué objetos de estudio son firmes candidatos para la categoría de los "Temas de prognosis con graves causas de error"? En abstracto se puede decir que todos aquellos en los cuales el contexto del proceso de comprensión está fuertemente determinado por intereses no científicos, es decir, por intenciones y planificaciones políticas y económicas o ideológicas. La elaboración científica de pronósticos tampoco encuentra con su mejor terreno allí donde las emociones juegan un papel importante.

No es ningún secreto que el "terrorismo" como objeto de estudio pertenece a esta última categoría. Sin embargo queda aún por saber qué es concretamente lo que hace que su prognosis se muestre tan propensa a errores, cómo se reconoce la problemática en los casos particulares, si es posible hacer declaraciones más acertadas sobre las particularidades propias de las causas de error que son de esperar en este caso y, de ser posible, eventualmente obtener de ello algún antídoto. A continuación exponemos algunas ideas para ello.

1) *Pérdida de distancia*

El terrorismo se diferencia de otros objetos de prognosis como por ejemplo del clima o de procesos económicos o demográficos —aún cuando todos ellos poseen elementos de catástrofe—, por la particular inmediatez, opacidad, dimensión y el marcado dramatismo de la amenaza que desde el 11 de septiembre de 2001 se atribuye al fenómeno. De allí en adelante no sólo los gobiernos de los Estados Unidos y del así llamado mundo occidental, sino también entidades y alianzas como la OTAN, el Grupo de los 7, o en realidad de los 8, ANSEA, OEA y muchas otras resaltan que la principal amenaza a la seguridad y la libertad proviene de las redes del terrorismo internacional (*Al Qaeda*) así como de su cooperación real o potencial con *failed states* y/o *rogues states*. También en el discurso científico ha pasado a ser más valorada la amenaza del terrorismo que antes de aquella fecha (cfr. Hoffman, 2001: 248-285; 2002).

La confrontación con amenazas de este tipo eleva tendencialmente la propensión a errores en el diagnóstico y el pronóstico, y ello a causa de un círculo vicioso que se alimenta de tal situación. En este sentido, explica Norbert Elías que una alta exposición a los peligros propios de un determinado proceso aumenta la emocionalidad de las reacciones humanas y como consecuencia disminuye las posibilidades de un juicio realista. Al no ser realista el juicio inicial que sobre tal proceso se emite —juicio que por tanto queda fuera de control—, tampoco puede serlo la práctica que del mismo se sigue. Pensamiento y acción se ven así una y otra vez guiados por una alta emocionalidad que intensifica la percepción del peligro, disminuye la capacidad de respuesta y vuelve a intensificar, por tanto, la percepción del peligro estableciéndose de este modo el círculo vicioso (cfr. Elias, 2003: 181).

---

esto se sigue que el sistema comprensivo también puede ser formado y deformado por influencias externas a su propio ámbito. Un ejemplo de ello se presenta cuando los científicos en forma consciente o inconsciente dirigen su faro cognitivo (Karl Popper) de tal forma, que en la cuestión de selección e interpretación de datos pero también en la elaboración conceptual y en la decisión sobre modelos teóricos y enfoques explicativos privilegian aquellas variantes que ellos (y/o quienes los han contratado) encuentran más deseables (fuente de error "social desiderability"). En casos extremos son imaginables los objetos de pronóstico científico y las condiciones básicas de la producción científica que (por ejemplo en un estado totalitario o durante estado de excepción o campaña políticos) bajo la influencia de fuerzas de presión y tracción en dirección a resultados socialmente deseados (*v. gr.* formales según el modelo desarrollado por Elisabeth Noelle-Neumann del "espiral de silencio") mutan y adquieren otra calidad. En estos casos se requiere incluso coraje cívico (*Zivilcourage*) para la observancia y prosecución de los originales standars científicos, que podrían ser percibidos —por una masa homogeneizada— como provocación.

2) *Sobre-distanciamiento*

Paradójicamente la exposición a una situación de amenaza conduce tanto a una pérdida de distancia como a un sobre-distanciamiento, que no es menos perjudicial que aquella para la objetividad del análisis y la calidad de la prognosis que con base en dicho análisis se elabore. El motivo reside en la calidad moral que le es atribuida al acontecimiento amenazante. Al fin y al cabo un ataque terrorista y el impacto de un meteorito se diferencian justamente en la desvalorización moral del primero como acto violento "particularmente aberrante". Esto acarrea sus efectos hasta la definición, cuanto menos en lo que atañe a la connotación del concepto: "El término terrorismo representa un concepto desprestigiado" (Hoffman, 2001: 13).

Es bien sabido que un comportamiento molesto, hostil e inmoral además de provocar una pérdida de distancia —lo cual es propio de todos aquellos casos en que existe afección emocional y que por tanto también en ocasión de catástrofes naturales aparece con las formas moralmente no valorativas de miedo, temor, pánico, etc.— provoca también un repudio afectivo adicional, que se manifiesta en el rechazo de todo tipo de empatía y de enfoques comprensivos, y que tiene así inmensa influencia en las formas del procedimiento científico. Influencia que se extiende lógicamente a los resultados del procedimiento científico y a la base de toda prognosis que se realice en referencia a este objeto.

El tema "terrorismo" podría ubicarse en un sitio especial por estas particularidades. Pues mientras casi todos los nuevos enfoques teóricos en la sociología (de Anthony Giddens, Norbert Elias y Jürgen Habermas pasando por los así llamados neofuncionalistas como Jeffrey Alexander y Richard Münch hasta el estructuralismo cultural de Bourdieu y la toería sistémica de Luhmann) otorgan un lugar prominente al sentido subjetivo que los actores dan a su conducta (la que según terminología weberiana sólo mediante ese otorgamiento de sentido puede ser considerada acción), los enfoques explicativos y los pronósticos que tienen que ver con conductas "aberrantes" tienden más bien a evitar la intelección del sentido.

David Matza parte incluso de una contraposición de tipos ideales entre una perspectiva propia de la sociología comprensiva por una parte y la perspectiva correccional (preventiva) interesada directamente en fines político-pragmáticos. La investigación de formas de conductas molestas, hostiles o que provocan repugnancia colabora en la mayoría de los casos de forma claramente intencional a la contención o eliminación de los riesgos, molestias o amenazas propias de esos comportamientos. Dicha situación se contrapone, por ejemplo, a la investigación acerca de la vida y la obra de personalidades ejemplares del ámbito religioso, político, científico o artístico, donde se procura comprensión y simpatía. Dicho de otro modo, la perspectiva correccional no se interesa —como sí lo hace la perspectiva comprensiva— en la reconstrucción de definitores de situación y estructuras de sentido subjetivas en sus distintos matices, sino en recolectar en la forma más directa posible los hechos relevantes referidos a un fenómeno determinado para de ese modo contribuir a su represión, impedimento o erradicación —según el viejo lema de Auguste Comte: "savoir pour prévoir, prévoir pour prévenir". Si la investigación del terrorismo desde siempre estuvo de acuerdo con el "propósito de contribuir a la desaparición del fenómeno mediante su explicación" (Lindhardt, 2000: 83), entonces ello es sólo expresión de un viejo ideal, que sin embargo se manifiesta hoy en forma más clara e intensa que nunca.

Matza escribe sobre la perspectiva correccional como fuente de error:

> Una dificultad básica que ocasiona la perspectiva correccional es que interfiere sistemáticamente con la capacidad para simpatizar y comprender al sujeto investigado. [...] Sin apre-

ciación y simpatía, podemos recoger hechos superficiales relativos al fenómeno y criticar las actividades conectadas con él, pero nunca lograremos comprender en profundidad el significado que tiene para los sujetos involucrados en ellos, no su lugar en el contexto social más amplio.[...] El punto de vista correccional obstaculiza la penetración del fenómeno desviado porque viene motivado por el propósito de librarse de él [Matza, 1981: 26-27].

La tarea de comprender es a menudo asociada estrechamente con la comprensión y simpatía personales del observador hacia las acciones del observado. Por eso cuando los investigadores sociales superan profesionalmente la conciencia cotidiana y las *representaciones* corrientes relativas a los "marginados" y se esfuerzan por comprender según la perspectiva de esos mismos marginados —y de acuerdo a sus propias presiones y posibilidades, normas y valores— cómo se les plantea la realidad, dicho proceder es tomado a menudo —desde el punto de vista del resentimiento cotidiano y sus racionalizaciones— como deslealtad hacia la sociedad en general, y conduce a reproches tales como "romanticismo social", "ingenuidad", "idealismo", o "entusiasmo".

Por esa vía se está tomando indudablemente un camino equivocado. Pues quien pretende estimar en forma realista cómo podría comportarse una persona en el futuro, debería cuanto menos esforzarse por entender las decisiones que esta persona ha tomado en el pasado. Pues mismo el enfermo mental capta antes de su conducta una predeterminada —es indistinto aquí el cómo— "definición de la situación" que estructura sus preferencias y expectativas de una forma específica (racional o irracional) y en la cual se basa entonces la selección de la acción concreta. Sin embargo también se desprende de ello, que la misma situación objetiva puede ser vista y definida en forma muy distinta por diferentes actores. Con la consecuencia de que diferentes actores pueden reaccionar de forma totalmente distinta ante la misma situación. Descubrir por qué el individuo X devino terrorista mientras su hermano Y llevó una vida no violenta y apolítica (una pregunta que evidentemente puede ser de mucha importancia para el empirismo de prognosis) no va a ser posible si no se acepta el hecho conocido en la sociología como "Teorema de Thomas". Tal teorema afirma que en el momento de la acción sólo son significativas las representaciones subjetivas del actor que se encuentran realmente actualizadas (si bien objetivamente quizás totalmente falsas), y que dicha acción tiene entonces también consecuencias reales, aún cuando la apreciación subjetiva no sea objetivamente acertada (cfr. Esser, 1996: 3 y ss.).

El rechazo de la exigencia moral que representa el objeto de investigación también para el investigador lleva por tanto a un sobre-distanciamiento y, como acompañamiento, al favorecimiento de la perspectiva preventiva. Las acciones de los actores no son reconstruidas según la comprensión de su sentido, sino más bien explicadas causalmente —partiendo de factores que en todo caso tienen algo en común: que no parecen exigir la investigación en detalle de las definiciones de situación de los actores.

El discurso empírico de prognosis del Terrorismo se arriesga en estas condiciones, es decir, bajo la égida de la perspectiva preventiva, a la propia producción de desfiguraciones sistemáticas del análisis y con ello de la prognosis (cfr. Scheerer, 2002: 74 y ss.). Este discurso puede transformar en eje y centro de su pensamiento pronóstico a un *homunculus terrens*, a quien él mismo ha primeramente creado a partir de una mezcla de aversiones político-morales y de cómodas decisiones teórico-metodológicas previas.

3) *Contaminación*

Las fuentes de errores probablemente más peligrosas surgen de la "contaminación" que sufren los principios de funcionamiento y los rasgos de calidad del conocimiento científico objetivo por parte de los otros —así llamados— subsistemas sociales, en especial el de la política. El conflicto terrorista es un conflicto de reconocimiento, o sea que involucra profundamente las cuestiones de legitimación de la dominación política y provoca por tanto por parte del Estado no sólo simples medidas de persecución penal, sino también un esfuerzo "intelectual-moral" para adoctrinar a la población de acuerdo a los fines estatales de autolegitimación. A este discurso "de arriba" sobre el terrorismo pertenece el interés en la merma de simpatizantes y el acento en todo aquello que hace aparecer las ideologías o acciones de los terroristas como carentes de credibilidad, de atractivo y de seriedad. Son las reglas de la cultura de lucha política, tal como valen también —*mutatis mutandi*— para el conflicto entre gobierno y oposición.

Los intereses de la lucha política contra el adversario se encuentran en pugna con los objetivos y criterios del conocimiento científico. Si la investigación científica del terrorismo no es excluida sino que se la entremezcla por ejemplo en las "relaciones públicas de la cuestión terrorismo", entonces puede pensarse que ciertos fines e imágenes del discurso político al mismo tiempo se filtrarán en el discurso científico y lo influirán en forma conceptual, *concepcional*, teórica y, naturalmente, también en sus resultados. O dicho de otra forma: lo contaminarán político-ideológicamente y quedará moldeado de acuerdo al discurso legitimante de quienes se saben destinatarios de acciones terroristas.

También esto es una fuente de error obvia en el caso del terrorismo, ya que los límites entre política y ciencia se encuentran aquí expuestos a una dura prueba de resistencia (cfr. Schwägerl, 2005).

El proceso a través del cual se alcanza el conocimiento científico necesita de una cierta distancia respecto de las emociones que bloquean la capacidad reflexiva así como de los intereses simplificadores y distorsionantes.

De lo contrario estaría otra vez desprotegido, en manos del poder de los sentimientos colectivos, que se entrometen en cada forma de la vida social y de los cuales la autonomía científica había logrado con esfuerzo y durante siglos una relativa independencia. El hacer científico se haría entonces emocionalmente más satisfactorio y más útil como agente legitimador, pero infructuoso *in puncto* conocimiento. Es cierto que en cada sociedad actúa —según Karl-Otto Hondrich (cfr. Lau, 2004) el principio de preferencia. Todo es permanentemente valorado y moralizado y, por regla general, lo propio es preferido como confiable, mientras que lo otro, lo extraño es por el contrario examinado con recelo y, en principio, despreciado. Los correctivos modernos a este principio de preferencia, por ejemplo, el precepto de tolerancia y la prohibición de discriminación plasmados en la Constitución, pero también en la ciencia la idea reguladora de que se debe actuar libre de juicios de valor, son manifestaciones excepcionales y por ello es su existencia siempre precaria, sujeta a modificaciones. Mientras más fuerte es la presión sobre los límites entre ciencia, moral y política, más fuertemente va a influir e impedir la moralidad del objeto la "selección de la explicación" del tema a ser explicado, como sucedía por ejemplo en tiempos anteriores a la Ilustración. La suspensión sectorial —y tan extremadamente útil para el dominio de la naturaleza por el hombre— del principio de preferencia en favor de los fines de un conocimiento más distanciado y ceñido a la realidad —sin el estorbo provocado por afectos e intereses— se encuentra todavía muy distante de la investigación, prognosis y control de las *man-made social catastrophies*.

III. **Un método distinto**

Las trampas y fuentes de error en la investigación empírica son numerosas y riesgosas. Quizás tantas y tan riesgosas, quizás borbotean las fuentes de error en forma tan inevitablemente intensa, que la diferencia entre formas y métodos de prognosis empíricos y no empíricos se nivelan. Quizás incluso en una comparación directa el pronóstico empírico sale perdiendo. Eso sería digno de investigación. Si bien la idea que sigue no está pensada como propuesta de alternativa, vale sin embargo como argumento contra una limitación a priori de las vías acostumbradas del pensamiento pronóstico.

La pregunta es si no se pueden obtener resultados útiles pasando por alto el empirismo del *paper-and-pencil*, *v.gr.* a través de la pura reflexión. Así como lo hizo por ejemplo el filósofo de Princeton Richard Gott, quien logró mediante este método una prognosis bastante acertada relativa a la durabilidad de las construcciones humanas. Su hipótesis (emparentada con el "principle of mediocrity" de Brandon Carters) decía:

> If we come upon some object or phenomenon, we are unlikely to be doing so very near the beginning of its life, nor very near its end. So it is a fair presumption that something that is already ancient will last for a long time in the future, and something that is of recent origin shouldn't be expected to be so durable [Rees, 2003: 138].

Al fin y al cabo él había estado en un viaje emprendido en el año 1970 tanto en el muro de Berlín (que en aquella época tenía 12 años) como en las pirámides (de más de 4.000). Su hipótesis condujo a la (acertada) predicción, de que era altamente probable que las pirámides sobrevivieran aún el siglo XXI, mientras que una desaparición del muro de Berlín en un futuro cercano no sería ninguna sorpresa.[3]

En el supuesto que se aplicara este método al terrorismo: ¿cuánto tiempo más le concedería Gott al terrorismo?

Bibliografía

ELIAS, Norbert. *Engagement und Distanzierung*. Frankfurt: Suhrkamp, 2003.
ESSER, Hartmut. *Die Definition der Situation. KZfSS Jg. 48, Heft 1,1996: 1-34.*
GALLIE, William B. "Essentially Contested Concepts", en *Proceedings of the Aristotelian Society*, 56 (1955/56): 167-198.
HOFFMAN, Bruce. *Terrorismus. Der unerklärte Krieg. Neue Gefahren politischer Gewalt.* Frankfurt: Fischer, 2001.
—. "Rethinking Terrorism and Counterterrorism Since 9/11", en *Studies in Conflict & Terrorism*, 24: 303-316, 2002.
LAU, Jörg: "Die Macht der kollektiven Gefühle". *Die Zeit* 03/2004. http://zeus.zeit.de./text/2004/03/P-Hondrich (10.09.2004).
MATZA, David. *El proceso de desviación.* Traducido por Julio Carabaña. Madrid: Ediciones Taurus, 1981.
REES, Sir Martin. *Our Final Hour. A Scientist's Warning: How terror, error, and environmental disaster threaten humankind's future in this century — on earth and beyond.* Nueva York: Basic Books, 2003.
SCHEERER, Sebastian: *Die Zukunft des Terrorismus. Drei Szenarien.* Lüneburg: zu Klampen, 2002.
SCHWÄGERL, Christian: "Forschung in Zeiten des Terrors". *FAZ*, 3, marzo 2005: 12.

---

3. Gott pudo asimismo aplicar con éxito su método de prognosis a las representaciones de Broadway. Luego de haber confeccionado una lista con todas las obras de teatro y musicales que se ofrecían en un día determinado (27 de mayo de 1993) y de haber averiguado cuánto tiempo llevaban ya en cartelera, dio un pronóstico acerca de qué obras de teatro y musicales serían las que permanecerían por más tiempo en cartel —y tuvo razón.

SOBRE LOS CONTENIDOS DEL DERECHO PENAL

Fernando Tenorio Tagle

C. JUEZ SEGUNDO DE DISTRITO EN MATERIA ADMINISTRATIVA
EN EL DISTRITO FEDERAL

FERNANDO TENORIO TAGLE, con el carácter de perito que tengo reconocido en el expediente de amparo indirecto 121/2005, promovido por Alejandro González Gómez, frente a actos del Consejo de Aprobación del Sistema Nacional de Investigadores del Consejo Nacional de Ciencia y Tecnología y otras autoridades, ante usted expongo:

El 18 de marzo del año en curso, rendí ante este tribunal el dictamen que me fue encomendado, bajo los puntos descritos por el quejoso, con relación a la prueba pericial en materia de metodología e investigación aplicable al ámbito de las disciplinas que comprende la categoría "Derecho y Jurisprudencia" y, en forma específica en la subdisciplina "Derecho Penal".

Ahora, he sido debidamente notificado, para que dentro del término de diez días, emitiera el dictamen respectivo, con relación a la misma prueba pericial, dando contestación al cuestionario presentado por la autoridad responsable.

En tales condiciones, en tiempo y forma, vengo a rendir dicho peritaje, en los siguientes términos:

1. Antecedentes

La Comisión dictaminadora integrada para evaluar los trabajos de candidatos a renovarse como miembros del Sistema Nacional de Investigadores (SNI) en la convocatoria del año 2004, resolvieron la no-renovación del doctor Alejandro González Gómez como miembro del Sistema Nacional de Investigadores, argumentando respecto del libro de su autoría intitulado "Consideraciones básicas en torno al Origen y Evolución de la Legislación Penal Michoacana", con sus anexos impresos y digitales, no satisfacía los requisitos exigidos por el propio Sistema Nacional de Investigadores, afirmando:

"Reporta como libro editado, una colección en disco compacto de códigos penales de Michoacán."

"Su trabajo *Consideraciones básicas en torno al origen y evolución de la legislación penal michoacana*, es una obra de divulgación como su propio título indica que no presenta aportaciones originales propias de una investigación científica"

"El solicitante pretende que le sean evaluados como méritos académicos cuestiones tan elementales como que su libro contenga un índice general, un índice de abreviaturas, una presentación, un prólogo y una introducción"

2. Materiales y documentación

Los documentos que obran dentro del juicio de amparo, que se tuvieron a la vista para la elaboración de este dictamen, son los mismos a que hice alusión en mi dictamen anterior, consistentes en:

a. La obra *Consideraciones básicas en torno al origen y evolución de la legislación penal michoacana*, de la autoría del doctor Alejandro González Gómez, con dos anexos informáticos (discos compactos), consistentes, el primero (disco I), en una base de datos de la legislación penal michoacana (códigos penales de 1880, 1896, 1924, 1936, 1961 y 1980) y, el segundo (disco II), en una edición digital facsimilar de la legislación michoacana (códigos penales de 1880, 1896, 1924, 1936, 1961 y 1980).

b. Resolución recaída a la solicitud de revisión por inconformidad promovida por el quejoso Alejandro González Gómez, en contra de la decisión del Consejo de Aprobación del Sistema Nacional de Investigadores, de fecha 24 veinticuatro de octubre de 2004 dos mil cuatro, signada por su Secretario Ejecutivo.

c. Reglamento del Sistema Nacional de Investigadores 2004, publicado el 22 de diciembre de 2003.

d. Criterios internos de evaluación 2004 del Sistema Nacional de Investigadores, publicado el 12 de mayo de 2004.

e. Criterios generales de evaluación del Sistema Nacional de Investigadores 2002, publicados el 4 de febrero de 2002.

f. Glosario de términos básicos y algunas recomendaciones para la captura de datos en la solicitud de ingreso y reingreso al Sistema Nacional de Investigadores 2002, publicado el 7 de marzo de 2002.

3. Objeto del dictamen

Conforme a la ampliación del cuestionario por parte de la autoridad responsable, a través de las 7 preguntas que se me han formulado, doy contestación a las mismas en los siguientes términos:

1. Se me pregunta ¿Si la obra es o no una compilación de códigos penales?

No, la obra que se dictamina es, conforme a su estructura, contenido y presentación, un libro, producto de una investigación científica original. En efecto, la obra analizada reúne los requisitos formales y materiales que toda obra del conocimiento científico debe contener en el ámbito de las Ciencias Sociales, particularmente en la disciplina que comprende la categoría Derecho y Jurisprudencia y, en forma específica, la (sub)disciplina Derecho Penal.

Sobre estos aspectos, es decir, sobre su estructura, contenido, presentación y originalidad, doy por reproducidos en este lugar como si a letra volvieran a escribirse, todos y cada uno de los argumentos que al respecto fundamenté en mi dictamen de 18 de marzo de 2005, presentado y ratificado ante su Señoría, al dar respuesta a las preguntas 1.ª, primera, 2.ª, segunda, 3.ª, tercera y 4.ª, cuarta.

Una compilación, por definición, es simplemente una edición que reúne disposiciones o doctrinas *previamente* publicadas.

En ámbito de la disciplina del Derecho penal, en nuestro país y por ejemplo, una compilación es la colección editada por el Instituto Nacional de Ciencias Penales, denominada "Leyes penales mexicanas" (México, 1979) que, cronológicamente y en cinco tomos reproduce llanamente el contenido de diversas disposiciones legales federales y estatales (códigos, iniciativas y exposiciones de motivos).

En el ámbito del derecho michoacano, en general, el paradigma de las compilaciones es la famosa —por cierto abundantemente citada en la obra analizada— "Recopilación de leyes, decretos, reglamentos y circulares expedidos en el Estado de Michoacán", de Amador Coromina (1824-1902), continuada por Manuel Soravilla (1903-1915) y Xavier Tavera Alfaro (1920-1930).

Aun tergiversando dolosamente el contenido, estructura y presentación, la obra que se dictamina, no podría (des)calificarse, fundada y motivadamente, como una mera compilación, ya que conforme a las reglas de la lógica y de la razón misma, es improcedente valorar el todo por una parte, especialmente cuando éste constituye un anexo o complemento de la obra, en su conjunto. Esto es, dicho en términos forales, lo accesorio no puede seguir la suerte de lo principal, sino a la inversa.

En otro sentido, igualmente importante, la autoridad responsable parece sólo haber considerado los anexos o parte de ellos como la obra sometida a dictamen, no obstante, parece claro, no únicamente por las respuestas ya dadas en el dictamen del sucrito, sino por las afirmaciones de las preguntas que con estos escritos se responden, la ausencia de una plena lectura del libro injustificadamente no considerado como de investigación al remitirse sólo a parte de los anexos que constituyen la obra, cuyos derechos de autor se encuentran protegidos.

Y aún más, como reiteraré en las restantes respuestas a las preguntas formuladas por la autoridad responsable, la fundamentación en las ya constatadas amplias referencias bibliográficas que sustentan el trabajo científico a dictamen, motivan en la obra científica proporcionar interpretaciones que describen y explican las razones de la historia legislativa que analiza este libro científico, constitutivas, todas ellas, de argumentos que dan sentido a los textos legislativos que, en uno de los anexos, se reproducen para que el lector y la comunidad científica estén en posibilidades de comprender los motivos esgrimidos por el legislador y la consecuencias jurídicas y sociales de las leyes y sus ulteriores transformaciones.

En suma, una cuestión es reproducir los productos legislativos, que se convierten así en materia prima para la investigación (una tarea importante, pero de divulgación), y otra muy distinta es aquella que puede responder a las preguntas ¿Cómo y por que? de los fenómenos que se estudian, esto es, análisis descriptivos y/o análisis explicativos, que son, en ambos casos, los que dan a los trabajos discursivos el carácter de científicos.

Finalmente, la opción argumentativa que con el libro a examen se desarrolla, tiende a someterse a la discusión científica para los efectos de dialogar con otras probables interpretaciones (hasta hoy ausentes) que pudieran dar un sentido diverso al plasmado por el autor; en cualquier forma, debidamente fundamentado y argumentado, para contribuir a la acumulación de conocimientos, que es el objetivo inmediato de las labores científicas.

Consecuentemente, si el caso es descalificar un texto científico por considerar a los argumentos y sustentos como no científicos, la autoridad responsable parece haber equivocado lo que la ciencia, como actividad social, representa, o bien, asumir que posé la única verdad, que, ni en tratándose de las ciencias naturales, exactas o duras, es aceptado. Recuérdese a tal efecto, las consideraciones dadas a manera de ejemplo en el dictamen ya presentado, respecto del caso histórico y ampliamente difundido de Galileo Galilei.

2. Se me pregunta ¿Si una compilación de códigos puede ser considerada una obra científica o no. En su caso de afirmar que sí puede ser una obra científica, señalarán cuáles son los elementos que debe tener para ser considerada como obra científica?

No, una compilación, entendida en los términos antes anotados, es decir, como una edición de textos previamente publicados, no puede considerase como una obra científica.

Lo anterior no implica, por ejemplo, que una obra que reúne materiales previamente publicados, como lo son textos legislativos o criterios jurisprudenciales, especialmente los incorporados en las modernas bases de datos, puedan llegar a ser protegidos, particularmente cuando incorporan motores u opciones de búsquedas originales, como obras del ingenio, concretamente a través de las disposiciones contenidas al respecto en la Ley Federal del Derecho de Autor (arts. 101-114) y los tratados internacionales suscritos por México.

En este sentido y, como ejemplo (ampliamente) conocido por los diversos operadores jurídicos, tenemos la extensa colección de discos compactos editados por la Suprema Corte de Justicia de la Nación, reservados precisamente por el Máximo Tribunal, los derechos de propiedad intelectual correspondiente (véase, por ejemplo, el popular y difundido "IUS" que contiene jurisprudencia y tesis aisladas de los tribunales federales).

Respecto a la originalidad y pertinencia de los soportes informáticos que, como anexos, se incluyen en la obra dictaminada, también susceptibles —por su contenido— de protección a través de las normas nacionales e internacionales del derecho de autor o propiedad intelectual, remito y solicito que se tenga aquí reproducido, íntegramente, el contenido a las respuestas 5.°, 6.°, 7.° y 8.°, de mi dictamen que ya en obra en autos.

Finalmente, hago patente que la respuesta a la segunda parte de la pregunta que se formula, es innecesaria e improcedente, dado que está condicionada a una respuesta afirmativa a la inicial, que no he hecho.

3. Se me pregunta ¿Cuál es la diferencia entre una obra útil para el conocimiento, y una obra científica original?

Una obra científica original es un producto (humano) derivado de una investigación científica original que genera conocimiento. Al respecto, reitero en este lugar las características que una obra científica original debe contener, expresadas y fundamentadas al dar respuesta a las preguntas 2 dos y 3 tres, de mi dictamen que ya obra en autos y solicito se tengan aquí íntegramente reproducidas.

En cambio, una obra útil para el conocimiento, es aquella que difunde o divulga el conocimiento generado a través de la investigación científica.

4. Se me pregunta ¿Si es verdad que una obra científica es aquella que no solamente afirma sino que demuestra la verdad de sus afirmaciones, por medio de razonamientos inductivos, deductivos o de confrontación de opiniones?

Si, así lo es. Tal como el libro sobre el cual se ha dictaminado, además de efectuarse el recuento histórico para ubicar al lector respecto a la emergencia de la legislación y sus transformaciones, así como la recomendación de lecturas para esa comprensión, se esgrimen argumentos debidamente fundamentados en una amplia bibliografía, dándole sentido a las iniciativas de ley sometidas a análisis en el libro.

5. Se me pregunta ¿Si en la obra en cuestión se dan argumentos demostrativos de las afirmaciones que hace, y si tienen o no fuerza convincente?

La obra analizada en forma por demás explícita, con el rigor científico y los usos académicos vigentes en el ámbito de las ciencias penales, fundamenta y constata *invariablemente* todas las afirmaciones que contiene, mediante la remisión a las fuentes de información correspondientes, contenidas en citas bibliográficas, complementada con la bibliografía indicada al final de cada capítulo y los instrumentos legislativos que, como anexos, aparecen en soportes informáticos que incluye. Por tanto, las afirmaciones, debidamente fundadas y constatadas de la forma señalada de la obra, son verificables y convincentes.

6. Se me pregunta ¿Si una obra científica original es aquella que proporciona afirmaciones nuevas, debidamente demostradas, o bien nuevas demostraciones o refutaciones de afirmaciones ya conocidas y no simplemente la que afirma algo nuevo?

En efecto, así lo es.

En esta tesitura, la obra analizada constituye un buen ejemplo del rigor y método científico imperante en las Ciencias Sociales, que a diferencia de lo que sucede en las Ciencias Exactas —que operan con el método experimental de verificación— cuentan con su propio sistema de comprobación de sus postulados o afirmaciones.

Dicho sistema o método de comprobación de postulados o afirmaciones, no es otro que las citas o notas a pie de página.

En el caso particular, la obra analizada invariablemente apuntal, y al mismo tiempo constata todas sus afirmaciones, mediante las respectivas remisiones, a través de 448 pies de página, a las fuentes de información consultadas, debidamente identificadas y conforme a los usos imperantes en su disciplina.

Más aún, como también sucede y es característico en los trabajos científicos actuales, los pies de página de esta obra, no sólo remiten a las fuentes de información, sino que, en si mismas, son una fuente de información adicional y, en no pocas ocasiones, de conocimiento original, de discusión y confrontación de las ideas propias y originales del autor, con el resto de la comunidad científica, igualmente identificada, mediante las remisiones respectivas.

7. Se me pregunta ¿Si en la obra en cuestión, se presentan afirmaciones, demostraciones o refutaciones científicas nuevas, o se trata simplemente de una obra nueva que carece de originalidad científica?

Sin perjuicio de que esta pregunta ha sido ya contestada, en esta ampliación de dictamen y ampliamente fundamentada y razonada en el dictamen origen de éste, reitero y concluyo que la obra analizada es una obra científica, producto de una investigación original, con aportaciones originales y novedosas.

Nuevamente, para ello, remito en su integridad a mi dictamen de fecha 18 de marzo del año en curso que obra en autos en el que, fundada, razonada y motivadamente, concluyo lo anterior.

México, DF, a 18 de julio de 2005

LAS NUEVAS ESTRATEGIAS EN POLÍTICA CRIMINAL

David Baigún

1. Las normas de incriminación y su nexo con la relación estado-derecho

En su conocida monografía *Control y dominación*, Mássimo Pavarini (1983, 150), al analizar la posibilidad de construir una criminología materialista, afirmaba que la respuesta a éste interrogante no solo era necesaria para el debate teórico marxista, sino imprescindible para responder a un interrogante esencialmente político; puntualmente, si resultaba posible trazar las indicaciones estratégicas de una política criminal en la perspectiva de una transición al socialismo.

Han pasado más de veinte años de la publicación de ese excelente texto y son muchos los acontecimientos que nos autorizan a pensar que, si bien la polémica sobre un examen marxista de la criminalidad sigue abierta, ha quedado "suspendida" en la historia la perspectiva de la transición al socialismo.

Pero la perentoriedad del trazado de líneas estratégicas para una política criminal actualizada, continúa vigente. El fenómeno de criminalización no ha variado. Como es sabido, responde a dos etapas conocidas: primaria y secundaria. La primera, que consiste en el acto de incorporar una conducta a la ley material —sancionar una incriminación— y, la segunda, que equivale a la acción punitiva ejercida sobre personas concretas, sometidas a la acción de los organismos de averiguación y, posteriormente, al juicio; la criminalización secundaria cuenta, como siempre, con el aparato del Estado, su administración, el ejército, la policía, y la justicia, que funcionan en el mismo sentido que la criminalización primaria (Miaille, 52).

Este esquema de selección, fundamentalmente la etapa primaria, se inserta coherentemente en la visión marxista de la producción de la ley, de la norma que incrimina o desincrimina determinados comportamientos. Poulantzas (1969, 80), uno de los teóricos marxistas contemporáneos, para explicar éste proceso, parte de la relación Derecho-Estado y de la voluntad de clase que se anida en ambos conceptos. "No se trata de señalar simplemente que el Derecho y el Estado encarnan la voluntad de la clase que detenta el poder, sino de comprender cómo y por qué un determinado modo de producción, al engendrar semejante luchas de clases, cristaliza en estas normas jurídicas y en esta forma de Estado y no en otras." Parece innecesario decir que éste interrogante solo puede ser respondido si advertimos que, acompañando dicha relación, también se produce el traslado al orden normativo de los valores históricos de un modo de producción; los valores actúan como mediadores entre la base económica y la superestructura. Entonces la incriminación, de ciertas conductas, no es un mandato directo emanado de las clases dominantes; es un producto que se obtiene por la transmisión de valores no sólo individuales, sino como pertenecientes a la totalidad de un sistema axiológico. Lo que aparece como un deber-ser social no es otra cosa que el resultado de ese traslado.

Es claro que esto implica reconocer que estamos frente a una autonomía relativa del sistema; no se trata de un transplante mecánico, sino de un proceso que atraviesa la práctica social donde intervienen necesidades y objetivaciones, contradicciones y coincidencias. En verdad, el itinerario seguido en este ámbito, no es más que un perfil del diseño total donde se verifica la identidad histórica, genética y específica del Estado y del Derecho, insertas en un modo de producción determinado. El Estado, desde un punto de vista interno, se presenta como el orden axiológico, normativo de las reglas y de las instituciones jurídicas tomadas en su conjunto (Estado-organización) y, desde el punto de vista externo, como la fuerza de represión que, mediante las reglas e instituciones jurídicas, consolida la explotación de clases (Estado-instrumento). La norma positiva, la que incrimina, juega entonces el mismo rol que la criminalización primaria que aludimos más arriba.

2. Relaciones de poder

Esta interpretación, que podríamos ubicar sin equívocos dentro del marxismo tradicional, es válida para el análisis de las denominadas relaciones de poder. Las relaciones de poder no son difusas; se concretan a través de un aparato, el Estado, cuyo objetivo es tutelar el ordenamiento conformado para el funcionamiento de sus instituciones. Sin duda que la coercibilidad es la característica que gobierna esas relaciones (sin ella estaríamos frente a una formulación desprovista de potencia de cambio) pero ella resulta insuficiente si no se consideran los factores que determinan la coacción, los que están detrás y los que alimentan su aplicación. En la versión marxista es la conocida explicación de Engels en "El origen de la familia, la propiedad y el estado" donde la coercibilidad es paralela a la génesis del estado, producto de un grado de desarrollo determinado de la sociedad; "es la confesión de que esa sociedad se ha enredado en una irrenunciable contradicción consigo misma y está dividida por antagonismos irreconciliables, que es impotente para conjurar, pero a fin de que esos antagonismos, estas clases con intereses económicos en pugna, no se devoren a sí mismas y no consuman a la sociedad en una lucha estéril, se hace necesario un poder situado aparentemente por encima de la sociedad y llamado a amortiguar el choque, a mantenerlo en el límite del "orden" (Stucka, 82). No hace falta insistir en que las relaciones de fuerza insertas en el poder no son resultado de un acuerdo o pacto entre los intereses en colisión, sino producto de una situación objetiva ajena a la voluntad de los hombres.

Es por todos conocida la afirmación de que la coercibilidad se expresa a través de las normas de derecho; es el canal natural que utiliza el estado, tanto para su acción directa, cuanto para su función de amenaza. La cuestión es compartida por todos los estudiosos, aún los que no se identifican con el pensamiento marxista. Ya en 1895, Menger (Stucka, 81) escribía: "Todo ordenamiento jurídico es un amplio sistema de relaciones de poder, formadas en el interior de una nación en el curso del desarrollo histórico… los intereses de las clases dominantes, si su poder se mantiene largamente… se convierten en derecho y normas jurídicas aceptadas por los demás miembros del Estado como un dato objetivo. Si éstas relaciones de poder cambian en un determinado período, los derechos y las normas jurídicas pierden su base natural y vuelven nuevamente al Estado de intereses y lucha de intereses". Resulta evidente que para

Menger existen dos niveles de intereses: los que están presentes antes del cambio y los que se aprecian después pero, en ambos casos —y esto es lo importante— las relaciones de poder obedecen a intereses determinados, fórmula semejante a la que una década después, Renato Treves (1988, 166) usara como explicación de la cambiante conducta de los legisladores en el momento de creación de la norma.

Ahora bien; la explicación de cómo se produce la norma de incriminación a partir de la relación derecho-estado dentro de una estructura social determinada, o la que arranca de las relaciones de poder conduce a las mismas conclusiones. El contenido de la norma no se genera en una decisión monolítica o mecánica; tanto en el Estado, donde las contradicciones se presentan en las fracciones de bloque, en sus diversas ramas y aparatos ((Poulantzas, 1977: 55); como en las relaciones de poder, donde la coerción esta sujeta a sus propias tensiones, la cristalización-concentración de un interés reconoce el mismo trayecto de avances y retrocesos, de contraposiciones y acuerdos; si queremos decirlo en términos de Gramsci, es el proceso que opera en el ámbito de la sociedad civil, donde actúan los aparatos ideológicos cuya tarea es ejercer hegemonía y mediante la hegemonía, obtener el consenso (Bobbio, 1985: 49).

¿Cuál es la importancia de estas reflexiones? En lo que concierne al propósito de este trabajo, es evidente que el trazado de nuevas líneas estratégicas en política criminal, solo puede proyectarse reconociendo este marco teórico; es cierto que se pueden ensayar diversos modelos alternativos, pero cualesquiera de ellos esta condenado al fracaso o a la mistificación si no se reconoce el proceso real de incorporación de las normas incriminantes. Veamos, lo que ha ocurrido históricamente.[1]

Aunque no es nuestro objetivo realizar un recorrido cronológico sobre la sanción de las normas de incriminación, parece oportuno una referencia a los códigos napoleónicos que, como es sabido, corporizan las conductas delictivas convencionales: en primer lugar, las que afectan la propiedad y, en segundo término, las que lesionan la libertad. Son las dos conductas del sistema penal moderno que han servido para apuntalar la tutela de la persona humana, del hombre como titular de su autonomía.[2] Su tectónica se yergue sobre la oposición persona-cosa, extraída del derecho civil, que permite consolidar al mismo tiempo, en el sujeto, el poder de disposición; con palabras de Bergalli (2003, 26), se trata de proteger "los derechos subjetivos y las libertades individuales, en la medida en que todos ellos permitan a cada sujeto, la libre disposición de sus bienes en el caso de los propietarios y de su tiempo libre para contratar su fuerza de trabajo, en el caso de los obreros". La norma de incriminación aparece así, como la tutela del Estado liberal capitalista y de las actividades que se realizan en su seno.

Obviamente las normas de criminalización no se detienen aquí; se extienden a las diferentes conductas individuales que se relacionan con esa matriz, tanto las que interfieren en la convivencia (v. gr. tranquilidad pública) como las que perturban el funcionamiento de los diversos aparatos del estado (delitos contra la administración de justicia, contra el orden constitucional).

---

1. Es importante advertir que la política criminal alternativa a la que se refiere Pavarini pertenece a otro plano; al estudio de las indicaciones ofrecidas por una economía del crimen y de la pena. *Control y Dominación* p. 153.

2. Es lo que Gracia Martín califica como movimiento de la Ilustración, en contraposición al Derecho Penal del Anciène Régime de las monarquías absolutas. Luis Gracia Martín. Prolegómenos para la lucha por la modernización y expansión del derecho penal y para la crítica del derecho de resistencia. Tirant lo blanch. Valencia 2002, p. 45 y ss.

Pero los códigos tradicionales nacen en la sociedad capitalista de la competencia, en la que el hombre sigue siendo el protagonista de los conflictos; no obstante la aparición de los monopolios (siglo XIX y principios del XX) y de otras formas de concentración, los códigos penales permanecen casi intactos y son pocas las reformas que se introducen durante su vigencia, casi todas, en la parte especial.[3] Las regulaciones más trascendentes provienen de leyes especiales,[4] instrumental que se incrementa en la medida en que se complejiza el entramado social y se producen nuevos descubrimientos científicos y técnicos en el escenario de la producción.

La etapa histórica que se inicia a mediados del siglo pasado marca nítidas diferencias en cuanto al proceso de criminalización. El fenómeno que las sintetiza es conocido en la bibliografía contemporánea como expansión penal, acompañado paralelamente por la disminución de garantías con consecuencias directas sobre el sistema, tal vez, más graves que el propio proceso de incriminación. Razones de espacio impiden extendernos sobre el tema; baste recordar el incremento de los delitos económicos, la tipificación de los comportamientos que atentan contra el medio ambiente, la incorporación a partir de los tratados internacionales, de los delitos de lesa humanidad, para captar el sentido del cambio. Salvo éstos últimos que registran una génesis diferente, los restantes han atravesado las mismas reglas de parición (recordemos, desde el enfoque marxista, las explicaciones de Poulantzas).

Ha llegado el momento de trazar las nuevas líneas estratégicas en política criminal, a las que se refiere Pavarini. El cuadro dentro del cual se debe construir el diseño no es muy estimulante. El proceso de globalización o mundialización que Chesnais (1994: 22, 23) define como una fase específica del proceso de internacionalización del capital, va acompañado de las políticas de liberalización, privatización y desregularización y, por ende, del desmantelamiento de las conquistas sociales y democráticas (Baigún, 2000: 5, 6). No solo se produce el seccionamiento de la función estatal de control sino, que ese remedo de control actúa como un movimiento de pulsión de las grandes inversiones y del proceso de concentración. El fenómeno tiene su sede, no sólo en los países centrales sino también en los periféricos. Las normas de incriminación nacen en distintos escenarios pero con parecidos perfiles. Amén del estándar aumento de las penas y nuevas agravantes, se abdican las garantías tradicionales y el Estado de mínima intervención queda reducido a una mera proclama.

3. El daño social y las contradicciones de los bloques de poder

No se trata de revertir mediante normas de incriminación la infraestructura del sistema mundial actual ni renunciar a una proyección futura, sino de detectar los puntos de apoyo para programar cambios progresivos y viables. Desde éste vértice, son dos los ejes decisivos: el daño social como elemento aglutinante de conductas que afectan áreas críticas y el aprovechamiento de las contradicciones instaladas en los bloques de poder. Si consideramos el daño social, tanto el que se produce en el propio intrasistema del capitalismo por acumulación —sea el ámbito nacional o internacional— como el que impacta en los sectores mayoritarios, víctimas o sujetos pasivos del proceso, es

---

3. Winfried Hassemer. "Perspectivas de un derecho penal futuro". *Revista penal* n.°1, julio 1997, p. 37 señala las escasas reformas en la parte general.

4. Sherman Act en Estados Unidos de Norteamérica y leyes sobre sociedades comerciales en Francia, *v. gr.* Ley del 24 de julio de 1867 sociedades comerciales por acciones. Adolphe Touffait *Delits et sanctions dans les sociétés*. Ed. Sirey, París, 1973).

evidente que esta categoría está presente en las tres áreas antes diferenciadas: delitos económicos, delitos contra el medio ambiente y delitos de lesa humanidad. En los tres, el perjuicio supraindividual va más allá de la focalización de la persona; lesiona intereses colectivos sin detenerse en el lugar que ocupa el ser humano en la producción, el ambiente u otros hábitat; la gestación de una acción incriminatoria, ya no se enfrenta con una oposición cohesionada, la división en clases se diluye y reaparece patente el perjuicio social en los intereses de los sujetos débiles implicados en el conflicto (Pavarini, 2004: 77).

El segundo eje, como anticipamos, gira en torno del aprovechamiento de la maximización de contradicciones en los bloques de poder. Precisamente, la naturaleza de los tres bienes mencionados genera la agudización de los choques y desencuentros del soporte material, es decir, de las relaciones sociales que constituyen la base del bien jurídico, a lo cual se agregan, en los delitos de lesa humanidad, las posiciones contrapuestas de los estados, y la movilidad en los diferentes bloques existentes.

4. Los bienes relevantes en la política criminal actual

Estas reflexiones nos ayudan a comprender la posibilidad de trazar nuevas estrategias en política criminal no obstante la presencia de una universo adverso. La interpretación marxista que hemos suministrado páginas atrás no se colisiona con un programa que se proponga:

1) Proteger penalmente el orden económico, pues si bien la cadena de producción, distribución y consumo de bienes y servicios que la integra responde a una conformación socio-económica determinada, la norma de incriminación bien puede definir ciertos comportamientos que lesionan intereses que exceden la hegemonía de la clase dominante (*v. gr.* los consumidores).

2) Tutelar el medio ambiente, puesto que las conductas que lo afectan van dirigidas no solo contra personas, sino también contra la sociedad en su conjunto y el hábitat planetario, más allá de los intereses de clases sociales.

3) Proteger la humanidad, agredida cada vez que se verifica la persecución colectiva o se somete al *apartheid* a los grupos humanos, como expresión de un ataque generalizado o sistemático contra la población.

Es importante señalar que, en las dos últimas áreas, la producción de la ley exhibe un componente adicionante que debe ser analizado en forma autónoma; me refiero a los tratados internacionales como plataforma imprescindible para generar la norma de criminalización. Aquí, desde la óptica marxista, las contradicciones entre los estados, centrales y periféricos, juegan un rol determinante, de diversa naturaleza respecto de la que se visibiliza en los bloques de poder aunque de no menor gravitación; en todo caso, se podría hablar de relación paralela entre derecho y estado, pero esta vez elevados al plano internacional (Ferrajoli, 1997: 50 y siguientes).[5]

El esquema que se propone coincide parcialmente con el de intervención mínima o intervención del derecho penal defendido por los penalistas liberales de nuestra

---

5. En el pensamiento de Luigi Ferrajoli, estas contradicciones forman parte de la construcción del constitucionalismo del derecho internacional. *La sovranitá nel mondo moderno*. Roma. Ed. Laterza. 1997, pp. 50 y ss.

época. Hassemer, cuya filiación en este campo es harto conocida, después de reclamar la necesidad de que la racionalidad esté vigente en la política criminal del futuro, apunta a las medidas de prevención como alternativa es decir, apropiadas para evitar el ingreso de la intervención penal. Estas medidas deben estar dirigidas a solucionar el problema antes de que se produzcan los daños, disponibilidad no solo de los medios de actuación o uso, sino también de los de control y dirección. Debe procurarse, además, la cooperación de áreas, inclusive hasta bastante separadas como las infracciones administrativas, la responsabilidad por daños derivados de hechos ilícitos, el derecho sanitario, el derecho de medicamentos, el derecho fiscal, el derecho del trabajo, cuyas garantías son homologas de las que plantea el derecho de intervención penal (Hassemer, 1997: 37-41). La aplicación de estos mecanismos contribuiría a desembarazar al derecho penal de una enorme carga.[6]

Pero amén de esta proposición, el derecho de intervención se debe concentrar en los componentes que le son propios y que le son irrenunciables, es decir, los comportamientos tradicionales o convencionales a los cuales se debe sumar los que afectan bienes universales que, en última instancia reflejan los intereses de los ciudadanos. Dentro de este esquema aparece la necesidad de un derecho penal internacional y la revalorización de la victima, en sustitución del construido sobre el autor, tradicional enfoque del derecho penal convencional (Hassemer, 1997: 40-41).

5. Derechos humanos y política criminal

Es obvio que las características señaladas por Hassemer, no alcanzan para cerrar la completitud de un programa acabado. La desconstrucción del derecho penal y la incorporación de los tres bienes jurídicos antes mencionados requiere la elaboración de una plataforma previa, apoyada en el reconocimiento de los derechos humanos, en su acepción totalizadora, es decir, no solo los civiles y políticos, sino también los sociales, económicos y culturales o, para decirlo con palabras de Alessandro Baratta (2004: 78) una construcción social alternativa que ponga al ser humano en el centro de los intereses y derechos de "las clases subalternas". Nadie duda de los obstáculos y obstrucciones que generará esta estrategia, ni menos de la dimensión de los intereses que habrá que superar para avanzar sin declinaciones pero, como en todo conflicto, siempre existe un espacio donde la racionalidad puede instalarse y salir airosa. No niego que me he embarcado en una alternativa riesgosa sujeta a la crítica; aun así, no vislumbro otro camino. En algo es responsable mi querido amigo Roberto Bergalli, de quien he aprendido la versión optimista de la historia.

Bibliografía

BAIGÚN, David (2000). *La responsabilidad penal de las personas jurídicas. Ensayo de un nuevo modelo teórico.* Buenos Aires. Ed. Depalma.

BERGALLI, Roberto (2003). *Sistema penal y problemas sociales*. Valencia. Ed. Tirant lo Blanch.

BOBBIO, Norberto (1985). *Estado, Gobierno y Sociedad.* México. Fondo de Cultura Económica.

CHESNAIS, Francois (1994). *La mondialisation du capital.* París. Ed. Syros.

---

6. Según Gracia Martin, sistema similar (segunda velocidad) es el que propugna Silva Sánchez en *La expansión del Derecho Penal.* Véase Prolegómenos para la lucha por la modernización y expansión del Derecho Penal y para la crítica del discurso de la resistencia, pp. 155-157, obra citada en nota 2.

MIAILLE, Michel (1976). *Une introducción critique au droit en Marx El Derecho y el Estado*. París. Ed. Fracois Maspero.

PAVARINI, Mássimo (2004). "Para una critica de la ideología penal. Una aproximación a la obra de Alessandro Baratta", en Alessandro Baratta. *El pensamiento crítico y la cuestión criminal*. Anthropos n.° 204.

POULANTZAS, Nicos (1969). *El examen marxista del Estado y del Derecho actuales y la cuestión de la alternativa*. Barcelona. Ed. Oikos-tau-s.a. ediciones.

— (1977). *La crisis del Estado*. Barcelona. Ed. Fontanella.

STUCKA, Pëtr Ivanovic (1969). *La función revolucionaria del Derecho y el Estado*. Barcelona. Ed. Península.

TREVES, Renato (1968). *La sociología del derecho. Orígenes, investigaciones, problemas*. Trad. Atienza Añon Roig. Pérez Lledó. Torino. Ed. Einaudi.

DIRITTO E DIRITTI, PRIMA E DOPO L'11.9*

Stefano Anastasia

Contro ogni previsione, il nuovo secolo si è aperto con interrogativi radicali sulla realtà e sul futuro dello stato di diritto. L'ottantanove, il crollo del blocco e poi del regime sovietico avevano indotto la cultura politica e giuridica liberale a prospettare l'avvento di una età dei diritti (Bobbio 1990), nella quale il superamento della contrapposizione ideologica tra Est e Ovest avrebbe finalmente consentito al modello democratico occidentale di sviluppare tutte le sue potenzialità e di mantenere tutte le sue promesse. A poco più di un decennio di distanza, la scena sembra essere radicalmente mutata. Ne testimoniano il cambiamento tendenze di medio periodo nelle politiche di controllo penale, che solo da alcuni anni si manifestano in tutta la loro evidenza anche in Europa, il precipitare del dibattito pubblico e degli stessi assetti normativi in gran parte dei paesi occidentali (e massimamente negli Stati Uniti d'America) a seguito dell'11 settembre e più in generale la perduta capacità inclusiva del sistema dei diritti e dello stato di diritto.

Da una parte l'espansione quantitativa e qualitativa delle forme del controllo sociale istituzionale e coattivo dà conto dell'incapacità delle reti sociali di mantenere un ragionevole equilibrio tra norma e devianza; dall'altra, il ritorno del paradigma dell'emergenza e del diritto dell'eccezione sembra travolgere la legittimazione dello stato di diritto e del diritto internazionale dei diritti umani; mentre i presupposti universalistici dei diritti fondamentali (Ferrajoli 2001) e quindi dello stato di diritto sono costantemente messi in questione dalla loro ormai programmatica ineffettività.

1. L'espansione del sistema di controllo sociale formale

Seppure su livelli di scala di molto ridotti (il tasso di detenzione medio in Europa si aggira su circa 100 detenuti ogni 100mila abitanti, mentre negli Usa ha raggiunto quota 700), si è ormai consolidata anche in Europa la tendenza alla espansione del sistema penitenziario affermatasi negli Stati Uniti d'America sin dagli anni settanta (Christie 1993; Wacquant 1999). In poco più di dieci anni, sono quasi raddoppiati i tassi di detenzione in gran parte dei paesi europei (Anastasia 2002, p. 23).

Questa tendenza alla espansione del sistema penitenziario tradizionale va peraltro valutata insieme con la contestuale espansione del sistema della esecuzione penale ester-

* Questo testo costituisce la rielaborazione della relazione su *Stato di diritto e i non-diritti in Europa*, tenuta, su invito del Prof. Roberto Bergalli, nel corso delle giornate dedicate a *Le politiche criminali nell'Europa del nuovo millennio*, organizzate il 12 e 13 dicembre 2002 dall'Università di Barcellona, in collaborazione con l'Osservatorio sul Sistema Penale e i Diritti Umani della medesima università. Una prima versione del testo è stata pubblicata su *democrazia e diritto*, n.° 4/2001, pp. 122-131.

na. Negli Stati Uniti come in Europa, infatti, sul territorio viene ormai dirottata una cospicua domanda di controllo penale che non può più trovare risposta (e ospitalità) nelle tradizionali reti degli istituti di pena. Il tasso di detenzione statunitense infatti è al netto dei circa quattro milioni di persone in esecuzione penale esterna (che portano il tasso dei controllati penalmente a più di duemila persone su centomila abitanti); così come, per citare il caso italiano, sommando i detenuti alle persone in esecuzione penale esterna, in dieci anni siamo passati da poco più di 30mila persona penalmente controllate a quasi 100mila (circa 60mila in carcere e 40mila sul territorio) (Anastasia 2002, pp. 15 e 21-22). Si tratta — sia detto per inciso — di un fenomeno di tali proporzioni, da rendere legittimo un interrogativo radicale sulla funzione delle alternative al carcere nell'esecuzione penale: consentendo, appunto, il controllo penale di una quota rilevante di popolazione che non sarebbe altrimenti contenibile nelle tradizionali strutture penitenziarie (e che di fatto, assumendo la stabilità dell'indice di delittuosità, il sistema penale fino a qualche tempo fa semplicemente rinunciava a sanzionare), si tratta ancora di "alternative alla detenzione" o non piuttosto "alternative alla libertà"?

Allargando ulteriormente lo sguardo, non si può dimenticare il fatto che questa espansione del controllo penale è stata accompagnata dal diffondersi di nuove modalità del controllo sociale istituzionale di tipo coattivo, di cui la più rilevante, non solo in Europa, è senz'altro la detenzione amministrativa per gli immigrati senza regolare titolo di soggiorno. Ne risulta un *continuum* di strumenti di controllo più vasto e articolato di quello riferibile al sistema strettamente penale.

Il grande internamento di questi anni ha una parola d'ordine e alcune figure sociali di riferimento, destinatarie privilegiate di quell'articolato strumentario di controllo a cui abbiamo fugacemente accennato. Si tratta anche in questo caso di una parola d'ordine e di figure sociali che varcano i confini nazionali, producendo esiti analoghi lungo l'asse atlantico Usa-Europa.

La parola d'ordine è quella sicurezza su cui sempre più sembrano giocarsi gli equilibri politici e i destini dei governi nazionali nel mondo occidentale. Come ogni parola d'ordine che si rispetti, quella della sicurezza interpreta un sentimento diffuso, gli offre una risposta simbolica e, ciò facendo, ne semplifica la complessità, traducendosi in slogan che si vorrebbe in sé rassicurante. Dietro di essa vi è un mare di opzioni politiche e alternative radicali (Baratta 2001), ma per poter accedere ad esse, per potersi confrontare su di esse, come a un posto di blocco in terre di confine, bisogna conoscere e pronunciare la parola d'ordine richiesta.

Migranti, tossici e minori sono i fantasmi e i motori del grande imprigionamento. La penologia attuariale insegna a selezionare i soggetti a rischio di devianza come destinatari delle politiche di controllo (Feeley-Simon 1994; De Giorgi 2000). Nel tramonto di ogni finalismo penalistico, il controllo penale attuariale mutua dalla scienza assicurativa i criteri per l'individuazione dei fattori di rischio e vi applica i tradizionali strumenti di incapacitazione, insieme con i più moderni ritrovati tecnologici. Migranti, tossici e minori sono figure dell'esclusione sociale in quanto figure dell'estraneità: figure in cui le nostre società non amano riconoscersi, da cui si sentono minacciate; figure da neutralizzare con gli strumenti del controllo sociale coattivo, sia esso strettamente penale o di tipo amministrativo, come nel caso delle legislazioni sull'immigrazione diffusesi in Europa dopo l'accordo di Schengen.

Acquisiti i fatti, bisogna però chiedersi come questa tendenza di matrice tipicamente statunitense possa aver avuto un simile successo nel contesto europeo. Qui il discorso si allarga e investe, legandole insieme, da un lato la crisi del modello sociale europeo e di quella particolare tipologia di stato di diritto che su di esso si era affermato nella seconda metà del novecento, e dall'altro la funzione simbolica del diritto penale e dei suoi strumenti di incapacitazione e controllo.

Il modello sociale europeo del secondo dopoguerra, infatti, era fondato sulla capacità regolativa degli stati nazionali e sulla loro funzione di garanti dello sviluppo economico e dei diritti dei cittadini. Viceversa, il processo di globalizzazione ha progressivamente sottratto agli stati nazionali gli strumenti di regolazione della politica economica e del progresso sociale (Allegretti 2002). Una ormai ampia letteratura (Bauman 1998; Dahrendorf 1995; Sennet 1998) documenta gli effetti di questo processo sulla vita delle persone: l'im-poverirsi dei tradizionali sistemi di protezione sociale, l'indebolirsi degli attori politico-sociali che se ne erano fatti promotori, l'affermarsi delle parole d'or-dine del neoliberismo (flessibilità, mobilità, rischio), hanno prodotto un processo di singolarizzazione dei destini personali che è alla base di una diffusa insicurezza ontologica su cui interviene il sistema di controllo penale con le sue inesauribili risorse di rassicurazione simbolica (Resta 1992; Pavarini 1997; Vianello-Padovan 1999).

2. Il ritorno del paradigma dell'emergenza

In questa contingenza, anche su questi precari equilibri tra norma e devianza, controllo e coazione, sono precipitati i due aerei civili dirottati fino a infrangersi contro le Twin Towers, l'11 di settembre del 2001. Le conseguenze, sul versante che costituisce l'oggetto del nostro interesse, sono sotto gli occhi di tutti. Non solo si è aperta una contesa sopranazionale che ha condotto l'amministrazione statunitense a parlare di (e a praticare effettivamente una) "guerra permanente" contro il terrorismo, rivolta *preventivamente* contro gli "Stati canaglia" sospettati di covarne gli adepti, ma questi anni hanno anche visto prodursi nei singoli stati del mondo occidentale, in rapida successione, una serie di atti normativi che hanno assunto come un fatto lo stato di eccezione e il paradigma della emergenza nel diritto penale e di polizia finalizzato al contrasto delle azioni del "terrorismo" e del ventaglio semantico che esso porta con sé (Rossanda 2003).

Gli esempi sono numerosi: dalla decisione-quadro dell'Unione europea, alle singole normative delle legislazioni nazionali, alla sintomatica decisione britannica di fare ricorso all'articolo 15 della Convenzione europea sui diritti umani, per sottrarsi al giudizio della corte sulle eventuali violazioni dell'articolo 5 della medesima Convenzione, riguardante appunto la tutela della libertà personale e i limiti alla sua compressione. Esula dall'economia di questo testo una puntuale disamina delle scelte normative in essi compiute, per la quale si rimanda ad alcuni contributi della prima copiosa letteratura in materia (Ratner 2002; Statewatch 2001a, 2001b; Bunyan 2002; De Fiores 2002). Interessa viceversa la retorica che le accompagna, testimoniata magistralmente dalla successione di atti emanati negli Stati Uniti d'America in virtù della dichiarazione di emergenza nazionale proclamata il 14 settembre del 2001; retorica che raggiunge l'acme nelle premesse al *President Issues Military Order "Detention, Treatment, and Trial of Certain Non-Citizens in the War Against Terrorism"* del 13 novembre 2001, che ha istituito i tribunali militari speciali antiterrorismo e ha legittimato la creazione del "modello Guantanamo" (Butler 2003). Scrive il Presidente degli Stati Uniti: "gli individui che […] siano stati coinvolti in atti di terrorismo internazionale possiedono sia la capacità che l'intenzione di perseguire ulteriori attacchi contro gli Stati Uniti; se non individuati e arrestati, porteranno a stragi, ferimenti di massa, distruzione di ingenti quantità di proprietà, con il rischio di compromettere il normale funzionamento del governo degli Stati Uniti" e quindi "dato il pericolo per l'integrità degli Stati Uniti [*the safety of the*

United States] e i suoi cittadini e la natura del terrorismo internazionale, [...] ritengo non idoneo applicare all'interno delle commissioni militari di cui al presente ordine i principi di diritto e le procedure sulle prove generalmente riconosciute nei processi penali dalle Corti distrettuali degli Stati Uniti". "Considerato pienamente il potenziale di possibili morti, ferimenti e distruzione di proprietà che risulterebbe da possibili atti di terrorismo contro gli Stati Uniti e la probabilità che tali atti possano effettivamente aver luogo, ho deciso che sussiste una emergenza straordinaria [*an extraordinary emergency*] per fini di difesa nazionale, che questa emergenza costituisce un urgente e impellente interesse del governo e che la promulgazione di questo ordine è necessaria a contrastare l'emergenza". L'enfasi posta sui pericoli di distruzione di massa fa da contraltare e motiva l'allarme per la stessa integrità dell'ordinamento giuridico degli Stati Uniti d'America fino a giungere, in una escalation argomentativa della gravità delle circostanze, all'iperbole della "straordinaria emergenza", che travalica la stessa dichiarazione del 14 settembre e i suoi stessi presupposti legali.

A proposito della ormai consolidata legislazione d'emergenza italiana, che —sia detto per inciso— ha fatto da modello per le soluzioni normative adottate nei singoli paesi europei all'indomani dell'11 settembre, Luigi Ferrajoli scriveva che "l'alterazione della fonte di legittimazione [del diritto penale] è consistita precisamente nell'assunzione dell'*eccezione* o dell'*emergenza* [...] come giustificazione politica della rottura [...] delle regole del gioco che nello stato di diritto disciplinano la funzione penale. Questa concezione dell'emergenza altro non è che l'idea del primato della *ragion di stato* sulla *ragione giuridica* come criterio informatore del diritto e del processo penale. [...] *Salus rei publicae suprema lex*: la salvezza o anche solo il bene dello stato è la *Grundnorm* del 'diritto dell'emergenza', la legge suprema cui vanno piegate tutte le altre" (Ferrajoli 1989, pp. 844-845).

"La ragion di stato si configura come un principio di legittimazione storica di tipo extra e all'occorrenza anti-giuridico: nel senso che consente la rottura della legalità e l'alterazione delle ordinarie regole del gioco tutte le volte che queste [...] entrano in conflitto o non sono funzionali al 'supremo' interesse dello stato" (Ferrajoli 1989, p. 851).

"Si capisce —continua ancora Ferrajoli— la contraddizione tra la 'ragion di stato' così intesa e lo 'stato di diritto'. Il criterio regolativo della prima è la subordinazione dei 'mezzi', di per sé indeterminati e irregolati, al raggiungimento di 'fini' politici [...]; il principio guida del secondo è invece la subordinazione dei fini politici all'impiego di mezzi giuridicamente prestabiliti [...]. Cosicché, mentre per le teoriche della *ragion di stato* lo stato è un *fine* [...], per quelle dello *stato di diritto* [...] lo stato è un *mezzo*, giustificato dalle sue finalità di tutela dei diritti 'fondamentali' dei cittadini e a queste vincolato".

Nella teoria politica moderna c'è un solo caso nel quale lo stato di necessità legittima la rottura delle regole del gioco, ed è lo stato di guerra. Ed è allo stato di guerra che si richiamano ritualmente le retoriche dell'emergenza, fino all'estremo attuale di una guerra che si vuole permanente, alla ricerca di un nemico invisibile, che sfugge alle tradizionali classificazioni interno/esterno (De Fiores 2002), ma che certo nemico è, e, per di più, permanente quanto la guerra.

Alla ricerca del nemico invisibile, in assenza dei *pre-cog* di *Minority report*, non rimane che cercare di identificarne le sembianze nelle potenziali fonti di rischio, e muovergli guerra preventivamente. *Mutatis mutandis*, il procedimento non è dissimile da quello visto all'opera nelle teoriche della penologia attuariale. Non a caso, nemico interno e nemico esterno tendono a confondersi nell'incubo dello straniero (Escobar 1997; Wacquant 2000; De Giorgi 2000), ossessione del controllo sociale coattivo contemporaneo così come del *Military Order* di George W. Bush.

L'analisi critica di queste tendenze, peraltro, non può essere disgiunta dal quadro entro cui si svolgono e dalla crisi di modello della "globalizzazione dolce", ultima reincarnazione delle "magnifiche sorti e progressive". In questo quadro, con la critica radicale del modello di sviluppo proposta dal movimento altermondialista, ritorna anche la repressione del dissenso politico, di cui in Italia abbiamo avuto testimonianza sia in occasione di manifestazioni di piazza, sia nell'esercizio dell'azione penale nei confronti di alcuni militanti del movimento. Al di là delle cronache e dei loro esiti, rilevante è la capacità del paradigma dell'emergenza di tenere insieme tutto (terroristi internazionali e critici radicali) in nome della ragion di stato.

3. Conclusivamente su diritto e diritti

Tra il "rigare dritto" e il "far valere i propri diritti" c'è tutta l'ambiguità e l'ambivalenza del diritto, l'antinomia cui la sua assolutizzazione può dar luogo con il suo stesso plurale. Da una parte il diritto come strumento dell'ordine sociale, regola dell'interazione tra gli individui e limite alla loro libertà; dall'altra i diritti come bisogni, interessi, aspettative da far valere di fronte al potere, ai poteri, e ai suoi strumenti, tra cui il diritto da cui essi stessi, quando non traggono direttamente legittimazione, certo ereditano il codice comunicativo. Del resto l'ambivalenza è costituita dalla complicità dei contrari, dalla mutua dipendenza di ciò che è, sembra o semplicemente si presenta in opposizione.

Del conflitto tra le norme e la vita è testimone l'ordinamento giuridico, la dimensione istituzionale della vita sociale, sempre in bilico tra essere e dover essere, tra la tendenziale staticità delle norme e l'inafferrabile mutevolezza della vita. Buone leggi sono quelle che si aprono a questa mutevolezza, rinunciano a mettere le braghe al mondo e cercano di facilitare la vita degli individui, promuovendo diritti e libertà, consapevoli della loro stessa perfettibilità. Cattive leggi sono quelle imperiose, ansiose di arginare la vita, nemiche degli uomini e delle donne che sfuggono loro come fossero anguille. Fanno male, talvolta, queste cattive leggi, nell'intento di affermare il diritto, attraverso la legge e l'ordine.

Ma se i diritti condividono l'orizzonte di senso del diritto, fino ad esserne una semplice variazione numerale (singolare/plurale) l'ambivalenza del diritto va indagata nelle sue origini. Il diritto è fondamento dell'ordine e disegno del suo futuro, codificazione del passato, dei diritti naturali e acquisiti, e promessa del loro sviluppo. Stretto tra passato e futuro il diritto nel presente cede il campo alla politica, riservandosi la soluzione di casi concreti attraverso l'interpretazione della legge, generale e astratta. Alla politica toccherà inverare quelle promesse e trasformarle in nuovi diritti, in nuovi fondamenti dell'ordine sociale.

Questa dimensione lineare, progressiva del diritto e dei diritti ha accompagnato la storia dell'umanità nell'età moderna. Dalle grandi rivoluzioni borghesi fino alle democrazie costituzionali e allo stato di diritto del secondo novecento la storia non sembrava fare salti, e quando viceversa nel cuore del-l'Europa precipitò nei regimi reazionari di massa, ne uscì con una nuova inusitata fiducia nelle magnifiche sorti e progressive, testimoniate —allora— dalle rinnovate democrazie europee del secondo dopoguerra e dalla promessa di un nuovo ordine internazionale di pace e prosperità affidato ad una organizzazione delle nazioni unite e alla sua dichiarazione universale dei diritti dell'uomo.

Ma l'irrompere sulla scena mondiale della gran parte del pianeta fino a ieri sfruttata o dimenticata, la nuova dimensione globale della produzione e della circolazione dei beni e delle risorse, umane e materiali, ha spezzato quella storia dello spicchio nord-occidentale del mondo che si voleva lineare e naturalmente progressiva. La crisi degli stati nazionali e delle forme democratiche su di essi modellate, la fragilità pattizia della Organizzazione delle Nazioni unite, ci consegnano un diritto incapace di pre-dire il futuro, privo della sua aspirazione progressiva, bloccato in un eterno presente. È così che il diritto sembra aver perso quella funzione programmatica che ne aveva fatto strumento di emancipazione in questa piccola parte di mondo che abitiamo.

Il presente è il tempo della società globale, della quale la contemporaneità è la dimensione naturale (Bauman 1998; Ferrarese 2002). Nella contemporaneità il diritto, privo della sua promessa progressiva, si affaccia solo con il fardello del passato, quei diritti acquisiti contro cui si abbatte la scure del presente che, libero dai vincoli del futuro, richiede la massima manipolabilità del suo tempo, senza riguardo per ciò che fu, quand'anche esso fosse costitutivo della natura umana e della dignità delle sue espressioni.

In questo quadro sono precipitati gli aerei-bomba sulle Torri gemelle e sul Pentagono. Una civiltà in crisi (la nostra), priva delle categorie per interpretare e degli strumenti per governare la grande trasformazione che ha messo in moto, viene colpita al cuore, nel suo centro simbolico, con inaudita violenza. Il diritto non conosce le parole per dirlo: terrorismo? guerra? cosa si è abbattuto su New York e Washington l'11 settembre? L'universalismo dei diritti su cui si era costruita l'ultima promessa della tradizione giuridica occidentale (il valore assoluto della dignità della vita umana e l'autodeterminazione dei popoli a fondamento di un ordine pacifico nelle relazioni umane) non riesce più a far dialogare mondi che si rinfacciano il tradimento di quelle stesse promesse. Entra in campo la guerra e ne esce il diritto.

Comunque la si voglia giustificare la guerra è fuori dal diritto. Attraverso di essa irrompe sulla scena della regolazione dei conflitti tra i popoli e gli individui la pura forza, la cui legittimazione è solo nei fini, e mai nei mezzi attraverso cui essi sono perseguiti. Sconfiggere il male è l'imperativo del presente. Sconfiggere quella violenza incontrollata che ha ferito al cuore il nostro mondo. Sconfiggerla con tutti gli strumenti a disposizione, senza riguardo alla loro astratta legittimità (su cui, tra passato e futuro, il diritto costruiva le proprie ragioni), ma solo alla loro efficacia, qui e ora.

Con queste ragioni la guerra cancella il diritto internazionale, ma con queste ragioni la guerra cancella anche il diritto internazionale dei diritti umani. Certo gli involucri restano in piedi, sospesi o aggirati, a seconda dei punti di vista. Ma quando un ordinamento internazionale finalizzato alle pacifiche relazioni internazionali viene sospeso nel momento del bisogno, quando un *corpus* giuridico a tutela dei diritti umani viene sospeso nel momento in cui è probabile, anzi proprio perché è probabile che essi corrano gravi rischi, si può dire che quell'ordinamento e quel *corpus* esistano ancora?

Il faticoso cammino del diritto internazionale dei diritti umani lungo il sentiero della loro inscindibilità e interdipendenza (dei diritti civili, politici, economici e sociali) sembra essersi risolto nel paradosso della loro eguale negazione. Quando anche nella patria dell'*habeas corpus* i fondamentali diritti di libertà possono essere sospesi, come avviene da sempre in gran parte del mondo per i negletti diritti economico-sociali, la partita sembra essere chiusa. Il diritto sembra aver perso la sua ambivalenza e si presenta nelle forme del puro strumento dell'ordine. Che sia ancora legittima è da discutere, monopolistica non pare, in campo resta la violenza e il comando autoritario.

Ma la partita della sospensione dei diritti umani, della loro alienabilità non è nel potere di uno, due o dieci governi nel mondo, ma nelle nostre mani, nelle mani di chi è titolare di quei diritti, nella concezione della dignità della persona e nel rispetto della irripetibilità di ciascuna esperienza umana che ognuno di noi porta con sé (Resta 2002).

Quand'anche il corpus del diritto internazionale dei diritti umani fosse formalmente stracciato, resterebbero nelle relazioni tra gli individui, nelle dimensioni comunitarie, nella vita di ciascuna e di ciascuno quei bisogni primari cui essi alludono traducendoli nel linguaggio dei diritti (Baratta 2001).

Quando il diritto resta in campo con la sua faccia arcigna, chiuso nel presente della legge e dell'ordine con il suo desiderio di onnipotenza, senza più la legittimazione delle sue promesse, non resta che riprendere un cammino qui e ora per una critica radicale dei suoi imperativi, per riportare il mondo dei bisogni al centro della politica. È la sfida sempre aperta di Antigone a Creonte, dei sentimenti di giustizia alla durezza delle leggi. È la stessa possibilità che il diritto torni a vivere della propria ambivalenza, tra passato e futuro, tra il rigare dritto e il riconoscimento dei diritti.

Riferimenti bibliografici

ALLEGRETTI, U. (2002), *Diritti e stato nella mondializzazione*, Troina (En), Città aperta edizioni.

ANASTASIA, S. (2002), *Introduzione. Fotografia in movimento. Tendenze dell'esecuzione penale*, in S. Anastasia-P. Gonnella, *Inchiesta sulle carceri italiane*, Roma, Carocci, pp. 13-30.

BARATTA, A. (2001), *Diritto alla sicurezza o sicurezza dei diritti?* in S. Anastasia-M. Palma (a cura di), *La bilancia e la misura. Giustizia, sicurezza, riforme*, "Democrazia e diritto" 10, Milano, FrancoAngeli, pp. 19-36.

BAUMAN, B. (1998), *Globalization. The Human Consequences*, Cambridge-Oxford; trad. it. di O. Pesce: *Dentro la globalizzazione. Le conseguenze sulle persone*, Roma-Bari, Laterza, 1999.

BOBBIO, N. (1990), *L'età dei diritti*, Torino, Einaudi.

BUNYAN, T. (2001), *The "war on freedom and democracy". An analysis of the effects on civil liberties and democratic culture in the EU*, in www.statewatch.org.

BUTLER, J. (2003), *Modello Guantanamo*, in *La rivista del manifesto*, gennaio, pp. 51-60, ora in *Precarious life. The powers of mourning and violence*, London-New York, Verso, 2004 (trad. it. a cura di AA.VV.: *Vite precarie. Contro l'uso della violenza in risposta al lutto collettivo*, Roma, Meltemi, 2004).

CHRISTIE, N. (1993), *Kriminaltetskontrol i industriasamfunnet*, Oslo; trad. it. dall'edizione inglese di S. Carducci e A. Fambrini: *Il business penitenziario. La via penitenziaria al gulag*, Milano, Eleuthera, 1996.

DAHRENDORF, R. (1995), *Economic opportunity, civil society, and political liberty*; trad. it. di R. Rini: *Quadrare il cerchio. Benessere economico, coesione sociale e libertà politica*, Roma-Bari, Laterza.

DE FIORES, C. (2002), *L'Italia ripudia la guerra? Costituzione e nuovo ordine globale*, Roma, Ediesse.

DE GIORGI, A. (2000), *Zero Tolleranza. Strategie e pratiche della società di controllo*, Roma, Deriveapprodi.

ESCOBAR, R. (1997), *Metamorfosi della paura*, Bologna, Il Mulino.

FEELEY, M. y J. SIMON (2002), *Actuarial Justice: the Emerging New Criminal Law*, in D. Nelken (a cura di), *The Future of Criminology*, London.

FERRAJOLI, L. (1989), *Diritto e ragione. Teoria del garantismo penale*, Roma-Bari, Laterza.

— (2000), *Diritti fondamentali*, Roma-Bari, Laterza.

FERRARESE, M.R. (2002), *Il diritto al presente. Globalizzazione e tempo delle istituzioni*, Bologna, il Mulino.

PAVARINI, M. (1997), *La criminalità punita. Processi di carcerizzazione nell'Italia del XX secolo*, in L. Violante (a cura di), *Storia d'Italia. Annali 12. La criminalità*, Torino, Einaudi, pp. 981-1031.

RATNER, M. (2001), *Les libertés sacrifiées sur l'autel de la guerre*, in *Le Monde diplomatique*, novembre; trad. it.: *Le libertà sacrificate sull'altare della guerra*, in *Le Monde diplomatique-il manifesto*, novembre.

RESTA, E. (1992), *La certezza e la speranza. Saggio su diritto e violenza*, Roma-Bari, Laterza.

— (2002), *Il diritto fraterno*, Roma-Bari, Laterza.

ROSSANDA, R.(2003), *Terrorismo, terrorismi*, in *La rivista del manifesto*, gennaio, pp. 47-50.

SENNET, R. (1998), *The Corrosion of Character. The Personal Consequences of Work in the New Capitalism*, New York-London; trad. it. di M. Tavosanis/Shake: *L'uomo flessibile. Le conseguenze del nuovo capitalismo sulla vita personale*, Milano, Feltrinelli, 1999.

STATEWATCH (2001*a*), *EU anti-terrorism action plan: legislative measures in justice and home affairs policy*, in www.statewatch.org.

— (2001*b*), *EU anti-terrorism action plan: "operational measures"*, in www.statewatch.org.

VIANELLO, F. y D. PADOVAN (1998), *Criminalità e paura: la costruzione sociale dell'insicurezza*, in *Dei delitti e delle pene*, n.° 1-2, pp. 247-286.

L. WACQUANT (1999), *Les prisons de la misère*, París; trad. it.: *Parola d'ordine: tolleranza zero*, Milano, Feltrinelli, 2000.

CRIMINALIDAD Y DERECHOS: PARADOJAS EN EL CONTEXTO DE LA INTERACCIÓN CONTEMPORÁNEA ENTRE ESTADO, INDIVIDUO Y MERCADO[1]

Luis González Placencia
Ricardo Gluyas Millán

A Roberto le conocí primero en sus textos; en especial recuerdo aquél debate sostenido con Eduardo Monreal, Lola Aniyar y Rosa del Olmo en los años ochenta que fuera el que motivara, sin que ninguno de ellos lo supiera, que mi interés se decantara hacia la crítica de la criminología. Juzgado por la seriedad de sus argumentos, por el compromiso social de ellos derivado y por su coherencia política, le admiré desde entonces. Cuando una década después le conocí personalmente, comprobé que un académico serio, sólido y puntilloso puede además ser una gran persona. Con el paso de los años, junto a mis amigos Fernando Tenorio y Fernando Coronado, nos ha unido una amistad que, como suele ocurrir con las querencias ultramares, no sólo no se olvida sino que se renueva y se refuerza cada vez que nos encontramos, por esporádicos que estos encuentros sean. En lo personal, Roberto es un referente, y quizá, el más claro ejemplo de congruencia y generosidad que tengo en la vida, cosa que no es menor en un mundo dominado por los intereses y por las vanidades. Con esta modesta intervención no retribuyo en nada las múltiples muestras de solidaridad y de apoyo que de él he recibido tanto en México como en España; en todo caso, mi intención es la de unirme a quienes le queremos y respetamos, en esta noble y cariñosa iniciativa que Iñaki y secuaces han ideado. Me acompaña en este texto nuestro común amigo Ricardo Gluyas colega de Inacipe quien, en los recientes viajes de Roberto a la ciudad de México, ha tenido el privilegio de hospedarle en la ya internacionalmente conocida Mansión Gluyas. Recibe de ambos, querido Roberto, un fraterno abrazo desde Tlalpan, en el convulso valle de Anáhuac.

L.G.P., primavera de 2005.

Introducción

En este texto interesa reflexionar sobre el reto que la criminalidad organizada presenta hoy para la vigencia de los derechos. Utilizando como marco de análisis la sistematización histórica que para la comprensión de la modernidad ha sido asumida por Sousa Santos (1991), con referencia específica a lo que el denomina "pilar regulativo de la modernidad", proponemos como hipótesis de trabajo que la criminalidad dominante en una época determinada es endémica de la relación entre el mercado, el estado y el individuo —principios constituyentes de dicho pilar regulativo. En consecuencia, planteamos la idea de que la criminalidad organizada, con énfasis particular al narcotráfico, obedece

1. Este texto fue financiado con fondos del Instituto para la Seguridad y la Democracia. A.C. Una versión preliminar, elaborada por Luis González Placencia, fue presentada como documento de trabajo para esa organización.

a una lógica que no sólo escapa al control penal diseñado *ad hoc,* sino que termina por funcionalizar dicho control a favor de su perpetuación, con la consecuente degradación de los derechos de los ciudadanos, que, mediatizados, quedan reducidos a una condición de público consumidor. Se propone, en conclusión, una revisión de las posibilidades que el derecho penal y la sociedad civil tienen, en el marco de una recuperación de los derechos, en el enfrentamiento que supone la amenaza contemporánea del mercado, especialmente del que se desarrolla al margen de la legalidad.

1. El delito como forma endémica de la modernidad

La modernidad trajo consigo nuevas instituciones, nuevos actores y una correlación de fuerzas distinta respecto de la cosmovisión del mundo medieval. La relación entre los agentes que participaron en la construcción incipiente de los mercados y las primeras formas del estado moderno estuvo mediada por el lugar central que el individuo y la protección de sus derechos tuvieron en el pensamiento liberal. En términos llanos, el reconocimiento del poder del estado sobre los individuos, muy en especial del poder para poner en peligro la libertad, la vida y la propiedad, para afectar, es decir, la esfera de lo privado, se expresó como una necesidad de poner límites al estado que fuesen garantía de no intervención. De ahí que no sea casual que las dos más importantes declaraciones de derechos —la francesa y la norteamericana— hayan tenido como objeto la protección de las llamadas libertades negativas. En ese contexto, el derecho penal liberal jugó un importante papel en una doble dimensión destinada, por una parte, a definir las conductas que, realizadas entre particulares, ponían en riesgo los bienes que dichas libertades suponían —la propiedad, pero también la libertad entendida como capacidad para concurrir al mercado por la vía de la oferta o de la demanda— así como las penas que debían sufrir quienes las cometieran; y por la otra, a definir los límites entre el poder del estado y los particulares que requerían que el ámbito destinado al florecimiento de la actividad individual en el espacio público estuviese libre de amenazas.

El derecho penal fue pensado, así, para servir como un mecanismo de regulación de los conflictos entre los propios individuos —delitos y penas— y entre los individuos y el estado —garantías— dando por hecho la existencia de tales conflictos y con arreglo a un conjunto de normas destinadas a otorgar previsibilidad a las consecuencias que la intervención estatal tendría en la afectación de los derechos de los ciudadanos. Con ello, el dispositivo ideológico de la primera modernidad configuró un espacio simbólico en el que se dio una importante convergencia entre los principios del mercado y del individuo y de ambos con el estado, al centro de la cual, los derechos humanos constituyeron el referente de validez; en el fondo, se trataba de compatibilizar las disputas de los agentes —por ejemplo, entre los oferentes y demandantes de un bien— que surgieran de la actividad económica con los principios rectores de la certeza jurídica, para asegurar la reproducción de escala simple y ampliada de la producción y del comercio. La legitimidad de la intervención penal —y en general de toda posible intervención del estado en la vida de los ciudadanos— quedó así referida a la garantía de legalidad, que en clave de derechos supone ser leída como el límite a los actos gubernamentales.

Como es posible observar, en el equilibrio conseguido entre los principios del pilar regulativo de la modernidad, el fiel de la balanza se estructuró en torno a los derechos humanos.

Sin embargo, este equilibrio se rompió al menos en dos ocasiones a lo largo de los últimos doscientos años generando en cada caso, nuevos equilibrios. El primer desequilibrio se dio a favor del estado que a lo largo de los siglos XIX y XX, logró colonizar tanto al mercado como a los individuos, con una clara tendencia a la autoprotección. En este periodo fue el estado el que requirió de una alianza con el mercado para el control de los movimientos sociales que afectaron tanto la capacidad de gobernar del primero, como la estabilidad del segundo (Burguers, 1992; Melossi, 1994). El derecho penal se convirtió en el instrumento por excelencia para el control de la disidencia política, económica y moral, abandonando con ello su carácter de garante de los derechos y asumiendo un nuevo rol como custodio del orden —político, económico y moral. En este periodo la noción de delito se desdibujó dando cabida a una más amplia capacidad para definir comportamientos que podían ser perseguidos, lo que se logró mediante el recurso al concepto de "desviación social" (Bergalli, 1998). Este concepto permitió incrementar el ámbito del control institucional que ya el estado se había irrogado mediante el uso del derecho penal, a comportamientos no necesariamente tipificados, pero de igual modo atentatorios frente a la concepción dominante del orden político, económico y moral, es decir, a la amplia gama de comportamientos que la criminología clínica y la sociología de la desviación se encargaron de definir como "para", "anti" y "a- sociales". La red institucional se extendió así, con el sistema penal como núcleo duro de una estrategia de control a manos de los operadores sociales quienes jugaron un papel muy importante en la detección y en la criminalización de la pobreza, del sindicalismo, de la homosexualidad, de la producción, venta y consumo de drogas y del activismo político, entre otras formas de la disidencia (Cohen, 1985).

En esta nueva constelación, los derechos fueron relegados a un papel simbólico, destinado a la mediación de las demandas entre el sector social y el mercado, cuya satisfacción quedó en manos del estado (Marshall, 1961). Tampoco parece casual que haya sido en este momento, la segunda modernidad, cuando fueran proclamados los llamados derechos sociales, pues en el doble proceso de luchas y concesiones, lo cierto es que, con la protección de estos derechos, e incluso sólo con la promesa de su satisfacción futura y progresiva, el llamado estado de bienestar social logró una base de estabilidad en la que se premió el consenso y se persiguió y castigó a quienes disintieron. El temor que los ciudadanos de la primera modernidad tenían acerca de los poderes del estado se actualizó, pero la condición estable de los mercados —bajo el manto protector del propio estado— no sólo no resultó amenazada por el poder estatal sino que se vio beneficiada por este; así, junto al control legítimo de la delincuencia, la criminalidad de estado floreció durante la segunda modernidad, solo que, por razones obvias, ello no fue claramente visto como un problema social, sino en todo caso legitimado, bien desde la criminología de orientación positivista (Bergalli, 1985), o bien a partir del recurso a la razón de estado (Melossi, 1994), cuando definidamente la imposibilidad para justificar sus actos así lo requirió.

La situación recién descrita tuvo al menos dos efectos importantes: por una parte, la renovación del discurso del derecho como límite al poder ilegítimo, aunque en ocasiones legal, de los estados (Ferrajoli, 1990); por la otra, consecuencia natural de la evolución del libre comercio, la transacionalización —y con ello la dominación— de los mercados en el escenario de la tercera modernidad (Sousa Santos, *cit.*). La connivencia entre ambos discursos es sorprendente por cuanto muestra el modo en el que la más reciente constelación de las esferas en la regulación de la modernidad juegan, según Sousa Santos, un nuevo equilibrio, esta vez, a favor del mercado, invirtiendo la relación del liberalismo de la primera modernidad y orientando al estado hacia la protección del mercado.

Respecto de los individuos, atomizados y recolectivizados ahora en el seno de los llamados nuevos movimientos sociales —organizaciones no gubernamentales (ONG) y organizaciones de la sociedad civil (*OSC*)— el estado neoliberal establecerá un compromiso de protección por la vía del estado de derecho, en su acepción más próxima a la *"rule of law"* norteamericana, desdoblada en diferentes niveles de protección de la seguridad: pública, nacional y jurídica. Sin embargo, la protección de los derechos humanos es residual respecto de la protección que el mercado requiere, tanto de los vestigios del estatismo y de los nacionalismos, pero fundamentalmente, respecto del mismo mercado que en el fondo, resulta el principal riesgo para su propia estabilidad. En otras palabras, parece posible hipotetizar que es, nuevamente, la esfera dominante la que al definir los riesgos que le amenazan, define también el horizonte de su forma endémica de criminalidad.

En efecto, si en la primera modernidad la dominación en el pilar regulativo la ejerció el principio del individuo, los riesgos que otros individuos y el estado representaron para su libertad definieron el ámbito de su protección desde el propio estado liberal clásico — derecho penal, libertades fundamentales y garantías penales— y junto con ello, el de los delitos que le amenazaban: robos, violencias, injurias, contrabandos, deudas, tranquilidad pública, migraciones (Prieto, 2003). En la segunda modernidad, el centro lo ocupó el estado quien, encargado por antonomasia de la protección del sistema, se auto-protegió de los riesgos que para su estabilidad representaron un individuo colectivizado en amplios movimientos sociales, y un mercado en creciente expansión. En ambos casos, la sobre-regulación fue el instrumento que le permitió intervenir y someter, tanto al individuo como al mercado, mediando la relación entre ambos con ayuda del dispositivo de los derechos sociales, pero a la vez generando una relación interesada con el mercado a favor del control del disenso social. La auto-protección del estado definió los delitos y las desviaciones características de la segunda modernidad: disolución social, agitación política, consumo de sustancias prohibidas, "desviaciones" sexuales, pandillerismos, prostitución, juego (Hobbs, 2002). Así también, si en la tercera modernidad ha sido el mercado el que ocupa el sitio dominante, es la necesidad de protegerlo la que define los términos del control que ha de ejercerse para garantizarla. Con respecto a los peligros que emanan del propio estado, la *rule of law* habrá de resguardarle frente al estatismo y los nacionalismos; con respecto al mercado, una nueva concepción del orden radicada en la seguridad, deberá protegerle de la competencia desleal, de los monopolios y acuerdos extramercantiles, así como de la actividad comercial que se da en sus márgenes, es decir, de lo que conocemos como criminalidad organizada.

Residualmente, el estado neoliberal de derecho funcionará también para la protección de las nuevas colectividades respecto de quienes atentan contra su seguridad.

Si este análisis es correcto, es posible afirmar que la criminalidad es funcional al tipo de dominación que prevalece en el pilar regulativo de la modernidad (en términos de Sousa Santos, *cit.*); en consecuencia, es posible decir que la criminalidad organizada es endémica de la tercera modernidad, como la criminalidad política —en sentido amplio— lo fue de la segunda y la criminalidad convencional lo fue de la primera. Esta propuesta analítica tiene implicaciones importantes respecto de los mecanismos de regulación de los nuevos comportamientos delictivos, pero también los tiene en torno al papel de los derechos humanos y de la sociedad civil en la búsqueda de equilibrios que, al menos en última instancia, permitan proteger al ciudadano.

2. Contexto: Estado, mercado y delito en el contexto global

En la tercera modernidad, el derecho penal ha quedado subsumido en el seno de un modelo más amplio y difuso que es el de la seguridad (González, 2000). Ahora, parece más claro que nunca que la seguridad jurídica, tan cara al sistema penal liberal, cuando se la mira a través de los ojos del mercado, juega un papel muy importante en el afianzamiento de las condiciones que hoy requiere una empresa para decidir si invierte o no en un territorio determinado —como parece demostrarlo la literatura en torno a la reforma judicial en América Latina. Cfr. en otros: Domingo (1995); Stotzky y Nino (1993); Binder, (2002); Bergman y Kossick Jr. (2003)—, o para estructurar su demanda de bienes de importación cuando éstos provienen de un país etiquetado como exportador "tradicional" de sustancias prohibidas.

De modo que incluso la seguridad jurídica en su acepción de criterio de validez de la *rule of law*, es parte de un sistema amplio de protección de la seguridad en la que se encadenan también la seguridad nacional y la seguridad pública y dónde el sistema penal juega un rol central.[2] La primera pone las condiciones de validez para el litigio de los problemas que, desde el plano jurídico, enfrentan los mercados con los ciudadanos, robos y fraudes sin duda, pero también otros conflictos de carácter laboral, civil y administrativo. Pero son las políticas de seguridad nacional y pública las que configuran un resguardo frente a los embates que el mercado legal tiene desde otros mercados.

Por ejemplo, desde la década de los ochenta, la idea de que el estado sostiene una guerra contra el narcotráfico da cuenta del carácter de enemigo que se otorga a un sector del mercado de satisfactores que producen placer y evasión a un muy importante nicho de consumidores en el mundo. Por su parte, las políticas de seguridad pública también han supuesto una expansión de sus posibilidades de intervención con miras al control de las dimensiones locales de estos mercados ilegales que constituyen por ejemplo, la piratería, la reventa de autopartes robadas, el contrabando y más recientemente, el llamado narcomenudeo.[3]

En otros términos, la respuesta que el estado ha dado para proteger al mercado de las situaciones que le amenazan ha supuesto estrategias que desdibujan los límites del sistema penal simplemente porque, como se lo concibió en los últimos trescientos años, hoy resulta inoperante. O bien, de modo más radical, creemos posible sostener que la principal razón por la que las garantías que supone el sistema penal para los ciudadanos se han degradado con sorprendente facilidad radica en el hecho, duro pero insoslayable, de que el objeto de protección del sistema penal no es más "el ciudadano" en los términos en los que tradicionalmente se le ha entendido, sino en todo caso "el público", una clase especial de ciudadanos que por su naturaleza interesan predominantemente al mercado.[4] Si se intentara una interpretación de la doctrina que ampara esta visión de las cosas podría afirmarse que ello se justifica porque "el público" —en tanto que conjunto de consumidores consensuados— no las necesita, porque mientras se comporte conforme a la ley podrá gozar de la libertad, especialmente de aquella necesaria para consumir sin más restricciones que la capacidad como sujeto de crédito lo permita. El otro, oferente, productor, fabricante, distribuidor o consumidor de bienes ilegales, no es, en esta óptica, un ciudadano, sino uno más de los habitantes de la

---

2. Ello se evidencia en el proceso de expansión del derecho penal que paulatinamente ha tenido que enfrentar un intenso proceso competitivo generado por la expectativa de apropiación de rentas extraordinarias, que el derecho administrativo ha sido incapaz de regular; así como por la criminalización de conductas que se conciben como riesgosas para la seguridad del entorno en el que se prevé el desempeño empresarial.

3. Sobre las características de las curvas de oferta y demanda en los mercados legales, véase Roemer (2002).

4. Siguiendo a Habermas (cit.) si en la gramática de la democracia liberal la opinión pública era la voz del soberano en boca de un grupo pensante y crítico, en la gramática del estado intervencionista, la opinión pública la constituyó una sociedad vista como público espectador, cuya función abandonó la crítica para funcionar, en todo caso, como aclamador del gobernante. Lejos de haberse transformado este rol, frente al dominio del mercado, y en especial de los *media*, parece haberse más bien potenciado.

región de riesgos que atentan contra la República de las Víctimas, constituida como la entidad imagética de todos quienes configuran el público. De éste último se busca en todo caso la aprobación, como espectador de la política criminal, en aras de la consolidación de la confianza en las instituciones (como parece claro en los fines de la prevención/integración) y en esa medida, de la fidelidad con el mercado legal.

La lógica de esta doctrina de justificación es sorprendentemente simple y se resume, no obstante su contradictoriamente compleja explicación sistémica de la sociedad actual, en lo que alguna vez el gobernador de una entidad mexicana hiciera parte de su lema de campaña: *los derechos humanos son para los humanos, no para las ratas*. En esta lógica, el público se conforma con víctimas, reales y potenciales para las que, en el momento de requerirlo, el sistema de seguridad dejará caer todo el peso de la ley sobre quienes atentan, real o potencialmente, contra el orden y la paz. Los derechos, y muy en particular el derecho a la seguridad, están del lado de la víctima (piénsese por ejemplo en el auge del derecho victimal, y de la victimología), pero siempre que la victima la constituya un cliente, un usuario, un propietario, un miembro, en suma, de la comunidad de consumo que configura al público en la sociedad actual. Quien no pertenece a esta comunidad, por acción o por omisión, está contra ella y por tanto, su carácter de sujeto de derechos queda por lo pronto, disminuido si no es que anulado: *"Feinde sind aktuell Unpersonen"* en la formulación de Jackobs (en Muñoz Conde, 2003: 26).

3. **Paradojas: la relación implícita entre crimen organizado, mercado y ley**

Pero esta consideración simple no se hace cargo de las paradojas que contextualizan los fenómenos relacionados con la forma endémica de la criminalidad en la condición global. La primera de estas paradojas, que puede identificarse como "paradoja del mercado", supone, por un lado, que todos los mercados ilegales configuran, en último análisis, la otra cara de los mercados legales; para todos los bienes que circulan en el mercado negro hay una justificación alternativa cuya raíz sigue sostenida en el viejo argumento de la ley de la oferta y la demanda. El consumo de armas, de drogas y de pornografía, es sólo en ciertos casos ilegal, y su comercio legal se sustenta, por el lado de la demanda, en el reconocimiento de la capacidad de las personas adultas para decidir sobre lo que consumen, a sabiendas del daño que eventualmente pueden producir o producirse.

El comercio de productos "pirata" y de mercancía robada en mercados itinerantes representa una verdadera y única "ventana de oportunidad" en quienes no disponen de recursos para conseguir bienes que de otro modo les resultarían sencillamente inaccesibles. Y claro que siempre estarán presentes los argumentos de la inmoralidad y de la insalubridad que simbióticamente se validan para hacer creer al consumidor sano y moral que hay una ética del consumo que supone fidelidad al lado regulado del mercado y que el sobreprecio que se paga, la base de la renta diferencial, se compensa con la calidad del producto, su garantía y con la tranquilidad de haber consumido conforme a la ley. Pero dos cosas saltan de esta paradoja: la primera es que la ética del mercado es la de su propia conveniencia, como reza el lema de una escuela para empresarios: *en los negocios no se consigue lo que se merece, sino lo que se negocia*, lo que da cuenta de la concepción de justicia que subyace al mercado y que podría parafrasearse diciendo que, para la empresa, justo es lo que conviene al mantenimiento del consumo; la otra cuestión tiene que ver con que, dada esa visión de la ética empresarial nunca se sabe, ni se sabrá, dónde esta el límite entre los mercados legales y los ilegales, pues podemos, sin duda, identificar los extremos, pero ¿dónde está la frontera entre uno y otro? La criminalidad organizada es sólo la parte interna de la banda de Möebius que es el mercado en la tercera modernidad.

En este punto se revela otra situación que bien podría denominarse la "paradoja del desarrollo", pues, como ha sido consignado por van Dijk, Shaw y Buscaglia (2002), hay evidencia estadística que señala una correlación positiva entre subdesarrollo y delincuencia no convencional, que contrasta con la correlación, también positiva, entre desarrollo y delincuencia convencional. Desde luego, se trata de una situación que da cuenta del modo en el que corren paralelos los mecanismos formales e informales del comercio en la condición global: si desde una perspectiva diacrónica, los mercados ilegales son endémicos de la tercera modernidad, en una visión sincrónica lo son respecto del mercado legal. En otras palabras, la evidencia presentada puede serlo, no de una correlación lineal entre desarrollo humano y ciertas formas de la criminalidad —como lo presentan van Dijk *et. al.*— sino de una relación simbiótica determinada por el contexto de oportunidad para el establecimiento de mercados legales en el mundo desarrollado y el consecuente proceso de pauperización que ese desarrollo tiene en los países periféricos que desde luego redunda en el detrimento de la calidad de vida, en el debilitamiento institucional y en el florecimiento de industrias de bienes y servicios ilegales.[5]

Pero a estas se añaden otras paradojas, como es el caso de la "paradoja de la excepción" que se refiere a las consecuencias colaterales no previstas de la persecución penal excepcional —es decir, mediante medidas legales de excepción— de los participantes en estos delitos y de los propios bienes ilícitos.

Por una parte, como se sabe, las organizaciones criminales funcionaron sobre la base de estructuras jerarquizadas, con una división estricta del trabajo entre sus miembros y con especialización de funciones (Martin y Romano, 1992). La imposibilidad de llegar a los capos supuso la introducción en la ley de supuestos legales de excepción que otorgaron a la policía y a los procuradores de justicia penal más facultades que a la postre, permitieron la aprehensión de algunos de los más importantes.[6] Sin embargo, dado que las organizaciones criminales son empresas vivas y funcionales, no es descabellado hipotetizar, por ejemplo, que la caída de los grandes capos de la droga en los años 80 y 90 en México, ha sido funcional a la fragmentación de los cárteles y que, como efecto colateral de la política antidrogas, el resultado haya sido precisamente el de la expansión de la industria del narco: más oferentes y redefinición de la industria bajo el modelo de competencia —"muchos productores", "libre entrada y salida de la industria", "producto homogéneo" (Resa Nestares, 2003).

Otra expresión posible de este fenómeno puede constituirla el escalamiento que en los últimos años ha tenido el llamado narcomenudeo, pues frente a la obstaculización de flujos de droga hacia los puntos de venta para los que había sido originalmente destinada, el *surplus* de mercancía que se queda en los sitios de tránsito y que, como resultado de una política de asociación en participación —o *joint venture*— entre las organizaciones delictivas estructuradas de manera permanete y funcionarios del orden que han sido corrompidos no se destruye, tiene que ser distribuido de modo tal que se minimicen las pérdidas y el riesgo, con la ganancia secundaria que supone la creación de nuevos mercados locales.

A su vez, como resultado de estos fenómenos, las organizaciones criminales han aprendido, como las legales (Williamson, 1991), que las estrategias empresariales de

---

5. No hay lugar ahora para desarrollar este argumento pero es claro que fenómenos como el del tráfico de personas y el de drogas, que quizá son los que más notoriamente configuran el ámbito de la "delincuencia organizada", tienen sentido de sur a norte; el terrorismo, por ejemplo, lo es sólo cuando es definido desde los países que se auto consideran víctimas —cuando sucede al revés, se le denomina "defensa preventiva".

6. Para el caso mexicano, véase Möller (2004). Desde una perspectiva puramente descriptiva del proceso de la Ley contra la Delincuencia Organizada, puede verse Bruccet (2001), en especial pp. 329 y ss.

descentralización y la multipolaridad con diversificación de riesgos, son condiciones para la supervivencia del mercado del que participan. La expansión de la organización criminal supone por tanto, la existencia de funciones múltiples que son realizadas por miembros que se especializan pero que, lejos de ser indispensables, son en todo caso fungibles; si el titular de la función cae, incluso si se trata de uno los *capi*, lo importante es mantener la función para que la organización no se pierda.

Incluso en los casos en los que se mantiene un control centralizado, este tiene vigencia hasta en tanto permanezca al mando quien lo dirige, pues una vez que esto ya no suceda, lo más seguro es que la organización evolucione hacia formas descentralizadas o bien se fragmente. De lo anterior se sigue que, a mayor excepcionalidad en las reglas de persecución, menor control sobre las consecuencias colaterales no deseadas de la política criminal implementada.

Por su parte, la fragmentación de los cárteles ha sido funcional a la diversificación de la oferta, ya que en esencia, esta forma de arreglo extramercantil es inestable. A mayor oferta, más necesidad de diferenciación, lo que impacta en la territorialización, en los productos y en la generación de nuevos mercados imperfectos. En este contexto, una política que disminuye la cantidad de producto que circula para satisfacer la demanda, produce mayor competencia y la necesidad de colocar en el mercado la mercancía que no es confiscada y destruida, lo que supone para los cárteles menos golpeados por la ley, una oportunidad para acercarse a los consumidores afectados por la escasez. En otras palabras, una ley antidrogas, para aterrizar el ejemplo, puede funcionar, paradójicamente, como un regulador del mercado ilícito, creando y fomentando la competencia, lo que constituye una paradoja más que puede denominarse, justamente, la "paradoja de la prohibición".

Naturalmente, la marginación que la declaración de ilegalidad supone para los mercados de bienes ilícitos es condición para el surgimiento de mecanismos de regulación alterna de la competencia (Silva de Sousa, 2004). La violencia y la corrupción son, en este sentido, los recursos más claramente utilizados y se expresan, no solo como guerras entre cárteles, sino como el desdibujamiento de los límites entre quienes cometen el delito y quienes lo persiguen. Hoy por hoy, la penetración del crimen organizado en las instituciones de los países más afectados por el problema es inconmensurable. Aquí se expresa una paradoja más: la "paradoja de la ilegalidad", que supone que la marginalidad del mercado negro es condición para la ausencia de reglas claras de competencia, lo que maximiza la violencia y minimiza el control sobre la corrupción. Con ello, se abre un potencial muy importante de crecimiento para la industria ilícita que prácticamente no reconoce límites y que en ese sentido termina por hacer difusa la línea que suponemos hace distinto el ámbito de acción del delito y el de su control.

Y es justo la ausencia de límites, producto de la acción conjunta de las paradojas descritas, lo que se constituye en la principal característica de la criminalidad organizada: la capacidad para concentrar poder, que desde las perspectivas económica, bélica e incluso política, es poder efectivo de negociación ante sus competidores o bien, ante quienes obstaculizan su crecimiento. Como efecto de esta capacidad de negociación, cualquier medida del sistema penal y cualquier funcionario que se interpone con un mercado ilegal, adquiere un precio y se convierte, al mismo tiempo, en una posición a conquistar en beneficio del negocio: un policía, un fiscal, un secretario de estado, un juez, un gobernador, de ser cooptado es, cada uno a su nivel, un nuevo socio de la empresa; en caso contrario es un factor de encarecimiento del producto que hay que eliminar para mantener el proceso competitivo.

Un ejemplo relativamente cercano de lo que aquí se plantea tuvo como escenario, ni más ni menos, a las prisiones de alta seguridad de la Palma, en el Estado de México y la de Matamoros, en Tamaulipas. Los eventos allí ocurridos dan cuenta de que, no sólo la ley penal, sino tampoco las penas convencionales, son útiles cuando de lo que se trata es de imponer límites a un mercado, en un contexto en el que *ningún* mercado, legal o ilegal, se somete a otros límites que no sean los de su autorregulación.

La principal paradoja la constituye, por tanto, que, en la era de la globalización, caracterizada por un mercado legal hipertrofiado, colonizador del estado y de los individuos, el estado pretenda someter, por la vía de la ley penal, una forma de crimen inserta en un mercado, que por ilegal, no deja de estar contenido como los demás en el contexto global, y más bien, justo por estar prohibido, tiene una importante perspectiva de perpetuación.

4. Horizonte: el futuro global de los mercados ilegales

Si el problema se quedara solamente en el mercado, una legalización de los bienes ilícitos podría suponer la vía más adecuada para solucionar la criminalidad que se organiza alrededor de estos bienes. Pero el nivel de ganancias, las posibilidades de crecimiento y diversificación, las ventajas, en suma, de estar en el margen del mercado legal, hacen suponer que, más allá de los argumentos moralinos y legaloides que puedan ser esgrimidos, la legalización de los mercados ilegales no va a ocurrir en el horizonte próximo. De hecho, una consideración de los efectos que en términos de la relación entre la oferta y la demanda tendría la legalización de un bien ilícito, permite concluir, como lo muestra la figura siguiente, la disminución del precio de equilibrio, lo que desde luego, implica una disminución de la ganancia para quien vende dicho bien ilícito.

De hecho, algunos autores pronosticaban en los años ochenta que una vez dadas las condiciones para la comercialización de algunas drogas por parte de las empresas transnacionales, la despenalización de estas sustancias ocurriría. Sin embargo, la despenalización produciría como efecto directo el incremento de la cantidad de producto y en consecuencia, la caída del precio.

Efectos en precio y cantidad de la despenalización
de la oferta de un bien prohibido

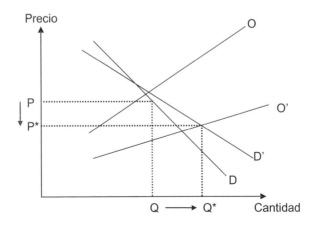

donde:

O= oferta en situación de prohibición
D= demanda en situación de prohibición
O'= oferta en situación de despenalización
D'= demanda en situación de despenalización
Q= cantidad en situación de prohibición
Q'= cantidad en situación de despenalización
P= precio en situación de prohibición
P'= precio en situación de despenalización

Pero a este argumento hay que añadir que, dado que la globalización es horizontal, el modo en el que se ha expandido la economía criminal ha mostrado el potencial que ésta última tiene frente a la economía legal. Hoy hemos sido testigos de la influencia de la globalización en la expansión del mercado negro; las mafias chinas y coreanas, por ejemplo, han extendido sus intereses y su participación desplazando a quienes tenían un control histórico de las drogas y otros productos ilícitos en diversas ciudades del mundo. Desde otro ángulo, por años, el propio sistema financiero respondió favorablemente a los beneficios del dinero lavado. Si en algún modo la "paradoja de la legalidad" tiene validez, lo que podemos pronosticar es que el estado —y el mercado— de la era global no apostarán a la incorporación del comercio ilegal al legal; más bien, apostarán al control que pueda ejercerse para mantenerlo dentro de ciertos límites de tolerancia.

5. Retos para el estado: los nuevos límites del sistema penal

Desde luego, lo anterior no desvirtúa un cierto nivel de lucha legítima contra la delincuencia organizada; por el contrario, justifica el proceso de reconsideraciones acerca del papel de la ley y de las instituciones en su combate. El ejemplo del juez Falcone en Italia fue notorio en este sentido, pues la experiencia del *pool* antifamia parece demostrar que la degradación de las garantías funciona cuando el sistema penal se dirige a quien es ya de antemano, sabido culpable. El sistema penal se orienta entonces a "validar" esta intuición, a mostrar más que a demostrar, la culpabilidad del imputado, a aportar las pruebas que la ilustren, más que a refutar su inocencia. Quien defiende a un imputado es, por antonomasia, un enemigo de las finalidades del sistema. Frente a esta situación, dos explicaciones son posibles.

La primera, en aras de la prevención general positiva, el sistema penal como subsistema social debe encaminarse a desempeñar funcionalmente su papel en la organización de la confianza del público en las instituciones. Como hemos dicho, la entronización de las víctimas ha jugado un papel del todo relevante en esta tarea. Un discurso contra la delincuencia organizada e instituciones que validen todas las medidas necesarias para enfrentarla como se enfrenta a un enemigo —visto en este caso como enemigo de las victimas— el sistema penal expandido puede, por un lado, mantener a raya, por así decirlo, a la criminalidad organizada y lidiar mediáticamente, por el otro lado, con la inseguridad que producen la delincuencia convencional y las manifestaciones domésticas de la industria delictiva.

La otra explicación posible sugiere que, dando por válido el interés legítimo por mitigar los efectos en el consumo de productos y servicios ilícitos, es que lo único que justifica el uso de mayor violencia estructural y legal, que es lo que caracteriza a los regímenes legales de excepción, es la certeza de enfrentar a un actor que tiene más poder y que por tanto tienen más capacidad de violencia que el propio estado, que en la primera y segunda modernidades, se suponía monopolizador y racionalizador de este que al final, es uno de los recursos más ampliamente utilizados en la solución de conflictos. Esta idea es factible si se tiene en cuenta que, en el caso en el que así se deseara, en las condiciones actuales y a través de los recursos legales ordinarios, un estado no puede aspirar sino a regular ciertos aspectos de los mercados legales; ¿cómo podemos exigirle entonces que lo haga con los ilegales?

Al final, ambas explicaciones convergen en un punto en común que es el siguiente: el único modo eficiente para mantener bajo control el poder y la violencia de la criminalidad organizada con la ley, es utilizando leyes más violentas. De ahí que los límites del derecho penal de la tercera modernidad le vengan impuestos desde fuera; la renuncia a los límites intrasistémicos, es decir, a la validez de las garantías, no es sino el resultado de la imposición de unos límites construidos desde el mercado y desde el público, que no son otros por cierto que los límites mismos del estado neoliberal: todo en favor del aliado, todo contra el enemigo.

6. Retos para el individuo: los límites de la sociedad civil

Uno puede estar de acuerdo o no con la idea de mantener bajo control a toda costa a los delincuentes, pero definitivamente hay que reconocer que hay un número importante de víctimas colaterales que no pueden ser consideradas, simplemente, como *casualties of war*. Nos referimos desde luego a las víctimas del consumo de drogas alteradas, a las víctimas de los traficantes de personas, a las del comercio sexual infantil y adulto, a las de las balas de las armas contrabandeadas, a las de las crisis económicas derivadas de los grandes fraudes bursátiles, pero también me refiero aquí a las víctimas directas del efecto que causan las leyes de emergencia. En último análisis, habría que reconocer también que el proceso de victimización que se deriva de los problemas relacionados con el crimen organizado es responsabilidad de quienes lo realizan, tanto como de quienes lo combaten. En este momento es necesario volver al punto de partida de este ensayo: si la criminalidad organizada es endémica de la tercera modernidad ¿qué papel juegan los derechos humanos en este marco?

Los cambios operados en los últimos treinta años han afectado de modo significativo la esfera del individuo también. En la primera modernidad el individuo, como ciudadano, jugó un papel central frente al estado y el mercado; en la segunda modernidad, el principio del individuo se reconstruyó en colectivos sociales, como fue el caso de los sindicatos y su poder se mantuvo mientras pudo encontrar en el *Welfare Sate* a un interlocutor válido. En la tercera modernidad, el principio del individuo se transformó de nuevo: los colectivos se fragmentaron y las personas hallaron en la sociedad civil una nueva representación. Los que entonces se llamaron "nuevos movimientos sociales" tenían como característica la organización casi espontánea alrededor de una serie de temas propios de una nueva agenda de preocupaciones sociales: el medioambiente, los derechos civiles, el desarme, la democracia, el consumo; temas que en común configuran el catálogo de valores que, tras la caída del muro de Berlín, han venido constituyendo el nuevo marco interpretativo de la modernidad.

Conjuntamente, la persecución de esos valores da cuenta de una red de "seguridades" cuyo sentido se halla precisamente en los riesgos que amenazan tales valores. Con todo ello, el horizonte de la lucha social se desplazó también, desde el mercado —principal fuente de inseguridad para el individuo en la segunda modernidad— hacia personas abstractas: el que contamina, el que tortura, el dictador, el macho, en suma: el que abusa. La lucha social de los años ochenta en adelante, ha sido más bien una lucha de subjetividades que articuladas en redes son reductibles a la dicotomía "el débil frente al fuerte". Detrás de estos cambios está, desde luego, el proceso de multiplicación y de especialización de los derechos humanos descrito por Bobbio (1991) que dio lugar a las generaciones tercera y cuarta: los derechos relacionados con la identidad y los relacionados con la vulnerabilidad global; generaciones de derechos que plantearon una nueva condición de sujetación al individuo quien se torna, entonces, sujeto de su identidad y de su situación frente a los riesgos.

En otras palabras, la posición del sujeto en la tercera modernidad depende de su pertenencia a grupos que se articulan en función de las nuevas tensiones en la relación sujeto a sujeto en escenarios que configuran, por así decirlo, ámbitos específicos de seguridad: el contexto de los discursos de género que provee el ámbito de seguridad para la nueva relación de identidades femeninas y masculinas; el contexto de los discursos de la democracia neoliberal que provee el horizonte de seguridad de la nueva relación de identidades amigos/enemigos; el contexto de discursos sobre la globalización que provee el horizonte de seguridad de las tensiones entre las identidades de globalifóbicos y globalifílicos y un etcétera cuya longitud se mide por el número de tensiones que es posible identificar o construir al rededor de las identidades a las que puede aspirar el individuo en esta etapa de la modernidad.

En otras palabras, en la tercera modernidad, el principio del individuo se realiza en un contexto altamente fragmentado, donde los escenarios, los actores y los recursos se articulan alrededor de temas de gran especificidad. Y esta situación no ha sido ajena al tema de los derechos, que en este contexto forma parte central de los recursos que se tienen para regular la lucha de las subjetividades. Los derechos de las mujeres, los derechos de los ciudadanos, los derechos de los consumidores, se orientan a la regulación de tensiones específicas a la relación que en cada caso viene dada por el sujeto de los derechos y por el otro que los amenaza. En el fondo, este mecanismo de protección que en línea de principio se legitima por la asimetría histórica entre los sujetos de las relaciones de poder que se dan en los contextos descritos, corre un elevado riesgo de fetichización cuando se da, como ocurre hoy, en un escenario fragmentado, descontextualizado y maniqueo donde cualquier forma de identificación con el agresor pone en duda la legitimidad de la propia identidad y coloca a quien así actúa en el escenario del enemigo. En otras palabras, el problema aquí es el de la construcción acrítica de identidades estáticas con cargas valorativas asignadas de antemano, en suma: de sometidos y sometedores ontológicos.

Desde luego, en la agenda de preocupaciones de la sociedad civil se encuentra también la relativa al carácter disruptivo del delito. En este caso, el ámbito de seguridad lo constituye la política criminal en cuyo seno tiene lugar la tensión entre victima y victimario. Aquí, las identidades dan cuenta de una relación fetichizada que reduce el problema del delito al del riesgo de ser victimizado, lo que justifica la construcción del problema como uno tendiente a neutralizar al enemigo "natural" de la víctima, que es el delincuente; la identificación con el agresor, o sea, cualquier intento por defender los derechos del delincuente, supone poner en duda la pertenencia a la "República de las víctimas" y hace de quien defiende los derechos del delincuente, un traidor a la causa del víctimas.

Y es que, claro, defender los derechos del agresor no tiene sentido en el contexto de estas relaciones fetichizadas: ¿quién sensatamente puede defender a un dictador? ¿Quién defiende al macho? ¿Quién defiende al torturador? En el fondo, estas que podrían denominarse algo así como "identidades negativas" están marcadas por su condición de enemigos de los valores que dan cuenta de la civilidad y la democracia en una sociedad avanzada. En el mismo sentido ¿Quién defiende al delincuente? No, o no sólo, al autor de un robo por razones de supervivencia, sino al capo de una banda de traficantes de droga, o de explotadores sexuales de niños, o de asesinos de mujeres o de asaltantes violentos. Quien asuma su defensa tiene en contra al resto de los se saben víctimas reales, o se pretenden victimas potenciales del delito.

Desde mi punto de vista, el problema radica en que estas relaciones han sido construidas de este modo porque la fragmentación del individuo, de sus contextos vitales, de sus relaciones sociales, es condición de posibilidad para el mercado en la tercera globalización. El mercado ha sido siempre sensible a la subjetividad, pero el descubrimiento del valor de las identidades le supuso la apertura de una gran ventana de oportunidad que es la de la colonización de la alteridad (Klein, 2002). La diferencia es un principio básico en la organización de los mercados actuales; reductible a la diferencia en los gustos y posibilidades de consumo, esta característica emerge como diferencia sustancial que incluso hace de la preferencia del consumo una opción política: desde el consumo en el mercado de discursos de los partidos, hasta el consumo de estilos altermundistas de vida, pasando por el consumo de discursos y prácticas feministas, indigenistas, *light*, naturalistas, de new age, la identidad se define por el tipo de productos que se consumen, sean éstos discursos, artefactos, imágenes, promesas o prácticas.

El discurso de los derechos, es también, en estas condiciones, un producto de consumo que se vende bien entre ciertas subjetividades, siempre que se atenga a la protección de las identidades positivas y evite extenderse a las negativas.

7. Perspectiva

El panorama que se presenta es complicado y, sobresimplificando, puede explicarse del siguiente modo: la criminalidad organizada representa un reto porque desde el estado las posibilidades de enfrentarla, aún con el recurso de la violencia legal extremada, son limitadas y contraproducentes; desde el ámbito de acción del individuo porque en el mercado de las identidades, la única posibilidad de colectivizar los intereses de las personas, según parece desprenderse del modo en el que jerarquizan los intereses de las subjetividades estáticas, se constriñe a hacerlo en su calidad de público. Quizá haya que mencionar aquí una variable más, que no desarrollo, pero que es transversal al modo en el que se estructura la interacción entre mercado, estado e individuo hoy día; me refiero a la variable mediática, cuya centralidad en la producción y reproducción de un nivel de la racionalidad que se expresa como imágenes ha constituido quizá, el más importante entre los recursos con los que cuenta el mercado para generar necesidades y para proponer satisfactores. La simbiosis entre el mercado y los *media* ha producido efectos de magnitud tal que el individuo ha quedado atrapado en el consumo, incluso si se trata de un consumo alternativo, o de un consumo ilegal.

De todo lo antedicho, para mi se sigue una consecuencia que en cierto modo está más próxima al cinismo posmoderno que a la ingenuidad ilustrada: la solución no la tiene el estado; quizá haya que buscarla en el individuo que es quien puede, en todo caso, poner un límite al mercado; y aventuro aquí una idea que por descabellada me parece interesante: buscar en el individuo la solución a las consecuencias del mercado ilegal, tanto como a aquéllas negativas que se desprenden del mercado legal, significa un replanteamiento radical del tema de los derechos como cultura de consumo libre, responsable y justo. Más allá de la nostalgia por las utopías, en el seno del capitalismo salvaje, se requiere de mecanismos de defensa radical, capaces de reconocer la realidad en la que estamos parados. El activismo no puede renunciar a la crítica de las legislaciones de emergencia; al contrario, debe insistir en el derribamiento de las hipocresías, en especial cuando de ellas se siguen consecuencias que no sólo no resuelven, sino que potencian los problemas que se supone combaten; pero tampoco puede anclarse en la defensa ingenua de las identidades ontológicas. El reto esta aquí en la capacidad para avanzar en la construcción de identidades dinámicas, desprovistas de valoraciones fundamentalistas que permitan defender, como un derecho fundamental, el derecho a ejercer los derechos que cualquiera otro sujeto ejercería en una situación cualquiera de ventaja. *Contrario sensu* supone el derecho a reclamar el derecho a no estar en desventaja. Entiendo la complejidad de la tarea; involucra en el fondo una teoría general de la justicia que está por construirse y que, para ser tal, debe en mi opinión renunciar al prejuicio y adherirse a la posibilidad de una *recta ratio*, que en un contexto de inestabilidades, no actúa como norma fundante, sino como criterio de corrección de las desigualdades.

Bibliografía

BERGALLI, R. (1985). "Una sociología del control penal para América Latina: la superación de la criminología", en R. Bergalli y J. Bustos (comps.), *El poder penal del Estado. Homenaje a Hilde Kaufmann*. Buenos Aires: De Palma, pp. 3-23.

— (1998). "¿De cuál derecho y de cuál control social se habla?", en R. Bergalli (ed.), *Contradicciones entre derecho y control social*. Barcelona: Bosch / Goethe Institut, pp. 17-33.

BERGMAN, M. y R.M. KOSSICK, Jr. (2003). "La ejecución de sentencias en México. Análisis de percepciones cuantitativas y cualitativas del Poder Judicial y de la profesión legal". *Juez. Cuadernos de Investigación del Instituto de la Judicatura Federal*. Vol. 2, n.º 3, otoño, pp. 11-28.

BINDER, A. (2002). "La reforma de la justicia penal: entre el corto y el largo plazo". *Sistemas Judiciales*, 3.

BOBBIO, N. (1991). *El tiempo de los derechos*. Madrid: Sistema.

BUERGERS, J. H. (1992). "The road to San Francisco: The revival of the Human Rights idea in the XXth. Century". *Human Rights Quarterly*, 14, pp. 447-477.

COHEN, S. (1985). *Visiones del control social*. Barcelona: PPU.

DOMINGO, P. (1995). "Rule of Law and Judicial System in the Context of Democratisation and Economic Liberalisation: a Framework for Comparisson and Analisys in Latin America". Documento de Trabajo 25. México: CIDE / División de Estudios Políticos.

FERRAJOLI, L. (1990). *Diritto e raggione. Teoria del garantismo penale*. Bari: Laterza.

GONZÁLEZ, L. (2000). "La concepción sistémica de la seguridad pública en México: o la secreta adscripción del discurso preventivo a la "razón de estado"". *Nueva Sociedad,* 167.

HOBBS, D. (2002). "Colaboración delictiva: bandas juveniles, subculturas, delincuentes profesionales y delito organizado", en M. Maguire, R. Morgan y R. Reiner (eds.), *Manual de Criminología*. México: Oxford University. pp. 274-319.

KLEIN, N. (2002). *No logo. El poder de las marcas*. Madrid: Paidós.

MARSHALL, T.H. (1961). "The Welfare State: a Sociological Interpretation", en *Archives Europees d' Sociologie*, II, pp. 284-300.

MELOSSI, D. (1994). "Weak Leviathan and Strong Democracy, or of Two Styles of Social Control". *International Journal of Contemporary Sociology. Special Issue on Law, Economy and Social Democracy*. 31 (1), pp. 1-15.

MÖLLER, C. (2004). "La suspensión individual de derechos y garantías en el combate a la delincuencia organizada en México", en M. Carbonell (coord.), *Derecho Constitucional. Memoria del Congreso Internacional de Culturas y Sistemas Jurídicos Comparados.* México: UNAM/ Instituto de Investigaciones Jurídicas.

MUÑOZ CONDE, F. (2003). *El Derecho Penal del enemigo.* México: Instituto Nacional de Ciencias Penales.

PRIETO, L. (2003). *La filosofía penal de la Ilustración.* México: Instituto Nacional de Ciencias Penales.

RESA NESTARES, C. (2003). *El valor de las exportaciones mexicanas de drogas ilegales 1991-2000.* Madrid: Universidad Complutense de Madrid.

ROEMER, A. (2002). *Economía del crimen.* México: Instituto Nacional de Ciencias Penales.

SILVA DE SOUZA, R. (2004). "Narcotráfico y economía ilícita: las redes del crimen organizado en Río de Janeiro", *Revista Mexicana de Sociología.* Año 66, n.º 1, enero-marzo, pp. 141-192.

SOUSA SANTOS, B. (1991). "Una cartografía simbólica de las representaciones sociales. Prolegómenos a una concepción posmoderna del derecho". *Nueva sociedad,* 116. pp. 18-38.

STOTZKY, I. y C.S. Nino (1993). "The Diffculties of the Transition Process", en I. Stotzky (ed.), *Transition of Democracy in Latin America. The Role of the Judiaciary.* Oxford: Westview Press. pp. 3-18.

VAN DIJK, J.M. SHAW y E. BUSCAGLIA (2002). "The TOC Convention and the Need for Comparative Research: Some Illustrations from the Work of the UN Centre for International Crime Prevention", en H.J. Albrecht y C. Fijnaut (eds.), *The Containment of Transnational Organized Crime,* Friburg i. Br: Max-Planck Institute für ausländisches und internationales Strafrecht.

WILLIAMSON, O. (1991). *Mercados y jerarquías: su análisis y sus implicaciones antitrust.* México: Fondo de Cultura Económica.

EL SISTEMA PENAL COMO OBJETO DE INVESTIGACIÓN SOCIO-JURÍDICA. APUNTES A PROPÓSITO DE LA CREACIÓN EN ESPAÑA DE LA LICENCIATURA EN CRIMINOLOGÍA

Marta Monclús Masó

Esta contribución dedicada a homenajear al maestro y amigo Roberto Bergalli pretende ser una reflexión sobre el sistema penal como objeto de investigación socio-jurídica, a la luz de la reciente creación de la licenciatura en Criminología.

Luego me referiré a la configuración de esta nueva disciplina académica, pero puedo avanzar que la denominación de "criminología" ha sido ampliamente contestada por Bergalli, que año tras año ha iniciado sus clases —en las cuales he tenido el placer de asistir y participar en diversos cursos— destacando la intensa vinculación con la tradición del positivismo criminológico y su paradigma etiológico en el estudio de la cuestión criminal, que se limita a indagar en las causas del delito —como muestra la misma etimología: el "logos" del crimen—, descuidando los procesos de creación de la ley penal y de aplicación por parte de las instancias del sistema penal.

La contribución epistemológica de Bergalli sobre las formas de abordar el estudio del sistema penal resulta fundamental, por lo que necesariamente he de iniciar estas reflexiones recordando sus enseñanzas. Ha insistido en que el estudio del sistema penal no puede ser abordado desde su única descripción normativa, esto es, limitado a las disciplinas jurídico-penales y procesales, sino que requiere de las imprescindibles aportaciones de la antropología social, los estudios culturales, la psicología social, la sociología general, la sociología de las organizaciones y de las profesiones, la economía política, la teoría del Estado y la filosofía política (Bergalli, 1996: VII-XII).

La necesaria transdisciplinariedad en el estudio del sistema penal es debida a que el mismo constituye un objeto de conocimiento plurifacético, cuya comprensión exige tomar en cuenta tanto el nivel abstracto o estático como el nivel concreto o dinámico. En efecto, Bergalli denomina *sistema penal estático* al complejo jurídico-penal, procesal y constitucional que define las conductas constitutivas de delito, establece las consecuencias punitivas y describe las formas en que se concreta dicha intervención punitiva del Estado. Pero advierte que cuando se procede a la aplicación de todas estas normas a través de las instancias predispuestas para ello (policía, jueces, fiscales, instituciones penitenciarias) a menudo el funcionamiento y la actuación de dichas instancias de aplicación del sistema penal no necesariamente siempre coincide con las previsiones abstractas del ordenamiento jurídico. Este despliegue o aplicación de las normas penales y procesales por parte de las instancias es lo que denomina *sistema penal dinámico* (1996: *op. cit.*; 1998: 27).

La trascendencia del análisis del funcionamiento del sistema penal como objeto de conocimiento de la llamada criminología se tratará de mostrar a continuación, a la luz de la evolución de los objetos de estudio que han ido marcando la historia del pensamiento criminológico. Pero antes avancemos las líneas maestras de la nueva licenciatura en Criminología.

En julio de 2003 se creó la licenciatura en Criminología, configurada como enseñanza universitaria de segundo ciclo, iniciándose su implementación en varias Universidades en el curso académico 2004-2005. El Real Decreto 858/2003, de 4 de julio, estableció las directrices de los planes de estudio de esta nueva licenciatura, indicando las materias troncales y los créditos de cada una de ellas, que son las siguientes: Criminología (12 créditos), Prevención y tratamiento de la delincuencia (4'5), Victimología (4'5), Política Criminal (6), Medicina Legal y Ciencias Forenses (6), Métodos de investigación en Ciencias Sociales (4'5), Técnicas de investigación cuantitativa y cualitativa en Criminología (4'5), Derecho Penal (14), Derecho Procesal Penal (9), Psicología criminal (6) y Sociología del Derecho (6).

De la enumeración anterior se observa una limitadísima atención al sistema penal como objeto de estudio de la criminología, que sólo aparece de forma tangencial en la descripción del contenido de alguna de las materias troncales, en especial en la materia de "Sociología del Derecho" que obviamente abarca un contenido más amplio.

La escasa atención que se atribuye al sistema penal en la nueva licenciatura implica consagrar una visión de la criminología como disciplina legitimadora del *status quo* y del poder punitivo estatal, frente a los enfoques alternativos que podemos agrupar bajo el nombre de "criminología de la reacción social" o "criminología crítica", los cuales denunciaron el funcionamiento selectivo, clasista y racista del sistema penal, erigiéndolo como objeto de estudio fundamental de esa criminología alternativa (Zaffaroni, 1993: 5-10).

El objeto de estudio de la criminología ha ido variando a lo largo del tiempo en función de los diversos desarrollos en el ámbito del conocimiento, los paradigmas dominantes y las disciplinas que en cada momento histórico han tenido hegemonía en el pensamiento criminológico. Las primeras reflexiones teóricas sobre la cuestión criminal las encontramos a mediados del siglo XVIII, momento en que los penalistas ilustrados como Cesare Beccaria o Jeremy Bentham se ocupan de delimitar jurídicamente la definición de delito, con la finalidad de limitar el poder punitivo de los monarcas absolutos. Y para ello recurrirán a la figura del contrato social. El concepto de delito entonces sale del ámbito de la discrecionalidad del soberano, se separa claramente de la noción de pecado y se convierte en un concepto legal.

Con la consolidación en el poder de la clase burguesa y el auge del positivismo entrado ya el siglo XIX, el discurso crítico acerca de los límites del poder va quedando relegado. En el ámbito del pensamiento criminológico la reflexión sobre la definición legal del delito pierde centralidad, a la vez que las ciencias médicas adquieren hegemonía en el estudio de la cuestión criminal. El trasvase del método científico causal al campo de las ciencias sociales llevará a una progresiva "naturalización" de las nociones de delito y delincuente, hasta el punto que la definición legal de delito se verá desplazada por la noción de "delito natural".

A principios del siglo XX se va abriendo camino una perspectiva sociológica en el estudio de la cuestión criminal, que recurrirá a una metodología propia para el estudio de los fenómenos sociales propuesta por uno de los precursores del funcionalismo, Émile Durkheim. Esta perspectiva dará sus mayores frutos en Norteamérica, tanto desde la perspectiva interaccionista desarrollada en la Escuela de Chicago a partir de 1920, como en la perspectiva funcionalista desarrollada en Harvard primero por Talcott Parsons y luego por Robert Merton.

Edwin Sutherland y Thorsten Sellin son posiblemente los máximos exponentes de la criminología del siglo XX y quienes consolidan a esta disciplina dentro del campo de las ciencias sociales, relegando la biología criminal de Lombroso al terreno de la historia de la criminología.

En su importantísima obra *Principles of Criminology* (1939) —en la que reelabora su anterior *Criminology* (1924), que constituye el primer manual de criminología no positivista— Edwin Sutherland deja claro desde el inicio que el delito es un "fenómeno social". Además, su pretensión de arrinconar a la ciencia médica en la disciplina criminológica, que había dominado en los inicios de la "criminología científica", queda patente con la conocida definición de "Criminología" que nos brinda en el primer párrafo de su obra: "La criminología es el conjunto de conocimiento relativo al delito como fenómeno social. En sus objetivos incluye los procesos de elaboración de las leyes, de infracción de las leyes y de reacción ante la infracción de las leyes" (1939: 1, *la traducción es mía*).

A esta definición del objeto de estudio de la criminología que incorpora una especial atención al sistema penal, hay que añadir la fundamental aportación de Sutherland con sus estudios sobre "el delito de cuello blanco", que muestran la selectividad con que actúa el sistema penal (Sutherland, 1993 y 1999).

El otro gran representante de la criminología del siglo XX es Thorsten Sellin, quien se ocupó ampliamente de la etiología del delito, como se puede observar en su trabajo *Culture conflict and crime* (1938) cuya primera mitad la dedica a debatir acerca del estatuto científico de la criminología, a sentar las bases teóricas para un enfoque sociológico en el estudio de la criminalidad y a definir los métodos de investigación social de la etiología del delito. Sellin sostiene la posibilidad de desarrollar conocimiento *científico* acerca de las causas del comportamiento delictivo, esto es, de estudiar científicamente el delito y el delincuente y realizar generalizaciones válidas, principios o leyes que tengan valor predictivo. Pero esta perspectiva epistemológica no le hace olvidar que el objeto de estudio de la criminología viene delimitado por la ley penal, que es la que define al "delito" y al "delincuente". Tampoco desconoce la perspectiva conflictual, y señala que la definición de los delitos y el establecimiento de las sanciones dependen de los intereses de los grupos dominantes, que en ocasiones coinciden con la mayoría y en otras tan sólo con una poderosa minoría (1938: 1-25).

Además de ocuparse de la etiología del delito, en otros trabajos Sellin desarrolla una sociología de la administración de justicia que es menos conocida. Los análisis acerca de los prejuicios raciales existentes en la administración de justicia le llevan a adoptar de forma absolutamente pionera enfoques propios de lo que a partir de la década de 1960 se conocerá como perspectiva de la reacción social. En otros términos, cuando presta atención al racismo existente en la administración de justicia, Sellin deja de preguntarse acerca de las causas del comportamiento criminal y pasa a analizar la selección de las instancias del sistema penal en los procesos de criminalización de la población negra e inmigrante. Como veremos a continuación, este enfoque le permite interpretar la sobre-representación de la población negra en las diversas instancias del sistema penal con una claridad meridiana.

En su artículo "The Negro Criminal. A Statistical Note" de 1928, Sellin planteará la cuestión de la discriminación que sufre la población negra americana en el sistema penal. En esos años se sostenía que los negros americanos tenían un índice de criminalidad superior al de los blancos americanos. Esta afirmación era compartida por la mayor parte de estudiosos del tema, tanto blancos como negros. En dicho artículo Sellin analiza la información estadística disponible en ese momento sobre diversos Estados americanos y realiza una serie de consideraciones sobre la validez de las estadísticas y el alcance de la información que suministran. Las advertencias de este autor anticipan las críticas a las estadísticas como instrumentos de medición de la criminalidad que desarrollará la criminología de la reacción social y la criminología crítica en las décadas de 1960 y 1970. Creo que la relevancia de sus reflexiones merece la trascripción literal, pese a la extensión del párrafo en cuestión: "Debe ser recordado que estos datos sólo muestran la criminalidad *aparente* de los negros, pero no la *real*. Esta última cae en la categoría de lo desconocido, ya que es la suma total de todos los delitos cometidos. Tal suma sólo puede ser supuesta, debido a que muchos delitos no son denunciados a las autoridades, ya sea porque el delincuente es el único que sabe de su comisión, ya por el deseo de la víctima de evitar todo contacto con el sistema penal, que la lleva a suprimir la información relativa al delito. Por tanto, la única criminalidad que podemos computar es la criminalidad *aparente*, o la que puede ser reducida a términos cuantitativos por los que entran en contacto con el delito, con el delincuente o con ambos [...]. La intención de este artículo es indicar algunas de las vías a través de las cuales el tratamiento diferenciado al que se somete a los negros por parte de nuestras agencias del sistema penal incrementan artificialmente su criminalidad *aparente*, mientras que la de los blancos queda, en virtud del mismo tratamiento, tan reducida que las comparaciones entre ambas resultan excesivamente arriesgadas, a menos que esta situación sea debidamente evaluada y los índices corregidos" (Sellin, 1928: 53-54, *la traducción es mía*).

Tras estas reflexiones acerca de la inidoneidad de las estadísticas para medir la tasa de criminalidad *real* de la población negra, Sellin analiza los incompletos datos estadísticos sobre arrestos policiales, condenas judiciales y población penitenciaria con un fin radicalmente distinto del de medir la criminalidad de los negros, cuál es el de demostrar la discriminación racial que esta población sufre por parte de las diversas instancias del sistema penal. El autor demuestra que la población negra tiene muchas más posibilidades de ser arrestada por la policía por conductas que, si son realizadas por los blancos, no generan reacción policial; posteriormente los negros tienen más posibilidades de ser condenados por los tribunales, y de recibir una sentencia más severa por los mismos delitos, todo lo cuál incrementa los índices de los negros entre la población reclusa. El análisis de las estadísticas le lleva a concluir que existe una importante discriminación racial de los negros por parte de las agencias del sistema penal que distorsiona los índices de criminalidad *aparente* hasta tal extremo que no es posible hacer comparación alguna con los índices relativos a la población blanca (1928: 54-64). En suma, Sellin realiza una importante crítica a las estadísticas oficiales y afirma que las mismas no son idóneas para medir la criminalidad real de la población negra, debido a que la intensa discriminación racial que se ejerce en las diversas instancias del sistema penal provoca una distorsión de las cifras de la criminalidad.

Unos años más tarde encontramos otro trabajo del Sellin sobre la discriminación racial en el sistema penal, titulado *Race Prejudice in the Administration of Justice* (1935). Tras adoptar una perspectiva conflictual de la sociedad,[1] el autor analiza el efecto que las actitudes del juez respecto de la raza o el origen nacional tienen en la extensión de las condenas a prisión que impone a los nativos blancos, los extranjeros blancos y los negros. Sellin destaca la casi absoluta inexistencia de personas negras y de los grupos de reciente inmigración entre los miembros de la judicatura, denuncia que los datos estadísticos de condenas a prisión muestran claras evidencias de discriminación de los

---

1. Sostiene este autor que "las leyes son hechas por los grupos de intereses dominantes de la sociedad, que promueven la protección de los valores sociales que ellos consideran importantes. Además, estas leyes son aplicadas por hombres imbuidos por las ideas y conceptos del ambiente social que ha moldeado sus personalidades. El juez no es una excepción a esta regla. La toga judicial nunca puede ser un símbolo de teórica imparcialidad en la justicia" (Sellin, 1935: 212, *la traducción es mía*).

negros y los "nuevos" inmigrantes en los tribunales de justicia y concluye afirmando que pese al principio según el cuál la ley se aplica por igual a todas las personas con independencia de su raza u origen nacional, los datos analizados muestran que "la igualdad ante la ley es una ficción social" (1935: 212-217).

Esta línea de investigación criminológica no limitada a la etiología del delito será profundizada a partir de la década de 1960, en que los enfoques alternativos producirán una "revolución científica" en el ámbito del pensamiento criminológico. Autores como Lemert o Becker abandonarán las nociones tradicionales de delito y delincuente, pondrán de manifiesto que el delito es producto de una definición social —y legal— y señalarán a las agencias del sistema penal como constitutivas de la criminalidad. Es decir, señalarán que la infracción de las normas o *desviación* no puede ser estudiada al margen de los procesos de creación y aplicación del sistema penal en cada lugar y momento histórico.

Quizá uno de los aportes más interesantes de la perspectiva socio-construccionista al campo del delito es el hecho de haber puesto de manifiesto la "artificialidad" del concepto de delito. Es un concepto que incluye comportamientos absolutamente diversos entre sí, que sólo tienen en común el hecho de ser definidos como tal por la ley penal, es decir, de constituir una infracción a un artículo del Código Penal. Resulta difícil alcanzar a ver qué tienen en común un homicidio con la falsificación de un pasaporte, el tráfico de drogas o la participación en una manifestación no autorizada.

La llamada perspectiva del etiquetamiento (o *labelling approach*) será acogida con entusiasmo por los jóvenes criminólogos y sociólogos de la desviación que a ambos lados del Atlántico se resistían a justificar un sistema penal orientado al mantenimiento del *status quo*. Surgirá así la llamada "criminología crítica", que pretendió constituir un desafío frente a la criminología del *stablishment*.

Estos nuevos enfoques criminológicos sostendrán la necesidad de estudiar los procesos de definición del delito y de etiquetamiento del delincuente o, en otros términos, situarán los procesos de criminalización como objeto de estudio fundamental de la criminología. Se hablará entonces de los procesos de criminalización primaria, consistentes en la definición de los delitos por parte de la ley penal, y de los procesos de criminalización secundaria, configurados por la actuación de las instancias del sistema penal. Se trata de un nuevo objeto de estudio que implica un campo de encuentro entre la sociología jurídico-penal y la criminología crítica o de la reacción social, puesto que enfatiza la necesidad de estudiar los procesos de creación, interpretación y aplicación de la ley penal a fin de comprender la cuestión criminal (Baratta, 1993: 14-16).

Es toda esta tradición criminológica la que Bergalli trasladó en sus enseñanzas. Y es justamente esta tradición criminológica crítica, con sus aportes imprescindibles para comprender la cuestión criminal, la que ha sido en buena parte desconocida por los diseñadores de la nueva licenciatura en Criminología. Creo que no se ha incorporado en las directrices de los planes de estudio la merecida atención al funcionamiento del sistema penal y los procesos de criminalización, por lo que se perpetúa una situación de preocupante atraso en la investigación socio-jurídica sobre el control penal.

En efecto, la ausencia en España de investigaciones empíricas sobre el funcionamiento del sistema penal y sobre la relación entre derecho y sociedad ha sido alertada por Bergalli en reiteradas ocasiones. La escasez en el Estado español de investigaciones empíricas de sociología del derecho es debida a la poca atención prestada a este tipo de conocimiento tanto desde las Facultades de Derecho como desde las de Sociología. La desatención académica e institucional sobre esta disciplina se ha traducido en una ausencia casi absoluta de la misma en los planes de estudio de Derecho —sólo se contempla como asignatura optativa—, lo cuál redunda en una formación exclusivamente iuspositivista de los futuros profesionales del Derecho y en su desconocimiento acerca de los procesos de creación y aplicación de las leyes (Bergalli, 1989: I-XXV; 1992: VII-XXVI).

Hasta la fecha los desarrollos académicos sobre el funcionamiento del sistema penal son escasos; pocos juristas, sociólogos y criminólogos se han ocupado de la mencionada cuestión, con la remarcable excepción de Roberto Bergalli, los investigadores en cuya formación él ha contribuido y contadas contribuciones más.

Tampoco hay que olvidar las dificultades materiales de desarrollar en España investigación de socio-jurídica sobre el sistema penal. En primer lugar, la ya aludida falta de atención académica e institucional a dicha disciplina ha provocado una ausencia de personal con la formación necesaria para emprender este tipo de investigaciones. En segundo lugar, se trata de un ámbito de estudio que tradicionalmente no ha suscitado interés público ni oficial, de manera que los fondos económicos destinados a la investigación en este campo son absolutamente insuficientes (tanto los procedentes del Estado como de fundaciones privadas). En tercer lugar, también hay que señalar la histórica falta de transparencia en el funcionamiento de las instancias del sistema penal en España, que dificulta sobremanera —cuando no impide— el acceso a datos empíricos.[2]

Esta ausencia de investigación acerca del funcionamiento real del sistema penal podía haber sido revertida con la recién inaugurada licenciatura en Criminología, siempre y cuando el propio sistema penal se hubiera convertido en uno de los objetos de estudio prioritarios de la disciplina ahora académica. En términos inversos, no será posible paliar la ausencia de investigación socio-jurídica sobre el sistema penal si la nueva licenciatura se limita a acoger una concepción puramente etiológica de la criminología, centrando su investigación en la persona del delincuente e ignorando la función constitutiva de la criminalidad que tienen las instancias del sistema penal. Y esto parece que ha sucedido en gran medida.

La configuración del objeto de estudio de la nueva licenciatura en Criminología tiene importantes consecuencias en cuanto a los métodos y resultados de la investigación que se pueda producir desde ese ámbito académico. Como sabe todo investigador, la definición del objeto de estudio y la perspectiva epistemológica que se adopta condicionan los métodos de investigación. Y la criminología en el Estado español se ha caracterizado por un mal uso de los instrumentos de investigación social, en especial de las estadísticas oficiales, pretendiendo cuantificar la criminalidad con estadísticas que en realidad miden la actividad del sistema penal.

Las estadísticas de detenciones, condenas y población reclusa sólo cuantifican de manera bastante fiable la producción de unos pocos delitos, pero no de la gran mayoría y, mucho menos, de la criminalidad como categoría abstracta.[3] Para cuantificar la

---

2. Sólo recientemente el Ministerio del Interior y el Poder Judicial empiezan a publicar una parte limitada de los escasos datos que respectivamente recogen. Las limitaciones de la información que se obtiene de fuentes oficiales (estadísticas oficiales) obliga a los investigadores a recabar ellos mismos datos sobre el funcionamiento real del sistema penal, pero para esto es necesario tanto disponer de fondos para contratar a los profesionales necesarios, como obtener autorización de la instancia que se quiere investigar para llevar a cabo el estudio —autorización que no se obtiene con facilidad-.

3. Mientras que en el homicidio la tasa de delitos cometidos y la tasa de delitos conocidos por la policía es prácticamente la misma, en el tráfico de drogas la distancia que los separa es tan grande que no es posible utilizar las estadísticas policiales como índice de los delitos cometidos, sino que sólo sirve para medir la actividad policial de criminalización. En otras palabras, en este segundo caso la actividad policial tiene una función constitutiva del delito, el delito no existiría de no ser por la actividad policial, dado que apenas se denuncian delitos de tráfico de drogas.

criminalidad se ha recurrido a menudo a otros instrumentos cuantitativos, como las encuestas de victimización o a las encuestas de auto-incriminación. Las primeras han sido utilizadas en nuestro ámbito de forma bastante superficial, mientras que las segundas todavía tienen muy poca implantación. Ambos instrumentos presentan diversos inconvenientes que reducen su fiabilidad, aunque el principal hecho a destacar es que siempre se utilizan para cuantificar un mismo tipo de delitos —los denominados comunes o callejeros— y casi nunca para acercarse a otros comportamientos delictivos que permanecen inexplorados.

Es por todo lo dicho que quisiera terminar esta contribución con lo que probablemente sea el mejor "legado" de Bergalli para los investigadores españoles. Sería hora que aquellos criminólogos españoles interesados en conocer el fenómeno de la delincuencia se dedicaran a desarrollar trabajos de campo adecuados para dicho fin. Los delitos como hechos sociales deben ser estudiados en el ámbito donde se producen, que es en las relaciones e interacciones sociales —y no en las estadísticas oficiales o en las cárceles, donde encontramos a los criminalizados, que no se identifican con los "delincuentes". Hablo de "delitos" en plural porque considero que no es posible estudiar "el delito" como categoría abstracta (y tampoco al "delincuente"), sino los diversos comportamientos concretos que a menudo no tienen nada que ver con el resto de tipos penales. En función del tipo de delito que queramos estudiar, deberemos acudir a los despachos de las compañías multinacionales, a las oficinas de la administración pública y de sus diversos organismos o entidades, a las subastas de obras de arte o a los suburbios de las ciudades, entre muchos otros ámbitos posibles.

La investigación criminológica sobre diversos tipos de actividades delictivas exige adentrarse en el ámbito del trabajo de campo del sociólogo. Los investigadores de la Escuela de Chicago a principios del siglo XX suministraron excelentes ejemplos de trabajos de campo con novedosas metodologías de investigación social que permitían acercarse al fenómeno de la inmigración en las grandes urbes norteamericanas de aquel entonces, y que incluían el estudio de los comportamientos delictivos. Ese tipo de trabajos aportan una rica información sobre el objeto de estudio que de ninguna manera podemos obtener a través del examen de las estadísticas oficiales. Pero hay que recordar que para desarrollar este tipo de investigaciones los criminólogos deben salir de los "laboratorios" para adentrarse en los bajos fondos urbanos.

Por tanto, según mi punto de vista, si queremos estudiar la actividad del sistema penal las estadísticas oficiales (de detenciones, condenas, población reclusa) nos pueden resultar de gran utilidad, porque nos permiten conocer las dimensiones de los procesos de criminalización. Pero si lo que queremos es acercarnos al fenómeno de la delincuencia de determinados colectivos, será necesario acudir a otros instrumentos de investigación social que aparezcan como adecuados para la investigación concreta que se quiera desarrollar.

Referencias bibliográficas

BARATTA, Alessandro (1993): *Criminología crítica y crítica del derecho penal. Introducción a la sociología jurídico-penal*, México: Siglo XXI (trad. de Alvaro Búnster). Primera edición en italiano, 1983.

BERGALLI, Roberto (1989): "Por una sociología jurídica en España", en R. Bergalli (coord.): *El Derecho y sus Realidades. Investigación y enseñanza de la sociología jurídica*, Barcelona: PPU, Colección: Sociedad-Estado; pp. I-XXV.

— (1992): "La sociología jurídica en España: más frustraciones que esperanzas", en R. Bergalli (coord): *Sentido y Razón del Derecho. Enfoques socio-jurídicos para la sociedad democrática*, Barcelona: Hacer, Colección: Sociedad-Estado; pp.VII-XXVI.

— y colaboradores (1996): *Control Social Punitivo. Sistema Penal e Instancias de Aplicación (Policía, Jurisdicción y Cárcel)*, Barcelona: M.J. Bosch.

— (1998): "¿De cuál derecho y de qué control social se habla?", en R. Bergalli (ed.) *Contradicciones entre Derecho y Control Social*, Barcelona: M.J. Bosch-Goethe Institut, pp. 17-33.

SELLIN, Thorsten (1928): "The Negro Criminal. A Statistical Note", in *The Annals of the American Academy of Political and Social Science*, vol. 140, número monográfico "The American Negro", noviembre 1928, pp. 52-64.

— (1935): "Race Prejudice in the Administration of Justice", en *The American Journal of Sociology*, Vol. 41, Chicago: The University of Chicago Press, pp. 212-217.

— (1938): *Culture Conflict and Crime. A Report of the Subcommittee on Delinquency of the Committee on Personality and Culture*, New York: Social Science Research Council.

SUTHERLAND, Edwin H. (1939): *Principles of Criminology*, Chicago-Philadelphia-New York: Lippincott Company, Fourth Edition. Primera edición bajo el título de *Criminology*, 1924.

— (1993) [1940]: "Delincuencia de cuello blanco", anexo a *Ladrones profesionales*, Madrid: La Piqueta (trad. J. Varela y F. Álvarez-Uría), pp. 219-236. Artículo publicado originalmente en la *American Sociological Review* en 1940.

— (1999) [1949]: *El delito de cuello blanco*, Madrid: La Piqueta (traducción de Rosa del Olmo; edición y prólogo de Fernando Álvarez-Uría). Primera publicación en inglés, 1949.

ZAFFARONI, Eugenio Raúl (1993): *Criminología. Aproximación desde un margen*, Santa Fe de Bogotá: Temis.

ROBERTO BERGALLI Y LA TAREA DE HACER UNA HISTORIA CRÍTICA DE LA CRIMINOLOGÍA EN AMÉRICA LATINA

Máximo Sozzo

En este pequeño articulo me gustaría plantear una serie de apuntes en torno a un grupo de textos escritos por Roberto Bergalli entre 1970 y los primeros años de la década de 1980, en los que presenta algunas visiones acerca del pasado, presente y futuro de la criminología en América Latina. En este grupo de textos, escritos en el marco del nacimiento mismo de una perspectiva crítica en este campo de saber en la región —a cuya formación contribuyeron decisivamente— están presentes dos elementos relevantes. Por un lado, una fuerte apelación a la necesidad de hacer una historia crítica del mismo, que debe ser rescatada en nuestro presente, pues pese a haber transcurrido ya mas de dos décadas de los textos abordados esta tarea aun sigue encontrándose en su "infancia" en América Latina. Por otro lado, una serie de interesantes indicaciones para llevar adelante dicha tarea, válidas tanto en lo que se refiere al pasado remoto como al pasado próximo en el que estos mismos textos se inscriben —la "criminología crítica" o "criminología de la liberación" de los años 1970 y 1980.

En 1982 Bergalli publica su libro "Critica a la Criminología", en donde se compilan una serie de sus trabajos, algunos de los cuales ya habían sido publicados precedentemente. El texto que cierra este libro puede tomarse como punto de partida de nuestras incursiones: "La cuestión criminal en América Latina (origen y empleo de la criminología)" —publicado también, en una versión semejante, como epílogo al muy difundido libro en el mundo hispanoparlante de Massimo Pavarini "Control y Dominación" en 1983. Es uno de los textos en los que nuestro autor se refiere más directa y detalladamente a la historia de la criminología en América Latina —y especialmente en Argentina— y, tal vez, el texto en que más firmemente plantea la necesidad de profundizar estas exploraciones históricas como una condición para la reconstrucción de este campo de saber en su propio presente. Estas referencias están inspiradas fuertemente en la lectura del libro de Rosa del Olmo "América Latina y su criminología", publicado en 1981 —una de las primeras historias de la criminología producida en nuestra región desde una perspectiva crítica y una de las únicas aún hoy que se plantea el ambicioso objetivo de construir una mirada comparativa que atraviesa los diferentes contextos nacionales—, como claramente lo expresa, reconociendo incluso su "envidia" por no haber encarado previamente una iniciativa semejante (Bergalli, 1982d, 280).

Bergalli plantea en este texto que el surgimiento de la criminología en "América del Sur, principalmente, en el Río de la Plata" fue el fruto de un "exitoso y veloz trasvase", de un "transplante teórico" de las ideas de la "Scuola Positiva" italiana. Así, refiriéndose a lo que podría ser calificado como el primer libro de criminología positivista escrito y publicado en la Argentina, "Los hombres de presa" de Luis María Drago —originariamente una conferencia dictada en el Colegio Nacional en el marco de la Sociedad de

Antropología Jurídica el 27 de junio de 1888— señala que "revela una transposición directa de las premisas fundamentales del positivismo lomrbosiano" siendo "evidente su propensión a analizar la realidad de una fenomenología autóctona mediante el prisma de una teoría construida lejos de las fronteras nacionales" (Bergalli, 1982d, 284). Este "trasvase", "transposición" o "transplante" se gestó, de acuerdo a nuestro autor, en el marco de las transformaciones económicas y sociales que traía aparejada en el último cuarto del siglo XIX la inclusión de la Argentina —como el resto de los países de América Latina— en la "división internacional del trabajo" —propia del capitalismo de la segunda mitad del siglo XIX— como un mercado productor de materias primas y consumidor de productos manufacturados, crecientemente dependiente, en términos económicos, de los "países industrializados". Estas transformaciones económicas y sociales implicaban, por un lado, una lucha por la "hegemonía" entre "poseedores de la tierra" —o "patriciado"— y "alta burguesía" y, por el otro, una "fuerte confrontación social" de estos últimos con "el naciente proletariado urbano y el incipiente campesinado", fruto en gran medida del "aluvión inmigratorio" (Bergalli, 1982d, 281-282). Este "trasvase", "transplante", "transposición" de la "criminología positivista" en Argentina estuvo entonces condicionado por los "intereses de los grupos sociales que dentro del cuadro de una economía orientada en el sentido del capitalismo moderno, afirmaba su papel preponderante en la sociedad argentina de la segunda mitad del siglo XIX" (Bergalli, 1982d, 284). Como reforzaba Bergalli en un texto ulterior, en términos mas generales, la "dependencia cultural latinoamericana aparece muy estrechamente vinculada a la existencia de diferentes colonizaciones —sobre todo de carácter económico— de que han sido objeto casi todos los países del subcontinente" (Bergalli, 1983a, 198-199; cfr. También Bergalli, 1982c, 268). Por ello, no resultaba casual que entre los "transplantadores" de la "criminología positivista" aparecieran los apellidos "de muchas de las familias más encumbradas en la sociedad de Buenos Aires" —lo que Bergalli muestra haciendo referencia a los miembros de la antes mencionada Sociedad de Antropología Jurídica que resulto clave para difundir inicialmente las ideas de la "nueva escuela" en el contexto local (Bergalli, 1982d, 283). Este "condicionamiento" se hizo aun mas claro cuando a fines del siglo XIX se comenzó a extender —en consonancia con lo que sucedía en el marco de la "criminología positivista" en Italia— la "idea positivista del criminal como sujeto anormal" a los miembros del movimiento obrero que luchaban contra el estado de cosas existente — especialmente al movimiento anarquista—, lo que se tradujo legislativamente en la Ley 4144 o Ley de Residencia de 1902 y en la Ley 7029 o Ley de Defensa Social de 1910 (Bergalli, 1982d, 287-288).

Justamente Bergalli plantea en este mismo texto que esta extensión es una de las razones fundamentales de la duradera presencia de los discursos criminológicos positivistas en la Argentina —y en América Latina —durante el siglo XX. Los conceptos claves de "peligrosidad" y "defensa social" del vocabulario positivista "han constituido fáciles expedientes para justificar la equiparación entre delincuencia común y subversión políticosocial" (Bergalli, 1982d, 291). De esta forma, la criminología positivista contribuyó activamente en el marco de los regímenes políticos autoritarios —construidos a partir de golpes de estado militares desde 1930— brindando herramientas intelectuales funcionales al mantenimiento de un orden político "despótico", lo que en la Argentina a partir de la dictadura militar de Onganía se materializó en la llamada "doctrina de la seguridad nacional" —también difundida regionalente (Bergalli, 1982d, 292-293). Por otro lado y en tanto confirmación ulterior, apunta nuestro autor, que criminólogos, penitenciaristas y penalistas formados en la criminología positivista cumplieron un rol importante elaborando diversos instrumentos legales y reglamentarios de las dictaduras militares en esta dirección (Bergalli, 1982*d*, 294) —como la "ley" 19863 del 29/12/1972, el decreto 955/1976 o el decreto 780/1979 dirigidos a regular diversos aspectos relativos a las "personas privadas de su libertad por el poder ejecutivo", a partir de su identificación como "individuos de máxima peligrosidad" (Bergalli, 1982*d*, 292). Esta "criminología del terror", cuyo carácter "desembozado" sólo se ha dado en Argentina (Bergalli, 1982*d*, 295), ha perpetuado y exacerbado un "proceso de reciclaje entre criminología positivista y derecho penal autoritario" (Bergalli, 1982*d*, 292) que ya estaba en funcionamiento precedentemente en nuestro país —pero también en otros países de América Latina (cfr también Bergalli, 1983*b*).

Este texto se cierra con una referencia a "la tentativa de construcción de una teoría crítica del control social (y particularmente del penal) en América Latina", que "aspira a quebrantar el orden ideológico que ha construido la falsa conciencia del delito" y a "combatir pues, tanto en la teoría como en la práctica (que alguna vez deben constituir una única cosa) las formas ocultas de la dominación" (Bergalli, 1982*d*, 295). Esta "nueva forma de encarar la disciplina" —cuyas primeras manifestaciones comenzaron a darse en Venezuela (Bergalli, 1983*a*, 201-202)— es relacionada con los esfuerzos por crear en América Latina una "filosofía de la liberación" y en tanto tal había sido denominada en un texto de 1981 de nuestro autor, una "criminología de la liberación". Dicho texto era precisamente una ponencia en el marco del encuentro realizado en junio de 1981 en la Universidad Autónoma Metropolitana de Azcapotzalco en México, en donde junto con otro texto muy conocido de Lola Aniyar de Castro (1981) funcionaron como punto de partida de la discusión de donde nació el Manifiesto del Grupo Latinoamericano de Criminología Crítica —del que Bergalli fue uno de sus redactores (Bergalli, 1982*e*; cfr. sobre esta reunión Bergalli, 1983*a*, 204-205). Esta "criminología de la liberación" es en este texto —y en otros precedentes y ulteriores— anatomizada en cuanto a sus rasgos básicos, que se planteaban mas bien como lo que debía ser que como lo que era efectivamente —"nadie podrá decir con justicia que con estas tentativas no se haya iniciado la búsqueda de una nueva teoría criminológica cuya concreción de ahora en más será necesario lograr" (Bergalli, 1982*d*, 296). El "estudio del delito" debe ser vinculado al "contexto histórico" en el que se produce, como un "hecho social" y no como una "categoría universal e intemporal". En este sentido debe ser una "nueva criminología latinoamericana y latinoamericanista" (Bergalli, 1982*d*, 296).[1] En este sentido ya se dirigía Bergalli en un texto de 1970 titulado "Reflexiones sobre la criminología en América Latina", en donde señalaba la necesidad de "no importar modelos, sino por el contrario, encontrar los correspondientes a las realidades nacionales o por lo menos regionales" (Bergalli, 1982*a*, 4).[2] En "la esencia del fenómeno criminal" debe reconocerse que "subyacen contradicciones sociales que sólo pueden ser esclarecidas dialécticamente", ya que la "criminalidad" "no puede ser desmembrada de la totalidad social (o mejor de la totalidad del siste-

---

1. En el Manifiesto antes mencionado se lee: "las realidades sociales de América Latina, aunque diversas entre sí, responden a una lógica uniforme que ha sido dictada por la política que divide al mundo en países centrales y periféricos". "El movimiento deberá dirigir sus esfuerzos al examen de las realidades concretas de cada país" (Bergalli, 1982*e*, 300-301).

2. Aun cuando también reconocía en dicho texto que la tarea de conocer los problemas fundamentales de la región y de cada país, no se podía hacer "sin la ayuda del trabajo realizado sobre problemas similares fuera de la región" (Bergalli, 1982*a*, 4) y afirmaba que "los caminos trazados" por las teorías sociológicas sobre el delito producidas en otros contextos culturales "nos permitirían llegar quizá a la génesis de muchas de las manifestaciones de conducta social desviada que con tanta multiformidad se manifiesta hoy en día en América Latina" (Bergalli, 1982*a*, 8). Pero advertía firmemente: "Las explicaciones de un fenómeno social son válidas únicamente para un tiempo y un lugar. Por consiguiente, es obviamente imposible derivar generalizaciones que sean siempre y universalmente aplicables" (Bergalli, 1982*a*, 9).

ma de producción)". "Así encarada, la ciencia deberá reconocer que historia, contradicción, totalidad y dialéctica son los principales elementos metódicos para descubrir la verdad y, por lo tanto, para desmontar la ideología que presenta a los ojos del investigador una apariencia ocultadora de la esencia" (Bergalli, 1982*d*, 296; cfr. también Bergalli, 1982*c*, 274). Y para ello, como señalaba en un texto precedente, deberá interesarse por "los mecanismos sociales e institucionales mediante los cuales es construida la 'realidad social'... son creadas y aplicadas las definiciones de la desviación y de la criminalidad y concretados verdaderos procesos de criminalización" (Bergalli, 1980, 816).[3] De allí, Bergalli desprende dos tareas urgentes para esta "criminología de la liberación": la "revisión histórico-epistemológica de la disciplina" —tarea que consideraba iniciada con el antes mencionado libro de Rosa del Olmo y en cuya dirección inscribía su aporte— y la "construcción de una teoría política" de la que esta nueva criminología pueda obtener sus presupuestos ya que la "criminología... es una evidente actividad política" (Bergalli, 1982*d*, 297; Bergalli, 1982*c*, 275-276).[4]

Son muy conocidos los textos posteriores de Bergalli en los que, desde mediados de la década de 1980, aboga directamente por el abandono de la palabra "criminología" para la identificación de este campo de saber, proponiendo en cambio la designación "sociología del control penal" o "sociología del control jurídico-penal": "el sustantivo 'criminología' pertenece y queda anclado en aquel saber vinculado al paradigma etiológico sobre las causas individuales del delito" (Bergalli, 1987*a*, 783 cfr. también Bergalli 1985; 1987*b*). Pero esta renuncia a autodeterminarse "criminólogo" (Bergalli, 1987*a*, 784) no trajo aparejada una revisión de las características de la perspectiva teórica que impulsaba —con la salvedad de un cierto privilegio otorgado al objeto "control penal" colocando en un segundo plano, "el examen más amplio y globalizante del control social en general" (Bergalli, 1987*a*, 784-785).

En esta serie de textos de Bergalli aparecen ilustrados tres de los cuatro momentos fundamentales —sólo enunciados como sucesivos pero claramente superpuestos durante periodos más o menos prolongados— de la historia de la criminología en América Latina —y en Argentina. En primer lugar, el nacimiento y consolidación de los discursos criminológicos positivistas entre 1880 y 1930. En segundo lugar, la persistente presencia de los discursos criminológicos positivistas, en forma más o menos discreta, revisando en cierta medida sus resonancias lombrosianas entre 1930 y 1970. En tercer lugar, el nacimiento y desarrollo de unos discursos criminológicos críticos o "de la liberación" en las décadas de 1970 y 1980. Utilizando un criterio amplio de delimitación de lo que la criminología ha sido, tal vez se podrían incluir también, junto a los referidos por Bergalli en estos textos, el nacimiento y desarrollo de discursos sobre el delito y la pena influenciados por la tradición ilustrada europea —incluyendo el denominado "neoclasicismo"— desde inicios del siglo XIX hasta 1880. Si bien el primer momento mencionado ha recibido una cierta atención en la producción intelectual latinoamericana de los últimos años (para el caso argentino cfr. entre otros Ruibal,

---

3. En el Manifiesto se señala: "El derecho penal ha servido de instrumento para profundizar las diferencias sociales y la ciencia jurídico penal ha justificado la intervención punitiva oficial en auxilio de privilegios minoritarios" (Bergalli, 1982*e*, 300).

4. En el Manifiesto se afirma que el movimiento tendrá como una de sus finalidades "la elaboración de propuestas alternativas para el control social en América Latina", "propuestas para el empleo del sistema penal" que tengan en cuenta "fundamentalmente la protección de los derechos sociales de los sectores sociales mas numerosos y desprotegidos, que son los que están verdaderamente interesados en propuestas alternativas de política criminal, en una lucha radical contra la criminalidad, en la superación de los factores que la generan y, por fin, en una transformación profunda y democrática de los actuales mecanismos del control social del delito que, a la postre, son los que lo crean y multiplican" (Bergalli, 1982*e*, 301).

1993; Salvatore, 1992, 1996, 2001; Salessi, 1995; Marteau, 2003; Caimari, 2004) no ha sucedido lo mismo con el resto. Particularmente relevantes resultan, en este sentido, las referencias de nuestro autor al segundo momento apuntado que permanece aún hoy como un tema escasamente explorado en América Latina —aun cuando se han registrado algunos esfuerzos en esta dirección sobre ciertos períodos (para el caso argentino, ver García Méndez; 1987; Caimari, 2002, 2004)— pese a su carácter crucial para la comprensión de nuestro presente.

En estos textos, como decía al inicio de esta pequeña contribución, se encuentran presentes ciertas indicaciones que constituyen verdaderos "puntos firmes" para la tarea de hacer una historia crítica de la criminología en América Latina —que contribuyeron a edificar junto con otros textos de la misma tradición crítica, como los de Rosa del Olmo (1975, 1976, 1981). En primer lugar, el reconocimiento de un rol central en el nacimiento y desarrollo de los discursos criminológicos en nuestra región de unos procesos de "importación cultural" que "tradujeron" elementos del discurso criminológico —especialmente europeo pero también norteamericano— en el contexto local. En segundo lugar, el reconocimiento de la necesidad de "enraizar" el nacimiento y desarrollo de los discursos criminológicos en nuestra región en unos procesos, distanciados a simple vista del problema del delito y el control del delito, como las transformaciones económicas, políticas y culturales más amplias que impactan en las formas de la vida social. En tercer lugar, el reconocimiento del carácter eminentemente "político" del discurso criminológico, en tanto vocabulario comprometido con la empresa de gobernar de ciertas maneras a los seres humanos a través del objeto "delito". Creo que estos tres "puntos firmes" son de utilidad para abordar críticamente todos los momentos identificados precedentemente de la historia de la criminología en América Latina —incluyendo la "criminología crítica" o "de la liberación" que el mismo Bergalli contribuyó a configurar.

Ahora bien, paralelamente, creo que ciertas declinaciones de estos "puntos firmes" —algunas están presentes en esta serie de textos de Bergalli y otras en textos de otros autores que los acompañaron en el nacimiento de una perspectiva crítica en este campo de saber en América Latina— podrían ser revisadas con provecho a partir de los debates producidos en la teoría social y política contemporánea (rudimentos de dicha revisión, en Sozzo, 2001). En primer lugar, tal vez sería necesario pensar las "traducciones" de los discursos criminológicos en nuestra región como procesos culturales que tienen una dinámica más compleja de la que parecen indicar expresiones como "traslación", "trasvase" o "transposición", pues los actores que generan dichos procesos en el contexto local activan toda una serie de transformaciones —más o menos completas y cruciales— en los "artefactos culturales" que importan, generando en muchos casos verdaderas "metamorfosis" que instalan las dificultades para la mirada comparativa en torno a la diferenciación de lo que es lo "otro" y lo que es lo "mismo" y que paralelamente, dan cuenta de las necesidades de adaptación de las herramientas intelectuales a los contextos y problemas locales. En segundo lugar, tal vez sería necesario evitar un esquema de "derivación causal" de los desarrollos en el campo de los discursos criminológicos de los procesos políticos, económicos y culturales más amplios que transforman las formas de la vida social, anclado en la idea de "ideología", intentando explorar dicho "enraizamiento" a través de caminos mas matizados, sinuosos y reversibles, que deriven en afirmaciones "perspectivistas", de los que la teoría social clásica y contemporánea nos brinda diversos ejemplos útiles, como las ideas de "afinidad electiva" ya planteada por Max Weber o de "condiciones de posibilidad" más recientemente planteada, entre otros, por Zygmunt Bauman. En tercer lugar, tal vez sería necesario reconocer que la empresa del gobierno de los seres humanos a través del objeto "delito", en general —y por ende, el rol de los discursos criminológicos, en particular— no está sólo atravesada por la diferenciación social nacida de las relaciones de producción de la vida material —aun cuando ciertamente ella tenga muchas veces un rol estructurador central— sino que se encuentra pluralmente articulada en torno a diversas fuentes de diferenciación entrelazadas, que juegan en la producción de la subjetividad misma, recurriendo para su comprensión a las útiles ilustraciones de la teoría política contemporánea desde Michel Foucault a Nikolas Rose.

Pero en todo caso, revisar estas declinaciones, avanzar en estas direcciones, son todos gestos que sólo son posibles desde estos "puntos firmes" y en función de que los mismos se han gestado históricamente en nuestro pasado próximo. En este sentido, la tarea urgente —tan urgente como hace más de dos décadas— reclamada por Roberto Bergalli, de hacer una historia crítica de la criminología en América Latina —como la empresa mas global de hacer una historia y una sociología críticas del delito y del control del delito en nuestra región— encuentra en esta serie de textos de Bergalli y en general, en la diversidad de textos que circularon en América Latina entre los años 1970 y 1980 en el nombre de la "criminología crítica" o de "criminología de la liberación" un punto de partida ineludible y duradero.

Bibliografía

ANIYAR DE CASTRO, Lola: "Conocimiento y Orden Social: Criminología como Legitimación y Criminología de la Liberación", en *Capítulo Criminológico*, 9-10, Maracaibo, 1981-1982*b*, 39-65.

BERGALLI, Roberto: "La ideología del control social tradicional", en *Doctrina Penal*, año 3, n.º 12, 1980, pp. 805-818.

—: "Reflexiones sobre la criminología en América Latina" (1970), en Bergalli, Roberto: *Crítica de la Criminología*, Temis, Bogotá, 1982*a*, pp. 1-12.

—: "De la sociología criminal a la sociología de la conducta desviada" (1972), en Bergalli, Roberto: *Crítica de la Criminología*, Temis, Bogotá, 1982*b*, pp. 13-40.

—: "Hacia una criminología de la liberación en América Latina" (1981), en Bergalli, Roberto: *Crítica de la Criminología*, Temis, Bogotá, 1982*c*, pp. 267-278.

—: "La cuestión criminal en América Latina (origen y empleo de la criminología)", en Bergalli, Roberto: *Crítica de la Criminología*, Temis, Bogotá, 1982*d*, pp. 279-298.

—: "Manifiesto" en Bergalli, Roberto: *Crítica de la Criminología*, Temis, Bogotá, 1982*d*, pp. 299-301.

—: "El pensamiento crítico y la criminología", en Bergalli, Roberto *et al.*: *El pensamiento criminológico*, Temis, Bogotá, 1983*a*, pp. 181-208.

—: "Diez últimos años de la criminología en Argentina: la epistemología del terror", en *Revista de la Facultad de Derecho*, Universidad Complutense de Madrid, 1983*b*, 163-185.

—: "Una sociología del control penal para América Latina: la superación de la criminología" en Roberto Bergalli y Juan Bustos Ramírez: *El control penal del Estado*, Depalma, Buenos Aires, 1985, pp. 3-23.

—: "Una intervención equidistante pero a favor de la sociología del control penal", en *Doctrina Penal*, año 10, 1987*a*, n.º 36, pp. 777-785.

—: "Control y liberación en America Latina", en *Poder y Control*, 1987*b*, 101-106.

CAIMARI, Lila: "Que la revolución llegue a las cárceles": el castigo en la Argentina de la justicia social (1946-1955)", en *Entrepasados*, año XVI, 22, pp. 27-48.

—: *Apenas un delincuente. Crimen, Castigo y Cultura en la Argentina 1880-1955*, Siglo XXI, Buenos Aires, 2004.

DEL OLMO, Rosa: "Limitations for the prevention of violence. The Latin American Reality and its criminological theory", en *Crime and Social Justice*, 1975, 21-29.

—: "Sobre una criminología propia de America Latina" (1976), en Rosa del Olmo: *Segunda Ruptura Criminológica*, Universidad Central de Venezuela, Caracas, 1990, 13-26.

—: *América Latina y su criminología*, Siglo XXI, México, 1981.

GARCÍA MÉNDEZ, Emilio: *Autoritarismo y Control Social*, Hamurabi, Buenos Aires, 1987.

MARTEAU, Juan Felix: *Palabras de Orden*, Editores del Puerto, Buenos Aires, 2003.

RUIBAL, Beatriz Celina: *Ideología del Control Social, Buenos Aires 1880-1920*, Centro Editor de América Latina, Buenos Aires, 1993.

SALESSI, Jorge: *Médicos, Maleantes y Maricas*, Beatriz Viterbo Editora, Buenos Aires, 1995.

SALVATORE, Ricardo: "Criminology, prision reform and the Buenos Aires working class", *Journal of Interdisciplinary History*, 23, n.° 2, 1992, 279-299.

—: "Penitentiaries, visions of class and export economies: Brazil and Argentina compared", en Salvatore, Ricardo y Aguirre Carlos (Ed.): *The Birth of the Penitentiary in Latin America*, University of Texas Press, Austin, 1996, 194-223.

—: "Sobre el Surgimiento del Estado Médico Legal en la Argentina (1890-1940)", en *Estudios Sociales*, año XI, 2001, pp. 81-114.

SOZZO, Máximo: "Traduttore Traditore". Importación Cultural, Traducción e Historia del Presente de la Criminología en America Latina", en Máximo Sozzo (coord.): *Reconstruyendo las Criminologías Críticas*, CJDyP, 13, Ad-Hoc, Buenos Aires, 2001, pp. 353-431.

LITERATURA Y DERECHO: UNA RELACIÓN POSIBLE

Ignacio F. Tedesco

I. **Unas primeras palabras**

Muchos son los temas que pude conocer o aprender mientras tuve la oportunidad de estudiar bajo la guía de Roberto Bergalli. Ello, gracias a su vocación docente. Las palabras que siguen simplemente se constituyen como una pequeña muestra de ello. Como una referencia a su intención de enseñarnos que el derecho es mucho más que sus normas. Para lograrlo, entre otras formas, nos permitió que pudiéramos conversar largamente con un gran amigo suyo, Enrique Marí, quien inspira esta breve reflexión en torno al debate sobre la vinculación entre dos campos que aparecen tan disímiles como lo son la literatura y el derecho.

En el mundo anglosajón el debate en torno a esta vinculación no es nuevo. Ya en la segunda mitad del siglo XIX hubo trabajos que intentaron establecer esta relación (Davis 1883 y Stephen 1857). En 1925, Benjamin Cardozo publicó por primera vez su *Law and Literature* que se convirtiera en una referencia clásica en la materia (Cardozo 1925). Tanto es así que terminó por editarse una revista especializada en ello: *Cardozo Studies in Law and Literature*. En este trabajo él se dedicó a analizar el estilo literario que tenían las decisiones judiciales.

No obstante, fue recién en 1972, con la publicación del libro *The Legal Imagination* de James Boyd White, que este tema encontró un campo propio y se constituyó en una materia de su conocimiento. Inicialmente, su propósito fue escribir una obra que se constituyera en una herramienta educativa, en tanto la literatura permite educar mejor a los estudiantes de derecho. En esta búsqueda, identificó tres tipos de textos: aquellos que utilizan la literatura para ilustrar la naturaleza del derecho; los que están escritos para describir y analizar la ley y la sociedad, en general en términos satíricos con el fin de analizar un problema social, como las cuestiones de género o de discriminación racial; por último, aquellos textos que utilizan la ley con el objeto de describir alguna otra cuestión.

A partir de este punto, una innumerable cantidad de perspectivas se presentaron. Éstas se fueron agrupando, en rasgos generales, en dos grandes grupos: uno, el derecho en la literatura; y, el otro, el derecho como literatura. Ello, sin perjuicio de otros: aquellos que analizan la función que cumple la literatura en la reforma legal; o los que se dedican a la regulación legal del campo literario.

II. **Una relación circunstancial: Richard Posner**

En 1988, con la publicación del libro *Law and Literature. A Misunderstood Relation*, Richard Posner contribuyó a que el debate sobre los límites entre ambas disciplinas tomara contornos definidos, en tanto el nexo entre la literatura y el derecho es bastante exiguo. Existe, pero con muchas limitaciones. Para él, entre ambos hay significativos puntos en común, pero las diferencias son importantes: el derecho es tanto un sistema de control social como un cuerpo de textos, en el que su estudio está iluminado por las ciencias sociales y juzgado por el criterio de la ética; mientras que la literatura es arte y, con ello, los mejores métodos para interpretarla y evaluarla son los estéticos (Posner 1998, 7). De allí que su intención sea sólo describir los entrecruzamientos interdisciplinarios entre ambas expresiones, ya que poco más se puede avanzar en ese sentido.

Para ello, estructura su libro en distintas cuestiones: cómo la literatura se aplica a los temas legales, y su influencia en la reflexión jurisprudencial; cómo la crítica literaria es y debe ser informada por el conocimiento legal; la aplicación de la teoría y la práctica literaria a los textos legislativos y judiciales; la regulación de la literatura por el derecho; y la defensa legal en las causas penales.

A partir de este esquema, Posner sostiene que tanto la obra de un poeta como la del legislador, para sobrevivir, deben ser hospitalarias con los cambios sociales y culturales. No obstante, a su entender, el poeta trata de crear una obra de arte. Si tiene éxito, no es preocupación si sus intenciones fueron o no banales; si fracasa, tampoco preocupa lo elevado que fueron éstas. En cambio, la legislatura tiene una tarea distinta: dar mandatos a los jueces para que apliquen la legislación en casos específicos. Un mensaje cualquiera se propone instalar una cadena directa entre la mente del que lo emite y la de quien lo recibe. La orden, por el contrario, en su proceso comunicativo, no tiene en cuenta la intención del que lo recibe (Posner 1998, 236/7).

Para este autor, la literatura no puede servir de guía normativa para la acción humana en tanto que el texto literario no es un texto que brinde autoridad. Sólo es un producto humano cuyo objetivo es procurar un placer estético y enseñar las profundidades y enigmas de la motivación humana. Por otra parte, considera que la creación literaria es principalmente inconsciente y se caracteriza por su ambigüedad y generalidad. Circunstancias, todas ellas, opuestas a la materia jurídica (Papadopoulos 1998, 13).

La razón de estas distinciones se debe al espíritu economicista que posee su análisis. No en vano es el fundador de una corriente del pensamiento que se denominó *Law and economics*. A partir de ésta, considera que la relación inversa entre el precio de una mercadería y la cantidad demandada constituye un problema básico aplicable en el derecho. Por lo que, por un lado, mientras que para él, el espíritu legal de la doctrina es económico, la relación entre el derecho y la literatura es menos ordenada y considerable, puesto que no hay una teoría literaria central que pueda ser tomada o aplicada al cuerpo del derecho.

Su posición se enfrenta abiertamente con las propuestas iniciales de White (y de su colega Richard Weisberg). En sus trabajos, que proponían que el derecho fuera entendido como una de las ciencias de las "humanidades", sostiene que el análisis legal es la aplicación de la ley a través de métodos analíticos que son más fructíferos que las técnicas de interpretación que utilizan los críticos literarios. En sus palabras, "las funciones del derecho y la literatura son tan diferentes, y los objetivos de los lectores de esos dos tipos de producción mental tan divergentes, que los principios y acercamientos desarrollados en cada uno de los campos no tienen aplicación en el otro" (Posner 1986, 65 y 74). Posner concluye que "el derecho no es una ciencia humanista. Es una técnica de gobierno. [...] Al ser una técnica atada a la creación y a la interpretación de textos, la práctica del derecho puede obtener cierta ganancia de una unión simpática con la literatura" (Posner 1986, 85).

A pesar de todo ello, Posner encuentra ciertas conexiones a considerar: que un sorprendente número de obras literarias se ocupan de procedimientos legales de forma tal que un destacado cuerpo de la literatura se ocupa de cuestiones relativas a la justicia; que la literatura proporciona en sus historias y fragmentos aspectos relevantes sobre la actividad tribunalicia; que tanto la enseñanza legal como la literaria están directamente vinculadas con el significado de los textos, de manera que la interpretación se constituye en una cuestión central en ambas; que muchos textos legales, especialmente los fallos judiciales, se asemejan a los literarios en su retórica; y que la literatura es materia de regulación legal y objeto de litigios.

Si bien estos puntos de conexión son importantes, lo cierto es que de ellos no se puede fundar con claridad que entre la literatura y el derecho exista un puente que los vincule. Su análisis es un mero entrecruzamiento de dos temáticas en el que se abordan los puntos de contacto entre ambas, sin que se sigan, desde este tratamiento, consecuencias de importancia. En definitiva, la posición de Richard Posner no es otra cosa que destacar una relación circunstancial entre la literatura y el derecho, mientras trata de justificar teóricamente porque no se puede hablar de un puente entre ambos. En otras palabras, se queda en considerar al "derecho en la literatura" en vez de aceptar la posibilidad del "derecho como literatura".

III. **La respuesta humanista: James Boyd White**

Las respuestas a las afirmaciones de Posner no tardaron en llegar. Si bien varios fueron los comentarios a su libro, la réplica que le formulara James Boyd White fue de las más significativas (White 1989). Allí él le reprocha no abarcar al derecho dentro de los estudios humanistas. A su entender, Posner se ubica en un esquema científico propio del positivismo, y en el hecho de estar únicamente interesado en la imposición de un modelo naturalista de la ciencia económica del derecho.

En contraposición a Posner, White sostiene que "la vida de un jurista, es la vida del arte", y que hay que dirigir la mirada hacia la literatura para encontrar un grupo de textos, los que a través de la experiencia con la que fueron escritos, permitan analizar la rutinaria vida del derecho como una forma de mejorar las capacidades del espíritu y del lenguaje. De esta manera, a su entender, la lectura de textos de otras civilizaciones y de otros espíritus pueden ayudar en la comprensión de las expresiones jurídicas (White 1989, 2019/2023).

Ya con anterioridad, en uno de los capítulos de su libro *Heracles' Bow*, analizó detenidamente el paralelismo entre el fundamento de las sentencias judiciales y la obra poética. Allí, sostenía cómo el derecho puede ser mejor comprendido al entenderlo como un conjunto de prácticas literarias al crear nuevas posibilidades de entendimiento. En su opinión, la sentencia judicial y el poema comparten más de una similitud. En ambos campos el énfasis está puesto en el texto en razón de que a partir de éste se encuentra su objeto, explicación y justificación. Asimismo, en ambos, el método inicial en su análisis es estudiar el lenguaje y la forma del texto, más que su contexto social o económico (White 1996, 5/6).

Para White, varias son las semejanzas. En primer lugar, tanto en el derecho como en la poesía existe una concepción cultural definida respecto a lo que es un "buen abogado" o un "buen lector". Así, sus respectivos campos están definidos por los textos que son leídos y en sus propias estructuras. En segundo lugar, los dos tipos de textos son leídos de la misma manera: no se trata de entenderlos o de describirlos, sino de darles un nuevo sentido y con ello un nuevo lugar en sus propios mundos. En tercer lugar, ambos textos comparten un mismo tipo de forma a través de las que se estructuran. Por último, en cada uno de ellos se plasma una tensión de opuestos: entre su mensaje y la experiencia; entre el lenguaje del mundo y el del texto; entre su forma y su sustancia; y entre la mentalidad individual y la herencia cultural (White 1996, 8/13).

En razón de este paralelismo es que sostiene que el derecho debe ser leído como si se estuviera leyendo literatura. Para él, "en un sentido más que importante, el derecho es literatura y puede ser correctamente entendido, enseñado y practicado sólo cuando ello es claramente reconocido. [...] El lenguaje del derecho [...] puede ser en su corazón lo [...] [que] se llama un lenguaje poético, no uno técnico" (White 1996, 16).

En esta asimilación de la experiencia legal con la literaria, de la sentencia judicial con el poema, uno de los puntos a observar es la relación del texto con su contexto cultural. En ambos casos, de sus manifestaciones se establece un nuevo orden, un nuevo texto: es decir, una cultura y un lenguaje determinados. Por otra parte, en esta similitud, se puede apreciar cómo existe una idéntica retórica. En cada uno de estos textos, el interlocutor que expresa sus contenidos constituye a través de su representación un universo social en el que él y su audiencia son los principales actores; y en el que definen y tornan reales un conjunto de valores. En sus palabras, "de la misma manera que cuando hemos leído el derecho como un tipo de literatura, podemos leer a la literatura como un tipo de derecho, o al menos, como un tipo de retórica" (White 1996, 21/22).

Como se puede observar, la preocupación central de White es el método de lectura y comprensión. Su metodología lo ubica en el centro de la teoría crítica. La importancia de la retórica es la piedra fundamental de su tesis. Es la peculiar naturaleza del lenguaje la que define el sentido de la comunidad. En definitiva, su posición enfatizó la necesidad de acercar el derecho a un estudio interdisciplinario.

Con esta intención, en su pensamiento intervienen tanto técnicas hermenéuticas (como las llevadas adelante por Gadamer), como deconstruccionistas, al sostener que al leer un texto legal no es que se está buscando un único sentido sino la lectura de un rango de posibles sentidos. Así, el derecho es plenamente un lenguaje, una manera de leer, escribir y hablar y, con ello, una manera de mantener una cultura, una cultura del argumento que posee sus propias características (White 1982, 415). Su idea es superar dichas técnicas a los fines de crear una nueva comunidad del discurso. Para él, el derecho es literatura y, como tal, la lectura de cualquier texto es siempre un acto de creación y de traducción entre las comunidades del discurso (White 1990).

En definitiva, a diferencia de Posner, su principal preocupación será entender al derecho como literatura. En realidad, que se comprenda que el derecho es literatura. Ni siquiera la construcción de un puente, sino que los márgenes de una y otra posean contornos idénticos.

El trabajo de Martha Nussbaum, *Justicia poética* (1997), ha sido el que más ha seguido sus pasos. Para ella, el razonamiento legal debe estar dirigido al entrecruzamiento del derecho con la literatura en función de los parámetros culturales que se presentan. Ella sostiene que el precedente judicial debe estar imbuido de las enseñanzas propias de la herencia cultural. El derecho debe ser humanista y no meramente científico.

Por último, cabe señalar que el esquema teórico brindado por White ha brindado sustento al desarrollo de todo un movimiento —especialmente en el mundo anglosajón— en torno del derecho y la literatura, en el que el análisis del derecho como literatura y el derecho en la literatura se complementan. De toda esta enorme cantidad de trabajos, la labor llevada adelante por Richard Weisberg y por Robin West es por demás significativa.

A diferencia de White, para Richard Weisberg, los textos literarios son de mayor valor para los abogados que para la teoría literaria (Weisberg 1988, 121). De manera coincidente, West enfatizó la importancia de la literatura como un medio para el análisis jurisprudencial. Es a partir de la lectura de los textos literarios que se puede considerar cómo el lenguaje y la literatura cumplen una función trascendente en la reconstrucción del sentido comunitario (West 1985, 387).

Para estas posiciones, el derecho no sólo es literatura, sino que esta última es también una herramienta válida para analizar lo jurídico. Es decir, se posicionan entre lo propuesto por Posner y por White, aunque claramente de manera más cercana a este último, en tanto consideran que el derecho y la literatura poseen contornos idénticos.

IV. Enrique Marí y las ficciones como puente entre la literatura y el derecho

En esta búsqueda de una hermenéutica que permita encontrar el sentido de las expresiones humanas, es la ficción la que en la literatura y el derecho, impide que la obra se cierre sobre sí misma; acordándole un carácter vital consustancial con la experiencia más elemental de la vida y su aliento extensivo. Es en esto en lo que consiste su utilidad esencial (Marí 2002, 36/37).

Con estas palabras, Enrique Marí ha enseñado, en pocas palabras, que la ficción es mucho más que sentirse envuelto en una atmósfera de misterio, en una "atmósfera de un universo en el que prima el sabor y el gusto de y por las palabras, al haber quedado éstas libres de la fuerte fiscalización de lo teórico y lo conceptual. Espacio imago, poblado de imágenes y de imaginación; zona donde se han descomprimido fuertemente las tensiones hacia lo veritativo, a la par que ha aumentado radicalmente la expresión de lo simbólico, lo figurado y lo alusivo" (Marí 2002, 17).

Mucho es lo que se podría escribir sobre las ficciones. Ellas están presentes tanto en la literatura, en la filosofía y en el derecho, como en tantas otras expresiones humanas. Lo cierto es que permiten trazar un puente entre la literatura y el campo jurídico. Todo el análisis interpretativo y hermenéutico, todo el debate en el movimiento "derecho y literatura" recién analizado se resuelve al entender cómo la ficción es tanto literatura como derecho. Para visualizarlo, el análisis llevado a cabo por Enrique Marí en la tesis doctoral que coronara su obra y que fuera publicada bajo el título *La teoría de las ficciones*, es el marco de referencia obligado.

Respecto a ellas nos enseñaba que una de sus propiedades básicas es "su capacidad de ampliar teóricamente el terreno de la experiencia ante los límites o el carácter contingente del conocimiento; su virtud de garantizar la continuidad de la relación entre discurso y realidad, cuando obstáculos, necesidades o conveniencias de la praxis discursiva, de acuerdo con la disciplina en que nos encontremos, requieren esa ampliación". Propiedad que no se circunscribe únicamente al campo natural de la ficción, es decir, al de la literatura, sino que constituye también un rasgo estructural que aparece en otros discursos como el de la ciencia y la disciplina jurídica. Tesis que se desprende de las palabras que citara de Leon L. Fuller, cuando éste señalaba que "el verdadero misterio de la ficción no consiste en el hecho de que podamos alcanzar resultados rectos con ideas equivocadas, sino en el hecho de que el intelecto humano, al abordar la realidad, está en condiciones de ir lejos, más allá de su capacidad para analizar sus propios procesos" (Fuller 1967, 36).

Ésta es una de las primeras conclusiones a las que se puede arribar: si bien hablar de las ficciones parecería hacer mención a un universo de lenguajes figurados, de sentidos alegóricos, de metáforas que exaltan la belleza propia del campo literario, lo cierto es que a partir del estudio de determinadas piezas literarias como las de Émile Zola y Marcel Proust, esta idea (en cuanto que en el universo de la literatura no existía ningún enunciado descriptivo, proposicional o cognoscitivo) se derrumbó. Autores naturalistas, como Zola o Flaubert, entre otros, asignaron todo su espacio a la verdad cognoscitiva, al hacer de sus trabajos un ejercicio de metodología positivista cuando creaban en sus novelas un clima en que la verdad, sin desaparecer, ya no ocupaba toda la escena, sino que se ponía a la zaga de la belleza literaria (Marí 2002, 434/5).

Es que la teoría de las ficciones se construye frente al sistema de la verdad. Ellas brindan conocimiento, tanto en la literatura como en el derecho. En palabras de Marí, "[a]nálisis y esclarecimiento en la ficción es el punto de inserción del conocimiento en la literatura o la obra de arte. La ficción es siempre así, aparezca en la novelística o en los textos cognoscitivos: constantemente esquizofrénica. En rigor, un ave de dos cabezas: la lírica y la conceptual. Instalada en el campo de la literatura, se cuela siempre en el relato una flecha dirigida a la verdad. Sobre todo si entendemos a ésta como verdad-coherencia. Instalada en el campo de la ciencia, aparece siempre en ella una flecha dirigida a la parábola, la analogía, la metáfora, despertando los frescos ecos estéticos en que se presaborea el entendimiento" (Marí 2002, 75/6).

En el campo literario, la verdad dibuja sus contornos a través del tejido de un clima que cautiva, la creación de universos en los que la verdad, sin desaparecer, se pone a la zaga de lo estético. En la ficción literaria, el clima es un manto que cubre tanto a la cognición como a la belleza. De esta manera, se construye una estructura del lenguaje de características ficcionales: "los valores estéticos por más flotantes, puros y etéreos que se los imagine, por más libres e incondicionadas que se aprecien sus fuentes, siempre existe abierto un referente de verdad" (Marí 2002, 104 y 106).

En el campo jurídico, "los escritos legales están llenos de 'ficciones legales', muchas veces en forma de metáforas. [...] La ficción legal refleja el deseo de los jueces y los juristas de crear una apariencia de continuidad, cuando en realidad están innovando". Para Marí, la ficción no es simplemente un elemento de la estructura literaria. En el derecho, ella cumple una función indispensable y enriquecedora al adaptar la conducta de los hombres a los intereses del sistema económico-social vigente. Ello, gracias a ficciones tales como el principio de igualdad ante la ley, o la autoridad de la cosa juzgada, por sólo mencionar algunas (Marí 1998, 279).

En sus palabras, la ficción legal deviene como una patología de la ley. "Cuando todo marcha bien y hay reglas que se acomodan con nitidez a la vida social que ellas intentan regular, hay poca ocasión para las ficciones. Sólo en la enfermedad, se nos enseña, el cuerpo revela su complejidad. En forma equivalente, sólo cuando el razonamiento legal balbucea y requiere ayuda para superar la torpeza, sólo entonces comprendemos la complejidad de la captación jurídica. La ficción opera como un parche en la fábrica de la teoría. Con ella ganamos inteligibilidad en los problemas al someter las recalcitrantes realidades de la vida humana a las constricciones del orden legal, esforzándonos al logro de la unidad y la sistematización de la estructura" (Marí 2002, 318).

A partir de este análisis, es que se puede sostener que "las ficciones en la literatura, sin perjuicio de la conservación de su espacio-imago propio, ofrecían siempre una línea de apertura a la verdad y a la realidad. De modo idéntico que, en el campo de la ciencia o del pensamiento cognoscitivo, sin perjuicio de su discurso de verdad, existía una línea simétrica abierta al campo ficcional" (Marí 2002, 401).

En esta búsqueda de la verdad, la ficción literaria comparte con la ficción legal una cuestión central: el tipo de conexión que ambas tienen que realizar para vincular, a través de su uso, los textos con la realidad. El concepto de metáfora será la herramienta a tal fin. Un ejemplo de ello se puede explicar a través de una expresión literaria en particular: la dramatúrgica.

En la acción judicial se presentan tanto los hechos como el derecho. Los hechos son llamados así ya que se quiere distinguir el concepto de realidad de la idea de ficción. Mas la selección de los hechos y el derecho que son presentados están guiados en su interacción con un tercer elemento: su potencialidad para ser expuestos ante el tribunal, tanto en razón de que puedan ser reconocidos jurídicamente, como también que sean favorables al interés de quien los introduce; es decir, sus cualidades para persuadir a aquellos que tienen que resolver el conflicto. Esta persuasión no es otra cosa que una metáfora. En la actuación que se realiza en el juicio, se asiste al paso de los hechos y el derecho a una afirmación que convenza sobre qué es lo que debe ser realizado en una situación determinada. Ello, gracias a una especial secuencia que juega con las ideas opuestas de realidad e ilusión, las que recrean una verdad, una ficción que sólo se puede explicar en función del concepto de metáfora (Ball 1976, 89/91).

Ésta, en primer lugar, debe ser entendida como persuasión. Al igual que la actuación de una obra teatral, la presentación de las partes en un juicio persigue convencer a quien le cabe resolver la cuestión planteada. Circunstancia que no la realiza encubiertamente o como si fuera el uso de una mentira. Todo lo contrario, es la reconstrucción deliberada de una interpretación que surge de las pruebas y del derecho que resulta más favorable a sus intereses. Para lograr este objetivo de persuasión la metáfora actúa por substitución, ya que se realiza una comparación en la que la presentación de los hechos seleccionados y del derecho es substituida por los hechos que efectivamente sucedieron y por el derecho que se corresponde a aquellos eventos, ya que es imposible una reproducción exacta del conflicto (Ball 1976, 92/3). En este plano, de carácter filosófico, los conceptos de metáfora y de ficción permiten entender cómo el derecho, a través de su texto, se escenifica y, con ello, reproduce un sentido (Courtis 1994, 17/18).

Esta recreación del sentido que posee el texto se realiza por mecanismos similares en un caso y en el otro. En el teatro, es el resultado colectivo de la interacción del director, técnicos y de cada uno de los actores en sus respectivos roles. Por su parte, en el derecho, también se asiste a una interacción de una multiplicidad de actores. El litigio judicial es el claro reflejo de ello: cada uno de los diferentes participantes en un juicio pone en juego los elementos que determinarán finalmente la trascripción del texto legal en la escena social. Si el derecho se ve en la necesidad de simplificar parte de la realidad para codificarla, luego, cuando se requiera que opere sobre situaciones reales, volverá a traducir la codificación textual a circunstancias de la vida fáctica (Courtis 1994, 18).

Se puede concluir que la literatura y el derecho comparten otro puente que los vincula: la ficción. A través de ésta, ambas expresiones se unen de manera que ninguna de ellas esté aislada de la otra. Según Marí, las ficciones no sólo influyen en nuestras creencias y valores, sino que, asimismo, "proporcionan conocimiento e inteligibilidad respecto del mundo en que vivimos. Nos permiten ver las cosas de manera diferente, pensar en forma renovada y reconceptualizar y, al hacerlo, nos hace sensibles-perceptibles a aspectos del medio que nos rodea, a los que antes fuimos previamente ciegos" (Marí 2002, 401).

En esta búsqueda por determinar si existe o no una real conexión entre la literatura y el derecho, ha sido Enrique Marí quien estableció con claridad los contornos del puente que los une: las ficciones. Éstas tienen la capacidad de ampliar teóricamente el terreno de la experiencia ante los límites o el carácter contingente del conocimiento.

En la literatura y en el derecho las ficciones están siempre presentes. En el primer caso, a través de ellas se construye la estructura del lenguaje. En el segundo, cumplen una función indispensable y enriquecedora al adaptar la conducta de los hombres a los intereses del sistema económico-social vigente. En un caso y en el otro, las ficciones proporcionan conocimiento respecto al mundo que se vive. Permiten ver las cosas de manera diferente, pensar en forma renovada. Al hacerlo, nos hace sensibles a lo que no se puede percibir. La ficción se convierte, de esta manera, en el puente que vincula definitivamente la literatura con el derecho.

Bibliografía

BALL, Milner S. (1976), "The Play's the Thing: An Unscientif Reflection on Courts Under the Rubric of Theater", en *Stanford Law Review*, vol. 28, 1975-1976.

CARDOZO, Benjamin N. (1925), "Law and Literature. And other essays and addresses", en *Yale Review*, july 1925.

COURTIS, Christian (1994), "El Derecho en escena. Reproducción del sentido en teatro y derecho", en *No hay Derecho*, año V, n° 11, agosto-octubre 1994.

DAVIS, C.K. (1883), *The Law in Shakespeare*, Washington, Washington Law Book.

FULLER, Leon L. (1967), *Legal Fictions*, Stanford, Stanford University Press.

MARÍ, Enrique E. (1998), "Derecho y literatura. Algo de lo que sí se puede hablar pero en voz baja", en *DOXA Cuadernos de Filosofía del Derecho. Actas del XVIII Congreso Mundial de la I.V.R. (Bs. As., 1997)*, n.° 21 vol. II.

— (2002), *La teoría de las ficciones*, Buenos Aires, Eudeba.

NUSSBAUM, Martha (1997), *Justicia poética. La imaginación literaria y la vida pública*, Barcelona, Andrés Bello.

PAPADOPOULOS, Ioannis (1998), *Practiques juridiques interprétatives et herméneutique littéraire. Variations autour d'un theme de Ronald Dworkin*, Quebec, Yvons Blains.

POSNER, Richard A. (1986), "Law and Literature. A Relation Reargued", en *Virginia Law Review*, 1986. Vuelto a publicar en Ledwon, L. (ed.) (1996), *Law and Literature. Text and* Theory, New York, Garland Publishing (el que se utilizó en este trabajo).

— (1998), *Law and Literature. Revised and enlarged edition*, Cambridge, Harvard University Press (1988).

STEPHEN (1857), "The License of Modern Novelist", en *Edinburgh Review*, n.° 106.

WEISBERG, Richard (1988), "Coming of Age Some More: 'Law and Literature'. Beyond the Cradle", en *Nova Law Review*, n.° 13.

WEST, Robin L. (1985), "Authority, Autonomy and Choice: The Role of Consent in the Moral and Political Visions of Franz Kafka and Richard Posner", en *Harvard Law Review*, vol. 99, n.° 2.

WHITE, James Boyd (1972), *The legal imagination. Studies in the Nature of Legal Thought and Expression*, Boston, Litte Brown.

— (1989), "What can a Lawyer Learn from Literature?", en*Harvard Law Review*, June 1989.

— (1990), *Justice as Traslation: an Essay in Cultural and Legal Criticism*, Chicago, University of Chicago Press.

— (1996), *The Judicial Opinion and the Poem. Ways of Reading, Ways of Life*. Vuelto a publicar en Ledwon, L. (ed.) (1996), *Law and Literature. Text and* Theory, New York, Garland Publishing (el que se utilizó en este trabajo).

INTERROGACIONES ACERCA DE LAS POLÍTICAS PENALES DE VANGUARDIA EN EL MUNDO GLOBALIZADO

Carolina Prado

1. Introducción: pensamiento, poder y problemas contemporáneos

Creo que una suerte de paradoja se ofrece a la observación de quien procura interrogar la compleja trama urdida por la realidad contemporánea, en la búsqueda de respuestas a los espinosos problemas que retan la capacidad de análisis y prognosis de las ciencias sociales. Éstas, por un lado, inmersas inevitablemente en el proceso de cambio a escala global que caracteriza la última bisagra histórica abierta desde hace unas tres décadas, se hallan en un momento arduo pero, en verdad, interesante y rico en materia de grandes redefiniciones, en sus objetos, campos, métodos, fines, etc. Por otro lado, un determinado esquema de poder (económico, político, militar) campea prácticamente a sus anchas en todo el planeta, orondo, monolítico, incontestable. Pareciera como si el "río revuelto" de la colosal revolución que ha generado la era postindustrial hubiese propiciado —si vale recurrir aquí a la metáfora del popular refrán— una brutal "ganancia de pescador", de uno especialmente voraz, avezado y aprovechado.

Esta falta de correspondencia entre desarrollo teórico, científico, pensamiento (crítico), etc., en relación con praxis política y poder no ha resultado, desde luego, gratuita; por el contrario, a las consecuencias humanas que han afectado no sólo a los países en desarrollo o marginales sino también a los países industrializados y de sólidas tradiciones en materia de derechos sociales, se ha sumado la dificultad de un panorama enturbiado por la discursividad hegemónica, incluso falaz, en su pretensión de consolidar la idea de "falta de alternativas", cuyo contenido, en sí mismo, no precisa de excesivo debate para concluir en su incompatibilidad con el universo republicano y democrático.

El hecho es que, tras la sucesión de hitos que marca la historia reciente del mundo —léase, en especial, crisis energética (años 70), ascenso neoconservador (años 80), desmembramiento del bloque soviético (años 90) y derecho a la guerra preventiva e instauración forzosa de la democracia occidental (años 2000)—, se ha abierto un período tanto de desencanto en las posibilidades del juego limpio dentro del actual escenario político, como de devaluación de las utopías en sus cualidades movilizadoras dentro del imaginario colectivo. Así ha sido que el imperio del neoliberalismo, luego de relativizar (cuando no ridiculizar) la clásica distinción parlamentaria entre izquierdas y derechas, desinfló en cierta medida los avances y expectativas en las llamadas "terceras vías", tal la del laborismo británico, o licuando los inveterados principios social-democráticos de los partidos continentales europeos de centro-izquierda. En plan de graficar la modesta forma supérstite de la utopía —y ya que me toca escribir este artículo desde la América meridional—, viene al caso recordar aquí que, tras el ascenso del partido de los trabajadores al poder, el presidente de la gran potencia subcontinental proclamó en sus discursos iniciales el objetivo mayúsculo de procurar que la gran mayoría de excluidos del pueblo brasileño tuviese, al menos, tres comidas al día.

Este sucinto recuento, telón de fondo común a los problemas de nuestro tiempo, ha servido también de marco para mis estudios generales acerca del comportamiento del sistema penal en el actual contexto económico y político y, más particularmente, para la investigación acerca de la exacerbación del poder punitivo y de las políticas penológicas impulsadas e irradiadas internacionalmente en y desde los Estados Unidos de América, durante el último tercio del pasado siglo. A partir de estas inquietudes, que tuve felizmente la oportunidad de desarrollar junto al Prof. Dr. Roberto Bergalli en el ámbito de postgrado de la Universidad de Barcelona, durante dos años intensos y propicios para la profundización del conocimiento, la discusión de ideas y la elaboración de trabajos (primero en el Master en Sistema Penal y Problemas Sociales y luego en diversos seminarios y cursos para el doctorado en la especialidad de sociología jurídico-penal), quisiera discurrir en estas notas sobre algunas de las interrogaciones que informan la configuración y el rumbo de los sistemas penales de los países centrales frente a la crisis que atraviesan el Estado y el derecho, a propósito del presente volumen en homenaje a quien, en su coherencia intelectual y compromiso personal, se ha erigido para mí —como para tantos estudiantes— en verdadera brújula y modelo de magisterio.

2. El Estado y el derecho en el atolladero "postmoderno"

Aunque el concepto de "postmodernidad" resulte de más cómoda aplicación en disciplinas como la literatura, las artes plásticas o la arquitectura, no faltan en el campo del derecho lógicas conjeturas acerca de que tal discursividad haya acechado también los cimientos del pensamiento jurídico tradicional. En relación con el trance que afrontan hoy el Estado y el derecho, hay que decir que, si la clase de racionalidad que da fundamento a la juridicidad moderna ha sido establecida en un marco de prácticas, ideas, razonamientos y valores que se hallan puestos en cuestión —cuando no abolidos por una realidad que los vacía de contenido— es lógico pensar que esta disciplina no haya quedado ajena a esta discusión. Dentro de los diversos campos del derecho en los que Roberto Bergalli ha volcado su pensamiento, ocupa un destacado lugar el referido al funcionamiento de los sistemas penales a través de las sucesivas formas que ha adoptado el Estado, desde el liberal originario hasta el actual neoliberal, pasando por el estadio intermedio del llamado constitucionalismo social. Esta fuente, de sustancial consulta siempre, resulta oportuna también para ilustrar los contenidos vertidos a lo largo de este artículo. En su opinión, y a propósito de los dilemas que plantea la nueva era, "si este discurso postmodernista se ha gestado evidentemente en torno a la credibilidad de la 'modernidad' en sí misma, como una autodenominación de la civilización occidental, bien industrial o postindustrial, bien capitalista o postcapitalista, ello implica que los atributos autoadscriptos, contenidos en la idea de modernidad, ya no se sostienen hoy día y quizá tampoco se sostenían ayer" (Bergalli 1999, 311).

Sin desmedro de mayores precisiones semánticas, es sabido que en términos como "postmodernidad" o "modernidad radicalizada" se resumen contenidos que remiten a las ideas de disolución de los valores tradicionales, sociales y familiares, de pluralidad de los discursos y debate acerca de la contextualización de las pretensiones de verdad, de secularización del progreso y pérdida de sentido del destino y fin de la sociedad, de dislocamiento de las coordenadas espacio-temporales y desmembramiento del "yo" ante una experiencia fragmentada por la alteración radical en la percepción del tiempo y de la historia, etc., etc.

(Giner/Lamo de Espinosa/Torres 1998, 498-499; Giddens 2002, 52-53 y 141). Pero, antes que nada, interesa rescatar aquí lo que el concepto tiene de inquietante y útil, precisamente por sus significaciones epistemológicas, teleológicas y axiológicas. En efecto, al hablar de postmodernidad se hace cuanto menos referencia a una situación de incertidumbre científica (dados los lábiles cimientos que han quedado al descubierto en el edificio del saber), a la indefensión actual de la idea de progreso (desde el momento en que la historia ha sido desprovista de sentido) y a la aparición de preocupaciones sociales y políticas inéditas (que sin duda promueven en la sociedad el debate acerca de nuevos valores).

En lo que hace propiamente a la génesis de la crisis del Estado, resulta inevitable traer a colación los clásicos análisis que, temprana y coincidentemente, efectúan James O'Connor y Jürgen Habermas (en 1973, el año considerado como clave en la inflexión hacia el nuevo modelo político y económico), autores que, en esencia, definen tal cuestión como resultado del fracaso del Estado en su papel legitimador del capitalismo. La crisis fiscal del Estado (O'Connor 1981) no significa otra cosa pues que una crisis de racionalidad (Habermas 1973), ya que, al comportarse como una usina inflacionaria, aquél origina una espiral creciente de gasto que acaba en el estallido financiero; no pudiendo armonizar dos funciones antagónicas (la de "acumulación", para satisfacer las exigencias del capital, y la de "legitimación", para responder a la demanda social de un creciente mejoramiento del nivel de vida), se desmorona el ideal del las garantías sociales del *Welfare* y, así, el Estado no consigue soportar el peso de su rol como regulador de los intereses de los diversos sectores. Esta realidad, más tarde o más temprano, es la que conduce a la pregunta acerca de cómo incide la crisis del Estado constitucional de derecho, social y democrático en la racionalidad del discurso jurídico, a la que Bergalli responde, lisa y llanamente, que "evidentemente, con una caída de legitimación de la legalidad y del sistema jurídico" (1999, 312).

General coincidencia hay en asignar un papel determinante en esta realidad a la nueva y vertiginosa coordenación espacial y temporal a la que debe circunscribirse la vida humana y social, acaecida a resultas de la última y revolucionaria ola científica, tecnológica e informática que ha reducido las distancias planetarias (o expandido los límites del contexto local), disminuido los costes de los transportes, virtualizado los flujos financieros, etc. La "globalización" —que de ello se trata—, al definirse como una inédita configuración espacio-temporal, aparece apenas como una realidad en extremo abstracta, porque ella no puede prescindir de la consideración de al menos dos cuestiones fundamentales: por un lado, la liberalización a escala mundial de los mercados de bienes y servicios y, en particular, el financiero (que es propiamente el elemento decisivo que permite romper el vínculo entre economía y territorio), sin olvidar tampoco que este paso queda abierto luego de la caída del mundo soviético, con la consiguiente hegemonía mundial del capitalismo y relativización de los poderes estatales tradicionales; por otro lado, el suplantamiento del modelo "taylorista-fordista" de producción industrial por el modelo denominado usualmente "postfordista" (o de "especialización flexible"), descontando que, también en este caso, las novedades que aportan la ciencia y la técnica constituyen la herramienta indispensable para catapultarlo (Bergalli 2001*a*, 120 y ss.; Mercado Pacheco 1999, 127 y ss.).

Esta compleja trama de causas y efectos, al interactuar dinámica y velozmente, es la que, en definitiva, potencia el despegue o "desanclaje" del proceso globalizador. Así, en etapas sucesivas y grados crecientes, la desterritorialización de la economía desencadena un proceso de redefinición de roles y de poderes, haciendo que la mundialización de los mercados y la crisis de soberanía se constituyan en dos caras inseparables de la misma moneda. Por otra parte, la apertura a un concepto radicalmente diferente de planificación productiva y de mercado —de la empresa fordista a la empresa "red" o transnacional, la desagregación del proceso productivo a diferentes áreas del mundo (según cálculos específicos de costes laborales, impositivos o energéticos), la desconcentración y flexibilización de la mano de obra y, en fin, la internacionalización de los mercados— se convierte en el medio idóneo para hacer frente al acelerado ciclo de inversión y rotación del capital que obliga a la empresa transnacional y al sistema financiero a amortizar con rapidez las obligadas inversiones en investigación tecnológica y científica, y a asumir la escala propiamente global del mercado, dado que la nacional o regional no resulta suficiente para absorber la ingente y diversificada producción de bienes y servicios que crecen en una espiral incesante (Bergalli 2001*a*; Faria 2001, 74).

En este movedizo escenario es donde procura hacer equilibrio un Estado que, en comparación, se muestra débil, y para el cual el derecho tradicional aparece como un recurso regulador exageradamente lento y anacrónico. A propósito de esta situación, Bergalli ha utilizado el gráfico ejemplo de la evolución en los campos de la física y la cosmografía, retrotrayendo el problema actual del universo normativo tradicional como marco regulatorio de las actividades sociales al período del salto científico del mecanicismo newtoniano al relativismo einsteiniano, y estableciendo la analogía de que la falta de adaptación de la cultura jurídica a los cambios acaecidos durante el último siglo responde a su pertenencia a una cosmovisión decimonónica (2001*a*, 117).

La "globalización" ha venido a caer así, con todo su peso, sobre las viejas estructuras del edificio político y normativo tradicional, poniendo en jaque conceptos como Estado, nación o soberanía. En este sentido, el problema se plantea como una verdadera redefinición de poderes: aquello que con anterioridad se hallaba, bien en manos, bien regulado por el Estado intervencionista se traslada, por imperativo de la descomunal concentración de capital y de poder que impulsa la mundialización de la economía, a empresas, organismos u otros poderes transnacionales, no necesariamente institucionalizados, ni todos claramente visibles. Desplazados los Estados nacionales de los centros de decisión, deben reacomodarse a otras instancias que los exceden, aunque es sabido que su pérdida de soberanía no significa su desaparición o que su presencia sea menos necesaria, sino que el modo de intervención que se le asigna importa una refuncionalización de sus instrumentos económicos, políticos y jurídicos, acorde a las estrategias del modelo globalizado. Aunque el Estado continúa ejerciendo las consabidas funciones legislativa y judicial (en áreas como la económica, monetaria, tributaria, laboral, previsional, civil, etcétera), lo hace sin embargo con un poder de intervención muy disminuido en la dirección, planificación social y control, debiendo compartir esa titularidad, en no pocas circunstancias, con otras fuerzas extra-nacionales (Mercado Pacheco *op. cit.*, 128-129 y 149).

Es natural que, al debilitamiento del Estado —en cuanto agencia central de organización social—, haya sobrevenido en consecuencia un cuadro semejante en el derecho —como instrumento privilegiado de regulación de la convivencia social—, en el que hoy ve seriamente comprometida su eficacia y su fuerza imperativa. De allí puede observarse cómo una serie de limitaciones ciñen el derecho tradicional, situación que se verifica en hechos como la pérdida gradual de capacidad de sus normas e instituciones jurídicas para ordenar una sociedad marcada por la heterogeneidad, pluralismo y policentrismo. Un hecho habitual como el de la verdadera afectación de la primacía de la ley estatal —en cuanto fuente de derecho— acontece como consecuencia de dos fenómenos, a saber: las cesiones de soberanía y delegaciones de gran parte de instrumentos de gobierno y competencias de decisión sobre importantes aspectos económicos en favor de organizaciones no estatales, y el creciente dominio de la autoregulación, en virtud de la centralidad que adquieren los instrumentos normativos no estatales en el marco contemporáneo (Santos 1998; Faria *op. cit.*; Mercado Pacheco, *op. cit.*). Ello ha venido a derivar en un desplazamiento simultáneo del derecho nacional hacia diferentes esferas, tanto supra como infranacionales. En el primer supuesto, el reconocimiento de espacios y tiempos como contextos de producción jurídica se deposita en organizaciones como la ONU, la CE, el FMI, la OMC, etc., etc.; en el segundo, se distribuye entre distintos terrenos privados que pueden estar referidos, por ejemplo, al doméstico (relativo a relaciones de parentesco en la familia), al comunitario (relaciones de vecindad, asociativas o religiosas), de producción (relaciones industriales, comerciales, financieras y laborales), o de ciudadanía (relaciones sociales en la esfera pública, entre ciudadanos y el Estado) (Bergalli 1999, 312).

Como señala Bergalli, esto ha producido una interacción constante de cadenas normativas que, por pertenecer a áreas autónomas y no necesariamente coetáneas, obedecen a concepciones, lenguajes y procedimientos altamente desiguales. Puede decirse, entonces, que el pluralismo se encuentra asimismo caracterizado por el sello del fenómeno concomitante del "interderecho" o "interlegalidad", habida cuenta de la constatación de la confluencia de un cuadro de múltiples redes de órdenes legales que funcionan de manera yuxtapuesta e interpenetrada y que, de esta forma (sobrepuesta), enmarcan y definen las mentes y conductas humanas, haciendo que la vida cotidiana de los individuos se halle sometida, sin remedio, al traspaso o transición de unas a otras (*ibídem*, 313).

De este modo, la crisis por la que atraviesa el derecho se patentiza, por un lado, en una incontestable pérdida de contenido, funcionalidad y operatividad de su propia base (con el consiguiente cuestionamiento de nociones capitales como "monismo jurídico", "norma fundamental", "jerarquía normativa", "poder constituyente", etcétera, en razón de su ligazón a un principio eje en el desarrollo del derecho moderno como es el de soberanía) y, por otro, en la propensión a la reducción de las instituciones jurídicas estatales, tanto en el número de normas e instrumentos legales que lo conforman, como en su conversión en fórmulas más ágiles y flexibles. Es claro, sin embargo, que la virtud de esta nueva clase de derecho estriba en que su base instrumental le permite preservar los procesos de autorregulación de cada espacio jurídico conformado y, en tal sentido, es fácil deducir sin demasiadas vacilaciones que aparece como el más acorde y armónico con los vericuetos de la sociedad globalizada. Esto debe entenderse como un hecho en sintonía con los intereses preponderantes del mercado, sin desmedro de que ello desemboque en una ingente producción normativa *ad hoc*, que propicia el conocido fenómeno de la "inflación legislativa", "sobrejuridización" o "hiperjuridización" (*Faria op. cit.*, 33-34 y 161; Roth 1995, 193-194).

3. Las argucias para el recrudecimiento de las políticas penales

Al tiempo que los impactos de la globalización se evidencian en el derecho (en general) a través de signos de patente debilidad y desconcierto en su tarea de regular las relaciones sociales (al menos, en los términos en los que su autoridad ha sido entendida a lo largo de la modernidad), como acaso puede serlo el desarrollo de instituciones variadas que confluyen en la tendencia registrada bajo la designación de "pluralismo jurídico", en el ámbito propiamente penal tales consecuencias hallan cauce, en cambio, en la adopción de un sendero propio, que puede ser caracterizado por su vigorismo y potenciación (propensión particularmente visible en extremos como la proliferación, agravamiento y mayor empleo de castigos). En este sentido, hay que afirmar que el Estado —signado por la crisis antes enunciada— consigue en contrapartida concentrar su poder para la formulación y ejecución de políticas criminales de indiscutible signo autoritario (Bergalli 2003, 59 y ss.).

Las políticas penales asumidas en esta época por los Estados centrales (pero también, y a su turno, los periféricos) se inscriben, unas más, otras menos y de manera paulatina, en la línea directriz que marca aquella de origen estadounidense conocida como de *Zero Tolerance* y que, en su conjunto, puede ser definida por el incremento del rigor represivo. Como es sabido, siguiendo el criterio de que para alcanzar niveles deseables de orden público y civilidad social es necesario contar con una conciencia general sobre el menoscabo que, para la calidad de vida de los ciudadanos, representan —en similar medida— los delitos graves y las violaciones menores, esta política se propone la disminución de toda clase de "desórdenes" mediante el uso del amplio abanico de medidas punitivas[1] (Wilson 1985; Wilson/Kelling 2001; Young 2001, 2003, 195-196; Dennis 1998).

Por cierto que Estados Unidos es el país que se coloca a la vanguardia de estas concepciones para ocuparse así, desde formulaciones teóricas de esa índole, de extender, de manera sistemática y vertiginosa, las dimensiones del sistema penal, en el plano "vertical" (concerniente a las diversas jurisdicciones) y en el "horizontal" (relativa a los nuevos grupos sobre los que recae). Acerca de ello da cuenta una serie de constataciones como el uso del encierro masivo (mediante una escalada del encarcelamiento), el extendido recurso de la pena de muerte, la reintroducción de campos de entrenamiento o capacitación (los denominados *boot camps*), la aplicación de la legislación de condena a perpetuidad en supuestos de reincidencia (caso más conocido el de las *mandatory penalties*, entre las que destaca la de *"Three strikes and you're out"*),[2] la instauración de la sentencia determinada, el empleo de las *guidelines sentences*,[3] etc. No puede obviarse la mención de que, a todo lo anterior, le sigue luego —en el registro económico— el surgimiento y desarrollo de la industria privada en torno al delito, merced a una política estatal generosa en la asignación privilegiada de recursos y partidas para la creación de nuevos sistemas de control penal, consistentes en equipamientos policiales, estructuras judiciales o establecimientos penales, en detrimento de los correspondientes a áreas como la salud, la educación y la ayuda social, que sufren progresivos recortes presupuestarios (Matthews 2002; Wacquant 2000, 2002; Christie 1993).

La mencionada estrategia de los Estados Unidos halla después fuerte recepción en los debates políticos que, sobre el combate del delito, tienen lugar en los países centrales, los que se van tornando proclives a favorecer la desregulación de sus economías y a menoscabar su red de protección social, propiciando, de esa forma, la expansión a escala mundial de la corriente represiva. Así, un vistazo a la influencia de esta corriente en Europa[4] demuestra que su propulsión se encuentra, antes que nada, con el desarrollo de

---

1. En efecto, con fuente de inspiración en el conocido artículo titulado "Broken Windows" de James Q. Wilson y George L. Kelling, que en 1982 aparece publicado en los Estados Unidos por *The Atlantic Monthly Review*, la notoriedad de la perspectiva radica en la idea de que el control de las transgresiones menores que no constituyen delito resulta de vital importancia para la comunidad, en razón del peligro existente de que las mismas degeneren, en una suerte de secuencia, en verdaderos crímenes.

2. Se trata de aquella legislación obligatoria para los jueces, por la que se dispone la cantidad mínima de años de privación de libertad que la persona condenada debe cumplir; el ejemplo citado consiste en la regla que, con origen en Washington, establece la prisión perpetua para las personas condenadas por tercera vez por un delito grave, sin excepción.

3. Las guías penales para la determinación judicial de la extensión de la pena, cuyo funcionamiento demanda una serie de pasos por parte del juez, a partir de una tabla con casillas variables según los antecedentes penales del condenado y la gravedad del delito.

4. En concreto, la exportación hacia el continente europeo comienza a verificarse, con cierta agitación y resonancia en los medios, hacia mediados del año 1998, con ecos en Inglaterra, Francia y más tarde Alemania e Italia (Wacquant 2000, 26 y ss.; Rivera Beiras 2004).

otra línea político-penal, de raigambre continental y sensible afianzamiento, conocida como "cultura de la emergencia o excepcionalidad penal". Esta vertiente se remonta, en rigor, a la década de 1970, cuando la crisis económica y política del *Welfare State* desencadena una explosión de conflictividad social tal que atenta contra las bases ideológicas del "consenso político". La violencia política y el terrorismo de la época (recordar los casos de Italia y la R.F.A.) son combatidos entonces por los Estados, sin demasiados titubeos, a través de la asunción de legislaciones y prácticas antiterroristas que, por su contenido y alcance vulnerador de derechos fundamentales, amenazan con echar por tierra la vigencia del derecho penal de base liberal. Con el objeto de cumplir funciones de control y represión política de los sectores más problemáticos, se desenvuelve así un proceso de politización de los sistemas penales que se manifiesta en la integración de los mecanismos de administración y aplicación de castigo con componentes ajenos al derecho penal[5] (Rivera Beiras 2003, 122, 2004; Bergalli 1988; Serrano Piedecasas 1988).

Desde la apuntada confluencia de corrientes se advierte cómo las naciones europeas, por su parte, van optando igualmente por endurecer sus políticas penales, ahora más claramente dirigidas a la defensa de la sociedad en detrimento de objetivos como la resocialización de los delincuentes, y generalizan el uso de medidas penales tendentes a limitar los efectos nocivos del aumento de la inseguridad ciudadana. En tal sentido, tampoco se demora en ellas la propagación de discursos rígidos de "ley y orden" (que asocian estrechamente a los pobres con la delincuencia) y la implementación de mecanismos para la restricción de garantías (Baratta, 2000, 207 y ss.). Específicamente, este giro punitivo desemboca en hechos como el veloz crecimiento de la población carcelaria desde el inicio de la desindustrialización y el desempleo masivo de hace un par de décadas, el aumento en la duración promedio de las condenas de prisión, y la expansión de los sistemas de vigilancia. Las variantes utilizadas en cada Estado deben ser leídas, en todo caso, como preferencias, por conveniencia, de aquellos por el uso de un método u otro, y no como la referencia a una diferencia sustancial.

Revisadas, pues, las nuevas corrientes político-penales, puede concluirse diciendo que, al tiempo que la designada como de Tolerancia Cero —y su confluencia con la anterior de la emergencia y excepcionalidad penal, en el contexto europeo— amenaza con desbaratar la propia naturaleza garantista de los sistemas penales de los Estados democráticos de derecho; su desarrollo y consolidación en el espacio y el tiempo da cuenta, por cierto, de la configuración, muy vertiginosa, de una suerte de Estado Penal, en detrimento y por contraste con el antecesor Estado Social, propensiones éstas que, en un registro más teórico, encuentran correlación en un saber como el propuesto por la criminología tecnocrática o de la intolerancia (Christie *op. cit*.; Wacquant 2001; Young 2003).

Sucede que, desmoronada la forma "Providencia" de Estado, la gestión estatal de los altos niveles de conflictividad social que corresponden al mundo globalizado corre por exclusiva cuenta del sistema penal. La penalidad emerge como el instrumento del Estado para el enfrentamiento de cuestiones ineludibles como la exclusión social y el riesgo, para lo cual concentra allí, decididamente, el poder que aún conserva, tras el desbarajuste de autoridad (Rivera Beiras 2003; Bauman 1999; Young 2003; Beck 1998). No hay dudas de que, así planteadas las cosas, la orientación de las instancias del sistema penal es, sin rodeos, hacia la punición de las violaciones del nuevo orden (por encima de objeti-

---

5. Por esta política, los individuos considerados más conflictivos, ya por su oposición política radical (terroristas), ya por sus conductas contrarias a la propiedad o vinculadas al tráfico de drogas, quedan sujetos a un régimen de excepcionalidad; recurso éste valorado lo suficientemente idóneo como para flexibilizar las normas constitucionales concernientes a las libertades y derechos del ciudadano (Rivera Beiras 2003, 122; 2004).

vos como la prevención de delitos o la corrección de sus responsables), tarea que cumple —como subraya Bergalli— organizándose alrededor de pilares como el miedo o el terror, es decir, creando "alarma social para convertirse en fuente de consenso en torno a las instituciones, previniendo cualquier eventual disentimiento político" (2001*b*, 24).

En la práctica, el desarrollo de esta función tiene lugar a través del empleo de estrategias manageriales que vienen dadas por las nuevas orientaciones y recursos proporcionados por la corriente designada como "actuarialismo penal" que, precisamente, tras abandonar el análisis de las causas del delito y el objetivo rehabilitador hacia el infractor por parte del sistema penal, auspicia la búsqueda de eficacia en el control del delito, para lo cual se vale de la implementación de nuevos sistemas de seguridad urbana y la promoción del uso de recursos privados para la construcción y gestión de prisiones. Con el auxilio de metodologías de cuantificación y de tratamiento de tipo asegurativo, esta nueva orientación desplaza su foco de atención desde el individuo hacia grupos sociales o categorías de sujetos seleccionados sobre la base del riesgo para la seguridad pública (Feeley/Simon 1995, 33-39; Young 2003; De Giorgi 2000; Santoro 2004, 204).

5. Conclusiones: ¿Sistema penal para un Estado más democrático o un Estado "bulldog" del neoliberalismo?

Si vale la analogía, puede decirse que un escenario como el expuesto (esqueléticamente) a lo largo de estas notas deja la franca impresión de que hoy le toca al Estado encarnar un papel de segundo orden, eclipsado por el verdadero protagonista —el mercado— y a merced del libreto que escribe sin cortapisas el guionista de moda: el neoliberalismo. El derecho tradicional, cual galán marchitado, procura maquillarse todo lo necesario como para no deslucir una puesta en escena que, no pudiendo prescindir de su parte, sin él sería ya la acabada dramatización del caos.

Como quiera que se mire, la forma asumida por el Estado neoliberal resulta de una franca ambivalencia, al mostrar una cara débil —de carácter "mínimo"— en su comportamiento frente a los imperativos del modelo macroeconómico dominante, pero otra endurecida e hinchada de apetito punitivo, no sólo frente al delito, sino también frente a cualquier manifestación que pueda ser considerada simplemente como "desorden" e, incluso, frente a las diversas formas legítimas de protesta social. Si treinta años atrás su impotencia para arbitrar la pugna entre los diversos sectores le valieron las fisuras iniciales que comenzaron a resquebrajar su legitimidad, no parece exagerado decir que los rasgos de autoritarismo que exhibe en esta materia podrían abrir una brecha importante con el conjunto de la sociedad, a poco que se acentúe una funcionalidad menos al servicio de los intereses generales que servil a los intereses de los menos, pero poderosos.

Ante una clase de diagnóstico como éste —en que la legitimidad constitucional, social y democrática adquirida a través del derecho característico del Estado de bienestar se ha convertido en una antigualla que parece no sólo no merecer siquiera una revisión sino, por el contrario, hacer con ella una *tabula rasa*, para reescribir allí la ley que dictan los más fuertes— no faltan prognosis que prefiguran escenarios todavía más conflictivos, con la atmósfera política internacional enrarecida por nuevos y espinosos problemas. No hay más que observar hechos como la indiscriminada y virulenta dimensión vindicativa que asumen hoy el terrorismo y el fundamentalismo, la presión de una inmigración que por momentos adquiere carácter de éxodo masivo o las propias expresiones sociales "tercermundistas" de pobreza y exclusión en el propio corazón de los países avanzados, para sospechar que tales cuestiones, elevadas a la categoría de argumentos legitimadores, podrían propiciar un recrudecimiento todavía mayor en las políticas de control y punición.

Si la sociedad en verdad parece encontrarse transitando por el filo de una cornisa (que, asumiendo una hipótesis optimista, debería probablemente conducirla a un nuevo paradigma de concertación), en ese tránsito y hasta tanto no se avizore un horizonte más promisorio o una salida asequible, persiste el riesgo típico de los períodos de crisis, esto es, el de querer aferrarse a cualquier aparente punto de apoyo del que pueda echarse mano en el muro escarpado que, a la derecha, flanquea el desfiladero, con tal de no sucumbir en el supuesto abismo o vacío que, a la izquierda, ha quedado abierto. Es común traer a colación el consuelo etimológico de que el término crisis, además de su acepción habitual de conflicto, significa también oportunidad, posibilidad de cambio. Pero es sabido que ninguna transformación orientada al afianzamiento de los derechos humanos o al establecimiento de un razonable nivel de equidad social y de justicia distributiva se ha hecho sin lucha y, en este sentido, el desafío de fondo de esta transición está cifrada no tanto en la complejidad de la trama económica, política y tecnológica cuanto en la capacidad de respuesta tanto del pensamiento crítico como de una efectiva participación democrática, para que el Estado, el derecho y las diversas agencias de los sistemas penales asuman, mínimamente, un perfil más representativo de todos los intereses concernidos.

En conclusión, si el proceso económico globalizador no puede prescindir de la paradoja de un orden planetario unificado sobre la base de la fragmentación de Estados sumisos y de un derecho acomodado a las exigencias de quienes se llevan "la parte del león", se está hablando entonces de una organización social, jurídica e institucional domesticada por un amo peligroso, arbitrario, egoísta e insensible como lo es el puro poder económico que, en ese caso, estaría utilizando al Estado como su perro guardián. De aquí la pregunta formulada en el encabezamiento de estas conclusiones y que queda abierta: ¿queremos un sistema penal al servicio de un Estado más democrático o de un Estado "bulldog" del neoliberalismo?

Bibliografía

BARATTA, Alessandro (2000), *Criminología Crítica y Crítica del Derecho Penal*, España: Siglo XXI Editores, 6.ª edición (Trad. A. Búnster).

BAUMAN, Zygmunt (1999), *La Globalización. Consecuencias humanas*. Buenos Aires: Fondo de Cultura Económica de Argentina (Trad. D. Zadunaisky).

BECK, Ulrich (1998), *La sociedad del riesgo. Hacia una nueva modernidad*, Barcelona: Paidós (Trad. J. Navarro, D. Jiménez y M. Borrás).

BERGALLI, Roberto (1988), "Presentación. Emergencia una cultura específica", en: José R. Serrano Piedecasas, *Emergencia y crisis del Estado Social. Análisis de la excepcionalidad penal y motivos de su perpetuación*, Barcelona: P.P.U.

— (1999), *Hacia una cultura de la jurisdicción: ideologías de jueces y fiscales –Argentina. Colombia. España. Italia*, Buenos Aires: Ed. Ad Hoc, 1ª edición.

— (2001a), "Globalización y control social: post-fordismo y control punitivo", en: *Sistema. Revista de Ciencias Sociales*, Nº 160, Madrid: Fundación Sistema, pp. 107-124.

— (2001b), "Principio de justicia universidad y Modernidad jurídica: papel de la jurisdicción penal", en: *Jueces para la democracia. Información y Debate*, Nº 42, Madrid: Unigraf S.A.

— (2003), "Las funciones del sistema penal en el estado constitucional de derecho, social y democrático: perspectivas socio-jurídicas", en: Roberto Bergalli (Coord. y Colab.), *Sistema Penal y problemas sociales*, Valencia: Ed. Tirant lo blanch, 1ª edición, pp. 25-82.

CHRISTIE, Nils (1993), *La industria del control del delito. ¿La nueva forma del Holocausto?*, Buenos Aires: Editores del Puerto S.R.L., 2.ª edición (Trad. S. Costa).

DE GIORGI, Alessandro (2000), *Zero Tolleranza. Strategie e practiche della società di controllo*, Roma: Derive Approdi.

DENNIS, Norman (1998), "Editor´s Introduction. Zero Tolerance Policing", en: N. Dennis (Ed.), *Zero Tolerance: Policing a Free Society*, Londres: IEA Health and Welfare Unit, 2ª edición, pp. 1-28.

FARIA, José Eduardo (2001), *El derecho en la economía globalizada*, Madrid: Ed. Trotta (Trad. C. Lema Añón).

FEELEY, Malcolm / SIMON, Jonathan (1995), "La nueva penología: notas acerca de las estrategias emergentes en el sistema penal y sus implicaciones", en: *Delito y Sociedad. Revista de Ciencias Sociales*, Año 4, n.º 6 y 7, Buenos Aires/Santa Fe: U.B.A., U.N.L. (Trad. M. Sozzo).

GIDDENS, Anthony (2002), *Consecuencias de la modernidad*, Madrid: Alianza, 2ª reimpresión (Trad. A. Lizón Ramón).

GINER, Salvador / LAMO DE ESPINOSA, Emilio / TORRES, Cristóbal (1998), *Diccionario de Sociología*, Madrid: Alianza.

HABERMAS, Jürgen (1973), *Problemas de legitimación en el capitalismo tardío*, Buenos Aires: Amorrortu Editores.

MATTHEWS, Roger (2002), "Reflexiones sobre los recientes desarrollos de la política penal desde la teoría de los sistemas", en: *Panóptico* Nº 4, Nueva época, 2º semestre, BCN: Virus (Trad. A. Piombo), pp. 75-89.

MERCADO PACHECO, Pedro (1999), "El Estado comercial abierto. La forma de gobierno de una economía desterritorializada", en: Juan Ramón Capella (Ed.), *Transformaciones del Derecho en la Mundialización*, Madrid: Consejo General del Poder Judicial.

O' CONNOR, James (1981), *La crisis fiscal del Estado*, Barcelona: Ed. Península, 1ª edición (Trad. G. Di Masso, J. M. Custòdio, R. Coll y M. A. Galmarini) .

RIVERA BEIRAS, Iñaki (2003), "Historia y legitimación del castigo. ¿Hacia dónde vamos?", en: Bergalli, Roberto (Coord. y Colab.), *Sistema Penal y problemas sociales*, Valencia: Ed. Tirant lo blanch.

— (2004), "Forma-Estado, Mercado de Trabajo y Sistema Penal ("nuevas" racionalidades punitivas y posibles escenarios penales)", en: Iñaki Rivera Beiras (Coord.), *Mitologías y discursos sobre el castigo. Historia del presente y posibles escenarios*, España: Anthropos.

ROTH, André-Noël. (1995), "El derecho en crisis: fin del Estado moderno?", en: André Jean Arnaud (Ed.) *Oñati Proceedings* Nº 2 *Sociology of Law Splashes and Sparks*, Oñati: Oñati International Institute for the Sociology of Law, pp. 187-200.

SANTORO, Emilio (2004), "Las políticas criminales de la era de la globalización", en: *Ley, Razón y Justicia. Revista de Investigación en Ciencias Jurídicas y Sociales*, Año 5, n.º 8, Córdoba: Alveroni Ediciones.

SANTOS, Boaventura de Sousa (1998), *De la mano de Alicia. Lo social y lo político en la postmodernidad*, Colombia: Uniandes, Universidad de los Andes, Siglo del Hombre editores (Trad. C. Bernal y M. García Villegas).

SERRANO PIEDECASAS, José Ramón (1988), *Emergencia y crisis del Estado Social. Análisis de la excepcionalidad penal y motivos de su perpetuación*, Barcelona: P.P.U.

WACQUANT, Loïc (2000), *Las cárceles de la miseria*, Madrid: Alianza Editorial (Trad. H. Pons).

— (2001), *Parias Urbanos. Marginalidad en la ciudad a comienzos del milenio*, Buenos Aires: Manantial (Trad. H. Pons)

— (2002), "Cuatro estrategias para limitar los gastos penitenciarios en la gestión del encarcelamiento masivo en los Estados Unidos". Post-facio en: Burton-Rose (Ed.). *El encarcelamiento de América. Una visión desde el interior de la industria penitenciaria de EE.UU*, Barcelona: Virus, 1ª edición, pp. 347-357 (Trad. M. Barrobés).

WILSON, James Q. (1985), *Thinking About Crime*, Nueva York: First Vintage Books.

— / KELLING, George (2001), "Ventanas rotas. La policía y la seguridad en los barrios", en: *Delito y Sociedad. Revista de Ciencias Sociales*, Nº 15-16, Año 10, Buenos Aires/Santa Fe: U.B.A. (Trad. D. Fridman).

YOUNG, Jock (2001), "Tolerancia Cero: De regreso al Futuro", *Alter*, n.º 6, Año II, Sep/Dic.

— (2003), *La sociedad excluyente. Exclusión social, delito y diferencia en la Modernidad tardía*. Madrid: Marcial Pons (Presentación R. Bergalli y Traducción R. Bergalli y R. Sagarduy).

ALGUNAS NOTAS SOBRE LAS PRÁCTICAS DE ENCIERRO E INSTITUCIONALIZACIÓN EN EL SISTEMA PENAL DE LA PRESENTE SOCIEDAD EXCLUYENTE

Natalia Castro
Gabriel Bombini

1. Palabras iniciales y un punto de partida

Cuando por el año 1996 decidimos emprender un viaje de estudios hacia España, debimos recorrer previamente aquello que en nuestro medio había publicado a la fecha quien resultaría el director del curso al que asistiríamos.

Innumerables trabajos y temarios tuvimos entonces que transitar: aspectos vinculados al problema de la recaída en el delito y la realidad carcelaria y sus políticas de gestión (vgr. por todos Bergalli, 1976, 1980, 1982, 1986a, 1990, 1991, 1992b), aspectos del difícil entramado del aparato judicial, su historia y su proyección en el marco de la incipiente democracia de los años ochenta en nuestra latitud (vgr. por todos, Bergalli, 1984) y frondosos vocabularios vinculados al problema de los pensamientos criminológicos, sus aristas ideológicas y el conflictivo ítem del concepto del control social (vgr. por todos, Bergalli, 1983a y b, 1985, 1986b, 1989, 1990, 1992a, 1993).

Con respecto a este último punto, nos llamó particularmente la atención aquella propuesta de recuperar la estructura analítica de la sociología del derecho para encapsular los procesos de criminalización en dos sub-procesos o etapas: la de creación de las normas y la de su efectiva aplicación.

Por aquel momento la criminología latinoamericana que se auto-denominaba crítica, se veía fuertemente influida por una aspiración de corte profundamente político de reforma de unos sistemas sociales a los cuales eran pertinentes unas agencias penales extraordinariamente violentas, y que por ende recreaban una y otra vez deseos de cómo la criminología *debía ser* para ser *crítica* y cuál era el papel del criminólogo (Sozzo, 2001), sumiendo a la actividad criminológica en la reiteración de críticas al sistema social en su conjunto adecuando vocabularios provenientes de otro contexto, bajo la forma predominante del ensayo (de calidad por demás variada), y evidenciando una reticencia al emprendimiento del estudio empírico harto llamativa y señalada por las escasas excepciones.

En aquel entonces, intuitivamente al observar cotidianamente diversas problemáticas que hacían al funcionamiento del sistema penal, tratábamos de comenzar a adoptar formatos teóricos que sirvieran para una comprensión más acabada de esa realidad, que evidenciaba fundamentalmente violencia sobre los sectores más empobrecidos de la población, violencia que no sólo resultaba individual sino que cobraba indudablemente tintes estructurales (Bergalli, 1996).

Al arribo a Barcelona, la profundización de estas incipientes aspiraciones de recientes egresados de la Facultad de Derecho de Mar del Plata fueron absolutamente satisfechas de la mano de Roberto Bergalli y su equipo de trabajo en el Master "Sistema Penal y Problemas Sociales". Allí, de manifiesto en sus contenidos esa propuesta por una sociología del control penal, enriqueció de modo inusitado en nuestra estancia, aquellos modos de mirar y leer una compleja realidad como la que nos toca en suerte.

Pero igualmente, a través suyo y de otras influyentes personalidades —entre la que queremos destacar la de Iñaki Rivera— que nos sirvieron de ejemplo, fijaron guías para saber disfrutar del trabajo académico, pero más importante aún, de delinear modos de transitar también la vida cotidiana y ser fiel a convicciones propias en distintos órdenes.

Algo distante y exigente en el trato conforme a su personalidad provocadora; franco, hospitalario y cálido en sus acciones conforme a su ejemplo de trabajo y vida que no hace falta reseñar en estas palabras, sin duda, ha sido una parte sumamente influyente de nuestra aventura de vida que hemos emprendido hace unos cuantos años ya.

De allí surgieron, también, algunas de las ideas que resumidamente aportaremos con cargo sólo para Bergalli en aquello que —directa, de su obra o de su palabra, o indirectamente, de los trabajos que nos ha facilitado o a través de quienes integran el citado Master bajo su dirección— pudimos aprender; y con cargo propio por aquellos errores u omisiones que seguramente se hallarán en cuanto sintetizaremos a continuación.

2. El presente de una sociedad excluyente y su sistema penal

Sin perjuicio de ello, es oportuno destacar, que a esa sociología del control penal como campo de convergencia de los aportes de la criminología crítica y de la sociología del derecho, en su presentación al castellano de la monumental obra de Jock Young *The exclusive society*, Bergalli (2003) adicionó algunos aspecto de relieve y trascendencia en orden a sus definiciones epistemológicas básicas.

En efecto, afirma Bergalli (2003) al realizar una valoración global de la obra que: "...la exclusión social se convierte en el fundamento de un conocimiento criminológico que reconoce en los aspectos estructural-económicos de toda sociedad los límites de cualquier investigación que pretenda explicar lo relativo a la génesis del delito y de su control, objetos de aquél conocimiento. De tales maneras, este tipo de investigación se aparta de los métodos aplicados por la criminología tradicional y debe recurrir a los más variados de la sociología, la economía política y la teoría del Estado. Así se configura el nuevo paradigma que introduce Jock Young en el pensamiento para las sociedades del tercer milenio..."

Young analiza el tránsito de una sociedad de inclusión a otra de exclusión que ubica temporalmente desde la Golden Age hasta la crisis de los años 70' en adelante (de la modernidad a la modernidad tardía), desde un mundo cuyo acento estaba en la asimilación y la incorporación hasta uno que separa y excluye.

Afirma que es un mundo donde las fuerzas del mercado que transformaron las esferas de producción y consumo, han desafiado nuestras nociones de seguridad material y valores no cuestionados, que han sido reemplazados por un mundo de riesgo e incertidumbre, de opciones individuales y pluralismo; de una precariedad profundamente arraigada, tanto económica como ontológicamente.

Una combinación de inseguridad progresiva más demandas crecientes.

Las fuerzas del mercado han hecho que nuestra identidad sea precaria, nuestro futuro poco seguro, generado un aumento constante de nuestras expectativas como ciudadanos, un profundo sentido de reivindicaciones frustradas y deseos no cumplidos.

En fin, trata de explicar los cambios dramáticos que tuvieron lugar en los niveles del delito y en la naturaleza de la desviación y el desorden a consecuencia de los cambios materiales que ocurrieron tanto dentro de la esfera de la producción y el consumo (transición del fordismo al post-fordismo).

Agrega que a la Golden Age —caracterizado como aquel período era en que primaba la inclusión, la riqueza, la aceptación—; sigue una revolución cultural en los últimos años 60' y 70' con el aumento del individualismo, de la diversidad y de una vasta deconstrucción a gran escala de los valores aceptados. Un mundo que aparentaba ser seguro fue reemplazado por otro en el que imperaba el pluralismo, el debate, la controversia y la ambigüedad.

La Edad de Oro era una época en la cual los dos sectores gemelos de la sociedad: el trabajo y la familia encajaban juntos como un sueño funcionalista: el sitio de la producción y el sitio del consumo, como una dualidad keynesiana de suministro y demanda, ambos dependientes el uno del otro, pero subrayada por una aceptada división de trabajo entre los sexos y todo profundamente asegurado por la siempre creciente garantía de riqueza.

Pero, afirma el autor que a la *revolución cultural* del individualismo le siguió una *crisis económica* que ha reestructurado el mercado laboral del mundo industrial avanzado.

Con lucidez señala que "...El problema está en la contradicción fundamental de la democracia-liberal, es decir, entre un sistema que se legitima en cuanto a igualdad de oportunidades y recompensas por méritos, pero que a su vez no es igual y enormemente no meritocrático en su estructura. En los EE.UU., por ej. el 1 x 100 de los individuos son dueños de un tercio de la riqueza y a grandes sectores de la población se les niega el acceso al mercado de trabajo primario. Esta es una situación totalmente criminógena que genera la posibilidad de encarcelamientos masivos. El aumento actual en la población carcelaria sigue creciendo sobre la base del incremento crónico del delito que tuvo lugar en todo el mundo occidental en la tardía época moderna. Esto constituye un resultado directo del incremento de la tasa de privación relativa junto con un individualismo acrecentado, todo lo cual ha sido engendrado por las economías de mercado contemporáneas...".

Sin embargo, afirma que una graduación de inclusión y exclusión de esta envergadura engendra tanto una relativa privación crónica entre los pobres que da pie al delito, como una ansiedad precaria entre aquellos que son más ricos, lo cual sirve como caldo de para la intolerancia y la punición de los delincuentes. Por tanto, delito y castigo provienen de la misma raíz. Es decir, tanto las causas de la violencia criminal como la respuesta punitiva a la misma surgen del mismo lugar. La violencia obsesiva de las bandas machistas callejeras y la obsesión punitiva del ciudadano respetable son similares no sólo en su naturaleza sino en sus orígenes: la dislocación del mercado laboral:

— Una de un mercado que excluye la participación como trabajador pero que anima a la voracidad como consumidor;
— otra, de un mercado que incluye pero sólo de modo precario.

Ambas frustraciones son articuladas deliberadamente en forma de privación relativa.

Ahora bien, en ese marco sostiene que las respuestas que provocan ambos tipos de exclusión, tanto la individual-cultural cuanto la social-económica conducen a las metáforas de Levi-Strauss sobre la antropoemia y la antropofagia, es decir, sociedades que son caníbales sociales y aquellas otras que vomitan desviados. Y señala que "...lo que Merton sugiere como el caso paradigmático para una sociedad descontenta es uno que cumplimenta los dos tipos: devora vorazmente las personas y luego las expulsa resultamente...". Añadiendo que se trata de una sociedad bulímica: "...El orden social del avanzado mundo industrial es uno que traga a sus miembros. Consume y asimila masas de personas a través de la educación, los medios de comunicación y la participación en el mercado..." (133).

Y en ese contexto los fenómenos de exclusión —afirma Bergalli— son explorados por Young en tres niveles diversos: la exclusión económica del mercado laboral, la exclusión social entre personas de la sociedad civil y las siempre expansivas actividades excluyentes del sistema de justicia criminal.

Fuera de disquisiciones epistemológicas y negando cualquier perspectiva binaria o dual de la que precisamente pretende apartarse el texto en orden al concepto de exclusión social, puede aseverarse —sin vacilaciones— que la afirmación anterior y el texto completo de la obra *La sociedad excluyente*,[1] se convierten en un enriquecedor marco que permite profundizar el análisis presente de unas problemáticas que fueran abordadas hace ya unos años, y que tal como se presentan seguidamente hacen manifiesta la dinámica de las prácticas de control del delito en nuestras latitudes.

3. La exclusión en el ámbito del sistema carcelario y el papel de la jurisdicción (a cargo de Gabriel Bombini)

En nuestro escenario, tempranamente y como ya lo anunciáramos, llamó poderosamente la atención la relación cristalina entre cárcel y marginación social (Baratta, 1986).

Desde hace tiempo es lugar común sostener que el espacio carcelario configura uno de marginación como depósito de desechos institucionales que no han resultado absorbidos por los sistemas sociales (por todos, Pavarini, 1987), un verdadero espacio de no-derecho (Costa, 1974), situación que se profundiza en el marco de una sociedad profundamente más excluyente (Young, 1999a).

Más resulta relevante —en un contexto cultural y de exclusión particular como el que representa el caso argentino—; en el marco del diagrama tipológico del Estado de Derecho, resaltar cuál ha sido el impacto que —globalmente analizado— la magistratura como supuesto garante de los derechos fundamentales ha tenido en la configuración de esa realidad.

Rivera Beiras (1993), en el ámbito europeo se ha encargado de demostrar cómo paulatinamente esa actividad jurisprudencial de aplicación del derecho —aún en las instancias de mayor repercusión y jerarquía para el ámbito europeo—, ha sido parte de un proceso de construcción de unos ciudadanos de segunda categoría: los reclusos, categoría social con sus derechos fundamentales menguados.

Con su dirección, en una investigación acotada temporal y especialmente (Bombini, 2000), he intentado demostrar también el insuficiente rol que ha jugado la magistratura argentina en la tarea de garantizar los derechos de las personas privadas de libertad, concluyendo qué —sobre la base de una autolimitación de cuño positivista en términos jurídicos de sus funciones y poderes y una visión sesgada del problema "criminal" de corte estrictamente *defensista*— han contribuido a la reproducción de las funciones materiales de la cárcel, del mantenimiento del "orden", de la "normalidad", obtenida en diversos planos y momentos del concreción de la actividad punitivo-estatal, que inevitablemente acaba por integrarse en una dimensión simbólica. Pero, subrayando que ello ocurre con un costo concreto: el del individuo que padece la segregación, que es encarcelado y de sus derechos fundamentales, situación que los reduce a

---

1. Verificar fundamentalmente el capítulo 5 de esa obra.

meros "desechos institucionales" como expresa Pavarini (1995: 121), o ciudadanos de segunda categoría como prefiere llamarlos Rivera Beiras (1993).

Pero en aquellas reflexiones finales también se avivaba la esperanza de la construcción paulatina de procesos de resistencia, dentro de los cuales la labor judicial sólo representaba —y representa— una de las herramientas —aún cuando no por ello poco valiosa— en esa dirección.

Por ello, en esta sede y situando la problemática en un contexto actual, creo oportuno resaltar tan sólo la necesidad de recalcar el papel que las Magistraturas pueden tener en esta realidad a través de un ejemplo concreto y reciente en la Argentina. En efecto, ello tiene que ver específicamente con el reciente fallo de la Corte Suprema de Justicia de la Nación dictado en el marco de la causa "Recurso de Hecho interpuesto por el Centro de Estudios Legales y Sociales en la causa Verbitsky, Horacio s/hábeas corpus". La presentación a la que se alude se originó en función de la situación de las personas privadas de la libertad en las comisarías de la Provincia de Buenos Aires, imágenes vivas y singularmente elocuentes de las prácticas sociales de exclusión más acabadas.

Allí, el máximo Tribunal de la Nación —luego de un largo proceso que recorrió durante más de tres años distintas instancias judiciales— admitió la legitimación activa del presentante para la tutela colectiva de los derechos, situación que expresa —aún cuando también puede notarse que resultaba una ocasión para profundizar en ciertas perspectivas para la satisfacción concreta de los derechos de las personas privadas de su libertad— la cabal función que le ocupa al Poder Judicial en aras al reconocimiento de los mayores derechos de tutela que detentan tales ciudadanos precisamente por pertenecer a ese colectivo hacinado brutalmente en dependencias policiales nunca aptas para el "¿alojamiento?" de seres humanos.

Vale decir que, al enfrentar jurídicamente la cuestión, le atribuyó el marco situacional estructural necesario para que las aspiraciones normativas no queden restringidas a resultar meras formulaciones vacuas o expresiones de deseos insatisfechas al pretender ser canalizadas individualmente. El pretender resolver el problema de las condiciones de detención desde la perspectiva meramente individual de cada uno de los sujetos implicados mengua notablemente la eficacia las normas de distinto rango que se supone regulan la cuestión, y se traduce en la *vigencia* fáctica de la negación de los derechos de esa personas.

En el fallo, al intimar a la Provincia de Buenos Aires a revisar su legislación en materia de privación procesal y ejecutiva de la libertad; a —en un plazo relativamente corto de tiempo— la evacuación de individuos enfermos y menores de edad de esas comisarías; y finalmente a concertar mesas de diálogos con los distintos actores y sectores involucrados en la cuestión, el superior tribunal no sólo realizar implícitamente un duro cuestionamiento a la política penal oficial, sino que dio muestra de la efectiva existencia de un poder jurisdiccional —tan repetidamente negado por otras experiencias cotidianas en diversas materias—, aun cuando también dejó abierto el camino —pero también el interrogante— para otras transformaciones que deberán evaluarse en el tiempo próximo venidero.

Es absolutamente lógico que cualquier consecuencia que pueda valorada positivamente en este sentido, no implicará revertir las características apuntadas que dan configuración a nuestras sociedades actuales, pero también es oportuno afirmar que el "futuro no es inevitable",[2] y que deben resultar leídos forjando una, tan necesaria en nuestros tiempos, "cultura de la resistencia".

---

2. La expresión es tomada de las conclusiones de la obra *La Cultura del Control* de David Garland.

4. La "inacabada" criminalización de problemas sociales: la situación de los "menores de edad" (a cargo de Natalia Castro)

Es turno de mostrar otra cara de la actuación penal en la sociedad excluyente. En la tesina dirigida por Iñaki Rivera, bajo el título *"La exclusión social del menor pobre. Su no adecuación a los modelos dominantes"*[3] he pretendido ocuparme de dos "problemas sociales". Uno de ellos, la *pobreza*, repleto de definiciones, de diferentes significados y manifestaciones; objeto de estudio por parte de historiadores, sociólogos y economistas. Una realidad con la que se ha tenido que convivir desde las sociedades del pasado y a la que, en la mayoría de las veces, se ha intentado reprimir o ignorar, y otras, asumir o encausar y principalmente, excluir y encerrar. El otro tema complejo es el de la *infancia*, donde también, las ideas de represión, educación, exclusión e incluso encierro ocuparon un lugar muy importante en su historia; dado que la marginación de los niños, fue y es un efecto del orden social. En mi búsqueda, advertí que los estudios clásicos han focalizado sus investigaciones en forma por demás particularizada, difusa y asistemática; haciendo caso omiso a la innegable relación entre ambos. Una temática, sin duda donde paradójicamente se advierte una palpable "riqueza".

En el mito de la pobreza, los niños aparecen como mendicantes activos; fueron y serán —aún más si pertenecen a sectores de clases populares— los olvidados de siempre, representan más que un activo, una carga social inevitable. Realidad que no es ajena a los problemas por los que atraviesa nuestro país. La crisis de la pobreza creciente a raíz de la deficiente situación económica que sufren gran cantidad de familias y la desigual y concentrada distribución del ingreso, producen un impacto social, económico y cultural indudable. Ello acentúa las injusticias sociales y genera, como consecuencia, la exclusión de un amplio sector de la población, que no sólo no alcanza a cubrir sus necesidades básicas, sino que además padece una fuerte marginación cultural, política e incluso, territorial —al quedar confinada en determinadas zonas, sufriendo discriminaciones de base sociodemográfica.

En aquella ocasión y sobre esa brecha se quiso demostrar cómo el secuestro institucional de la infancia se presentó como respuesta social a la pobreza. El análisis de diversas instituciones que cabalgaron sobre las diversas versiones de lo que en cada tiempo se catalogó como "el problema de la pobreza", enriqueció en perspectiva histórica la afirmación precedente (vgr., La etapa del gran confinamiento, los Hospitales Generales, las Work-Houses, los hospicios, la escuela, y toda una serie de prácticas de "tutela", de vinculación entre instrucción, religión y trabajo como ejes de la frustrada aspiración reeducadora).

El presente muestra una continuidad que merece, no obstante, algunas precisiones acordes al escenario que nos toca vivir. Ello toda vez, que aún hoy continúa aplicándose un modelo aislacionista y excluyente de determinado grupo de personas que no responden a un modelo social establecido, a los que hay que perseguir, controlar, segregar, excluir y aislar físicamente mediante el encierro. Los locos, los chicos de la calle, los pobres, los drogadictos, los sidosos, las prostitutas, etc. continúan siendo "objetos" de criminalización.

En la época de la "tolerancia cero"[4] —que no es más que una técnica de intervención policial que busca el mantenimiento del orden a través del control de grupos

---

3. Cuya versión revisada fue publicada en *Cuadernos de Doctrina y Jurisprudencia penal. Criminología 2*, págs. 233-355.
4. V. Wacquant (2000: 11-17), "Prefacio a la edición para América latina. *Mister Bratton comes to Buenos Aires"*.

determinados, quienes serían los causantes del "desorden social"—; lo que se busca es una "limpieza de clase", que significa, como advierte Wacquant (2000), "...una intolerancia contra los pobres". Adviértase que los menores siguen respondiendo por su peligrosidad y/o por su estado de "riesgo social o moral" (ante la temible vigencia de una ideología protectora y aparentemente tuitiva que concibe a los niños y adolescentes como verdaderos objetos de compasión represión, como "inanimados objetos de protección" (v. Martínez; 2004: 429).[5] Esta política que adopta la "mano dura", sin duda consolida y acentúa la criminalización de la pobreza. Dice Wacquant (*op. cit.*) que "La penalización de la miseria solo agrava la inseguridad social y termina alimentándose a sí misma"). El sistema represivo está diseñado para no atrapar a quienes no pertenecen a los grupos seleccionados (clases socioeconómicas más vulnerables).

Pero los datos sociales son contundentes en demostrar el quid de la problemática:

La pérdida de trabajo de los jefes de hogar produjo una caída de los ingresos de las familias que empujó a miles de chicos fuera de la escuela, a la mendicidad y al delito.[6] En la provincia viven mas de cuatro millones y medio de menores de 18, el 65 % son pobres.[7] Sólo la provincia de Buenos Aires, mantiene privados de su libertad a cerca de 8.500 niños, niñas y adolescentes. Han sido recluidos 1.500 por supuestos motivos penales, el resto —más de 7.000—, se encuentran institucionalizados por las mencionadas razones asistenciales,[8] esto es, pobreza, "estado de desprotección", "situación de abandono", etc. Es importante señalar que de ellos, 1.412 tienen entre 6 y 10 años, 1.749 entre 11 y 14, y el resto son mayores de 15 (Abramovich-Pochak-Palmieri: 2004: 49-50). Los menores apresados pasaron de 5.000 en 1992 a 15.000 el año 2003. Por cada chico detenido por un delito, hay otros 8 que terminan en institutos porque son pobres o abusados.[9]

Aun cuando cabe alertar que las prácticas de criminalización (a través de la herramienta jurídica y de sus prácticas) refuerzan sus tintes represivos, simultánea y paradójicamente el secuestro institucional, en la ciudadanía, se encuentra más fortalecido que nunca, llegando al extremo más delicado de contradicción en la existencia de una brutal violación a derechos humanos esenciales en el caso de prisiones perpetuas impuestas a menores de edad, detectándose hasta el momento más de una decena de casos en nuestro país; prácticas netamente represivas que han provocado que

---

5. A modo de ejemplo de prácticas que reflejan una clara judicialización de la pobreza podría mencionarse el nuevo sistema de contravenciones en la ciudad de Buenos Aires que ha provocado que en dos meses la policía haya detenido a 40 niños limpiavidrios y mendigos y hasta un chiquito de 2 años fue preso (v. Diario *Página 12*, 28/3/05, pág. 1/3).

6. "Argentina es el segundo país de Latinoamérica con mayor desempleo de jóvenes de 15 a 24 años, según el informe anual 2005 de la OIT más cifras del INDEC; ésto significa que 1 de cada 3 jóvenes argentinos no tiene trabajo" (Diario *Página 12*, 3/6/05, pág. 4). Además, "Más del 60 % de los niños argentinos se encuentran bajo la línea de pobreza. Según el informe anual que realiza UNICEF sobre el estado de la infancia, más del 60 % de los niños argentinos se encuentran bajo la línea de la pobreza".

7. Según datos estimados de la OIT, uno de cada seis niños de 5 a 17 años es explotado a través del trabajo infantil. Datos actuales de organismos internacionales denuncian la explotación de chicos en América latina. "Un resultado directo es que 121 millones de niños no van a la escuela. "En Argentina, las mediciones disponibles señalan que trabajan 1.900.000 chicos de 5 a 14 años de edad. Su número ascendió notablemente en la explosión de la pobreza de los 90 y años inmediatos..." "El trabajo infantil está ligado a la pobreza, que deja sin alternativa a familias y niños" (Bernardo Kliksberg, "El derecho a una buena infancia", 5/7/05, *Diario Clarín*, pág. 27).

8. Amparados por la vigencia del decreto ley 10.067, una norma aprobada durante la dictadura militar que los operadores aún utilizan para regular los derechos de la infancia, desconociendo garantías elementales de orden constitucional

9. Según estadísticas oficiales bonaerenses en 12 años (abarca período 1992-2003 inclusive) se triplicó la cifra de menores detenidos en la provincia. Un total de 1.300 menores de 18 años están internados en institutos debido a problemas penales; alojados por motivos asistenciales: 8.368 (Diario Clarín, 19/11/04 "Inseguridad: se triplicó la cifra de chicos detenidos", pág. 1).

el Estado Argentino sea denunciado ante la Comisión Interamericana de Derechos Humanos.

Los chicos en conflicto con la ley resultan prisioneros de un sistema que parece no buscar soluciones alternativas serias. A nivel local, se vio ampliamente plasmado en la polémica generada en la provincia de Buenos Aires por el mantenimiento de menores en comisarías.[10] Preocupación puesta de manifiesto por la ONU, en un dictamen del Comité contra la Tortura, al recomendar a la Argentina no alojar a los menores en dependencias policiales.

En definitiva, nos encontramos en un contexto caracterizado por una continua violación a los tratados internacionales en general, y en particular, a los postulados de la Convención Internacional de los Derechos del Niño, que refleja que aún no se ha hecho "...ningún intento serio ni sistemático para adecuar la legislación interna a los paradigmas de la Convención (Martínez, *op. cit.*). No hay dudas que el modelo correccional y tutelar se encuentra sufriendo una profunda crisis. Ha quedado demostrado su carácter ideológico y mistificador que, además, revela una serie de funciones no manifiestas. Sin embargo, y a pesar de esos avances normativos, la práctica correccional demuestra cómo sus contenidos fueron cayendo en letra muerta. Tengo la certeza que para erradicar de forma definitiva ello, se requiere de un sistema que, de una vez por todas, tienda a desjudicializar las problemáticas sociales; además de "...un cambio en los patrones culturales que demuestre lo absurdo de pensar la protección de los sectores débiles de nuestra sociedad, sólo en los estrechos marcos de declarar su incapacidad y condenarlos a la segregación" (García Méndez, 2004: 44).

5. El futuro no es inevitable: por una cultura de la resistencia

Queda para el final simplemente reforzar aquello que se ha venido expresando en torno a la necesidad de no asumir el futuro como inevitable y recrear una y otra vez prácticas que fortalezcan una verdadera cultura de la resistencia frente a las violentas prácticas de los sistemas penales.

Quizá, fundamentalmente, porque ello haya constituido una de las convicciones más relevantes que nos ha sabido transmitir Roberto Bergalli.

---

10. Dicha polémica se generó a partir que el Ministro de Seguridad de la provincia, León Arslanian, prohibió el alojamiento de menores en comisarías y pidió que los detenidos sean reubicados por los jueces "en dependencias adecuadas". La Suprema Corte de Justicia bonaerense refirió que la medida dispuesta por Arslanian corre el riesgo de volverse de imposible cumplimiento si el Poder Ejecutivo no habilita lugares adecuados de "protección y contención" como indica la normativa vigente, ordenando a los jueces que "cumplan con el propósito de no alojar bajo ninguna circunstancia a menores en dependencias policiales, inapropiadas por su naturaleza para el resguardo de su salud espiritual, moral y física" (v. Página 12, 4/11/04, pág. 16). Por su parte, el Ministro de Desarrollo Humano, Juan Pablo Cafiero, dispuso que, para ordenar el traslado a institutos por causas penales "...les deben garantizar la vacante para ingresarlos", haciendo hincapié en que, de los 12.000 chicos "judicializados" en la provincia sólo el 10 % se encuentra en infracción a la ley penal y el resto está internado por causas asistenciales; solicitando, (a través de una denuncia que involucraba hasta ese momento doce magistrados, dos de ellos marplatenses), a las máximas autoridades del Ministerio Público Fiscal de la provincia investiguen si los jueces de menores al disponer la internación cometen un delito (v. Página 12, "Ser chico y pobre puede ser delito aunque se trate de una víctima", del 4/11/04, pág. 16), acusándolos "por mal desempeño de sus funciones" (La Capital, 5/11/04, pág. 3) por "violar normas constitucionales al privar de la libertad a personas que son inimputables" en institutos que se encuentran colapsados, dado que su capacidad de alojamiento está saturada (La Capital, 5/11/04, pág.2), agregando que dichos magistrados resuelven presionados por la opinión pública. Jueces éstos que, en forma inmediata, reaccionaron frente a tal medida, argumentando que la culpa del encierro de menores en esas condiciones es del Ejecutivo, al no poseer alojamientos alternativos (Página 12 "Defensa con los menores de rehenes", del 5/11/04, pág.13).

Bibliografía

ABRAMOVICH, V., POCHAT, A., PALMIERI, G. (2004), "La Responsabilidad Penal Juvenil y el falso dilema en torno a la edad de la imputabilidad". En García Méndez, E. (comp.) *Infancia y democracia en la Argentina. La cuestión de la responsabilidad penal de los adolescentes.* Buenos Aires: Ediciones del signo, Editores del Puerto, pp. 49-50.

BARATTA, A. (1982), *Criminología critica e critica del diritto penale.* Il Mulino: Bologna.

BERGALLI, R. (1976), *¿Readaptación social por medio de la ejecución penal?* Madrid: Publicaciones del Instituto de Criminología, Universidad de Madrid.

— (1980), *La recaída en el delito y los modos de reaccionar contra ella.* Barcelona: Sertesa.

— (1982), *Crítica a la criminología,* Bogotá: Temis.

— *et al.* (1983a), *El pensamiento criminológico.* Bogotá: Temis (pp. 109-131).

— (1983b), "Diez últimos años de criminología en Argentina: la epistemología del terror", *Revista de la Facultad de Derecho de la Universidad Complutense de Madrid,* n.° 60: 163-185.

— (1984), *Estado democrático y cuestión judicial. Vías para alcanzar una auténtica y democrática independencia judicial,* Buenos Aires: Depalma.

— (1985), "Una sociología del control penal para américa latina: la superación de la criminología", en R. Bergalli y J. Bustos (comp.) *El poder penal del Estado,* Buenos Aires: Depalma (pp. 3-23).

— (1986a), "Los rostros ideológicos de la falsía resocializadora. El debate en España", *Doctrina Penal,* Año 9, n.° 36 : 577-597.

— (1986b), "Una intervención equidistante, pero en favor de la sociología del control penal", *Doctrina Penal. Año 9* n.° 36: 777-785.

— (1989), "El control penal en el marco de la sociología jurídica", en R. Bergalli (coord.), *El derecho y sus realidades. Investigación y enseñanza de la sociología jurídica,* PPU: Barcelona.

— (1990), "Garantismo penal? cómo, por qué y cuándo? señores penalistas : la polémica está servida!", *Doctrina Penal,* Año 13, n.° 49/52 : 503-508.

— (1991), "Resocialización y medidas alternativas. Extravíos conceptuales, políticas sinuosas y confusiones piadosas en la práctica penitenciaria de España y Catalunya", en *Política penitenciaria y doctrina oficial (la intolerable resistencia a la crítica),* Barcelona: Associacio catalana de juristes democrates.

— (1992a), "Epílogo y reflexiones (de un argentino) sobre el control social en América Latina", en M. Pavarini, *Control y dominación.* México: Siglo XXI.

— (1992b), "¡Esta es la cárcel que tenemos...! pero no queremos!", en Rivera, I. (coord.), *Cárcel y derechos humanos. Un enfoque relativo a la defensa de los derechos fundamentales de los reclusos,* Barcelona: J.M.Bosch (pp. 7-21).

— (1993), "Fallacia garantista nella cultura giuridico penale di lingua ispanica", en L. Gianformaggio, *Le ragioni del garantismo. Discutendo con Luigi Ferrajoli,* Torino: Giappichelli Editore (pp. 191-198).

— (1996), *Control social punitivo. Sistema penal e instancias de aplicación. (Policía, Jurisdicción y Cárcel),* Barcelona: M.J.Bosch.

— (2003), "El nuevo paradigma criminológico de la exclusión social", presentación a la versión española de J. Young, La sociedad excluyente. Exclusión social, delito y diferencia en la Modernidad Tardía. Madrid: Marcial Pons. (trad. Bergalli, R.)

BOMBINI, G. (2000), *Poder Judicial y Cárceles en la Argentina. Un acercamiento socio-jurídico en torno a la cuestión carcelaria.* Buenos Aires: Ad hoc.

COSTA, P. (1974) *Il proggeto giuridico. Richerche sulla giurisprudenza del liberalismo classico* (Vol.I da Hobbes a Bentham), Milano: Giuffrè.

GARCÍA MÉNDEZ, E. (2004), *Infancia. De los derechos y de la justicia.* Buenos Aires: Editores del Puerto.

MARTÍNEZ, S. M. (2004), "Los jóvenes en conflicto con la ley penal: del discurso tuitivo a la realidad inquisitorial (La imposición de penas privativas de libertad perpetuas a adolescentes)". En *Pensamiento Penal del Sur I,* pp.427-451.

PAVARINI, M. (1987), "La cárcel en Italia, entre voluntad de descarcelación y necesidades disci-
plinarias", *Poder y Control*, n.° 3: 119-127.

— (1995), *Los confines de la cárcel*, Montevideo: Instituto superior ibero-americano de estudos
criminais.

— (1996), *I Nuovi confini della penalità. Introduzione alla sociologia della pena*, Bologna: Edizioni
Martina.

RIVERA BEIRAS, I. (1993), *La <<devaluación>> de los derechos fundamentales de los reclusos. La
cárcel, los movimientos sociales y una <<cultura de la resistencia>>* (tesis doctoral), Barcelona: Biblioteca de la Facultad de Derecho de la Universidad de Barcelona.

SOZZO, M. (2001), "Traduttore Traditore". Traducción, importación cultural e historia del presente de la criminología en América Latina en *Cuadernos de Doctrina y Jurisprudencia Penal*.
Año VII Número 13.

WACQUANT, L. (2000), *Las cárceles de la miseria*. Buenos Aires: Manantial. Original en francés
"Les prisons de la misere". Editions Raisons D´Agir, 1999 (traducción Horacio Pons).

— (2000b), " La tolerancia cero es contra los pobres ", *Clarín* 23/4/00, p.58-59; entrevista realizada por la periodista Sibila Camps.

YOUNG, J. (1999), *The Exclusive Society. Social Exclusion, Crime and Difference i Late Modernity*.
London: Sage.

¿NADA FUNCIONA ("NOTHING WORKS") EN EL SISTEMA PENAL? RECUERDOS Y REFLEXIONES SOBRE EL HISTÓRICO ARTÍCULO DE ROBERT MARTINSON

Diego Zysman Quirós

I. Creo que el primer trabajo de Roberto Bergalli al que me acerqué como estudiante fue *"La teoría de la desviación y la recaída en el delito"*, publicado en la famosa revista penal argentina, *Doctrina Penal*, en el oscuro año de 1978. Tiempo antes Bergalli se había exiliado en el exterior para desarrollar el resto de su actividad científica en Europa. Por supuesto, yo desconocía esta circunstancia entonces y siquiera imaginaba que años más tarde estudiaría con él en Barcelona y que de aquel encuentro surgiría una relación de amistad.

Las preocupaciones plasmadas en este trabajo mencionado eran parte de una obra de mayor envergadura que se publicaría en España en 1980: *La recaída en el delito, Modos de reaccionar contra ella* (1980), libro que fue reiteradamente difundido por penalistas no especialmente vinculados con los estudios sobre control social, sociología criminal o criminología.

En verdad, el orden por el cual solemos acceder a ciertos autores es muchas veces azaroso. Este dato, tal vez anecdótico, no deja de resultar interesante para una indagacion de rigor, en la cual se investigue el conocimiento general sobre el pensamiento de un autor y la influencia que este ha generado en el medio académico, o incluso social, a partir de la manera y orden en que fueron difundidas o importadas sus producciones teóricas. Sin embargo, no es esto lo que pretende tratarse aquí...

El año pasado se cumplieron 30 años[1] de *"What works?..."*, el famoso trabajo metaanalitico de Robert Martinson sobre los resultados de los programas de tratamiento resocializador. Un año antes de *Surviller et punir*, de Foucault, y todavia anclado en la Modernidad este articulo precipitó y encarnó como ninguna la crisis de la ideal resocializador de los setentas.

Por ello me pareció adecuado rendir homenaje a Roberto Bergalli y a su sociologia critica, recordando, brevemente, el contenido y la relevancia de aquél trabajo testigo de una época, y la historia de su mentor.

Como intentaré rescatar en unas palabras finales, además de recordar la relevancia de aquel trabajo, su trama puede ayudarnos a reflexionar sobre la suerte de las conceptualizaciones penales progresistas en momentos de cambio como los que estamos viviendo.

II. En 1974 Robert Martinson dio a conocer en la revista norteamericana *Public Interest* (una publicación de corte liberal apaerecida por primera vez en New York en 1965) el artículo: *What Works? – questions and Answers About Prison Reform*, trabajo que rápidamente capturó el interés de los especialistas de habla inglesa y del público en

---

1. Escribo estas líneas en el 2005.

general, y cuya cita se perpetuó inevitablemente en la literatura criminologica y juridi-co penal anglosajona, asi como tambien en los discursos oficiales de EE.UU. y otros países como el Reino Unido o Australia (Hughes 1998, Miller 1989).[2] Por diversas razo-nes este trabajo parece haber tenido escaso impacto y difusión en el ambito europeo-continental por lo que estas líneas pretenden aportar informacion y ciertas reflexiones de interés. No tengo noticias de que hubiese sido traducido al castellano, y sus referen-cias sólo han llegado a nosotros, fragmentariamente, mediante traducciones o trabajos sobre sociología del control social o criminología.

Robert Martinson fue un criminólogo acreditado en su medio y con variadas publi-caciones previas cuya vinculación con las prisiones no era meramente teórica; tiempo antes habia sido detenido por actos relacionados con la defensa de los derechos civiles y como consecuencia de ello habia vivido cuarenta dias en una unidad de máxima seguridad en la Parchman State Penitentiary de Mississipi (Miller 1989; Sarre 1999). No obstante esta curricula, a partir de la publicación del articulo en comentario la identificación de Martinson con aqué trabajo devoró el resto de su obra pasada y res-tringió los caminos de su producción futura.

A pesar de una decada y media de esfuerzos su nombre quedó ligado hasta nuestros días con el *"Nothing Works"* ("nada funciona"), eslogan simplificado de las conclusio-nes de aquella obra y símbolo de la crítica más contundente y perviviente de la pena resocializadora.

El orígen de esta publicación se remonta a 1966. En aquel año el *New York State Governor's Special Comitee on Criminal Offenders* decidio impulsar una investigación convencido de que, a pesar que las prisiones de New York no habían realizado hasta entonces un verdadero esfuerzo, evitar la reiteración delictiva mediante la prevención especial era un objetivo que podía alcanzarse (Martinson 1974: 23).

Esta investigación comenzó en 1968 y estuvo a cargo de Donald Lipton y Judith Wilks; paradójicamente, Martinson ingreso tiempo más tarde en ella. Para 1970 el proyecto había culminado formalmente, pero la información y los resultados obteni-dos parecieron perturbar los ánimos de sus impulsores, quienes entendieron que los resultados podian amenazar los programas de resocialización existentes.

De este modo, a pesar que para 1972 el trabajo estaba editado para la publicación final, las autoridades estatales decidieron no publicarlo e, incluso, prohibieron que se publicase por cuenta de los investigadores.

Así pues, el informe se mantuvo totalmente oculto hasta que Joseph Alan Kaplon, un abogado norteamericano, pretendió —con éxito— utilizar esta investigación como evi-dencia en un juicio penal ante la Corte Suprema del Bronx. A partir de esta inesperada vía las autoridades dieron su permiso para la publicación de los resultados (Martinson ídem). De este modo, el trabajo circuló informalmente entre los especialistas y en 1974 Martinson publicó la anticipación del informe mencionado mencionado (según parece, generando cierta tensión interna pues no tenia autorización de sus colegas: Sarre 1999).

La investigación completa, de aproximadamente 1.400 páginas, recien fue publica-da en New York en 1975 por la editorial Praeguer, bajo el título: *Effectiveness of Correc-cional Treatment: A Survey of Treatment. Evalution Studies*, y consignó la autoria de los tres investigadores, por orden alfabético.

Así pues, el trabajo individual de Martinson puede ser recordado aun hoy día como ejemplo de un protagonismo oportunista inmerecido o como muestra de una

---

2. En el Reino Unido el Home Office ha referido varias veces la idea en sus documentos (Hughes 1998, 48; Garland 2001, 58).

crítica al correccionalismo penal basada en una lucha contra los obstáculos por establecer la verdad.

"What works?..." presentaba y analizaba los resultados de reiteración delictiva de 231 evaluaciones de programas de tratamiento rehabilitador dados a conocer en idioma inglés, y escogidos por ser cientificamente aceptables. Ellos habian sido conducidos por diferentes investigadores entre los años 1945 y 1967, lapso especialmente demarcado en atención al apogeo de las experiencias científicas resocializadoras. Los programas estudiados incluían educación y entrenamiento vocacional de jóvenes y adultos, psicoterapia individual y grupal, transformaciones ambientales, tratamiento médico a través de drogas y cirugía, resultados ligados al grado de seguridad del encarcelamiento y la extensión de la condena, de la descarcelación, la terapia comunitaria, los usos de *probation* y *parole* y la supervisión intensiva. Básicamente, una muestra importante de los ensayos efectuados en Estados Unidos (de donde provenian la gran mayoría), Reino Unido e, incluso, otros países como Israel o Dinamarca (Martinson 1974).

Entre los diversos aspectos mediante los cuales se podia medir el mejoramiento personal, Martinson se concentró en la reiteración delictiva (*recidivism*), *"el fenomeno que refleja mas directamente qué tan bien estan llevando a cabo el objetivo resocializador los programas de tratamiento del presente"* (Martinson 1974, 24).

Ahora bien, el verdadero interés de este trabajo estuvo dado por sus demoledoras conclusiones; sus palabras han sido citadas, repetidamente, por los escritos anglosajones sobre la prisión y la finalidad resocializadora de las penas: *"Con pocas y aisladas excepciones, los esfuerzos rehabilitadores que han sido reportados hasta aquí, no han tenido efecto apreciable en la reiteración delictiva"* (Martinson 1974, 25: Mathiesen 2003, 90).

Como correlato de ello, el apartado final del artículo esbozaba una pregunta retórica cuya respuesta, al poco tiempo, fue convertida por los titulares de periódicos y revistas en eslogan y palabra clave de la crítica al correccionalismo penal; a partir de este momento aquella frase ejerció enorme influencia en el pensamiento académico, en las politicas penales y en el saber popular sobre las prisiones y otras formas de castigo.

Martinson cerraba su texto inquiriendo: *"¿Nada funciona?"* (*"Does nothing work?"*). A su lado afirmaba: *"Podría ser, por otro lado, que haya un efecto más radical en nuestras actuales estrategias   ¡e lo mejor de la educación, o lo mejor de la psicoterapia, no puedan superar, o incluso, reducir apreciablemente las poderosas tendencias de los infractores de continuar en el comportamiento delictivo"* (Martinson 1974: 49).

A pesar de que recientemente se ha senalado que este escrito permitia una lectura menos fatalista, mayoritariamente se entendio que con aquellas expresiones Martinson afirmaba que el problema no era sólo una cuestión de programas deficientemente articulados o todavía faltos de esfuerzo o perfección —modo habitual de explicar hasta entonces los fracasos en la resocialización. Por el contrario, Martinson pretendía demostrar que era la teoría criminal basada en la patología individual la que se encontraba descarriada[3] y que visiones alternativas del castigo como las sustentadas en la prevención general aparecían no sólo ofensivas al sentido de justicia, sino también carentes de efectividad. Por todo ello, también consideraba que la prisión parecía surgir como un anacronismo destinado a ser *"...reemplazado por medios más efectivos de control social"* (Martinson 1974: 50).

Lo cierto es que el estudio de Martinson, quien ya había expresado con anterioridad su evaluacion criíica a la pretensión resocializadora, generó un impacto descono-

---

3. En Bergalli (1978) puede encontrarse un detallado analisis de las propuestas resocializadoras y su vinculación con la concepción patológica del individuo delincuente.

cido hasta entonces. Unos quince años antes, reconocidos penólogos como Bárbara Wooton o Donald Cressey habían formulado similares conclusiones sin que aquellas incidieran de esa manera en el debate académico y, menos aun, político penal[4] (Cullen y Gilbert 1989, 144).

Asi pues, este trabajo, consagrado como acontecimiento cultural, se difundió en publicaciones especializadas y revistas de actualidad, tambien en la televisión donde Martinson fue entrevistado en el famoso programa de noticias "60 minutos" de la cadena CBS. A partir de estas pocas páginas la ideologia del "nada funciona" tomó un ímpetu incomparable frente a cualquiera de sus predecesores que extendio el cuestionamiento a la prisión, pero tambien también a las demás medidas correccionales, como la *probation*, las penas intermedias o comunitarias, y la función disuasoria de la pena, en general (Garland 2001: 61). "*Nothing works*" pasó a ser el slogan de época (Sarre 1999).

En 1979 un panel de investigación en técnicas de resocialización de la Academia Nacional de Ciencias revisó el estudio de Martinson, Lipton y Wilks e informó que "*Lipton, Martinson y Wilks fueron* [...] *precisos y justos en su apreciacion de la literatura sobre resocialización*". Tambien expresó que "*no sabemos de programa o metodo de resocializacion que pueda garantizarse para reducir la actividad criminal o poner en libertad a los infractores*" (Sarre 1999).

La aparición de informes similares en lugares como el Reino Unido tampoco se hizo esperar, a pesar que la experiencia resocializadora habia tomado un cariz muy diferente que en los EE.UU. En 1976 una investigación de S. R. Brody[5] llegó a similares conclusiones que las expresadas por Martinson (Ashworth 1997, 1.098; Mair 1997, 1.200).

Lo cierto es que en muy poco tiempo se afirmó una nueva ortodoxia que estableció que los objetivos resocializadores eran insustentables y que los programas de rehabilitación estaban desacreditados o al menos eran de dudosa confianza. Como consecuencia de ello, la búsqueda de penas reformadoras y el presupuesto para lograrlas se vio desplazado hasta el presente a una posición marginal en el sistema de justicia criminal (Allen 1998, 18; Garland 2001, 8).

III. Nadie discute con seriedad que la trascendencia del trabajo de Martinson, susceptible a variadas lecturas y críticas metodológicas, no se vinculó particularmente con la persuasión de sus argumentos y evidencias sino con la oportunidad de su presentación en un ambiente político coyunturalmente favorable a dar crédito a estas afirmaciones. Como Cullen y Gendreau (1989) —los investigadores que mayor oposición han presentado a estas evidencias— han afirmado, la doctrina del "nada funciona" ha sido un constructo social antes que una verdad científica.[6] Para la decada del setenta la resocialización y su expresion jurídica más representativa —el sistema de penas indeterminadas— obtuvieron, por distintas razones, el rechazo de los sectores radicales, liberales y conservadores (Cullen y Gilbert 1989, 111; Cohen, 1988, 355).

La critica de tinte liberal y tambien radical, deploró el funcionamiento de la prisión y las consecuencias que aquélla había demostrado desde las primeras reformas penitenciarias. En particular afirmó que tras la noción de tratamiento se escondía en verdad violencia y arbitrariedad, además de un incisivo avance del estado en el control de las personas (Cullen y Gilbert 1989, 110; Morris 1985: 23).

---

4. Wooton, B. (1959), *Social Science and social pathology*, London: George Allen & Unwin; Cressey, D.R. (1958): "The Nature and effectiveness of correctional techniques", en *Law and Contemporary Problems*, 23.

5. *The Effectiveness of Sentencing*, Home Office Research Study n.° 35, London, HMSO.

6. Por supuesto, una afirmación que sólo logra pleno sentido si entendemos que las verdades científicas no son producto de una construcción social.

El pensamiento conservador identificó el (supuesto) aumento del índice delictivo que existia desde los sesentas con el fracaso de la prevención especial positiva, la benevolencia injustificada con los delincuentes producto de la resocialización y la discreción judicial y administrativa existente en materia del cumplimiento de las condenas a prisión.

De este modo, fueron muchos los que dieron la bienvenida al *"Nothing works"*, diagnóstico que para algunos llevaba (al menos) a la abolición de las cárceles y para otros a desplazamientos del estado hacia formas de menor intervención social y mayor penalidad.

En consecuencia, la crisis fiscal del estado y el clima político de los setentas y ochentas desplazándose hacia la derecha en los EE.UU., el Reino Unido y otros países europeos, propició cambios en el sistema de justicia penal. Ante la confluencia de las críticas al correcionalismo aparecieron en escena castigos más severos y económicos, sustentados en el retribucionismo y la prevención general negativa, fundamentos más afines a los presupuestos neoliberales y conservadores (Hollin 1994; von Hirsch 1998). Conjuntamente con ello, desde los años ochenta se practico una importante restriccion de fondos destinados al tratamiento resocializador y a las investigaciones vinculadas con aquel (Garland 2001, 60).

En este panorama la crisis del ideal rehabilitador decanto en una de las mas importantes modificaciones legislativas del siglo y en un voraz incremento de la población penal norteamericana, prácticamente a la cabeza de los países occidentales.[7]

En efecto, desde mediados de los setentas se inició un importante desplazamiento desde el sistema de la pena indeterminada hacia un sistema de estricta predeterminacion de las penas, en el cual desaparecio o se restringio el instituto de la *parole* o libertad condicional, instrumento característico de la finalidad resocializadora. Como ejemplo de ello, las *sentencing guidelines* federales, en vigor desde 1987, excluyeron expresamente el objetivo resocializador de sus pautas principales (Christie 1993; Garland 2001, 60; Zysman 2003).

IV. Entre quienes han apreciado la obra de Martinson y conocían su perfil y trayectoria se sostiene que aquel trabajo pretendía difundir el informe para "vaciar las prisiones" y que jamás hubiese esperado que la derecha norteamericana utilizase aquellas conclusiones con fines punitivos. Recordemos que el trabajo de Martinson fue utilizado, incluso, para sustentar la necesidad de la pena de muerte en una sociedad en la cual la resocialización era un mito desacreditado científicamente (Rose 2002) .

Tal vez, turbado por esta clase de usos de las conclusiones de su investigación y por el panorama político y penitenciario que ya se visualizaba al finalizar la década, Martinson publicó en 1979 en la *Hofstra Law Review*, *"New Findings, New Views. A Note of Caution Regarnding Sentencing Reform"*, un artículo que relativizaba la valoración y consecuencias de su trabajo anterior. Sin embargo, en el cotexto de crisis correccional aún las propias aclaraciones posteriores del autor fueron escasamente atendidas. Martinson expresó: *"Contrariamente a mi posición previa, algunos programas de tratamiento tienen un efecto apreciable en la reiteración delictiva ... Algunos programas son en verdad benéficos. Nueva evidencia de nuestro estudio actual me lleva a rechazar mi conclusión original ... He dudado hasta ahora, pero la evidencia en nuestros estudios es, simplemente, demasiado aplastante para ignorarla"* (cit. por Cullen y Gendrau: 1989: 26).

---

7. Según los ultimos informes del Bureau of justice Statistics de 2002, mas de dos millones de personas encarceladas y 6.700.000 sujetas a control del sistema penal por el auge de la probation.

Este trabajo cayó en oidos sordos. Se ha expresado que fue, tal vez, el más ignorado en el marco del debate sobre la resocialización (Miller 1989).

Aproximadamente un año despué de haber publicado este artículo, en el invierno de 1980, Martinson se arrojó al vacio desde el noveno piso de su edificio en Manhattan. Pocos han resitido la tentación de vincular este hecho con la frustración de un autor por el uso ligero o perverso de las conclusiones de su obra. Este hecho resulta anecdótico. Sin embargo la parábola de *"Nothing Works"* puede motivar reflexiones de mayor importancia.

V. En un contexto de transformaciones como las del presente, las apuestas del progresismo penal deben evaluarse con cautela. Los discursos ya asentados deben re-examinarse teórica y prácticamente pues historias del sistema penal como la que aquí se ha recordado demostraron, que, en ciertos contextos las posibilidades de confluir en discursos penales que sean fácilmente cooptados, están latentes. Proyecciones del derecho penal en materia de género, discriminación y tutela de las minorías, así como también en materia de derechos fundamentales, violencia policial y corrupción de funcionarios pueden ayudar a construir instrumentos represivos difíciles de dominar. Las críticas a la cárcel desprovistas de solida reflexión teórica, la preocupación por las víctimas y las propuestas de participación comunitaria en el sistema penal son tambien terrenos hábiles para el encuentro de intereses penales muy diversos a los que debe ingresarse con cuidado. Por supuesto, esto no significa que debamos escapar a intervenir en estos temarios. Sin embargo, lo más conveniente sería hacerlo "con los pies bien en la tierra"; quien sabe, lo más cerca del piso.

Bibliografía citada

ALLEN, Francis (1998), "The Decline of the Rehabilitative Ideal", in Andrew Von Hirsch & Andrew Ashworth (eds.), *Principled Sentencing. Readings on Theory & Policy*, pp. 14-19, Oxford, Hart Publishing.

ASHWORTH, Andrew (1997), "Sentencing", en Mike Maguire, Rod Morgan and Robert Reiner, *The Oxford Handbook of Criminology* 2nd. Edt., Oxford/New York, Oxford University Press, 1997, pp. 1.095/1.135

BERGALLI, Roberto (1978), "La teoría de la desviación y la recaída en el delito", *Doctrina Penal*, pp. 689/721.

CHRISTIE, Nils (1993), *La industria del Control del Delito. La nueva forma del Holocausto?*, Buenos Aires, Del Puerto (trad. Sara Costa).

COHEN, Stanley (1988)[1985], *Visiones de Control Social* (trad. E. Larrauri), PPU (col. El Sistema Penal), Barcelona.

CULLEN, Francis T. and Paul Gendreau (1989), "The Effectiveness of Correctional Rehabilitation: Reconsidering the 'Nothing Works' Debate", cap. 3, en Goodstein, Lynne and Mackenzie, Doris L. (eds.), *The American Prision. Issues in Research and Policy (Law, Society, and Policy* v. 4), New York, Plenum Press, pp. 23-44.

— y Karen E. GILBERT (1989)[1982], *Reaffirming Rehabilitation*, Cincinnati, Anderson Publishing.

GARLAND, David (2001), *The Culture of Control. Crime and Social Order in Contemporary Society*, Oxford/New York, Oxford University Press.

HOLLIN, Clive R. (1994), "Designing effective rehabilitation programmes for young offenders", In *Psychology, Crime and Law* 1(3), pp. 193-199 en <htpp//www.acpc.or.au/CONF95/hollin.htm>(citado el 30.3.2005).

HUGHES, Gordon (1998), *Understanding Crime Prevention. Social Control, Risk and Late Modernity*, Buckinham/Philadelfia, Open University Press.

MAIR, George (1997), "Community Penalties and the Probation Service", in Mike Maguire, Rod Morgan y Robert Reiner, *The Oxford Handbook of Criminology* 2nd. Edt., Oxford/New York, Oxford University Press, pp. 1.195/1.232.

MARTINSON, Robert (1974), "What works? – questions and answers about prison reform", *The Public Interest* 35, pp. 22-5.

MATHIESEN, Thomas (2003) [1990], *Juicio a la prision*, Buenos Aires, Ediar, 2003 (trad. A. Zamuner).

MILLER, Jerome G. (1989, March), "The Debate on Rehabilitating Criminals: Is It True that Nothing Works?", *The Washington Post* <http://www.prisonsucks.com/scans/rehab.html> (citado 30.3.2005)

MORRIS, Norval (1985) [1974], *El futuro de las prisiones. Estudios sobre crimen y justicia*, 3era. ed., México, Siglo XXI. (trad. Nicolás Grab).

ROSE, David (2002, May 5), "Evolution of Britain's jail revolution", *The Guardian*. <http://www.guardian.co.uk/print0%2c3858%2c4407527-102274%200.htm> (citado 30.3.2005).

SARRE, Rick (1999), "Beyond 'What works?' A 25 year jubilee retrospective of Robert Martinson. *Paper presented at the History of Crime, Policing and Punishment Conference convened by the Australian Institute of Criminology in conjunction with Charles Sturt University and held in Canberra, 9-10 December 1999* <htpp//www.aic.gov.au/conferences/hcpp/sarre.htm> (citado 30.3.2005).

VON HIRSCH, Andrew (1998)[1993], *Censurar y Castigar*, Madrid, Trotta (trad. Elena Larrauri).

ZYSMAN QUIRÓS, Diego (2003), "Determinacion judicial de la pena, poderes de los jueces y derecho a un juicio por jurados. Una aproximacion al sistema estadounidense de *Sentencing Guidelines* a partir del reciente fallo 'Blakely vs. Washington", *Nueva Doctrina Penal* 2004/B, pp. 627/667.

EL DESAFÍO DE MIRAR Y DECIR
DESDE LA SOCIOLOGÍA JURÍDICA

Victoria Rangugni

No es nada fácil escribir algunas palabras que resulten un adecuado homenaje a Roberto Bergalli. No es que no tenga suficientes razones para hacerlo, sino que temo que la forma y el medio no sean los más idóneos. Me hubiese gustado encontrar un canal adecuado de comunicación que me permita expresar mi afecto, gratitud y reconocimiento; pero confieso que no supe buscarlo, ni encontrarlo antes. Así las cosas, me decido a escribir aquello que no pude decir en otro momento o lugar.

Tengo muchas cosas para agradecerle a Roberto; muchas tienen que ver con lo personal: con el invalorable apoyo que me dio cuando llegué a Barcelona, en los cuatro años que estuve allí, y después cuando volví a Buenos Aires.

También hay cuestiones académicas que debo agradecerle. No hace falta decir que he sido mucho menos permeable al conocimiento al que Bergalli me acercó, que a la entrañable amistad que me ofreció. Sin embargo, y a pesar de mis limitaciones, mi paso por el Master en Sistema Penal y Problemas Sociales que Roberto dirige en la Universidad de Barcelona, y la continuidad de los intercambios desde mi regreso a Buenos Aires, me permitieron construir una (nueva) mirada sobre y desde ese vasto universo de la sociología del derecho y, por tanto, una nueva forma de entender el mundo. No es poca cosa.

Fue Roberto Bergalli quien permitió que el confuso conjunto de aserciones propias del sentido común que yo cargaba se resquebrajara y diera lugar a una ávida curiosidad que, con el tiempo, se plasmó en estudio e investigación socio-jurídicos. Roberto me abrió la puerta a una rica y *permanente discusión teórica*, me mostró de cerca su *sostenida denuncia* de un derecho injusto, estructuralmente desigual y la severa crítica de un conjunto de instituciones que amparadas en un velo de neutralidad someten sistemáticamente a los más débiles. Me enseñó además que una y otra cosa deben vincularse sólidamente.

Su férrea militancia política y su sólido compromiso con el conocimiento me abrieron un camino que intento seguir transitando.

Precisamente en ese recorrido, y con las enseñanzas de Bergalli siempre a cuestas, es que formé parte de un importante trabajo de investigación sobre la población privada de libertad en las cárceles federales de la Argentina. De ese trabajo quiero contar algunas cosas porque allí se plasmaron muchas de ellas que le debo a Roberto y hoy quiero agradecerle.

Durante los años 2001, 2002 y 2003 se formó un pequeño grupo de investigadores, integrantes del Programa de Estudios del Control Social, del Instituto Gino Germani de la Facultad de Ciencias Sociales de la Universidad de Buenos Aires y abogados de la Procuración Penitenciaria de la Nación. Ese grupo se unió con ciertas inquietudes comunes que podemos resumir en la intención de conocer de cerca y hacer conocer a otros la situación de miles de personas que se encontraban privadas de su libertad en las cárceles federales de Argentina. *Todos teníamos la certeza de que los derechos de los presos se encontraban severamente vulnerados y creíamos que era posible decir algo al respecto con información seria que amparase y diera fuerza a nuestras denuncias.*

No es ninguna novedad que, tanto en Argentina como en numerosos países, la información sobre cárceles es escasa, dispersa, engañosa. Por lo general, dicha información suele centrarse en los aspectos cuantitativos del problema (cantidad de presos, años de detención, tipo de delito, cantidad de plazas, etc); pero poco se sabe sobre las condiciones que padecen aquellos que por una decisión judicial son privados de su derecho a la libertad y que, sin excepción, son sometidos a la devaluación de sus derechos fundamentales, tal como Iñaki Rivera tan acertadamente nos mostró.

Tampoco es exclusivo de nuestro país que lo poco que suele decirse del tema carcelario es que *"hacen falta más cárceles"*. Nunca se aborda la complejidad del tema y siempre *se omite hablar de la permanente vulneración de derechos que padecen las personas privadas de libertad*. Ante esta convicción creíamos que había que acercarse a la cárcel y no "leerla" desde las cifras oficiales.

Todos sabemos y solemos decir que la voz de presos y presas no suele ser oída en ningún lado; por eso decidimos que había que hacer oír esas voces. *Las personas encarceladas no suelen ser convocadas para contar su padecimiento, la vulneración de sus derechos, las consecuencias del encierro para sí y para su entorno. Cuando aparece el relato de un preso sobre su sufrimiento, éste se presenta como una historia "conmovedora" pero individual, ese sufrimiento aparece enmarcado en una biografía oscura. Jamás se asocia la privación de libertad a lo colectivo, al padecer de una población vulnerada, al funcionamiento de un sistema penal caníbal y de un orden social salvaje.*

Por todo eso iniciamos un trabajo de investigación que tuviera como eje central conocer la cárcel a partir de la voz de los que están encerrados en la cárcel. Así *recorrimos detenidamente las distintas "unidades penitenciarias" donde se encontraban encerrados miles de presos y presas, indagamos la historia de cada una de esas cárceles, entrevistamos a los actores involucrados (presos, carceleros y funcionarios).*

Nuestro trabajo se centró en las cárceles del Servicio Penitenciario Federal (S.P.F.), es decir la segunda administración penitenciaria del país de mayor relevancia, en cuanto a población presa, después del Servicio Penitenciario Bonaerense. Además prestamos particular atención a la situación de las mujeres presas y los jóvenes de 18 a 21 años presos ya que consideramos que estas poblaciones tienen sus derechos sobre-vulnerados dentro de las cárceles y que su voz se encuentra aún más silenciada en tanto no conforman la "media" del preso común y porque, no nos engañemos, son poblaciones muy golpeadas también fuera de las cárceles y eso se replica con gran crudeza dentro de ellas.

Nuestra intención era relevar información sobre la situación de esas personas para poder, una vez más, articular la crítica teórica a la cárcel con la evidencia palpable (aunque suene positivista) de su atrocidad.

No era fácil. Como dije, la información era mala y estaba dispersa. Nuestro "universo de investigación" estaba formado por las 8.472 personas que en el momento de iniciar la investigación se encontrabas privadas de su libertad en cárceles federales (algo más del 20 % de los más de 40.000 presos de todos el país). *De esos 8.472, más de la mitad (4.880) estaban encerrados cumpliendo prisión preventiva: esto quiere decir que más de la mitad de las personas encerradas en cárceles federales no tenía condena. De esos 8.472 presos, más de 700 eran mujeres y más de 500 jóvenes de 18 a 21 años (en* estas poblaciones los porcentajes de presos sin condena ascendían al 71 % entre las mujeres y al 85 % entre los jóvenes).[1]

Esta información inicial era más que suficiente para pensar que los derechos de los presos estaban avasallados desde lo más elemental; si esto no constituía un llamado al compromiso con la investigación y con la denuncia, algo funcionaba mal. Había mucho por conocer y por dar a conocer.

A partir de allí diseñamos un ambicioso proyecto de investigación. Empezamos por estudiar con detenimiento la información brindada a regañadientes por los organismos oficiales, revisamos las estadísticas, armamos un "mapa" general de la población presa. Más tarde, iniciamos una etapa cualitativa de la investigación en la que visitamos las cárceles, recorrimos los pabellones, los espacios comunes, los talleres, las oficinas de los guardiacarceles, las de aquellos que se definen como "personal de tratamiento".[2] Entrevistamos funcionarios, carceleros y a más de 150 presos y presas.

No voy a contar aquí los resultados de esa investigación por que no es el objetivo.[3] Mi intención, en todo caso, es convocar a muchos a conocer aquello que desde la discusión teórica nos alarma, a develar el sufrimiento de poblaciones sometidas por el sistema penal, a convertir eso en instrumento para la discusión política, la crítica más aguda.

Sólo quería compartir algo que Bergalli me enseñó: la sociología jurídica es mucho más que varios libros para discutir, puede ser también un compromiso. En mi caso, es el compromiso que me permitió asumir Roberto. Por eso, a él le escribo estas líneas.

---

1. No hace falta decir aquí que la prisión preventiva se funda en su carácter de *medida excepcional*; sin embargo, en nuestro país, la prisión preventiva ha dejado de ser *excepción* para convertirse en *regla*. Y por mucho que uno tenga que reprocharle a la administración penitenciaria (y es mucho) esta responsabilidad le toca al Poder Judicial que tiene en sus manos las decisiones al respecto (pero mira para otro lado).

2. La presencia de la Procuración Penitenciaria de la Nación en el proyecto de investigación hizo posible el ingreso reiterado a las distintas cárceles; ingreso que de otro modo se hubiese hecho imposible dada la obstaculización permanente de los servicios penitenciarios al ingreso de las universidades.

3. El informe completo está en proceso de publicación. Una versión en CD se distribuyó a numerosas instituciones y se halla disponible en el IIGG y en la Procuración Penitenciaria. Un avance de esta investigación apareció publicado en Delito y Sociedad. Revista de Ciencias Sociales, n.º 18-19.

¿LA *MACDONALIZACIÓN* DEL SISTEMA DE JUSTICIA CRIMINAL?: NUEVO ORDEN O NUEVO DERECHO EN LA GLOBALIDAD DE LA SOCIEDAD EXCLUYENTE*

Gabriel Ganón

> No hay ni fe ni verdad que no comiencen por dudar de todas las verdades en las que se había creído hasta el momento...
>
> FRIEDRICH NIETZSCHE

I. Introducción

El Sistema de Justicia Criminal Argentino transita quizás la etapa más aguda de su histórica crisis endémica, en un contexto en el que los índices de criminalidad y miedo al delito alcanzan niveles jamás antes imaginados. Por estos motivos, pensar en soluciones sencillas a un problema nacional que ha sido y que será más complejo resulta tan infecundo como pretender establecer las consecuencias mundiales de una improbable invasión marciana. Efectúo semejante afirmación porque nos agrade o no a los argentinos o mucho mejor aún, a aquellos trajinantes mercaderes de milagrosas soluciones, que es mucho menos que evidente, que quizás sin haberlo deseado también nos encontramos inmersos en el espacio planetario global, y en él, después del atentando contra las torres gemelas, nadie pero nadie puede sentirse verdaderamente seguro (Baumann, 2004).

Sin embargo, después de haber observado por televisión la segunda marcha de la "Cruzada por Axel Blumberg", quedé sorprendido por la forma jactanciosa en que numerosos argentinos, muchos de ellos con responsabilidades políticas, se refugian bajo la "imagen" del dolor y del horror de un padre, para pretender desatender la realidad global e imaginar un sinnúmero de propuestas de ley y orden que recuperen el pasado perdido.

De este modo, el padre de Axel es convertido y se convierte en el líder que salvará tanto al medio pelo argento como a la pauperizada clase media nacional del desastre de la desintegración, la inseguridad y del fin del sueño del milagro argentino.[1] De todas

---

* Una versión del presente artículo ha sido publicada en el dial.com.

1. La Argentina dejó de crecer económicamente e industrialmente en la década del 80 como consecuencia de una serie de factores de orden interno y externo. En este período que comienza en el segundo quinquenio de la década del 70 con la dictadura militar y se prolonga con los sucesivos gobiernos democráticos. Durante ese período se produjo una transferencia importante de recursos del sector público al sector privado, exponencial crecimiento de endeudamiento externo, masiva pérdida de puestos de trabajo y de derechos sociales con el consecuente retiro progresivo de una eficaz intervención del estado en todos los ámbitos. Este modelo se consolida definitivamente a partir del primer gobierno menemista dando lugar a la segunda *década infame* donde se "... produce una traición deliberada y consciente al destino del país... las multitudes se alejan paulatinamente de la pasión política y terminarán por contemplar el espectáculo como en la arena de un circo... para cristalizar una manera de hacer política opuesta a la integración económica..." (Jauretche, 2002:175). En síntesis lo que se consolida durante el gobierno menemista es el modelo económico iniciado por José Alfredo Martínez de Hoz con la "venta" a precio vil de todas las empresas estatales, la aparición de la leyes de flexibilidad laboral, etc. (Minujin & Kessler, 1995: 12). Sin embargo, la percepción clara de una nueva frustración del sueño del "milagro argentino" se perfecciona cuando después de la caída del Gobierno de Fernando De la Rúa se abandona la equiparación monetaria irreal de que un peso es igual a un dólar. Así, los sectores medios vieron no sólo que sus ahorros dejaban de ser dólares para ser pesos y quedar atrapados en los bancos, sino también el final de la ilusión de vivir en el primer mundo.

maneras, deberían saber que por más denodados que sean sus esfuerzos sufrirán por siempre la frustración perpetua de Sísifo y jamás podrán reencontrar a la comunidad "argentina" de sus sueños (Bauman, 2003b: 25).

II. Los "cruzados" en búsqueda de la comunidad perdida y del nuevo milagro argentino

Así, la impactante "cruzada por Axel" mucho más lejos de sus propósitos iniciales, lograba por un instante reconducir las angustias[2] del sector social "más decente y más argentino"[3] que no por casualidad se identificaba con el padre de Axel. En este sentido, aunque el tiempo y el espacio hayan cambiado, me parece posible establecer una paradójica analogía entre en el proceso aglutinante de miedo que soporta a los "cruzados" con el miedo que sintieron muchos porteños en la década del 50 ante la invasión de los "cabecitas negras"[4] (ver Jauretche: 257; y Orgambide, 2003: 7).

En un sentido más general para poder abreviar, pues a las causas autóctonas se agregan otras mucho más generales y globales, no quedan dudas de que el miedo de los "cruzados" se focaliza en lo que queda en su imaginario de aquellos "cabecitas" que ahora se han "convertido" en piqueteros que "interrumpen el tránsito al trabajo de la gente decente"[5] o en los predadores callejeros, que "nos violan, roban y matan".

De alguna manera, este salto a la escena política, como decía sin casualidad alguna bajo el lema de la *cruzada*,[6] presenta bastante pocas diferencias tanto en la construcción de sus fundamentos discursivos como en sus acciones concretas con las cruzadas medievales, convirtiendo "... *el destino de la ley penal posmoderna en la re-institucionalización de la antigua dialéctica de polución-purificación, con sus estructuras sacrificiales subsidiarias...*" (Garapon, 1997: 11).

---

2. En este nuevo siglo, como puntualiza Zygmunt Bauman, la búsqueda de rutinas seguras es una búsqueda sin final creando una angustia casi perpetua que deriva en un miedo generalizado por la ausencia de certezas en todos los órdenes de nuestra vida. Sin embargo, como la angustia es siempre inespecífica el miedo resultante puede ser atribuido erróneamente sea en una "parte del mundo o en una categoría de personas fácilmente reconocibles, nombrables y localizables..." (Bauman, 1999: 54).

3. Anteriormente he mencionado como parte a la clase media pauperizada y el medio pelo argentino (ver Jauretche, 237: 23). Este sector en general siempre ha estado alejado de cualquier tipo de movimientismo social orgánico. Sin embargo, en los últimos tiempos han ocupado a su turno las calles para aclamar la aventura de Galtieri durante la dictadura y los cacelorazos del 2001. Muchos de ellos han popularizado tristes frases tan cómplices como negadoras de la realidad durante la dictadura militar como por ejemplo: "no te metas que algo habrán hecho"... "yo argentino". Otros incluso llegaron a pegar en sus autos sticker que decían "los argentinos somos derechos y humanos" cuando aumentaban las denuncias en el extranjero sobre violaciones a los derechos humanos y se acercaba la misión Carter de la OEA.

4. La analogía es posible porque nuevamente se encuentra una causa común para a través del miedo poder construir la debilitada identidad ser nacional cuando el *país real vuelve hacerse presente*. Sin embargo, en este caso la "invasión urbana se produce ahora a diferencia de los 50' en circunstancias económicas desfavorables que afectan como en el pasado [...] la propia subjetividad lesionada, a quienes la lastimaban por el simple hecho de dar una imagen de la Argentina que no estaba en sus papeles..." (Jauretche, 258).

5. Esta estigmatización apareció durante el largo y accidentado debate que se produjo tanto dentro de la legislatura de la Ciudad de Buenos Aires como fuera, en relación a las modificaciones al Código de Convivencia, propuestas por el partido neoconservador porteño que lidera Mauricio Macri. Estas modificaciones fueron finalmente sancionadas durante el mes de setiembre del 2004. Una de las modificaciones sancionadas, aunque no fue receptado el arresto como el macrismo pretendía, fue la imposición de multa a aquellos manifestantes que corten calles sin dar aviso previo. En sintonía con esto también se sancionarán cuidacoches y prostitutas (ver *Clarín* edición digital del 24 de setiembre de 2004).

6. Las cruzadas fueron campañas religiosas-militares contra los "infieles" y sus integrantes los "cruzados" podían pertenecer a diversas clases sociales.

III. La desnaturalización del concepto de ciudadanía y los nuevos enemigos

Así, vemos nacer al nuevo infiel, al otro, al nuevo enemigo, representado por aquellos desclasados que, como decía, "voluntariamente" han devenido en piqueteros, drogadictos o delincuentes. Por este motivo, por su "salvación" y la de los "cruzados" deberán de inmediato ser evangelizados/ reeducados y si no fuese posible eliminados/ desterrados/ o recluidos definitivamente.

Básicamente, desde el reclamo del reestablecimiento del "orden" del presente se construye desde el discurso la desnaturalización del concepto de ciudadanía, estableciendo parámetros ajenos al estado de derecho.

Sin embargo, sería absurdo o una pérdida de tiempo buscar explicaciones complejas a esta retórica de la diferencia y de la exclusión porque, por un lado, bajo similares fundamentos desde las cruzadas medievales hasta el nazismo, o en la mucho más actual lucha contra el terrorismo, se ha podido encontrar siempre al mejor "enemigo" para poder ocultar mejor nuestras frustraciones. Por otro lado, por la simple y sencilla razón de que identificado el "enemigo", los estados y su élite política pueden al menos prometer algo posible para calmar la infinita angustia del pueblo: el endurecimiento de las leyes penales, el aumento de policías en la calle o la construcción de más cárceles (Bauman 2003b).

De este modo, se puede adormecer a muchos y desplazar casi todos los asuntos públicos hacia la justicia penal y criminalizar todos los problemas sociales. Sin embargo, el comienzo de esta "guerra" siempre se traduce en una guerra contra los derechos y garantías de los ciudadanos. Así, los límites a la violencia estatal se evaporan y flexibilizan[7] de manera tal que aquel que "ataca" a la sociedad, se aviene voluntariamente a perder todos sus derechos y habilita al estado a la utilización de cualquier medio para "proteger" a la sociedad atacada (Waddington, 2000). Con esta lógica contraria al funcionamiento democrático no son pocas las voces locales y extranjeras que reclaman la intervención del ejército en tareas de seguridad interior. Este reclamo incluye también una crítica severa al funcionamiento de los sistemas de justicia criminal de la región.[8]

Finalmente debo decir, porque me parece un hecho destacable, que en el proceso de construcción de la categoría de "enemigo social" nunca entran como variables de su constitución ni la existencia de una prohibición penal de la conducta ni tampoco la magnitud del daño producido.[9]

De todas maneras, en esta compleja coyuntura, la "Cruzada por Axel", por más que su líder se obstine en negarlo, se introduce en el espacio público de la lucha por el poder, aunque por ahora no busque personalmente convertirse en un candidato electivo. Esta opción de invasión del espacio público se produce con su movilización, su

---

7. En este sentido, como ejemplo local podemos recordar lo ocurrido durante la dictadura militar, con la doctrina de la seguridad nacional.

8. Así por ejemplo se pronunció el ex Senador Eduardo Duhalde, el Jefe del Comando Sur de los Estados Unidos General Hill y el Viceministro del Pentágono Roger Pardo Maurer. Tomas Hill dijo "...yo sugiero que se tomen algunos militares y se los reentrene para policías. Si la clave es la pobreza los gobiernos no pueden tener la fuerzas armadas y las policías actuales...", mientras que Roger Pardo Maurer dijo: "en muchos países de Latinoamérica existe una confusión total. Nadie sabe cuál es el papel del juez, el de la policía, de las fuerzas armadas. Ese es el problema fundamental, la confusión los hace vulnerables a la delincuencia común y el narco-terrorismo ... Digo que hay confusión en lo real. Sistemas de Justicia que no brindan justicia, sistemas policiales que son una amenaza a la ciudadanía" (ver notas de Horacio Verbitsky, en el Diario *Página 12* de los días 24 de octubre y 7 de noviembre de 2004).

9. Así, aquellos que con sus conductas afectan a la sociedad contaminando el ambiente y poniendo en peligro la vida de animales y personas o aquellos otros que evaden impuestos, lavan dinero, o se involucran en episodios de corrupción, no ingresan en la categoría de enemigo público o predador social a pesar de los graves daños públicos y sociales que ocasionan.

decisión, sus lemas, sus proclamas y asume un fuerte compromiso político para disputar cómo se establecen los límites y la formas de ejercicio de la violencia por parte del estado (Bauman, 2003a).

Así las cosas, su movimiento social se convierte en un desafío a la poca o mucha legitimidad existente y está claro que no busca otra cosa que debilitar y flexibilizar mediante la "búsqueda de fines valiosos y últimos" los métodos de coerción aprobados por el Estado de Derecho vigente.

IV. Dogmatismo penal como el regreso de la jactancia argentina

En el transcurso de este viaje tan controvertido como sinuoso aparecen en escena también otros caminantes. Estos, que desde el discurso y las intenciones buscan diferenciarse con claridad de los "cruzados" no pueden tampoco abandonar la jactancia y por eso presentan sus planteos reformistas del sistema de justicia criminal como valiosos en sí mismos.

De este modo, los nuevos reformistas de la ley, "cruzados" o no, con la mediación del miedo y la añoranza del pasado mejor, pueden seguir soñando despiertos en la existencia de un mundo feliz, lugar tan utópico como lejano y bien distinto al descrito por Shakespeare en *Macbeth*.

Quizás por eso se olvidan o quieren hacernos creer que se han olvidado, no sólo que el orden perdido jamás regresará sino también que desde la revolución burguesa los estados han practicado y modelado en forma absolutamente esquizofrénica sus sistemas de justicia penal. Con este sentir, todos los estados del mundo han podido establecer ininterrumpidamente durante más de doscientos años una justicia fraternal para los ricos e iluminados, y otra muy pero muy distinta para los desconocidos desclasados. Por este motivo entre muchos otros la "justicia" no ha podido ser más que "...la buena voluntad que existe entre quienes son más menos igual de poderosos de acomodar cada uno sus exigencias para que sean compatibles con las del otro, de llegar a 'entenderse' mediante el equilibrio, y en lo que respecta a quienes son menos poderosos, de forzarles a que lleguen a un equilibrio caracterizado por el sometimiento..." (Nietzsche, 2000).

De todos modos, me parece oportuno recordar que tampoco el hecho social determinante de la cruzada por Axel estaba dotado, como muchos quisieron hacernos creer, de dosis de pura "argentinidad".[10] Así por ejemplo, seis años antes otros solitarios asustados habitantes de la angustiante globalidad, se congregaban en el oeste de Inglaterra para encarar una acción política concreta vinculada también al sistema penal impedir la liberación del pedófilo Sydney Cooke.

Quizás las diferencias entre ambos casos sean menos sutiles de lo que a mí me parecen, sin embargo creo que ambos ejemplos son equiparables en cuanto consiguieron convertir preocupaciones privadas en públicas para, por un lado, poder liberar un sinnúmero de sentimientos angustiantes y por otro lado reencontrar algún lugar de pertenencia (Bauman, 1999). En ambos casos el factor milagroso aglutinante de solidaridad y espectáculo público fue además de la búsqueda de una comunidad sin miedos, el amor por los hijos. Así, una variada multitud de padres, madres, jóvenes, adolescentes y abuelas de sectores medios y medios altos, invadieron el espacio público.

Este hecho sorprendía en general a la prensa vernácula pues muy pocos de los peticionantes y manifestantes se habían involucrado previamente, como he dicho, en

---

10. Utilizo la palabra con el sentido que le otorga el grupo musical Bersuit en su tema "La argentinidad al palo".

acciones políticas. No había ocurrido lo mismo en Inglaterra pues, como lo refiere el sociólogo Zygmunt Bauman (1999), la atenta mirada de la periodista de *The Guardian* Decca Aitkenhead se alertaba por este tipo de fenómenos del nuevo milenio de la siguiente manera:

> ... la utilidad de estas protestas ha sido objeto de crecientes cuestionamientos. Sin embargo, lo que no nos hemos preguntado es si las protestas tienen algo que ver con los pedófilos... lo que ofrece Cooke es la oportunidad de odiar realmente a alguien, de manera audible, pública y con absoluta impunidad. Es una cuestión de bien y mal... por tanto los gestos contra Cooke define que uno es decente pues quedan muy pocos grupos humanos que uno pueda odiar libremente... la manifestación tiene matices de demostración pública, de ceremonia religiosa, de mitin sindical; todas esas manifestaciones solían definir la identidad de las personas, y ya no son accesibles para ellas. Por eso se organizan en contra de los pedófilos, quizás en unos años será cualquier otra causa [Bauman, 1999: 18].

De ninguna manera puede considerarse casual la observación de Aitkenhead pues cuando a una comunidad comienzan a parecerle peligrosos determinados comportamientos, reacciona siempre con furia, con ira, reclamando formas más duras para la aplicación el derecho e incluso con voluntad de renunciar a parte de su propia libertad (Hobbes, 1995; Nietzsche, cit.).

En nuestro país la debilidad institucional por la que atraviesan las organizaciones estatales se ve agravada por cuestiones del propio desarrollo económico e histórico. Como si fuese poco hoy la Argentina mantiene una coyuntura de exclusión social profunda en la que casi la mitad de la población está fuera del acceso a los más elementales derechos que garantiza la constitución (alimentación, salud, educación, vivienda, etc.).

De esta manera, en un contexto de crítica debilidad económica, institucional y política la explosión pública de brutales hechos criminales, marcan a fuego la sensibilidad social y ponen bajo la lupa a cada uno de los aparatos de ejercicio de la violencia legítima (Justicia, Policía y Cárcel).

Así como una cuestión superficial de coyuntura comienza a debatirse públicamente[11] (en general sin seriedad ni imaginación suficiente),[12] *"la inseguridad" o "la crisis administración de justicia argentina"*,[13] como si fuese posible separar la inseguridad global planetaria —revelada, como decía, con los hechos del 11 de Setiembre— de la interdependencia económico-financiera o de la transformación de los medios tradicionales de regulación de la violencia, para convertirlos en nuevo fenómeno argentino.

Esta absurda e ilógica predisposición a veces política, otras académica o mediática de continuar pensando a la Argentina como el ombligo del mundo, permite ignorar

---

11. En este punto es necesario aclarar que la noción de debate público está íntimamente relacionada con el tránsito continuo hacia la construcción de una fragmentada sociedad de masas en la que los métodos y medios de discusión se hallan sustancialmente transformados (Orwell, 1956; Mills, 1957; Debord, 1982; Braudillard, 1995).

12. El pasado 11 de Noviembre una serie de organizaciones hicieron público un documento que se denominó "Más Seguridad Más Derechos, Más Derechos, Más seguridad". Este documento es la primer iniciativa imaginativa y diferente que aparece en la escena pública a cuestionar un discurso que hasta la fecha se había presentado casi como único y uniforme.

13. Desde el año 94 la agencia Gallup publica anualmente encuestas sobre la administración de justicia. En general los resultados de las encuestas demuestran con pequeñas variaciones que más de la mitad de los encuestados considera al servicio de justicia malo o muy malo y desaprueban la gestión desempeñada por la Corte Suprema de Justicia de la Nación. Además casi un 90 considera desigual las posibilidades de acceso a la justicia y que el Poder Judicial de modo general favorece a ricos y poderosos. Además, la encuesta efectuada por la empresa en el año 2001 sobre el nivel de confiabilidad del Sistema Judicial Argentino, reveló que obtenía el 12 % ubicándose por detrás de la Policía y la Fuerza Armadas y solamente por delante del sistema político institucional.

que los problemas complejos del final del milenio, jamás serán resueltos con un nuevo y milagroso invento argentino como el colectivo, la birome o el alambrado. Sin embargo, resulta preocupante la preponderancia de estos jactanciosos discursos esotéricos que por su carácter recurren a la elaboración de mitos cada vez más secuenciales y proféticos ante el creciente disgusto ciudadano con el funcionamiento de los tradicionales aparatos estatales (Bauman, 2003a).

Así, los días transcurren con la presentación en todos los ámbitos de proyectos tan poco innovadores como bizarros surgidos, como decía, de un marcado repertorio de ideas de "medio pelo".[14]

La situación a la que me refiero se vio reflejada con escasas excepciones tanto en medios masivos de comunicación como en el televisado debate parlamentario, en el que se discutieron los proyectos de reformas a las leyes penales impulsadas por el movimiento social "Cruzada por Axel Blumberg".

V. **La argentinidad al palo: el regreso de los mitos judiciales y la fe en la racionalidad escolática**

De esta manera, como los antiguos boticarios recorrían los poblados a finales del siglo XIX con sus mágicas fórmulas para, por ejemplo, hacer crecer e pelo, los nuevos mercaderes del saber penal recorren como oráculos los despachos oficiales para presentar sus recetas proféticas de racionalización escolática[15] (Bourdieu, 2002). Este recurso no es ni más ni menos que la tendencia regresiva al planteamiento de teorías del proceso penal o la pena como si tuviesen un determinado valor en sí mismas y pudiesen ser aisladas de las prácticas o rutinas jurídicas (Gramsci, 1970: 200). Así, dotados de un cierto agnosticismo histórico se disponen a renunciar a la comprensión de la historia.

Por este motivo, como decía al comienzo, en su tránsito siempre olvidan que el mundo es un lugar donde el regreso al pasado no sólo es difícil sino prácticamente imposible. De esta manera, el debate reformista nunca supera la vulgaridad y la discu-

---

14. Frase acuñada por el Arturo Jauretche para denominar al conjunto de ideas expresadas por el medio pelo. En el ámbito del Sistema de Justicia Criminal lamentablemente estas ideas son las que en general ejercen como diría Jauretche el magisterio entre muchos de los operadores legales del sistema. Así, se dedican a la profusión de modelos de imitación de todo tipo que van desde los nuevos códigos procesales con juicios por jurados hasta los modelos de gestión judicial chilenos.

15. Un acabado ejemplo de los nuevos modelos de "racionalización" jurídica lo encontramos en la provincia de Córdoba que ha receptado casi todos los modelos externos que imponen los organismos de crédito internacional para las reformas judiciales. De este modo, las principales modificaciones pueden resumirse en la reforma de los códigos procesales, la creación del fuero de familia, la justicia de paz letrada, la policía judicial y la transformación del mapa judicial. Pero especialmente además se promueve el control de gestión bajo patrones de productividad y precarización de las relaciones laborales reviendo horarios de trabajo y vacaciones. En materia de gestión o gerenciamiento de la seguridad la provincia de Córdoba también se vuelve pionera en estrategias neoconservadoras. Así, con un alto impacto mediático nacional ha hecho público el acuerdo logrado con el Manhatan Institute y la Fundación Axel Blumberg. La propuesta del neoconservador Manhattan Institute se reduce básicamente al reflote del modelo teórico de la criminología administrativa publicitado por ex Jefe de Policía de Nueva York, William Button, bajo el lema de la "Tolerancia Cero". Este modelo toma las bases teóricas de "Broken Windows" o "Ventanas Rotas" de Wilson y Kelling, 1982. Para una crítica del modelo ver Jock Young, "Breaking Windows: Situating the New Criminology", en P. Walton y J. Young, *The New Criminology Revisited*, MacMillan, London, 1998. En un sentido similar parece impulsarse también en la provincia de Buenos Aires, la iniciativa del Intendente de Dolores que ha implementado vigilancia por TV en el centro de la ciudad. Es probable que años atrás este tipo de iniciativas hubiesen sido cuestionadas por intrusivas a la privacidad. Sin embargo, los miedos y las sensaciones de una aparente mayor seguridad avalan la pérdida de derechos, en este caso de la privacidad. Sin embargo, las experiencias indican que no siempre la televigilancia garantiza que los hechos no ocurran; basta recordar el notorio caso del niño James Bugler asesinado por otros dos menores en Inglaterra a quien se llevaron bajo la atenta mirada de las cámara de televisión de un *shopping mall* (ver Carney, 2000).

sión sólo se concentra en el mejor de los casos en la implementación de modelos judiciales similares a los procesos de fabricación de comidas rápidas (Ritzer, 1996).[16]

Parece ser entonces que los nuevos profetas son en realidad la reencarnación de los buenos espíritus nietzscheanos[17] que sin maldad ni conciencia, pero con ausencia de espíritu crítico, han decidido asumir el rol de revelarnos un nuevo principio rector, universal, instantáneo y naturalmente racional para solucionar todos los problemas del Sistema de Justicia Criminal Argentino. Sin embargo, al haber decidido construir soluciones a contrapelo de la historia, mediando el uso de la parodia y la retórica, abandonan la búsqueda de nuestra identidad, del revés del derecho y de la indagación de todos aquellos procesos que han hecho posible nuestro complejo presente (Gramsci, cit.; Nietzsche, cit.; Horkheimer, 1996; Foucault, 1981: 14).

Así, se empecinan con profunda demagogia en decir conocer todo sin llegar a conocer nada reduciendo todo al denominador más fútil, que bien puede ser en el caso la falta de eficacia en la prevención o represión de delitos o la injustificada morosidad tribunalicia (Foucault, 1992: 23).

En relación a esta situación se expresaba recientemente el Ministro de la Corte Suprema de Justicia Nacional Eugenio Raúl Zaffaroni, en una entrevista concedida a la revista de la Asociación Judicial Bonaerense *En Marcha* en la cual manifestaba:

> Sólo se discuten cosas más bien tecnocráticas: cómo hacemos para que el proceso sea más corto, cómo hacemos para que no se traben los expedientes. Como si el Poder Judicial fuera una fábrica de embutidos, a ver cómo hacemos para fabricar más salchichas, más chorizos, más morcillas, no importa si los chorizos salen sin atar. No es cuestión de ver cuántos expedientes sacamos sino como los resolvemos... Cualquiera puede vaciar los casilleros de un juzgado en un rato... si se maneja ese criterio de productividad cuidado porque es muy peligroso... Los sectores como FORES han aplicado un economicismo raro. Me parece que es absurdo llevar el programa de una fábrica de chorizos al Poder Judicial. Y sé que en esas investigaciones se gasta gran cantidad de dinero. Creo que debemos ver cuáles son los defectos estructurales en las instituciones, cómo hacemos un control de constitucionalidad más eficaz... cómo mejoramos el reclutamiento y selección de jueces, cómo mejoramos sin afectar garantías el sistema de remoción de jueces.

VI. Los procesos de reforma. El camino hacia la *macdonalización* del Sistema de Justicia Criminal

De todos modos, como venía diciendo, en la provincia de Buenos Aires lejos de reflexionar y atender a las observaciones críticas efectuadas por el Ministro de la Corte Suprema de Justicia, tanto el Ministerio de Justicia como especialmente la Procuración General, parecen encaminarse a consolidar el proceso inverso. Este proceso no será otro que el de la *macdonalización* del Sistema de Justicia Criminal Bonaerense.

---

16. Ritzer denomina a este proceso *macdonalización*. Para él, este proceso afecta no solamente el negocio de la venta de comida en restaurantes sino también la educación, el trabajo, la salud, el turismo, la familia, la política. Entre las nuevas reformas judiciales impulsadas desde diversos sectores, tanto académicos como políticos, he observado con preocupación la aparición de las líneas medulares de este proceso anunciadas brillantemente por el autor como replicables en todos los aspectos de nuestra vida (1996: 1-16).

17. En genealogía de la moral Nietzsche se refiere a los espíritus buenos de la siguiente manera. "... todo nuestro respeto para los espíritus buenos que actúen como historiadores de la moral, pero por desgracia, es seguro les falta el espíritu histórico mismo, que les ha dejado en la estacada precisamente todos los espíritus buenos de la ciencia histórica misma. Piensan todos ellos... de modo esencialmente a-histórico; de esto no cabe duda...", 2000: 53.

Al menos esta es la interpretación que surge del análisis de los hechos y las palabras de los actores involucrados más directamente en la reforma del sistema judicial bonaerense.[18] De este modo, sin ningún complejo se han cobijado bajo este paraguas teórico al organizar el pasado octubre en Mar del Plata las "Jornadas Provinciales denominadas: El Procedimiento Penal en la Provincia de Buenos Aires. Revisión de Prácticas de gestión para mejorar las respuestas del sistema". El evento que, fue auspiciado por el Instituto de Estudios Comparados en Ciencias Penales y Sociales y el Centro de Estudios de Justicia de las Americas, contó con la asistencia de numerosos operadores judiciales y distintos expositores especiales.

Sin embargo, como no podía ser de otra manera, no fue proyectado para abrir un debate sincero sobre el aparato de justicia penal sino para imponer un determinado modelo. Así, el trabajo en comisiones se concentró sólo en la discusión del temario abierto por las respectivas exposiciones y cumplimiento de los objetivos centrales de la organización que fue la siguiente: *a*) generar propuestas e instrumentos institucionales que permitan *mejorar las respuestas del sistema* partiendo de las condiciones concretas del contexto provincial; *b*) generar mecanismos que permitan *ajustar el proceso y su monitoreo* permanente; *c*) dinamizar y canalizar iniciativas de *mejora del funcionamiento* del sistema para mejorar el modelo oral acusatorio; *d*) conocer particularidades del proceso de reforma ocurrido en otros países de la región a fin de identificar *buenas prácticas* y enriquecer propuestas de acción locales. El esquema planteado limitó la discusión al planteamiento de: "Modelos Funcionales y Organización para mejorar la *eficacia* del Sistema".[19]

De este modo, apelando a la falta de eficiencia, predecibilidad, calculabilidad y ausencia de control de gestión del Sistema Judicial, se habla y se discurre sobre la crisis de la Justicia Argentina como si fuese posible no sólo aislarnos del mundo sino además evaporar en un instante toda nuestra historia (Ritzer, ob. cit.).

Sin embargo, semejantes planteos de implementación de nuevos modelos de eficiencia judicial responden en forma más directa al cumplimiento de compromisos asumidos con los organismos financieros internacionales y en cierta medida, como decía al principio, a las críticas que desde la arena de seguridad también efectúa al aparato de justicia criminal el representante del Pentágono para Latinoamérica.[20] Con

---

18. En tal sentido, se expresaron por turno el Ministro de Justicia de la Provincia de Buenos Aires Dr. Eduardo Dirroco "... hablar de *productividad* no debe asociarse al proceso económico comercial. Nosotros preferimos hablar de *standarización de niveles de trabajo*. Es un proceso que se esta analizando...implica tener un *nivel de control* en base a pautas *de standarización*. Córdoba tiene un proceso similar... Hay cuestiones que deben evaluarse como la *contracción al trabajo, su carga horaria*... La carga horaria es importante..." (*Diario Judicial*, 16/09/04). Por su parte al modo de presentación pública la Señora Procuradora General de la Suprema Corte de Justicia Dra. Maria del Carmen Falbo manifestó: "...buscando aunar esfuerzos e inquietudes *incentivando* a los funcionarios y empleados para que alcancen su más *óptimo* desempeño ...entiendo que el Ministerio Público debe armonizar y coordinar líneas de acción con otras áreas del estado, aplicando *parámetros de racionalidad tanto en la intensidad de la potestad punitiva como en la aplicación de los recursos*... quiero fortalecer al *descentralización* con el equilibrio necesario que redunde en un más dinámico acceso al *servicio de justicia*... quiero lograr un mejor *gerenciamiento* del *material humano* y tecnológico... implementar una *capacitación de dicho personal* en nuevas *técnicas de gestión* orientadas a la *desburocratización*... En síntesis, busco realizar todas aquellas actividades que agilicen y mejoren el servicio de justicia con *control de gestión y mejor gerenciamiento de recursos*..." (*Revista Casa Salud*, editada por la Caja de Previsión Social para Abogados de la Provincia de Buenos Aires del mes de octubre del 2004).

19. *Informe Final y Conclusiones de las Jornadas de Revisión de Prácticas de Gestión.*

20. El Banco Mundial, el Banco de Intercambio Regional y el Fondo Monetario Internacional otorgaron a la Argentina créditos para la reforma y modernización de su sistema judicial créditos blando por un monto aproximado a los 2000 millones dólares. Los objetivos acordados pueden resumirse en lo siguiente: "...Los planes de reforma deben apuntar a dotar al Poder Judicial de mayor eficiencia y procedimientos más simplificados y, simultáneamente, reservar la actuación judicial para las causas más importantes... el construir un Poder Judicial más transparente como condición ineludible para atraer nuevas inversiones y disminuir la evasión tributaria..." (diario *La Nación* 26 de agosto de 1997); "...El Plan Nacional de Reforma Judicial impulsado por el Ministerio de Justicia de la Nación tiene su sede piloto en Córdoba...", revista *En Marcha*, año II, n.º 9, agosto 1999).

este sentido, me parece oportuno recordar hacia donde se encaminan las exigencias de los organismos multilaterales de crédito, de acuerdo a las declaraciones efectuadas en el marco del Seminario de Reforma Judicial realizado por la Asociación de Bancos Privados Argentinos en el mes de agosto de 1997, tanto por el entonces Presidente del Fondo Monetario Michel Camdesuss como por Douglas North, Premio Nobel de Economía. El primero dijo: "...El Ministerio de Economía debería ser menos importante que el Ministerio de Justicia..." mientras que el segundo expresó: "...la seguridad jurídica que brinda un Poder Judicial independiente es uno de los factores esenciales para el progreso y el desarrollo económico...". Tales manifestaciones de alto contenido simbólico no resultan en forma manifiesta censurables y no lo son precisamente porque apelan al sentir común de los grandes mitos judiciales.

Efectuado este rápido paso sobre los postulados centrales de los objetivos "reformistas" me parece oportuno fundamentar por qué considero que las mismas están dirigidas hacia lograr en el futuro la Macdonalización del sistema de justicia penal latinoamericano.

En primer lugar, porque los planes reformistas utilizan con demasiada insistencia y frecuencia las palabras sistemas, racionalización, capacitación, control de gestión y gerenciamiento de recursos materiales y humanos. De esta manera, su formación discursiva efectúa unas concretas elecciones teóricas, despliega un sistema de relaciones determinado y pone en juego conceptos muy específicos vinculados a una determinada lógica empresaria de la organización del trabajo, que no es otra que la aplicación del modelo creado por el industrial norteamericano Frederick Taylor en "The Principles of Scientific Management" (Foucault, 1970; Gramsci, 1970).

Por ello, por más que su impulsores se obstinen en negarlo, ocultarlo o disfrazarlo diciendo que en lugar de *productividad judicial lo que buscan es lograr el control mediante la estandarización de niveles de trabajo que mejoren la cantidad y la calidad de las sentencias,* lo que están imponiendo es una nueva forma de mirar la función judicial, que poco o nada tiene que ver con la función que tradicionalmente le atribuye al Poder Judicial la Constitución Nacional y Provincial.[21]

En otras palabras, la pretendida búsqueda de niveles de racionalización y/o estandarización del trabajo judicial mediante nuevos métodos de trabajo, evaluación, control y entrenamiento nos va llevando por ahora sólo desde el discurso a pensar, vivir y sentir la función judicial de una manera muy diferente a la que necesita la Argentina para mejorar su calidad democrática (Gramsci, 1970: 302).

En segundo lugar, porque en los planes de reforma judicial además de los conceptos enunciados aparece con un idéntico carácter mítico la promesa de *"dotar a los sistemas judiciales de la región de mayor eficiencia".*[22]

Sin embargo, cuando se habla de eficiencia como se parte del "buen sentido" y se le otorga a las afirmaciones un carácter profético no se efectúan demasiadas explicaciones (Bourdieu, cit.: 44). Así, la eficiencia complementa los restantes conceptos y se convierte en el antídoto final o la "vacuna" contra la pérdida de legitimidad del sistema de justicia penal.[23]

---

21. En un reportaje concedido por el Ministro Di Rocco al *Diario Judicial* el pasado 14 de setiembre contestaba de la siguiente manera a las preguntas del periodista: "...cuando se habla de productividad se lo asocia a un proceso comercial. Nosotros preferimos hablar de estandarización de niveles de trabajo... tener un nivel de control en base a pautas de estandarización..."; cuando se le preguntó si se buscaba un parámetro entre causas iniciadas y resueltas contestó que sí pero que también tendrían en cuenta la calidad de las sentencias sin especificar cómo.

22. Proyectos y Resultados. 2004-2005. CEJA un vistazo.

23. Utilizo la palabra vacuna con el carácter que le otorga Roland Barthes (Barthes, 2004: 247).

Así, la ausencia de explicaciones mucho más concretas permite inmunizar el imaginario colectivo y encubre las implicaciones futuras aun fuera del dominio de la lógica del taylorismo.

Esta imperfección discursiva pretende solucionarse con pobres y monótonos recursos[24] que aclaran poco o nada dentro de tanta confusión. Cuando se quiere examinar sus enunciados se advierten criterios demasiados rústicos que no logran ser más que tenues promesas de aleatorios resultados. De este modo, nada se determina y se construyen analogías que parecen ser ingeniosas cuando son dichas por primera vez, sin embargo al entrar en contacto con el mundo real se vuelven inconsistentes y se comportan en forma totalmente independiente de quienes las formularon.

Así, nada se dice sobre los sucesivos procesos conflictivos de selección de casos judiciales que como consecuencia de una permanente interpretación subjetiva nunca pueden ser determinados *a priori*[25] (Young, 1988).

Con este sentido tan *naive* como particular se pretende traducir cuestiones políticas en cuestiones técnicas. De esta forma, en el afán de brindar soluciones los "expertos" omiten considerar las complejas relaciones que determinan la gravedad de los hechos criminales. En consecuencia, al dejar tantas preguntas sin respuestas olvidan que estas relaciones conforman un juego de pocas compatibilidades forzosas entre sus decisiones expertas sobre "oportunidad" o "razonabilidad" y el sentir de las de las víctimas o el de la población sobre los mismos hechos (Young, 1988 y 1992: 27).

Sin embargo, se estará de acuerdo fácilmente en que debe rechazarse en primer lugar esta enunciación de los planes reformistas de que "nada funciona" o que todo funciona en forma ineficiente. En este sentido, John Lea y Jock Young manifiestan que "...el problema es que no sabemos exactamente qué es lo que funciona, para qué delitos y en relación a qué delincuentes.. Debemos dejar de preguntar que es lo que no funciona y comenzar a observar cómo funcionan las cosas. Una vez que realicemos intervenciones basadas en el análisis de la realidad más que en la sabiduría popular podremos detener el flujo de proyectos con los que sólo buscamos felicitarnos a nosotros mismos... los legisladores suponen que las leyes serán implementadas con éxito... ciertas prácticas policiales, como la detención y registro a gran escala, se mantienen a pesar de ser caras y arbitrarias. Se trata de un problema de ingenuidad que tiene sus raíces obvias en el sentido común... no deben efectuarse generalizaciones a partir de partes eficientes, partes ineficientes del sistema de justicia criminal..." (Lea y Young, 1989: 24).

---

24. "cualquiera que se detenga a mirar las estadísticas oficiales del sistema de justicia penal se encontrará con cifras alarmantes cuando de graves delitos se trata... cualquier política de transformación que se invoque en nombre de la alarmante situación debe contemplar mecanismos de racionalización y priorización de la persecución penal..." (Arduino, 2004). "... Sistemas que permitan utilizar en forma más eficiente sus facultades de selección...las crecientes demandas de inseguridad generaron consensos para la reforma...se buscara explorar respuestas que podrá dar al sistema a estas demandas... (Los Nuevos Desafíos del Ministerio Público Fiscal, curso a distancia del Inecip; Ceja y Diario Judicial.

25. Estos procesos conllevan una serie de decisiones políticas y subjetivas que no pueden ser preestablecidas. El delito ocasional que cometen los más pobres es realmente un problema para aquellos un poco menos pobres. Esto no significa negar las consecuencias de los delitos de los poderosos. Significa que el realismo de izquierda nota que la clase trabajadora es víctima del delitos que proviene de todas las direcciones y que el delito de los poderosos es un símbolo del capitalismo. El impacto o gravedad del delito debe evaluarse teniendo en cuenta las características del victimario pero también las consecuencias concretas que tiene sobre la víctima. No es lo mismo robar 50 $ a una anciana que gana 300 $ que robar 50 $ en mercadería en un supermercado Jumbo (Young, 1988: 250). Además, un serie de cuestiones complejas determinan la cantidad, forma y materia de los asuntos que ingresan a los sistemas de justicia criminal. Este proceso funciona con una carga alta de prejuicios que en general por cuestiones de exigencias eficiencia en el proceso de "clear up" "aclaración de hechos" lo hace concentrarse por cuestiones de recursos sobre determinadas personas o grupos de personas (Young, 2000).

VII. **Justicia y eficiencia. Una contradicción permanente**

Llegados a este punto y efectuadas las aclaraciones iniciales, debo volver a retomar el análisis de la noción de eficiencia que lanzan en el marco de la *macdonalización* Judicial las estrategias reformistas. En este sentido, me parece necesario poner en blanco sobre negro, en primer término, que resulta esencial que se declare con precisión cuál es el tipo de "eficiencia" judicial que se pretende implementar. En segundo término, establecer cuáles son los parámetros para evaluar la eficiencia sistémica declarada.

A modo de aclaración, si eficiencia es la búsqueda de la consecución de un fin mediante la utilización del medio más idóneo y económico, su contenido va determinado por el fin perseguido. De esta manera, si los impulsores de las reformas declaran que la necesidad de los cambios en la región se sustentó en las crecientes demandas originadas por el aumento de la inseguridad ciudadana y el temor al delito, no puedo más que concluir como se han planteado las cosas, que la eficiencia sistémica es lograr sancionar la mayor cantidad de conductas prohibidas con el menor costo y en el menor tiempo posible. Sin embargo, para sustentar en forma más sólida este razonamiento no puedo dejar de pasar por alto que el principio de eficacia no solamente es un concepto derivado de la economía sino que es totalmente ajeno a la idea de justicia, más aún si, como decía, nada se aclara al respecto. Así por ejemplo se expresa en relación al principio de eficacia John Rawls: "El principio de eficacia o selecciona por sí mismo una distribución específica de mercancías como la más eficaz... en realidad en la Justicia como imparcialidad, los principios de la Justicia tienen que tener prioridad a las consideraciones de la eficacia... el problema siempre es encontrar una concepción de Justicia que se seleccione una de estas distribuciones eficientes como la más justa...el principio de eficacia no puede servir por sí solo como una concepción de la Justicia..." (Rawls, 1993: 90-93).

En tercer lugar, no puedo dejar de mostrar mi preocupación cuando las nuevas estrategias de racionalización son lanzadas como "ideas fuerza"[26] que pretenden reinsertar la mística y el compromiso de los operadores del sistema de justicia penal.

En general, si se habla de ideas fuerza se intenta volver a unir en las acciones de los operadores del sistema penal una nueva filosofía de la función judicial que se ampara bajo el paraguas conceptual de los siguientes enunciados: eficacia, estandarización de resultados, flexibilización de la jornada laboral, gerenciamiento institucional, planificación, deformalización, simplificación de pasos, informatización, proceso penal electrónico, controles de gestión sobre la cantidad y calidad, capacitación, consenso, cumplimiento armónico de roles, etc. Sin embargo, este proceso de naturalización / idealización del funcionamiento del sistema de justicia penal no puede más que convertirse en una estrategia de negación de las causas sociales del delito y de desconectarlo de la compleja estructura social y política.

En síntesis, todo este marco conceptual se presenta como la única forma de instalar la "razón" entre los operadores judiciales y se presentan en un forma similar al marco conceptual del "bien común" creado como verdad suprema por el pensamiento escolástico o como las más actuales ideas fuerza del siglo XIX, la "libertad de empresa" y la

---

26. La palabra "idea fuerza" ha sido usada el marco teórico práctico en el que se inserta las nociones reformistas. Así ha denominado al control de gestión, capacitación, standarización, etc. en sus sucesivos discursos, por ejemplo por la Sra. Procuradora de la Suprema Corte de Justicia de la Provincia de Buenos Aires Dra. María del Carmen Falbo cuando explico sus proyectos y planes de reforma. De todos modos, me parece necesario poner de manifiesto que la utilización dentro de la formación discursiva taylorista emergente de la palabra "idea fuerza" como marco de tales ideas tiene además de un alto contenido simbólico efectos concretos sobre la práctica.

competencia. Así, estos nuevos modelos son elaborados por la autoridad para dar cuenta de las prácticas en las conciencias de los agentes y no me cabe ninguna duda se corresponden con las ideas fuerza de la macdonaldización (Bourdieu, 1994; Ritzer, cit.).

En cuarto lugar, no puedo dejar de mencionar que si de lo que se habla es de implementar modelos de eficiencia. El control de aquélla sólo puede vincularse con el establecimiento de procedimientos que puedan establecer prácticas replicables y medir las cantidades de productos. De este modo, se logra no sólo la cuantificación sino también la estandarización de la calidad y el tiempo necesario para hacer un producto o entregar un servicio de una determinada manera. Así las cosas, se lo reconozca o no al implementar de modelos de gestión de tipo industrial lo que se busca es establecer la mejor y más económica forma de hacer el trabajo o sea de dictar una sentencia condenatoria.

Por estos motivos, se deben establecer procedimientos especiales que permitan regular de la forma más efectiva las posibilidades de acción de todos y cada uno de los actores institucionales involucrados. Se trata en definitiva de implementar una estructura de control externa capaz de poner límites a las acciones/elecciones de los actores y a su vez seducirlos desde la educación/capacitación a tomar voluntariamente esas mismas decisiones. De esta manera, sus acciones son mucho más predecibles, calculables y permite reducir al máximo la aparición de tensiones o fricciones en el tránsito a la consecución del objetivo sistémico planteado.[27]

Esto queda más o menos claro si se piensa que si lo que pretende implementarse a través de declaraciones de lograr la racionalización, estandarizar los resultados o disponer un mejor control y gerenciamiento de recursos materiales y humanos, lo que se quiere es alcanzar el fin propuesto al menor costo posible.

De esta forma, por más que se declare que a través de los planes de reforma que lo que se busca no es el aumento de la cantidad de sentencias condenatorias, sino aumentar la calidad democrática del sistema si no se modifica esencialmente los fines del aparato de justicia penal, al menos a mí no me queda ninguna duda que, tratándose como se trata, de un sistema punitivo o sancionador aunque utilice criterios de oportunidad, su objetivo sistémico no puede ser otro que sancionar al menor costo y en el menor tiempo posible la mayor cantidad de conductas típicas que ingresan al sistema.

Sin embargo, también debo aclarar que las puertas de ingreso al sistema no estarán nunca determinadas necesariamente por la demanda de la víctima o el "cliente" sino, como decía, por los característicos procesos selectivos de ingreso que cada día demuestran más su funcionamiento distorsivo y patológico.[28] En este sentido, a medida que crece el índice delictivo, los recursos materiales y humanos del aparato de

---

27. Sobre esta base discursiva se dicto la Resolución 472/04 de la Procuración General de la Suprema Corte de la Provincia de Buenos Aires, lo que quiero poner de manifiesto con la transcripción no es cuestionar los fundamentos que legalmente la hicieron posible sino remarcar el sistema bajo el cual se produce la enunciación de sus postulados apelando por ejemplo a remarcar la existencia de prácticas erróneas y la necesidad de la aparición de una autoridad superior que viene a corregir y racionalizar como portando la voz del oráculo que nos dice que es lo bueno y lo malo para que no dudemos ni caigamos en el error de hacernos demasiadas preguntas "que resulta entonces imperativo corregir prácticas erróneas... fijar pautas de *razonabilidad* que todos lo acuerdos que el MPF propugne arribar deben respetar lo que fija la norma...".

28. Sin embargo, los organismos que evalúan y llevan adelante los procesos de reforma parecen ignorar la situación y bajo este marco teórico de apelación a la deficiente organización sin tener en cuenta el incremento progresivo del índice delictivo se presenta la línea discursiva del contenido del curso a distancia que sobre Desafíos del Ministerio Público Fiscal coorganiza en el mes del noviembre de 2004 la Escuela Judicial del INECIP, el CEJA y el Diario Judicial cuando dice: "...con la implementación de las reformas penales ha existido un fenómeno compartido por la mayoría de los países de la región de crecientes demandas originadas por el aumento de la inseguridad ciudadana y del temor al delito ...estos problemas han generado fuertes demandas a los sistemas que no han sido capaces de satisfacer y generan disconformidad...", Diario Judicial.com.

justicia penal se vuelven cada en vez en forma más rápida insuficientes. De este modo, los problemas de procesamiento burocrático se vuelven cada vez más complejos ocasionado que los procesos de selección se vuelven cada día más arbitrarios. Así, como consecuencia de un estado de permanente restricción presupuestaria se vuelve casi indispensable diseñar herramientas tecnocráticas como las pensadas que permitan mantener un "servicio" cada vez más económico y eficiente sin efectuar nuevas erogaciones (Young, 2000: 42).

De este modo, como los planes reformistas no plantean la complejidad social creciente, el aumento progresivo de la cantidad y variedad de los delitos, la eficiencia deja de relacionarse con la calidad o magnitud de los hechos delictivos para relacionarse en forma exclusiva y determinante con la cantidad.

Esta lógica encierra a los planes reformistas a la determinación de cantidad de casos posibles que puede manejar un defensor, un fiscal o un órgano jurisdiccional. Así, se busca solo aumentar la productividad de los actores del aparato judicial tomando medidas de todo tipo incluso se intenta flexibilizar las relaciones laborales a todos los niveles.

VIII. Un debate vacío: la búsqueda de la razonabildad del sistema judicial

Después de todo lo dicho debo advertir al lector que no encontrará en el marco de este ensayo ni la solución a los serios problemas que atraviesa y ha atravesado el Sistema de Justicia Criminal Argentino como tampoco las causas "verdaderas" de su funcionamiento patológico. En general sólo aspiro a introducir en el debate algunos hechos y circunstancias que arbitrariamente he considerado críticas.

En este sentido creo esencial detenernos aunque más no sea por un instante para pensar en las "razones" que quizás impulsen a dos décadas del inicio de la transición democrática Argentina, el debate sobre la racionalización jurídica, o mejor aún, determinar si esta puesta en escena crítica es el aprovechamiento de razones coyunturales para debilitar aún más el aparato judicial, utilizando para ello el miedo del que se va construyendo la perceptibilidad popular de ciertos fenómenos sociales (Rodota, 1996).[29]

Así las cosas, retomando la línea argumental debo, aunque sea reiterativo, decir que es necesario prestar especial atención a la forma en que se cuestiona en esta coyuntura la legitimidad del Poder Judicial Argentino.

Sin embargo, creo que el observador atento tendrá seguramente presente que esta crisis no tiene únicamente relación con un proceso reciente sino que además se relaciona con el particular desarrollo político institucional de la Argentina (Bergalli,1999; Fucito, 2000; Ganón, 2000).[30]

Por tal motivo, me pareció necesario introducir en la discusión también la visión mística con que se aborda el análisis de la sensación popular de inseguridad urbana o las crisis de las agencias estatales de ejercicio de la violencia legítima sea del poder

---

29. Según Rodota como consecuencia del diario crecimiento de fragmentación social de las masas y los procedimientos modernos de sondeos y mediación de las ideas a través de los medios masivos de comunicación social, se logra condicionar la conformación de la agenda política. Así, la acción social y política, se distorsiona, se deforma convirtiendo en cierto modo a la tradicional democracia representativa en una democracia de opiniones, pues las discusiones no se producen en las plazas o en los locales partidarios sino por ejemplo en los canales de televisión.

30. Hasta cierto punto la casi permanente crisis institucional del sistema judicial argentino determina que se considere en esta "nueva" discusión sobre la racionalización jurídica todas las variables sociales que impulsan luego de 20 años de transición democrática su tratamiento público.

judicial, del sistema carcelario o la policía. Digo esto porque siempre o casi siempre proyectan solucionarse con opciones sin sustento en la investigación de los hechos sociales que las ocasionan.

Así, se elaboran en la emergencia todo tipo de soluciones legislativas tan milagrosas como de sencilla implementación sin efectuar ninguna evaluación de sus posibilidades concretas de aplicación práctica.[31] Un ejemplo más concreto de este tipo de arriesgadas improvisaciones, es la pasión con que se defiende la implementación del juicio por jurados o de los modernos sistemas de control de gestión. Esta venerable pasión no es más que una nueva religión que como tal se desentiende del modelo de derecho que se busca o se intenta implantar.

Así, se olvidan que si lo que estas reformas pretenden es crear un modelo judicial mas independiente, democrático, equitativo y eficiente que pueda potenciar la vigencia plena de los derechos humanos, deberían por un lado, buscar su conexión teórica con la práctica para poder modificar ciertas costumbres y actitudes hacia el derecho y, por otro lado, liberarse de todo residuo de trascendentalismo y de fanatismo que les impida considerar que sus reformas probablemente ocasionen efectos opuestos a los que se pretenden. Por estos motivos, los defensores de estas iniciativas no se permiten ni siquiera pensar que deberían transitar el camino opuesto, de la vida a las ideas y no viceversa (Gramsci, *ob. cit*.: 246).

Por tal motivo, como he dicho, como si todo fuese "pensamiento puro" no se permiten incluir la evaluación de cantidades de juicios posibles por jurisdicción y competencia, los costos operativos, las eventuales demoras o retardos, e incluso la evaluación de un probable funcionamiento patológico. Incluso, parece que pueden llegar a desconocer que el funcionamiento patológico es parte de la práctica que se quiere modificar. Así, por ejemplo, lejos de los que habitualmente muestran cientos de películas y series televisivas sobre las bondades del sistema judicial norteamericano o británico, los casos como O.J. Simpson, "The Guildford Four" o el veredicto de inocencia de los policías acusados por la brutal golpiza propinada a Rodney King, demostraron que errores mucho más groseros que los actuales pueden ser cometidos también por los jurados (Rose, 1996).[32]

El asumir esta posición interpretativa no implica que se niegue y reconozca la importancia de implementar reformas institucionales profundas que apuesten a incrementar la calidad e independencia del aparato judicial. Importa, nada más ni nada menos, que resaltar la complejidad que reviste la reformulación democrática del sistema judicial argentino para poder superar sus crisis sistémicas y poner fin al largo período de transición por el que atraviesa nuestra sociedad.[33]

---

31. Así, la diagramación de políticas públicas en la emergencia impide llegar a las raíces sociales profundas de las crisis y considerar como sus causas determinantes las deficientes condiciones estructurales u organizativas internas del conjunto de cualquiera de los aparatos estatales que integran el sistema judicial. De este modo, se han intentado todo tipo de alternativas con objetivos confusos o inalcanzables como por ejemplo el castigo efectivo de la delicuencia con la implementación del sistema acusatorio o el logro de la independencia judicial con la modificación en el sistema de selección de jueces, etc.

32. El famoso periodista inglés David Rose resume en el título de su libro la situación probablemente desconocida por los impulsores del juicio por jurados *En el nombre de la Ley: El Colapso de sistema de Justicia Criminal"*. Agrega, Rose "...la liberación de Guilford Four produjo una inmediata transformación intelectual en la Corte de Apelaciones. Aquellos jueces que por años solemnemente habían expresado su reticencia a modificar el veredicto los jurados, de repente tuvieron que reconocer que muchas veces la evidencia policíaca podría resultar falsa. De este modo, los elementos de convicción sobre los cuales los jurados efectuaban a menudo sus decisiones fueron puestos bajo sospecha... La apelación de Guilford y aquellos casos que le siguieron demostraron falencias en muchas organizaciones, la policía, el cuerpo forense, los abogados y los jueces..." (1996: 8/9).

33. A modo descriptivo creemos que este tipo de situaciones debe ser analizadas en dos niveles. Un primer nivel análisis debe considerar tanto las nuevas formas de interrelación entre estados-nación como la creciente

IX. Historia, cultura y derecho: el abandono de un debate necesario

Sin embargo, efectuadas estas consideraciones generales creo que para poder pensar como posible el cambio del Poder Judicial en la Argentina tenemos que tener en cuenta principalmente que la falta de respeto por la ley se remonta a los orígenes coloniales.

Esta situación se ha mantenido vigente incluso durante los gobiernos constitucionalmente elegidos, que con su incapacidad de responder adecuadamente a la creciente complejidad social y económica tampoco contribuyeron al fortalecimiento de la cultura de la legalidad (Ganón, 2000).

De esta manera, se ha manifestado por un lado una clara tendencia hacia la concentración del poder político estatal en el Ejecutivo por sobre el legislativo. Por otro lado, desde el ejecutivo se ha efectuado todo tipo de acciones directas o indirectas para influir decididamente en las resoluciones judiciales.[34]

En este contexto todos los gobiernos con los órganos superiores e inferiores del sistema judicial han justificado las violaciones a la letra constitucional apelando a la construcción de crisis, económicas y políticas.

Así, durante la última dictadura militar se produjo sistemáticamente sin oposición judicial la desaparición forzada de personas. Aún hoy muchos de esos funcionarios ejercen la magistratura y muchos otros se formaron como estudiantes de derecho en esa época. Tal vez por eso aún en épocas democráticas con consentimiento judicial se producen episodios graves de violencia institucional, se redactan legislaciones de emergencia criminal o económica o se autorizaron allanamientos masivos (Informe CELS, 2001; Informe Comisión Provincial de la Memoria, 2004).

En síntesis, esta situación histórico coyuntural ha permitido, por una parte, el debilitamiento de la relación de equilibrio entre los valores de orden y justicia. Por otra parte, ha facilitado la conformación de una cultura judicial que lejos de lograr la consolidación democrática la distorsiona con su funcionamiento.

Así las cosas, vivimos en un país donde la cultura jurídica externa impide a los destinatarios del mensaje simbólico del discurso jurídico identificarlo con forma de legítima de dominación no solo por la conflictiva historia que sintéticamente describo sino porque aún hoy se siguen generando acciones represivas ilegales por parte del estado y porque la marginalidad creciente le impide a casi el 20 % de la población el ejercicio de cualquier derecho básico.[35]

Pero a modo de conclusión y volviendo al análisis puntual del Sistema Judicial Argentino debo decir que es esencial la reconsideración de la función jurisdiccional

---

importancia del derecho supranacional, pero además, la aparición de procesos complejos de construcción del consenso político y la emergencia permanente de nuevos actores sociales (ej.: ONG, movimientos sociales, etc.). En el segundo nivel deberán ponderarse las particulares condiciones de la Argentina que han determinado la formación de una cultura jurídica periférica como consecuencia del particular desarrollo histórico económico de nuestro país (ver Bergalli, 1999; Fucito, 2000, Ganón, 2000).

34. Sin embargo, no puedo dejar de destacar la actitud tomada por el actual gobierno del Presidente Néstor Kirchner de decidir enviar al Senado para su nombramiento en la Corte Suprema de Justicia de la Nación, los pliegos de los Dres. Carmen Argibay y Eugenio Raúl Zaffaroni. Esta decisión ha cambiado el perfil de la Corte de Suprema de Justicia y de alguna manera le ha otorgado cierto aire de legitimidad que la misma había perdido casi totalmente en la última década.

35. En general este grupo poblacional además de su carencia a los derechos sociales básicos enfrenta dos problemas. En primer término, por la casi ausencia de educación básica casi no conocen que derechos tienen. En segundo término, el casi único contacto que registran con el derecho es a través de las agencias del sistema de Justicia Criminal que con procedimientos legales o ilegales continúan violentando además sus derechos civiles (ej. Allanamientos masivos en barrios periféricos; ejecuciones sumarias; superpoblación carcelaria; etc.).

para el funcionamiento de una verdadera democracia teniendo siempre en cuenta que el derecho es un fenómeno socialmente activo donde la opinión y consideración del pueblo es determinante.

Con este sentido deben analizarse nuevas formas de organización funcional y económica del sistema judicial porque la sociedad argentina tiene una conflictiva visión del derecho y del sistema especial de justicia. Esta imagen social del derecho se ha caracterizado por la existencia de una constante y visible diferencia entre los valores ideales y la realidad.

X. Adelanto de conclusión: la búsqueda de la resignificación del Derecho

Así, debe pensarse en primer término, en la búsqueda de acciones concretas judiciales que recuperen la credibilidad del derecho como símbolo de justicia. En segundo término, en pensar no solamente en la forma en que se produce el reclutamiento y la selección de los jueces sino también la búsqueda de procesos que permitan reformular su ideología profesional y sus prácticas de trabajo para poder sustentar el primer objetivo.

En otras palabras todo ello implica la lucha por otorgarle una nueva significación al derecho y lograr tanto la expansión efectiva de los derechos, como la facilitación del acceso al sistema de justicia porque la sola existencia de un derecho formal no consolida ninguna de sus clásicas funciones, sea como herramienta de control social, como forma de resolución de conflictos y/o de legitimación del poder, en el inestable ambiente de una economía en desarrollo en el globalizado final de milenio .

Como decíamos, esta situación no es para nada sencilla si consideramos que el lenguaje que como comunidad de cultura utilizan la mayoría de los jueces argentinos es el de la volatibilidad conceptual con la elaboración de especiales conceptos de validez, justicia y eficacia (Ganón, 2000).

Esta forma de aplicación del derecho elusiva del compromiso implica la ausencia de criterios estrictos de reconocimiento o pertenencia a un determinado sistema jurídico.

Así las cosas, los cuestionados integrantes del Poder Judicial Argentino, como miembros de la descripta comunidad de cultura jurídica difusa y flexible, desempeñan su función en relación directa con una constante práctica del culto a la excepción. La adopción entonces como práctica político social, de la primacía de *"la razón de estado"* sobre la *"razón jurídica"* como principio fundamentador de la violación de las reglas de juego impuestas por la Constitución Nacional, modifica las concepciones formales y sustanciales de las fuentes del derecho, pero muy especialmente simplifica y desnaturaliza las funciones de la actividad judicial, hasta convertirla en un mero órgano técnico-administrativo de la máquina burocrática estatal.

Como resultado de esta particularidad cultural los sucesivos gobiernos fueron construyendo un Poder Judicial a la medida de sus necesidades políticas, sin independencia ni estabilidad y por lo tanto con una ideología funcional a las clases dominantes.

A los condicionamientos de dependencia externa expuestos se suman como obstáculos de organización interna, en primer lugar, la imposición constitucional que otorga a la Corte Suprema de Justicia Nacional la función tutelar de última intérprete de la Constitución. Ya que como resultado de esta situación institucional a partir de 1930, prácticamente todos los gobiernos buscarán su copamiento para la legitimación de todas y cada una de sus decisiones políticas.

En segundo lugar, debe señalarse que tanto el del Poder Judicial de la Nación como el Provincial se encuentran organizados jerárquica y piramidalmente. Esto obviamente determina que en general, los jueces de menor grado intenten con sus resoluciones, seguir no sólo el derecho positivo vigente sino también los criterios interpretativos de los tribunales inmediatamente superiores. Esta concepción tradicional de jerarquía permite homogeneizar la conceptualización de lo jurídico, como así también reconducir el reclamo corporativo de los jueces más que hacia el logro de la independencia, a la búsqueda del reclamo corporativo de respeto de la "carrera judicial" que, si bien supone cierto afianzamiento y seguridad profesional, profundiza la concepción jerárquica de la función.

A modo de resumen podemos concluir que los acontecimientos históricos políticos ocurridos en la Argentina a partir del primer golpe de estado pusieron "...de manifiesto las larvadas consecuencias sociales que anidaban en el antagonismo social... y la falacia institucional que escondía el esquema constitucional de división de poderes..."(ver: Bergalli, 1984: 75), develándose entonces la independencia judicial como un autentico mito. Un mito que fue sustancialmente demolido, tanto en los gobiernos de facto como en los legalmente elegidos, porque todos buscaron adecuar la estructura judicial a la medida de sus necesidades políticas.

De esta manera se efectuaron constantes nombramientos y remociones de jueces en violación flagrante de los principios constitucionales, logrando en definitiva la consolidación de una clase judicial genuflexa, apática e irreflexiva.

Esta especial conformación del Poder Judicial Argentino, deberá ser revertida para poder contribuir a la conformación de una cultura jurídica democrática.

Esto sin embargo presupone la asunción por parte de la Magistratura de un rol protagónico y el abandono definitivo de su posición de subordinación a la razón de estado o a los cambiantes y contingentes intereses políticos. Deberán entonces los integrantes del Poder Judicial convertirse, por un lado, en un verdadero contra poder que controle efectivamente la legalidad y validez de los actos legislativos y/o ejecutivos, y por otro, en el lugar de tutela efectiva de los derechos sustanciales de los ciudadanos.

En este intento de reasunción por parte de los jueces del abandonado protagonismo político, se evitará que el poder político les atribuya la responsabilidad por la totalidad de las crisis sociales y que la crítica pública se convierta en crítica genérica y abstracta, desvalorizando el valor del derecho y de sus intérpretes, como reaseguro del sistema democrático (Ferrajoli 1990).

A modo de conclusión en este período crítico requiere que tanto los juristas como el derecho retomen significación o sea legitimación para que sus mensajes puedan ser aprobados y en cierta medida obedecidos por el pueblo. Este difícil camino de reconstrucción deberá ser recorrido mediante la instigación a la participación popular activa, en todas las decisiones públicas, entre ellas obviamente, en la formación del derecho.

Esta será desde mi punto de vista la nueva lucha por el derecho, una lucha por su recuperación como símbolo de la Democracia. Democracia que, aunque esté como el derecho en crisis y amenazada, sigue siendo aún hoy el único régimen político que puede permitir el desarrollo pacífico de los conflictos y su transformación social e institucional (Ferrajoli 1990, Bobbio, 1993). No obstante deberemos tener presente que tanto la democracia como el derecho, sólo podrán relegitimarse en la medida en que movilicen importantes símbolos ideológicos, acciones políticas o sentimientos, constituyéndose en el lugar de representación de sujetos e intereses condenados al silencio, sino seguiremos creyendo que el verdadero derecho democrático es aquel que, como decía Anatole France: "... permite al pobre y al rico dormir debajo de los puentes del Sena..." y con este sentimiento quizás también estaremos preanunciando su definitivo final.

Bibliografía

BAUMAN, Zymunt (2003*a*), *En búsqueda de la política*, Fondo de Cultura Económica, Buenos Aires, Argentina.
— (2003*b*), *Comunidad. En búsqueda de seguridad en un mundo hostil*, Siglo XXI Editores, Buenos Aires.
— (2004), *La sociedad sitiada*, Fondo de Cultura Económica, Buenos Aires..
BERGALLI, Roberto (1984*a*), *Estado Democrático y Cuestión Judicial*, Buenos Aires: Desalma.
— (1994*b*), "Movimientos Sociales, Pluralismo y alternativas al sistema de Justicia Criminal", *Revista de Derecho Penal y Criminología*, 4: 211.
— (1995), *Control Social Punitivo*, ed. Bosh, Barcelona.
BOBBIO, Norberto (1992), *Contribución a la teoría del derecho*, Madrid: Debate.
— (1993), *El futuro de la Democracia*, México, Fondo de Cultura Económica.
— (1994), *Estado, Gobierno y Sociedad*, México, Fondo de Cultura Económica.
BOURDIEU, Pierre (1989), *Razones Prácticas*, Anagrama, Madrid.
— (2003), *El oficio del Sociólogo*, Siglo XXI Editores, Buenos Aires.
BRAITHWAITE, John (1980), "The Political Economy of Punisment", en E.L. Wheelrigth y Buckley, *Essays in the Political Economy of Australian Capitalism*, vol. IV, Sidney, AZN Books.
— (1989), *Crime, Shame and Reintegration*, Cambridge University Press.
BRAUDILLARD, Jean (1995), *El crimen perfecto*, Anagrama, Barcelona.
CARSONS, William (1979), "The sociology of crime and the emergence of criminal Law", en Paul Rock y Mary McIntosh (eds.), *Deviance and Social Control*, Londres: Tavistock.
CAVANDINO, Michael (1994), *The Penal System*, Sage, Londres.
COTTERRELL, Roger (1984*a*), *Sociology of Law: an Introduction*, Butterworth, Londres. Hay edición en castellano: *Introducción a la Sociología del Derecho*, ed. Ariel Derecho, Barcelona.
— (1995*b*), *Law's Commnity*, Oxford: Oxford Clarendon Press.
FOUCAULT, Michel (1970), *Arqueología del Saber*, Siglo XXI Editores, Buenos Aires.
— (1979), *Vigilar y Castigar*, Madrid: Siglo XXI.
— (1992), *La verdad y las formas jurídicas*, Barcelona, Gedisa.
— (1992), *Microfísica del poder*, Ediciones La Piqueta, Madrid.
— (1996), *Genealogía del Racismo*, Editorial Altamira, La Plata, Argentina.
GANÓN, Gabriel (1996), "Las funciones del Derecho en Argentina", en J.C. Gardella (ed.), *Derechos Humanos y Ciencias Sociales: Porblemáticas de fin de siglo*, ed. Homo Sapiens, Rosario.
— (1997), "Drogas: Su problemática, la política y la legislación", *Cuadernos de Doctrina y Jurisprudencia*, año III, vol. 6, Ed. Ad-Hoc, Buenos Aires.
— (2000), "La Lucha por el Derecho o la Reforma del Sistema de (in) Justicia", en Enrique Font y Gabriel Ganón (eds.), *Orden o Justicia: El falso dilema de los intolerantes*, Editorial Juris, Rosario, Argentina.
GARLAND, David (1990), *Punishment and Modern Society: A study in Social Theory*, Oxford University Press Oxford, UK.
GIDDENS, Anthony (1992*a*), *The nation state and violence*, ed. Polity Press, Cambridge, UK.
— (1992*b*), *El capitalismo y la moderna teoria social*, ed. Labor, Barcelona.
GRAMSCI, Antonio (1970), *Selection of Prision Notebooks*, Claredon Press, Londres.
KELSEN, Hans (1993), *Teoría Pura del Derecho*, ed. Eudeba, Buenos Aires.
LEA y YOUNG (1993), *What is to be done about Law & Order?*, Pluto Press, Colorado.
MARX, Carlos (2000), *Contribución a la Crítica de la Economía Política*, Siglo XXI Editores, 6.ª edición, Buenos Aires.
NIETZSCHE, Friedrich (2000), *La Genealogía de la Moral*, Edaf, Madrid.
POULANTZAS, Nicos (1978), *Estado Poder y Socialismo*, Siglo XXI Editores, Madrid.
RAWLS, John (1993), *Teoría de la Justicia*, Fondo de Cultura Económica, Buenos Aires.
RITZER, George (1996), *The MacDonaldization of Society*, Pine Forge Press, EE.UU.
RODOTA, Stefano (1996), "La soberanía en el tiempo de la Tecnopolítica", en Roberto Bergalli y Eligio Resta (comp.), *Soberanía: Un principio que se derrumba*, Paidós, Buenos Aires.

SIMON, Jonathan y Malcom FEELEY (1992), "The new Penology : Notes on the emergenging strategy of corrections and its implications", *Criminology*, vol. 30, n.º 4.

— (1995), "The ideological effects of actuarial practices", *Law & Society Review*, 22: 772.

SUMNER, Colin (1979), *Reading Ideologies: an investigation into Marxist theory of ideology and law*, Londres: Academic Press.

VON BERTALANFFY, L. (1976), *La teoría General de los Sistemas*, México: Fondo de Cultura Económica.

YOUNG, Jock (1999), *The Exclusive Society*, Sage, Londres.

ORDENAR Y PROHIBIR: BREVE RELATO SOBRE EL CONTROL PUNITIVO EN ARGENTINA

Javier Lancestremere

Cuando conocí a Roberto Bergalli en Barcelona, a comienzos de octubre de 2004, una fuerte timidez invadió mis reacciones debido al respeto por su figura de gran Profesor y teórico de la crítica criminológica (aunque reconozco su profundo desacuerdo con esta última característica). Con el correr del tiempo, estos pre-conceptos fueron dejando lugar a una admiración mucho más real y cotidiana. Bergalli orientó mis inquietudes y generó en mí un fuerte encanto por la indagación sociológica, como aventura alejada de la obtusa mirada jurídica. Gracias a nuevas charlas, encuentros y relatos, el respeto se convirtió en afecto, y el Profesor en persona. La breve colaboración a continuación, fruto de mi experiencia en Barcelona, intenta plasmar una deuda permanente con sus ideas y, ante todo, con su persona.

1. Estrategias de control

a) *El control social*

A fines del siglo XIX, el sociólogo norteamericano Edward A. Ross propone un mecanismo para la cohesión del orden social, esto es, un proceso por el cual las pautas de conducta se imponen al individuo y lo integran en torno a una única cultura superior y monolítica: nace el concepto de control social. Si bien esta primera definición es tributaria del monismo cultural y de enfoques evolucionistas de corte darwiniano, su contenido vago y difuso sería modificado radicalmente al poco tiempo. En efecto, tanto en el cuerpo teórico, como en las investigaciones empíricas de la llamada "escuela de Chicago", el control social se vuelve operativo.

A partir de la influencia de la filosofía pragmática, de la mano de autores como George H. Mead y John Dewey, y de las enseñanzas de los artífices del programa académico del Departamento de Sociología de la Universidad Chicago, como William I. Thomas y Robert E. Park, el control social adquiere un nuevo carácter. Se trata de un *proceso interactivo*, a nivel micro-social, que permite la redefinición continua de los significados válidos que motivan el comportamiento colectivo e individual. Ahora bien, ¿cuáles son los presupuestos de esta resignificación del control social?

En primer lugar, se adopta el concepto del *self* de Mead, esto es "...un individuo que organiza su propia respuesta con las tendencias de responder a su acto por parte de los otros." (Mead 1990, 178). Para esto, el sujeto debe observarse a sí mismo como objeto y asumir las miradas/actitudes que tienen los otros sobre sus actos. Sin embargo, este *self* que se construye socialmente, "...está restringido al grupo cuyos roles asume, y nunca abandonará este *self* hasta que se encuentre a sí mismo entrando en la sociedad más amplia y manteniéndose en ella." (Mead 1990, 185). Así, será necesario encontrar el mecanismo que permita al individuo asumir como propias las actitudes de una sociedad amplia, la mirada de un *otro generalizado*.

En segundo lugar, Dewey señala que la comunicación implica un doble proceso por el cual se transmite la experiencia de un individuo a otro y, a su vez, estos construyen una experiencia común (v. Park, Burguess 1969, 36). El sujeto sólo asumirá como propios los roles que descansen sobre valores por él compartidos. Y el contenido de dichos valores, solo podrá ser construido y negociado mediante una libre comunicación. Por otra parte, Dario Melossi recupera el concepto de control social propuesto en Chicago y lo actualiza definiéndolo como un proceso mediante el cual se "...le presenta a un individuo ciertos contenidos simbólicos que encierran, implícita o explícitamente, recomendaciones para la acción..." (Melossi 1992, 200).

Estas "recomendaciones" constituyen motivos que guían la acción social, motivos que implican la aceptación de ciertos valores sociales, los cuales presentan un contenido modificable. Esta forma de controlar la conducta del individuo, mediante procesos comunicativos de interacción social, propone operar sobre una sociedad plural, conflictiva y cambiante. En efecto, este era el caso de Chicago a principios del siglo XX, donde un nuevo tipo de organización social emergía en las grandes urbes capitalistas. El control de los problemas sociales requería la participación activa y voluntaria de una extensa mayoría, en pos de la creación de nuevos esquemas de comportamiento. Por esta razón, la Escuela de Chicago propuso un control desde la sociedad antes que desde el Estado, al que concebía como una fuerza reaccionaria que mantiene el *statu quo* a través de la coacción, esto es, a través de la vieja técnica de "ordenar y prohibir", que W.I. Thomas definió como la fase mágica o pre-racional del control.

Por otra parte, los sociólogos de Chicago fomentaban la actividad estatal en otros aspectos como la regulación de las empresas privadas, la protección de los derechos civiles y políticos de los inmigrantes, y el reconocimiento del derecho de las mujeres al sufragio. Toda vez que el Estado posee los resortes necesarios para lograr los cambios estructurales que faciliten los procesos de interacción social, es exigible su intervención mediante un control *público*. El uso de la ley como técnica de cambio social, tendría una expresión política más acabada en el *New Deal* norteamericano, a mediados de los años 30.

Sin embargo, esta forma de concebir al control social como un proceso comunicativo de (re)construcción de los valores que motivan la acción social individual y colectiva, quedaría en el olvido tras la caída de la Escuela de Chicago. El imperio del estructural funcionalismo en la sociología estadounidense, gracias al "éxito" de la teoría social de Talcott Parsons, trastocaría el significado de las estrategias de control.

b) *El control punitivo*

Parsons concibe al control social como un mecanismo que reacciona frente a una conducta desviada, esto es, aquella que viola las expectativas de su rol. Este tipo de control cumple una doble función: reafirma el valor que debe guiar el comportamiento estereotipado y pretende solucionar la deficiente introyección del valor, motivo de la desviación de la conducta (sin duda, patológica). En definitiva, el estructural funcionalismo de Parsons propone al control social como un instrumento que permite al sistema social recuperar su equilibrio, perpetuar el *statu quo* y cristalizar las relaciones sociales. Si la sociedad se interpreta como un todo homogéneo, el significado unívoco de los valores no puede ser redefinido y las diferencias deben ser censuradas. Si el proceso interactivo en Chicago permitía explicar el cambio, el instrumento reactivo en Parsons permite justificar el orden.

Los mecanismos que utiliza esta estrategia de control social, guardan una gran afinidad con los que cierta *dogmática* pretende caracterizar al derecho penal. Desde esta óptica, el derecho se convierte en el máximo elemento de cohesión social. Y si esto es así, "...el derecho penal y, en consecuencia el sistema penal, es el objeto de conocimiento sociológico cuando se lo plantea como mecanismo de control social." (Bergalli 1996, 5). Como explica Bergalli (2003, 41 y ss.), la *sociología del control penal* o *jurídico penal* analiza, desde una perspectiva crítica, al sistema penal tanto en su faz *estática* —la descripción abstracta de comportamientos en la normativa sancionadora y las reglas operativas u organizativas establecidas para su aplicación—, como en su faz *dinámica* —la interpretación de dichas normas por parte de las instancias designadas para ello, al desplegar el aparato punitivo sobre conductas concretas-. Al incidir en las relaciones sociales, el sistema penal se convierte en objeto de indagación sociológica. Ahora bien, ¿es aceptable (y necesario) seguir sosteniendo que el derecho penal constituye un mecanismo de control social?

Bergalli (1998, 28-30) fue uno de los primeros autores en responder negativamente a este interrogante. El sistema penal utiliza la violencia estatal para censurar determinados comportamientos. La denominada desviación no es un fenómeno social sino político y así, el castigo estatal puede interpretarse como un mecanismo de *censura política*. Esto no significa que el sistema penal no afecte las conductas con el fin de controlarlas. Simplemente, pretende afirmarse que esta situación no traduce una estrategia de control social sino *punitivo*. Por otra parte, si recuperamos el concepto surgido en Chicago, podremos diferenciar claramente dos formas diferentes de control: uno *social*, que propone construir los motivos que orienten los comportamientos; y otro *punitivo*, que pretende incidir en las conductas mediante la amenaza y la aplicación de un castigo.

Ante la inflación del sistema penal, nos encontramos frente a la propuesta reiterada de resolver los conflictos sociales mediante el recurso a la violencia estatal. Lamentablemente, esta afirmación ha ido perdiendo su capacidad de alerta, hasta transformarse en parte de nuestra realidad cotidiana (lo cual aumenta la necesidad de mantener viva su denuncia constante). Tal vez, el recurso al relato histórico permita actualizar el poder de la memoria y hacer evidente cómo el control *punitivo* de los problemas sociales se traduce en exclusión, dolor y violencia.

2. El control punitivo en Argentina: la generación del 80 y el surgimiento de la criminología

En 1880, convertida la ciudad de Buenos Aires en Capital Federal de la República Argentina y exterminadas las poblaciones indígenas del sur del territorio mediante la denominada "campaña del desierto", la Organización Nacional parece consolidada. Por esta razón, el nuevo presidente Julio A. Roca, quien lideró la campaña de exterminio mencionada, inaugura su gobierno bajo el lema "paz y administración": mantener la supremacía del poder central frente a posibles alzamientos provinciales y gestionar, en forma ordenada, los recursos de la nueva Nación para garantizar su desarrollo económico.

En este período, una elite de dirigentes denominada "generación del 80", integrada por el patriciado porteño y del interior, mantendría su poder sobre el gobierno mediante el fraude electoral (en un sistema de voto calificado) y la supresión de toda alternativa política. El modelo económico propuesto es el agro-exportador, por el cual la Argentina produce materias primas agropecuarias e importa manufacturas de alto valor agregado. Así, la economía argentina dependería de la capacidad de consumo externa y de la llegada de numerosos inmigrantes europeos para su labor en las amplias extensiones rurales de los latifundios.

Sin embargo, el proyecto poblacional tendría una concreción muy diferente. Ante la imposibilidad por parte de los inmigrantes de acceder a la propiedad de la tierra (falsa ilusión que, en muchos casos, motivaba semejante travesía), se produce un movimiento nómada de los recién llegados, alternando el trabajo de peones y jornaleros con la creciente actividad económica en Buenos Aires (frigoríficos y enlatado de carnes, obras de infraestructura, embalaje y carga en la zona portuaria, etc.). El aumento demográfico en la capital, que en 1880 contaba con cerca de 280.000 habitantes y seis años después duplicaría esta cifra, convierte en insuficiente el gran desarrollo urbano implementado. Las clases alta y media-alta se instalan en el norte de la ciudad, mientras que en el sur (zona fabril y portuaria) conviven la clase obrera y los inmigrantes en los *conventillos* —casas de alquiler donde habitaban varias familias por piso, con graves carencias sanitarias y edilicias. En este marco, emerge a un nuevo fenómeno que podía poner en peligro el proyecto conservador: la *cuestión social*.

A fines del siglo XIX, el movimiento obrero se establece bajo el liderazgo de socialistas y anarquistas provenientes de Europa: las hermanas Fenia y María Chertkoff, casadas con los fundadores del partido socialista (Nicolás Repetto y Juan B. Justo), y los anarquistas italianos Pedro Gori y Pascual Guaglianone, entre otros (Salessi 1995, 119-120). En esta época, se organizan las asociaciones sindicales (zapateros, albañiles, ferroviarios, etc.) y se llevan a cabo las primeras huelgas. Ante la alta conflictividad social generada por esta situación de exclusión, el Estado recurre a los *higienistas*, un grupo de médicos y psiquiatras, quienes construyen un complejo teórico-práctico funcional a los intereses del gobierno conservador.

José María Ramos Mejía fue designado director del Departamento de Higiene en 1892, año en el que el organismo deja de tener injerencia sólo en el ámbito de la ciudad de Buenos Aires y se nacionaliza. Para explicar el por qué de esta expansión de la intervención sanitaria, Salessi señala un cambio en la concepción respecto a los enemigos invisibles del cuerpo-nación. Antes de Ramos Mejía, los agentes patógenos que atacaban la "salud nacional" procedían del interior; de las masas provinciales que ponían en peligro el proyecto conservador, ya sea por medio de revueltas o como nuevo electorado. Una vez apaciguado el interior, mediante el férreo control del poder central a través del Departamento de Higiene, un nuevo enemigo debe ser el portador de "gérmenes": el inmigrante.

Sobre la base de un análisis mecanicista y biológico (v. Soler 1968, 170-174), Ramos Mejía observa en las masas un agregado de individuos atomizados con características distintivas que permiten su afinidad con otros; el *hombre-carbón* (por el papel de este componente en la integración orgánica) es el hombre de masas. Las muchedumbres integradas por inmigrantes jornaleros, trabajadores manuales y obreros son estáticas, se encuentran estancadas en el reducido espacio urbano. Ante esta situación, el programa a seguir sería doble: exaltar los valores del interior, como el verdadero "ser" argentino, y aplicar una estricta diferenciación de los flujos humanos para su control efectivo. En definitiva, hacer uso de la mirada clínica para "resolver" los problemas sociales y purgar el cuerpo-nación.

En la época de la gran epidemia de fiebre amarilla que padeció Buenos Aires en 1871, los higienistas prescribían un control poblacional mediante cuarentenas. Este tipo de control era poco práctico en 1890, debido a la necesidad de mantener el flujo continuo de capital humano y de bienes, indispensable en una economía de intercambio externo. Por lo tanto, el control del inmigrante debía ser diferente. Los *inspectores sanitarios* eran funcionarios del Departamento de Higiene que se distribuían por los puntos de frontera del país, el puerto de Buenos Aires e, incluso, por los puertos en el extranjero. Se encargaban de constatar el estado sanitario del punto de partida y de embarcarse para describir el grado de salubridad, tanto del barco como de los pasajeros. Este diagnóstico permitía definir el tratamiento una vez llegados a Buenos Aires. Los inmigrantes "enfermos" serían internados en *lazaretos flotantes* (barcos que permanecían en la rada del puerto) y los "sospechosos" serían sometidos a una observación permanente en el lazareto fijo de la isla Martín García. Salessi (1995, 93-98) describe esta forma de control con el término *foucaultiano* de "vigilancia panóptica": el examen continuo, en movimiento, que se propaga por todo el cuerpo-nación. Así, el control continuaría mediante el registro de la ocupación, lugar de residencia y trabajo de los recién llegados.

A principios del siglo XX, un nuevo contexto impone resolver la cuestión social mediante los procedimientos políticos formales. Con la elección de Alfredo Palacios en 1904, como primer legislador socialista, cambia la óptica del gobierno respecto de esta corriente política. En tiempos de Ramos Mejía, el socialismo era un enemigo en tanto podía organizar esas muchedumbres estáticas, inmigrantes y obreras. Sin embargo, a principios del siglo XX el socialismo comienza a integrarse al plano institucional, ya sea por vía del reformismo a través de la Legislatura, o al ser cooptados por la elite gobernante. Por esta razón, el objeto de control se desplazará a la cuestión criminal, como matriz del enemigo anarquista, y un nuevo saber será requerido por el Estado: nace la *criminología* argentina.

José Ingenieros, antiguo colaborador en la revista anarquista *La Montaña*, sintetiza la mirada clínica del higienista y la sistematización teórica del positivismo científico, bajo la óptica de la *Scuola* italiana. Concibe al delito como un medio en la lucha por la vida no aceptado éticamente. Esta lucha es entendida en términos biológicos, como la adaptación del hombre al ambiente. Ingenieros encuentra la expresión visible de la criminalidad en la *mala vida*: el conjunto de conductas perversas y aberrantes que indican una inadaptación al proceso de lucha (v. Marteau 2003, 112-115). Al esbozar este concepto asociado a los espacios de aglomeración urbana, y al elaborar una serie de *tipologías criminales* —descripción de las patologías psíquicas que configuran cada tipo criminal—, este autor brinda los instrumentos necesarios para hacer visible al delincuente natural del positivismo criminológico.

La influencia de la *Scuola* italiana se hace aun más evidente en los conceptos de *peligrosidad* y de *defensa social*. El primero, se refiere a las características biológicas del sujeto (innatas o adquiridas) que lo determinan a delinquir. Así, no es necesario aguardar a que la conducta delictiva sea realizada sino identificar los signos de peligrosidad en el futuro infractor, a través de la "técnica criminológica". El segundo concepto alude al derecho de la sociedad a reaccionar frente al posible agresor, el peligroso. De esta forma, la responsabilidad personal y por el acto, clásica en el derecho penal liberal, es transformada en una *responsabilidad social*: el individuo puede ser culpado por el solo hecho de pertenecer a la sociedad. Así, Ingenieros afirma: "Jueces y peritos deberían marchar concordes para concebir una más alta finalidad de la justicia: la defensa social y la secuestración de todos los delincuentes, sean o no responsables, en cárceles y manicomios, ya como obreros de un taller penitenciario o como enfermos de una clínica. Pero en ningún caso la "irresponsabilidad" de un delincuente peligroso debe servir para ponerlo en libertad." (Ingenieros cit. en Salessi 1995, 138).

A través del Servicio de Observación de Alienados, en el Depósito de Contraventores de la Policía Federal, los criminólogos poseían un laboratorio vivo para recabar la prueba empírica que confirmara sus tipologías criminales. En este depósito eran encerrados, por un máximo de 30 días de arresto, esos "vagos", "atorrantes" e "invertidos" que integraban las capas obreras e inmigrantes de la población. Sin embargo, el ataque al anarquista no sería sólo mediante las sanciones (punitivas) de índole contravencional. En 1902 se aprueba la llamada *ley de residencia* (Ley 4.144), que autorizaba al Poder Ejecutivo a expulsar o impedir el ingreso al país a aquellos inmigrantes acusados o condenados en su lugar de origen. Asimismo, serían deportados los extranjeros cuya conducta "comprometiera" la *seguridad nacional* o el *orden público*. Gracias a esta ley, el gobierno expulsó a numerosos dirigentes sindicales italianos y españoles e intensificó la vigilancia sobre las "capas peligrosas" de la población. A pesar de esto, y desde la huelga general de 1902, el activismo de las organizaciones obreras iría en aumento aunque las numerosas protestas fueran sucesivamente reprimidas por la agencia policial.

Finalmente, en 1910, la *ley de defensa social* (Ley 7.029) prohibió toda asociación o reunión de personas que promoviera ideas anarquistas. Así, la sociedad ejerce su derecho a reaccionar frente al enemigo externo que, infiltrado en las muchedumbres urbanas, pone en peligro la identidad nacional al movilizar a la clase obrera.

3. Reflexiones finales

Concluido el pequeño recorrido histórico propuesto, es posible señalar aquellas situaciones que deberían integrar el bagaje de una memoria permanente. La experiencia argentina señala cómo las estrategias de control punitivo fueron utilizadas para afrontar los problemas sociales. Tanto en la teoría como en la *praxis*, el núcleo de las prescripciones consistía en el uso de la violencia estatal. De esta forma, en períodos de rápido cambio social, las propuestas de criminólogos e higienistas constituyen la antítesis de las estrategias de control social esbozadas en Chicago. Si esto es así, podemos apelar al pensamiento de Michel Foucault y asociar estas prácticas con un determinado *diagrama de poder*.

Melossi señala que "una democracia funcional [...] posee una afinidad electiva con el concepto de control social" (1992, 162). La experiencia de Chicago y su correlato en esquemas políticos, que lentamente ampliaron la base de participación democrática, parecen ir en el sentido de lo afirmado. En cambio, en Argentina, la apertura política que significó la victoria del partido radical en 1916 terminó con el golpe militar de 1930 y el regreso de los conservadores. A partir de ese momento, el país vivió distintos períodos en los cuales fueron suspendidas las garantías constitucionales (*estado de sitio*). Y nuevos proyectos de organizar el cuerpo-nación se saldaron con más exclusión, dolor y violencia. En este camino, la criminología brindó los recursos teórico-prácticos para cubrir con un manto ideológico las políticas reaccionarias, en tanto "…como disciplina autónoma o como hipótesis de trabajo, quedó relegada en Argentina a un empleo clínico…" (Bergalli 1983, 214).

Ahora bien, otros recorridos pueden ser intentados. Ante la dicotomía entre el control social y el control punitivo, debemos optar por estrategias que propongan resolver la mayor cantidad de conflictos mediante procesos sociales, antes que recurrir a las viejas y "mágicas" soluciones penales. El compromiso de Roberto Bergalli en denunciar la violencia e irracionalidad del sistema penal al intervenir en los problemas sociales, constituye un impulso para formular nuevas alternativas y mantener la convicción de que aún quedan otros caminos por recorrer.

Bibliografía

BERGALLI, Roberto (1983), *Epílogo*, en Máximo Pavarini, *Control y Dominación*, Siglo XXI, México.

— (1996), *Introducción*, en Roberto Bergalli, *Control Social Punitivo. Sistema penal e instancias de aplicación (policía, jurisdicción y cárcel)*, Barcelona: M.J. Bosch.

— (1998), *Contradicciones entre derecho y control social*, Barcelona: M. J. Bosch.

— (2003), *Las funciones del sistema penal en el estado constitucional de derecho, social y democrático: perspectiva socio-jurídicas*, en R. Bergalli (coord. y col.), *Sistema penal y problemas sociales*, Valencia: Tirant lo Blanch.

MARTEAU, Juan F. (2003), *Las palabras del orden*, Buenos Aires: Del Puerto.

MEAD, George H. (1990) [1925], "La génesis del *self* y el control social", *Reis*, n.º 55, CIS, Madrid, (trad. de Ignacio Sánchez de la Yncera).

MELOSSI, Dario (1992), *El Estado del control social*, México: Siglo XXI.

PARK, Robert E. y Ernest W. BURGUESS (1969), *Introduction to the science of Sociology*, Chicago: University of Chicago Press.

SALESSI, Jorge (1995), *Médicos, maleantes y maricas*, Rosario: Beatriz Viterbo Editora.

SOLER, Ricaurte (1968), *El positivismo argentino*, Buenos Aires: Paidós.

IV

RECUERDOS Y REFLEXIONES EN VOZ ALTA

CRIMINAL JUSTICE….
VICARIOUS PARTICIPATION AND LACK OF CONTROL

Louk Hulsman

Dear Roberto,

Now you retire from your official position in the University. Your friends offer you a book, I am happy to be part of it. Our ways crossed so often in so many different projects and it is a pleasure to remember these events at this occasion. I retired from my official University position already 19 years ago and am the living proof that these 'retirements' do not imply necessarily an end to common professional projects. I hope we continue to meet.

At this moment we experience in many countries an enormous increase in criminal justice activities, which we see as illegitimate and harmful. They do not contribute to safety and peace. I contribute to this book by some reflections on this phenomenon. These reflections are not new, but because they are so seldom taken into account in the present public debate, it may be useful to repeat them.

Different ways of participation in the criminal justice systems

People in industrialized countries participate in *different* ways in a criminal justice systems. For some this participation is a part of their *direct* experience. The participation takes place in their 'literal' day-to-day activities. The most extensive experience of this kind is concentrated mainly in the group of registered offenders and their immediate environment. Officials belonging to the different organizations which 'carry' the criminal justice systems have a comparable type of direct experience of the reality of the system. Their direct experience is however —contrary to that of the offender— generally restricted to a certain small compartment of the criminal justice systems. Policemen have no direct experience of corrections. The correctional official has no direct experience of police and court activities.

Most people in our society participate most often in the criminal justice systems in a way which we can compare best with the way we participate in a dramatic production. This is even true for those people for whom the activities of the criminal justice systems are sometimes (when they are accused or official) a 'literal' activity and a direct experience.

Dramatic productions play an important part in the life of people in our society. Desires and needs we cannot satisfy in our literal everyday activities, can be pursued in a vicarious participation in a dramatic production.

Many of the dramatized worlds which are available for vicarious participation have a clear and simple internal structure which is known to the potential participants. The clear unambiguous and relatively simple structure of the dramatized world is often for the potential participants one of its great attractions. It permits the participant to get away from the ambiguities and complexities of real life. It makes him feel secure again.

The dramatized world of the criminal justice systems themes belongs to this simple and unambiguous type. The structure of this world is basically Manichean. There is a clear distinction between good and evil, angels and devils. The degree of 'evil' can be measured on an unidimensional scale (the seriousness-scale) and can be expressed in the amount of 'punishment'. This world is mainly structured by a transformation of elements of the 'literal' world of another time (the Middle ages) and relies heavily on myth, which were in that time part of the indirect experience of most people living in Europe. This situation is not immediately visible because some words belonging to the Middle Age reality have been replaces by other, belonging to our own time. So is the word 'God' replaced by the word 'society'. These changes in words did generally not change the structure of the drama. A strong indication that the reality of the criminal justice systems is for most participants a dramatic and not a literal one is found in the very unusual time dimensions which are applied in this criminal justice world. Those time dimensions are generally completely out of touch with the normal time experience in daily life in our society.

Ways of vicarious participation give generally no indication of the way people would react in literal everyday situations, nor with respect to what people would think desirable in those situations. Someone who in dramatic reality is asking for heavy punishment, can be mild and lenient in real life situations. He is perhaps even more inclined to do so because he has had a chance to act out his other feelings in vicarious participation.

My conclusion is that public reactions on delinquent behaviour and publicly expressed desires with respect to the criminal justice systems do not give any indication whatsoever about the meaning and importance of events —so defined— for the direct participants nor about the reactions on such an event in which the direct participants are willing to take part.

Those public reactions can naturally nevertheless be an obstacle to certain ways of dealing with events in so far as public agencies are dealing with or feel obliged to deal with certain events on the basis of those public reactions. In so far as this is the case the —complete or partial— abolition of the definition of crime and delinquency may be a necessary condition to permit new approaches —more in the interest and more according to the real wishes of the direct participants— to certain events to develop.

Many look upon the criminal justice systems as rational systems, created and designed by men and under his control. In a working paper of the secretariate of the U.N. in preparation of the 5th U.N. congress on the prevention of crime, this supposition was challenged in the following way:

> One of the problems is that it is taken for granted that such a complex structure (the criminal justice system) indeed works as a system, that the several sub-systems share a set of common goals, that they relate to each other in a consistent manner and that the interrelationships constitute the particular structure of the system, enabling it to function as a whole with a certain degree of continuity and within certain limitations.
>
> However, in countries where researchers and policy makers have undertaken a critical examination of the structure of their criminal justice systems, they have found that there are few common aims, that there is considerable diffusion of duties and responsibilities and little or no co-ordination between the subsystems, and that there are often differing views regarding the role of each part of the system. Yet, when people talk about the criminal justice system as a whole they implicitly and explicitly assume that the system functions well and is effectively controlled. They also assume that it is a system oriented towards goals that are designed to meet the needs of the community.

The possibility of controlling a system depends first of all on the degree of feedback available. Control implies: knowing where one wishes to go and where one is going and adapting either the objective or the means in the light of this information. Feedback can be 'natural', 'organic' or 'systematized', 'artificial'.

Natural feedback exist automatically between those who have frequent and face to face contact with each other. All informal control is exercised on the basis of natural feedback. In a system of systematized feedback the data which are believed to be good indicators of the relevant effects of an activity, are systematically collected and transmitted to the decisional process.

A necessary condition for the systematized feedback is the existence of a conceptual framework permitting a degree of operationalisation towards the external effects of an activity; otherwise it is impossible to determine which data are indicators of the relevant effects.

Even if this condition is satisfied —which is not generally the case in legal systems— the control of a system cannot be based principally on systematized feedback if complex activities are involved in which a multitude of qualitative effects (which are difficult to quantify) are considered relevant, as is always the case in a legal system in which the complex dimension of 'justice' plays a part. In such cases the existence of effective natural feedback is a necessary condition for the control of a system.

Systematized feedback is low in the criminal justice systems. In some parts of the system isolated and rudimentary elements of systematized feedback (e.g. research on the relative effectiveness of certain penal sanctions in the framework of special prevention) are appearing. However, these do not yet enable the penal system to be controlled, for several reasons:

—The conceptualization which is at the basis of the present decision-making process does not yet allow for these feedback data to be used in that process

—The feedback data are generally such that one can only compare certain penal options among themselves, while no comparison can be made between penal options and extra-penal options; one remains closed within the system.

—The feedback data are related almost exclusively to certain effects considered as 'benefits' in the official view (e.g. the rate of recidivism). On the other hand such data are almost never available on those aspects which are of primary interest to the direct 'consumers' of the system, particularly the victims and the accused.

The degree of 'controllability' of legal systems then depends mainly on natural feedback mechanisms. How certain is this type of feedback in the system under examination? There is a greater guarantee that natural feedback will influence the control of a system if those who have an interest in the *external* products of the system can influence its functioning.

The influence of the parties *external* to the system is fairly extensive in the civil systems and very limited in the penal. The administrative system comes between the two. From the point of view of 'controllability' by the external parties involved, the civil system is best placed. The penal system is the most likely to function on the basis of the interests of the organizations which are its components. It is the least controlled.

This risk is the greater since a detailed analysis of the decisional processes in the three systems shows that the process of successive decisions in the penal system and the distribution of these decisions among different services with relatively little contact between them, is much longer and more complicated in the penal system than in other legal systems.

BETWEEN EUROPE AND LATIN AMERICA

Jock Young

I first met Roberto Bergalli through the Common Study Programme in Critical Criminology and Criminal Justice.It is amazing how this low keyed,rather anarchistic yet long lived and extremely influential academic endeavour has brought together so many radical scholars and students over the years. Roberto is a pivotal contributor to the programme. Aside from being a delightful host at the meetings in San Cugat, his influence has been to gently expand the original rather Eurocentric perspective of this project to put crime and penality in a more global perspective and to place considerations of human rights in the centre of our agenda. He does this with wisdom, perceptiveness and with a very wry sense of humour.

I learnt a great deal about Roberto's patience and perseverance when he very kindly volunteered to translate my book The Exclusive Society into Spanish. Assisted by his wife Serena and Ramiro Sagarduy he bravely dealt with my obscurities, neologisms and altogether rather idiosyncratic English. In turn he has attempted to tempt me, a vegetarian, into the supposed delights of rather large and particularly bloody Argentinian steaks.

Roberto has brought to the common session not only many interesting debates particularly in the area of the sociolgy of law and the collaborative work with Colin Sumner on moral censure but also, it must be said a rather dapper dress sense which has put many of his colleagues in the shade.

A vital part of his contribution to critical criminology has been the links maintained with Latin America which have undoubtedly aided the flourishing of critical work there. But such a relationship has also been two sided for he has encouraged scholars to visit and sometimes form roots in Europe. Two brilliant examples of this are his fellow Argentinians Ramiro Sagarduy noe working at the University of Westminster in London and Damian Zaitch who is at the Erasmus University an Rotterdam. I have no doubt that without the administrative burden that Roberto has endured over the last few years we will look forward to his even more prolific influence on these ares of research which we all so highly value.

BERGALLI AND THE SPANISH COMMON SESSIONS

John Lea

I first met Roberto Bergalli during the mid1980s when I was engaged in the process of integrating the Middlexex University Masters Programme in Criminology into the European Common Study Programme on Critical Criminology and Criminal Justice (the 'Common Study Programme') which had been established some years previously by Roberto Bergalli, Sandro Baratta, Massimo Pavarini, Louk Hulsman and others. These were interesting and also difficult times.

In those days the idea was very ambitious; to work out a common syllabus including literature which all the participators would adhere to. This meant of course great battles as we fought line by line through the wording of long documents. The task of trying to get agreement between British Left Realists and Dutch Abolitionists about the content and orientation of teaching was of course almost impossible! Added to that the fact that continental European academics were all well read in Anglo-Saxon debates in criminology and law and knew what was happening in each other's countries, while we British had only a minimal familiarity with continental literature and debates and for us the United States was more familiar that the geographically proximate continental Europe.

Maybe this was a receipe for disaster but it is to the credit of individuals like Roberto Bergalli who, together with his colleague Sandro Baratta, acted as a facilitator and a compromiser. He saw this clash of intellectual ideologies as a thoroughly progressive learning experience for students from all the participating countries in the common session. This view was of course absolutely right.

Roberto's sense of balance and proportion which I admired so much during that period was, I like to think, due to his political experiences far away from Europe in the troubled history of his native Argentina. This gave him a sense of proportion. By comparison with fascist torturers and military dictators, left realists and abolitionists were very much on the same side and were but two of many varieties of the defenders of democratic legality and due process. People such as Roberto are very modest about their own history and achievements and the turmoils they have endured. His earlier career as lawyer and Judge in Argentina during the 1960s is still a period in his life I know very little about.

And of course we all benefited on an international level from his other academic activities. Quite apart from his position in the University of Barcelona which enabled him to support the Common Study Programme for so many years, there have been his other activities such as his directorship of the International Institute for the Sociology of Law (ILSL)-Oñati- Guipúzcoa, during the mid 1990s were opportunities to see and hear him in action.

The Common Study Programme has always survived on the basis of a strong network of friendship and personal commitment. That is why the slowly declining and finally vanishing financial support from Brussels has failed to kill it off. Just when we all think. 'This is the last meeting' plans are made for the next one. Over the years new networks have been established and new colleagues have joined. This is due in no small measure to the activities of Roberto and other colleagues and the University of Barcelona.

There are so many memories that come flooding in from over the last twenty years. And prominent among them are the Common Sessions organised by Roberto and his colleagues at Barcelona which took place in the picturesque monastery at Casal Borja near Sant Cugat. The Spanish sessions were always among the most interesting because in addition to our own discussions a supply of really interesting visiting speakers was always guaranteed. I still remember a conservative Spanish Judge expressing amazement at the English Jury system and how ordinary men and women could possibly have a valid opinion on complex legal matters of evidence and due process. For these wonderful examples of the clash of legal cultures in Europe we were indebted of course to the efforts of Roberto and his colleagues and assistants. These were some of the best learning experiences possible.

After one such session in Barelona,—it must have been about 1995 or thereabouts— the teachers and professors were taken to a fine restaurant in the city. After an excellent meal speeches were made and Roberto indicated that it was time to hear some of the 'Queen's English' and so it fell to me to make a small speech on behalf of the English contingent. I could only begin my remarks by thanking the teachers and students from the participating universitites for tolerating the really bad English of Londoners and admitting that, apart from wonderful intellectual stimulation and invaluable friendship, among the many benefits that both the staff and students from my university had received from attendance at Common Sessions was a realisation that we all needed to learn to speak as good clear English as our Spanish, German, Dutch, Belgian and Greek colleagues!

I guess the strongest sense of frustration I have about Roberto Bergalli is how little of this writings, apart from the excellent Social Control and Political Order edited together with Colin Sumner in 1997, have been translated into English. This is undoubtedly a loss to the English speaking world of critical criminology and sociology of law which needs to be remedied in years to come

Finally—and this is something I regard as a great personal privilege—in recent years Roberto and Serena have adopted the practise of making visits to London to stay with relatives in a part of that great city near to where I live. This has, in recent years given me a 'privileged access' to Roberto and Serena in a quite different environment. Roberto's almost mischevious sense of humour and irony finds its perfect setting in the English pub accompanied of course by appropriate amounts of good wine. These are occasions which, quite apartt from more formal academic endeavours, I look forward to repeating on many future occasions.

ES MÁS FUERTE QUE SU ROCA[1]

Gustavo Cosacov

I

I. Es posible leer las obras publicadas por Roberto Bergalli como hitos en la historia de una idea: *disolver la legitimidad del objeto de la criminología etiológica, con un enfoque capaz de modificar el paradigma dominante y descentrar la tradicional "cuestión criminal"*.[2] Se trata sin duda de un trabajo de Sísifo si es pensado en términos del "absurdo"[3] de la resistencia al Sistema[4] frente a la constante reproducción de lo *mismo* en las prácticas punitivas. Observador *insobornable* de los desplazamientos del poder punitivo, de sus maneras de mostrarse y de ocultarse, fue tempranamente entrevista por él la amplitud de la crisis del "Estado de Bienestar" en el desplazamiento del Sistema hacia "un universo concentracionario".[5] Estaba preparado para ello hacía tiempo.[6]

II. La *libertad de pensamiento*, que en el trabajo intelectual es lo opuesto al "conformismo de masas" y, en el plano político, se expresa como el esfuerzo por mantener

---

1. Albert Camus, *El mito de Sísifo*.

2. Aunque sus trabajos del comienzo de la década del 70 están orientados hacia problemas de política criminal en el campo del Derecho Penal Económico ("Las líneas de Política económica y los métodos y medios del Derecho penal económico en la República Argentina", 1973, publicada en Nuevo Pensamiento Penal, año 2, pp193 y ss. cfr. también "La política criminal en la República Argentina", 1974, Nuevo Pensamiento Penal, año 3), rápidamente el enfoque del *labelling-approach* gana su interés ("El *labelling-approach* como nuevo enfoque criminológico y sus últimos desarrollos en la República Federal Alemana", publicada en rev. El Derecho, Buenos Aires, 2, IV). Luego de diversas colaboraciones esta etapa culmina con su libro "La recaída en el delito: modos de reaccionar contra ella", edición patrocinada por la Alexander von Humboldt-Stiftung de la República Federal Alemana, Barcelona 1980. Esta investigación a su vez abre una nueva etapa, ya anunciada en la última obra citada, en la que Bergalli se posiciona en una "concepción radical del delito y de la desviación en general, único camino posible para la propuesta de posiciones alternativas a las ya tradicionales. El encuadramiento de esa concepción en el ámbito de una teoría global de la sociedad dará a la comprensión criminológica una auténtica dimensión social y, con ello, se habrá ganado ya mucho para que el sistema de control —y el sistema de justicia penal en especial— no se constituya en detrimento de las mayorías perjudicadas socialmente; es decir, para que se vuelva más democrático", *op. cit.*, p. 185.

3. "El único dato es para mí lo absurdo", dice A. Camus y agrega: "Y llevando hasta su término esta lógica absurda, debo reconocer que esta lucha supone la ausencia total de esperanza (que nada tiene que ver con la desesperación), el rechazo continuo (que no se debe confundir con la renunciación) y la insatisfacción consciente (que no se debería confundir tampoco con la inquietud juvenil)". Cfr. A. Camus (1953), *El mito de Sísifo*, ensayo sobre el absurdo, Losada, Buenos Aires, p. 41.

4. Sistema es aquello que, mediante sucesivas hipóstasis "saltó indemne por sobre la revolución"; como escribe Óscar del Barco (1994), *Crisis I*, 9., p. 60, en *El Abandono de las palabras*, C. E. A., *Universidad Nacional de Córdoba*, col. *Tantalia*: "El Sistema actúa a través de 'crisis' o constantes puestas al día de sus aparatos, pero esto no implica una crisis del Sistema, es, más bien, su natural funcionamiento". Y, más adelante, en 11, p. 61: "En ningún momento el Sistema genera a nivel conciente una estrategia de dominio; al contrario, el funcionamiento es el dominio, sin sujeto consciente del dominio".

5. Id., p. 61.

6. Quiero mencionar aquí un libro que fue el resultado de la participación de Roberto Bergalli con el proceso político que se inicia en 1983 con la asunción del gobierno constitucional del Dr. Raúl Alfonsín en la República Argentina: *Estado Democrático y Cuestión Judicial. Vías para alcanzar una auténtica y democrática independencia judicial* (1984), Depalma, Buenos Aires. En ella, acertadamente recomienda, junto a la máxima prudencia, *la mayor energía en relación a la depuración del Poder Judicial*. El papel clave que juegan los jueces para legitimar (o para no deslegitimar) las dictaduras tiene, en la historia argentina, un caso ilustrativo. Esta obra, que Roberto Bergalli escribió participando así en el destino inmediato de la vuelta a la democracia, es un testimonio del compromiso que nuestro autor, exiliado de la dictadura, mantuvo y mantiene siempre con su país. Cuando en el texto utilizo la palabra insobornable y lo asocio con el libro que acabo de citar, mi intención es señalar la fidelidad de Bergalli a la libertad de pensamiento.

abierta la pregunta *"¿quién custodia a los custodios?*,[7] encuentra expresión en la obra de Roberto Bergalli. Esta se extiende más allá de sus escritos y se manifiesta en aquello que ha protegido y dejado crecer a su alrededor. Su capacidad para comunicar las ideas, que es el ejercicio mismo de la libertad de pensamiento, ha permitido que junto a él se hayan reunido y formado estudiantes y estudiosos de diversos países, en un esfuerzo colectivo de una asombrosa amplitud y profundidad. El volumen del programa de doctorado titulado *Sistema Penal y Problemas Sociales*[8] ilustra, aunque solo sea de modo parcial, provisorio y promisorio, el resultado de esa capacidad. Se trata de una obra colectiva que, a diferencia de otras expresiones académicas, deja "respirar" a cada uno de los colaboradores y al mismo tiempo nutrir orgánicamente un pensamiento del presente.

III. En los tiempos que corren, en el presente continuo de la *crisis*,[9] es necesario *orientarse en el pensamiento*. Cuando se trata de un campo como el que ha explorado Bergalli, en el que se entrecruzan diversos paradigmas y disciplinas *técnicas*, cada una con pretensiones muchas veces ilegítimas, pero eficaces para justificar *prácticas de poder y control*, para orientarse en el pensamiento resulta decisiva una actitud crítica atenta a los conceptos y "vocabularios de motivos" con los que se construye y se reconstruye la "cuestión criminal". Obviamente se trata de una tarea antipática para los escenógrafos de la nueva teatralidad punitiva. Para los constructores de escenarios signados por la *lógica de la emergencia*. El terrorismo, el narcotráfico y el lavado de dinero constituyen otros tantos frentes en los que diariamente los aparatos de control crecen y afinan sus instrumentos. La mundialización del control avanza muy rápido. En una escala distinta inimaginable para la criminología tradicional, se encuentran enfrentados poderosos ejércitos policializados y mafias con poderes gubernamentales. No siempre fáciles de distinguir, aunque no por razones epistemológicas.

IV. La libertad de pensamiento ha de guiar a un ser que debe orientarse aún en la mayor oscuridad, para lo cual necesita en absoluto "el sentimiento de una diferencia" en el "propio *sujeto*, a saber: la de la mano derecha e izquierda".[10] Es libre para decidir y, paradójicamente, sólo libre en cuanto deja abierto el abismo del que emerge la ley moral. Tal vez un pensador libre es el que mediante el *pliegue* de la *razón teórico/práctica*[11] encuentra el desfiladero por el que transitaría aún el sujeto *de* la conciencia, bordeando su propio abismo sin fondo. Un tránsito entre la conciencia que pide lo impo-

---

7. Para una discusión sobre "libertad" su polisemia y su historia, cfr. Norberto Bobbio, *Igualdad y Libertad* (1993), Traducción de P. Aragón Rincón. Ediciones Paidos Ibérica, S.A., Barcelona; en ese texto Bobbio remarca la importancia de la tradicional *cuestión Quis custodiet custodes?*, pp. 145 ss.

8. *Sistema penal y problemas sociales*, Roberto Bergalli (coordinador y colaborador), W'Tirant lo Blanch alternativa, Valencia, 2003.

9. Del Barco, *op. cit.*, p. 53, destaca la constancia de la crisis como un *síntoma*. Análogamente a las crisis epistemológicas en las que nuevos paradigmas estructuran nuevos suelos de pensamiento, constituyendo así una positividad, también la traslación y generalización a "los distintos ámbitos del ser social" culmina en una pérdida en contenido: "si la crisis ya no significa un derrumbe absoluto sino forma-de-ser, es porque algo ha pasado en lo que se refiere a su concepto. Pero si algo ha pasado y lo seguimos usando *como* si no hubiese pasado nada es porque ha entrado en escena precisamente un *poder* que sustrae el "como"; a la inversa, nosotros vemos en el "como" el síntoma: una cosa por otra, el auténtico *quid pro quo*. [...] Pero, ¿se tratará de una *crisis*. Si no se trata de una *crisis* nos encontraríamos frente a un movimiento altamente jerarquizado de la propia razón que crea el espejismo de su crisis para ocultar lo *siniestro* de su esencia. Lo que la Razón *dice* es que está *enferma* ...".

10. I. Kant (1786) *"¿Qué Significa orientarse en el pensamiento?"*, en *En defensa de la Ilustración*, (1999), Alba Editorial, Pensamiento. Clásicos, Barcelona, pp. 165 y ss. Kant recurre a la analogía de la orientación geográfica y va ampliando el concepto, pero conservando siempre "la facultad de determinar la situación según un fundamento *subjetivo* de distinción". "Este medio subjetivo, que todavía permanece, no es otro que el sentimiento de la *exigencia* propia de la razón [...] y, en consecuencia, para orientarse, solamente mediante su propia exigencia, en el pensamiento..." (*ibíd.*, pp. 169 y s.).

11. Se trata de la moralidad accesible sólo a través de la libertad (*ibíd.*, p. 173).

sible y la acción, siempre finita y culpable. Un desfiladero en cuyo umbral Kant dejó una preciosa huella de su paso, con un título que es una pregunta.

V. El Profesor Roberto Bergalli reúne dos cualidades que las posee en grado admirable: integridad moral y visión lúcida del conflicto social. Juntas, necesariamente, lo apartan de aquellos intelectuales que han enturbiado su mirada al renunciar a la *libertad de pensamiento*. El discurso *veraz* caracteriza al pensador libre.

Bergalli es de aquellos que conocen, no sólo académicamente, lo infernal del Sistema punitivo. Por una parte, su preparación intelectual para observar la dinámica y estructuras de los sistemas de control punitivo y, por otra, su detención durante la dictadura militar argentina, lo obligaron con violencia a conocer, en una *experiencia límite*, el "monstruo en sus entrañas". Es esa experiencia lo que constituye su *roca*. Y una sutil conciencia de lo absurdo, que tiene afinidades con el Sísifo de Albert Camus, lo que constituye su *dicha*.

Esas cualidades ético-intelectuales, si se encuentran en un individuo como Roberto Bergalli, pletórico de energía vital y capaz de *enunciar* la injusticia de la época y asumir como un *dato* el absurdo, son prolíficas en textos que crean fricciones y derrumban más de una construcción elaborada por funcionarios de las *ficciones productivas* al servicio de las grandes burocracias de los sistemas de justicia penal. La felicidad de Roberto Bergalli seguramente se nutre *también* de esta fuente.

II

I. En Argentina se ha logrado articular la necesidad del ajuste fiscal con un imaginario social que acompaña, y la mayoría de las veces impulsa, políticas que prometen mayor seguridad a cambio de erosionar el fundamento político de la seguridad que se reclama. También en el terreno de la seguridad, el mundo contemporáneo se ha olvidado de lo político. La administración y los técnicos mandan. Los consumidores se quieren liberar de la carga ciudadana. Como decía Yves Michaud, "los cadáveres están bien, pero en los armarios".[12]

Como una especie de ceguera que no es capaz de anticipar las consecuencias de tales políticas, se debilita el único fundamento sobre el cual puede construirse la convivencia: el respeto a la dignidad humana.

Las ideologías en boga, cultivadas por los medios masivos e incubadas en ciertos ámbitos políticos para efectualizarse en contextos de *emergencia*, como en reiterados escritos lo ha señalado Roberto Bergalli, tienen la función de ocultar la dinámica de la violencia, al negar el carácter reticular de su circulación, poniendo en su lugar una hipóstasis: *el delito*. De esta manera, conforme a esa ideología, su "portador", el *delincuente* y su *habitat*, deben ser el *blanco* a aniquilar y a "excluir de la sociedad".

Bajo la ficción de la cárcel como un límite *externo* a la sociedad, el delincuente es *expulsado* hacia ella. La ficción del afuera permite llegar sin demasiados pruritos a eliminar de la lista de los derechos del ciudadano y el hombre, al delincuente-enemigo. No hay que olvidar que las movilizaciones masivas alrededor de Blumberg se nutrieron de un sentimiento "anti garantista" en abierta descalificación hacia las "organizacio-

---

12. Recientemente se ha aprobado una nueva ley de seguridad provincial que no se aparta de la tendencia a ampliar las atribuciones policiales, que no concibe otra manera de visualizar la cuestión del *riesgo* en la vida social más que en los fenómenos episódicos que permiten los delitos más simples.

nes de derechos humanos". Y también, claro, de un (¿ingenuo?) sentimiento de pertenencia al campo de la *gente "decente"*.

II. Con la ficción del afuera se logra también que la cárcel sea lo no pensado por los jueces. Aunque Adolf Eichmann se reclamaba kantiano, porque su acción era orgánicamente legal y él *debía* obedecer a sus superiores y *debía* ejercer su función, se trata de una astucia que no engaña a nadie que reconozca esa voz que Kant nunca ocluyó: la *creencia racional* en la validez absoluta de la ley moral. Y aún desde un punto de vista estrictamente jurídico, la responsabilidad individual de los jueces penales no podría eludir un razonamiento como el que ellos mismos emplean para juzgar a otros. Si partimos del supuesto que en un sistema republicano los jueces penales no son como los viejos déspotas, inalcanzables para la ley *(legibus solutus)*, es posible exigirles que asuman su responsabilidad ante el escándalo de la realidad penitenciaria. Porque bastaría que uno de ellos se tomara en serio el derecho que aplica (¡*taking rights seriously!)* para que comprendiera que debe abstenerse de dictar condenas a prisión hasta que no sea posible cumplir con las exigencias constitucionales y legales en la fase de ejecución penal. Un juez que tome en serio el principio de tipicidad y una teoría adecuada de la causalidad, puede ver fácilmente que comete prevaricato si somete al condenado a condiciones materiales que no son las previstas legalmente. Cuando un juez dicta una norma por la cual obliga coactivamente a otro a someterse a un sistema que claramente no es el de la *prisión constitucional*, está cometiendo además del prevaricato el delito de privación ilegal de la libertad. Si ese juez *sabe* que las normas jurídicas constitucionales son violadas por el modo de ejecutar la pena, es *responsable* por las consecuencias.[13]

Igual que en la Inquisición, o en el régimen del Tercer Reich, la *santa* justicia judicial pretende eludir su responsabilidad al entregar al *hereje delincuente* al "brazo secular" y evitar *mancharse* con el asesinato, la mutilación o el campo de concentración.[14]

* * *

El 19 de junio de 2005, falleció Luis Marcó del Pont. Hacía cinco años que Luis era tan selectivo en sus recuerdos que solamente algunas personas y muy pocas palabras parecían despertar su interés expresada en la sonrisa o en un gesto de desagrado. Uno de los que durante la enfermedad de Luis Marcó del Pont recibió esa sonrisa fue Roberto Bergalli. Y al gesto de desagrado siempre lo conservó para todo aquello que evocaba la dictadura y ciertos nombres emblemáticos ligados a esa nefasta experiencia. Conocí a Roberto Bergalli en México, en 1978, en sede de la Universidad Autónoma Metropolitana, ocasión en la que Luis Marcó del Pont, también en el exilio, fue el hospitalario anfitrión de un encuentro que dejó huella en la recepción latinoamericana de la *criminología crítica*.

---

13. En la Ciudad de Córdoba ya es un hecho público y notorio que vivimos en una sociedad que tiene dentro suyo campos de concentración a los que llama "cárceles constitucionales". Que los jueces sigan enviando a las personas a lugares tan insoportables y mortificantes que "hasta los delincuentes piden que se aplique la ley estrictamente". Para los que quieren saber aún cuando dudan de la justicia de estos calificativos, véase el reciente documento de la "Comisión Intersectorial" que se formó con posterioridad al levantamiento en el penal de Barrio San Martín el 10 de febrero de 2005. Ilustración es también atreverse a saber lo que pasa aquí y ahora.

14. "Cada uno de los actores concebía la responsabilidad como algo ajeno; fragmentaba el proceso global de la desaparición y tomaba sólo su parte, escindiéndola y justificándola, al tiempo que condenaba a otros, como si su participación tuviera algún sentido por fuera de la cadena y no coadyuvara de manera directa al dispositivo asesino y desaparecedor". Pilar Calveiro (2001), *Poder y Desaparición. Los campos de concentración en Argentina*, Ediciones Colihue, col. Puñaladas, ensayos de punta, Buenos Aires, p. 79.

COMO LAS TRAGEDIAS GRIEGAS PERO SIN DIOSES

Ignacio Muñagorri

Querido Roberto.

¿Cómo estás?

En este curso he leído un reciente trabajo tuyo en la página de internet de "Reforma Penal Internacional" y he vuelto a acudir al libro que editaste en 1998 *Contradicciones entre Derecho y Control Social. ¿Es posible una vinculación entre estos conceptos, tal como parece pretenderlo un cierto funcionalismo jurídico?* Además de releer tu participación en él, "¿De cuál Derecho y de qué control social se habla?", ante el protagonismo que se ha atribuido a "lo penal" en la así llamada, hasta hace muy poco, "violencia doméstica", me interesaba que estudiantes preocupadas y preocupados por estas agresiones leyesen, ¡oh sorpresa!, los trabajos de G. Smaus, "Análisis feminista del Derecho Penal" y de P. Giménez Alcocer, "Algunas cuestiones en torno al tema Mujer y Derecho". Pensaba que esa lecturas les podían ayudar a salir de la envolvente publicidad reinante, ayudarles a desvelar lo no contado y, de paso, complicarse la vida, cuestiones estas últimas que no es que resulten sorprendentes sino mas bien milagrosas. También he releído la dedicatoria con la que me enviaste el libro, siempre amistosa conmigo, y en la que me presentabas el texto como "prueba de la ruptura definitiva con el *establishment*". ¿Te acuerdas?

Cuando hace unos meses unos queridos amigos comunes me hablaron de preparar juntos una publicación para felicitarte por tu setenta cumpleaños, pensé que una buena manera de participar en ella, contigo y con ellos, podía ser escribirte sobre estas lecturas recientes en las que hay presente y memoria. Sabes que cuando leo a los amigos, les veo. Te veo, al leerte, no solo contándome lo que te estoy leyendo sino también en muchos de los momentos en los que hemos estado juntos, hablando de mil cosas, momentos muy gratos y otros en que el afecto se presenta siempre por delante, y por encima, del enfado. Sabes bien Roberto que a veces tienes una manera sorprendente de provocar la sonrisa, a modo dialéctico se me ocurre llamarla, porque parece preciso mandarte a hacer gargaras para defender el cariño.

Hace unos días hablando de la Tesis de Marta te comenté mi participación en el Patronato del Instituto Internacional de Sociología Jurídica de Oñate en representación de la Universidad y hace unos meses estuvimos juntos en Barcelona preparando la investigación europea alrededor de "la tortura". Bueno, el destino nos sigue uniendo, el destino de cada uno que, como me decía un día Gabriela, es responsabilidad de cada uno. Como las tragedias griegas pero sin dioses. Sabes que participo de tus preocupaciones sobre el IISJO y ya veremos que podemos hacer ante, también, ese sociologismo mercachifle que me deja perplejo cuando no cabreado, y que me recuerda mucho a eso que se llama "Criminología", de ella ¡que te voy a contar!, tan alejada, tantísimas veces, del necesario pensamiento crítico.

Sobre la "veritatis indagatio per tormentum"…, estremece ¿verdad?, quita el aliento, pues en ello estamos Roberto, con la desesperanzada esperanza de que lo que hagamos y contemos sirva al menos para algo. Le doy vueltas en la cabeza, con gran preocupación, a que esa insistencia y reforzamiento en algunas de las últimas reformas penales de la "paenitentiae", enraíza, aún mas, esa consustancialidad de la que hace tiempo hablaba Cacciari, en el plano de los principios, entre tortura y una determinada "civilidad" jurídica. La "invitación" al acusado o al condenado a convertirse, en la auto-confesión o en la delación, en "verdad viviente" parece participar de un íntimo tejido constitutivo, también, de la cultura contemporánea, manifestación de una violencia originaria, siempre en conflicto con la razón utópica, con la palabra, como tan bien nos ha contado nuestro amigo Eligio en aquella magnífica Introducción al *¿Por qué la guerra?* que editó Valeria. Seguiré dándole vueltas a la cabeza y supongo que aumentando mi pre-ocupación, y nos seguiremos contando porque me temo que mientras se sigan reforzando las "ventajas" de la autoincriminación y de la penitencia, las declaraciones institucionales de lucha contra la tortura seguirán cayendo en el absurdo, serán fuegos fatuos.

No sé qué día de enero naciste, ¿apareciste como un regalo el día de la triarquía-mágico-celestial? Fuese el día que fuese, lo celebraré contigo y el resto de los días acuérdate de aquello que decía el conejo de Alicia, "feliz, feliz, feliz no cumpleaños".

Con un abrazo.
Ignacio.

CELEBREMOS SU AMISTAD

Tosca Hernández

No existe una mejor oportunidad que el cumpleaños de Roberto Bergalli para celebrar ese hondo vínculo humano que es la *amistad*. Quienes han promovido este libro lo han tenido en mente al convocar a sus *amigos* para festejar su septuagésimo aniversario, escribiendo en su honor y, a la vez, para darnos la ocasión de celebrarnos por estar entre los elegidos.

Y es que una de las cualidades más importantes de Roberto es saber ser *amigo*, sin esfuerzo alguno y ocultándose, a veces, detrás de su *mascara* irónica, crítica y defensiva. Es como si la *amistad* hubiese sido un *don* que lo hados le otorgaron al nacer y que desde entonces es como un sol que lo acompaña.

Como toda relación significativa, la *amistad* se sitúa en nuestra *alma*, aun más, es una necesidad que contribuye a formarla. No nos pide una gran actividad pero exige lealtad, presencia y atención, y estoy segura que todos sus amigos tenemos una historia que contar, o varias, en la que estos atributos han tejido nuestras relaciones con Roberto.

La *amistad* no es un proceso para crear compatibilidades ya que no hay un esfuerzo por la homogeneidad, sino más bien un espacio para la intimidad: paradójica combinación de intimidad compartida e individualidad. Es por esto que en nuestra *amistad* con Roberto siempre nos sentimos a gusto, siendo nosotros mismos y sin que nos exija una forma determinada de vivir o de entender la vida.

Podemos constatar que cada uno de nuestros amigos constituye un ámbito especial de emociones, experiencias, recuerdos, que nos lleva a un mundo donde nos sentimos de una manera particular, intransferible. Rememorar mi relación con Roberto me hizo consciente de que ella se fue forjando en diferentes momentos y siempre dentro una constelación de amigos creada por él y que generosamente ha compartido siempre. Así que no me iba haciendo solamente su amiga sino también amiga de sus amigos, donde todos generábamos cosmologías que nos permitían compartir formas de ver y de experimentar la vida.

Hacemos amigos como si un misterioso magnetismo interviniese atrayendo nuestras *almas*. Es así como algunas amistades parecen formarse en contra de nuestra voluntad, mientras que otras florecen en un instante. En tanto algunas permanecen, otras desaparecen. Pero en todas ellas la eternidad se hace sentir profundamente. Es por esto que puedo decirle a Roberto y a todos sus amigos, mis amigos:

> [...] si no hubiese sido por ustedes amigas amigos
> a quienes agradecería ahora
> que la vejez no me asuste
> por el contrario
> que me permita amarlos más
> en sus nombres recordados y olvidados
> en sus rostros nítidos difusos
> que reverberan en toda habitación de la memoria…

[Poema de JOAQUÍN MARTA SOSA, *Territorios Privados*]

SAPO DE OTRO POZO

Horacio Verbitsky

Me siento como sapo de otro pozo entre tanto académico. Pero venzo el pudor y envío estas líneas porque no me perdonaría estar ausente en un homenaje a los primeros 70 de Roberto, preparado con tanto afecto como inteligencia por sus jóvenes colaboradores y discípulos. Eso ya dice algo de él.

En la humana dimensión de la eternidad se me hace cuento que empezaron Bergalli y mi relación con él, tal como dice Borges del aire y del agua. Supe de él antes de conocerlo, en los años de apasionado debate de ideas que se conoce como década de 1960 y nos vimos algunas veces durante el fugaz gobierno de Cámpora, en el que teníamos algunos amigos (como el gran Polo) y aun más ilusiones.

Nos frecuentamos más a menudo cuando pudimos despertarnos de la pesadilla de la dictadura militar, al concluir cada uno su respectivo exilio, físico uno, espiritual el otro. Desde entonces, Roberto ha sido una compañía intelectual y ética en las interminables lides por la afirmación de una cultura democrática en una sociedad con propensión al salvajismo y la indiferencia.

Roberto Bergalli puede mostrar una trayectoria invariable a lo largo de medio siglo en algunos temas centrales.

No son tantos los intelectuales en general ni los hombres del derecho en particular que hayan mantenido una posición irreductible respecto de la conducta a seguir con los responsables de los peores crímenes cometidos en la historia argentina y que hayan sido capaces de integrar esa actitud, dictada por una sensibilidad hacia las víctimas, con una visión de la sociedad. Seguro que se siente más cerca de Christie que del retribucionismo, pero eso no le impide comprender la necesidad social de regeneración y del aporte del derecho penal a un imprescindible duelo colectivo.

Menos aún abundan aquellos capaces de percibir y de integrar en su práctica la continuidad que existe entre aquellos maltratos a la dignidad humana y los que hoy se practican en cárceles y comisarías de mi país y de demasiados otros. Bergalli estuvo en las batallas contra las leyes y decretos de impunidad con que varios gobiernos quisieron dar vuelta la página antes de haber aprendido las lecciones que contenía, con su vigorosa impugnación al discurso jurídico del olvido y a la concepción del ministerio público como una dependencia jerárquica del poder político, con la que otros intentaron justificar claudicaciones y oportunismos.

Tampoco faltó su apoyo a la hora de pensar en los efectos corrosivos de las atrocidades que ocurren intramuros de las prisiones sobre aquella porción de la sociedad que se cree libre. Esta es una de las batallas democráticas más dignas de ser libradas en la Argentina postdictatorial, tan decisiva y cuesta arriba como las de Alberdi en tiempos no menos rústicos. Desde Barcelona, por cuyas calles intrincadas y desiertas nos guió durante horas en una noche mágica, Bergalli no rehuye su parte.

ENREDANDO CON LOS RECUERDOS

Pedro Fraile

Hay encuentros que le acompañan a uno muchos años, algunos siempre. Borges lo ha explicado en más de una ocasión y muchos han pensado que se trataba exclusivamente de ficción, pero yo cada vez tengo más dudas al respecto.

Pero, ¿a qué viene esto? Sencillamente a que ahora juego con mis recuerdos y traigo a la memoria el momento en que conocí a Roberto Bergalli. Realmente ha pasado el tiempo y han cambiado multitud de cosas, pero quizás, y eso es lo raro, muchas de las mejores permanecen y, por lo general, suele suceder lo contrario, la mayoría de lo bueno se esfuma, dejando un poso bastante negro y amargo.

Mediaban los ochenta, ¡hace ya veinte años!!, yo estaba a punto de presentar mi tesis doctoral sobre las cárceles en España, en un extraño Departamento de Geografía Humana y, como era de suponer, había leído casi todo de lo que Bergalli había escrito sobre los sistemas penales. Me parecía imprescindible hablar con él, explicarle lo que había hecho. Seguramente no buscaba nada, ni siquiera ideas nuevas, ya que el texto estaba casi listo (por supuesto que admitía pequeñas modificaciones, como así fue, pero no grandes cambios). Probablemente, lo único que quería era encontrar un poco de paz, en un momento en el que uno está necesariamente desasosegado. Si a Roberto le parecía aceptable lo que iba a contarle podría respirar un poco más tranquilo.

Lógicamente, ya había hecho mis averiguaciones sobre con quién tendría que vérmelas y había recibido informaciones contradictorias pero, en lo sustancial, la mayoría coincidía en lo siguiente: "te encontrarás con un tipo simpático pero raro, según como le entres se deshará de ti y listo, pero si os enrolláis bien irá estupendo".

Con esa información me dirigí a la Facultad de Derecho, y me adentré por unos pasillos que siempre me han parecido un tanto lúgubres, donde finalmente di con un despacho en el que me recibió un individuo más serio de lo que yo esperaba, con una mirada un tanto escrutadora e inquisitiva, lo que, en un primer momento, no me animó demasiado, pero al cabo de diez minutos de conversación las cosas ya discurrían por el buen camino. Al menos habíamos coincidido en nuestros desacuerdos con algunos de los que solían escribir sobre temas que a ambos nos interesaban. Lo cierto es que no sabía donde me estaba metiendo, ya que pronto descubrí que Bergalli tiene una cierta habilidad para irte implicando en trabajos y proyectos.

Luego vino Oñate, hacer nuevos amigos, jugar con ellos al futbolín entre sesudas sesiones de workshop o tomar unos gin-tonics como sólo saben hacerlos en el País Vasco. Y así empezó a formarse un camino que, al menos a mí, me ha traído hasta estas páginas que, cuando he empezado a enredar con mis recuerdos, estaban en blanco.

Volvimos a coincidir peleando contra la demolición de la Cárcel Modelo de Barcelona y defendiendo su utilización como Museo de la represión y el castigo. De ahí a entrar a formar parte del equipo del Master que Roberto dirige no había más que un paso, que di gustoso y cuyas repercusiones todavía no tengo muy claras.

Es curioso que hoy esté escribiendo sobre algo que pasó hace veinte años y que, de alguna manera, configura mi vida actual. Creo que de Roberto puedo decir dos cosas que para mí son importantes: me lo he pasado muy bien con él y he aprendido muchas cosas.

DOS PERSPECTIVAS EN LA HISTORIOGRAFÍA ESPAÑOLA SOBRE EL CASTIGO

Pedro Oliver Olmo

Hoy puede parecer que simplificamos pero, aunque es verdad que la crisis historiográfica y epistemológica las ha dejado en parte desactivadas (sobre todo por lo que se refiere a capacidad de influencia directa en los nuevos historiadores), tal y como viene insistiendo desde hace años el profesor Roberto Bergalli, básicamente han sido dos las formas de ver la historia del castigo: la humano-pietista y la económico-estructural.

Ahora, y sobre todo después del temporal postmodernista, para bien y para mal todos los marcos teóricos se han abierto y diversificado. Pero hace años nadie hubiera tenido reservas al afirmar que existían esas dos grandes visiones de la historia de las instituciones punitivas, la una idealista y la otra materialista. Ambas mantienen una muy limitada capacidad referencial, la primera en el campo de la historia del Derecho y la segunda en la historia social, la historia de las ideas y la historia intelectual; pero verdaderamente eso sólo es posible, entre otras cosas, porque la producción de nuevos estudios históricos acerca de esta temática todavía no ha llegado a ser en España excesivamente abultada y, por consiguiente, nunca ha llegado a renovarse del todo. En cualquier caso esas dos formas de observar el mismo campo de estudio ha generado dos objetos historiográficos muy distintos, con muy distintas calidades. Conviene conocerlos al menos para saber por qué las dos producciones ya no resisten una comparación rigurosa.

En primer lugar, la explicación humano-pietista del decurso de las instituciones de control y castigo presenta a aquéllas casi recortadas y separadas de la historia social, como resultado de una lógica interna de progreso y modernización, y de abandono de los impulsos vengativos y las práctica crueles de un *pasado oscuro*. Este discurso valorativo, a veces muy cargado de anacronismos, destila *cultura de satisfacción* hacia el presente. Supuestamente todo va a mejor pues, según creen observar en la evolución histórica, se ha ido imponiendo un criterio más humanizador conforme se progresaba: es el paso de las penas corporales a la pena privativa de libertad; y finalmente, el tránsito a las ventajas de la videovigilancia para controlar y reducir las posibilidades de impunidad del malhechor. Al encarar las expresiones delincuenciales, esta perspectiva, que ha estado anclada en la tradición historicista del derecho y de sus regresiones tras el largo período franquista, obvia las causas porque parte de un criterio esencialista: siempre hubo delincuentes y siempre ha habido que castigarlos con instituciones que han ido mejorando y humanizando sus prácticas. Se trata de una óptica idealista que, siendo igualmente evolucionista, se encuentra en las antípodas del pensamiento que ha dado origen a la segunda gran perspectiva, la económico-estructural.

En la primera perspectiva podemos ver la impronta gruesa de las sociologías liberales, una suerte de eclecticismo vulgar y neoevolucionista en el que gravitan nebulosamente (y a través del tamiz de las filosofías del Derecho) desde Comte y Spencer al funcionalismo de Parson y algunos otros mentores de las teorías de la modernización. En la segunda, aunque muy impactada por la obra de Foucault y últimamente por el pluralismo teórico de David Garland, siempre ha resonado fuerte el eco del materialismo histórico, desde el marxismo de la Escuela de Frankfurt a sus revisiones y reflejos en la criminología crítica y la sociología penal o en las teorías del control social punitivo y algunas propuestas de garantismo penal.

Materialismo histórico y pluralismo teórico socioestructural

Una prueba palmaria de la crisis y también del aperturismo del llamado enfoque económico-estructural es la evidente influencia que el pensamiento de David Garland (sobre todo con su libro *Castigo y sociedad moderna*) está ejerciendo en no pocos de sus defensores.[1] Desde el punto de vista de la teoría historiográfica parece obvio que estas influencias matizan críticamente y a la vez enriquecen los planteamientos básicos de la perspectiva económico-estructural.[2]

En efecto, la nueva teorización del castigo en la historia contemporánea y en el presente está hoy más abierta que nunca a recibir las aportaciones de la antropología cultural y la llamada Nueva Historia Cultural. Es decir, y siguiendo a Clifford Geertz, encarar el castigo como práctica social con significado.[3] Se trata de ver la cultura como determinante de la institución social del castigo, al igual que el castigo genera sus propios significados culturales que ayudan a conformar la cultura dominante.

La penalidad se expresa culturalmente no sólo con discursos y políticas definidas (que también) sino a través de las rutinas punitivas y de sus lenguajes, pues es ahí donde se crean los patrones de significado y las formas simbólicas que le dan sentido al castigo como institución social, como demostración fehaciente y práctica de las verdades penales oficiales y de las formas normalizadas de la relación social. Entender así lo penal, como una acción social y sociocultural o de significación cultural, introduce una nueva forma de mirar dentro de nuestro propio enfoque económico y socio-estructural. Contempla el análisis del proceso civilizatorio que hiciera N. Elias (al cual últimamente se añaden los postulados culturalistas de Zygmund Baumand y del propio David Garland), para examinar la relación entre la respuesta punitiva y la evolución de la estructura cultural que se significa a través de las sensibilidades sociales civilizadas, reprimidas, autocontroladas o inhibidas (en palabras de J. Pratt: "how the *civilizing process* can bring about the *uncivilized consequences*").[4] Y, además, viene a complementar y a matizar los planteamientos marxistas que focalizan su mirada en las funciones ideológicas del derecho y del castigo como institución social.

Todo ello, en fin, puede servir para asumir y construir un pluralismo teórico que sea coherente con la asunción de la existencia de una gran variedad de causas y de factores, de acciones y de estructuras que interactúan, en el devenir de los procesos sociales además de en las prácticas y en los significados culturales de unas instituciones tan fuertemente estructuradas como la institución social del castigo. Ésa puede ser la base teórica plural de una perspectiva socioestructural de la historia del castigo. Y acaso también de otros objetos historiográficos igual de multiformes.

1. Puede comprobarse en la obra colectiva que recientemente ha coordinado I. Rivera Beiras, *Mitologías y discursos sobre el castigo. Historia del presente y posibles escenarios*, Anthropos - OSPDH, Barcelona, 2004.
2. Véase el prólogo de R. Bergalli en el libro de J. Serna Alonso, *Presos y pobres en la España del siglo XIX. La determinación social de la marginación*, PPU, Barcelona, 1988.
3. C. Geertz, *La interpretación de las culturas*, Gedisa, Barcelona, 1989.
4. J. Pratt, *Punishment and Civilization: Penal Tolerance and Intolerance in Modern Society*, London, 2002. Véase también: J. Pratt, "The disappearance of the prison: an episode in the *civilising process*", en C. Strange y A. Bashford, *Isolation. Places and Practices of Exclusion*, London, 2003.

El *vulgoevolucionismo* del enfoque humano-pietista

Respecto de la explicación humano-pietista, aparte de alguna monografía aislada de estudios locales, los trabajos más relevantes provienen de la historia del derecho, destacando en España la obra del profesor Carlos García Valdés.[5] De esta forma de ver y representar podríamos sustraer enteramente toda nuestra reflexión historiográfica, porque lo que subyace en ella no es otra cosa que una tosca filosofía de la *eternidad penal*.[6] Puro idealismo ahistórico. El insultante presentismo de los satisfechos del primer mundo.

Otra cosa bien distinta es considerar que la historia del derecho y de las instituciones ha sido y seguirá siendo una ineludible fuente de informaciones igualmente válidas para una historia socioestructural del castigo, de hecho es la tendencia más conocida en relación a la cárcel como objeto de estudio, la primera de todas, por tradición y por relevancia académica, incluyendo su poderío departamental. Verdaderamente ha permanecido muy arraigada en la historia del derecho y de las instituciones esa concepción idealista que relaciona la sucesión histórica de la formalidad legal e institucional de los distintos encarcelamientos y de la pena privativa de libertad, pero reflexiona muy poco acerca de los factores sociales y económicos del propio devenir histórico.[7] Están habiendo cambios en este campo del saber y de hecho hoy se habla del "retorno de la historia del derecho a la historia".[8] Pero queda por acometer una auténtica revolución en esa disciplina.[9]

Cuando se analiza este tipo de visión historiográfica del devenir del control y el castigo se observa que en el fondo de unos planteamientos teóricos poco elaborados aparece cierta concepción weberiana que apela a la fuerza transformadora de las ideas (de las creencias y los estilos de vida) como componentes fundamentales del cambio sociohistórico, lo que más concretamente quedaría explicado por un supuesto *ethos* redentorista propio de la España católica, un rasgo identitario muy distinto del pragmatismo protestante continental y del puritanismo anglosajón.[10]

Estos planteamientos deben mucho al viejo y al nuevo evolucionismo sociológico (y lo peor es que de alguna forma indirecta inundan también el campo de trabajo de muchos estudiosos progresistas y hasta radicales que se centran en la historia de las ideas para analizar transformaciones evidentes de paradigmas penal-punitivos exclusivamente a través de la obra de filósofos y tratadistas del derecho, eso sí, cotejando sus

---

5. C. García Valdés, *Teoría de la pena*, Tecnos, Madrid, 1987.

6. He reflexionado detalladamente sobre esto en: P. Oliver Olmo, *Cárcel y sociedad represora. La criminalización del desorden en Navarra (siglos XVI-XIX)*, Universidad del País Vasco, Bilbao, 2001.

7. Además de estudios muy aprovechables sobre la historia de las instituciones de control, entre los que destaca todavía el de M. Ballbé —*Orden público y militarismo en la España constitucional (1812-1983)*, Madrid, 1983—, también hay intentos serios de elaboración de una historia social de la instituciones: J.L. Heras Santos, *La justicia penal de los Austrias en la Corona de Castilla*, Universidad de Salamanca, 1994; una línea de investigación que debe mucho a la obra de historiadores del derecho y de las instituciones como F. Tomás y Valiente.

8. J.M. Pérez Collados, J.M., "Acerca del sentido de la Historia del Derecho como Historia", *Anuario de Historia del Derecho Español* (Tomo LXVII), 1997, pp. 95-118.

9. Una crítica de la historia de la historiografía jurídica española: B. Clavero, "Tejidos de sueños: la historiografía jurídica española y el problema del Estado", *Historia Contemporánea* n.º 12, Universidad del País Vasco, 1995, pp. 25-47.

10. C. García Valdés (dir.), *Historia de la prisión. Teorías economicistas. Crítica (Curso de doctorado)*, Edisofer, Madrid, 1997. En diferentes capítulos de este libro varios alumnos de doctorado del profesor Carlos García Valdés desarrollan la tesis del maestro sobre el proceso histórico de humanización de la pena privativa de libertad. Se viene a decir que en la evolución histórica ganó terreno una especie de *substancia redentorista* que explicaría el temprano correccionalismo español: "Porque en España la peligrosidad, se dice, no desemboca, necesariamente, en la incorregibilidad, se tiene más fe en la recuperación del delincuente, lo que siempre ha calado hondo" (pp. 63, 129, 408).

postulados con los cambios normativos en las constituciones y en las codificaciones penales, pero sin acudir nunca al análisis histórico-empírico de las prácticas punitivas que realmente se llevaron a cabo).

En efecto, y para regocijo de Popper, el cual, precisamente en esto veía el menos imaginativo de los historicismos, lo que se puede desprender de esta perspectiva es que la historia humana sigue un modelo único, a pesar de que semejante postulado evolucionista está completamente superado en filosofía de la historia y, por supuesto, en teoría de la historiografía, y a pesar de que es difícilmente sostenible que haya *leyes generales de la historia* (si consideramos la historia en su globalidad).[11]

Además, si el objeto cambiante es la humanidad entera, claro, en esa totalidad singular, cualquier aspecto humano —el tratamiento penal, por ejemplo— evoluciona porque lo hace la totalidad. Se explica la historia del castigo así a pesar de la tremenda variedad de poblaciones humanas (desde tribus a comunidades locales y estados-nación) que han seguido caminos evolutivos muy diferentes.

Por lo demás, en sus versiones más toscas, ya podemos deducir igualmente que, en contra de cualquier evidencia historiográfica, el cambio es direccional y unilineal (sigue un modelo de trayectoria preestablecida), desde lo primitivo a lo desarrollado, de lo simple a lo complejo, de la dispersión a la agregación, de la homogeneidad a la diferenciación, del caso a la organización. Está claro que no existe un único modelo de cambio. Lo sabemos bien los historiadores cuando analizamos procesos concretos de industrialización, urbanización, modernización, proletarización, emigración, democratización, globalización... y, como en nuestro caso, criminalización, penalización o control de poblaciones. Siempre hay posibles trayectorias evolutivas locales, peculiares, diferentes. Hay una gran variedad cualitativa de las sociedades: algunas son diferentes, no quiere decir que estén atrasadas, no al menos desde las posiciones del relativismo cultural que se enfrentan a las concepciones prejuiciosas de los etnocentrismos y los esencialismos nacionalistas.

Con todo, lo más implícito de esta forma de explicar el devenir del castigo y de los instrumentos de control social es que sobreentienden que se trata de un despliegue de potencialidades inmanentes —en el caso del profesor García Valdés potencialidades patrias muy específicas—, y que ese impulso hacia el cambio está dentro de la naturaleza de la sociedad humana porque se busca la autorrealización de un proceso gradual que siempre se va incrementando (aunque a veces ocurra con crisis, rupturas o acelerones).

Así se desdeñan los factores exógenos. Sin ir más lejos nuestro presente está asistiendo a su importancia: ¿o acaso no han sido los ataques del 11-S, por supuesto exógenos, los que han desencadenado los trascendentes cambios en las políticas de control tanto en EEUU, a través de la *Patriot Act*, como en otros muchos países, algo que se está repitiendo en España tras el 11-M de 2004 y en Gran Bretaña después del 15-J (y el 21-J) de 2005?; ¿y no ha sido un factor exógeno también —el de la guerra y la invasión— lo que más cambios ha producido últimamente en países como Afganistán e Irak e incluso en toda el área geoestratégica de Oriente Medio?

No se trata de algo insólito. No es solamente (aunque también) la expresión de los cambios acelerados del presente. Se han documentado miles de regresiones y de crisis globales e incluso colapsos civilizatorios como los de Grecia, Roma, el imperio Maya,

---

11. Piotr Sztompka ha realizado una síntesis muy provechosa de las teorías del cambio social y acerca de los postulados que sobre las conceptos de "proceso", "desarrollo" y "progreso" han sido formulados por destacados autores de la sociología histórica, la historia social y las nuevas teorías del devenir social: P. Sztompka, *Sociología del cambio social*, Alianza, Madrid, 1995, pp. 125-256.

etcétera, con el impacto que todo eso tuvo en el resto de zonas colindantes e incluso en todo el mundo entonces conocido. En verdad, existe una historia cambiante de la noción de progreso que conviene conocer para no caer una y otra vez en planteamientos rancios y absurdos.[12]

Otra deducción lógica es la de los estadios necesarios, lo que al hablar de distintos modelos de castigo —como el que contempla castigos vergonzantes— suele provocar sentencias vulgares del tipo "están todavía en la Edad Media". Se diría que la evolución penal pasa por estadios o fases objetivables (infancia, juventud, madurez...). Sin embargo, se obvia algo muy importante y bastante generalizable: algunos estadios pueden omitirse o acelerarse por lo mismo que hemos dicho, por factores exógenos (conquista, colonización, dominación, etcétera), sin olvidar que los fenómenos migratorios favorecen el difusionismo y provocan alteraciones sobrevenidas en esas pautas de evolución social.

Además, el cambio evolutivo se considera espontáneo, involuntario, imperceptible. En algunas versiones es algo así como una fe estructuralista, o una confianza en el "ya llegará" de cualquier estadio superior de la evolución similar al crecimiento de los organismos, lo cual significa que se obvia la importancia del esfuerzo humano por cambiar, y no se considera algo que la evidencia historiográfica demuestra día a día: que hay cambios sociales inducidos conscientemente, y también cambios en el ordenamiento penal y en las técnicas de control, precisamente porque los promueven y ejecutan las instituciones políticas o porque son demandados o rechazados por los movimientos sociales.

Sin embargo, es esa concepción idealista la que ve el cambio evolutivo como equivalente a progreso, a pesar del desmentido del pensamiento ecologista y de los hechos sangrientos del siglo XX o de estos primeros años del XXI, y más concretamente, por lo que nos toca, a pesar de lo mucho que ponen en entredicho la noción moderna de progreso las terribles regresiones que ilustran los campos de exterminio en el supuesto camino evolutivo humanizador de la cultura punitiva.

En definitiva, se diría que quienes hacen esta lectura de signo humano-pietista y ante todo idealista del devenir del castigo y la constitución de distintos aparatos de control social, además de demostrar una gran inopia voluntaria hacia la teoría historiográfica, han asumido de forma acrítica el décimo de los postulados perniciosos que Charles Tilly dice que hemos heredado del siglo XIX: consiste en asumir que las formas legítimas (el Estado, por ejemplo) sirven a la integración y al control social, mientras que las formas ilegítimas coactivas y conflictuales surgen del cambio y del desorden, obviando que no pocas veces la coerción y la violencia institucional ejercida por el Estado y por sus funcionarios no se distinguen ni del crimen ni de la violencia social y llegan a quebrar el orden social.[13]

12. R.A. Nisbet, *Historia de la idea de progreso*, Barcelona, 1981.
13. Ch. Tilly, *Grandes estructuras, procesos amplios, comparaciones enormes*, Alianza, Madrid, 1991.

ROBERTO BERGALLI: UNA MANERA DE SER

Sneider Rivera

Recibí con mucho entusiasmo la idea del homenaje a Roberto. Cuando Iñaki, Encarna, Héctor y Amadeu me invitaron no dudé en participar y colaborar de este esfuerzo. Si bien ha sido humanamente gratificante recordar la historia de mi relación con Bergalli, no me resultó fácil escribir esta página. La tarea se tornó difícil no sólo por la propia personalidad del homenajeado, sino también porque me une a él un sentimiento grande de aprecio, afecto y gratitud, y no quería que mi especial relación afectara para nada lo justo y merecido de este homenaje.

Recordé cómo lo conocí, los libros y artículos suyos que estudié, la correspondencia que mantuve con él, mi paso por Barcelona, los cursos del Master Poder y control, las conversaciones y diálogos que sostuvimos, los libros que me recomendó, las personas que por su intermedio conocí, el trabajo que realizamos en El Salvador, el viaje por la ruta Maya, etc, etc. Y aunque en esta vivencia hay espacio para contar anécdotas, para destacar los aspectos del conocimiento, políticos, jurídicos, sociológicos y culturales de los que yo me nutrí y para resaltar las características y bondades propias de un amigo como Roberto, no encontraba cómo hacerlo.

En una suerte de elogio a la dificultad, después de mucho pensar y sobre todo sentir, para escribir esta página, no podría ser de otra manera, decidí aceptar sus propias enseñanzas. De un lado, y en defensa de lo que aquí escribo, he asumido la importancia de la dimensión subjetiva de la realidad. Y del otro, opté por ocuparme por destacar el valor que para mi tienen algunas de sus actitudes.

Cuántas veces no hemos hablado entre nosotros (alumnos y amigos) de lo difícil de trabajar con Roberto. En muchas ocasiones cuando asumíamos un proyecto, una iniciativa que nos había costado conseguirla aparecía con una actitud que mas que contribuir a abrir las puertas pareciera que nos las cerrara o nos las pusiera en riesgo. Así sucedió en San Salvador en el marco de un programa de capacitación con operadores judiciales y así ha sucedido también en otros lugares. Pero cada día estoy mas convencido que su actitud más que para cerrarnos una puerta estaba allí sobre todo para recordarnos que no todo es negociable. Y que existen en los acuerdos, proyectos e iniciativas un mínimo de condiciones que debe respetarse.

Curiosamente Bergalli también ha sido un personaje duro y exigente con sus amistades. En muchas oportunidades lo ha sido conmigo y he visto serlo con otros y otras. En un primer momento creo que a ninguno nos gustaba e incluso muchos se resintieron. Pero con el paso del tiempo he comprendido que este personaje tiene en la crítica y en la exigencia una manera como expresar su afecto a los amigos.

Podría decir más sobre su sentido de la perfección, sobre la combinación entre fondo y forma, entre estética y ética. Roberto, aunque de forma diferente pero al igual que Sandro Baratta, es de aquellas personas y personajes que me han enseñado mucho con su manera de ser, de actuar, con su carácter. Sus conflictos han tenido también efectos pedagógicos.

CARISSIMO MAESTRO

Paolo Scalia

Carissimo Maestro,

Es para mí motivo de grande satisfacción la posibilidad de escribirte un homenaje a tu carrera académica, así como expresarte, siempre que las palabras alcancen, la importancia y el significado de tu persona para mi desarrollo personal y profesional.

Entonces por eso elegí un estilo epistolar, decidiendo escribir esta carta, a ti, queridísimo Maestro, así como me dirijo hacia ti desde hace más de 14 años, es decir, desde cuando te conozco, tiempos durante los cuales he experimentado muchísimas y preciosas experiencias derivadas de nuestra amistad.

Permíteme, entonces, recurrir a la manera de un *amarcord* felliniano a los recuerdos marcados en mi memoria para que compartamos juntos los pasos que me sugeriste, permitiste y estimulaste en mi persona, en mi manera de ser, vivir la vida, pensar y actuar día a día.

Era el octubre de 1991, y gracias a una beca Erasmus, empezaba mi período de intercambio estudiantil. Provenía de la facultad de *giurisprudenza* de Bologna, y Massimo Pavarini, relator de mi tesina de licenciatura, me sugirió ir a Barcelona y ponerme en contacto contigo.

A los tres días de mi llegada en la capital catalana, era un día martes, te llamé por teléfono y fue el único momento en el que te sentí muy enfadado conmigo, aunque no nos conociéramos: "Pero cómo, ¿no sabía Massimo que tengo mi año sabático? Yo no podré seguirte en tu trabajo, de cualquier manera te espero este viernes a la tarde al CIDOB".

Todo eso tú me lo dijiste en italiano y me asusté mucho. A la mañana siguiente llamé a Massimo para pedirle consejos, y me sugirió reunirme contigo el viernes y que allí viera como me sentía después de conocerte.

Aquel viernes, a la tarde, llegue al CIDOB con 10 minutos de adelanto, estaba Encarna que me dijo de esperarte, y me senté en un sillón, bastante tenso adentro mío. Al fin y al cabo estaba esperando a uno de los docentes claves para el desarrollo de mi proyecto de intercambios, que incluía la recogida de datos bibliográficos para mi trabajo de investigación en derecho penitenciario.

Cuando llegaste, me levanté y tímidamente me acerqué a ti. Hechas las presentaciones del caso te pasé la carta de presentación que Massimo me había dado para entregarte.

Todavía recuerdo tus palabras, siempre en italiano: "Bienvenido a Barcelona, yo para ti no quiero ser un docente, sino un amigo...". Y ya sentía algo adentro que nunca había probado antes. En mi cabeza pensaba: "¡Qué lindo! Un gran profesor que se dirige a mí con un espíritu horizontal, sin hacer pesar su autoridad, asimismo mostrando sinceridad".

Era recién el inicio. Aquella misma tarde, en el marco de la conversación amable que surgió entre nosotros, me invitaste a la primera reunión, por el curso de aquel entonces, del Master *Social Problem and Criminal Justice*. Cuando yo fui a dicha reunión de presentación quedé impactado por las personas que pude conocer.

Ante todo me presentaste a Iñaki, diciéndome que él sería el responsable de guiarme en mi investigación. Desde aquel momento también con Iñaki comparto una relación de amistad muy profunda que me enorgullece.

Asimismo, había muchas otras personas con las cuales me honro de compartir sinceros tratos de amistad y cariño. No solo a nivel personal me empezaba a enriquecer sino que se vislumbraba aquella pasión que tú y tus colaboradores me ayudaron a desarrollar y fortalecer: la docencia académica, ésta entendida como un esfuerzo constante y permanente de poner en cuestión la realidad social a partir de los conocimientos y de las praxis políticas, en el campo de las políticas criminales.

Nunca podré olvidarte cuando, en una charla al Colegio de Abogados de Barcelona, empezaste diciendo que "un estudiante de derecho, antes que entender las normas y los códigos, debe entender la realidad social donde aplica aquel derecho". Yo te miraba satisfecho de escuchar aquello que siempre me hubiese gustado escuchar como estudiante de derecho, aburrido de la mayoría de los textos jurídicos formales y dogmáticos que conformaban mi experiencia de estudiante.

Finalmente, pensé yo, se había dado para mí la posibilidad de formarme según una visión sociológica del derecho penal, aquel derecho que siempre me inquietó porque en juego está nuestra libertad personal.

Iba a las reuniones del master y mis intervenciones eran muy bien valoradas por ti y los demás docentes, así como los compañeros y compañeras de aquel curso; además empezaba a mostrar aquella "curiosidad antropológica", así me gusta definirla, en conocer más las personas argentinas.

Me llamaba muchísimo la atención la similitud entre los argentinos y mi cultura, de siciliano "mafioso", como tú me decís con simpática picardía, residente para estudios en Bologna y en búsqueda de definiciones para sí mismo.

Me acuerdo que, a los pocos meses, en un bar de Barcelona, le contaba a Iñaki de mis ganas de ir a vivir un tiempo en Argentina para investigar sobre la situación penitenciaria y, más bien, conocer la realidad de aquellas partes.

Y aquellas palabras de una noche de copas, un día fueron vividas por mí, pero eso es historia más reciente. Ahora prefiero seguir recordando estos momentos que siguen grabados en mi conciencia respecto a la peculiar trascendencia de tu persona en mi proceso de maduración y crecimiento.

Al poco tiempo que nos conocimos, un domingo, me despertaste a las 10 de la mañana, regañándome por mi ocio e invitándome a tu casa para darme unos libros sobre Lombroso. Yo estaba feliz, para mí era increíble lo que estaba pasando, pero me gustaba muchísimo. En efecto tú, antes que docente, siempre fuiste conmigo un gran amigo, más bien, un gran maestro, sabiéndome orientar para responder a las diversas inquietudes que se mostraban adentro mío a partir de aquellas experiencias de estudios, así como de relaciones personales y profesionales.

Aquellas tardes compartidas en tu casa para mí significaban el acrecentamiento de estímulos intelectivos que yo tenía desconocidos, absolutamente "dormidos". Me acuerdo que me acerqué al mundo de las narrativas criminológicas con sed de satisfacer aquellas ganas de darle un sentido a mi formación jurídica. Necesitaba respuestas a experiencias vividas y dudas existenciales, empezaba a entender el horizonte de "la construcción social de la realidad" relacionado con las manifestaciones de los poderes punitivos institucionales. Y eso en un marco de reuniones interdisciplinarias, con sociólogos, abogados, antropólogos, psicólogos y trabajadoras sociales.

Aquellos nueves meses provocaron en mí un auténtico remezón, me recuerdo, en julio de 1992, llegar a Bologna y pensar de volverme a Barcelona. Y así será en octubre de 1993, después que yo completé mis exámenes académicos y volvía para redactar definitivamente mi tesina de licenciatura y cumplir una grandísima aspiración que me motivaba: cursar el master de sociología del derecho en Oñati donde tú habías sido nominado como Director Científico.

¡Cómo no recordar, en este sentido, cuando me diste la posibilidad de poder seguirte!, cuando, por teléfono, me dijiste que terminara mis exámenes y licenciatura y te acompañara en aquel hermoso pueblito vasco, asimismo sugiriéndome de mejorar mi inglés que nunca fue brillante.

Y así lo hice, no sé hasta qué punto mejorando mi inglés, pero sí quiero recordar tu fundamental colaboración para que yo estuviera en aquel curso entre septiembre de 1994 y marzo de 1995. Aquellos meses fueron clave para mí. La oportunidad de compartir contigo, con la mayoría de los docentes y compañeros/as momentos de charlas teóricas y vivencias personales inolvidables y básicos.

Y fue en Oñati, durante una tarde, que me llamaste para conversar y me dijiste aquella expresión que tantas veces, en mis momentos de dificultad y confusión, he pensado: "Paolo, yo en ti veo un *leader*". Maestro querido, yo no sé si soy un *leader*. Confieso que hoy la idea no me disgusta, si hablamos de liderazgo en términos de una persona que trata de provocar pequeñas y sueña con grandes transformaciones sociales, luego de haberse cuestionado muchísimo, tal vez demasiado sobre sus capacidades.

Pero estas mismas aptitudes han sido enriquecidas por tus sugerencias y apreciaciones críticas, cada vez que he recurrido a tu persona, han sido incrementadas por tu manera de sostenerme en todo momento que yo lo he necesitado.

Así fue cuando decidí "cruzar el charco", y vivir en Latinoamérica, empezando por Bogotá y durante los años de mi residencia en Mar del Plata. Ahora que vivo en Santiago de Chile, desde hace dos años, luego de haber dejado, a pesar mío, la realidad argentina, estoy muy orgulloso de empezar un proyecto académico de desarrollo profesional donde tu nombre es referente principal de mis clases y actividades profesionales. Quiero también agradecerte los incentivos que me transmitiste, junto a Iñaki, para la presentación de mi tesina de master en Barcelona, en septiembre 2003.

Para mí fue otro de los momentos inolvidables de mi vida la defensa de mi trabajo en una comisión presidida por ti. No puedo omitir las repercusiones emotivas que me provocó recibir tu respaldo y sabias críticas, al final de una tarea que, en otros momentos, parecía imposible para mí. Todo eso porque me faltaban aquellas motivaciones que se produjeron cuando tú con Iñaki, con perentoriedad, me invitaron a concluir mi trabajo.

Entonces *grazie, mio caro* Roberto, por estar siempre a mi lado en cualquier coyuntura que me ha tocado vivir, y desde luego, permíteme agradecer tu manera de ser, al menos como yo siempre te he mirado, es decir, como una persona coherente, honesta y valiosa, incapaz de aceptar compromisos que desminuyan su persona y sus trabajos.

Te llevo en mis recuerdos, en mi mente y en mi corazón, y espero seguir compartiendo contigo aquellas charlas sobre nuestras situaciones o las realidades políticas de nuestros países.

Sí, ahora tengo bien claro como empezar mis clases de criminología, es decir, reafirmando aquel camino que tú me mostraste y que yo expreso de la siguiente manera hacia los/as estudiantes de derecho: "Como dice mi Maestro, Roberto Bergalli, 'un estudiante de derecho, antes que entender las normas y los códigos, debe entender la realidad social donde aplica aquel derecho'".

Tuyo,

Paolo.

RECORDANDO SUS (Y MIS PRIMEROS) PASOS

Marta Subirana Bargallo

Hace unos días recibí un *e-mail* de Iñaki Rivera en el que me decía que Roberto Bergalli se jubilaba y que sus amigos y compañeros le estaban preparando un libro sorpresa para rendirle un pequeño homenaje escrito.

Y aquí estoy..., pensando en él, con esta canícula veraniega que nos abrasa.

A Bergalli lo conocí hace ahora casí veinte años, dieciocho para ser más exactos, cuando inocente de mí, me disponía a iniciar mi segundo año de derecho, después de un primero poco meritorio. Enfundado en una gabardina oscura, que no le dejaba ver casi el rostro, hizo su aparición, con ímpetu, en la clase y nos propuso un seminario sobre control social y análisis crítico del sistema penal.

¡Qué gracia! No sabía siquiera que era eso del sistema penal, pero me intrigó esa nueva perspectiva que nos proponía. Así que, junto con un amigo, Kay, me propuse asistir a las clases de ese extraño sujeto.

Durante un año, que se alargó medio año siguiente más, asistí a sus charlas, bueno, mejor dicho, a sus monólogos, y no sin esfuerzo, pues, con diecinueve años descifrar la abstracción y condensación de la argumentación bergalliana, no era cosa fácil.

A propósito, recuerdo una conferencia a la que asistí junto con una amiga del instituto y que a la salida me dijo con cierto desespero: "¡¡¡No he entendido nada!!!" la tranquilicé diciéndole que para entender a Bergalli debía poseer cierto reciclaje en su vocabulario técnico y conocer su línea argumentativa para no quedarse en babia.

No obstante ello, me reconocí enseguida en esa perspectiva de análisis del sistema social, y en concreto, del sistema penal, lo que marcó profundamente todo mi desarrollo intelectual y personal; primero como estudiante, posteriormente, como abogada penalista en ejercicio y, sobre todo, como profesora de derecho penal y criminología en la Escuela de Policía de Cataluña y en el Instituto de Criminología de Barcelona.

De Bergalli, recuerdo momentos dulces pero también los hubo amargos. En él no hay término medio. Sus broncas a veces llenas de razón y otras cruelmente injustas. Sus comentarios siempre mordaces. Personaje controvertido. Y me expreso en pasado pues el tiempo y los avatares de la vida parecería que han dulcificado su carácter y lo han hecho más cercano.

De él también he recibido cariño y confianza a la hora de encomendarme tareas, tanto para el Instituto de Criminología cuando era su director, como cuando me pidió que ayudara a Amadeu en el Máster de Problemas Sociales y Sistema Penal. Tengo presente a un Roberto muy cercano en los cursos del doctorado y siempre dispuesto a escuchar, lo cual se agradece en un profesor.

Siempre fiel a su ideología (lo cual no es fácil cuando se trata de mantener una cierto estatus dentro del núcleo universitario), Roberto Bergalli deja su impronta en la facultad de derecho pues "como diría la doctrina científica": ¡¡ha creado escuela!! Su equipo de una cualidad humana y profesional excelente, trabaja para ofrecer una perspectiva crítica de este sistema de justicia tan necesaria en una facultad de derecho inmersa en la falacia positivista legitimadora del orden impuesto y tan poco abocada a análisis críticos.

Espero que con tus horas libres y liberado ya de obligaciones universitarias podrás ahondar aún más en el conocimiento del sistema de justicia penal. Un abrazo.

REFLEXIONES EN VOZ BAJA

Mónica Aranda Ocaña

Cuando los coordinadores de esta iniciativa me ofrecieron la posibilidad de escribir una líneas para esta publicación en homenaje al Prof. Dr. Roberto Bergalli primero me asusté. Pues sí, la verdad que tratar de reflejar en unas letras el significado del conocimiento de la persona, la experiencia vivida, etc. junto a Roberto (si me permite la confianza mi profesor) es realmente muy difícil, pero, a pesar de ello, creí que sería mucho más interesante escribir de forma muy personal, siempre desde mi propia experiencia, acerca de la calidad humana que una persona con formas de actuar un tanto brutas (¡debe decirse todo!) puede llegar a albergar y a transmitir.

Quien escribe siempre ha sido de verbo fácil, algunos/as compañeros/as de mi vida incluso creyeron que demasiado, sin embargo, cuando se mezclan tantos sentimientos me resulta verdaderamente complicado. Por ello, me voy a permitir relatar cómo ha sido mi visión del tiempo vivido con Roberto tratando de descifrar, al mismo tiempo, todas aquellas sensaciones y/o sentimientos que rodeaban a cada situación vivida.

La primera vez que yo vi a Roberto la escena fue en la presentación de la asignatura que dictaba en la Licenciatura en Derecho. Era el año 1993, en el Aula Magna de la Facultad de Derecho de la Universidad de Barcelona, no podré olvidar jamás la estampa que reflejaba. Lo primero que me vino a la mente es el recuerdo de un personaje muy famoso, Sherlock Holmes. Era un señor de mediana edad, muy cuidado en su aspecto, incluso diría que muy mirado en su vestimenta, con una voz agradable pero con un tono muy duro, de aquellos maestros de la vieja escuela. Algunas de estas primeras sensaciones se me confirmarían con el paso del tiempo, incluso se reforzarían, aunque debo decir que otras se cayeron y desaparecieron.

Finalizada la licenciatura en Derecho comienza mi contacto directo con Roberto durante el *Master* en Sistema Penal y Problemas Sociales que dirige en esta Facultad. Puedo decir que es entonces cuando empiezo a conocerlo. La verdad que debo confesar que me sorprendió el trato cercano que prodigaba con mis compañeros/as, especialmente con aquellos venidos desde el Atlántico por quienes se preocupaba de forma más particular, supongo que su propia historia vivida hacía que, de algún modo, le llevara a comportarse como si fuera la figura paterna (aún gruñona), estricto pero comprensivo, cercano pero lo justo.

Superado este postgrado comienza mi experiencia laboral con Roberto, aquí sí puedo decir ¡QUÉ DIFÍCIL! No es nada sencillo trabajar con/para él. Incluso después de muchos años, habiendo aprendido, incluso a veces entendido, sus manías, sus preferencias, incluso, por qué no, sus "neuras", sigue resultando un ejercicio diario de equilibrio entre la paciencia y el descontrol, la cordura y el desquicie. Sí señores, yo quiero mucho a este hombre, pero hay días en los que es mejor perdernos que encontrarnos.

En fin, cuando llegas a conocerle no hay término medio con él, o se le quiere o no se le soporta, pero puedo asegurar que no deja indiferente a absolutamente nadie y creo que este punto es digno de mención especial, pues esta dualidad de sentimientos tan encontrados que provoca sólo se da en seres humanos realmente importantes, de aquellos que pasan a la historia como GRANDES.

Escribía al principio que Roberto es una persona de gran calidad humana, algunos/as podrían pensar que no se la encontraron, pero, como siempre pasa, cada uno cuenta el cuento según le fue. Pues bien, personalmente siempre he sabido que Roberto iba a estar en los buenos y en los malos momentos que se sucederían en mi vida. Así, no podré olvidar nunca dos sucesos: de un lado, la larga charla mantenida, propiciada por él, entre ambos en uno de los momentos que sin duda marcó el futuro de mi vida como fue la toma de decisión de contraer matrimonio, pues nadie antes, ni tampoco con posterioridad, me habló con tanta serenidad, con tanto afecto y tan paciente (pareciera que no hablo del Roberto que todos conocemos), y por otro lado, y sin lugar a dudas, el momento de la venida al mundo de mi mayor tesoro, Gerard. Prácticamente a diario tenía una llamada suya preocupándose por mi estado de salud, ni mi propia familia. En esos momentos, como ya te he dicho alguna vez (aunque te aseguré que no lo repetiría en público, ya ves, lo escribo) añoraba las largas charlas en el despacho hablando de la última del gobierno o de cualquier cosa.

Lo que quiero decir con todo esto, convencida que no he sido capaz de expresar todo lo que quisiera, es que conocer y compartir con Roberto ha sido un punto de inflexión en mi vida personal, no ya sólo intelectual, que, a pesar de algunos episodios que la memoria ya almacenó en el rincón del olvido, volvería a vivir sin dudarlo un instante. Lo dije en algún momento del texto y deseo acabar así: ¡te quiero!

PUBLICACIONES Y DOCUMENTOS DE ROBERTO BERGALLI

Iñaki Rivera Beiras

Revistas

"El proceso penal en la Capital Federal", *Jurisprudencia Argentina*, Vol. 14-nov., pp. 14-27, 1966, Buenos Aires (Argentina).

"Asistencia al liberado en Inglaterra: historia y actualidad", *Revista de Derecho Penal y Criminología*, Vol. 3, N.º 1, pp. 73-89, 1968, Buenos Aires (Argentina).

"Proyecto de ordenamiento penitenciario y prevención de la delincuencia de menores en Italia", *Revista Jurídica Veracruzana*, Vol. 3, pp. 123-129, 1970, Veracruz (México).

"De la sociología criminal a la sociología de la conducta desviada", *Nuevo Pensamiento Penal*, Vol. I, N.º 2, pp. 227-295, 1972, Buenos Aires (Argentina).

"Nuevo régimen carcelario para detenidos de máxima peligrosidad", *Nuevo Pensamiento Penal*, Vol. I, N.º 3, pp. 471-475, 1972, Buenos Aires (Argentina).

Reseña: Marshall, B. Clinard: *Sociology of deviant behavior*, 3er. ed., Holt Rinehart and Winston, en *Nuevo Pensamiento Penal*, Vol. I, N.º 1, pp. 180-182, 1972, Buenos Aires (Argentina).

Reseña: Jorge D. Lopez Bolado: *Drogas y otras sustancias estupefacientes, su tráfico y tenencia*, Ed. Pannedille, en *Nuevo Pensamiento Penal*, Vol. I, N.º 2, pp. 334-335, 1972, Buenos Aires (Argentina).

"Adicción a las drogas. Estudio sociológico y de política criminal", *Nuevo Pensamiento Penal*, Vol. II, N.º 1, pp ˂7-120, 1973, Buenos Aires (Argentina).

"Métodos y medios del derecho penal económico en la República Argentina", *Nuevo Pensamiento Penal*, Vol. II, N.º 2, pp. 193-216, 1974, Buenos Aires (Argentina).

"La política criminal en la República Argentina", *Nuevo Pensamiento Penal*, Vol. III, N.º 1, pp. 19-31, 1974, Buenos Aires (Argentina).

"Contra lo científico: regreso a la punición de las toxicomanías", *Nuevo Pensamiento Penal*, Vol. III, N.º 1, pp. 363-392, 1974, Buenos Aires (Argentina).

"El 'labelling approach' como nuevo enfoque criminológico y sus últimos desarrollos en la República Federal Alemana", *Revista de Estudios Penitenciarios*, Vol. 32, pp. 73-88, 1976, Madrid (España).

"Ejecución penal y política criminal en América Latina", *Revue Internationale de Droit Pénal*, Vol. 49, N.º 1, pp. 77-90, 1978, París (Francia).

"La teoría de la desviación y la recaída en el delito", *Doctrina Penal*, Vol. I, N.º 4, pp. 689-712, 1978, Buenos Aires (Argentina).

"Ein aktueller Überblick über das Strafvollzugssystem in Argentinien", *Zeitschrift für die Gesamte Strafrechtswissenschaft*, Vol. 91, pp. 499-531, 1979, Berlín - N. York (Alemania).

"La contraddizione tra il sistema democratico futuro e l'attuale legislazione penitenziaria nella Repubblica Argentina", *La questione criminale*, Vol. IV, N.º 1, pp. 117-128, 1980, Bologna (Italia).

"La ideología del control social tradicional", *Doctrina Penal*, Vol. III, N.º 12, pp. 805-818, 1980, Buenos Aires (Argentina).

"Origen de las teorías de la reacción social (un aporte al análisis y crítica del 'labelling-aproach')", *Papers. Revista de Sociología* (UAB), N.º 13, pp. 49-96, 1980, Barcelona (España).

"Proyectos hegemónicos y Estado autoritario en la Argentina", *Sistema: Revista de Ciencias Sociales*, N.º 42, pp. 17-29, 1981, Madrid (España).

"La cuestión criminal en América Latina", *Sistema: Revista de Ciencias Sociales*, Vol. 49, N.º julio, pp. 49-66, 1981, Madrid (España).

Reseña: Massimo Pavarini: *La criminologia*, Col. 'Introduzione a ...', Le Monnier, Firenze, *Doctrina Penal*, Vol. IV, N.º 4, pp. 792-796, 1981, Buenos Aires (Argentina).

"Teoría del control social. Criminología: ¿dominación o liberación?", *Testimonio Latinoamericano*, Vol. II, N.º 9-10, pp. 34-35, 1982, Barcelona (España).

"Hacia una criminología de la liberación para América Latina", *Capítulo Criminológico*, N.º 9-10, pp. 23-37, 1982, Maracaibo (Venezuela).

"Justicia formal y participativa: la cuestión de los intereses difusos", *Doctrina Penal*, Vol. VI, N.º 22, pp. 197-217, 1983, Buenos Aires (Argentina).

"De 'La questione criminale' a 'Dei delitti e delle pene'", *Doctrina Penal*, Vol. VI, N.º 22, pp. 395-400, 1983, Buenos Aires (Argentina).

"Criminología del 'white collar-crime'; forma-Estado y proceso de concentración económica", *Estudios Penales y Criminológicos*, Vol. VII, pp. 27-69, 1983, Santiago de Compostela (España).

"Diez últimos años de criminología en Argentina: la epistemología del terror", *Revista de la Facultad de Derecho de la Universidad Complutense de Madrid*, Vol. 69, pp. 163-185, 1984, Madrid (España).

"El Estado democrático y la cuestión judicial: el caso argentino", *Poder Judicial*, N.º 10, pp. 77-88, 1984, Madrid (España).

"El esquema político-criminal de la democracia en Argentina", *Afers Internacionals. Revista del CIDOB*, Vol. 5, pp. 101-121, 1984, Barcelona (España).

"La criminología y las pasiones", *Nuevo Foro Penal*, N.º 25, pp. 353-367, 1984, Bogotá (Colombia).

Con Cid, J. y Recasens, A.: "Transición política y justicia penal en España", *Sistema: Revista de Ciencias Sociales*, N.º 67, pp. 57-96, 1985, Madrid (España).

"Ciudad y cárcel: problemas de control ante la utopía resocializante", *Esa Modelo*, N.º 1, pp. 8-8, 1985, Barcelona (España).

"Realidad social y cuestión penitenciaria (una visión desde España sobre el centro del sistema capitalista)", *Doctrina Penal*, Vol. 8, N.º 31, pp. 363-377, 1985, Buenos Aires (Argentina).

"Conflicto social y control penal (Estudios en homenaje al Prof. L.J. de Asúa)", *Revista de la Facultad de Derecho de la Universidad Complutense de Madrid*, Vol. 11, N.º monográfico, pp. 99-115, 1985, Madrid (España).

"Una intervención equidistante pero en favor de la sociología del control penal", *Doctrina Penal*, Vol. IX, N.º 4, pp. 777-785, 1986, Buenos Aires (Argentina).

"Criminalidad económico-social: una digresión sobre la tropología del discurso jurídico-penal", *Anuario de Derecho Penal y Ciencias Penales*, Vol. XXVII, N.º enero-abril, pp. 59-73, 1986, Madrid (España).

"El poder y los jueces latinoamericanos. Los modelos argentino y colombiano", *Afers Internacionals. Revista del CIDOB*, Vol. 8, pp. 49-61, 1986, Barcelona (España).

"Societat i càrcer en el segle XIX espanyol", *L'Avenç. Revista Catalana d'Història*, N.º 97, pp. 50-53, 1986, Barcelona (España).

"Memoria colectiva y derechos humanos (Una componente peculiar en el derecho y la justicia de la transición a la democracia argentina)", *Anales de la Cátedra Francisco Suárez Derechos Humanos*, Vol. 26-27, pp. 83-111, 1987, Granada (España).

"Argentina: cuestión militar y discurso jurídico del olvido", *Doxa. Cuadernos de Filosofía y Derecho*, Vol. 4, pp. 381-395, 1987, Alicante (España).

"Historia y proyección de la cuestión judicial en América Latina", *Control y liberación en América latina. Poder y Control*, Vol. I, N.º 1, pp. 159-172, 1987, Barcelona (España).

"Argentina: La questione militare e il discorso giuridico dell'oblio", *Dei delitti e delle pene*, Vol. V, N.º 3, pp. 459-475, 1987, Napoli (Italia).

496

"La criminalidad como problema social (en la crisis del Estado benefactor)", *Sistema: Revista de Ciencias Sociales*, Vol. 83, N.º 27, pp. 123-127, 1988, Madrid (España).

"La perspectiva social en los estudios de derecho", *Poder y Control* (Universidad de Barcelona), Vol. II, N.º 1, pp. 191-196, 1988, Barcelona (España).

"El olvido como ideología del discurso jurídico-penal", *Doctrina Penal*, Vol. 11, N.º 43, pp. 427-441, 1988, Buenos Aires (Argentina).

"El peronisme: passat i present", *L'Avenç. Revista Catalana d'Història*, N.º 118, pp. 12-16, 1988, Barcelona (España).

"El movimiento asociativo judicial en Argentina y Colombia: impedimentos, tentativas, ideologías y actitudes de las clases judiciales", *Jueces para la Democracia. Información y Debate*, Vol. IV, N.º 3, pp. 65-69, 1988, Madrid (España).

"El control penal en el marco de la sociología jurídica", *Anuario de Filosofía del Derecho*, Vol. V, pp. 129-124, 1988, Madrid (España).

"I duemila giorni di Alfonsin (La lunga ombra del passato sui nodi irrisolti della democrazia argentina)", *Il Passaggio*, Vol. II, N.º 1, pp. 29-33, 1989, Roma (Italia).

"Acumulación legal y acumulación ilegal en América latina. La ilegalidad de los poderosos: perspectiva de los países periféricos", *Doctrina Penal*, Vol. 12, N.º 46/47, pp. 506-514, 1989, Buenos Aires (Argentina).

Reseña: Giorgio Rebuffa: *Max Weber e la scienza del diritto*, Giappichelli edit., Torino, en *Anuario de Filosofía del Derecho*, Vol. VI, pp. 575-579, 1989, Madrid (España).

"Nuovi codici e vecchi poteri (Processo penale e cultura giuridica nel mondo ispanico e latino-americano)", *Il Passagio*, Vol. III, N.º 1, pp. 8-12, 1990, Roma (Italia).

"Giustizia e giudici in America Latina. Un aspetto della sociologia del controllo penale", *Marginalità e Società*, N.º 13, pp. 82-105, 1990, Roma (Italia).

"Forma-Estado, formas del derecho y cuestiones de la democracia: un caso para el análisis", *Anuario de Filosofía del Derecho*, Vol. VII, pp. 169-190, 1990, Madrid (España).

"L' Argentina, una historia de 'cronopios'", *L'Avenç. Revista Catalana d'Història*, N.º 135, pp. 32-37, 1990, Barcelona (España).

"Una sociología de la justicia latinoamericana (Aspecto particular en el estudio del control penal)", *Estudios Penales y Criminológicos*, Vol. XIII, pp. 7-41, 1990, Santiago de Compostela (España).

"Cuestión-droga: los límites de un 'Manifiesto' y la necesaria profundización del debate", *Jueces para la Democracia. Información y Debate*, N.º 9, pp. 6-9, 1990, Madrid (España).

"La quiebra de los mitos. Independencia judicial y selección de los jueces", *Nueva Sociedad (América Latina. La justicia como deuda)*, N.º 112, pp. 152-165, 1991, Caracas (Venezuela).

"Dret o guerra. Les raons de fons », *L'Avenç. Revista Catalana d'Història*, N.º 147, pp. 7-7, 1991, Barcelona (España).

"Emergència i raó d'Estat a Espanya", *L'Avenç. Revista Catalana d'Història*, N.º 152, pp. 8-9, 1991, Barcelona (España).

"La falacia penitenciaria", *Jueces para la Democracia. Información y Debate*, Vol. 2, N.º 13, pp. 24-26, 1991, Madrid (España).

"¡Esta es la cárcel que tenemos... (pero no queremos)!...", *Derecho Penal y Criminología. Revista Instituto Ciencias Penales y Criminológicas* (Univ. Externado), Vol. XIII, N.º 45, pp. 131-142, 1991, Bogotá (Colombia).

"El sistema penal español como el ámbito menos conocido del control social", *Doctrina Penal*, Vol. 14, N.º 55-56, pp. 403-420, 1991, Buenos Aires (Argentina).

"Más sobre la institucionalización de la sociología jurídica", *Doxa. Cuadernos de Filosofía y Derecho*, N.º 10, pp. 329-338, 1991, Alicante-Madrid (España).

"La Spagna in Europa. I prezzi della governabilità", *Il Passaggio. Rivista di dibattito culturale*, Vol. V, N.º 10, pp. 24-28, 1992, Roma (Italia).

"El marxisme i les seves pràctiques polítiques a l'Amèrica Llatina", *L'Avenç. Revista Catalana d'Història*, N.º 160, pp. 58-63, 1992, Barcelona (España).

"Il sistema penale spagnolo come ambito meno conosciuto del controllo sociale", *Dei delitti e delle pene*, Vol. II, N.º 2, pp. 7-23, 1992, Torino (Italia).

"Emergencia y 'razón de Estado' en España", *Criminología y Derecho Penal. Biblioteca Edino*, Vol. 1, N.º 2, pp. 124-133, 1992, Guayaquil (Ecuador).

"Usos y riesgos de categorías conceptuales: ¿conviene seguir empleando la expresión 'uso alternativo del derecho'?", *El Otro Derecho*, Vol. 4, N.º 1, pp. 5-32, 1992, Bogotá (Colombia).

"La razón de Estado como nuevo fundamento del control penal en España", *No Hay Derecho*, Vol. III, N.º 7, pp. 39-41, 1992, Buenos Aires (Argentina).

Con Bodelón, E., "La cuestión de las mujeres y el derecho penal simbólico", *Anuario de Filosofía del Derecho*, Nueva época, Vol. IX, pp. 43-73, 1992, Madrid (España).

"Control social: sus orígenes conceptuales y usos instrumentales", *Revista de Derecho Penal y Criminología*, N.º 2, pp. 173-184, 1992, Madrid (España).

"La quiebra de los mitos (Realidades de la independencia judicial y de la selección de los Jueces en Latinoamérica)", *Nuevo Foro Penal*, N.º 55, pp. 51-69, 1992, Bogotá (Colombia).

"La ética en las relaciones entre la administración pública y el ciudadano en el Estado democrático de derecho", *Revista Internacional de Sociología. Instituto de Estudios Sociales Avanzados* (CSIC), Vol. 3.ª Época, N.º 3, pp. 211-231, 1992, Córdoba (España).

"La quiebra de los mitos. Independencia judicial y selección de los jueces en Latinoamérica", *Sociologia del Diritto*, Vol. XIX, N.º 1, pp. 63-86, 1992, Milano (Italia).

Reseña: E. Garzón Valdés, *Spanische Studien zur Rechtstheorie und Rechtsphilosophie*, Berlin, en *Archiv für Rechts- und Sozialphilosophie*, Vol. 78, N.º 4, 1992, Stuttgart (Alemania).

"Control social: orígens conceptuals i usos instrumentals", *Acàcia (Papers del Centre per a la Investigació dels Moviments Socials)*, N.º 3, pp. 9-19, 1993, Barcelona (España).

"Protagonismo judicial y cultura de los jueces", *Jueces para la Democracia. Información y Debate*, N.º 19, pp. 14-18, 1993, Madrid (España).

Con Marra, R., "Sobre la sociología jurídica. Un debate entre Realino Marra y Roberto Bergalli", *Crítica Jurídica (Rev. Latinoamericana de Política, Filosofía y Derecho)*, N.º 12, 1993, México D.F. (México).

Reseña: E. Garzón Valdés, *Spanische Studien...* (*Estudios Españoles sobre teoría y filosofía del derecho*), en *Diálogo Científico-Instituto de Colaboración Científica*, Vol. 2, N.º 1, pp. 61-65, 1993, Tübingen (Alemania).

"Protagonismo judicial y sistema político (El Poder judicial en la Europa de los '90)", *No Hay Derecho*, Vol. IV, N.º 10, pp. 5-10, 1994, Buenos Aires (Argentina).

"Contemporary Socio-Legal Studies in Spain", *Newsletter-Socio-Legal Studies Association*, N.º 2, pp. 2-3, 1994, Cardiff (Gran Bretaña).

"Movimientos sociales, pluralismo jurídico y alternativas al sistema de justicia criminal", *Revista de Derecho Penal y Criminología*, pp. 211-223, 1994, Madrid (España).

"Protagonismo judicial y representatividad política", *Doxa. Cuadernos de Filosofía y Derecho*, Vol. I, N.º 15-16, pp. 423-445, 1994, Alicante-Madrid (España).

"Sistema penal y razón de Estado (el asalto a la democracia)", *El Viejo Topo*, N.º 84 (abril), pp. 16-20, 1995, Barcelona (España).

"Argentina: mímesis e hipocresía", *El Viejo Topo*, N.º 85 (mayo), pp. 7-10, 1995, Barcelona (España).

"Estrategias de control social y reforma penal", *Món Jurídic Cròniques Juridiques-El nou Codi Penal I*, Vol. 127, N.º (maig-juny), pp. 25-29, 1996, Barcelona (España).

"Las estrategias de control social y la violencia del sistema penal", *Sistema: Revista de Ciencias Sociales (Violencia y política)*, Vol. 132-133, N.º junio, pp. 129-143, 1996, Madrid (España).

"El sistema penal contemporáneo: una forma violenta de control social", *Delito y Sociedad. Revista de Ciencias Sociales*, Vol. 4, N.º 8, pp. 103-116, 1996, Buenos Aires (Argentina).

"Juan Carlos Gardella, un ejemplo en la Argentina contemporánea (1931-1998). Los principios y el legado", *Sistema: Revista de Ciencias Sociales*, pp. 147-105, 1998, Madrid (España).

"Principio de legalidad: fundamento de la Modernidad", *Jueces para la Democracia. Información y Debate*, N.º 32, pp. 58-63, 1998, Madrid (España).

"Globalización y control social: post-fordimo y control punitivo", *Sistema: Revista de Ciencias Sociales*, N.º 160, pp. 107-124, 2001, Madrid (España).

"Globalització i control de la ciutat. Fordisme y disciplina: postfordisme icontrol punitiu", *Revista Catalana de Seguretat Pública*, N.º 8, pp. 51-77, 2001, Mollet del Vallès (Barcelona) (España).

"Argentina: oblit o memoria? Un quart de segle després", *Afers Internacionals. Revista del CIDOB*, N.º 78, pp. 8-11, 2001, Barcelona (España).

"Cultura de la jurisdicción y uso de la memoria", *Nueva Doctrina Penal*, Vol. B, pp. 421-436, 2000, Buenos Aires (Argentina).

"Un original pensador argentino: Enrique E. Marí (1928-2001)", *Nueva Doctrina Penal*, Vol. A, pp. XV-XX, 2001, Buenos Aires (Argentina).

"Principio de justicia universal y modernidad jurídica: papel de la justicia penal", *Jueces para la Democracia. Información y Debate*, pp. 26-32, 2002, Madrid (España).

"Alessandro Baratta. Filósofo del derecho (penal) y de la política: una persona, un personaje y una personalidad", *Nueva Doctrina Penal*, Vol. A, pp. IX-XVIII, 2002, Buenos Aires (Argentina)

« Alessandro Baratta. Filósofo del Derecho (Penal) y de la Política: una persona, un personaje y una personalidad", *Capítulo Criminológico. Revista de las Disciplinas del Control Social*, Vol. 30, N.º 4, octubre-diciembre 2002, pp. 24-48, Maracaibo (Venezuela)

Con Anitua, G.I.: "Necesidad de conocer el pasado para enfrentarse al futuro. Un relato a partir de una polémica del presente", *Nueva Doctrina Penal*, Vol. A, pp. 269-302, 2003, Buenos Aires (Argentina).

"Olvido, derecho y memoria: de extradiciones, nulidades y el papel de la Corte Suprema", *Nueva Doctrina Penal*, Vol. B, pp. I-XXI, 2003, Buenos Aires (Argentina).

"Rosa del Olmo. Estatura humana e intelectual, pensamiento crítico y compromiso social", *Nueva Doctrina Penal*, Vol. B, pp. VII-XXIV, 2004, Buenos Aires (Argentina).

« Alessandro Baratta. La búsqueda epistemológica y su pensamiento crítico", en Iñaki Rivera Beiras y Camilo Bernal (coords.), "Alessandro Baratta. El pensamiento crítico y la cuestión criminal", *Revista Anthropos. Huellas del Conocimiento*, N.º 204, pp. 54-66, Barcelona (España).

"Sistema penal y exclusión social", *Iter Criminis. Revista de Ciencias Penales*, INACIPE, N.º 12. Segunda Época, pp. 37-57, octubre 2004 - marzo 2005, número doble, México D.F. (México).

"Sistema Penal y Exclusión Social: Deterioro y Perversión en y para el Estado de Derecho", Iter Criminis. Revista de Ciencias Penales, INACIPE, N.º 13. Segunda Época, abril-junio 2005, México D.F. (México).

Libros

"Reflexiones sobre la criminología en América latina", en *Problemas actuales de las ciencias penales y la filosofía del derecho*. Ed. Pannedille, pp. 135-148, 1970, Buenos Aires (Argentina).

"Estructuras económicas nacionales. Delitos que atentan contra ellas e investigaciones socio-criminales para categorizarlos", en *Actas de las Jornadas Internacionales de Derecho Penal*. Ed. Cathedra, pp. 29-36, 1972, Buenos Aires (Argentina).

Criminología en América Latina. (Cambio social, normatividad y comportamientos desviados), Edit. Pannedille, 1972, Buenos Aires (Argentina).

¿Readaptación social por medio de la ejecución penal?, Instit. de Criminología - Univ. Complutense Madrid, Vol. 10, 1976, Madrid (España).

La recaída en el delito; modos de reaccionar contra ella, SERTESA, 1980, Barcelona (España).

"Observaciones críticas a las reformas penales tradicionales", en *La reforma del Derecho Penal*. Ed. Univ. Autònoma Barcelona, Vol. II, pp. 64-83, 1981, Bellaterra (España); Univ. Autònoma de Barcelona, ed. S. Mir, Vol. II, pp. 63-84, 1981, Bellaterra (España); ed. S. Mir, Edit. Temis, pp. 251-271, 1982, Bogotá (Colombia).

"Epílogo y reflexiones (de un argentino) sobre el control social en América Latina", en Pavarini, M.: *Control y dominación (teorías criminológicas burguesas y proyecto hegemónico*. Ed. Siglo XXI, pp. 197-223, 1982, México D.F. (México).

Crítica a la criminología. (Hacia una teoría crítica del control social en América Latina), Ed. Temis, 1982, Bogotá (Colombia).

Con Bustos, J.; Miralles, T.; *et al.*, *El pensamiento criminológico*. Vol. I: *Un análisis crítico*. Vol. II: *Estado y control*, Ed. Península, 1983, Barcelona (España); Edit. Temis, 1983, Bogotà (Colombia).

"Independencia, autogobierno y asociacionismo de los jueces. Por una práctica judicial alternativa", en Oszlak, O. (comp.): *Proceso, crisis y transición democrática*. Centro Editor A.L., pp. 69-101, 1984, Buenos Aires (Argentina).

"La estructura judicial en América latina", en Rusche, G.; Kirchheimer, O.: *Pena y estructura social*. Ed. Temis, pp. XVII-XLIV, 1984, Bogotá (Colombia).

"Sentido y contenido de una sociología del control penal para América Latina", en *Criminología Crítica*. I. Seminario. Ed. Universidad de Medellín, pp. 177-195, 1984, Medellín (Colombia).

"Die Kriminalpolitik der demokratischen Regierung in Argentinien", en Hassemer, W. (Ed.); *Strafrechtspolitik (Bedingungen der Strafrechtsreform)*. Frankfurter krimin. Wissen, Vol. 18, pp. 53-83, 1984, Frankfurt (Alemania).

"Cuestiones latinoamericanas", en *Cuestiones Latinoamericanas* (introducción a un número monográfico de *Sistema*), Vol. 60-61, N.º junio, pp. 3-20, 1984, Madrid (España).

Estado democrático y cuestión judicial, Ed. Depalma, 1984, Buenos Aires (Argentina).

"El asociacionismo judicial: fenómeno particular para la sociología de la justicia. ¿Para qué, por qué y cómo se asocian los jueces?", en *Revista del Colegio de Abogados Penalistas*, Vol. VII, N.º 12, pp. 145-154, 1985, Cali (Colombia).

"Una sociología del control penal para América Latina: la superación de la criminología", en Bergalli, R.; Bustos, J.: *Homenaje a Hilde Kaufmann. El poder penal del Estado*, Vol. 7, pp. 3-23, 1985, Buenos Aires (Argentina).

Con Bustos, J., *Homenaje a Hilde Kaufmann. El poder penal del Estado*, Biblioteca de Ciencias Penales. Ed. Depalma, Vol. 7, 1985, Buenos Aires (Argentina).

"Presentación", en *La justicia de menores*, de G. de Leo, Ed. Teide, pp. V-X, 1985, Barcelona (España).

"Fundamentos e impedimentos de una teoría criminológica latinoamericana (*Gründe und Schwierigkeiten einer kriminologischer Theorie in Lateinamerika*)", en *Gedachnisschrift für Hilde Kaufman*. Hans Joachim Hirsch (ed.), pp. 225-244, 1986, Berlin (Alemania).

"Los rostros ideológicos de la falsía resocializadora. El debate en España", en *Doctrina Penal*, Vol. 9, N.º 36, pp. 577-597, 1986, Buenos Aires (Argentina).

"Dossier: qüestió criminal i ideologia punitiva en el segle XIX, I", en *L'Avenç*, N.º 97, pp. 22-53, 1986, Barcelona (España).

"2. Aspectos sociológico-jurídicos del núm. 0. Prevención y teoría de la pena: presente y alternativas", en *Poder y Control*, Vol. I, pp. 73-76, 1986, Barcelona (España).

"Realidad penitenciaria. Las prisiones desde fuera", en *Privaciones de libertad y derechos humanos. Jueces para la democracia*. Ed. Hacer, pp. 107-113, 1987, Barcelona (España).

"Introducción", en: "Control y liberación en América Latina", en *Poder y Control*, Vol. I, N.º 1, pp. 101-106, 1987, Barcelona (España).

"Informe sobre la cuestión droga en la República Argentina", en *Poder y Control*, Vol. I, N.º 3, pp. 111-123, 1987, Barcelona (España).

"Al comienzo..." y "Prefacio", en *Presos y pobres en la España del XIX (La determinación social de la marginación)*, de Justo Serna Alonso, Vol. 1, pp. I-XIV, 1988, Barcelona (España).

"Presentación: Emergencia. Una cultura específica", en *Emergencia y crisis del Estado Social (Análisis de la excepcionalidad penal y motivos de su perpetuación)*, de J. Serrano-Piedecasas, Vol. 3, pp. I-XVII, 1988, Barcelona (España).

"Presentación", en *La razón y la sinrazón (Asistencia psiquiatrica y desarrollo del Estado en la España Contemporánea)*, de J. Comelles, Vol. 2, pp. VII-IX, 1988, Barcelona (España).

"Argentina: cuestión militar y discurso jurídico del olvido", en *Francisco Carrara: Homenaje en el centenario de su muerte*, pp. 171-186, 1988, Bogotá (Colombia).

"Prólogo", en *La pena privativa de la libertad en Colombia y Alemania Federal*, de E. Sandoval Huertas, pp. IX-XV, 1988, Bogotá (Colombia).

"Memoria colectiva y derechos humanos", en *Opúsculos de Derecho Penal y Criminología*, Vol. 30, pp. 1-79, 1988, Córdoba (Argentina).

"Presentación: Por una sociología jurídica en España", en *El derecho y sus realidades (Investigación y enseñanza de la sociología jurídica)*, de Roberto Bergalli (coord.), Vol. 7, pp. I-XXV, 1989, Barcelona (España).

"Presentación", "Introducción" (España), en *Historia ideológica del control social (España-Argentina, ss. XIX y XX)*, Vol. 5, pp. I-XXVI, 1989, Barcelona (España).

"Democracia y Justicia Penal", en *Hacia una nueva justicia penal. Consejo Consolidación de la Democracia*, C. Nino y J. Maier (eds.), 'Symposium Internacional', Vol. II, pp. 93-116, 1989, Buenos Aires (Argentina).

El derecho y sus realidades (Investigación y enseñanza de la Sociología Jurídica), Col. 'Sociedad Estado', PPU, Vol. 7, 1989, Barcelona (España).

Con Marí, E.: *Historia ideológica del control social (España-Argentina, S. XIX y XX)*, Col. 'Sociedad-Estado', PPU, Vol. 5, 1989, Barcelona (España).

"Presentación: Espacios y cultura democrática", en *Los espacios acotados (Geografía y dominación social)*, de Horacio Capel, Col. 'Sociedad-Estado', PPU, Vol. 8, pp. VII-XIX, 1990, Barcelona (España).

"Justicia y jueces en Latinoamérica (un aspecto de la sociologia del control penal)", en *Criminología en América Latina*, edit. por Lola Aniyar de Castro - UNICRI, Vol. 33, pp. 71-90, 1990, Roma (Italia).

"Juridical Sociology", en *Sociology in Spain*, editado por Salvador Giner y Luis Moreno, pp. 205-211, 1990, Madrid (España).

"Sociología Jurídica", en *Sociología en España*, Salvador Giner y Luis Moreno (compiladores), Vol. 1, pp. 205-211, 1990, Madrid (España).

"Forma-Estado, formas del derecho y cuestiones de la democracia: un caso para el análisis", en *Sociología jurídica en América Latina*, editado por Óscar Correas (Oñati Proceedings), N.º 6, pp. 287-318, 1991, Oñati (España).

"Selección de jueces y autogobierno de la administración de justicia", en *Sociology of Penal Control within the Framework of the Sociology of Law* (Oñati Proceedings), N.º 10, pp. 127-159, 1991, Oñati (España).

"El sistema penal español como el ámbito menos conocido del control social", en *Control social del delito: críticas y alternativas* (Gobierno Vasco), pp. 107-132, 1991, Bilbao (España).

Sociology of Penal Control within the Framework of the Sociology of Law, Oñati Proceedings, Instituto Internacional Sociología Jurídica, N.º 10, 1991, Oñati (España).

"Dossier: Argentina. Civilització o barbarie. (Les desmemòries argentines)", en *L'Avenç*, N.º 143, pp. 28-67, 1991, Barcelona (España).

"Da prestaçao de serviços à comunidade. Art. 117", en *Estatuto da Criança e do Adolescente Comentado*, Malherios editores - UNICEF, pp. 358-361, 1992, São Paulo (Brasil).

"Introducción. ¡Ésta es la cárcel que tenemos... pero no queremos!", en *Cárcel y Derechos Humanos*, I. Rivera Beiras (coord.), J.M. Bosch Editor, pp. 7-21, 1992, Barcelona (España).

"Gladio en España (o el predominio de la 'razón de Estado')", en *Libro Homenaje al Dr. Jorge Zabala Baquerizo*, A. Zambrano Pasquel (coord.), Edino, pp. 49-59, 1992, Guayaquil (Ecuador).

"Presentación: La sociología jurídica en España. Más frustraciones que esperanzas", en *Sentido y razón del derecho*, Col. 'Sociedad-Estado', Edit. Hacer, N.º 9, pp. VII-XXVI, 1992, Barcelona (España).

"Les desmemòries argentines II", en *L'Avenç*, N.º 159, pp. 19-47, 1992, Barcelona (España).

Editor: *Sentido y razón del derecho (Enfoques socio-jurídicos para la sociedad democrática)*, Col. 'Sociedad-Estado', PPU, N.º 9, 1992, Barcelona (España).

"La forma-Estado social y el sistema penal. (Experiencias municipales en Barcelona)", en *Sistema Penal e Intervenciones Sociales*. R. Bergalli (coord.), Hacer Editorial, pp. 202-251, 1993, Barcelona (España).

"Fallacia garantista nella cultura giuridico-penale di lingua ispanica", en *Le ragioni del garantismo. Discutendo con Luigi Ferrajoli* (G. Giappichelli editore), pp. 191-198, 1993, Torino (Italia).

Editor: *Sistema Penal e Intervenciones Sociales (algunas experiencias nacionales, regionales y locales en Europa)*, Hacer Editorial, 1993, Barcelona (España).

"Pánico social y fragilidad del Estado de Derecho. Conflictos instrumentalesentre administración y jurisdicción penitenciaria", en *Tratamiento penitenciario y derechos fundamentales*. I. Rivera (coord.), J.M. Bosch Editor, pp. 99-117, 1994, Barcelona (España).

"Introduction", en *List of Key Words in the Sociology of Law. Working Papers*. Oñati International Institute of the Sociology of Law, N.° 1, pp. 11-17, 1994, Oñati (España).

"El sistema español como el ámbito menos conocido del control social", en *Social Control, Political Power and the Penal Question: for a Sociology of Criminal Law and Punishment*. Editado por D. Melossi - Oñati Proceedings, N.° 17, pp. 17-79, 1994, Oñati (España).

Con Casado, D., "Frente a la sociedad dual. Jornadas sobre pobreza e inmigración", en *Debate de actores y analistas con Alain Touraine*. Hacer Editorial, 1994, Barcelona (España).

"La tentativa española para construir un sistema democrático de justicia penal", en Julio B.J. Maier y Alberto M. Binder (compiladores): *El derecho penal hoy. Homenaje al Profesor David Baigún*, pp. 347-374, 1995, Buenos Aires (Argentina).

"Presentación", en *La protección de la seguridad ciudadana*. Editor I. Muñagorri Laguía, Oñati Proceedings, N.° 18, pp. I-V, 1995, Oñati (España).

Con Rivera, I., "The Spanish Attempt to Build a Democratic Criminal Justice System", en *Western European Penal Systems*. Editado por Vincenzo Ruggiero, Mick Ryan y Joe Sim, Sage Publications, 149-168, 1995, London-Oaks-New Delhi (Gran Bretaña).

"Presentación", en *El desarrollo y las aplicaciones de la sociología jurídica en España*, edit. Bergalli, Oñati Proceedings. Instituto Internacional de Sociología Jurídica, N.° 19, pp. VII-XI, 1995, Oñati (España).

"Presentación", en *Surveys on Research in Sociology of Law 1990-94*, editado por Hans Harms. Working Papers, N.° 2, pp. 9-12, 1995, Oñati (España).

"Epílogo: una visión sociológica de la cárcel en España", en *La cárcel en el sistema penal. Un análisis estructural*. I. Rivera Beiras, J.M. Bosch editor, pp. 237-257, 1995, Barcelona (España).

Editor: *El desarrollo y las aplicaciones de la sociología jurídica en España*, Oñati Proceedings. Instituto Internacional de Sociología Jurídica, N.° 19, 1995, Oñati (España).

"Presentación", en *La certeza y la esperanza (Ensayo sobre el derecho y la violencia)*, de E. Resta (trad. Galmarini), Col. Estado y Sociedad. Ediciones Paidós Ibérica, Vol. 27, pp. I-V, 1995, Barcelona (España).

Con Resta, E.: "Introducción", en *Soberanía: un principio que se derrumba*, Ed. Paidós, Col. Estado y Sociedad, Vol. 32, pp. 9-11, 1996, Barcelona (España).

"Latinoamérica: ¿soberanía... u otra cosa?", en *Soberanía un principio que se derrumba*. Ed. Paidós - Col. Estado y Sociedad, Vol. 32, pp. 191-206, 1996, Barcelona (España).

"Presentación", en *Control Social Punitivo. Sistema Penal e Instancias de Aplicación (Policía, Jurisdicción y Cárcel)*, pp. VII-XII, 1996, Barcelona (España).

"Introducción. Control social y sistema penal", en *Control Social Punitivo. Sistema Penal e Instancias de Aplicación (Policía, Jurisdicción y Cárcel)*, pp. 1-6, 1996, Barcelona (España).

"La violencia del sistema penal", en *Control Social Punitivo. Sistema Penal e Instancias de Aplicación (Policía, Jurisdicción y Cárcel)*, pp. 7-23, 1996, Barcelona (España).

"Cultura de la jurisdicción e ideologías de Jueces y Fiscales", en *Control Social Punitivo. Sistema Penal e Instancias de Aplicación (Policía, Jurisdicción y Càrcel)*, pp. 53-95, 1996, Barcelona (España).

Con Resta, E.: *Soberanía: un principio que se derrumba*, Paidós, Col. Estado y Sociedad, Vol. 32, 1996, Barcelona (España).

Editor: *Control Social Punitivo. Sistema Penal e Instancias de Aplicación (Policía, Jurisdicción y Càrcel)*, Ed. J.M. Bosch, 1996, Barcelona (España).

"Sistema político y jurisdicción. ¿Para qué y por qué un Consejo de la Magistratura?", en *Nueva Doctrina Penal* (Editores del Puerto), Vol. II, N.° A, pp. 299-418, 1997, Buenos Aires (Argentina).

"The New Order in Spain and an Hipanic Perspective on the History and Meaning of Social Control", en *Social Control and Political Order. European Perspectives at the End of the Century*

(Sage Publications), R. Bergalli; C. Sumner (eds.), pp. 34-51, 1997, London-Thousand Oaks-New Delhi (Gran Bretaña).

"Unsolved Mysteries and Unforensen Futures of Social Control", en *Social Control and Political Order. European Perspectives at the End of the Century* (Sage Publications), R. Bergalli; C. Sumner (eds.), pp. 151-162, 1997, London-Thousand Oaks-New Delhi (Gran Bretaña).

"La caída de los mitos (algunos datos para ilustrar la relación entre post-Modernidad y secuestros institucionales). Apuntes para la discusión", en *Secuestros Institucionales y Derechos Humanos: la cárcel y el manicomio como laberintos de obediencias fingidas*, J. Dobón e I. Rivera (cords.), M.J. Bosch Ed., pp. 45-50, 1997, Barcelona (España).

"Che cosa implica l'aggetivo *Critico* per la sociologia giuridica?", en *Diritto, Cultura e Libertà. Atti del Conveg. in Mem. Renato Treves* (a cargo de V. Ferrai; M.L. Ghezi; N. Gardielli Velicogna), Dr. A. Guifrè ed. (S.S.Di.), Vol. 9, pp. 367-373, 1997, Milano (Italia).

Con Melossi, D., "Introduction", en *The Emergence of Law through Economy, Politics and Culture* (Oñati Papers), Vol. 1, pp. 7-12, 1997, Oñati (España).

"Jueces y juristas en la interpretación y aplicación del derecho: hermenéutica jurídica de la Modernidad", en *The Emergence of Law through Economy, Politics and Culture* (Oñati Papers), Vol. 1, pp. 171-194, 1997, Oñati (España).

"Presentación. Relato de un debate polémico: pensamiento crítico *vs.* doctrina oficial", en *La devaluación de los derechos fundamental. de los reclusos. La construcción jurídica de un ciudadano de segunda categoría*, de I. Rivera (J.M. Bosch Ed.), pp. V-XVII, 1997, Barcelona (España).

Con Sumner, C., *Social Control and Political Order. European Perspectives at the End of the Century* (Sage Publications), 1997, London-Thousand Oaks-New Delhi (Gran Bretaña).

Con Melossi, D., *The Emergence of Law through Economy, Politics and Culture* (Oñati papers), Vol. 1, 1997, Oñati (España).

"Una figura propia del Iluminismo penal", en L. Marcó del Pont, *Núñez. El hombre y su obra*, 1997, Editorial Lerner, Córdoba (Argentina)-

"Das Legalitätprinzip: Fundament der Moderne", en H.J. Albrecht, F. Dunkel, H.J. Kerner, J. Kürzinger, H. Schöch, K. Sessar, B. Villmow (eds.), *Internationale Perspektiven in Kriminologie und Strafrecht*, pp. 1.325-1.336, 1998, Berlin (Alemania).

"Jueces y juristas en la interpretación y aplicación del derecho. La hermenéutica jurídica de la Modernidad", en C.S. Bello Rengifo y E. Rosales (compiladores), *Libro homenaje a José Rafael Mendoza Troconis*, Vol. 1, pp. 5-34, 1998, Caracas (Venezuela).

"Principio de legalidad: fundamento de la Modernidad", en M. Rujana Quintero (compilador), *Filosofía del Derecho (ética, cultura y constitución)*, pp. 549-562, 1998, Bogotá (Colombia).

"In memoriam. Juan Carlos Gardella. La convicción en las ideas", en *Nueva Doctrina Penal*, N.° B, pp. IX-XIX, 1998, Buenos Aires (Argentina).

"Derecho y sociedad en el ámbito español: una reflexión crítica", en *Derecho y sociedad*. Tirant lo Blanch-Libros, Vol. 1.° parte, pp. 195-208, 1998, Valencia (España).

"Introducción (III. A. Derecho y Control Social)", en *Derecho y sociedad*. Tirant lo Blanch-Libros, Vol. 3.° parte, pp. 419-423, 1998, Valencia (España).

"Jurisdicción, cultura e iedologías de los jueces (III. B. Profesiones e instituciones jurídicas)", en *Derecho y sociedad*. Tirant lo Blanch-Libros, Vol. 3.° parte, pp. 467-507, 1998, Valencia (España).

"El discurso jurídico del olvido y por la recuperación de la memoria", en *Contra la impunidad y por la defensa de los derechos humanos*, pp. 46-48, 1998, Barcelona (España).

"El vuelo del Cóndor sobre la cultura jurídica y el sistema político", en S. Blixen: *Operación Cóndor. Del archivo del Terror y el asesinato de Letelier al caso Berrios*, Editorial Virus, pp. 5-24, 1998, Barcelona (España).

"Presentación", en *Contradicciones entre derecho y control social*, pp. IX-XIII, 1998, Barcelona (España).

"Introducción: ¿De cuál derecho y de qué control social se habla?", en *Contradicciones entre derecho y control social*, pp. 15-33, 1998, Barcelona (España).

Con Añón, M.; Calvo, M.; Casanovas, P. (coords.), *Derecho y sociedad*, Tirant lo Blanch-Libros, 1998, Valencia (España).

Con otros (por Plataforma Argentina contra la impunidad), *Contra la impunidad y por la defensa de los derechos humanos*, Plataforma Argentina contra la Impunidad - Icaria Editorial S.A., 1998, Barcelona (España).

Editor: *Contradicciones entre derecho y control social*, Goethe Institut - Barcelona. Editorial M.J. Bosch s.l., 1998, Barcelona (España).

"Carrera criminal", en S. Giner, E. Lamo de Espinosa, C. Torres (eds.), *Diccionario de Sociología*, Alianza Editorial (Ciencias Sociales), p. 884, 1998, Madrid (España).

"Control social", en S. Giner, E. Lamo de Espinosa, C. Torres (eds.), *Diccionario de Sociología*, Alianza Editorial (Ciencias Sociales), p. 152, 1998, Madrid (España).

"Victimización", en S. Giner, E. Lamo de Espinosa, C. Torres (eds.), *Diccionario de Sociología*, Alianza Editorial (Ciencias Sociales), pp. 819-820, 1998, Madrid (España).

Hacia una cultura de la jurisdicción: ideologías de jueces y fiscales (Argentina, Colombia, España, Italia), Ad Hoc S.R.L. (Dirección editorial Dr. Rubén Villela), 1999, Buenos Aires (Argentina).

"Tratamiento y políticas penitenciarias (una quimera más de la reforma)", en I. Rivera Beiras (coord.), *La cárcel en España en el fin del milenio (a propósito del vigésimo aniversario de la Ley Orgánica General Penitenciaria)*, pp. 65-80, 1999, Barcelona (España).

"Seguridad ciudadana y criminalidad en Europa y España", en M. Di Meglio: *La questione criminale nella società globale (Atti del Convegno Internazionale)*, pp. 307-314, 1999, Napoli (Italia).

"Straflosigkeit und Drittländer oder der Beginn der juristischen Postmoderne (am Beispiel der Fälle Chile und Argentinien)", en Albin Eser y Jörg Arnold (coordinadores): *Strafrecht in Reaktion auf Systemunrecht. Vergleichende Einblicke in Transitionsprozesse*, Vol. 82, N.º 1, pp. 355-372, 2000, Freiburg i.Br. (Alemania).

"Protagonismo judicial y representatividad política (en la crisis del Estado democrático de derecho)", en E.A. Font y G.E.H. Ganon (directores): *Orden o Justicia. El falso dilema de los intolerantes. Criminología crítica y control social*, N.º 2, pp. 107-121, 2000, Rosario (Argentina).

Con Silveira Gorski, H., "Pietro Barcellona y sus compromisos: de la política del derecho a la democracia como forma de vida", en *Anales de la Cátedra Francisco Suárez*, Universidad de Granada, N.º 34, pp. 221-245, 2000, Granada (España).

"Cultura de la jurisdicción y uso de la memoria", en *Nueva Doctrina Penal* (Editores del Puerto), Vol. B, pp. 421-436, 2000, Buenos Aires (Argentina).

"Globalización y jurisdicción penal: Un desafío para la cultura jurídica moderna", en A. Gómez Méndez (coord.): *Fiscalía General de la Nación. Sentido y contenidos del Sistema Penal en la Globalización*. Memoria del Simposio Internacional ,pp. 39-53, 2000, Santa Fe de Bogotá (Colombia).

"Relaciones entre control social y globalización: Fordismo y disciplina; Postfordismo y control punitivo", en P. Fraile (ed.): *Modelar para gobernar (El control de la población y el territorio en Europa y Canadá. Una perspectiva histórica)*, Publ. UB, pp. 241-261, 2001, Barcelona (España).

"Erste Teil: Krise des Strafrechts? Kriminologische und kriminalpolitische Aspekte. Landesberichte. Sektion 3: Inwieweit sind anstelle von Straftatbeständen Regelungen außerhalb des Strafrechts möglich? Regelungen außerhalb des Strafrechts aus spanischer Sicht", en Hans Joachem Hirsch (ed.): *Krise des Strafrechts und der Kriminalwissenschaften?*, pp. 128-134, 2001, Berlin (Alemania).

"Globalización y control de la ciudad. Fordismo y disciplina - Post-fordismo y control punitivo", en Raffaele Di Giorgi (Dir.), *Il diritto e la differenza. Scritti in onore di Alessandro Baratta*, Vol. II: *Criminología e Politica Criminale*, Edizioni Pensa Multimedia, pp. 55-86, 2002, Lecce (Italia).

"Principio de justicia universal y modernidad jurídico-penal", en Raffaele Di Giorgi (Dir.), *Il diritto e la differenza. Scritti in onore di Alessandro Baratta*, Vol. II: *Criminología e Politica Criminale*, Edizioni Pensa Multimedia, pp. 87-102, 2002, Lecce (Italia).

Coordinador: *Sistema Penal y Problemas Sociales*, Ed. Tirant Lo Blanch, 2003, Valencia (España).

"Inmigración: ¿construcción o de-construcción de identidades individuales y colectivas?", en Manuel Delgado (ed.): *Inmigración y Cultura*. Col. Ciudad e inmigración II. Urbanitats, Centre de Cultura Contemporània de Barcelona (CCCB), pp. 117-137, 2003, Barcelona (España).

"Alessandro Baratta: filósofo del Derecho (penal) y de la política", en Fernando Pérez Álvarez (Ed.): *SERTA In Memoriam Alexandri Baratta*, CISE - Universidad de Salamanca. Ediciones Universidad Salamanca, pp. 165-182, 2004, Salamanca (España).

"Libertad y Seguridad: un equilibrio extraviado en la Modernidad tardía", en Mario G. Losano y Francisco Muñoz Conde (coords.), *El derecho ante la globalización y el terrorismo*. "Cedant Arma Togae". Actas del Coloquio Internacional Humboldt, Montevideo abril 2003, Alexander von Humboldt-Stiftung-Tirant lo Blanch: libros, pp. 59-77, 2004, Valencia (España).

"Garantías, sistema penal y exclusión social. Una obra intelectual frente a la quiebra de los principios", David Baigún, *et al.*, *Estudios sobre la Justicia Penal. Homenaje al Prof. Julio B.J. Maier*: "Parte III. Criminología", Editores del Puerto, pp. 535-552, 2004, Buenos Aires (Argentina).

Con Rivera Beiras, I. (coords.): *Política Criminal de la Guerra*, Anthropos Editorial, Col. Huellas - Desafío(s), N.º 1, 2005, Barcelona (España).

PARTICIPANTES

Gustavo Bergalli (músico compositor)

I. FILOSOFÍA DEL DERECHO Y ANTROPOLOGÍA JURÍDICA

Elías Díaz (Universidad Autónoma de Madrid)
Pietro Barcellona (Università degli Studi di Catania)
Luigi Ferrajoli (Università di Roma)
Eligio Resta (Università di Roma III)
Stefano Rodotà (Università degli Studi di Roma "La Sapienza")
Oscar Correas (Universidad Nacional Autónoma Metropolitana de México)
Dolores Juliano (Universidad de Barcelona)
Manuel Delgado (Universidad de Barcelona)
Gabriel Ignacio Anitua (Universidad de Buenos Aires)
Claudio Martyniuk (Universidad de Buenos Aires)

II. SOCIOLOGÍA DEL CONTROL PENAL Y PROBLEMAS SOCIALES

Massimo Pavarini (Università di Bologna)
Colin Summer (University of East London School of Law)
Dario Melossi (Università di Bologna)
Giuseppe Mosconi (Università di Padova)
Tamar Pitch (Università di Roma III)
Vincenzo Ruggiero (Middlesex University of London)
Vassilis Karydis (University of Peloponnese)
Sophia Vidali (Università di Democritos, Tracia)
José García-Borés Espí (Universidad de Barcelona)
Francesc Barata (Universidad de Ramón Llull)
Joan Antón Mellón Universidad de Barcelona)
Oriol Romaní (Universidad "Rovira i Virgili" de Tarragona)
Julio Zino (Universidad de Barcelona)
Elena Azaola (Centro de Investigaciones y Estudios Superiores en Antropología Social
	de Ciudad de México)
Ana Lucia Sabadell (Universidad Metodista de Piracicaba de Brasil)
María Eugenia Espinosa (Universidad Nacional Autónoma Metropolitana de México)
Gemma Nicolàs (Universidad de Barcelona)
Irma Cavazos Ortiz y Saúl Rosas Rodríguez (Universidad Autónoma de México)
Miquel Izard (Universidad de Barcelona)

III. EL SISTEMA PENAL: HISTORIA, POLÍTICA(S) Y CONTROVERSIAS

Mauro Palma (Comité para la Prevención de la Tortura, Consejo de Europa)
Wolf Paul (Johann Wolfgang GoetheUniversität de Frankfurt)
Julio B. J. Maier (Universidad de Buenos Aires)
Perfecto Andrés Ibáñez (Magistrado del Tribunal Supremo de España)
Edmundo Hendler (Magistrado del Poder Judicial Argentino)
Eugenio Raúl Zaffaroni (Universidad de Buenos Aires y Ministro de la Corte Suprema
    Argentina)
Francisco Muñoz Conde (Universidad Pablo de Olavide de Sevilla)
Christine B. Harrington (New York University)
John Brigham (University of Massachussets de Amherst)
Sebastian Scheerer (Universidad de Hamburgo)
Fernando Tenorio Tagle (Universidad Autónoma Metropolitana de México)
David Baigún (Universidad de Buenos Aires)
Stefano Anastasia (Associazione "Antigone")
Luis González Placencia y Ricardo Gluyas Millán (Instituto Nacional de Ciencias Penales
    de México)
Marta Monclús Masó (Universidad de Barcelona)
Máximo Sozzo (Universidad de Nacional del Litoral)
Ignacio F. Tedesco (Universidad de Buenos Aires)
Carolina Prado (Universidad de Córdoba, Argentina)
Natalia Castro y Gabriel Bombin (Universidad Nacional de Mar del Plata)
Diego Zysman Quirós (Universidad de Buenos Aires)
Victoria Rangugni (Universidad de Buenos Aires)
Gabriel Ganon (Universidad Nacional de Rosario)
Javier Lancestremere (Defensoría General de la Nación)

IV. RECUERDOS Y REFLEXIONES EN VOZ ALTA

Louk Hulsman (Universidad Erasmus de Rotterdam)
Jock Young (City University of New York)
John Lea (Middlesex University of London)
Gustavo Cosacov (Universidad de Córdoba, Argentina)
Ignacio Muñagorri (Universidad del País Vasco)
Tosca Hernández (Universidad Central de Venezuela)
Horacio Verbitsky (Centro de Estudios Legales y Sociales de Argentina)
Pedro Fraile (Universitat de Lleida)
Pedro Oliver Olmo (Universidad de Castilla La Mancha)
Sneider Rivera (Unicef, El Salvador)
Paolo Scalia (Universidad Bolivariana de Chile)
Marta Subirana (Universidad de Barcelona)
Móniva Aranda Ocaña (Universidad de Barcelona)

COORDINADORES:

Iñaki Rivera Beiras (Universidad de Barcelona)
Héctor C. Silveira Gorski (Universitat de Lleida)
Encarna Bodelón González (Universidad Autónoma de Barcelona)
Amadeu Recasens i Brunet (Universidad de Barcelona)

ÍNDICE

IV. RECUERDOS Y REFLEXIONES EN VOZ ALTA